DIREITO PENAL NEGOCIAL

A Legitimação da Resposta Penal

Dermeval Farias
Gomes Filho

DIREITO PENAL NEGOCIAL

A Legitimação da Resposta Penal

2ª
edição

Revista,
atualizada
e ampliada

2025

EDITORA
JusPODIVM
www.editorajuspodivm.com.br

EDITORA *Jus*PODIVM
www.editorajuspodivm.com.br

Rua Canuto Saraiva, 131 – Mooca – CEP: 03113-010 – São Paulo – São Paulo
Tel: (11) 3582.5757
• Contato: https://www.editorajuspodivm.com.br/central-de-relacionamento

Copyright: Edições *Jus*PODIVM

Diagramação: Equipe *Jus*PODIVM

Capa: Ana Caquetti

G633d Gomes Filho, Dermeval Farias
Direito Penal Negocial - A Legitimação da Resposta Penal / Dermeval Farias Gomes Filho – 2. ed., rev., atual. e ampl. - São Paulo: Editora JusPodivm, 2025.

456 p.

ISBN: 978-85-442-6146-0

1. Direito Penal. 2. Legitimação da Pena. I. Gomes Filho, Dermeval Farias. II. Título.

CDD 341.5

Bibliotecária responsável:
Ana Carolina Ribeiro Mois – CRB7 – RJ 007348/0

AGRADECIMENTOS

Agradeço a Deus, pela salvação em Cristo Jesus, pelas bênçãos de cada dia, pela renovação diária do vigor que me permite viver contente em toda e qualquer situação.

À minha esposa Suellem, pelo incentivo, paciência, amor e pelos projetos comuns que fazem parte da nossa história.

Aos meus filhos, Davi e Clara, pelo amor e pela alegria proporcionados em todos os dias.

Aos meus pais, por terem forjado valores irrenunciáveis que me guiam com destemor diante dos desafios da vida.

NOTA DO AUTOR À 1ª EDIÇÃO

A ampliação dos institutos de justiça penal negociada consiste em um dos efeitos da expansão do espaço da tutela penal no decorrer da segunda metade do século XX. Os instrumentos de justiça penal negociada, classificados em acordos de pena e acordos de diversão, convivem com a solução de julgamento em distintos sistemas processuais, ancorados em modelos de disputa ou de investigação oficial.

A redução da pena abaixo do mínimo em abstrato, a modificação da tipicidade do fato cometido e a adoção de equivalentes funcionais da pena, nos acordos penais, implicam a necessidade de buscar a legitimação da resposta penal no âmbito do Direito Penal negocial. As teorias clássicas da pena têm dificuldade de justificar as respostas produzidas nos acordos penais.

A pesquisa que segue, agora, em formato de livro, demonstra, mediante análise bibliográfica, documental e empírica de dados processuais, o pouco espaço das teorias das penas para a justiça penal negociada. A comparação entres os acordos penais de diversos ordenamentos jurídicos indica a ausência de importação literal do *plea bargain* estadunidense.

O Direito Penal negocial destina maior espaço decisório ao Ministério Público e, por essa razão, há necessidade de diretrizes de atuação mais uniforme. Na aparente tensão entre justiça penal negociada e direitos da vítima, pesquisas indicam que a satisfação das vítimas está relacionada ao seu desejo e à sua capacidade de participar e que não buscam necessariamente o poder de veto da escolha do Ministério Público.

Do aspecto dogmático, a legitimação da resposta penal nos acordos de pena se alinha, com dificuldade, às teorias preventivas. Em uma concepção político-criminal, a justificativa está alicerçada na Análise Econômica do Direito, em procedimentos mais céleres e de redução dos custos.

Os princípios da legalidade e da reserva legal oferecem alicerce para a legitimação dos acordos penais quando há correspondência entre o fato cometido e o imputado. Nos acordos de pena reduzida, que exigem a confissão voluntária e inteligível, realizados entre acusação e defesa, com reparação do dano e direito de conferência da vítima, há maior eficiência processual e, de igual modo, capacidade de comunicar a resposta penal adequada ao ofendido, à vítima e à sociedade, além de dialogar com alguns dos efeitos apregoados pelas clássicas teorias da pena.

O texto aponta a legitimação do equivalente funcional da pena na comunicação eficaz ao infrator, à vítima e à sociedade. Para essa construção, apresenta a tutela suficiente do bem jurídico protegido ancorada na teoria dos mandados constitucionais de criminalização. De igual modo, possibilita a construção de um Direito Penal sem pena concreta para ofensas menos intensas em estágios da persecução penal que antecedem a formação da culpa.

Ao final, relaciona a resposta penal mediante equivalentes funcionais da pena como alternativa político-criminal para diminuir o encarceramento e contribuir com a gestão equilibrada do sistema prisional brasileiro.

Para o formato do livro, o nome inicial da pesquisa "A legitimação da pena e de seus equivalentes funcionais no Direito Penal Negocial" foi alterado para "Direito Penal Negocial (a legitimação da resposta penal)".

NOTA DO AUTOR À 2ª EDIÇÃO

Com muita alegria, apresento a segunda edição da obra *Direito Penal Negocial: A Legitimação da Resposta Penal.* Destaco nessa segunda edição a ampliação da obra, com novas decisões do Supremo Tribunal Federal (STF) e do Superior Tribunal de Justiça (STJ) sobre relevantes aspectos do acordo de não persecução penal, que foram objeto de recorte para a pesquisa e que surgiram depois da primeira edição da obra.

Outrossim, novas pesquisas foram exploradas e alocadas no texto, porquanto dialogam com vários problemas que foram enfrentados, principalmente no que concerne à importância do bem jurídico penal e a sua adequada relação com os acordos de diversão. A obra foi revisada e ampliada com acréscimos de novas referências bibliográficas.

Um destaque especial da segunda edição consistiu no acréscimo de novos dados do sistema carcerário brasileiro, que são importantes para entender o quadro atual da execução da pena no Brasil e a sua relação com os acordos de diversão, sobretudo o acordo de não persecução penal, o qual possibilita diminuir os índices de reincidência e, consequentemente, reduzir o encarceramento.

Por último, foi realizada nova pesquisa empírica, com recorte espacial e temporal, com foco na colheita de dados que pudessem projetar o real impacto do acordo de não persecução penal (ANPP) na redução do número de denúncias. Os dados de 2024, consolidados, foram comparados com os dados de 2018 a 2022. O resultado atual revelou que o espaço da suspensão condicional do processo foi absorvido pelo ANPP. Atualmente, o ANPP impede a denúncia em 37% das investigações que possuem justa causa para a persecução penal.

Agradeço à Editora Juspodivm pela parceria e confiança. Agradeço, de maneira especial, aos alunos, espalhados pelo território brasileiro, pela cobrança da segunda edição da obra.

APRESENTAÇÃO

Foi com grande honra e satisfação que recebi e aceitei o convite para apresentar a obra *Direito Penal Negocial – A Legitimação da Resposta Penal*, de autoria do eminente professor Dermeval Farias Gomes Filho.

Em um primeiro momento, o trabalho foi apresentado como tese de doutoramento na Pontifícia Universidade Católica de São Paulo (PUC-SP), sob a denominação *A legitimação da pena e dos seus equivalentes funcionais no Direito Penal Negocial*, aprovado com distinção, em banca examinadora que tive a honra de presidir, na condição de professor orientador, e que foi abrilhantada com a participação dos professores Vicente Greco Filho, Pedro Henrique Demercian, Eloisa de Sousa Arruda e Antonio Henrique Graciano Suxberger.

A tese, que vem a lume pela conceituada *Editora Juspodivm*, é marcada pela excelência, fruto de uma minuciosa pesquisa acadêmica, acompanhada da coragem na inovação e de reflexões críticas, própria dos grandes doutrinadores.

Inicialmente avaliando criticamente a legitimação da pena e a ausência de discussão quanto à institucionalidade da resposta penal, o trabalho ingressa no controverso campo do conflito existente entre a resposta penal em sua forma clássica e o modelo negocial, apontando os significados da solução penal negociada nos diferentes sistemas processuais e a necessidade de sua legitimação.

Os distintos modelos de negócio penal no direito estrangeiro também são abordados, até o ingresso no controverso campo do Acordo de Não Persecução Penal, introduzido em nossa legislação pela Lei nº 13.964/2019, conhecida como Pacote Anticrime, que teve como fonte de inspiração, neste ponto específico, Resolução do Conselho Nacional do Ministério Público, talhada pelo autor, à época em que atuou naquele prestigiado Colegiado representando o Ministério Público do Distrito Federal e Territórios.

Depois de esmiuçar o Acordo de Não Persecução Penal, tratando de sua dogmática, requisitos e impactos, propõe o reposicionamento da vítima por intermédio do Direito Penal Negocial, partindo da premissa de que o modelo negocial pode atuar como alternativa ao estado de coisas inconstitucional representado pela atual condição do sistema carcerário brasileiro. Conclui, com a apresentação de propostas que permitem a mudança de paradigma indicada e o efetivo acolhimento do Direito Penal Negocial, como ferramenta ágil e transformadora.

A sensação que se tem ao final da obra *é* própria de quem gostaria de tê-la escrito, pois o livro não só reflete a experiência e o compromisso acadêmicos do autor, destacado promotor de justiça e professor de Direito Penal, mas a certeza de que os verdadeiros doutrinadores são identificados pelo saber e ousadia, pois como de há muito defendiam os integrantes do Círculo de Viena, Ciência válida é aquela que transpõe o muro das Universidades e altera a vida das pessoas.

O excepcional livro do professor Dermeval Farias Gomes Filho propõe uma mudança de paradigma no Direito Penal brasileiro, evidenciando que as cicatrizes do nosso corpo e as alegrias e tristezas de nossa alma são responsáveis pela construção da nossa história e do modo singular como cada um observa o Mundo e interage com seus diferentes desafios e facetas.

Defende o trabalho novo modelo de resposta penal, compromissado com a celeridade, proeminência da vítima, respeito à dupla face do princípio da proporcionalidade e atenção aos desafios e demandas de uma sociedade em constante transformação, muito diferente daquela da primeira metade do século passado, quando passaram a viger o Código Penal e o Código de Processo Penal.

A obra contém o DNA do autor. Promotor de justiça brilhante, professor respeitado por seus pares e admirado por seus alunos, que prioriza o rigor acadêmico, com a convicção de que política criminal é fruto de atividade estatal e contribuição científica. São os predicados exigidos daqueles que por intermédio do estudo e da pesquisa traduzem a certeza de que sabedoria é o saber a serviço da humanidade, pois como enfatizava Sócrates, *"só é útil o conhecimento que nos torna melhores"*.

Mais do que um livro acadêmico, *Direito Penal Negocial – A Legitimação da Resposta Penal* consubstancia-se num trabalho altamente qualificado, sobretudo pela profunda e enriquecedora pesquisa realizada, pela abrangência de todos os aspectos relevantes do tema versado, inclusive os de ordem prática. Em suma, a obra preenche uma lacuna na literatura jurídica brasileira, e conquista seu merecido espaço, na medida em que cuida de matéria relevante, de modo objetivo, técnico e preciso.

A leitura da obra, que reflete com clareza a experiência profissional e acadêmica do Autor, traz a certeza de que o professor Dermeval Farias Gomes Filho produziu um livro de excepcional valor e conteúdo, apresentando-se, desta forma, como de indispensável importância não só aos profissionais do Direito, mas a todos aqueles que diariamente buscam contribuir para a construção e aperfeiçoamento de uma sociedade fraterna e igualitária, que reclama a prestação jurisdicional como porto seguro fundado na ética e na verdade.

Ouso afirmar que seu trabalho possui todos os predicados que se espera de uma produção acadêmica diferenciada. No papel de profissional do Direito, vejo com alegria a edição de um livro, trazido a lume pela conceituada Editora Juspodivm, que, com a simplicidade dos mestres e o preparo que se espera dos verdadeiros profissionais da área, permite a reflexão, discussão e enfrentamento de tema fundamental à consolidação dos alicerces de um Estado Social e Democrático de Direito.

Em breve síntese, o livro é proporcional à estatura intelectual, à rigidez acadêmica e ao compromisso para com a cátedra assumido pelo autor, que prova o acerto das palavras de Miguel de Cervantes ao profetizar que *"cada um é filho das suas obras"*, pois *"a pena é a língua da alma"*.

Antonio Carlos da Ponte

Procurador de Justiça.

Mestre e Doutor em Direito Processual Penal,

Livre Docente em Direito Penal.

Professor Associado da Faculdade de Direito da PUC-SP.

Professor dos Programas de Pós-Graduação da PUC-SP,
e da Universidade Nove de Julho (UNINOVE).

SUMÁRIO

INTRODUÇÃO

A ampliação do espaço de tutela penal, em razão da proteção de novos bens jurídicos, gerou dificuldades para apresentar soluções penais céleres aos conflitos penais, no âmbito exclusivo de um modelo clássico de formação da culpa, e provocou uma migração institucional de parcela dos problemas penais para as soluções negociadas[1]. Esse novo arranjo se sujeita a variados desafios a serem enfrentados pela ciência penal[2], com destaque para a legitimação da pena e dos seus equivalentes funcionais.

A referida ampliação do espaço de tutela penal, na segunda metade do século XX, revelou a insuficiência do sistema clássico repressivo, o qual exige um processo judicial conflitivo, que busca demonstrar o injusto e a culpabilidade em um julgamento, seguido de aplicação da pena em uma sentença.

A nova modernidade – termo usado por Garland, para se referir às mudanças econômicas e sociais nos últimos 30 anos do século XX, com avanços tecnológicos, novas formas de produção e de consumo, grandes transformações nos meios de comunicação – fez surgir um individualismo moral, como também trouxe consequências para a administração da segurança, ante o aumento das taxas de criminalidade[3].

---

1. Nesse trabalho, serão usados como sinônimos os termos negócio penal, Direito Penal negocial, soluções negociadas no campo penal, justiça penal negociada e outros equivalentes.

2. No sentido dado por Kelsen, a Ciência Jurídica não é sinônimo de Direito, apesar de ser frequentemente ignorada essa distinção. A função do conhecimento jurídico é diferente da função da autoridade jurídica. A Ciência Jurídica tem por missão conhecer o direito, de fora, e descrevê-lo com base no seu conhecimento. A Ciência Jurídica descreve o Direito, não o prescreve. O Direito, por sua vez, prescreve normas gerais ou individuais. Exemplo: um Tratado de Direito Penal (Ciência Jurídica) é diferente de um Código Penal (conjunto de normas prescritivas) (KELSEN, Hans. **Teoria pura do direito**. Trad. João Baptista Machado. 8. ed. São Paulo: Martins Fontes, 2019. p. 82-83). Para Alf Ross, por sua vez, Ciência Jurídica tem por tarefa conceitualizar as normas jurídicas, reduzindo-as a um sistema jurídico, de modo que compete ao pensamento jurídico atribuir conceitos às normas, para que elas se reduzam a uma ordem sistemática e, assim, apresentem uma versão do direito vigente, de modo claro e conveniente (ROSS, Alf. **Direito e justiça**. Trad. Alaôr Caffé Alves. Bauru, SP: Edipro, 2000. p. 204).

3. GARLAND, David. Castigo, control social y nueva modernidad. In: Derecho Penal Contemporáneo: **Revista Internacional**, n. 11, 2005, págs. 35-56. p. 46-48.

Por essa razão, a busca por evitar o delito passou a constituir um princípio organizacional do cotidiano. E, apesar de se reconhecer que o sistema de justiça criminal é limitado, o aumento das ofensas aos bens jurídicos, tipificadas como crimes, fez com que os estados reforçassem os meios de controle antigos e inventassem novas formas de controle[4].

As formas de criminalidade, tantos as antigas quanto as resultantes de novas condutas penais tipificadas, não poderiam ser solucionadas com a velocidade desejada em um modelo de sociedade que a cada dia clamava e continua clamando por respostas mais céleres para os problemas sociais. Por conseguinte, em certa medida, a resposta para parcela da criminalidade passou a ser concebida no âmbito de um modelo gerencial, em que se encontra a justiça penal negociada[5].

Diante disso, a política criminal, nos países de tradição *civil law*, conduziu o sistema penal a apresentar alternativas, como o Direito Penal negocial e seus instrumentos de soluções negociadas[6], por influência - que não significa importação literal- do modelo jurídico dos países de tradição *common law*, principalmente o dos Estados Unidos, com suas formas de sentença penal negociada.

Desde a década de 70 do século passado, têm sido difundidos modelos de negócio penal nos ordenamentos jurídicos de diversos países, independentemente do sistema processual adotado por cada um deles. Observa-se, de lá para cá, a introdução dos acordos de confissão de culpa que possibilitam condenação penal sem julgamento, na linha daquilo que se denomina de *plea bargain*[7]

4. Ibidem, p. 50.

5. Com uma abordagem negativa do fenômeno, Jesús-Maria Silva Sánchez situa o gerencialismo penal dentro da quarta dimensão da administrativização do Direito Penal, quando aponta mediação e negociação como formas de privatizar os conflitos, uma espécie de justiça doce, na qual valores como verdade e justiça ficariam em segundo plano (SÁNCHEZ, Jesús-Maria Silva. **A Expansão do Direito Penal.** 2. ed. São Paulo: RT, 2010. p. 90-91, 151-155, 165 e 170-171). Em um estudo empírico sobre a formas de justiça penal negociada em diversos países do mundo, Langer aponta uma tendência global de administratização de condenações criminais (LANGER, Máximo. Plea Bargaining, Conviction Without Trial, and the Global Administratization of Criminal Convictions. In: **Annual Review of Criminology**, v. 4, 2021, p. 377-411. Disponível em: https://www.annualreviews.org/doi/full/10.1146/annurev-criminol-032317-092255#article-denial. Acesso em 17 fev.2021. p. 385).

6. Ressalta-se que, embora não seja objeto do presente trabalho, além das soluções negociadas em matéria penal, outro instrumento de destaque que surgiu, como uma modalidades preventiva da criminalidade, com maior exclusividade no ambiente corporativo, foi denominado de *criminal compliance*, que pode ser conceituado "como uma proposta de atuação preventiva, consubstanciada em desenvolver mecanismos de controle interno no âmbito empresarial, para prevenir, detectar e remediar a prática, entre outros, de atos de corrupção, fraude, e outros ilícitos da mesma natureza" (GOMES FILHO, Dermeval Farias; MILANI, Luisa Villar de Queiroz. Criminal compliance: responsabilidade penal por omissão do compliance officer. **Brazilian Journal of Development,** Curitiba, v. 7, n. 2, p. 12.961-12.996, fev. 2021. p. 12.963. Disponível em: https://www.brazilianjournals.com/index.php/BRJD/article/view/24269/19408. Acesso em: 9 fev. 2021).

7. Em pesquisa sobre a administração da justiça penal pelo mundo, com a adoção de negociação de pena sem julgamento e, também, de aplicação de pena com julgamento, Máximo Langer aponta 60 jurisdições que adotam algum instrumento jurídico que possibilita negociação de pena sem julgamento. O Brasil não é citado nessa tabela,

(formas de sentença penal negociada), como também de outros institutos de Direito Penal negocial, com equivalentes funcionais da pena, sem natureza de pena e sem processo (*diversion*).

Vale ressaltar que, antes da segunda metade do século XX, não somente países de tradição *common law* iniciaram a trajetória do negócio penal. Outros mecanismos de solução negociada[8] que conduziam a um resultado com natureza de pena, sem a existência de um julgamento, conquanto fossem instrumentos jurídicos sem a mesma extensão do *plea bargain* estadunidense, foram adotados na Alemanha, Hungria, Itália, Japão, Polônia, África do Sul, Coreia do Sul, Espanha, Suécia e Taiwan[9].

Não obstante a expansão do Direito Penal possa ser invocada, com maior grau de convencimento, como uma das causas de crescimento do modelo de justiça negociada, há quem entenda que isso pode ser apenas uma razão, utilizada pelos operadores do Direito e invocadas pelo Legislativo, para melhorar a eficiência do sistema de justiça na gestão dos casos criminais. Isto é, haveria por trás dessa tendência uma ideia de aumentar o número de condenações - nos modelos penais que permitem negociar pena sem julgamento - e combater a impunidade, principalmente nos casos de corrupção e do crime organizado[10].

Isso implica, consoante Langer, por influência dos Estados Unidos e de outros países, uma tendência transnacional de delegar mais poderes aos promotores de justiça. No entanto, reconhece que não haveria, mesmo após as duas primeiras décadas do século XXI, uma exploração das reais causas empíricas na literatura dos países que passaram a adotar soluções negociadas[11].

As causas de ordem econômica são preferidas por setores acadêmicos na explicação do crescimento das soluções negociadas pelo mundo afora[12]. Isso

---

talvez porque o autor e seus auxiliares de pesquisa perceberam que os instrumentos de justiça penal negociada existentes no país não permitem aplicação de pena sem julgamento. Mais adiante, na mesma pesquisa, o autor reduz a amostra para 26 países (LANGER, op. cit., p. 378-379).

8. A título de ilustração, a Alemanha adotou a ordem penal em 1877. "Ordem penal constitui uma forma de lidar com infrações penais menores por meio de procedimentos totalmente escritos em que a sentença proposta pelo promotor se torna final com a aprovação do tribunal se o réu não se opuser" (tradução própria). (LANGER, Máximo. Plea Bargaining, Conviction Without Trial, and the Global Administratization of Criminal Convictions. In: **Annual Review of Criminology**, v. 4, 2021, p. 377-411. Disponível em: https://www.annualreviews.org/doi/full/10.1146/annurev-criminol-032317-092255#article-denial. Acesso em 17 fev.2021. p. 379).

9. Nesse sentido, destaca Langer, com tabela que estabelece as datas de introdução dos institutos negociados em dezenas de países (LANGER, op. cit., p. 379).

10. Essa é uma posição apontada por Máximo Langer (LANGER, op. cit., p. 382).

11. LANGER, op. cit., p. 382.

12. Nesse sentido, entre outros, utilizam a Análise Econômica do Direito para justificar as medidas negociais do aspecto processual penal: ISMAEL, André Gomes. **PLEA BARGAIN**: uma análise histórica, comparada e juseconômica. 2017. 114f. Dissertação. Universidade Católica de Brasília, 2017. p. 10-11; FONSECA, Cibele Benevides Guedes da. **Colaboração Premiada**. Belo Horizonte: Del Rey, 2017. p. 202-239. No mesmo sentido, Alexandre Rocha e Fábio

ocorre porque o aumento do espaço de tutela penal implica um alto custo econômico para estabelecer soluções, em todos os casos penais, mediante um processo tradicional, sujeito à audiência de instrução e julgamento ou ao julgamento pelo júri popular. Ante essa realidade, os mecanismos de sentença penal negociada e de diversão são irreversíveis, independentemente da plataforma adversarial ou inquisitorial, de um modelo de disputa ou de investigação social, presentes no sistema processual penal de cada país.

As razões para um modelo jurídico gerencial e, portanto, negocial na seara penal, outrossim, podem ser extraídas da ideia de um pensamento jurídico tecnológico dentro da dogmática contemporânea, que pressupõe a ideia de custo/benefício na solução dos problemas jurídicos. Dessa forma, o cálculo jurídico considera os limites dogmáticos em face das exigências sociais, procurando, do melhor modo possível, criar condições para que os conflitos possam ser juridicamente decidíveis"[13].

Segundo ensina Tércio Sampaio, o estatuto teórico do saber jurídico sofreu transformação ao longo da história, de um saber ético, do ponto de vista do Direito romano, foi-se moldando até chegar ao tempo atual como um saber tecnológico. Ressalta-se que, do século passado até os dias atuais, a ciência do Direito sofreu progressiva assimilação do pensamento dogmático, do enfoque científico do Direito pelo enfoque tecnológico[14].

O pensamento tecnológico contém algumas características do pensamento científico estrito senso, porquanto usam as mesmas premissas como ponto de partida. Todavia, o pensamento tecnológico busca possibilitar decisões para os problemas de relevância prática, constrói uma problematização para sua aplicabilidade na solução de conflitos[15].

O pensamento tecnológico, característica da dogmática, transforma as possibilidades factuais apresentadas pela ciência em possibilidades factuais de ação humana. Desse modo, o pensamento tecnológico não constitui um sistema normativo, não se opõe à ciência, mas a prolonga ao realizar operações de transporte das conclusões das teorias cientificas para a solução dos problemas

---

Bechara relacionam a AED com os instrumentos de justiça negociada, apontando a transação penal, suspensão condicional do processo, colaboração premiada, acordo de não persecução penal (MORAES, Alexandre Rocha de; BACHARA, Fábio Ramazzini. Acordo de não persecução penal restrição das hipóteses de cabimento a partir dos mandados constitucionais de criminalização. In **Acordo de Não Persecução Penal**. Org. Daniel de Resende Salgado, Luís Felipe Schneider Kircher, Ronaldo Pinheiro de Queiroz. São Paulo: JusPodivm, 2022. p. 425).

13. FERRAZ JUNIOR, Tércio Sampaio. **Introdução ao Estudo do Direito: técnica, decisão, dominação**. 7ª ed. São Paulo: Atlas, 2013. p. 61.

14. Ibidem, p. 59-60.

15. FERRAZ JUNIOR, Tércio Sampaio. **Função Social da Dogmática Jurídica.** 2ª ed. São Paulo, Atlas: 2015. p. 87.

práticos. Isso ocorre por exemplo na relação entre Criminologia e Dogmática do Direito Penal[16].

Nesse processo de racionalização da ação humana, consoante a explicação de Técio, as doutrinas se apresentam como sistemas tecnológicos, na medida em que os enunciados dogmáticos são postos a "serviço da problemática da realizabilidade de modelos de comportamento, como são as normas jurídicas, e das consequências da sua realização para a vida social, e que também lhes dá um certo sentido crítico"[17].

A ciência da Antiguidade se apresentava como uma ciência prática. A dogmática moderna também representa um conhecimento prático, mas traz uma distinção relevante, ou seja, enquanto a jurisprudência do Direito romano se constituía de um saber que produzia o verdadeiro no campo do útil, do justo, do belo, a tecnologia atual não se origina de uma verdade contemplada pela ciência, mas "torna-se uma provocação, uma interpelação da vida social, para extrair dela o máximo que ela pode dar"[18].

A tecnologia jurídica atual exerce pressão sobre a vida social, ao ocultá-la e manipulá-la, diferente da ciência prática da Antiguidade, que se rendia à natureza das coisas. A tecnologia, compreendida como saber dogmático contemporâneo, semelhante às tecnologias industriais, recebe a influência da visão capitalista das coisas, como, por exemplo, a ideia de cálculo, na relação de custo/benefício, que se encontra presente no saber jurídico-dogmático dos dias atuais. Isso quer dizer que os conflitos devem "ser resolvidos juridicamente com o menor índice possível de perturbação social: eis uma espécie de premissa oculta na maioria dos raciocínios dos doutrinadores"[19].

Dessa perspectiva, o modelo negocial de solução dos conflitos penais se relaciona com um saber tecnológico, que influencia juristas e legisladores. E se insere, ainda, em um saber dogmático, preocupado com soluções de custo-benefício, que acompanha a dinâmica da vida moderna.

Nesse diapasão, os novos institutos jurídicos, oriundos do modelo de justiça penal negociada, que surgiram no bojo da dogmática, não se distanciam do almejado equilíbrio entre a modernidade e o conservadorismo em matéria

16. Ibidem, p. 87-88.

17. Ibidem, p. 88.

18. FERRAZ JUNIOR, Tércio Sampaio. **Introdução ao Estudo do Direito: técnica, decisão, dominação.** 7ª ed. São Paulo: Atlas, 2013. p.61.

19. Ibidem.

penal[20]. É preciso compreender a possibilidade de convivência de tal fenômeno com a dogmática penal do passado, desde que tudo isso importe na devida proteção dos bens jurídicos tutelados pelo Direito Penal, sem prejuízo do respeito aos princípios e garantias processuais.

Não se pode perder de vista em qualquer pesquisa sobre Direito Penal negocial que a proteção de bens jurídicos principais constitui a principal função do Direito Penal. Da teoria do bem jurídico penal advém a limitação ao poder de punir do Estado[21], o qual não poderá estender seu poder punitivo à proteção de todo e qualquer bem jurídico.

A tutela penal deve ser realizada de forma subsidiária[22], uma vez que o Direito Penal não deve ser utilizado como instrumento de *prima ratio*, mas sim de *ultima ratio*. A escolha dos bens, por sua vez, se legitima consoante o indicativo constitucional, que constitui a fonte da política criminal, para conduzir o legislador à tipificação das condutas geradoras de lesão e de perigo de lesão aos bens jurídicos de maior relevância social[23], bem como aos instrumentos mais eficientes na solução dos conflitos penais.

Nesse percurso, as discussões atuais sobre o modelo negociado penal costumam levar em conta apenas sua celeridade e economia de recursos em oposição a sua aparente dificuldade em absorver os princípios do contraditório, da ampla defesa e do devido processo legal. Ressalta-se que, no contexto latino sul-americano, o Brasil apresenta atrasos, em relação aos países vizinhos, no que diz respeito ao modelo negociado em matéria penal e, portanto, à maior compreensão do princípio da oportunidade[24].

---

20. HASSEMER, Winfried. **Introdução aos fundamentos do direito penal.** Trad. Pablo Rodrigo Alfen da Silva. Porto Alegre: Sergio Antônio Fabris, 2005. p. 337.

21. PONTE, Antônio Carlos da; GOMES FILHO, Dermeval Farias. A Política Criminal de Proteção da Saúde no Brasil: limite substancial do bem jurídico e desafios dogmáticos. **Revista Brasileira de Estudos Jurídicos,** Montes Claros, MG, v. 15, n. 3, p. 34-58, set./dec. 2020. p. 36-37.

22. ROXIN, Claus. **A proteção de bens jurídicos como função do Direito Penal.** 2. ed. Porto Alegre: Livraria do Advogado, 2013. p.17.

23. MORAES, Alexandre Rocha Almeida de. **Direito Penal racional:** propostas para a construção de uma teoria da legislação e para uma atuação criminal preventiva. Curitiba: Juruá, 2016. p. 140.

24. Em pesquisa realizada por Langer, na qual se catalogaram os modelos de mecanimos penais de negociação de pena em 26 jurisdições, o Brasil é colocado ao lado de Indonésia e Angola, países que, como ele, não adotaram solução negociada de pena sem julgamento. Enquanto isso, soluções negociadas, sem julgamento, com incidência de pena, são mencionadas, por exemplo, na Argentina desde 1997, na Bolívia (1999), no Chile (2000), no Equador (2000), no Peru (1994), no Uruguai (2016), e na Venezuela (1993) (LANGER, Máximo. Plea Bargaining, Conviction Without Trial, and the Global Administratization of Criminal Convictions. In: **Annual Review of Criminology,** v. 4, 2021, p. 377-411. Disponível em: https://www.annualreviews.org/doi/full/10.1146/annurev-criminol-032317-092255#article-denial. Acesso em 17 fev.2021. p. 380-381). O atraso brasileiro foi alvo de constatação, ainda, por Da Ponte e Demercian, ao tratar das reformas legislativas em matéria penal e processual: "Dois exemplos clássicos dessa afirmação podem ser encontrados justamente na Justiça Consensual (a timidez com que as regras do processo negociado foram concebidas, restringindo-se, em boa medida, aos juizados especiais criminais, em que o conceito de menor potencial ofensivo foi decidido por uma ficção pautada na pena e não pelos bens

Alguns trabalhos acadêmicos nacionais em torno do negócio penal restringem-se à abordagem crítica em torno dos princípios processuais penais, dentro de uma compreensão equivocada de que os acordos penais não seriam conciliáveis com o controle jurisdicional, com os limites do princípio da legalidade, nem com a ideia de pena ou de equivalentes funcionais da pena, sem julgamento de rito conflitivo[25].

É comum ainda o transporte da crítica à barganha, nos moldes existentes nos Estados Unidos, com a possibilidade de acordo de pena e acentuada discricionariedade do Ministério Público, aos mecanismos de negócio penal da legislação nacional, como se aqui já houvesse acordo de pena[26].

De outro lado, ainda se observam trabalhos acadêmicos nacionais que defendem o modelo negocial em sentido amplo, tanto o que possibilita o negócio de pena[27], quanto a modalidade de Direito premial[28], ou mesmo de negócio penal que apresenta respostas penais diversas da pena[29]. E, mais recentemente, alguns estudos buscam apresentar a dogmática do artigo 28-A do CPP, inserido pela Lei n. 13.964/2019[30].

Verifica-se que as alternativas de negócio penal têm sido discutidas, em seus aspectos legais e constitucionais, mediante análises das modalidades de

protegidos) e a adoção dos princípios de um processo oral (adotados e aplicados de forma incompleta, com os vícios burocratizantes hauridos dos processos escritos)" (PONTE, Antônio Carlos da. DEMERCIAN, Pedro Henrique. O Ministério Público e a Justiça Penal Consensual. Foro. **Revista de Ciencias Jurídicas y Sociales,** Nueva Época, vol. 22, núm. 1 (2019): 101-118. p.111. Disponível em: <https://redib.org/Record/oai_articulo2860088-o-minist%C3%A9rio-p%C3%BAblico-brasileiro-e-a-justi%C3%A7a-consensual>. Acesso em: 16 set.2022).

25. LOPES JUNIOR, Aury. A crise existencial da justiça negocial e o que (não) aprendemos com o JECRIM. **Boletim IBCCRIM**. São Paulo: IBCCRIM, ano 29, n. 344, jul.2021. p. 4-5.

26. Nesse sentido, a dissertação de mestrado de Vinicius Vasconcelos, premiada no IBCcrim 2014, e transformada em livro: VASCONCELOS, Vinicius. **Barganha e Justiça Criminal Negocial**: análise das tendências de expansão dos espaços de consenso no processo penal brasileiro. 2ª ed. Belo Horizonte: D'Plácido, 2020. p.29-30.

27. ISMAEL, André Gomes. **PLEA BARGAIN**: uma análise histórica, comparada e juseconômica. 2017. 114f. Dissertação. Universidade Católica de Brasília, 2017. p. 12; CASTRO, Ana Lara Camargo. **Plea bargain**: resolução penal pactuada nos Estados Unidos. Belo Horizonte: Editora D'Plácido, 2019. p. 148; CUNHA, Vitor Sousa. **Acordos de Admissão de Culpa no Processo Penal.** Salvador: Juspodivm, 2019. p.299; ANDRADE, Flávio da Silva. O Consenso no processo penal e o rito abreviado fundado na admissão de culpa: (in)compatibilidade constitucional, vantagens, desvantagens e perigos. **Revista Eletrônica de Direito Processual - REDP**. Rio de Janeiro, UERJ, ano 14, vol. 21, n.3, set.-dez., p. 331-365, 2020. Disponível em: <https://www.e-publicacoes.uerj.br/index.php/redp/article/view/45930>. Acesso em: 13 out. 2022.

28. FONSECA, Cibele Benevides Guedes da. **Colaboração Premiada**. Belo Horizonte: Del Rey, 2017. p. 242; ZILLI, Marcos. O acordo de colaboração premiada como negócio jurídico processual: o controle judicial em face dos operadores-legisladores. In: **Colaboração premiada:** perspectiva comparada. Orgs: Kai Ambos, Marcos Zilli e Paulo de Sousa Mendes. São Paulo: Tirant lo Blanch, 2020. p. 51-89; PEZZOTTI, Olavo Evangelista. **Colaboração premiada:** uma perspectiva de direito comparado. São Paulo: Almedina, 2020. p. 224-225.

29. SUXBERGER, Antônio Graciano; GOMES FILHO, Dermeval Farias. Funcionalização e Expansão do Direito Penal: o Direito Penal Negocial. In: **Revista de Direito Internacional,** Brasília, v. 13. n. 1, p. 377-396, 2016. p. 378. Disponível em: https://www.publicacoesacademicas.uniceub.br/rdi/article/view/4097/pdf. Acesso em: 9 fev. 2021.

30. Nesse sentido: CABRAL, Rodrigo Leite Ferreira. **Manual do Acordo de Não Persecução Penal**. Salvador: Juspodivm, 2020. p.13-220. VASCONCELOS, Vinicius Gomes de. **Acordo de não persecução penal.** São Paulo: Thomson Reuters. 2022. p.11-235.

acordos penais presentes no Direito estrangeiro, como solução de resposta penal para os crimes de baixa, média e, em certa medida, alta ofensividade.

As alternativas negociadas são vistas como mecanismos de combate efetivo da criminalidade, no ideal de um processo penal de resultados[31], na medida em que têm potencial para resolver problemas de morosidade e de sobrecarga do sistema penal brasileiro. Tais instrumentos impactam, por outro lado, na atuação do Ministério Público, que se destaca como principal ator do modelo político-criminal negocial, ante uma desjudicialização de parcela dos conflitos penais.

No que concerne à exploração da justiça penal negociada no campo do Direito Penal, pouco tem sido produzido tanto nos trabalhos nacionais quanto nos estrangeiros[32]. A discussão no Brasil, como já alertado, se limita ao aparente conflito entre negócio penal e os princípios processuais penais e, ainda, aos estudos alicerçados na Análise Econômica do Direito. Quase nada tem sido discutido sobre o negócio penal e os institutos do Direito Penal. Isso ocorre porque a ideia de negócio penal tem recebido natureza processual[33].

No entanto, a justiça penal negocial pode sim ser colocada no espaço do Direito Penal, porquanto, a depender do ordenamento jurídico examinado, possibilita consequências penais, quais sejam: na teoria do crime mediante a readequação típica de delitos *(charge bargaining)*; na dosimetria da pena por meio da redução e/ou modificação não prevista inicialmente no preceito secundário dos tipos penais; e na possibilidade de extinção da punibilidade em formas negociadas de diversão, afastando a incidência da pena.

Sem prejuízo de ajustes decorrentes das críticas que serão apontadas ao longo da pesquisa, é necessário compreender o modelo irreversível de justiça penal negociada, suas causas e consequências no tocante à legitimação da resposta penal – seja com penas ou com equivalentes funcionais da pena – em um ambiente marcado pela tutela penal crescente de bens jurídicos coletivos

31. PONTE, Antônio Carlos da. DEMERCIAN, Pedro Henrique. O Ministério Público e a Justiça Penal Consensual. Foro. **Revista de Ciencias Jurídicas y Sociales,** Nueva Época, vol. 22, núm. 1 (2019): 101-118. p.112-115. Disponível em: <https://redib.org/Record/oai_articulo2860088-o-minist% C3%A9rio-p%C3%BAblico-brasileiro-e-a-justi%C3%A7a-consensual>. Acesso em: 16 set.2022.

32. De forma mais ampla, Felipe De-Lorenzi apresentou questionamentos sobre as alterações nos institutos penais com o uso do modelo negociado, com implicações na teoria do crime, teoria da norma, princípio da legalidade penal e a redução da sanção (DE-LORENZI, Felipe da Costa. **Justiça Negociada e Fundamentos do Direito Penal**: pressupostos e limites materiais dos acordos sobre sentença penal no Brasil. 2020. 380f. Tese (Doutorado) – Programa de Pós-Graduação em Ciências Criminais, PUC-RS Porto Alegre, 2020. p. 17).

33. De forma mais ampla, Felipe De-Lorenzi apresentou questionamentos sobre as alterações nos institutos penais com o uso do modelo negociado, com implicações na teoria do crime, teoria da norma, princípio da legalidade penal e a redução da sanção (DE-LORENZI, op. cit., p. 17).

e individuais e pela necessidade de comunicar a resposta penal ao infrator, à sociedade e, principalmente, à vítima[34].

É preciso apresentar respostas sobre a razão da pena, para que serve, se é somente para retribuir, ou se possui fins preventivos de dissuadir e ressocializar, ou, ainda, nos dias atuais, um sentido reparador, de comunicação da resposta penal ao infrator, à vítima e à sociedade[35]. São questões que acompanham a pena no sentido político-criminal e dogmático do modelo de justiça penal, que depende de uma resposta penal judicializada. Todavia, tais indagações também devem fazer parte do desenho de justiça penal negociada, com resposta penal desjudicializada.

Esse problema denota acentuada relevância, uma vez que as soluções negociadas de Direito Penal, a depender do ordenamento jurídico pesquisado, abrangem: respostas, sem julgamento, com natureza de pena; e respostas, sem julgamento, sem natureza de pena, denominadas de equivalentes funcionais da pena. Desse modo, nesse segundo modelo de resposta penal negociada, o Estado reconhece um fato criminoso, mas abre mão de aplicar uma pena, prevista no preceito secundário do tipo incriminador. Por que adota essa alternativa? De que forma essa solução se legitima diante de um fato criminoso e de um autor identificado?

Consoante o escopo da presente pesquisa, observa-se que não se buscou, ainda, no campo da ciência penal, como objetivo principal, identificar a legitimação dos instrumentos negociais de resposta penal – suas soluções de pena negociada e de respostas diversas da pena – com as teorias que fundamentam a pena, que legitimam o *ius puniendi estatal,* sistematizadas a partir do século XIX.

A compreensão das teorias dos fins da pena, como acentua Hassemer, melhora a capacidade de julgamento, além de influenciar na quantidade de pena aplicada[36]. É preciso, outrossim, examinar se tais teorias dos fins da pena dialogam com os equivalentes funcionais da pena, pactuados nos negócios penais de diversão, que apresentam soluções diferentes da pena.

Faz-se necessário aspirar a uma teoria justificadora da sanção penal, como ensina Vilajosana, que se encontre respaldada no momento atual da sociedade[37].

34. SUXBERGER, Antônio Graciano; GOMES FILHO, Dermeval Farias. Funcionalização e Expansão do Direito Penal: o Direito Penal Negocial. In: **Revista de Direito Internacional,** Brasília, v. 13. n. 1, p. 377-396, 2016. p. 378. Disponível em: https://www.publicacoesacademicas.uniceub.br/rdi/article/view/4097/pdf. Acesso em: 9 fev. 2021.

35. VILAJOSANA, Josep M. **Las razones de la pena**. Valencia: Tirant lo Blanch, 2015. p. 14.

36. HASSEMER, Winfried. **¿Por qué castigar? Razones por las que merece la pena la pena**. Trad. Manuel Cancio Meliá y Francisco Muñoz Conde. Valencia: Tirant lo Blanch, 2016. p. 59-60.

37. VILAJOSANA, op. cit., p. 16

Como adverte Planas, a legitimação da pena não pode ser separada da sistemática, do seu aspecto dogmático, onde são colhidas as críticas. A pena é exercida sobre pessoas individuais. Todo sistema jurídico que não se esforça para responder à pergunta sobre a legitimação da pena - desse dever-ser concreto de impor sanção - deixará sem explicação parte fundamental do Direito[38].

Surge a necessidade de referência às teorias da pena como uma unidade de sentido sobre a "qual se forma o sistema de delito e se pode valorar a legitimidade de uma série de aspectos concretos (entre eles o da argumentação sobre a lei). É evidente que também na fundamentação da pena existem particularidades próprias do método dogmático"[39].

A intervenção estatal por meio da pena pressupõe justificativa à sociedade e ao apenado, os quais podem ter interesses opostos. A sociedade ou coletividade é quem assume os custos elevados de um sistema de justiça criminal em um Estado Democrático de Direito, apenas justificados quando há benefícios em prol da coletividade. O apenado deve conhecer a razão pela qual foi sentenciado a uma sanção penal[40], bem como as razões de um acordo penal com ou sem natureza de pena. Não se desconhece, todavia, a necessidade de acrescentar, na atual fase do Direito Penal, mecanismos de comunicação com a vítima como parte do contexto legitimador da pena e de outras respostas penais sem natureza de pena.

O modelo de justiça penal negociada precisa esclarecer e justificar a resposta penal, independentemente de sua natureza, ou seja, tanto as que possuem natureza de pena quanto as que possuem natureza de equivalentes funcionais da pena. A concepção clássica, segundo a qual para um crime haverá uma pena a ser aplicada após um julgamento, tem sido flexibilizada pelos negócios penais que antecipam penas aquém do mínimo previsto pelo legislador (acordos com redução de pena) ou mesmo por condições sem natureza de pena (acordos de diversão). É preciso aferir se esse novo modelo de solucionar conflitos penais cumpre as funções do Direito Penal.

O que distingue a pena de outras formas de sanção é que, além de apresentar dor e censura, ela atinge direitos inatos. Dito de outro modo, nos países que aboliram as antigas sanções, manifestadas nos suplícios, a pena, no Direito

38. PLANAS, Ricardo ROBLES. **Estudos de dogmática jurídico-penal: fundamentos, teoria do delito e direito penal econômico.** Coleção Ciência Criminal Contemporânea. v.6. Coord. Cláudio Brandão. Belo Horizonte: D'Plácido, 2016. p. 34.

39. Ibidem.

40. HÖRNLE, Tatjana. **Dois Estudos: teoria da pena e culpabilidade**. Trad. Tatiana Stoco e Silvio Leite Guimarães Neto. São Paulo: Marcial Pons, 2020. p. 19.

Penal atual, é a privativa de liberdade de locomoção, bem como aquelas que podem ser convertidas em privativas de liberdade de locomoção[41]. A própria pena de multa, existente hoje no Direito brasileiro, que não mais pode ser convertida em prisão, não constitui, nessa concepção, apresentada, por exemplo, por Luís Greco, pena em sentido material, mas somente em sentido formal ou artificial[42]. Ressalta-se que, no desenho normativo atual, há três tipos de penas na legislação penal brasileira: privativa de liberdade; multa; restritivas de direitos.

Adverte-se que, para efeito da presente pesquisa, observar-se-á que, por ora, ainda não existe no modelo jurídico brasileiro solução negociada penal que implique um resultado de pena sujeita à mera homologação judicial, mas apenas negócios penais que implicam equivalentes funcionais da pena ou respostas diversas da pena, sem os atributos da coerção e do reconhecimento da culpabilidade em juízo e, principalmente, sem a possibilidade de privação da liberdade.

Entende-se aqui por equivalente funcional da pena um instituto sem natureza de pena, mas que produz efeitos, em parte, semelhantes à pena. Dessa maneira, a substituição da opção de uma pena por um equivalente funcional, nas hipóteses estabelecidas pelo legislador, almeja a mesma finalidade[43], com menor dano, seja do ponto de vista da execução penal, seja do agente ou, ainda, da vítima.

Mais adiante, a pesquisa buscará verificar a legitimação dos equivalentes funcionais nos modelos de justiça penal negociada, se a referida equivalência

41. GRECO, Luis. Opõe-se o princípio da culpabilidade à penalização de pessoas jurídicas? Reflexões sobre a conexão entre pena e culpabilidade. In: GRECO, Luís. **As Razões do Direito Penal: quatro estudos**. Org. Eduardo Viana, Lucas Montenegro, Orlandino Gleizer. São Paulo: Marcial Pons, 2019. p. 73.

42. GRECO, Luis. Opõe-se o princípio da culpabilidade à penalização de pessoas jurídicas? Reflexões sobre a conexão entre pena e culpabilidade. In: GRECO, Luís. **As Razões do Direito Penal: quatro estudos**. Org. Eduardo Viana, Lucas Montenegro, Orlandino Gleizer. São Paulo: Marcial Pons, 2019. p.73.

43. Jesús-Maria Silva Sanchez faz uso da expressão equivalente funcional da pena para se referir a: acordos entre processado e o Ministério Público, com ou sem intervenção judicial, sem juízo de culpabilidade, com reparação de danos em crimes patrimoniais, culposos e de lesões leves; dimensão aflitiva do processo penal manifestada em dilações indevidas, bem como na prisão preventiva; penas alternativas que substituem outra (privativa de liberdade); condutas levadas a cabo por terceiro (legítima defesa; vingança; retorsão imediata), como também chama de equivalentes funcionais sem parentesco estrutural, equiparados ao cumprimento da condenação, as causas de extinção da punibilidade (morte do acusado, indulto, perdão do ofendido e prescrição). Ainda trata alguns comportamentos pós-delitivos dentro da mesma categoria, quais sejam: confissão e reparação do dano; autopunição empregada pelo agente; mecanismos informais sociais, não reconhecidos pelo Estado, que aplicam castigo em linchamento; o excesso no ato de prisão em flagrante por parte da polícia ao prender um agente que acabava ferido, o qual foi atingido com disparo de arma de fogo; condições desumanas de detenção, com incidência de maus-tratos ou tortura. O referido autor sustenta que, em alguns casos, um equivalente funcional pode: pôr fim ao processo antes do julgamento; fazer com que o agente seja julgado sem imposição de pena, antecedida de sua confissão; representar a possibilidade de uma pena atenuada; significar a exclusão da execução da pena (SILVA SÁNCHEZ, Jesús-Maria. **Malum Passionis.** Mitigar el dolor del Derecho penal. Barcelona: Atelier, 2018. p. 113-181). Jakobs, do mesmo modo, faz uso do termo equivalente funcional para se referir a diversas modalidades de solução de conflito penal sem pena (JAKOBS, Günther. **Derecho Penal**: parte general: fundamentos y teoría da imputación. 2. ed. Madrid: Marcial Pons, 1997. p. 14-18).

é apenas simbólica ou se é simbólica e também aflitiva[44], ou se exerce efeito equivalente à pena para proteção suficiente do bem jurídico penal e da comunicação adequada ao infrator, à vítima e à sociedade. Será examinado ainda se os equivalentes funcionais de pena podem contribuir para equacionar parte do estado de coisas inconstitucional do sistema carcerário brasileiro.

Buscará demonstrar que, por ora, não existe acordo de pena nos negócios penais do atual sistema jurídico brasileiro, os quais são denominados acordo de não persecução penal (ANPP), transação penal, suspensão condicional do processo. Outrossim, não possui natureza de sentença penal negociada a colaboração premiada, porquanto se trata de um meio de produção de provas.

As soluções negociadas no campo penal são alternativa à expansão do espaço de tutela do Direito Penal, instrumentos que respondem aos desafios do sistema de justiça criminal. De outro lado, o Direito premial - com seu mecanismo de sanção positiva que implica uma futura sentença judicial com redução da sanção penal ou com sanção mais benéfica - almeja a produção probatória, que não seria alcançada pelo Estado, para gerar a responsabilidade por determinados ilícitos.

O modelo negociado brasileiro atual, quando negocia resposta penal sem pena, por meio dos atuais mecanismos de acordo penal existentes, após o cometimento de um crime, mitiga a própria estrutura do Direito Penal, a ideia de que a conduta criminosa será sancionada com uma pena.

Alerta-se que os instrumentos de negócio penal existentes no Brasil não representam modelos informais de justiça, por isso não são contemplados pela crítica de Sanchez[45], segundo a qual a verdade e a justiça só se apresentam no modelo formal de justiça. Para o referido autor, o modelo negociado é informal, de modo que a verdade e a justiça ficam em segundo plano. Os modelos negociados brasileiros são formais e institucionalizados, sujeitos a controle, como se verá no desenvolvimento do trabalho.

Dessa forma, importa revisitar as teorias da pena e apontar sua adequação ou inadequação com o modelo negocial, para se alcançarem a reprovação e a prevenção. É preciso compreender as variadas formas de solução do conflito penal, a dinâmica dos sistemas processuais não estanques, que possibilitam a convivência com soluções negociadas em matéria penal.

44. SILVA SÁNCHEZ, op. cit., p. 149-52.

45. SÁNCHEZ, Jesús-Maria Silva. **A Expansão do Direito Penal.** 2ª ed. São Paulo: RT, 2010, p. 90-1.

Daí surge **o problema da pesquisa**: como se legitima a resposta penal – com natureza de pena ou de equivalente funcional da pena – à luz dos benefícios e das possibilidades acenadas com os instrumentos do Direito Penal negocial? Essa abordagem, que busca atribuir sentido próprio às categorias da teoria da pena, é algo incipiente ou mesmo lacunoso no pensamento jurídico pátrio.

O **trabalho se justifica** na medida em que o estudo da legitimação da pena ou de seus equivalentes funcionais, como solução penal negociada, é relevante, uma vez que pressupõe um fato penal e um autor que deixa de se submeter a um processo conflitivo para receber pena negociada ou medida sem natureza de pena. Desse modo, o Estado deixa, no segundo caso, de adotar uma solução de pena para um fato criminoso reconhecido. Essa legitimação precisa ser esclarecida ante a previsão de um enunciado normativo protetor de um bem jurídico relevante para a vida em sociedade.

A resposta penal precisa ser justificada, seja no modelo judicializado, seja no acordo desjudicializado. Existe na pena de prisão uma intervenção a um direito inato, que é a liberdade. Ademais, a pena produz danos, logo não pode ser desvinculada de um fim[46]. Do mesmo modo, tanto na pena quanto na resposta penal sem natureza de pena, há uma intervenção estatal com altos gastos econômicos suportados pelo sistema de justiça criminal estatal, que devem ser justificados de maneira racional perante os contribuintes[47].

Nesse sentido, não se pode permitir a descrença constante da sociedade no sistema de justiça criminal, como tem ocorrido no Brasil, com processos morosos, altas taxas de criminalidade violenta e não violenta, caótico sistema de execução de penas. Nessa toada, o trabalho a ser desenvolvido na tese tem relevância jurídica e social, uma vez que tentará demonstrar: a alternativa do Direito Penal negocial para uma remodelagem de efetividade do sistema brasileiro; e a legitimação da resposta penal pactuada.

Conforme dito anteriormente, as temáticas do Direito Penal negocial têm atraído a atenção daqueles que se debruçam sobre seus temas, tendo em vista uma discussão processual penal, que coloca de um lado a adoção de respostas eficientistas e, de outro, em aparente antagonismo e quadro de tensionamento, o resguardo das garantias fundamentais do particular em face da intervenção penal do Estado.

46. HASSEMER, Winfried. **¿Por qué castigar? Razones por las que merece la pena la pena**. Trad. Manuel Cancio Meliá y Francisco Muñoz Conde. Valência: Tirant lo Blanch, 2016. p. 62.

47. Nesse sentido, sobre a pena, descreve Tatjana: HÖRNLE, Tatjana. **Dois Estudos: teoria da pena e culpabilidade**. Trad. Tatiana Stoco e Silvio Leite Guimarães Neto. São Paulo: Marcial Pons, 2020. p. 28.

No entanto, a revisão da literatura evidencia uma lacuna[48] na discussão da teoria da pena e dos benefícios decorrentes de soluções abreviadas ou, ainda, de diversificação procedimental da resposta penal. Dito de outro modo, não se discute a imprescindível questão da legitimação da pena e dos seus equivalentes funcionais nas negociações penais, principalmente, no segundo caso, naquelas modalidades em que não se forma a culpa em um processo.

Constitui **objetivo geral** demonstrar a legitimação da pena no modelo de justiça penal negociada, qual modelo se ajusta melhor à realidade da pena desjudicializada e, de igual modo, demonstrar a legitimação da resposta penal, sem natureza de pena, em determinados institutos negociados presentes no ordenamento jurídico brasileiro, denominados de equivalentes funcionais da pena.

No que concerne aos **objetivos específicos**, a pesquisa apresenta as seguintes propostas: apresentar as soluções teóricas sobre a legitimação da pena e seu diálogo com a justiça penal negociada; analisar a expansão do direito penal e as formas de soluções penais consensuais; demonstrar que a construção de alternativas penais passa pelas soluções negociais; distinguir sentença penal negociada de acordos de diversão; examinar acordos de diversão do Direito estrangeiro; apontar a ausência de importação literal do modelo de justiça penal negociada estadunidense para outros países; defender uma política criminal uniforme do Ministério Público na condição de protagonista da justiça penal negociada; equacionar eventual tensão entre os direitos das vítimas e a justiça penal negociada; encontrar espaço de legitimação das respostas dos acordos penais nas teorias da pena; afastar a justificativa dos acordos penais de uma exclusiva Análise Econômica do Direito; identificar a possibilidade de um Direito Penal sem pena, conforme o grau de intensidade da resposta em distintos estágios da persecução penal; sustentar a necessária relação entre proteção penal suficiente do bem jurídico e Direito Penal negocial; demonstrar a contribuição dos acordos de diversão para equacionar parte dos problemas do sistema carcerário brasileiro.

No que concerne ao **marco teórico**, não haverá exclusividade amparada em um único guia acadêmico[49]. Em todos seus capítulos, buscar-se-á dialogar

---

48. Lacuna aqui no sentido de ausência de construção da legitimação da pena no modelo negocial no campo da ciência penal, uma vez que o termo lacuna, de costume, encerra outros significados. Para Maria Helena Diniz, a lacuna pode ser classificada em autêntica, a qual ocorre quando a lei não permite uma resposta e, portanto, não se pode decidir o caso segundo uma lei, e em não autêntica (*de lege ferenda*), quando, por exemplo, um fato-tipo é previsto na lei, mas a solução não é a melhor, ou seja, uma lacuna de política criminal quando se trata de Direito Penal. Apenas a primeira modalidade, lacuna autêntica (*de lege lata*), goza de aceitação na doutrina (DINIZ, Maria Helena. **As Lacunas no Direito.** 8ª ed. São Paulo: Saraiva, 2007. p. 72).

49. Ressalte-se que o método de construção de trabalho científico sem um marco teórico específico é defendido por determinada linha metodológica de trabalhos jurídicos. "O método apresentado privilegia o pensamento do autor,

com o objeto do trabalho, com a problemática apontada anteriormente, por meio de questões e respostas, de modo que prevaleça o método argumentativo em detrimento do descritivo.

Para tanto, serão pesquisados trabalhos científicos, como livros e artigos, de doutrinadores nacionais e estrangeiros, bem como a legislação nacional e estrangeira. Alguns bancos de dados nacionais também serão analisados, a exemplo dos que contemplam os números do sistema carcerário brasileiro. Será realizada ainda pesquisa empírica sobre a projeção do acordo de não persecução penal na redução das ações penais, com recorte parcial e temporal, buscando projetar seu impacto na realidade nacional.

Não se trata de uma pesquisa preocupada com a teorias do crime na projeção do injusto penal, razão pela qual não se vinculará de imediato a nenhuma delas com um rígido referencial teórico. No entanto, será necessário examinar as teorias das penas para verificar a adequação ou inadequação com a justiça penal negociada. Dito de outro modo, examina-se a legitimação da pena – da perspectiva das teorias que buscam explicar sua função – nas soluções de negócio penal, nas respostas consensuadas, muitas das quais sem formação da culpa e sem sentença judicial, ou seja, sem julgamento[50].

A proposta de recorte da pesquisa caminha no sentido de buscar uma justificativa dogmática, não somente político-criminal, para a negociação de pena sem processo (sentença penal negociada), bem como para a negociação sem ação penal que implica equivalentes funcionais da pena (forma de diversão).

Adota-se o conceito de diversão em sentido restritivo, de forma a abranger acordos penais que redundam em respostas sem natureza de pena, tratadas como condições ou equivalentes funcionais da pena ou medidas alternativas à pena. Nenhuma resposta com natureza de pena (privativa de liberdade, restritivas de direito ou multa) ingressa nas condições da diversão, como categoria jurídica de sentido restrito, espécie de negócio penal, na abordagem da presente pesquisa.

---

as suas opiniões, os seus argumentos no trabalho todo – ou seja, a sua capacidade de raciocínio por si mesmo e não pela procuração dos outros. Portanto, não um norte, um marco teórico que determinará a montante segundo qual escola se deve pensar. Não terá uma autoridade que agirá como muleta ou como conforto para o que se dirá depois. Não que esteja errado ter um marco teórico num trabalho: é só que o método proposto aqui segue uma lógica diferente, sem ser melhor ou pior" (MONEBHURRUN, Nitish. **Manual de metodologia jurídica:** técnicas para argumentar em textos jurídicos. São Paulo: Saraiva, 2015. p. 75).

50. Termo usado pelo Langer, para diferenciar modelos de justiça criminal de negociação de pena sem julgamento (formas de *plea bargaining* e outros mecanismos semelhantes) do modelo de justiça criminal no qual ocorre o julgamento (LANGER, Máximo. Plea Bargaining, Conviction Without Trial, and the Global Administratization of Criminal Convictions. In: **Annual Review of Criminology**, v. 4, 2021, p. 377-411. Disponível em: https://www.annualreviews.org/doi/full/ 10.1146/annurev-criminol-032317-092255#article-denial. Acesso em 17 fev.2021.

Não se olvida de que os acordos de diversão, no modelo estadunidense, recebem sentido mais amplo. Nos EUA, a diversão tem o sentido que vai das soluções alternativas, sem punição, antes de uma acusação, até uma acusação por fato menos grave ou uma punição menor na sentença. Em qualquer dos casos, a diversão implica ausência de pena de prisão. E estão incluídos na diversão os processos de justiça restaurativa[51].

No que concerne à **metodologia,** a pesquisa assume uma vertente jurídico-penal dogmática. Para seu desenvolvimento, far-se-á uso de procedimentos técnicos bibliográfico e documental, aliados ao método hipotético-dedutivo, com análise de lei, doutrina e jurisprudência. Acrescenta-se a análise empírica dos dados processuais, buscando projetar o impacto do acordo de não persecução penal na redução das ações penais.

Como ferramenta da pesquisa, destaca-se o exame de dados decorrentes dos negócios penais, tanto do sistema penal brasileiro e de outros ordenamentos jurídicos, mediante o procedimento analítico de decomposição dos problemas e seu respectivo confronto com a dogmática do Direito Penal. Estarão presentes tanto o raciocínio indutivo quanto o dedutivo. Haverá preocupação argumentativa que prevaleça sobre o aspecto descritivo e que fuja de uma lógica de reverencialismo e manualismo[52]. A estrutura da pesquisa foi dividida em seis partes.

No **Capítulo 1**, serão examinadas as teorias da pena que buscam justificá-la e a ausência de discussão quanto à institucionalização da resposta penal no Direito Penal negocial, quando se aplica pena menor do que o mínimo ou, ainda, pena para fato diverso do que fora cometido ou, de outro modo, resposta diversa da pena. Serão pesquisados eventuais desafios das teorias clássicas para justificar as respostas obtidas nos acordos penais. Ante a preocupação com a comunicação da resposta penal à vítima, a teoria expressiva será objeto de exame no último capítulo da pesquisa, por adequação topográfica com a divisão dos pontos do trabalho científico que se apresenta.

No **Capítulo 2,** será apresentada a evolução dos sistemas processuais, bem como o surgimento da solução penal negociada tanto em modelos de disputa quanto de investigação oficial. Buscar-se-á, mediante o exame dos sistemas processuais, responder se existe maior ou menor capacidade de afirmar a verdade e legitimar a pena, conforme o modelo processual escolhido, ou seja, de disputa

51. KRINSKY, Miriam; KOMAR, Liz. "Victims' rights" and diversion: furthering the interests of crime survivors and the community. **SMU Law Review**, Dallas, TX, USA, v. 74, n. 3, p. 527-554, Summer 2021. p. 533. Disponível em: https://scholar.smu.edu/smulr/vol74/iss3/7. Acesso em: 7 nov. 2022.

52. CARVALHO, Salo de Carvalho. **Como não se faz um trabalho de conclusão.** 3ª ed. São Paulo: Saraiva, 2015. p. 161-163.

ou investigação oficial, ou, ainda, mediante o uso de instrumentos do Direito Penal negocial. Verificar-se-á, outrossim, a (in)validade da premissa de que a pena somente se legitima com a afirmação da culpa em juízo, em um modelo de audiência de instrução e julgamento.

No **Capítulo 3**, serão examinados os instrumentos de justiça penal negociada de diversos ordenamentos jurídicos, que em maior ou menor medida, dialogam com os institutos negociais existentes no ordenamento jurídico brasileiro, sem descuidar da distinção entre institutos que negociam a pena e institutos que negociam condições sem natureza de pena. As comparações realizadas possibilitarão colher aspectos semelhantes e distintos de cada arranjo negocial, com foco na quantidade de pena ou em resposta diversa da pena, para a devida tutela do bem jurídico.

No **Capítulo 4**, a pesquisa apresentará os impactos da justiça penal negociada no Direito Penal: o que surgiu; o que permaneceu; e o que ficou para trás. Serão analisados os eventuais arranjos no sistema penal com base nos instrumentos negociais: na proteção de bens jurídicos penais, individuais e coletivos; na relação entre princípios penais e processuais penais; no reposicionamento da atividade dos atores processuais. Será verificada, ainda, a incapacidade de rendimento dos argumentos contrários ao negócio penal quando transportados de ordenamentos jurídicos que negociam a pena para ordenamentos jurídicos que não negociam a pena, mas que optaram por equivalentes funcionais da pena.

No **Capítulo 5,** a relação entre vítima e Direito Penal negocial será analisada. Um capítulo específico foi dedicado à vítima em razão do seu reposicionamento no sistema de justiça criminal e da aparente tensão entre justiça penal negociada e seus direitos. Serão respondidas questões sobre: o direito de veto da vítima a uma escolha negocial do Ministério Público; a maior atenção à vítima na justiça penal negociada; a reparação do dano e a justiça penal negociada; a capacidade de um modelo de resposta penal negociada se ajustar às pretensões da vítima.

No **Capítulo 6**, por fim, a pesquisa se concentrará, de forma mais específica, na resposta relativa à legitimação da solução penal negociada, com ou sem natureza de pena, diante da contribuição das teorias da pena, da Análise Econômica do Direito, da proteção suficiente do bem jurídico penal, da (im)possibilidade de responder à parcela da criminalidade com soluções distintas da pena em distintos estágios da persecução penal, da necessidade de enfrentar os desafios do sistema carcerário.

1

O ESTADO ATUAL DO DEBATE SOBRE A LEGITIMAÇÃO DA PENA E A AUSÊNCIA DE DISCUSSÃO QUANTO À INSTITUCIONALIDADE DA RESPOSTA PENAL NO DIREITO NEGOCIAL

Neste capítulo, interessa compreender a finalidade da pena no Direito Penal, de modo a situar o estado atual do debate no âmbito das teorias da pena, bem como detectar eventual cegueira quanto à importância da institucionalidade da pena nos distintos modelos de justiça criminal.

As discussões sobre a legitimação da pena, principalmente da pena privativa de liberdade, possuem um refinamento teórico que já dura mais de dois séculos, no qual se verifica ausência de consenso, com propostas teóricas distintas de um lado e próximas de outro.

Ao tratar do tema com o uso terminológico da expressão teorias dos fins da pena, Hassemer inicia com a consideração no sentido de que tais teorias são um bom exemplo de uma dogmática sem consequências, mas alerta que elas podem ser úteis para a justiça criminal, uma vez que o conhecimento do conteúdo das teorias dos fins da pena– seja do pensamento retributivo ou preventivo ou a mescla de ambos - melhora a perspectiva da capacidade de julgamento[1].

De modo paralelo com o tema da presente pesquisa, compreender as teorias dos fins da pena, que discutem sua legitimação, pode contribuir para conduzir as propostas nos acordos penais, nesse modelo desjudicializado de resposta penal. É certo que essa não é a única oferta desse debate, uma vez que

1. HASSEMER, Winfried. **¿Por qué castigar? Razones por las que merece la pena la pena**. Trad. Manuel Cancio Meliá y Francisco Muñoz Conde. Valência: Tirant Lo Blanch, 2016. p. 57-59.

outras hipóteses serão examinadas mais adiante quanto à legitimação da pena e dos seus equivalentes funcionais nos modelos de justiça penal negociada.

Não se olvida que, como acentua Vilajosana, dos debates sobre a justificação da pena, surgem duas questões relevantes: o que se pretende com a aplicação da pena ou quais são os objetivos e as aspirações ou por que castigar; e qual é a medida da pena. Isso equivale a dizer quanto e como castigar. A filosofia se ocuparia mais da primeira indagação, mas não se pode desprezar a segunda[2].

É possível separar as teorias da função da pena, que buscam legitimá-la, das teorias de aplicação da pena, que almejam afastar as contradições dos fins da pena no momento de sua dosimetria, bem como discutir e propor critérios de aplicação dentro dos limites da culpabilidade do agente, sem descuidar dos critérios preventivos.

De um lado, com a discussão sobre a função da pena, destacam-se: retribuição (teorias absolutas), prevenção geral positiva, prevenção geral negativa, prevenção especial positiva, prevenção especial negativa (teorias relativas) e outras variantes mistas. Há ainda teorias que criticam ou negam a função da pena, como se verifica, respectivamente, nas propostas material-dialéticas e na teoria agnóstica ou negativa da pena. Não se olvida, por fim, das contribuições da justiça restaurativa que apresenta sua moldura preferida de finalidade da pena.

De outro, com as polêmicas sobre a aplicação da pena correlacionada aos seus fins, são citadas as seguintes teorias: teoria do espaço livre, adotada pela jurisprudência alemã desde 1954; teoria dos níveis; teoria da retribuição da culpabilidade; teoria da proporcionalidade pelo fato[3].

O recorte, todavia, para o objeto do presente capítulo da pesquisa, se restringe ao primeiro grupo de teorias – que buscam explicar a função da pena –, as quais, em certa medida, como se verá, lançam justificativas tanto para a fase da cominação, quanto para o momento de imposição da pena.

A aplicação da sanção, por sua vez, na maioria dos sistemas penais, não depende mais, em todos os casos, da formação da culpa em um processo, no qual ocorra um julgamento, com debates entre acusação e defesa na produção da prova, seguida de uma sentença judicial. Tal modelo foi mitigado pelo Direito Penal negocial, que permite a existência de pena negociada e a existência de respostas penais concretas, diversas da pena prevista em abstrato.

2. VILAJOSANA, Josep M. **Las razones de la pena**. Valência: Tirant Lo Blanch, 2015. p. 17.

3. Para o exame da classificação das teorias da pena relativas ao momento de sua aplicação, cita-se: TEIXEIRA, Adriano. **Teoria da Aplicação da Pena**: fundamentos de uma determinação judicial da pena proporcional ao fato. São Paulo: Marcial Pons, 2015. p. 35-68.

Dessa perspectiva, como objetivo da pesquisa, busca-se identificar a legitimação da pena no modelo de justiça penal negociada, qual modelo melhor se ajusta à realidade da pena desjudicializada, bem como se é possível identificar uma legitimação da resposta penal, sem natureza de pena, em determinados institutos negociados presentes no ordenamento jurídico brasileiro, denominados de equivalentes funcionais da pena.

A legitimação da pena, ou seja, sua justificação perante a coletividade, o infrator e a sua comunicação à vítima, será objeto de reflexão. Para isso, será necessário percorrer as distintas teorias das penas, segundo um fundamento normativo e dogmático, ciente de que "[...]uma teoria da pena que oferece uma única fundamentação não pode ser convincentemente sustentada"[4].

Ao lado dos objetivos de ressocializar e reabilitar, a sociedade parece entender como conveniente encerrar uma pessoa na prisão por ter cometido um delito, para impedir que se repita, ou seja, a sociedade é formada de seres humanos com ideias contraditórias[5]. Por isso, não é simples a justificativa da resposta penal.

Desse modo, as reflexões complexas podem trazer argumentos mais fundamentados sobre a necessidade de legitimação da pena e de seus equivalentes funcionais concretizados no modelo de justiça penal negociada. A justificação da pena, por conseguinte, não se limita ao modelo de pena aplicada no clássico processo conflitivo de partes com sentença judicial.

Antes, é preciso identificar o ponto de partida da principal pena do Direito Penal, qual seja, a pena privativa de liberdade, sem desconhecer a existência da pena de multa e das diversas espécies de penas restritivas, tal qual das respostas penais sem natureza de pena, presentes no ordenamento jurídico brasileiro.

1.1. A INSTITUCIONALIZAÇÃO DA PENA PRIVATIVA DE LIBERDADE

A pena no Direito Penal constitui a consequência prevista para a conduta criminosa. Tal conquista foi refinada e submetida a um modelo de legalidade penal a partir da formação do Estado Liberal no final do século, quando a pena privativa de liberdade passou a ser vista como uma forma de humanizar

4. HÖRNLE, Tatjana. **Dois Estudos: teoria da pena e culpabilidade**. Trad. Tatiana Stoco e Silvio Leite Guimarães Neto. São Paulo: Marcial Pons, 2020. p. 18.

5. VILAJOSANA, Josep M. **Las razones de la pena**. Valência: Tirant Lo Blanch, 2015. p.19.

o sistema penal, em substituição ao modelo dos suplícios corporais do período medieval e do antigo regime[6].

É difundido que a consolidação da prisão como pena privativa de liberdade se iniciou no século XVII e se consolidou no século XIX. Apesar de haver modelos de prisão celular em 1677, cárcere Murate em Florença, e estabelecimentos prisionais em Amsterdã entre 1595 e 1597, entende-se que o surgimento de fato começou em 1681, na colônia da Pensilvânia, fundada por Guilhermo Penn em cumprimento a uma ordem do rei Carlos II. A concretização só veio a ocorrer em 1818, com a *Western Pennsylvania Penitentiary*[7].

De forma mais sistemática, Iñaki Rivera Beiras aponta que o cárcere, como opção de sanção penal por excelência, aparece no período histórico dos fins do século XVIII e início do século XIX. Seis pontos historiográficos buscam explicar o surgimento da pena privativa de liberdade[8].

As três primeiras referências históricas da pena privativa se apresentam da seguinte forma: casas-trabalho que surgiram na Europa na segunda metade do século XVI; o sistema penitenciário próprio da Inquisição que, dois séculos antes, já possuía regimes penitenciários, comutação de penas capitais por privação de liberdade, isolamentos celulares e recompensa do delito-pecado, implementados no interior de celas monasteriais; a contribuição dos EUA, a partir de sua independência, na construção dos primeiros sistemas penitenciários, por influência das comunidades *quakers*, que defenderam a abolição do sofrimento corporal, aplicado aos infratores penais, presente nas leis inglesas[9].

Os demais indicativos da consolidação da pena privativa são: o humanismo clássico dentro do Iluminismo, que repudiou os suplícios do Antigo Regime, no sentido de uma visão ideológica que enxerga na pena privativa um progresso moral da humanidade; o modelo disciplinar que objetiva melhor distribuição espacial dos indivíduos, de modo a deixá-los dóceis e úteis, como um pensamento que idealizou a prisão antes de sua previsão na lei como pena principal;

---

6. No ambiente do século XVIII, houve uma oposição popular às penas cruéis, segundo relato de Foucault: "O protesto contra os suplícios é encontrado em toda parte na segunda metade do século XVIII: entre os filósofos e teóricos do direito; entre juristas, magistrados, parlamentares; nos cahiers de doléances e entre os legisladores das assembleias. É preciso punir de outro modo: eliminar essa confrontação física entre soberano e condenado; esse conflito frontal entre a vingança do príncipe e a cólera contida do povo, por intermédio do supliciado e do carrasco. O suplício tornou-se rapidamente intolerável. Revoltante, visto da perspectiva do povo, onde ele revela a tirania, o excesso, a sede de vingança e o cruel prazer de punir" (FOUCAULT, Michel. **Vigiar e Punir: nascimento da prisão.** Trad. Raquel Ramalhete. 15ª ed. Petrópolis: Vozes, 1997. p. 69).

7. NUCCI, Guilherme de Souza. **Individualização da Pena.** 3ª ed. São Paulo: Revista dos Tribunais, 2009. p. 65.

8. BEIRAS, Iñaki Rivera. **Pena criminal: seus caminhos e suas possíveis formas.** Trad. Denise Hammerscgmidt. 2ª ed. Curitiba: Juruá, 2016. p. 25.

9. Ibidem, p. 25-26.

e a perspectiva econômico-estrutural que estabelece uma conexão entre o surgimento do modo capitalista de produção e a origem do cárcere moderno[10].

No contexto histórico do Iluminismo, a pena de prisão recebeu conotação utilitarista e significou um meio de defesa da sociedade contra a ameaça representada pelos crimes. Nesse ambiente, floresceram as ideias das teorias absolutas e relativas. As primeiras buscavam justificar a retribuição como fim da pena, enquanto as segundas se concentravam na prevenção.

Foi a partir do século XIX que surgiu a preocupação em sistematizar as funções da pena. Para Alagia, Slokar, Nilo Batista e Zaffaroni, uma classificação sistemática das teorias que cuidam do fim da pena somente fora iniciada a partir de 1830. Tais autores apontam esse modelo de teorias como uma forma de legitimação do poder punitivo e de função geral de defesa social[11].

1.2. LEGITIMAÇÃO DA PENA ANCORADA NAS TEORIAS ABSOLUTAS, PROJETADA NO MODELO DE JUSTIÇA PENAL NEGOCIADA

A terminologia teoria absoluta da pena constitui uma referência utilizada por aqueles que defendem a visão preventiva da pena, de modo que a posição contrária à prevenção de delitos futuros seria definida como teoria absoluta das penas. Dito com outras palavras, as teorias absolutas se apõem às teorias relativas, mas o nome atribuído às primeiras é dado pelos expoentes das segundas. Acrescente-se ainda a correlação realizada na Alemanha entre a teoria absoluta da pena e o pensamento de Kant e de Hegel[12].

O fundamento ideológico das teorias absolutas, que pregam a retribuição como fim da pena, encontra amparo na ideia do Estado Liberal que, guardião da justiça terrena, deveria limitar sua proteção aos direitos individuais. Estava também presente na compreensão de pacto social que, ao ser violado, exigiria punição para o restabelecimento da ordem.

Nessa concepção, entende-se que o ser humano é capaz de se motivar pela norma e possui liberdade de escolha, ou seja, livre-arbítrio. Constitui, desse modo, uma teoria que, "[...] totalmente subjetiva, tende a um posicionamento

10. Ibidem, p. 27-28.

11. ZAFFARONI, Eugênio Raúl; BATISTA, Nilo; ALAGIA, Alejandro; SLOKAR, Alejandro. **Direito Penal Brasileiro.** 1º v. 3ª ed. Rio de Janeiro: Revan, 2006. p. 114.

12. HÖRNLE, Tatjana. **Dois Estudos: teoria da pena e culpabilidade**. Trad. Tatiana Stoco e Silvio Leite Guimarães Neto. São Paulo: Marcial Pons, 2020. p. 18.

eticista do delito e do direito penal [...]. Certamente a ênfase está aqui no posicionamento normativo, ou, em outras palavras, dogmático"[13]. O papel da pena é de mal por mal ou retribuição, nos moldes do talião, ao menos na versão lapidada no contexto do Estado Liberal, nos embates com o modelo oposto, ou seja, o utilitarista.

O modelo retributivo da pena possui paralelo com o talião, pois implica punir um mal com outro mal, uma legitimação da vingança por meio do Estado em substituição ao ofendido. Por outro lado, a retribuição, do aspecto positivo, possui a exclusividade de permitir vincular a pena à medida da culpabilidade, evitando o abuso do Estado.

A função retributiva da pena não foi abandonada na ciência penal. Continua presente na forma de respostas penais resultantes de um processo conflitivo e, de igual forma, ainda funciona como fim em soluções negociadas, tanto com acordos de pena, quanto como equivalentes funcionais da pena, que não possuem natureza de pena. Nos dois últimos casos, há espaço considerável para perquirir acerca da medida adequada da resposta penal e de sua legitimação.

1.2.1. A retribuição como fim da pena

No passado, a retribuição, como principal finalidade dos castigos, esteve presente na vingança de sangue, como espécie mais antiga de pena, praticada nas sociedades tribais da Antiguidade. Sua prática gerava irreparáveis prejuízos às tribos em conflito, com a diminuição de seus membros e o risco de extinção do grupo. Mais adiante, para evitar um conflito entre tribos, surgiu a pena de expulsão do ofensor do grupo ao qual pertencia[14].

Na busca de uma resposta na mesma medida, há uma relação aproximada entre o modelo do talião e o significado de retribuição, o qual esteve presente nas legislações da Antiguidade, com alguma variação. A título de ilustração, a presença do paradigma do olho por olho e dente por dente foi mais constante no Código Hamurabi e menos intensa na Lei dos Hebreus.

Segundo Werner H. Schmidt, o Direito dos hebreus, contido no Velho Testamento da Bíblia, não tem por alicerce fundamental o princípio do talião, como ocorria no direito babilônico, representado pelo Código de Hamurabi. O modelo do talião aparece em delitos contra a pessoa, conforme passagem de

13. RAMÍREZ, Juan Bustos. **A pena e suas teorias**. Fascículos de Ciências Penais. Trad. Cândida Silveira Salbet e Odone Sanguiné. Ano 5, v. 5, n. 3, jul./ago./set. - 1992. Porto Alegre: Sérgio Antônio Fabris, 1992. p. 92.

14. BOSCHI, José Antônio Paganella. **Das Penas e seus Critérios de Aplicação**. 4ª ed. Porto Alegre: Livraria do Advogado, 2006. p. 92 a 93.

Êxodo 21:24-25[15], mas não em todos os casos. A jurisprudência ordinária mitigou a ideia de talião, costume oriundo da sociedade nômade[16]. Em sentido semelhante, anota Flávia Lages de Castro que esse princípio existia, em referência à passagem bíblica de Deuteronômio 19:21, mas era usado de maneira menos intensa do que na legislação de outros povos da época[17].

Quanto a essa modalidade de sanção no Oriente Antigo, Guilherme de Souza Nucci ensina que, após as antigas punições conhecidas como expulsão, vingança privada e vingança pública, surgiu o modelo do talião, uma espécie de sanção tal qual o dano provocado, a qual teve o mérito de reduzir a vingança privada[18].

Esclarece Ferrajoli que o talião esteve presente também na Lei das XII Tábuas, nas teorias de Aristóteles, Santo Tomás de Aquino sustentado, Montesquieu, e perdurou em Kant e Hegel, por isso, o "olho por olho, dente por dente constitui uma das crenças mais resistentes da cultura penal"[19].

1.2.2. A retribuição em Kant

Na era moderna, o princípio do talião esteve presente no modelo retributivo de Kant. Chamada de lei do talião, deveria ser aplicada por um tribunal do Estado, porquanto somente o *ius talionis* "[...] é capaz de especificar definitivamente a qualidade e a quantidade de punição; todos os demais princípios são flutuantes e inadequados a uma sentença de pura e estrita justiça, pois neles estão combinadas considerações estranhas [...]"[20].

Para Kant, a lei da punição constitui um imperativo categórico. Chegou ao clímax no conhecido exemplo da ilha: se um povo habitante de uma ilha resolvesse abandoná-la, o último assassino que estava na prisão teria, primeiro, de ser executado, porquanto deveria receber o merecido por suas ações. Tal medida seria necessária para que a culpa sanguinária do criminoso não se vinculasse ao povo por ter negligenciado a punição do culpado. Caso não houvesse a execução do criminoso, o povo teria colaborado na violação pública da justiça[21].

---

15. "olho por olho, dente por dente, mão por mão, pé por pé, queimadura por queimadura, ferimento por ferimento, golpe por golpe" (BÍBLIA. A. T. Êxodo, 21:24-25. *In*: **Bíblia de Estudo Almeida**. Trad. João Ferreira de Almeida. 2ª ed. Barueri: Sociedade Bíblica do Brasil, 2006. p. 103).
16. SCHMIDT, Werner H. **Introdução ao Antigo Testamento**. 3ª ed. Trad. Annemarie Höhn I. São Leopoldo: Sinodal, 1994. p. 110-113.
17. CASTRO, Flávia Lages de. **História do Direito Geral e Brasil**. Rio de Janeiro: Lumen Juris, 2005. p. 34.
18. NUCCI, Guilherme de Souza. **Individualização da Pena.** 7ª ed. Rio de Janeiro: Forense, 2015. p. 56-57.
19. FERRAJOLI, Luigi. **Direito e Razão**: teoria do garantismo penal. São Paulo: Revista dos Tribunais, 2002. p.313.
20. KANT, Immanuel. **Metafísica dos Costumes.** Trad. Edson Bini. 3ª ed. São Paulo: Edipro, 2017. p. 135.
21. Ibidem, p. 136.

No entanto, Kant ressalvou determinados crimes do modelo do olho por olho e dente por dente, ou seja, crimes que não pudessem ser punidos com retaliação, ou em razão da impossibilidade, ou por se tratar de crime contra a humanidade, como ocorre no estupro e na pederastia, para os quais defendeu a castração[22].

Do mesmo modo, Kant apresentou exceção ao talião no caso de assassinato, quando o número de cúmplices fosse tão relevante que pudesse diminuir a população do Estado, de forma a levá-lo à extinção. Em tal situação, para preservar a população, o rei poderia fazer uso de um ato de majestade, afastar a pena capital, usar o recurso da deportação, ou a clemência, em casos individuais[23].

Ao combater o caráter finalístico das teorias preventivas, Kant se opôs à punição como meio para promover outro benefício a favor do criminoso ou da sociedade, uma vez que o ser humano não pode ser tratado como meio para fins alheios. "Ele deve previamente ter sido considerado punível antes que se possa de qualquer maneira pensar em extrair de sua punição alguma coisa útil para ele mesmo ou seus concidadãos"[24]. Verifica-se, nessa última afirmação, que a ideia kantiana não se opõe, aparentemente, ao uso finalístico da pena na fase de sua execução.

A abordagem da retribuição com base em Kant recebe costumeiramente um sentido de proporcionalidade atrelado ao ideal do talião[25], ante as afirmações extraídas de seus escritos, no sentido de: somente o talião, conforme já alertado, ser capaz de especificar definitivamente a qualidade e a quantidade de punição; a lei da punição ser um imperativo categórico; a quantidade da punição, alicerçada no princípio da igualdade, corresponder ao princípio e à medida de justiça pública[26].

Nas linhas de Vilajosana, ao interpretar a obra Kant, a retribuição indica merecimento. Nela, a pena aparece como imposição de um dever moral, nunca como um instrumento para conseguir outra finalidade. Acentua-se que a decisão, sobre a aplicação de uma pena em um caso concreto, deveria levar em conta os efeitos sobre o delinquente. A quantidade de pena como resultado dessa aplicação também é indicada pela retribuição[27].

---

22. Ibidem, p. 163.
23. Ibidem, p.137-138.
24. KANT, Immanuel. **Metafísica dos Costumes.** Trad. Edson Bini. 3ª ed. São Paulo: Edipro, 2017. p. 135.
25. SALVADOR NETTO, Alamiro Velludo. **Finalidades da Pena**: conceito material de delito e sistema penal integral. São Paulo: Quartier Latin, 2009. p. 208.
26. KANT, op. cit., p. 135.
27. VILAJOSANA, Josep M. **Las razones de la pena.** Valência: Tirant Lo Blanch, 2015. p. 26-28.

Pouco destaque, no entanto, é dado ao fato de que, em sua obra, Kant admite variadas interpretações, e todas plausíveis: Kant, segundo ensino de Tatjana Hörnle, não teria feito uma afirmação de teoria absoluta da pena, uma vez que suas ideias mais claras são no sentido de se opor às teorias utilitárias[28], de apresentar a negativa de instrumentalização para o Direito, de evitar que ser humano seja tratado como meio[29].

1.2.3. A retribuição em Hegel

Na construção de Hegel, uma violência se anula com outra violência. "O direito abstrato é direito de coação pois o ato injusto é uma violência contra a existência da minha liberdade numa coisa exterior"[30]. O crime constitui a primeira violência que ofende a existência da liberdade no seu sentido concreto, ou seja, o crime é a violação do Direito[31].

Nessa proposta teórica, a violação do Direito contém uma negação, que faz surgir a necessidade de se suprimir essa violação, a qual provoca uma reconciliação da realidade do Direito. A título de ilustração, o dano a um aspecto da propriedade, que fere a existência exterior, tem sua violação como dano abolida por meio da indenização civil que lhe é equivalente[32].

No entanto, a violação que atinge a vontade em si existente, ou seja, o Direito ou a lei em si, é algo negativo no sentido de violação da vontade particular da vítima e dos outros. A violação, por outro lado, é positiva no sentido de vontade particular do criminoso. O ato de lesar a vontade do criminoso, como vontade existente, corresponde à supressão do crime e à restauração do Direito. A não supressão do crime o faz se apresentar como algo válido[33].

Compreende-se, por conseguinte, a pena como a negação do Direito que anula a vontade especial do delinquente, o qual negou, com seu delito, a vontade geral da ordem jurídica. A pena, portanto, restabelece essa ordem jurídica[34]. Não se trata de almejar, como se propõe em outras teorias, um fundamento da

28. HÖRNLE, Tatjana. **Dois Estudos: teoria da pena e culpabilidade**. Trad. Tatiana Stoco e Silvio Leite Guimarães Neto. São Paulo: Marcial Pons, 2020. p. 29.
29. KANT, op. cit., p. 135.
30. HEGEL, Georg Wilhelm Friedrich. **Princípios da Filosofia do Direito.** Trad. Orlando Vitorino. São Paulo: Martins Fontes, 1997. p. 84-85.
31. Ibidem, p. 85.
32. HEGEL, Georg Wilhelm Friedrich. **Princípios da Filosofia do Direito.** Trad. Orlando Vitorino. São Paulo: Martins Fontes, 1997. p .87.
33. Ibidem, p. 87-88.
34. HASSEMER, Winfried. **¿Por qué castigar? Razones por las que merece la pena la pena**. Trad. Manuel Cancio Meliá y Francisco Muñoz Conde. Valência: Tirant Lo Blanch, 2016. p. 63.

pena na preservação, intimidação, correção, ou algum outro bem. Trata-se de um questão de justiça, o que é justo e o que é injusto. Tais efeitos da pena se apresentam conforme a modalidade de pena. Todavia, antes deles, é necessário examinar se a pena é justa em si e para si[35].

Com outra palavras, o crime, nessa abordagem hegeliana, é visto como violação de um Direito, não como produção de um mal. A existência do crime, que é o verdadeiro mal, deve, portanto, ser suprimida. Esses conceitos devem ser claros para afastar eventuais imprecisões relativas à noção de pena[36].

Assim como Kant[37], Hegel critica Beccaria, o qual sustentou que o Estado não poderia aplicar a pena de morte, uma vez que o contrato social da formação do Estado não conteria o consentimento das pessoas em serem mortas. Para Hegel, o Estado não constitui um contrato, e sua essência não reside na defesa da vida e da propriedade das pessoas. Antes disso, o Estado constitui uma realidade superior que pode, inclusive, para a sua existência, reivindicar a vida e a liberdade das pessoas. Por isso, é dever do Estado a manutenção do conceito de crime[38].

Considerando que o ser humano é o único animal que pode se comportar de maneira racional, Hegel defendeu que o ser humano, ao praticar um crime, tem o Direito de receber uma pena como reconhecimento de sua humanidade, porquanto a pena o dignifica como ser racional[39]. Tal conclusão de Hegel, segundo Vilajosana, não convence, pois "parece difícil que um condenado contemple a pena que lhe é imposta como confirmação de um Direito a recebê-la"[40].

A ideia de compensação da pena, com amparo na consciência dos povos, extraída de uma concepção universal como experiência psicológica, no sentido de que o criminoso que praticou o crime merece a punição, apresenta um obstáculo. Isso ocorre porque a justiça das disposições penais, seja no aspecto qualitativo ou quantitativo, é posterior ao problema da própria substância da pena[41].

Na especificação qualitativa e quantitativa não é possível extrair uma definição absoluta, cuida-se de um domínio do finito. É fácil demonstrar o absurdo

35. HEGEL, op. cit., p. 88-89.
36. Ibidem, p. 89.
37. KANT, Immanuel. **Metafísica dos Costumes.** Trad. Edson Bini. 3ª ed. São Paulo: Edipro, 2017. p. 138.
38. HEGEL, op. cit., p. 89-90.
39. HEGEL, Georg Wilhelm Friedrich. **Princípios da Filosofia do Direito.** Trad. Orlando Vitorino. São Paulo: Martins Fontes, 1997. p. 90.
40. VILAJOSANA, Josep M. **Las razones de la pena**. Valência: Tirant lo Blanch, 2015. p. 28.
41. HEGEL, op. cit., p. 91.

da pena no paradigma do talião, na ideia de roubo por roubo, dente por dente, olho por olho, que faz parecer que o criminoso é um zarolho ou desdentado, na busca de uma igualdade específica.

Na pena para os crimes que se apesentam com características indefinidas da ação, com menor exteriorização do fato, ou seja, menor determinação exterior do fato, "[...]a igualdade já apenas pode ser a regra para a essência do que o criminoso merece, mas não para a forma exterior dessa pena"[42]. Desse modo, a igualdade pode ser buscada sem olhar para a forma exterior da pena, como, por exemplo, uma igualdade de valor, com pena pecuniária ou de prisão, para crimes como o homicídio e o roubo. A ideia hegeliana almeja uma justiça isenta, que pune, mas não vinga[43].

Nessa época, entendia-se que o mal que faz o sujeito não se compara à resposta do Estado, o qual constitui o exercício do direito. Com isso, buscou-se superar as críticas às teorias absolutas com seu mero olho por olho e dente por dente, expressão do talião, ou mera vingança privada, uma vez que agora haveria uma pena aplicada pelo Estado com seu *ius puniendi*[44].

1.2.4. A retribuição em Ferrajoli

Na atualidade, com um sentido diverso do modelo clássico, Ferrajoli propõe um modelo penal que pode ser classificado como retributivo especial, onde seu fim não reside na mera defesa social de interesses constituídos ante a ameaça que os delitos representam. Logo, a pena não existe para responder a um mal com outro mal, seja na retribuição ética de Kant ou na retribuição jurídica de Hegel, ou, ainda, nos tempos atuais, para fundamentar um Direito Penal máximo ancorado em jargões como lei e ordem ou tolerância zero, com violações, segundo o autor, das liberdades fundamentais[45].

Ensina o professor italiano que há uma conexão entre o fim retributivo da pena e sua função preventiva, mas o contrário não é necessariamente verdadeiro. A prevenção afastada da retribuição é um ingrediente ao moderno autoritarismo penal e forma a base de doutrinas correcionalistas de defesa social da prevenção especial[46].

42. Ibidem, p. 92.

43. Ibidem, p. 92-93.

44. RAMÍREZ, Juan Bustos. **A pena e suas teorias**. Fascículos de Ciências Penais. Trad. Cândida Silveira Salbet e Odone Sanguiné. Ano 5, v.5, n.3, jul./ago./set. - 1992. Porto Alegre: Sérgio Antônio Fabris. p. 93.

45. FERRAJOLI, Luigi. **Direito e Razão: teoria do garantismo penal.** São Paulo: Revista dos Tribunais, 2002. p. 271 e 297.

46. Ibidem, p. 297.

A pena do Direito Penal, nessa linha de raciocínio, objetiva proteger o fraco contra o mais forte. O fraco é tanto o ofendido ou o ameaçado pelo delito quanto o autor do delito. O mais forte, "no delito, é o réu e, na vingança, é o ofendido ou os sujeitos públicos ou privados que lhe são solidários"[47].

Por isso, o referido autor afirma que há uma garantia do caráter retributivo da sanção penal, pois o agente que praticou o crime só pode ser punido pelo que fez, não pelo que é. Ademais, o caráter retributivo serve para "excluir, à margem de qualquer possível finalidade preventiva ou de qualquer outro modo utilitarista, a punição do inocente, ainda quando seja considerado de per si mau, desviado, perigoso, suspeito ou propenso ao delito etc.[48]".

Boschi afirma que o modelo de Ferrajoli seria retribucionista, com justificações específicas que o diferenciam do modelo de retribuição defendido pelos clássicos[49]. Verifica-se em Ferrajoli uma preocupação com o avanço das teorias preventivas sem o limite retributivo, que faz deslocar o campo valorativo de uma punição relacionada ao fato, para um espaço de punição relacionada ao autor.

1.2.5. Abordagens críticas à retribuição como fim da pena

Conquanto a retribuição, com alguma remodelagem em relação ao passado, continue presente nos ordenamentos jurídicos, muitas críticas lhe são dirigidas. Contudo, tais críticas são insuficientes para abandonar o sentido retributivo da pena, mas servem para melhor lapidar e delimitar seu sentido.

Cabe acrescentar que compreender a retribuição é relevante para o objeto da pesquisa, uma vez que, de maneira expressa, o legislador brasileiro fez uso da função retributiva, ao lado da preventiva, para guiar a manifestação do Ministério Público no momento do acordo de não persecução penal, um dos instrumentos negociais de maior espaço no atual ordenamento jurídico brasileiro. Esse tema será retomado mais adiante na pesquisa. Por ora, importa destacar os problemas da retribuição como fim da pena.

Segundo Josep M. Vilajosana, a pena deve servir para fazer justiça no caso concreto, para diminuir a frequência dos delitos, e, ainda, para reabilitar e reinserir socialmente o condenado, ou seja, o empenho se dirige a objetivos díspares. Tais objetivos da pena não podem se alicerçar em intuições do intérprete

47. Ibidem, p. 270.
48. Ibidem, p. 297.
49. BOSCHI, José Antônio Paganella. **Das Penas e seus Critérios de Aplicação**. 4ª ed. Porto Alegre: Livraria do Advogado, 2006. p. 125.

(ideias prévias sobre uma questão), mas devem ser objeto de uma reflexão ordenada, sistemática e coerente. É preciso existir um equilíbrio reflexivo entre as intuições e a teoria[50].

Quanto à retribuição, Vilajosana discorre que a lei do talião representou um avanço em termos morais, se comparada com as penas dos períodos anteriores da história da humanidade. No entanto, ela apresenta problemas, um deles a inexistência da almejada proporcionalidade nos termos da lei, que exige a aplicação, ao autor do fato, de uma punição com o mesmo grau de sofrimento pelo qual passou a vítima, mas nem todos os delitos possibilitam essa equivalência. Tenta-se combater o referido defeito com a ideia de que a proporcionalidade apregoada é aquela entre pena e delito, que aos piores crimes se associam as piores penas[51].

É muito difícil alcançar equivalência moral entre diferentes tipos de delitos e suas penas correspondentes. E há penas que não são moralmente aceitáveis, como, por exemplo, as que expõem o agente à vergonha, que o obrigam a carregar um distintivo que o identifique como criminoso. Mas é reconhecido que tais penas são menos duras do que a pena de prisão[52].

Outro problema da retribuição diz respeito à forma intuitiva de compreender a justiça, qual seja, o agente merece o castigo porque isso é justo, e o castigo é justo porque o agente o merece. Nesse modelo, existe um princípio do justo merecimento, segundo o qual o agente que praticou o delito merece um dano proporcional ao dano causado, porque essa é uma questão de justiça. Haveria nesse raciocínio um sentido de vingança, o qual precisa ser abandonado em busca de teoria da pena que almeja ser justificada racionalmente[53].

Outra linha retributiva se associa à busca do equilíbrio social, que foi perdido quando o agente cometeu o delito. A aplicação da pena tem como escopo retomar esse equilíbrio. Parte-se, aqui, da teoria do jogo limpo, segundo a qual quem descumpre a norma jurídica obtém uma vantagem desleal em relação aos que cumprem as normas, de modo que isso é injusto. A justificação do Estado se alicerça no respeito às regras do jogo limpo. Quando o Estado aplica a pena, o equilíbrio social é restabelecido[54].

---

50. VILAJOSANA, Josep M. **Las razones de la pena**. Valencia: Tirant lo Blanch, 2015. p. 19-21, 24.
51. Ibidem, p. 35.
52. Ibidem, p. 37.
53. Ibidem, p. 38.
54. VILAJOSANA, Josep M. **Las razones de la pena**. Valencia: Tirant lo Blanch, 2015. p. 28.

Para Vilajosana, esse modelo do equilíbrio social também possui a parceria das teorias sistêmicas, inclusive a defendida por Jakobs[55]. No entanto, é preciso advertir que Jakobs não é defensor de um modelo retributivo da pena, mas sim de um modelo de prevenção geral positiva fundamentadora, no qual a pena é aplicada para restabelecer a confiança no sistema normativos, tema a ser abordado mais adiante.

Para Vilajosana, é correto castigar o delinquente, mas o autor reconhece a dificuldade de apresentar uma justificação persuasiva. A justificação da sanção penal não pode ser extraída de sentimento do intérprete, conquanto o sentido de retribuição esteja arraigado na espécie humana[56].

O autor busca separar a retribuição da vingança, de modo a construir um sentido de retribuição separado da intuição: a retribuição se dirige contra uma ação que ofende a legalidade, enquanto a vingança pode ser aplicada contra qualquer ofensa; a retribuição se aproxima da ideia de proporcionalidade, o que não ocorre com a vingança; a retribuição é imparcial e impessoal, mas a vingança é pessoal e parcial; a vingança é alcançada com o sofrimento do outro, já a retribuição se alcança com o fazer a justiça; a retribuição se compromete com princípios, como a igualdade, já a vingança não se alicerça em princípios penais[57].

A pena permite intervir em direitos fundamentais, como a liberdade e a propriedade; por isso, cabe indagar: poderia a pena ser justificada constitucionalmente com a retribuição? Ao responder a esse questionamento, Hassemer apresenta forte oposição a certas características das teorias retributivas, cunhadas por ele de misérias da retribuição, quais sejam: são teorias que se excluem do mundo, são somente de papel, ignoram a realidade, referem-se apenas ao sistema normativo e à infração à norma[58].

As teorias retributivas clássicas, inspiradas em Kant e Hegel, apontam que a lesão à ordem jurídica exige a aplicação da pena, que a pena justa pode evitar a culpa de sangue. Nesse modelo, a vítima não exige a pena e não tem esperança de conseguir intimidação geral ou ressocialização do delinquente[59].

55. Ibidem, p. 30.
56. Ibidem, p. 39.
57. Ibidem, p. 38-39.
58. HASSEMER, Winfried. **¿Por qué castigar? Razones por las que merece la pena la pena**. Trad. Manuel Cancio Meliá y Francisco Muñoz Conde. Valência: Tirant Lo Blanch, 2016. p. 62.
59. HASSEMER, Winfried. **¿Por qué castigar? Razones por las que merece la pena la pena**. Trad. Manuel Cancio Meliá y Francisco Muñoz Conde. Valência: Tirant Lo Blanch, 2016. p.63.

A pena, segundo Hassemer, constitui intervenção real na vida de uma pessoa, que atinge, no caso da pena privativa, um direito inato ao ser humano; portanto, tal intervenção necessita de justificação com amparo nos direitos fundamentais. Não pode a pena estar desvinculada de um fim que ignore os danos por ela produzidos, nem ser justificada apenas na reparação normativa da norma. A pena só se justifica se demonstrar que elimina danos e reduz perigos e que, sem sua presença (imposição e execução), o mundo seria pior[60].

Há ainda um sentido dado à função retributiva da pena, denominado de retribuição satisfativa. Esta aponta a necessidade de uma execução do castigo, não se contenta com a declaração pública de uma pena ao condenado. Considera a humilhação sofrida pela vítima, de modo que a aplicação simbólica da pena ao culpado não é suficiente para o processo de ressocialização da vítima.

Ao tratar da retribuição no sentido de retribuição satisfativa, ou seja, o quanto do castigo é orientado pela satisfação do sentimento e da vingança da vítima, Jesús-Maria Silva Sanchez alerta para o fato de ser ilusório acreditar que a execução da pena poderá resolver o conflito gerado pelo delito[61].

Silva Sanchez entende que o cumprimento da condenação do autor não trará satisfação à vítima. A vítima continuará insatisfeita, enquanto o condenado ficará submetido a um enfrentamento da vítima e ressentido com a sociedade. Dessa forma, não é estranho interpretar a retribuição satisfativa como uma expressão de vingança institucionalizada fundada em uma suposta racionalidade[62].

Compreender a retribuição satisfativa, que possui alicerce vitimológico, exige uma abordagem das dimensões ou dos planos vertical e horizontal do delito. Na dimensão vertical, o delito constitui uma negação do Direito ou uma negação de direitos. Por sua vez, no plano horizontal, ele se apresenta como um dano e como um perigo, com a presença de humilhação, medo e raiva, que exigem uma censura moral[63].

Da influência do aspecto emocional na dimensão do delito, surge a ideia de pena como expressão de indignação ou expressão de compaixão. As emoções só aparecem no plano horizontal, ou no vertical contaminado pelo horizontal.

60. Ibidem, p.62.

61. SILVA SÁNCHEZ, Jesús-Maria. **Malum Passionis.** Mitigar el dolor del Derecho penal. Barcelona: Atelier, 2018. p. 233-234.

62. Ibidem, p.235.

63. SILVA SÁNCHEZ, Jesús-Maria. **Malum Passionis.** Mitigar el dolor del Derecho penal. Barcelona: Atelier, 2018. p. 235.

A dimensão vertical pura do delito neutraliza o aspecto emocional do plano horizontal e abre a possibilidade para uma restauração e uma reconciliação[64].

1.2.6. A retribuição projetada na resposta penal negociada

Até 1960, a visão retribucionista foi dominante no cenário do direito penal, inclusive na Alemanha, quando se apresentou um projeto alternativo ao projeto oficial de Código Penal. No projeto alternativo, chamado de um retorno a Liszt, defendeu-se a teoria unificadora, com ideal de retribuição e de prevenção geral e especial[65].

Há pontos comuns nas abordagens dos autores que defendem o fim retributivo da pena, de uma perspectiva racionalista, segundo a qual os seres humanos possuem liberdade para fazer suas escolhas, de modo que podem decidir se vão ou não cometer um crime. Por conseguinte, quem decide cometer o crime deve receber a pena merecida, pois se trata de uma questão de justiça[66]. Esse justo merecimento indica que o objetivo da pena é a retribuição.

Outros aspectos comuns, presentes entre os retribucionistas, residem na defesa dos princípios da igualdade e da proporcionalidade. Quanto ao primeiro princípio, sustenta-se que a pena deve ser aplicada independentemente do *status* social do condenado ou da vítima. Há, com a retribuição, tratamento igualitário aos que praticam atos semelhantes. O segundo princípio vincula a retribuição a uma pena proporcional, quer dizer, na justa medida da culpabilidade.

Quanto ao talião, como já fora ressaltado, esse paradigma não consegue proporcionar uma punição igual à gravidade da falta. A trajetória do talião demonstra uma correspondência não somente direta, mas também indireta (exemplos: cortar o pé do servo fugitivo, a mão do ladrão, a língua de quem blasfemou, etc.). Dessa forma, Ferrajoli conclui ser desigual a sanção do talião, uma vez que "nenhuma dor ou suplício físico é igual ao outro, e tampouco cabe preestabelecer, medir e, menos ainda, delimitar a aflição de uma pessoa"[67].

---

64. Ibidem.

65. Roxin crítica a justaposição das finalidades da pena prevista no modelo unificador aditivo e defende a prevenção positiva geral e especial vinculada à proteção subsidiária de bens jurídicos, dentro de uma proposta unificadora dialética (ROXIN, Claus. Sentido e limites da pena estatal. *In:* **Problemas Fundamentais de Direito Penal**. Trad. Ana Paula dos Santos Luis Natsheradetz. 3ª ed. Lisboa: Vega, 2004. p. 25-26 e 31).

66. VILAJOSANA, Josep M. **Las razones de la pena**. Valência: Tirant lo Blanch, 2015. p. 31.

67. FERRAJOLI, Luigi. **Direito e Razão: teoria do garantismo penal**. São Paulo: Revista dos Tribunais, 2002. p. 313.

Outrossim, relaciona-se a teoria absoluta com um juízo divino de castigo, em semelhança ao Juízo Final[68]. Ressalva-se que a religião estava inserida no modelo de estado teocêntrico do Antigo Testamento, todavia não se fez presente no Novo, conforme a clara passagem de Jesus: "Dai, pois, a César o que é de César e a Deus o que é Deus"[69].

Ainda do aspecto cristão, observa-se, na escrita de Paulo aos romanos, a repulsa à vingança privada: "Não torneis a ninguém mal por mal"[70]. Na atual conformação de Estado Democrático de Direito, não se confunde crime com pecado na abordagem jurídica do Direito Penal, embora assim possam ser vistos em outros mecanismos de controle social, ante a liberdade de crença, como ocorre no ambiente religioso.

Ressalte-se que a substituição do modelo de suplício corporal pela pena privativa afastou a retribuição do olho por olho e dente por dente, no entanto fez surgir na lógica retribucionista a ideia de que a prisão do condenado deve ser cumprida em local desagradável. "É seguindo este raciocínio que muitas pessoas não compreendem que as prisões se convertam em lugares que a vida seja demasiadamente cômoda para os reclusos"[71].

Destaca-se, ainda, que o caráter absoluto do fim retributivo da pena pode, em tese, indicar um sentido de justificação em si mesmo, o qual não pode ser aceito, porquanto em um Estado Democrático de Direito a incidência da pena implica considerável intervenção de direitos fundamentais, que afeta, principalmente, a liberdade do cidadão. Por essa razão, uma condenação criminal não pode ser justificada com o argumento de se tratar de um ato de majestade sem finalidade. Ademais, existe o alto custo econômico do sistema de justiça criminal[72].

Acrescente-se que ainda não se pode, tão somente, aceitar a ideia de fazer a justiça triunfar, no sentido de que a retribuição corresponde à justiça, de que o autor merece, porque compensa merecimento e destino, porque a culpabilidade exige pena, ou porque a pena deve ser imposta como um imperativo categórico.

Tais argumentos ancorados na relação entre retribuição e justiça são criticados, seja porque o ideal deontológico apenas pode fundamentar proibições

68. HÖRNLE, Tatjana. **Dois Estudos: teoria da pena e culpabilidade**. Trad. Tatiana Stoco e Silvio Leite Guimarães Neto. São Paulo: Marcial Pons, 2020. p. 29.

69. BÍBLIA. N. T. **Mateus, 22,21.** *In*: Bíblia de Estudo Almeida. Trad. João Ferreira de Almeida. 2ª ed. Barueri: Sociedade Bíblica do Brasil, 2006. p. 47.

70. Ibidem, p. 234.

71. VILAJOSANA, Josep M. **Las razones de la pena**. Valencia: Tirant Lo Blanch, 2015. p. 33.

72. HÖRNLE op. cit., p. 28.

de ações, mas não pode sustentar ações mandadas[73], ou, ainda, porque o critério de justiça apenas pode ser usado como motivo de uma condenação, mas não na escolha entre condenar ou não condenar; essa decisão é tomada antes do uso do argumento de justiça[74]. O ideal de justiça se submete a uma argumentação válida na construção de uma decisão jurídica; a palavra, por si só, é um referencial externo.

Diante disso, indaga-se: a retribuição se faz presente no modelo de justiça penal negociada brasileiro? Observa-se em uma das modalidades de negócio penal, a saber, o acordo de não persecução penal (ANPP), previsto no art. 28-A do CPP, a vinculação expressa à retribuição, como etapa valorativa que antecede a propositura do negócio penal e, do mesmo modo, no momento qualitativo e quantitativo das condições a serem propostas. Vale destacar que essa valoração é desjudicializada, porquanto realizada pelo órgão do Ministério Público.

É certo que o legislador ainda considerou, no citado dispositivo legal, a análise da prevenção quanto ao fim da resposta penal negociada no ANPP. Esse modelo misto - retributivo e preventivo - fora usado, do mesmo modo, no art. 59 do Código Penal, que cuida da primeira fase da pena no processo de dosimetria da sentença penal condenatória. O peso das condições a serem propostas no ANPP dependerá da interferência, em maior ou menor medida, do sentido de retribuição ou de prevenção.

Dito de outro modo, assim como ocorre no modelo de sanção penal, conforme ensina Hassemer, a quantidade de pena depende da teoria adotada, se retribuição ou prevenção. De modo paralelo, as medidas propostas nos acordos penais também dependem da maior ou menor proximidade do intérprete ao modelo retributivo ou preventivo[75].

Surge desse modo uma questão relevante para efeito de estabelecer uma relação inicial entre retribuição e Direito Penal negocial. O art. 28-A do Código de Processo Penal brasileiro trata de qual modalidade de retribuição? Cuida-se de uma retribuição com equivalente funcional da pena, que não possui natureza de pena. O investigado que recebe a oferta de acordo aceita cumprir determinadas condições para não ser denunciado pelo Ministério Público. Tais condições possuem um fim semelhante àquele que seria obtido com a pena, entre os quais, o retributivo.

---

73. GRECO, Luís. **Lo vivo y lo muerto en la teoria de la pena de Feuerbach**: una contribución al debate actual sobre los fundamentos del Derecho Penal. Madrid: Marcial Pons, 2015. p. 366.

74. HÖRNLE, op. cit., p. 29.

75. HASSEMER, Winfried. **¿Por qué castigar? Razones por las que merece la pena la pena**. Trad. Manuel Cancio Meliá y Francisco Muñoz Conde. Valência: Tirant lo Blanch, 2016. p. 60.

É certo que a correlação que se faz é a seguinte: se os fatos sujeitos ao ANPP[76] fossem objeto de uma sentença condenatória, haveria substituição de pena privativa por penas restritivas de direito. Essa foi uma motivação para o surgimento do ANPP ainda no texto da Resolução n. 181 do CNMP, que antecedeu mudança legislativa produzida pela Lei n. 13.964/2019, ao introduzir o art. 28-A no Código de Processo Penal.

Não deixa de existir uma outra indagação relevante, uma vez que as medidas do ANPP não possuem natureza de pena e, desse modo, o Estado desiste de aplicar uma pena em um processo conflitivo e opta por realizar um acordo sem processo para alguém que cometeu um crime. O que justifica essa forma de solução do problema penal, se uma valoração político-criminal fora feita pelo legislador ao tipificar a conduta e estabelecer uma pena, com o escopo de tutelar um bem jurídico relevante que merece a proteção mediante uma norma penal?

Dito de outro modo: ora, por que o legislador, agora, desiste de aplicar uma pena e permite sua troca por uma medida sem natureza de pena que, se cumprida, faz extinguir a punibilidade? O que justifica tamanha troca? O bem jurídico perde a importância penal? A vítima e a sociedade são comunicadas e estão satisfeitas com essa mudança de tratamento do ato criminoso e do autor do crime? São questões importantes para as demais fases da pesquisa.

1.3. LEGITIMAÇÃO DA PENA ANCORADA NAS TEORIAS RELATIVAS, PROJETADA NO MODELO DE JUSTIÇA PENAL NEGOCIADA

As teorias preventivas, denominadas relativas, sustentam que a pena exerce a função de prevenir a prática do delito cometido. São teorias que pregam a dissuasão. Em outras palavras, a finalidade de aplicar a sanção penal é evitar o cometimento de novos crimes. A pena, portanto, é aplicada com o objetivo de atingir determinado fim. Divide-se em prevenção geral e prevenção especial.

A prevenção geral, como objetivo da pena, possui sentido coletivo, justifica a punição no desestímulo ao cometimento de infrações penais direcionado à sociedade. Divide-se em outras variantes, quais sejam: prevenção geral negativa

76. O destaque dado ao acordo de não persecução penal se justifica pela sua novidade no ordenamento jurídico e por sua capacidade de alcançar um percentual de fatos criminosos que não eram, até então, solucionados com a transação penal e a suspensão condicional do processo. No entanto, a transação penal e a suspensão condicional do processo também serão examinadas neste trabalho científico.

e prevenção geral positiva, a qual, ainda, pode ser classificada em fundamentadora e limitadora.

Por sua vez, a prevenção especial possui abordagem individual. Compreende como missão da pena o desestímulo ao próprio agente que cometeu a infração penal: no sentido positivo de ressocialização que busca reeducar e reinserir o indivíduo na sociedade; ou no sentido negativo de inocuização, a saber, durante o tempo da prisão, em que o condenado não praticará novos crimes.

1.3.1. Prevenção geral negativa como fim da pena

Com amparo na prevenção geral negativa, entende-se que a pena tem a função de alertar os cidadãos ao não cometimento do crime em razão do exemplo visualizado da sanção aplicada ao criminoso. O objetivo da pena com a prevenção geral negativa, portanto, é a dissuasão, com a pretensão 'exemplarizante' aos que não praticaram crime e sentem-se tentados a fazê-lo[77].

A característica aflitiva, conforme Silva Sánchez, se apresenta como algo constante do fenômeno delitivo, presente no momento de execução da pena em meio ao público. A novidade introduzida pelo liberalismo ocorre na medida em que os fins de prevenção geral já aparecem na cominação penal[78]. Nesse momento, há uma comunicação da consequência de violação da norma, no plano abstrato, com o indivíduo. Este passa, de maneira racional, a refletir sobre o custo do descumprimento da norma, da possibilidade de sanção penal, de modo a desistir da empreitada criminosa.

Entende-se que a teoria da prevenção geral negativa tem origem em Feuerbach, que defendeu uma teoria da coação psicológica como finalidade da pena na fase da cominação, alicerçada no modelo racional, antropológico e utilitarista do Iluminismo do final do século XVIII, "o qual pressupõe o homem como ser capaz de calcular de forma racional as vantagens e desvantagens de sua atuação em cada situação fática concreta"[79].

Desse modo, o fim da pena cominada é afastar as pessoas da prática criminosa, ou seja, a ameaça de pena faz com que o ser humano desista do cometimento do crime. Esse é o ponto de partida da teoria da coação psicológica

77. ZAFFARONI, Eugênio Raúl; BATISTA, Nilo; ALAGIA, Alejandro; SLOKAR, Alejandro. **Direito Penal Brasileiro**. 1° v. 3ª ed. Rio de Janeiro: Revan, 2006. p. 117.

78. SILVA SÁNCHEZ, Jesús-María. **Aproximação ao direito penal contemporâneo**. Trad. Roberto Barbosa Alves. São Paulo: Revista dos Tribunais, 2011. p. 332.

79. MARQUES, Oswaldo Henrique Duek. **Fundamentos da pena**. 3ª ed. São Paulo: Martins Fontes, 2016. p. 174.

desenvolvida por Feuerbach. Em suas palavras: "*Toda pena tiene como objetivo principal y necesario el de apartar a todos del crimen mediante su amenaza*"[80].

Esse modelo de prevenção geral, portanto, se ancora em duas colunas, quais sejam: utilização do medo para intimidar as pessoas e crença na racionalidade do homem[81], onde esse faria um cálculo de custo e benefício antes de praticar um crime. Essa última premissa compreende o livre-arbítrio do homem e sua capacidade racional de traçar seus objetivos como motivação para não cometer delitos.

Sobre a teoria de Feuerbach, Luís Greco, em pesquisa acadêmica sobre o vivo e o morto, esclarece que a teoria psicológica constitui um todo formado por um grupo de teorias mais concretas, quais sejam: teoria do conceito de pena, que aborda a imposição de um mal como consequência de uma lesão ao direito; teoria do fim e da cominação penal, no sentido de intimidação geral; teoria do fim e da imposição da pena, com o significado de confirmação da realidade da cominação; e, ainda, "uma teoria do fundamento jurídico da cominação penal (não se afeta nenhum direito); e do fundamento jurídico da imposição da pena (sobre todo o consentimento do delinquente na punição)"[82].

Em Feuerbach, o conceito de pena é separado de seus pressupostos de justificação, de modo que ela constitui "um mal especialmente grave imposto pelo Estado, de índole corporal ou comunicativa, como reação objetiva a um suposto delito"[83].O fim da pena na fase da cominação penal possui o sentido de intimidação, que se divide em dois aspectos, um psicológico - que objetiva causar temor- e um funcional, de roupagem mais liberal, com proibição de o Estado dirigir os cidadãos por meio da pena[84].

Na fase de imposição da pena, a proposta de Feuerbach não se alia à exigência de intimidação, mas ocorre em decorrência da legalidade penal. Seguindo essa linha teórica, é possível combater os fins da pena atrelados aos ideais de:

80. VON FEUERBACH, Paul Johann Anselm Ritter. **Tratado de Derecho Penal**. Trad. Eugenio Raul Zaffaroni e Irma Hagemeier. Buenos Aires: Editorial Hammurabi, 1989. p. 125.

81. As ideias do período ilustrado serviram, no que concerne às teorias da pena, para alicerçar propostas retributivas e preventivas. Nesse sentido, também, Alamiro Velludo discorre: "Não é sem razão que um significativo grupo de expoentes do Iluminismo, mesmo movimento racional que também propiciou o caldo de cultura para a elaboração filosófica da retribuição, tenha formulado as premissas elementares do ideário preventivo. Visões negativas de prevenção geral (intimidação), especial (neutralização) e de ressocialização pulularam na recente história do Direito Penal liberal, pautado no viés metódico do livre-arbítrio e da racionalidade" (SALVADOR NETTO, Alamiro Velludo. **Finalidades da Pena**: conceito material de delito e sistema penal integral. São Paulo: Quartier Latin, 2009. p. 217).

82. GRECO, Luís. **Lo vivo y lo muerto en la teoria de la pena de Feuerbach**: una contribución al debate actual sobre los fundamentos del Derecho Penal. Madrid: Marcial Pons, 2015. p. 405.

83. Ibidem, p. 407.

84. Ibidem.

ressocialização, dada a incompatibilidade com a legalidade e com a autonomia do cidadão[85]; inocuização, por incompatibilidade com o caráter de reação da pena e com o princípio da legalidade; prevenção geral positiva, rechaçada com proposta teórica para a fase de cominação da pena, porque busca educação por via da coação[86]; e retribuição, em todas suas variantes teóricas, por não oferecer alternativa viável[87].

Sem defender a bandeira da prevenção geral negativa, Tajana Hörnle menciona estudos recentes, os quais "demonstram que a forma como as pessoas ponderam a probabilidade de consequências penais é fundamentalmente apta a influenciar suas decisões a respeito de seus comportamentos"[88].

1.3.2. Prevenção geral positiva como fim da pena

A discussão da pena com a proposta teórica da prevenção geral positiva se apresentou nos debates da escola clássica, quando, a título de ilustração, Carrara defendeu a pena, tanto na fase da cominação quanto na fase da imposição, para o restabelecimento da ordem externa da sociedade[89].

Existe, todavia, uma aproximação dessa imprecisão de sentido com a própria ideia de retribuição que se apresenta, por exemplo, em Hegel, para o qual a pena exerce o papel de restaurar a ordem jurídica, já que não se observa em ambos os modelos a necessidade de utilidade concreta da pena[90].

---

85. Essa interpretação da obra de Feuerbach é encontrada na pesquisa de Luis Greco (GRECO, op. cit., p. 344-345, 408). Outros setores da doutrina, fazendo uso da fase seguinte de Feuerbach, com aspectos de seu Tratado de Direito Penal, apontam que o autor teria, inclusive, defendido um sentido de prevenção especial: "Apesar de FEUERBACH ter se tornado consagrado pela chamada coação psicológica, o autor não despreza, dentro de um espaço secundário de sua elaboração teórica, o aperfeiçoamento jurídico do apenado, isto é, aceita uma postura de nítido caráter preventivo-especial. Ainda que os requintes de cientificidade da prevenção especial tenham sido aprimorados com mais sofisticação na segunda metade do século XIX, seja com VON LISZT ou com a escola antropológica italiana, o fato é que ela aparece, de forma incipiente, nos clássicos liberais e racionais" (SALVADOR NETTO, op. cit., p. 220-221). A valoração de Alamiro ocorre em razão da seguinte passagem contida no Tratado de Feuerbach: "Toda pena tiene como objetivo principal y necesario el de apartar a todos del crimen mediante su amenaza. No obstante, un mal penalmente conminado será más adecuado a su objeto cuanto más idóneo sea para alcanzar mayores y más importantes objetivos paralelos. Estos posibles objetivos paralelos son: 1) La intimidación directa mediante el espectáculo de infligir la pena; 2) A seguridad del estado frente a los criminales penados; 3) El mejoramiento jurídico del penado" (VON FEUERBACH, Paul Johann Anselm Ritter. **Tratado de Derecho Penal**. Trad. Eugenio Raul Zaffaroni e Irma Hagemeier. Buenos Aires: Editorial Hammurabi, 1989. p. 125).

86. GRECO, Luís. **Lo vivo y lo muerto en la teoria de la pena de Feuerbach**: una contribución al debate actual sobre los fundamentos del Derecho Penal. Madrid: Marcial Pons, 2015. p. 362 e 408.

87. Ibidem, p. 366 e 408.

88. A autora menciona as referências dos estudos sobre os efeitos da prevenção geral negativa: "Bottoms/von Hirsch 2010; Loughran e outros 2016; sobre possíveis distorções cognitivas, Pogarsky e outros 2017" (HÖRNLE, Tatjana. **Dos estudos: teorias da pena e culpabilidade**. Trad. Tatiana Stoco e Silvio Leite Guimarães Neto. São Paulo: Marcial Pons, 2020. p. 32-33).

89. CARRARA, Francesco. **Direito Criminal.** Parte Geral. V. II. Trad. Ricardo Rodrigues Gama. Campinas: LZN, 2002. p. 78.

90. Esse problema, sem fazer correlação com Hegel, foi identificado também por Alamiro Velludo (SALVADOR NETTO, Alamiro Velludo. **Finalidades da Pena**: conceito material de delito e sistema penal integral. São Paulo: Quartier

Entre as teorias preventivas da pena, o maior grau de problematização se encontra na teoria da prevenção geral positiva, a qual não se alicerça em uma realidade que dependa de pesquisa empírica para afirmar sua capacidade de rendimento, mas, sim, no uso da sanção penal como instrumento de reforço da própria eficácia do Direito[91].

O sentido da expressão Direito se divide em: um aspecto formal, que se apresenta como regra, como um imperativo positivado; e um aspecto material, ou seja, como conjunto de valores substanciais refletidos nas normas do ordenamento jurídico. No primeiro aspecto, a pena reafirma a norma com uma abordagem preventiva mais exacerbada, enquanto no segundo aspecto, a pena fortalece os valores sociais aceitos pela sociedade, com uma perspectiva material[92].

Ao tratar do tema, Alamiro Velludo relaciona o aspecto formal à teoria da prevenção geral positiva defendida por Jakobs – prevenção geral positiva pura ou propriamente dita –, enquanto a perspectiva material corresponde, de forma aproximada, ao modelo de Roxin, denominada de teoria unificadora preventiva[93]. Essa abordagem merece reparos específicos, uma vez que o modelo de Roxin se apresenta em uma proposta unificadora dialética, com o predomínio da prevenção especial positiva, que será objeto de posterior consideração quando da abordagem das teorias das teorias mistas.

Há várias afirmações terminológicas em referência à prevenção geral positiva. No seu sentido mais conhecido, apregoa-se que a pena busca o restabelecimento do Direito, a confirmação da validade da norma, a defesa do ordenamento jurídico[94]. Há ainda uma variante limitadora que busca considerar a função de contenção da teoria dos bens jurídicos, de modo a agregar um sentido limitador à posição originária. Tais aspectos dessas teorias, em uma correlação com o recorte da pesquisa, serão objeto de análise ainda neste capítulo.

Latin, 2009. p. 238). Mais adiante, na crítica às teorias preventivas, será apresentada outra semelhança de sentido terminológico entre prevenção geral negativa e prevenção geral positiva, com distinção nos fins de moralidade e de imprudência (GRECO, Luís. **Lo vivo y lo muerto en la teoria de la pena de Feuerbach**: una contribución al debate actual sobre los fundamentos del Derecho Penal. Madrid: Marcial Pons, 2015. p. 363-364).

91. SALVADOR NETTO, Alamiro Velludo. **Finalidades da Pena**: conceito material de delito e sistema penal integral. São Paulo: Quartier Latin, 2009. p. 234-235.

92. Ibidem, p. 235-236.

93. Ibidem, p. 236-237.

94. GRECO, Luís. **Lo vivo y lo muerto en la teoria de la pena de Feuerbach:** una contribución al debate actual sobre los fundamentos del Derecho Penal. Madrid: Marcial Pons, 2015. p. 363.

1.3.3. Legitimação da pena amparada na teoria da prevenção geral positiva fundamentadora

Foi na segunda fase de divulgação de suas ideias[95] que Günhter Jakobs defendeu a prevenção geral positiva fundamentadora, segundo a qual a pena é aplicada com a finalidade de exercitar a confiança normativa e a fidelidade jurídica, e de promover a aceitação das consequências. Cuida-se de um modelo de "prevenção geral por meio do exercício do reconhecimento normativo"[96].

De início, vale ressaltar que é certo dizer que Jakobs constrói seu funcionalismo sistêmico segundo as ideias de Luhmann, todavia retira dessa fonte apenas a parte que lhe interessa. Em outras palavras, Jakobs não traz na sua teoria o todo do Luhmann. Como anota Vives Antón, é correta a aplicação das ideias de Luhmann feita por Jakobs, mas também é certo dizer que, com base na teoria de Luhmann, seria possível construir algo totalmente distinto da teoria de Jakobs[97].

Não se observa na obra de Jakobs, a título de ilustração, o termo complexidade, presente na sociologia de Luhmann, de forma a denotar o uso seletivo da base teórica com o sentido desejado. A complexidade pode ser definida como um conjunto de todos os eventos possíveis. É possível, em uma sociedade fundada na comunicação, reduzir a complexidade[98]. "Mas a redução da complexidade também faz surgir novos problemas, mais complexidade. Isso vai exigir comunicações especializadas para resolver os diferentes âmbitos do problema"[99].

No modelo funcional sistêmico de Jakobs, os sistemas sociais existem para assegurar essas expectativas sociais "no sentido de que eu posso esperar algo de

95. Esclarece Schünemann que Jakobs, nos novos estudos, abandonou o marco teleológico, afastou o fim da sua teoria da pena e passou a seguir a teoria da pena proposta por Hegel, "legitima la pena sólo a través de la necesidad de marginalizar la afirmación del autor (objetivada en el hecho) de que la norma no vale, a través de una contra-afirmación objetivizada en la pena" (SCHÜNEMANN, Bernd. La relación entre ontologismo y normativismo en la dogmática jurídico-penal. In: FRANCO, Alberto Silva; NUCCI, Franco (Orgs.). **Direito Penal.** Doutrinas Essenciais. v.2. São Paulo: Editora dos Tribunais, 2010. p. 61).

96. JAKOBS, Günhter. **Derecho Penal.** Parte General. Fundamentos y teoría da imputación. 2ª ed. Madrid: Marcial Pons, 1997. p. 18. Aponta César Busato que, na primeira fase dos estudos de Jakobs, ele seguiu Welzel no que concerne à função da pena de incutir valores éticos sociais (BUSATO, Paulo César. **Direito Penal. Parte Geral.** São Paulo: Atlas, 2013. p. 784).

97. VIVES ANTÓN, Tomás Salvador. **Fundamentos del sistema penal**: acción significativa y derechos constitucionales. 2. ed. Valência: Tirant lo Blanch, 2011. p. 457.

98. GARCÍA AMADO, Juan Antonio. ¿Dogmática penal sistémica? Sobre la influencia de Luhmann en la teoria penal. In: DÍAS Y GARCÍA CONLLEDO, Miguel; GARCÍA AMADO, Juan Antonio (Coords.). **Estudios de Filosofía del Derecho Penal**. Bogotá: Universidad Externado de Colombia, 2006. p. 238.

99. GOMES FILHO, Dermeval Farias. **Dogmática Penal:** fundamento e limite à construção da jurisprudência penal no Supremo Tribunal Federal. Salvador: JusPodivm, 2019. p. 99.

alguém e, por sua vez, essa pessoa pode esperar algo de mim"[100]. Tais expectativas são divididas em duas espécies: cognitivas e normativas.

As expectativas cognitivas estão presentes na relação do ser humano com a natureza, de modo que, quando violadas, fazem o expectador se adaptar à realidade; não subsiste nenhuma exigência de mudança da realidade por parte do expectador. A título de ilustração, para aclarar: "um senhor construiu, durante anos, uma casa de madeira que, após o término da obra, foi arrastada por uma forte enchente. Resta ao senhor construir a casa no mesmo lugar ou mudar de lugar, ele não pode manter a expectativa"[101].

De outro lado, as expectativas normativas, quando violadas, exigem que o fato que violou a expectativa, ou seja, a própria realidade, se adapte à expectativa. Isso, porque o errado é a realidade e não a expectativa. As expectativas normativas não podem sempre gerar decepções, caso contrário serão desacreditadas.

O Direito é um sistema social composto de normas, de modo que o crime corresponde à frustração da expectativa normativa. Quando o crime é cometido, há uma desautorização normativa, surge a necessidade de reafirmar a validade da norma que ocorre com a aplicação da pena. Na teoria da prevenção geral positiva fundamentadora, a sanção é a demonstração de vigência da norma.

Verifica-se que, em certa medida, o modelo da prevenção geral positiva fundamentadora, no seu alicerce, se aproxima da proposta absoluta de Hegel. O próprio Jakobs reconhece isso ao mencionar que o sistema Hegel pouco se diferencia de sua proposta, porquanto Hegel parte do conceito de Direito como referência para fundamentar a pena, de modo que interpreta o fato punível como negação ao Direito, enquanto a pena constitui a afirmação do Direito. Essa sequência é absoluta, uma vez que o direito deve ser imposto[102].

Na proposta do funcionalismo sistêmico, a pena não possui a função de proteger bens jurídicos, pois sua aplicação ocorre após a lesão ou o perigo de lesão a um bem em razão de uma conduta individualmente evitável. A missão

100. MONTEALEGRE LYNETT, Eduardo. Introdução à obra de Günther Jakobs. In: CALLEGARI, André Luís Callegari et al. (Coords.). **Direito Penal e funcionalismo.** Trad. André Luís Callegari, Nereu José Giacomolli e Lúcia Kalil. Porto Alegre: Livraria do Advogado, 2005. p. 14.

101. GOMES FILHO, Dermeval Farias. **Dogmática Penal:** fundamento e limite à construção da jurisprudência penal no Supremo Tribunal Federal. Salvador: JusPodivm, 2019. p. 99-100.

102. JAKOBS, Günther. **Derecho Penal**: parte general: fundamentos y teoría da imputación. 2. ed. Madrid: Marcial Pons, 1997. p. 23.

da pena é manter a norma como modelo idôneo de orientação para os comportamentos sociais[103].

Por conseguinte, busca-se, com a pena, reafirmar a confiança normativa e exercitar a aceitação das consequências, e assim produzir a prevenção geral mediante o exercício do reconhecimento da norma. Para Jakobs, conquanto, de maneira secundária, a pena possa produzir algum efeito em razão do medo, essa não é sua função[104].

Isso ocorre em virtude de a conduta do autor representar infração à norma, que faz surgir um conflito social. Desse modo, a pena constitui uma reação a esse conflito, uma resposta à infração à norma[105]. O que está no centro da construção teórica da teoria da prevenção geral positiva fundamentadora não é o comportamento do agente, mas sim a norma.

Vale ainda ressaltar, pela pertinência com o objeto da pesquisa, que, no modelo de Jakobs, não há relevância externa do conflito, já que o crime constitui uma violação à norma, de modo que a pena restabelece uma ordem factual. Não almeja, portanto, a reparação de danos, mas somente reafirma a norma[106].

"Segundo o modelo da teoria da prevenção geral positiva que foi exposto, a pena deve garantir a segurança das expectativas dos contatos sociais, possibilitando a existência da própria sociedade[107]". A crítica ao referido modelo será apresentada mais adiante, em recorte específico sobre as teorias relativas que defendem a prevenção como fim da pena.

1.3.4. Legitimação da pena amparada na teoria da prevenção geral positiva limitadora

Vale mencionar ainda a função positiva geral limitadora ou prevenção geral democrática, que busca limitar o poder punitivo do Estado à proteção dos bens jurídicos penais, vinculada aos princípios penais que regem um Estado Democrático de Direito. Constitui um modelo que, outrossim, projeta a criação

103. Ibidem, p. 14.

104. Ibidem, p. 18-19.

105. Ibidem, p. 13.

106. "La infracción de la norma no representa un conflicto penalmente relevante por sus consecuencias externas, ya que el Derecho penal no puede sanar tales consecuencias. La pena no determina una reparación del daño; además muchas infracciones de la norma se completan antes de que se produzca un daño exterior, como sucede con los delitos que tienen carácter material de tentativa y, por lo demás, siempre en la tentativa y la preparación (infra 25/1 ss.)" (JAKOBS, Günther. **Derecho Penal**: parte general: fundamentos y teoría da imputación. 2. ed. Madrid: Marcial Pons, 1997. p. 12).

107. Ibidem, p. 20 (tradução própria).

de expectativas sociais no sentido de orientar a sociedade a não cometer crimes. Isso equivale a dizer que a pena exerça eficácia motivadora[108].

A prevenção geral positiva limitadora, segundo Duek Marques, não afasta os efeitos da prevenção geral fundamentadora, mas acrescenta importante dado no sentido de limitar a intervenção do Estado, com uma proposta de Direito Penal garantista. Isto é, a intervenção penal passa a ser guiada pela necessidade de proteger bens jurídicos essenciais à vida coletiva e pelos princípios da humanidade, socialização e culpabilidade[109].

Não há exclusividade na construção de uma teoria da prevenção geral positiva limitadora. Ademais, há uma polissemia do termo. As propostas partem da teoria da prevenção geral positiva fundamentadora, mas buscam fazer correções aos aspectos mais críticos da teoria defendida por Jakobs. Ao tratar do tema, Duek considera os seguintes autores como defensores da proposta limitadora: Roxin, Silva Sanchez e Mir Puig[110].

É certo, contudo, que Silva Sanchez se aproxima da teoria da prevenção geral negativa, condicionada à incorporação de um sistema de limites[111]. Roxin, por sua vez, defende uma teoria dialética unificadora, com três momentos de análise da função da pena, quais sejam: cominação abstrata, dosimetria na sentença condenatória e fase de execução.

1.3.5. Prevenção especial como fim da pena

A prevenção especial, como teoria da pena, surge no decorrer do Iluminismo, mas sofreu um recuo no século XIX, em razão das ideias retributivas acerca da pena. No fim do século XIX, reaparece a defesa da prevenção especial, sobretudo com as contribuições de Franz von Liszt[112].

Das ideias de Liszt, no final do século XIX, observa-se como missão do Direito a tutela de interesses humanos e que, por meio da pena, o Direito Penal reforçava a referida proteção, tanto no momento da cominação quanto na fase da execução da pena. A previsão abstrata da pena comunica ao cidadão de intenções retas o valor atribuído pelo Estado aos seus preceitos; e aos cidadãos de

108. RAMÍREZ, Juan Bustos. **A pena e suas teorias**. Fascículos de Ciências Penais. Trad. Cândida Silveira Salbet e Odone Sanguiné. Ano 5, v.5, n.3, jul./ago./set. - 1992. Porto Alegre: Sérgio Antônio Fabris, p. 106.

109. MARQUES, Oswaldo Henrique Duek. **Fundamentos da Pena**. 3ª ed. São Paulo: Martins Fontes, 2016. p. 186.

110. Ibidem, p. 179.

111. SILVA SÁNCHEZ, Jesús-María. **Aproximação ao direito penal contemporâneo**. Trad. Roberto Barbosa Alves. São Paulo: Revista dos Tribunais, 2011. p. 337-338.

112. Nesse sentido, quanto ao aspecto histórico: ROXIN, Claus. Sentido e limites da pena estatal. *In:* **Problemas Fundamentais de Direito Penal**. Trad. Ana Paula dos Santos Luis Natsheradetz. 3ª ed. Lisboa: Vega, 2004. p. 20.

sentimentos menos apurados, um mal que funciona como contraproposta às tendências criminosas[113].

Na fase da execução, Liszt destacou um papel peculiar atribuído à pena, no sentido de revelar o não recuo do Estado diante de lesões a bens jurídicos como a vida, a liberdade, a honra e o patrimônio, de forma a justificar a privação da liberdade por dias, semanas, meses, anos ou dezenas de anos[114].

Desse modo, a pena na fase da execução comunica: aos membros da comunidade, a sua força de intimidação como freio às tendências criminosas, quer dizer, uma forma de prevenção geral negativa; à vítima, que a ofensa a ela dirigida não ficou sem a devida punição; ao condenado, ser medida que almeja transformá-lo em um membro útil à sociedade e, ainda, ter um sentido de intimidação, para impor freio aos maus intentos, ou, de emenda, para modificar seu caráter de delinquente[115].

Liszt destacou que a pena tem como fim retirar do meio social, de maneira temporária ou perpétua, o autor do fato criminoso, que se tornou inútil à sociedade, com a segregação do indivíduo e sua redução ao estado de inocuidade. Ressaltou o efeito da pena na execução penal sobre o delinquente, mas reconheceu a ausência de um exclusivismo entre os diversos fins da pena[116].

Com o foco na prevenção especial como função da pena, importa ressaltar que tal modalidade se dirige unicamente ao indivíduo que cometeu a infração penal, para que não volte a infringir a regra penal de convivência social imposta pelo Estado. A prevenção especial divide-se em negativa e positiva.

A prevenção especial negativa busca tornar inofensivo o autor da infração penal, que fora sentenciado, bem como exerce finalidade de intimidação do condenado, mediante sua submissão à pena de privação da liberdade. A pena exerce, desse modo, papel de inocuização do indivíduo, isolando-o da sociedade. Seria uma função da pena específica para os indivíduos não corrigíveis e nem intimidáveis[117].

Por sua vez, na prevenção especial positiva, predominam, como função da pena, os objetivos de ressocializar, reeducar e reinserir o indivíduo que cometeu

113. LISZT, Franz von. **Tratado de Direito Penal allemão**. Ed. fac-sim. Trad. José Hygino Duarte Pereira. Brasília: Senado Federal, 2006. v. 1, p. 98-99.

114. Ibidem, p. 99-100.

115. Ibidem.

116. LISZT, Franz von. **Tratado de Direito Penal allemão**. Ed. fac-sim. Trad. José Hygino Duarte Pereira. Brasília: Senado Federal, 2006p. 100-101.

117. ROXIN, Claus. Sentido e limites da pena estatal. *In:* **Problemas Fundamentais de Direito Penal**. Trad. Ana Paula dos Santos Luis Natsheradetz. 3ª ed. Lisboa: Vega, 2004. p. 20.

a infração penal. É o aspecto positivo da sanção penal de incutir novos valores no indivíduo para impedi-lo de retornar à delinquência[118].

1.3.6. Abordagens críticas à prevenção como fim da pena

Uma das maiores críticas feitas às teorias preventivas diz respeito à ideia de que o homem não pode ser usado como meio para atingir propósitos ou fins alheios[119]. Feuerbach rebateu essa reprovação ao ideal preventivo da pena, ao sustentar que a intimidação ocorre na fase da cominação, e não na fase da imposição da pena. E, de igual modo, criticou outros modelos de intimidação, chamados de teorias da intimidação, que não tratavam o condenado como um fim em si mesmo[120].

Mais adiante, Feuerbach alargou a ideia de intimidação, uma vez que, em seu manual, reconheceu como fim indireto da imposição da pena a intimidação dos cidadãos mediante a lei[121]. A crítica à teoria da prevenção geral negativa em virtude da instrumentalização do ser humano se faz presente na maioria dos autores, que não ressalvam essa primeira abordagem de Feuerbach, mencionada no parágrafo anterior[122].

Várias outras críticas, do aspecto empírico, são dirigidas à teoria da prevenção geral negativa, uma vez que não seria possível demonstrar essa análise racional do ser humano antes de perpetrar a conduta. A título de ilustração, Roxin discorre: "é possível aceitar que o homem médio em situações normais se deixe influenciar pela ameaça de pena, mas tal não sucede em todo caso com delinquentes profissionais, nem tão pouco com delinquentes impulsivos ocasionais"[123].

118. O artigo 5º item 6 da Convenção Americana sobre direitos humanos, promulgada no Decreto 678/92, narra que "as penas privativas de liberdade devem ter por finalidade essencial a reforma e readaptação social dos condenados" (BRASIL. Presidência da República. **Decreto n. 678, de 6 de novembro de 1992**. Promulga a Convenção Americana sobre Direitos Humanos (Pacto de São José da Costa Rica), de 22 de novembro de 1969. Disponível em: http://www.planalto.gov.br/ccivil_03/decreto/d0678.htm. Acesso em: 17 dez. de 2022).

119. KANT, Immanuel. **Metafísica dos Costumes.** Trad. Edson Bini. 3ª ed. São Paulo: Edipro, 2017. p. 135.

120. GRECO, Luís. **Lo vivo y lo muerto en la teoria de la pena de Feuerbach**: una contribución al debate actual sobre los fundamentos del Derecho Penal. Madrid: Marcial Pons, 2015. p. 129.

121. VON FEUERBACH, Paul Johann Anselm Ritter. **Tratado de Derecho Penal.** Trad. Eugenio Raul Zaffaroni e Irma Hagemeier. Buenos Aires: Editorial Hammurabi, 1989. p. 125. Greco esclarece essa posição de Feuerbach (GRECO, Luís. **Lo vivo y lo muerto en la teoria de la pena de Feuerbach**: una contribución al debate actual sobre los fundamentos del Derecho Penal. Madrid: Marcial Pons, 2015. p.130).

122. Nesse sentido, sem fazer a importante e completa ressalva anunciada quanto às ideias de Feuerbach: SALVADOR NETTO, Alamiro Velludo. **Finalidades da Pena**: conceito material de delito e sistema penal integral. São Paulo: Quartier Latin, 2009. p.219-221; MARQUES, Oswaldo Henrique Duek. **Fundamentos da Pena**. São Paulo: Martins Fontes, 2008. p.140-141; BOSCHI, José Antônio Paganella. **Das Penas e seus Critérios de Aplicação**. 4ª ed. Porto Alegre: Livraria do Advogado, 2006. p. 119.

123. ROXIN, Claus. Sentido e limites da pena estatal. *In:* **Problemas Fundamentais de Direito Penal**. Trad. Ana Paula dos Santos Luis Natsheradetz. 3ª ed. Lisboa: Vega, 2004. p .24.

Em outra crítica mais acentuada, Zaffaroni, Nilo Batista, Alagia e Slokar sustentam que, nos delitos com finalidade lucrativa, a punição recairia sempre sobre os vulneráveis, os quais costumam praticar esse tipo de crime com habitualidade. Desse modo, o efeito seria contrário. ao fomentar o aperfeiçoamento na execução desses crimes[124].

Para os criminosos invulneráveis, como nos casos de colarinho branco e de terrorismo, não subsiste o efeito da dissuasão com a pena. Os criminosos fanáticos não fazem essa reflexão. Da mesma forma, nos crimes motivados por ganhos patrimoniais elevados, ou em situações propícias à reflexão, como na maioria dos homicídios dolosos, além dos casos de motivações patológicas de semi-imputáveis. Anotam que "as únicas experiências de efeito dissuasivo do poder punitivo passíveis de verificação são os estados de terror, com penas cruéis e indiscriminadas"[125].

Por sua vez, Tajana Hörnle ensina que a prevenção geral negativa produz efeitos em parcela dos delitos, não em todos, ou seja, o efeito dissuasório varia de acordo com o tipo de delito. Cita o exemplo de um crime fiscal, no qual o agente tem tempo para calcular os riscos da atividade criminosa, o que seria diferente de um crime praticado em contexto de grande carga emocional. Considera precário o modelo de prevenção geral e, portanto, insuficiente para justificativa da pena, uma vez que não consegue legitimar a punição de todos os delitos[126].

Cabe ressaltar que a crítica anterior se encontra em sintonia com a compreensão, outrora exarada, de que nenhuma teoria, de forma isolada, consegue amparar a finalidade da pena, em sua acepção vertical ou horizontal. Isso não dispensa a necessidade de buscar sua justificação, pelas razões já apontadas.

Entende-se que, no âmbito do ser, é possível aceitar, apenas em certa medida, o efeito da prevenção geral negativa, enquanto, no âmbito do dever ser, a teoria merece ser defendida em razão do seu alicerce, ou seja, de sua concepção liberal das relações entre o Direito e seus destinatários[127].

---

124. ZAFFARONI, Eugênio Raúl; BATISTA, Nilo; ALAGIA, Alejandro; SLOKAR, Alejandro. **Direito Penal Brasileiro.** 1º v. 3ª ed. Rio de Janeiro: Revan, 2006. p. 117-118.

125. Ibidem.

126. HÖRNLE, Tatjana. **Dos estudos: teorias da pena e culpabilidade**. Trad. Tatiana Stoco e Silvio Leite Guimarães Neto. São Paulo: Marcial Pons, 2020. p. 33.

127. Nesse sentido, entende Silva Sanches: "De fato, considero que uma concepção liberal das relações entre o Direito e seus destinatários – seres racionais – como a que está implícita nesta doutrina, constitui elemento necessário (ainda que não suficiente, como já se anotou e se explicará com maior detalhe) da legitimação do Direito Penal" (SILVA SÁNCHEZ, Jesús-María. **Aproximação ao direito penal contemporâneo**. Trad. Roberto Barbosa Alves. São Paulo: Revista dos Tribunais, 2011. p. 334).

Conquanto não desconheça os pontos críticos da teoria da prevenção geral negativa, Silva Sánchez a sustenta, condicionada à incorporação de um sistema de limites capazes de impedir os excelsos da lógica da prevenção, com as premissas de utilidade social e de garantias individuais, de modo a evitar um utilitarismo instrumentalizador[128].

A inexistência de comprovação da pretensa função da pena constitui parcela significa da crítica às teorias relativas[129], principalmente quando se trata da prevenção especial positiva. Hassemer esclarece que a não comprovação de resultados mensurados representa grande encargo à defesa da ressocialização e acrescenta um aspecto cultural, qual seja: "Em uma cultura jurídica orientada *output*, um instituto que descreve justamente os efeitos empíricos comprováveis em sua bandeira fica em apuros se não pode impor de modo perfeitamente metódico estes efeitos"[130].

Na contramão da crítica anterior, tais resultados são comprovados em determinados modelos de cumprimento de pena. No Brasil, por exemplo, em alguns estados, é usado em pequena parte da execução penal em brasileiros o modelo da Associação de Proteção e Assistência aos Condenados (Apac). Busca-se cumprir, nesse sistema, os princípios e as regras da LEP, com caráter humanizado, que envolve participação mais aguda dos atores estatais (juiz, promotor de justiça e outros agentes públicos), bem como da comunidade com a execução penal[131]. "O índice de reincidência entre apenados que passaram por unidades da APAC varia entre 8 e 15%[132]".

Quanto ao aspecto terminológico, há uma reconhecida imprecisão de sentidos acerca da teoria da prevenção geral positiva, quais sejam: restabelecimento do Direito; confirmação da validade da norma; defesa do ordenamento jurídico. Essa forma de exposição da teoria, como esclarece Luís Greco, pode até levar a uma abordagem similar à apresentada por Feuerbach, de modo a

128. Ibidem, p. 337-338.

129. ZAFFARONI, Eugênio Raúl; BATISTA, Nilo; ALAGIA, Alejandro; SLOKAR, Alejandro. **Direito Penal Brasileiro.** 1º v. 3ª ed. Rio de Janeiro: Revan, 2006. p. 118.

130. HASSEMER, Winfried. **Introdução aos fundamentos do direito penal**. 2a ed. Porto Alegre: Sergio Antônio Fabris, 2005. p. 378.

131. PONTE, Antônio Carlos da; GOMES FILHO, Dermeval Farias; PEDROSO, Fernando Gentil Gizzi de Almeida. O Modelo Decisório do Supremo Tribunal Federal que se Projeta na Execução Penal: Desafios de uma Política Criminal de Desencarceramento sem Preocupação Dogmática. **Revista Magister De Direito Penal e Processual Penal,** Porto Alegre, n. 105, p. 64-87, Dez.-Jan. 2022. p. 73.

132. BRASIL. Conselho Nacional do Ministério Público (CNMP). **A visão do Ministério Público sobre o sistema prisional.** Conselho Nacional do Ministério Público. 2016. p. 25. Disponível em: <https://www.cnmp.mp.br/portal/images/Publicacoes/documentos/2016/Livro_sistema_prisional_web_7_12_2016.pdf>. Acesso em: 12 jul. 2021.

aproximar a prevenção geral negativa da prevenção geral positiva. A distinção estará nas razões referidas à prudência ou nas razões referidas à moral[133].

Na prevenção geral negativa de Feuerbach, o Estado, com a pena, busca confirmar a realidade da cominação penal, demonstrar ao cidadão, tanto para o racional quanto para o não prudente, porque não vale a pena cometer o delito. Não tem o escopo de demonstrar que um comportamento foi incorreto[134]. Aqui reside, portanto, a distinção entre os dois grupos de prevenção geral.

Uma das críticas mais acentuadas dirigidas à teoria da prevenção geral positiva, na fase da cominação da pena, considera seu aspecto moral, sua finalidade de buscar corrigir comportamentos, de educar por meio da coação. Isto é, de tentar apontar ao cidadão razões referidas à moralidade para orientar seu comportamento conforme o Direito. Não seria possível, dessarte, restringir a liberdade de alguém com o fim de lhe incutir a compreensão de conduta certa ou errada[135].

Todavia, a crítica anterior não serve de maneira absoluta para o sentido da prevenção geral positiva na fase da imposição da pena[136]. Logo, a questão que surge é a seguinte: a prevenção positiva serve para fundamentar a pena no momento de sua imposição? A resposta é negativa em uma das linhas críticas ao modelo, seja pelo tratamento do ser humano como objeto, de instrumento para outros fins, seja porque "o Estado não pode ameaçar nem impor pena para mostrar aos cidadãos o que é correto ou incorreto jurídica ou moralmente"[137].

Outra crítica à prevenção geral positiva se dirige no sentido - aparentemente um tanto equivocado - de constituir um modelo conservador da dogmática que se espelha em base teórica do consenso, além de sua incompatibilidade com a proposta de um Estado Democrático, "[...] no qual deve ser reservado e assegurado o espaço público destinado à pluralidade política e à relativização e valores, fundamento, aliás, do Estado brasileiro (Constituição Federal, artigo 1º, inciso V)"[138].

---

133. GRECO, Luís. **Lo vivo y lo muerto en la teoria de la pena de Feuerbach**: una contribución al debate actual sobre los fundamentos del Derecho Penal. Madrid: Marcial Pons, 2015. p. 363-364.

134. Ibidem, p. 362-364.

135. Ibidem, p. 362.

136. Ibidem.

137. GRECO, Luís. **Lo vivo y lo muerto en la teoria de la pena de Feuerbach**: una contribución al debate actual sobre los fundamentos del Derecho Penal. Madrid: Marcial Pons, 2015. p. 365 (tradução própria).

138. SALVADOR NETTO, Alamiro Velludo. **Finalidades da Pena**: conceito material de delito e sistema penal integral. São Paulo: Quartier Latin, 2009. p. 235.

Todavia, a defesa de uma dogmática conservadora, mas com capacidade de se adaptar com segurança jurídica aos desafios do Direito Penal, não importa em ofensa ao Estado Democrático de Direito. Ao revés, está em sintonia com os princípios penais constitucionais, com a necessidade de justificar decisões penais em todas as suas fases, com melhor argumentação[139].

Ainda nessa toada de exame crítico das teorias relativas, o modelo de Jakobs sofre severas oposições, diante da tentativa de uma justificação apenas interna da pena, no sentido de validade da norma, sem se preocupar com o aspecto externo da sanção penal, a qual, em sua modalidade principal, é capaz de restringir a liberdade do ser humano de alcançar um direito inato.

Nessa toada, verifica-se a crítica ao fato de esse modelo constituir uma teoria formal e conservadora do Direito, que afasta os debates do conteúdo da norma, bem como uma crítica à redundância, ao dizer que a pena corresponde a uma revalidação da norma, uma vez que "a sanção já é uma característica constitutiva do Direito"[140]. A pena necessita de razões externas para sua aplicação, o que não ocorre no modelo de Jakobs.

Outro conjunto de críticas dirigido à proposta de Jakobs se relaciona com a ausência dos limites da teoria do bem jurídico. Esse abandono propicia ao modelo funcional sistêmico - que abriga a teoria da prevenção geral positiva fundamentadora- ampliar a tipificação de fatos penais e, por conseguinte, as hipóteses de incidência da pena.

Soma-se a isso a contradição da teoria de Jakobs com a proporcionalidade, na relação do bem jurídico tutelado pela norma, uma vez que a graduação da pena, com suporte na teoria da prevenção geral positiva fundamentadora, não ocorre em razão da culpabilidade, mas sim do descumprimento da norma e de seus desarranjos causados na sociedade[141].

Ao afastar a pena do ideal da reparação de danos, conforme anotado linhas atrás, uma vez que a sanção penal possui função apenas interna no sistema, qual seja, de reafirmação da norma, o modelo funcional sistêmico de Jakobs caminha na contramão da política criminal atual, como se verá mais adiante.

Por fim, a prevenção especial, ao justificar a pena na prevenção de novos delitos do autor, em suas três formas, quais sejam: de ressocialização para o

139. Sobre o tema "dogmática penal e jurisprudência do STF", desenvolvemos em outra oportunidade pesquisa acadêmica (GOMES FILHO, Dermeval Farias. **Dogmática Penal:** fundamento e limite à construção da jurisprudência penal no Supremo Tribunal Federal. Salvador: Juspodivm, 2019. p. 227-260).

140. SALVADOR NETTO, op. cit., p. 248.

141. MARQUES, Oswaldo Henrique Duek. **Fundamentos da pena**. 3ª ed. São Paulo: Martins Fontes, 2016. p. 178.

agente corrigível, de intimidação para modificar o caráter daqueles que possuem más intenções, e de privação da liberdade (inocuização) para os que não são corrigíveis e nem intimidáveis, é alvo da crítica de Claus Roxin. Apesar da sedução da teoria na tendência construtiva e social, ela não oferece contrapartida quanto às medidas necessárias para alcançar seus objetivos[142].

Por isso, a teoria da prevenção especial, de maneira isolada, em uma abordagem mais radical, desde seu ponto de partida, possui vulnerabilidades pelas seguintes razões: não limita o poder punitivo do Estado quanto ao seu conteúdo, uma vez que todos, mesmo os não culpáveis, necessitariam de correção. Isso, segundo Roxin, poderia autorizar um regime político de tratamento penal aos inimigos políticos, ou mesmo aos inadaptados à sociedade, por exemplo: mendigos, vadios, vagabundos, prostitutas. Surgiria, então, um Direito Penal de grupo de pessoas, em detrimento de um Direito Penal do fato isolado[143].

A prevenção especial ainda não possibilita delimitar a intervenção temporal do Estado mediante penas fixas, uma vez que, em tese, a pena deve durar até atingir a pretendida correção do indivíduo. Dessa forma, na crítica roxiniana, a teoria da prevenção especial se aproximaria de um modelo de retribuição[144]. Esse paralelo, todavia, não parece adequado, pois na retribuição é possível falar em pena na medida da culpabilidade, conforme já discutido anteriormente.

Outra crítica dirigida à prevenção especial considera a ausência de justificativa para punir o autor de crime que não apresenta perigo de repetição. Isso pode ocorrer quando restar demonstrada a inexistência de algum perigo de repetição da conduta para alguém que praticou um crime grave, como nos casos daqueles praticados em campos de concentração do nazismo[145]. Ou ainda para os que praticaram, nos dias atuais, por exemplo, crime de homicídio, e não voltaram a delinquir, estando plenamente integrados à sociedade. Em tais casos, a teoria da prevenção especial, de maneira isolada, não consegue justificar a pena e, portanto, evitar a impunidade[146].

Por fim, outra oposição à prevenção especial, apontada por Roxin, considera a ausência de justificativa para a correção como fim da pena, uma vez que

142. ROXIN, Claus. Sentido e limites da pena estatal. *In:* **Problemas Fundamentais de Direito Penal**. Trad. Ana Paula dos Santos Luis Natsheradetz. 3ª ed. Lisboa: Vega, 2004. p. 20.

143. Ibidem, p. 21.

144. Ibidem.

145. ROXIN, Claus. Sentido e limites da pena estatal. *In:* **Problemas Fundamentais de Direito Penal**. Trad. Ana Paula dos Santos Luis Natsheradetz. 3ª ed. Lisboa: Vega, 2004. p. 21.

146. Ibidem.

a maioria não pode impor à minoria uma mudança de modo de vida, seja para mendigos, prostitutas ou homossexuais, por exemplo[147].

No entanto, em relação à desconstrução da justificativa da teoria da prevenção especial positiva vista de modo isolado, apresentada no parágrafo anterior, a crítica deve ser limitada pela teoria do bem jurídico, e não pela teoria da pena. Dito de outro modo, a limitação imposta pelo bem jurídico como limite ao poder de punir do Estado impede tipificar comportamentos como costumes e opção sexual, que não se relacionam com lesão ou perigo de lesão a um bem jurídico merecedor da tutela penal[148].

Quanto ao sentido da ressocialização, presente na teoria da prevenção especial, Boshi defende que se trata de um direito do condenado, de modo que o Direito Penal, com o *ius puniendi* estatal, não poderia forçar o indivíduo a refazer seus valores, isto é, o condenado poderia decidir até onde quer fazer uso do seu direito de ressocializar[149]. A referida construção não parece convincente, porquanto o *ius puniendi* estatal, consolidado na afirmação da culpa, impõe ao Estado fazer cumprir a pena, conforme os princípios e regras da execução penal.

Dessarte, o modelo político-criminal no Brasil, hoje, busca equivalentes funcionais que possam substituir a privação da liberdade como alternativa de resposta à parcela criminalidade. Tais iniciativas se preocupam com a manutenção das pretendidas finalidades preventivas das teorias da pena no aspecto concreto da relação entre vítima e ofensor. Nesse arranjo, a confissão de culpa e a reparação de danos têm papel importante na composição do conflito gerado pelo crime.

1.4. LEGITIMAÇÃO DA PENA ANCORADA EM MODELOS MISTOS

Além das teorias absolutas e relativas que sustentam a retribuição e a prevenção, respectivamente, como fins da pena, outros modelos surgiram no

147. Ibidem, p. 22.

148. "A título de ilustração, o Tribunal Constitucional alemão afirmou a constitucionalidade do crime de incesto, dando ao Direito Penal o papel de fortalecimento de convicções morais, na medida em que determinado comportamento ofende interesses relevantes da sociedade. E, ainda, fez-se uso do ideal de democracia como um segundo argumento, no sentido de que os fins do Direito Penal devem ser fixados pelo legislador democraticamente legitimado, e não pelos penalistas. Desse modo, reconheceu a possibilidade de tipificação de condutas que não causam ofensa ou perigo de ofensa ao conceito de bem jurídico" (PONTE, Antônio Carlos da; GOMES FILHO, Dermeval Farias. A Política Criminal de Proteção da Saúde no Brasil: limite substancial do bem jurídico e desafios dogmáticos. **Revista Brasileira de Estudos Jurídicos**, Montes Claros, MG, v. 15, n. 3, p. 34-58, set./dec. 2020. p.36-37. p. 38-39).

149. BOSCHI, José Antônio Paganella. **Das Penas e seus Critérios de Aplicação**. 4ª ed. Porto Alegre: Livraria do Advogado, 2006. p. 112.

sentido de unificar as referidas funções, de modo a afastar as posições isoladas e apresentar as funções conjugadas, seja via um processo aditivo ou, de outra forma, mediante um processo dialético.

As teorias mistas ou teorias da união ou teorias aditivas apontam como justificativa da pena a soma de aspectos retributivos e preventivos. Nessa proposta, a ideia de compensação da culpabilidade, da prevenção, da ressocialização e da retribuição constitui um todo que se apresenta como fim da pena.

Essa soma de aspectos preventivos e retributivos se apresenta como certa tendência. Verifica-se que esse modelo misto apresenta uma junção de propostas incompatíveis entre si, uma soma desordenada das finalidades da pena. Por isso, segundo Lesch, não constitui uma teoria consistente[150].

Não se pode negar, por outro lado, que o modelo misto conduz a maior liberdade no momento da decisão. Essa constatação presente, a título de ilustração, na fixação da pena quando da primeira fase da dosimetria, no ordenamento jurídico brasileiro, se apresenta agora com as mesmas funções no acordo de não persecução penal, que não produz pena, mas sim um equivalente funcional da pena.

E, ainda, ressalta-se, a retribuição e a prevenção previstas no *caput* do art. 28-A do Código de Processo Penal brasileiro (CPP)[151] não são valoradas pelo julgador, mas sim pelo membro do Ministério Público. Tais aspectos – quanto aos novos papéis desses atores processuais – serão retomados no terceiro capítulo.

1.5. LEGITIMAÇÃO DA PENA AMPARADA NA TEORIA UNIFICADORA DIALÉTICA

O modelo unificador dialético se opõe à proposta aditiva da teoria mista e busca unir os aspectos acertados da prevenção geral e da prevenção especial, com a tentativa de supressão de vulnerabilidades, mediante um sistema de complementação e de limitação. Nessa união, o princípio da culpabilidade é utilizado como fato limitador, conquanto tal princípio seja próprio das teorias que pregam a retribuição[152].

150. LESCH, Heiko H. **La Función de la Pena**. Trad. Javier Sánchez-Vera Gómez-Trelles. Madrid: Dykinson, 1999. p. 41.

151. BRASIL. Presidência da República. **Decreto-lei nº 3.689, de 3 de outubro de 1941.** Código de Processo Penal. Brasília-DF: Disponível em: <http://www.planalto.gov.br/ccivil_03/decreto-lei/del3689compilado.htm>. Acesso em: 11 set. 2022.

152. LESCH, Heiko H. **La Función de la Pena**. Trad. Javier Sánchez-Vera Gómez-Trelles. Madrid: Dykinson, 1999. p. 41-42.

O modelo apenas unificador, previsto no projeto alternativo oficial apresentado pelo governo alemão em 1962, foi criticado por Roxin e outros professores, os quais defenderam proposta alternativa ao projeto oficial. Sustentaram um modelo unificador dialético, em que a prevenção positiva se destaca, mas está vinculada à proteção subsidiária de bens jurídicos, bem como ao objetivo de preservar a individualidade do sujeito que recebe a pena[153].

Roxin observa, como ponto de partida para sua proposta, que as teorias da pena do atual Direito Penal, de maneira unilateral: (i) projetam ameaça de pena no momento da cominação, com o ideal de prevenção geral; (ii) na sequência, retribuem com a pena no momento a sentença; (iii) e, por sua vez, buscam a prevenção especial na fase da execução da pena. No entanto, essa compreensão deixa de lado as demais formas de aparecimento do poder penal. Por isso, defende uma visão dialógica, em conjunto, para esgotar o sentido e a missão do Direito Penal, e não concorda com o isolamento de cada fase[154].

No Estado moderno, que busca garantir aos seres humanos condição digna com o desenvolvimento da personalidade, é função do Direito Penal, na proposta roxiniana, a proteção de bens jurídicos constitutivos da sociedade e, se necessário, "o cumprimento de prestações de caráter público de que depende o indivíduo no quadro da assistência social por parte do Estado"[155].

Em razão disso, o Direito Penal é subsidiário[156], não deve ser utilizado quando forem suficientes as respostas do Direito Civil ou de outros ramos do Direito Público. As cominações penais só se legitimam com suporte na subsidiariedade e na tutela de bens jurídicos. Ante tais limites, na fase da construção abstrata da cominação penal, o fim da pena é de prevenção geral, não no sentido de intimidação, mas sim na perspectiva de uma ordem estatal protetora de bens jurídicos e prestações, de maneira subsidiária, que informa ao cidadão quais atividades deve omitir sob ameaça de pena[157].

Ao tratar da finalidade da pena no momento da aplicação, Roxin não despreza a ameaça contida na teoria de Feuerbach, nem o sentido de prevenção geral que conserva a validade do ordenamento, nem o sentido de prevenção especial que almeja a intimidação para impedir a prática de novos delitos pelo

153. ROXIN, Claus. Sentido e limites da pena estatal. *In:* **Problemas Fundamentais de Direito Penal**. Trad. Ana Paula dos Santos Luis Natsheradetz. 3ª ed. Lisboa: Vega, 2004. p. 45.

154. Ibidem, p. 26-27 e 32.

155. Ibidem, p. 27.

156. "Ou seja: somente se podem punir as lesões de bens jurídicos e as contravenções contra fins de assistência social, se tal for indispensável para uma vida em comum ordenada" (ROXIN, op. cit., p. 28).

157. Ibidem, p. 31-32.

menos durante o cumprimento da pena. Ressalta que o componente de prevenção especial da sentença possui, outrossim, um fim último de prevenção geral.

Em síntese, "a aplicação da pena estará justificada se conseguir harmonizar a sua necessidade para a comunidade jurídica com a autonomia da personalidade do delinquente, que o direito tem de garantir"[158]. Adverte-se, outrossim, quanto às etapas prévias à aplicação da pena: durante o processo, o acusado não pode ser privado da livre determinação de suas declarações; a pena não pode ultrapassar a medida da culpabilidade[159]. "O fim da prevenção geral da punição só se pode conseguir na culpa individual"[160].

Desse modo, na proposta roxiniana, a aplicação da pena - conjugando prevenção geral e prevenção especial - serve para a proteção subsidiária e preventiva de bens jurídicos e de prestações estatais, no sentido de preservar a autonomia da personalidade e de limitar a pena à medida da culpabilidade[161].

Quanto à fase de execução da pena, Roxin destaca que avanços de ressocialização só podem começar a partir desse momento. Mas adverte quanto à retórica idealista que se faz ao delinquente quanto à punição, ao afirmar que o fim da pena é a salvaguarda da ordem da comunidade, sem perder de vista a resolução da seguinte questão: se justifica aplicar a pena a uma pessoa para atingir esse objetivo anunciado? É justa e legítima a situação segundo a qual, como membro da comunidade, o condenado está obrigado a suportar a pena. Não se trata, portanto, de um imperativo categórico kantiano, como mera aflição de um mal ao delinquente pelos demais membros da sociedade. Como membro da comunidade, o delinquente deve responder pelos seus atos na medida de sua culpabilidade[162].

A execução da pena se justifica na busca da reintegração do delinquente à sociedade, em um ideal de execução ressocializadora. O único fim legítimo da execução da pena é a ressocialização, sem eliminar, completamente, como ponto de partida, a prevenção geral. Dessa maneira, coincidem os direitos e deveres da coletividade e do particular, quando há o interesse da coletividade

158. ROXIN, Claus. Sentido e limites da pena estatal. *In:* **Problemas Fundamentais de Direito Penal**. Trad. Ana Paula dos Santos Luis Natsheradetz. 3ª ed. Lisboa: Vega, 2004. p. 32-34.

159. "Assim enquadrado, o conceito de culpa tem a função de assegurar ao particular que o Estado não estenda o seu poder penal, no interesse da prevenção geral ou especial, para além do correspondente à responsabilidade de um homem concebido como livre e suscetível de culpa" (ROXIN, op. cit., p. 36).

160. Ibidem, p. 37.

161. Ibidem, p. 40.

162. Ibidem, p.37.

em recuperar o condenado, o que constitui o verdadeiro bem do condenado e contribui com o desenvolvimento da sua personalidade[163].

Roxin, ciente de que não será possível acabar para sempre com a criminalidade, alerta, todavia, que não seria lícito ressocializar pessoas com a ajuda de sanções penais, pessoas que não são culpadas de agressões insuportáveis contra bens jurídicos, ainda que tais pessoas sejam degeneradas e inadaptadas. Caso contrário, haveria ofensa ao livre desenvolvimento da personalidade, como princípio que deve ser respeitado na execução da pena. Destaca, ainda, que dentro do aspecto geral de ressocialização está contida a reparação do dano[164].

Por outro lado, segundo expõe Lesch, a teoria unificadora dialética está aquém de seus objetivos, uma vez que a escolha de determinada finalidade, conforme a situação fática apresentada, com o exercício de ponderação, sem critério determinado, indo de lá para cá, representa um ponto de fragilidade que também se faz presente na teoria mista, chamada de aditiva. Ademais, não consegue solucionar as contradições entre os fins preventivos da pena e o princípio da culpabilidade[165].

Nos termos da crítica de Lesch, as deficiências da prevenção geral e da prevenção especial se apresentam no modelo roxiniano, não são eliminadas. Permanece, portanto, um problema quanto às teorias da união, qual seja, sua ambiguidade, de modo que não apontam um fundamento consistente, não são convincentes. Da perspectiva das teorias da união, seja a aditiva ou a unificadora dialética, o princípio da compensação da culpabilidade perde sua função de fundamentação da pena e se reduz a um critério delimitador da pena[166].

1.6. A FINALIDADE DA PENA NA PROPOSTA DE JUSTIÇA RESTAURATIVA

Do que foi visto até agora, verifica-se que a racionalidade penal moderna[167], ou modelo tradicional de justiça penal, compreende o crime como uma

163. ROXIN, Claus. Sentido e limites da pena estatal. *In:* **Problemas Fundamentais de Direito Penal**. Trad. Ana Paula dos Santos Luis Natsheradetz. 3ª ed. Lisboa: Vega, 2004. p. 40-41.

164. Ibidem, p. 41-42.

165. LESCH, Heiko H. **La Función de la Pena**. Trad. Javier Sánchez-Vera Gómez-Trelles. Madrid: Dykinson, 1999. p. 42.

166. Ibidem, p. 42.

167. Em um estudo sobre a racionalidade penal moderna, Álvaro Pires explica que existe uma cultura punitiva, em que crime e pena são um binômio necessário e obrigatório, incorporado no modo de pensar, que dificulta o surgimento de outra análise do direito penal, a qual permanece na sociedade e pode ser demonstrada, inclusive, com os fatos ocorridos a partir das Revoluções do século XVIII, do Estado Liberal. Esclarece que houve uma tentativa de mudar essa racionalidade entre as décadas de 1960 e 1970, mas que, por razões não totalmente esclarecidas, a mentalidade punitivista foi retomada. Entre outras causas, o mencionado autor aponta a influência da mídia,

ofensa ou perigo de ofensa a um bem jurídico tutelado na norma estatal. Em outros termos, constitui uma ofensa ao Estado, com previsão de punição com pena.

O modelo de justiça restaurativa, no âmbito penal, propõe um novo paradigma, no qual o crime passa a constituir uma lesão pessoal. Desse modo, o crime deixa de significar somente uma ofensa à lei, e passa a corresponder a uma conduta que, além de contrariar a norma penal, atinge pessoas, provoca danos e afeta os relacionamentos[168].

Verifica-se que o ideal de justiça restaurativa não envolve apenas a possibilidade de aplicar a pena ao culpado, no sentido de prevenção especial positiva, mas implica reparar o dano causado e estabelecer uma mediação do conflito entre vítima e ofensor do aspecto sentimental, que pode resultar em arrependimento e perdão, de modo a diminuir a dor da vítima e/ou de seus familiares.

É certo, todavia, que o perdão não condiciona o modelo de justiça restaurativa, mas representa uma possibilidade de resultado, por meio da mediação do processo restaurativo. Há uma preocupação em tratar dos danos e necessidades da vítima, bem como do que acontece na vida do autor do crime, de modo a fazê-lo compreender o que o levou a praticar a ofensa e as consequências do seu ato. Busca-se, dessa forma, proporcionar um encontro das partes, de modo a prepará-las para lidar com as consequências da ofensa e suas implicações para o futuro.

Nessa linha de raciocínio, a justiça restaurativa tem sido compreendida como uma roda, cujo eixo constitui um esforço no sentido de "concertar" (acordar, harmonizar), na medida do possível, o mal que fora feito. Constata-se,

a emergência discursiva de uma sociedade de vítimas e a importância dada à opinião pública (PIRES, Álvaro. **A racionalidade penal moderna, o público e os direitos humanos**. Novos Estudos CEBRAP, n. 68, mar. 2004. p. 39-60). Essa forma enraizada na sociedade sobre a maneira de pensar o sistema penal, como vinculado à pena privativa, pode dificultar as soluções de consenso com repostas sem natureza de pena, as quais podem, se bem ajustadas, trazer satisfação às vítimas.

168. Umbreit aponta seis aspectos que caracterizam a justiça restaurativa: "1. preocupa-se muito mais com a restauração da vítima e da comunidade vitimada do que com a custosa punição do ofensor; 2. eleva a importância da vítima no processo da justiça criminal, por meio do aumento de envolvimento, da imputação e de serviços; 3. exige que o ofensor seja responsabilizado diretamente perante a pessoa e/ou a comunidade que ele prejudicou; 4. encoraja toda a comunidade a se envolver na responsabilização do ofensor e a promover uma resposta benéfica às necessidades de vítimas e ofensores; 5. enfatiza a importância do ofensor assumir a responsabilidade por seu comportamento e corrigir situações quando possível, ao invés de priorizar a severidade da punição. 6. reconhece a responsabilidade da comunidade por condições sociais que contribuem para o comportamento do ofensor" (UMBREIT, Mark S. **Justiça restaurativa por meio da mediação vítima-ofensor**: uma avaliação a partir de várias experiências locais. Disponível em: http://www.arcos.org.br/livros/estudos-de-arbitragem-mediacao-e-negociacao-vol4/parte-iii-doutrina-artigo-dos-professores/justica-restaurativa-por-meio-da-mediacao-vitima-ofensor-uma-avaliacao-a-partir-de-varias-experiencias-locais. Acesso em: 22 mar. 2021).

ainda, a necessidade de tratar os danos e as necessidades das vítimas, como também as causas da ofensa[169].

Ao fazer comparação entre a teoria retributiva da pena e a justiça restaurativa, Howard Zehr ressalta que ambas buscam uma relação de proporcionalidade entre o ato do agente e a reação. Contudo, a teoria retributiva acredita que a dor vindicará, o que, segundo o referido autor, corresponde a uma medida contraproducente para a vítima e para o ofensor[170] .

De outro lado, a teoria da justiça restaurativa entende que a vindicação decorre do "reconhecimento de danos sofridos pela vítima e de suas necessidades, junto com um esforço ativo no sentido de incentivar os ofensores a assumirem a responsabilidade e corrigirem o mal, e de tratar as causas de seu comportamento lesivo"[171]. Dessa forma, a justiça restaurativa possui o escopo de ajudar tanto a vítima quanto o ofensor a transformarem as suas vidas[172] .

Da perspectiva da funcionalização do Direito Penal no âmbito internacional, a Organização das Nações Unidas (ONU), aprovou a Resolução n. 1.999/26, de 28 de julho de 1999, com a finalidade de adotar as práticas restaurativas na justiça criminal. No que concerne à justiça restaurativa, acrescentem-se, ainda, as Resoluções n. 2.000/14 e n. 2.002/12, editadas pela ONU, as quais apontam princípios básicos para utilização de programas restaurativos no âmbito criminal[173] .

Antes disso, a título de ilustração, na Nova Zelândia, desde o ano de 1989, os casos criminais envolvendo jovens autores, salvo em crimes com maior grau de violência, passaram a ser solucionados por meio de conferências de grupos

169. ZEHR, Howard. **Trocando as Lentes**: um novo foco sobre o crime e a justiça. Trad. Tônia Van Acker. São Paulo: Palas Athena, 2008. p. 258.

170. ZEHR, Howard. **Trocando as Lentes**: um novo foco sobre o crime e a justiça. Trad. Tônia Van Acker. São Paulo: Palas Athena, 2008. p. 259.

171. Ibidem, p. 260.

172. Algumas questões propostas por Zehr revelam a distinção entre o modelo tradicional de justiça penal e a abordagem da justiça restaurativa: "Em vez de nos preocuparmos com as três perguntas que dominam o sistema judicial ocidental (Que lei foi violada? Quem fez isso? O que ele merece?), proponho que sejamos guiados pelo que denominei Perguntas Guia da Justiça Restaurativa: Quem sofreu o dano? Quais são suas necessidades? Quem tem obrigação de supri-las? Quais as causas? Quem tem interesse na situação? Qual o processo apropriado para envolver os interessados no esforço de tratar das causas e corrigir a situação?" (ZEHR, op. cit., p. 258-259).

173. "A experiência brasileira inicial, neste campo da justiça restaurativa, é recente, sendo o Relatório do Instituto Latino-americano das Nações Unidas para a Prevenção do Delito e Tratamento do Delinquente - ILANUD1 a primeira fonte autorizada para o conhecimento de Projetos já implantados. Segundo o referido Relatório, a definição mais consensual de justiça restaurativa, até porque contemplada pela Organização das Nações Unidas (ONU), é aquela constante da Resolução 12/2002, emitida pelo seu Conselho Econômico e Social (ECOSOC), na qual foram descritos os princípios básicos para o desenvolvimento de programas de Justiça Restaurativa em matéria criminal" (VASCONCELOS, Carlos Eduardo. **Mediação de conflitos e práticas restaurativas**. 7ª ed. São Paulo: Método, 2020. p. 187).

familiares, uma prática de justiça restaurativa. Com isso, os processos nas varas foram reduzidos em cerca de 80%[174].

Vale destacar, outrossim, a abordagem da justiça restaurativa concebida dentro de um sistema multiportas de acesso à justiça, que compreende apoiar e induzir novos métodos de resolução de disputas jurídicas, tais como a mediação, a conciliação, a negociação, a avaliação neutra, a arbitragem[175].

Conquanto essa nova forma de solucionar conflitos tenha crescido na seara processual cível, com a Resolução n. 125/2010 do Conselho Nacional de Justiça (CNJ)[176], denominada como sistema multiportas de acesso à justiça, ou mesmo por meio da Lei n. 13.1140/2015 (Lei da Mediação)[177], a cada dia a abordagem de solução sem adversariedade cresce na seara jurídica como um todo.

No Brasil, de maneira institucional, três projetos-piloto de justiça restaurativa foram implantados no Estado de São Paulo, no Estado do Rio Grande do Sul e no Distrito Federal em 2005. Em tais casos, houve uma parceria entre o Judiciário dessas localidades e a então Secretaria da Reforma do Judiciário do Ministério da Justiça[178].

Anota-se que, por enquanto, não há no Brasil previsão em lei para o procedimento de justiça restaurativa. No entanto, o procedimento tem sido adotado em casos previstos de justiça penal negociada, bem como em hipóteses de atos infracionais praticados por adolescentes[179].

Não se desconhece que – apesar da inexistência de lei sobre o tema – a justiça restaurativa encontra-se regulada, no Brasil, na Resolução do CNJ de n. 225/2016, alterada pela Resolução n. 300/2019, a qual estabeleceu prazos para

174. ZEHR, Howard. **Trocando as Lentes**: um novo foco sobre o crime e a justiça. Trad. Tônia Van Acker. São Paulo: Palas Athena, 2008. p. 245.

175. Destaca-se o estudo de Vasconcelos, ao compreender a justiça restaurativa no âmbito de um sistema multiportas de acesso à justiça: "Com efeito, todos esses meios judiciais ou extrajudiciais de acesso à justiça compõem o hoje denominado sistema multiportas, que também engloba as práticas restaurativas estudadas em Capítulo específico, consoante as necessidades e circunstâncias pessoais e materiais de cada situação". VASCONCELOS, Carlos Eduardo. **Mediação de conflitos e práticas restaurativas.** 7ª ed. São Paulo: Método, 2020. p. 37 e 81.

176. BRASIL. Conselho Nacional de Justiça. **Resolução n.** 125, de 29 de novembro de 2010. Disponível em: <https://www.cnj.jus.br/wp-content/uploads/2014/04/resolucao_125_29112010_23042014190818.pdf>. Acesso em: 10 out. 2022.

177. BRASIL. Presidência da República. Lei n. 13.140, de 26 de junho de 2015. Disponível em: < https://www.planalto.gov.br/ccivil_03/_ato2015-2018/2015/lei/l13140.htm>. Acesso em: 11 jun. 2025.

178. "O Relatório ILANUD refere que os programas piloto de Justiça Restaurativa implementados em Porto Alegre, São Caetano e Brasília contemplaram tais diretrizes em suas preocupações [...] Para concluir, pode-se afirmar que os programas piloto de Justiça Restaurativa do Distrito Federal, de Porto Alegre e de São Caetano foram os primeiros passos na colaboração da justiça restaurativa com um movimento de flexibilização da justiça tradicional no Brasil" (VASCONCELOS, Carlos Eduardo. **Mediação de conflitos e práticas restaurativas**. 7ª ed. São Paulo: Método, 2020. p. 187-192).

179. TIVERON, Raquel. **Justiça Restaurativa e emergência da cidadania na dicção do Direito:** a construção de um novo paradigma de justiça criminal. Brasília-DF: Thesaurus, 2014. p. 441.

que os Tribunais de Justiça e os Tribunais Regionais Federais organizassem a implantação da justiça restaurativa[180].

Vale repetir que as resoluções do CNJ, assim como as do CNMP, possuem natureza de normas primárias, semelhantes às leis, submetendo-se ao mesmo modelo de controle de constitucionalidade, segundo entende o STF. Contudo, tais resoluções, não raro, têm tratado de temas distantes do controle administrativo, financeiro e disciplinar, inerentes à competência constitucional de tais órgãos, no desarranjo institucional brasileiro.

No modelo de pena associado à proposta da justiça restaurativa no âmbito penal, observa-se estreita relação com a função comunicativa da sanção penal. Isso é obtido mediante o encontro restaurativo, quando se busca uma racionalidade comunicativa na formação de consensos, capaz de atuar no sentido de trazer um caráter comunicativo à sanção penal.

Em outros termos, no modelo de justiça restaurativa, a função comunicativa da pena se faz presente no procedimento de deliberação, no encontro (chamado de encontro restaurativo) entre vítima e autor do fato, bem como com a comunidade. Esse modelo permite que o autor possa compreender sua responsabilidade pelo fato; assim, a pena deixa de ser uma resposta violenta pelo fato e assume uma proposta de valorização, uma função comunicativa, muito além da ideia de retribuição e de prevenção[181].

Dessa forma, a abordagem do tema possui paralelo com o objeto que se pesquisa, uma vez que a ferramenta da justiça restaurativa apresenta um complemento à pena ou um complemento sem pena, caracterizado pela restauração

180. O Art.1° da Resolução n. 225/2016 do CNJ conceitua a justiça restaurativa da seguinte forma: "Art. 1°. A Justiça Restaurativa constitui-se como um conjunto ordenado e sistêmico de princípios, métodos, técnicas e atividades próprias, que visa à conscientização sobre os fatores relacionais, institucionais e sociais motivadores de conflitos e violência, e por meio do qual os conflitos que geram dano, concreto ou abstrato, são solucionados de modo estruturado na seguinte forma: I – é necessária a participação do ofensor, e, quando houver, da vítima, bem como, das suas famílias e dos demais envolvidos no fato danoso, com a presença dos representantes da comunidade direta ou indiretamente atingida pelo fato e de um ou mais facilitadores restaurativos; II – as práticas restaurativas serão coordenadas por facilitadores restaurativos capacitados em técnicas autocompositivas e consensuais de solução de conflitos próprias da Justiça Restaurativa, podendo ser servidor do tribunal, agente público, voluntário ou indicado por entidades parceiras; III – as práticas restaurativas terão como foco a satisfação das necessidades de todos os envolvidos, a responsabilização ativa daqueles que contribuíram direta ou indiretamente para a ocorrência do fato danoso e o empoderamento da comunidade, destacando a necessidade da reparação do dano e da recomposição do tecido social rompido pelo conflito e as suas implicações para o futuro" (BRASIL. Conselho Nacional de Justiça. **Justiça Restaurativa**. Disponível em: https://www.cnj.jus.br/programas-e-acoes/justica-restaurativa. Acesso em: 23 mar. 2021). Em mapeamento realizado pelo CNJ, divulgado em 2019, constatou-se que entre os tribunais que possuem algum tipo de iniciativa de justiça restaurativa, 17 (61%) responderam possuir pelo menos um programa nessa área, sendo eles: TJAP, TJBA, TJDFT, TJES, TJMS, TJMT, TJPA, TJPE, TJPI, TJPR, TJRN, TJRS, TJSC, TJSP, TJTO, TRF-1ª e TRF-4ª (BRASIL. Conselho Nacional de Justiça. **Mapeamento dos Programas de Justiça Restaurativa**. Disponível em: https://www.cnj.jus.br/wp-content/uploads/conteudo/arquivo/2019/06/8e6cf55c06c 5593974bfb8803a8697f3.pdf. Acesso em: 10 out. 2022. p .8).

181. Nesse sentido: TIVERON, Raquel. **Justiça Restaurativa e emergência da cidadania na dicção do Direito**: a construção de um novo paradigma de justiça criminal. Brasília-DF: Thesaurus, 2014. p. 193.

da relação entre vítima e ofensor. Tal meta deve ser alcançada no conjunto das medidas estatais após o fato criminoso, a saber: antes da ação penal, durante as fases processuais da instrução processual que antecede a condenação, ou no momento da própria execução penal.

Segundo Umbreit, o foco principal não se encontra na reparação do dano em seu aspecto material, o qual é secundário, mas na mediação entre vítima-ofensor, priorizando o diálogo com ênfase na recuperação da vítima. Busca-se atender às necessidades emocionais do ofendido, bem como ao desenvolvimento do ofensor, no sentido de estabelecer empatia pela vítima e assim diminuir o comportamento criminoso no futuro[182].

Cuida-se, portanto, de uma compreensão multidisciplinar em que o Direito Penal cede espaço a outros saberes, a outras áreas do conhecimento, com apoios de psicólogos e agentes de serviço social. Diante disso, cabe questionar se o Direito Penal deve realizar tal papel e se isso se aplica ou não às suas funções.

Observa-se que a justiça restaurativa é aplicada a uma reduzida parcela de casos penais. Pesquisa realizada em 2014[183] constatou que a Argentina aplica o modelo nos casos de crimes com pena máxima de até seis anos de prisão, nos crimes culposos e nas contravenções. Algumas leis do país ressalvam a possibilidade de aplicar a mediação, independentemente da gravidade da sanção, após a execução da pena. Não se aplica o modelo de justiça restaurativa quando se tratar de crimes contra vítimas menores de idade, cometidos por funcionários públicos no exercício da função, dolosos contra a vida e contra a integridade sexual.

Em Portugal, a mesma pesquisa apontou que a justiça restaurativa, na forma de mediação, se aplica aos casos de crimes contra o patrimônio e contra a pessoa, com previsão de pena máxima de até cinco anos, não tendo incidência nos casos de crimes contra a liberdade sexual, contra a administração pública, quando o ofendido tiver menos de 16 anos e quando se tratar de crime submetido ao procedimento sumário ou sumaríssimo[184].

Alguns defensores do ideal de justiça restaurativa acreditam na possibilidade de o modelo enfrentar o fenômeno moderno da criminalidade, em substituir

182. UMBREIT, Mark S. **Justiça restaurativa por meio da mediação vítima-ofensor**: uma avaliação a partir de várias experiências locais. Disponível em: http://www.arcos.org.br/livros/estudos-de-arbitragem-mediacao-e-negociacao-vol4/parte-iii-doutrina-artigo-dos-professores/justica-restaurativa-por-meio-da-mediacao-vitima-ofensor-uma-avaliacao-a-partir-de-varias-experiencias-locais. Acesso em: 22 mar. 2021.

183. TIVERON, Raquel. **Justiça Restaurativa e emergência da cidadania na dicção do Direito**: a construção de um novo paradigma de justiça criminal. Brasília-DF: Thesaurus, 2014. p. 440.

184. Ibidem, p. 440.

a ideia de retribuição por satisfação às vítimas e às comunidades[185]. Isso revela uma distância significativa entre a teoria e a realidade ante o percentual de crimes violentos cometidos por pessoas sem condições de reparar o dano e, ainda, ante o crescimento da criminalidade organizada, formada por agentes que não querem se submeter a um modelo de reintegração social e demonstram uma opção clara pelo cometimento de crimes[186].

Outrossim, no modelo de justiça penal restaurativa, existe o argumento de apoio público fundado exclusivamente na reparação do dano e na ideia de mediação em crimes ou ilícitos cometidos sem violência ou grave ameaça à pessoa. A título de ilustração, pesquisa realizada no Estado de Minnesota, EUA, demonstrou que 4/5 de pessoas entrevistadas preferiram reparação do dano à prisão. A amostra foi colhida com a participação de 825 adultos. A pesquisa não forneceu a opção, entre as questões, de pena privativa cumulada com reparação do dano, apenas de sursis cumulado com reparação do dano ou pena privativa sem reparação do dano[187].

No Brasil, um mapeamento realizado pelo CNJ mostrou avanços no uso da justiça restaurativa na seara dos atos infracionais e dos crimes de leve ou média ofensividade. Embora o número de casos ainda seja pequeno, os programas de justiça restaurativa espalhados pelo país têm crescido, com o fomento das resoluções do CNJ, anunciadas anteriormente[188].

Há casos apontados de justiça restaurativa, referentes a fatos criminais de pequena e média gravidade, que, na verdade, cuidam-se, na maior parte, de

---

185. ROLIM, Marcos. **A síndrome da rainha vermelha**: policiamento e segurança pública no século XXI. Rio de Janeiro: Zahar, 2006. p. 236.

186. O quadro da execução penal revela, em parte, o percentual de crimes que acontecem no Brasil. Dados colhidos pelo Departamento Penitenciário Nacional apontam 748.009 pessoas presas, sendo 362.547 no regime fechado, 133.408 no regime semiaberto, 25.137 no regime aberto, 222.558 presos provisórios. Informa-se ainda o total de 4.109 pessoas submetidas à medida de segurança de internação, estando 250 pessoas em tratamento ambulatorial (BRASIL. Ministério da Justiça. Departamento Penitenciário Nacional. **Levantamento nacional de informações penitenciárias**: atualização: junho de 2020. Disponível em: https://app.powerbi.com/view?r=eyJrIjoiZWI2MmJmMzYtODA2MC00YmZiLWI4M2ItNDU2ZmIyZjFjZGQ0IiwidCI6ImViMDkwNDIwLTQ0NGMtNDNmNy05MWYyLTRiOGRhNmJmZThlMSJ9). Acesso em: 16 jun. 2021. Nessa linha, informações do Conselho Nacional de Justiça (CNJ) indicam 333.458 mandados de prisão em aberto (BRASIL. Conselho Nacional de Justiça (CNJ). **Estatísticas BNMP Nacional**. Disponível em: https://portalbnmp.cnj.jus.br/#/estatisticas. Acesso em: 16 jun. 2021).

187. UMBREIT, Mark S. **Justiça restaurativa por meio da mediação vítima-ofensor**: uma avaliação a partir de várias experiências locais. Disponível em: http://www.arcos.org.br/livros/estudos-de-arbitragem-mediacao-e-negociacao-vol4/parte-iii-doutrina-artigo-dos-professores/justica-restaurativa-por-meio-da-mediacao-vitima-ofensor-uma-avaliacao-a-partir-de-varias-experiencias-locais. Acesso em: 22 mar. 2021.

188. "Quanto às áreas de aplicação das práticas restaurativas, percebe-se uma grande diversidade, destacando-se a aplicação em questões envolvendo atos infracionais, conflitos escolares, infrações criminais leves e médias, violência doméstica, bem como o uso preventivo da Justiça Restaurativa. Ressalta-se, ainda, que a Justiça Restaurativa é menos frequente em campos criminais de maior gravidade, sendo que 22,7% dos programas atendem a questões de tráfico de drogas, 15,9% a crimes graves e gravíssimos e 11,3% a crimes sexuais" (Conselho Nacional de Justiça. **Mapeamento dos Programas de Justiça Restaurativa**. Disponível em: https://www.cnj.jus.br/wp-content/uploads/conteudo/arquivo/2019/06/8e6cf55c06c5593974bfb8803a8697f3.pdf. Acesso em: 10 out. 2022. p. 7).

hipóteses de mediação cível com reflexos na seara penal, ante uma valoração político-criminal do Ministério Público. Tais procedimentos ainda exigem melhor institucionalização.

A título de ilustração, no Distrito Federal, na Circunscrição Judiciária de Ceilândia, o Ministério Público do Distrito Federal, por meio das promotorias de justiça criminal, em casos que não envolvem as hipóteses da Lei Maria da Penha, tem encaminhado os autos de inquérito policial - com fato indicado no art.129, §9º, do CP - ao setor de justiça restaurativa do TJDFT, que atua na localidade, no âmbito cível, para tentar reconciliar as partes. Após o retorno dos autos, com a informação de reconciliação, o órgão do Ministério Público promove o arquivamento e o submete à homologação judicial.

Não se olvida, ainda, de uma aproximação entre determinadas abordagens de justiça restaurativa e o abolicionismo penal. Segundo Ilana Martins, a justiça restaurativa torna a ideia de punição uma faculdade, apenas possível quando não houver outra escolha de responsabilização do infrator, de forma a desconstruir a ideia de Beccaria, segundo a qual é necessária a exigência de pena, certa, proporcional e aflitiva[189].

Para Raquel Tiveron, muitos crimes graves fazem parte da cifra negra da criminalidade, de modo que nem todos os fatos são resolvidos pelo sistema de justiça criminal e, desse modo, a justiça restaurativa seria uma alternativa[190]. Há aqui uma proposta não convincente, pois se o fato grave é do conhecimento dos órgãos que, em tese, farão o procedimento de justiça restaurativa, tal fato não poderá fazer parte do quadro da cifra negra, porquanto deverá ser objeto da devida persecução penal estatal.

Outro aspecto negativo direcionado ao modelo restaurativo diz respeito à privatização do conflito. Ora, o delito penal não se confunde com o ilícito civil, já que o primeiro atinge interesses públicos indisponíveis, sujeitos ao *ius puniendi* estatal, enquanto o segundo diz respeito à reparação do dano causado e trata de interesses, quase sempre, disponíveis[191] .

Cabe acrescentar que nem todas as vítimas desejam participar do processo restaurativo. A depender do seu estado emocional, de sua personalidade, das

---

189. LUZ, Ilana Martins. Da Sanção ao Preceito: o contributo da Justiça Restaurativa para a modificação da racionalidade penal moderna. ***In*****: Revista Síntese de Direito Penal e Processual Penal.** Porto Alegre: Síntese, n.70, out./nov., 2011, p. 84.

190. TIVERON, Raquel. **Justiça Restaurativa e emergência da cidadania na dicção do Direito**: a construção de um novo paradigma de justiça criminal. Brasília-DF: Thesaurus, 2014, p. 441.

191. Aspectos narrados em: PALLAMOLLA, Raffaella da Porciuncula. **Justiça restaurativa: da teoria à prática.** São Paulo: IBCcrim, 2009, p.167.

experiências resultantes da vitimização, o custo-benefício da participação em um processo restaurativo de mediação pode ser negativo. O sentimento das vítimas deve ser respeitado.

Alguns desafios são apresentados para o modelo de justiça restaurativa em crimes graves, uma vez que as vítimas estariam menos receptivas em razão do dano irreparável; da repercussão social do fato; do tempo decorrido desde o cometimento do crime; da dúvida acerca de o ofensor compreender o alcance do fato e se arrepender de sua conduta; da crença no sentido de que nem todos os ofensores se arrependem de suas ações; e do medo de estar na presença do ofensor[192].

Ainda merece destaque o fato de a proposta de pena simbólica defendida pelos partidários da justiça restaurativa em substituição à pena privativa não convencer como modelo de solução penal aplicável aos crimes graves. Em tais delitos, o efeito comunicativo por si só não é suficiente. A pena deve ser comunicada de forma a satisfazer tanto as pretensões da vítima, de modo a evitar retaliação, quanto o ideal de prevenção geral positiva. Acrescente-se que os autores de crimes graves não seriam demovidos de novas práticas criminosas com sanções apenas simbólicas.

1.7. A INEXISTÊNCIA DE LEGITIMAÇÃO DA PENA NA TEORIA AGNÓSTICA

Para a compreensão da teoria agnóstica, faz-se necessário examinar, inicialmente, de maneira introdutória, a proposta do funcionalismo redutor, segundo a qual o Direito Penal tem a função de conter a si mesmo, por conta da impossibilidade de substituí-lo e diante do fracasso das teorias que atribuem determinado fim positivo à pena.

A teoria agnóstica se alinha ao modelo do funcionalismo redutor, no qual "a funcionalidade, entendida como efeito político dos conceitos jurídicos penais, é um dado ôntico que existe, percebamos ou não"[193]. Por essa razão, a proposta funcional redutora refuta a perspectiva funcional que compreende a sociedade como um sistema e ignora os dados ônticos[194].

192. TIVERON, op. cit., p. 439.

193. ZAFFARONI, Eugênio Raul; BATISTA, Nilo; ALAGIA, Alejandro; SLOKAR, Alejandro. **Direito Penal Brasileiro**. v. 2. Rio de Janeiro: Revan, 2010. p. 58.

194. O modelo funcional redutor se diferencia das demais propostas expostas na teoria do crime. "As construções de Roxin e Jakobs tendem a elaborar sistemas conceituais funcionais aos objetivos que atribuem à pena, que, para eles, configura um instrumento de poder punitivo igualmente funcional para a preservação de uma sociedade

Para o funcionalismo redutor, resta ao Direito Penal apenas a tarefa política de reduzir a punição, de conter a amplitude da punição do Estado de polícia, ou seja, um sistema orientado no sentido de reduzir o poder punitivo, de conter a si mesmo, diminuindo seu âmbito de incidência.

Para tanto, a sociedade é compreendida com base na teoria do conflito, cheia de interesses que se chocam, que se enfrentam, em um processo histórico de contínua transformação. Nesse cenário, o poder punitivo é sempre visto ao lado do mais forte, de forma que o Direito Penal liberal não pode legitimar o poder punitivo, dentro do qual se situa a pena, mas apenas reduzi-lo e contê-lo.

Dessa perspectiva, há uma crítica dirigida aos modelos funcionais de Jakobs e de Roxin, os quais, ao difundirem a função positiva da pena, provocam efeitos nefastos na culpabilidade que, em vez de limitar o poder punitivo, o quantifica. No modelo funcional redutor, faz-se uso de uma culpabilidade do ato que se projeta na teoria do delito como indicador do limite máximo do poder punitivo e mecanismo de contenção quantitativa da irracionalidade punitiva, sem qualquer efeito legitimador do Direito Penal[195].

O Direito Penal defendido pelo funcionalismo redutor, alicerçado na teoria negativa ou agnóstica da pena, não possui poder punitivo, nem cabe a ele a tarefa de legitimar a criminalização. Ele deve somente legitimar as decisões das agências jurídicas. O Direito Penal só consegue programar as decisões judiciais, classificadas como uma fase de criminalização secundária. As decisões das agências jurídicas são relevantes para a conter o poder punitivo exercido pelo restante do sistema penal[196].

Há, por essa razão, na teoria agnóstica da pena, uma recusa a qualquer finalidade legitimadora da pena, seja da retribuição ou da prevenção. Em outros termos, não há justiça, racionalidade ou legitimidade democrática na

---

também compreendida como sistema. Em nosso caso, procuramos desenvolver uma estruturação conceitual que seja funcional para a contenção e redução do poder punitivo, diante da impossibilidade empírica de reconhecer validade científica a qualquer teoria positiva da pena. Por outro lado, tal proposta pretende ser funcional para a dinâmica de uma sociedade na qual classes e grupos convivem em permanente conflito. Para avançar nessa proposta, convém creditar: ao neokantismo, o adestramento para a fina construção sistemática; ao finalismo, a advertência sobre respeitar o mundo e seus dados; ao funcionalismo, ter assumido sem rebuços que os conceitos jurídico-penais são politicamente funcionais. O funcionalismo alemão, ao lançar uma ponte construtiva na direção da sociologia sistêmica, preocupa-se em destacar seus vínculos com o passado teórico, o que é verdadeiro. Em nosso caso, trocamos o conformismo da sociologia sistêmica pela dinâmica de teorias sociais do conflito, associadas à concepção agnóstica ou negativa da pena, introduzindo assim na construção um dado de validade inquestionável" (ZAFFARONI et al, op. cit., p. 61).

195. ZAFFARONI, Eugênio Raul; BATISTA, Nilo; ALAGIA, Alejandro; SLOKAR, Alejandro. **Direito Penal Brasileiro**. v. 2. Rio de Janeiro: Revan, 2010. p. 64-65.

196. ZAFFARONI, Eugênio Raul; BATISTA, Nilo; ALAGIA, Alejandro; SLOKAR, Alejandro. **Direito Penal Brasileiro**. 3ª ed. v. 1. Rio de Janeiro: Revan, 2003. p. 108.

retribuição. E, de igual forma, a finalidade preventiva de evitar crimes não é demonstrada empiricamente.

O questionamento agnóstico às teorias positivas da pena considera que tais perspectivas teóricas atribuem determinada função à pena e buscam ajustar o Direito Penal à função a ela atribuída. Ademais, verifica-se nesse modelo uma exclusão das demais coerções estatais previstas em outras leis ou mesmo em nenhuma lei. Disso, portanto, resultam as seguintes consequências oriundas das teorias que pregam uma função positiva à pena: excluem as demais sanções estatais de caráter não punitivo, conquanto sejam punitivas no sentido material, não o são no sentido formal; como existe uma função positiva na pena, compreende-se que o Estado possui o dever e o direito de aplicá-la quantas vezes achar necessário e conveniente[197].

Dessa forma, as teorias que enxergam função positiva na pena não somente almejam legitimar a resposta penal. Tais teorias, com as suas funções, ainda, buscam deduzir a teoria do próprio Direito Penal. Observa-se ainda que a quantidade e disparidade de tais teorias fizeram surgir opções contraditórias e incompatíveis, de modo a gerar também uma contradição nos próprios direitos penais subjetivos delas oriundos[198].

As funções positivas atribuídas às penas são falsas ou não generalizáveis, segundo a crítica da teoria negativa agnóstica. Diante disso, constata-se um fracasso no pretenso limite material ao *jus puniendi*, o qual fez aparecer esforços no ramos do Direito constitucional, internacional e processual na busca de limitações externas e formais à contenção do poder de punir, que não buscam regular tal poder, mas sim conter seu potencial de punição[199].

Por essa razão, é preciso sair do atoleiro, pois não se quebra esse ciclo com uma nova teoria da pena que a enxergue com algum aspecto positivo. Segundo Zaffaroni, Nilo, Slokar e Alagia, é necessário apelar para uma teoria negativa ou agnóstica da pena, de maneira a delimitar o horizonte do Direito Penal[200].

Surge daí um problema relativo ao conceito de pena, de como construí-lo. Até então, nas teorias positivas da pena, o conceito fora construído em razão de sua função latente, mas a teoria agnóstica busca fazê-lo de outro modo, uma vez que não enxerga função positiva na pena.

---

197. Ibidem, p. 97.

198. Ibidem.

199. ZAFFARONI, Eugênio Raul; BATISTA, Nilo; ALAGIA, Alejandro; SLOKAR, Alejandro. **Direito Penal Brasileiro**. 3ª ed. v. 1. Rio de Janeiro: Revan, 2003. p. 97-99.

200. Ibidem.

Nesse sentido, a pena é um fenômeno social complexo, no qual se constata uma conflituosidade - que não pode ser ignorada, das funções reais da pena - entre o poder punitivo e os diversos avanços da humanidade, conforme a experiência histórica, onde "[...] os avanços da dignidade humana sempre ocorreram em luta contra o poder punitivo"[201].

Por conseguinte, o conceito de pena não pode ser normativo, caso contrário cairia no vazio, em uma proposta normativa para limitar o normativo, sem capacidade de limitar a conduta humana (envolvidos nos conflitos, juízes, promotores, demais funcionários do sistema de justiça).

Para a teoria agnóstica da pena, o conceito de pena não pode abrir mão de referências ônticas. "A pena é uma coerção, que impõe uma privação de direitos ou uma dor, mas não repara nem restitui, nem tampouco detém as lesões em curso ou neutraliza perigos iminentes"[202].

Verifica-se, desse modo, um conceito construído por exclusão. A pena, na estrutura da teoria agnóstica, constitui um exercício de poder, sem função reparadora ou restitutiva, e não contribui para a solução ou prevenção do conflito. Cuida-se de conceito negativo de pena por duas razões: nega qualquer função positiva à pena; e é um conceito obtido por exclusão. Trata-se de conceito agnóstico quanto à função da pena, porquanto revela não conhecer a referida função.

Ao discorrerem sobre o conceito de pena, os expoentes da teoria agnóstica defendem uma ideia ampla, de modo a abranger penas lícitas e penas ilícitas. Assim, seriam consideradas penas as seguintes modalidades: torturas, ameaças, justiçamentos policiais, vitimizações cometidas pelo poder penal subterrâneo, tal qual os agravamentos em decorrência de penas lícitas, como a prática, contra os presos, de tortura, agressões físicas ou mental, que produzem enfermidades e suicídios[203].

Apesar de afastar o caráter reparador do conceito de pena, os expoentes da teoria agnóstica atribuem a exclusão da vítima da solução do conflito penal ao modelo de pena que se firmou entre os séculos XI e XII, uma vez que, antes desse período, era comum a composição no âmbito penal, não apenas no âmbito cível. E defendem a recuperação, por parte da pena, da "[...] legitimidade como sanção reparadora caso fosse ela reduzida a uma coerção que impusesse

201. Ibidem, p. 99.

202. Ibidem.

203. ZAFFARONI, Eugênio Raul; BATISTA, Nilo; ALAGIA, Alejandro; SLOKAR, Alejandro. **Direito Penal Brasileiro**. 3. ed. v.1. Rio de Janeiro: Revan, 2006. p .100.

a reparação"[204]. Reconhecem esse modelo na transação penal existente no modelo brasileiro, mas não aprofundam a análise da natureza de um equivalente funcional sem a natureza de pena, nem seu implemento por meio de um modelo negocial.

Os defensores da teoria agnóstica indicam que seu conceito negativo de pena combate os fins das penas, manifestados em discursos disfarçados de proteção da vítima. Indicam ainda a falta de proteção da vítima. Evidencia-se a não tutela de seus direitos, de modo a buscar uma atenuação de sua situação[205].

Desse modo, a pena constitui mero ato de poder com exclusiva explicação política, sem qualquer capacidade de justificação positiva, como se almeja nas teorias tradicionais. Entende que o Direito Penal se encontra livre para elaborar decisões que reforçam a segurança jurídica, ou seja, tutela dos bens jurídicos de todos os habitantes contra a ameaça de crescimento incontrolado do poder punitivo das agências estatais, mas não busca a proteção dos bens jurídicos das vítimas de delitos. A pena subtrai o conflito da vítima sem compô-lo, na esperança de que o tempo resolva[206].

No entanto, a teoria agnóstica revela aparente contradição ao sustentar, de forma inversa, maior proteção da vítima quando constata seu atual abandono e a presença de discursos disfarçados. Ora, a teoria agnóstica não contribui para maior proteção da vítima, pois o próprio Direito Penal, na visão funcional redutora e agnóstica, só possui poder para limitar a si mesmo.

Quanto à previsão da teoria mista no artigo 59 do CP e da teoria da prevenção especial positiva no artigo 1º da LEP, evidencia-se, em seus defensores, a sua rejeição, sob o argumento de uma exegese jurídica limitada a uma leitura da norma com exclusiva denotação semântica, que ignora suas consequências sociais e, por isso, deve ser substituída por uma interpretação progressiva da lei. Parte da premissa, comprovada pela história e pelas pesquisas empíricas, salvo raras exceções – estatisticamente irrelevantes – de que o encarceramento penal não proporciona condições de integração social do condenado. Dessa foram, favorece a adoção de cautelas para evitar a busca de uma finalidade irrealizável da pena com piora no cenário carcerário[207].

204. Ibidem, p. 102.

205. Ibidem, p. 110-111.

206. Ibidem.

207. ZAFFARONI, Eugênio Raul; BATISTA, Nilo; ALAGIA, Alejandro; SLOKAR, Alejandro. **Direito Penal Brasileiro**. 3. ed. v.1. Rio de Janeiro: Revan, 2006. p. 112-113.

Mais adiante será verificada uma possível aproximação entre o modelo funcional redutor e os negócios penais existentes no Brasil, pois a ideia de contenção e redução do Direito Penal da pena privativa se apresenta nas propostas negociadas com equivalentes funcionais da pena e, dessa forma, contribui para diminuir as demandas processuais e, principalmente, do sistema carcerário brasileiro.

De outro lado, conquanto a teoria agnóstica da pena constitua uma bandeira do sistema funcional redutor, seu conceito de pena lícita, destituído de caráter reparador, não pode ser transportado, sem os devidos ajustes, para os equivalentes funcionais da pena, nos quais o papel reparador do dano à vítima se faz presente como condição para o negócio penal.

1.8. A LEGITIMAÇÃO DA PENA NO ORDENAMENTO JURÍDICO BRASILEIRO

Para compreender a legitimação da pena no modelo jurídico brasileiro anterior à inserção dos negócios penais e, portanto, à discussão transportada de tal legitimação quanto aos equivalentes funcionais da pena, será preciso repassar alguns aspectos da trajetória do Direito Penal que fora aplicado no território nacional, antes e depois da colonização.

Do Descobrimento em 1500 até o ano de 1830, vigorava no Brasil o direito penal português - representado pelas Ordenações Afonsinas (1447-1521), Manuelinas (1521-1603) e Filipinas (1603-1830). Portanto, nesse período, o direito penal brasileiro foi o direito penal português, que, do final do século XVIII até o ano de 1830, não contemplava as novas ideias penais do século das luzes. Tais ideias propagavam um direito penal, em tese, mais humanitário, no qual a pena privativa de liberdade substituía o modelo de sanção penal dos suplícios medievais, com um modelo penal e processual penal alicerçado em princípios e garantias[208].

208. "Diversamente das Afonsinas, que não existiram para o Brasil, e das Manuelinas, que não passaram de referência burocrática, casual e distante em face das práticas penais concretas acima noticiadas, as Ordenações Filipinas constituíram o eixo da programação criminalizante de nossa etapa colonial tardia, sem embargo da subsistência paralela do direito penal doméstico que o escravismo necessariamente implica. A vigência das Filipinas, em matéria penal, avançou mesmo alguns anos sobre o próprio estado nacional brasileiro, até a promulgação do código criminal de 1830, com os limites e alterações decorrentes da nova ordem constitucional e de algumas leis penais editadas naquele período; quanto aos assuntos de direito privado, inúmeras disposições suas regeram até 1a de janeiro de 1917, quando entrou em vigor nosso Código Civil" (ZAFFARONI, Eugênio Raúl; BATISTA, Nilo; ALAGIA, Alejandro; SLOKAR, Alejandro. **Direito Penal Brasileiro.** 3ª ed. v.1. Rio de Janeiro: Revan, 2006. p. 417).

As Ordenações Filipinas, de conteúdo normativo inspirado na baixa Idade Média, foram publicadas em 1603, durante a união ibérica, por Felipe III (II de Portugal). No seu livro V, trazia um direito penal cruel: com a possibilidade de pena de "morte natural de fogo", que era a queima do réu vivo; ou com a "morte natural na forca para sempre", quando o réu era morto na forca da cidade e seu corpo ficava pendente até apodrecer e cair sobre o solo. No seu texto, havia uma preocupação religiosa com os crimes sexuais, que acabava gerando a punição desumana tanto de condutas que ofendiam a liberdade sexual, quanto dos comportamentos imorais ou que feriam os costumes da época, como a sodomia[209].

Com a Proclamação da Independência do Brasil, no ano de 1822, as Ordenações Filipinas foram mantidas até a entrada em vigor do Código Criminal do Império, em 1830. No entanto, a Constituição brasileira de 25 de março de 1824, em seu artigo 179, aboliu os açoites, a tortura, a marca de ferro quente e todas as demais penas cruéis, e incorporou o princípio da reserva legal e a exigência do devido processo.

Em 1830, foi aprovado o Código Criminal do Império, o primeiro Código Penal brasileiro. A controvérsia mais longa, durante os debates legislativos anteriores ao referido Código, ocorreu em torno da manutenção da pena de morte, quando a corrente conservadora, por pequena maioria, venceu. A justificativa parlamentar para a permanência da reprimenda se deu dada a necessidade de manutenção da ordem entre os escravos, que seriam indiferentes aos outros castigos. A título de ilustração, em relação ao homicídio, previsto no art. 192 do Código Criminal de 1830, as penas previstas eram: grau máximo: pena de morte; grau médio: galés perpétua; grau mínimo: 20 anos. O Código ainda trazia as penas de banimento e também de degredo, bem como a proibição da prescrição. Como iniciativa pioneira, trouxe a contagem da multa em dias-multa.

Ressalte-se que a previsão do princípio da legalidade penal e do seu corolário reserva legal, tanto na Constituição de 1824 quanto no Código Criminal do Império de 1830, não impediu seu descumprimento, com normas incriminadoras abertas e indeterminadas, nos preceitos primário e secundário de tipos penais. Nesse sentido, o Código do Processo Criminal de 1832 autorizava o juiz de paz a cominar as penas de multa, com prisão por até três meses em casa de correção ou oficinas públicas aos suspeitos da pretensão de cometer algum

209. Interessante o destaque de Basileu Garcia quanto aos crimes sexuais nas Ordenações Filipinas: "É, também, de se notar a repressão de relações entre infiéis e cristãos. Já se tem querido ver nessa atitude do legislador português como que uma antecipação do espírito germânico de combate às pessoas de raça não ariana. As demasias repressivas eram ditadas, porém, exclusivamente pelo sentimento religioso, que se manifestava por tremenda hostilidade aos incréus" (GARCIA, Basileu. **Instituições de Direito Penal.** 7ª ed. v.1, tomo I. São Paulo: Saraiva, 2008. p. 177).

crime, caso violassem o termo segurança que eram obrigados a assinar. Portanto, punia-se, nesse caso, a conspiração. Em 1841, o referido poder foi transferido aos chefes de polícia (delegados e subdelegados). Do mesmo modo, uma outra lei de 1º de outubro de 1828 concedia às câmaras municipais competência para criminalizar várias condutas, como vozerias nas ruas, injúrias, obscenidades, trazer gado solto e outras.

Em 1890 surgiu o segundo Código Penal da história brasileira. Com a Proclamação da República em 1889, instalou-se um governo provisório e cresceu a tendência de reforma da legislação criminal. Nesse período, o Decreto n. 774, de setembro de 1890, revogou as penas de galés e reduziu as penas de prisão para 30 anos. Nesse ano, foi apresentado um projeto de Código Penal pelo Conselheiro Baptista Pereira, que havia recebido tal incumbência de Campos Sales, então Ministro da Justiça.

O projeto do Código Penal de 1890 foi elaborado de forma acelerada, em pouco mais de três meses. Em seguida, uma comissão analisou o projeto durante duas semanas e o aprovou. O Código foi promulgado pelo Decreto n. 847, de 11 de outubro de 1890. Por essa e outras razões, o novo diploma normativo recebeu inúmeras críticas, chegou a ser intitulado o pior Código Penal entre os vigentes, numa comparação com os demais países.

Quanto às penas, o Código Penal de 1890 revogou a pena de galés perpétua e estabeleceu o limite de cumprimento de 30 anos. Ademais, instituiu a prescrição e autorizou a detração. As penas previstas em seu art. 43 eram as seguintes: prisão celular; banimento; reclusão; prisão com trabalho obrigatório; prisão disciplinar; interdição; suspensão e perda do cargo público; e multa[210].

Portanto, o direito penal brasileiro do século XIX[211] foi marcado pelo Código Criminal de 1830 e pelo Código Penal de 1890. O primeiro, com uma

210. PIERANGELI, José Henrique. **Códigos Penais do Brasil**: evolução histórica. 2ª ed. São Paulo: Revista dos Tribunais, 2001. p. 278.

211. Enquanto isso, no século XIX, o direito penal europeu recebeu a influência filosófica do positivismo científico, com sua plataforma empírica e formalista que privilegiava as ciências naturais e podiam contribuir com a Revolução Industrial, em detrimento das ciências do espírito. Nas ciências naturais, os fenômenos científicos eram explicados por meio de regras de observação empírica da realidade. No final do referido século, foi iniciada a construção da teoria causal clássica, que classificou a estrutura analítica do delito nos moldes darwinianos, com conceito causal de ação, com injusto formal e avalorado e com culpabilidade psicológica. Não havia espaço, nesse momento, para uma interpretação penal axiológica e valorativa das categorias jurídicas. Conforme assinala Maria Cristina Castilho Costa: "A própria sociedade foi concebida como um organismo constituído de partes integradas e coesas que funcionavam harmonicamente, segundo um modelo físico ou mecânico" (COSTA, Maria Cristina Castilho. **Sociologia. Introdução à Ciência da Sociedade**. São Paulo: Moderna, 1987. p. 43). No século XIX, o positivismo científico foi o método utilizado na sistematização do direito penal da teoria causal naturalista, como também nas demais ciências humanas do período histórico, segundo: TOLEDO, Francisco de Assis. **Princípios Básicos de Direito Penal.** 5ª ed. São Paulo: Saraiva, 1994. p. 93. Portanto, o formalismo e o empirismo do positivismo foram o volante da primeira teoria que cuidou da estrutura analítica do crime. No mesmo sentido, Luís Graco leciona: "o sistema naturalista, também chamado sistema clássico do delito, foi construído sob a influência do positivismo,

mistura contraditória entre ideias liberais e retrógadas, revogou o livro V das Ordenações Filipinas e trouxe novidades como a pena dos dias-multa, mas não conseguiu se desvencilhar de uma ideologia ruralista e escravagista, uma vez que manteve a pena de morte com o argumento de que seria a única medida para conter os escravos. O segundo constituiu um documento apressado, sem correspondência com as ideias penais no cenário mundial, e foi alvo de constantes alterações legislativas.

Em razão das falhas do Código Penal de 1890, muitas leis extravagantes foram aprovadas nos anos seguintes, na tentativa de solucionar os problemas do Código. O número excessivo de leis dificultava a pesquisa e a solução de casos jurídicos. Várias dessas leis foram consolidadas por Vicente Piragibe[212]. Algumas tentativas de reformas do Código nos anos de 1910, 1912, 1913 e 1927 não obtiveram êxito[213]. Já no século XX, em 1932, o Decreto n. 22.213 oficializou essa consolidação de leis penais que passaram a conviver ao lado do Código Penal.

Várias normas penais incriminadoras são criadas no período de 1930-1940, como as que previram o crime de usura (Decreto n. 22.626, de 1933) e o delito contra abuso do poder econômico (Decreto-lei n. 869, de 1938). Em razão dos embates contra os comunistas[214], observa-se a criação da Lei n. 38, de 4 de abril de 1935, que definiu os crimes contra a ordem política e social. Previa, entre outros, os crimes de insurreição, a greve de funcionários públicos, e a conspiração no sentido de modificar ou subverter a ordem política ou social.

Por meio da Lei n. 244, de 1936, foi instituído como órgão da Justiça Militar o Tribunal de Segurança Nacional, para julgar crimes contra a segurança externa da República e contra as instituições militares. Em 1937, a competência do TSN passou a abranger os crimes contra a economia popular. A denominada Lei constitucional n. 1, de 16 de maio de 1938, alterou o texto do artigo 122 da Constituição de 1937 para autorizar a pena de morte para inúmeros crimes políticos e ainda para o homicídio qualificado, com o processo perante o TSN.

---

para o qual ciência é somente aquilo que se pode apreender através dos sentidos, o mensurável [...] inexistindo conhecimento científico de valores" (GRECO, Luís. **Introdução à Dogmática Funcionalista do Delito**. Revista Brasileira de Ciências Criminais. Ano 8, 32. São Paulo: RT, 2000. p. 122).

212. Ao tratar do período entre 1890 e 1940, Guilherme de Souza Nucci menciona que, no meio-tempo, em razão da criação de inúmeras leis penais desconexas, houve a Consolidação das Leis Penais de Vicente Piragibe (1932) (NUCCI, Guilherme de Souza. **Manual de Direito Penal**. 9ª ed. São Paulo: RT, 2013. p. 85).

213. CASTRO, Flávia Lages. **História do Direito Geral e Brasil**. 2ª ed. Rio de Janeiro: Lumen Juris, 2005, p. 428.

214. Nesse sentido, ao dizer que "aos comunistas, enquanto alvos deste subsistema penal, viriam juntar-se membros de uma organização fascista": ZAFFARONI, Eugênio Raúl; BATISTA, Nilo; ALAGIA, Alejandro; SLOKAR, Alejandro. **Direito Penal Brasileiro.** 3ª ed. v.1. Rio de Janeiro: Revan, 2006. p. 467.

A pena de morte se daria por fuzilamento, mas jamais foi executada[215]. O TSN veio a ser extinto pela Lei constitucional n.14, de 17 de novembro de 1945.

Em 1937, por um ato ditatorial, o presidente Getúlio Vargas, com o apoio do general Góis Monteiro, então Ministro da Guerra, interrompeu a tradição liberal brasileira, iniciada no século XIX com as Constituições de 1824 e de 1891, e instalou um regime autoritário, rompendo com a ordem constitucional, sob o pretexto de que, com isso, findaria a ameaça comunista.

Em 10 de novembro de 1937, foi outorgada uma constituição que dava amplos poderes ao Presidente da República. A nova Carta era chamada de "Carta do Estado Novo", como também de "A Polaca". No segundo caso, o nome foi atribuído em razão de sua semelhança com o modelo polonês de constituição.

Nesse modelo autoritário, o então Ministro da Justiça, Francisco Campos, convidou o professor paulista Alcântara Machado para elaborar um projeto de Código Penal. A parte geral foi entregue em abril de 1938, e o projeto definitivo, com parte geral e especial, foi depositado em abril de 1940. O projeto foi submetido a uma comissão de revisão, formada por Nelson Hungria, Roberto Lyra, Vieira Braga e Narcélio de Queiroz[216], e presidida pelo Ministro Francisco Campos.

A comissão sugeriu várias modificações (chamadas por Hungria de cortes radicais) no anteprojeto Alcântara Machado, ou seja: excluiu possibilidade de pena de morte[217], "assassínio legal" e pena de segregação (uma espécie de medida de segurança); afastou a possibilidade de o juiz converter em prisão domiciliar a pena de detenção de até um mês, aplicada a valetudinários e mulheres honestas; e retirou do texto a classificação de criminosos, uma forma descritiva de inspiração positivista.

---

215. ZAFFARONI, Eugênio Raúl; BATISTA, Nilo; ALAGIA, Alejandro; SLOKAR, Alejandro. **Direito Penal Brasileiro.** 3ª ed. v.1. Rio de Janeiro: Revan, 2006. p. 469.

216. Costa e Silva, por solicitação de Hungria ao Ministro Francisco Campos, contribuiu com a comissão (ZAFFARONI et al, op. cit., p. 471).

217. Alcântara Machado justificava a pena de morte no anteprojeto da seguinte forma: "Temos no momento que a criminalidade violenta no Distrito Federal continua em ascensão. O cotejo dos dados estatísticos revela assustadora proporção de aumento de ano para ano. Em 1946, o número de crimes contra a vida foi de 219; em 1947, de 235 e, em 1948, de 305. Houve assim, de 1946 para 1949, um aumento de 40 por cento. No corrente ano o recrudescimento da delinquência de sangue é de tal vulto que está criando mesmo um generalizado sentimento de insegurança. Se no ano passado matou-se um homem para cada 29 horas, no ano em curso depara-se nos jornais a notícia de um assassínio revestido de circunstância e dir-se-á que vai assumindo um caráter crescente de brutalidade e de hediondez. Está se matando pelos mais frívolos motivos e com chocantes pormenores de perversidade. (...) Diante da maré montante de criminalidade só há duas soluções: ou empreender na Penitenciária a execução de um programa de medidas de segurança ou se tem que reformar a Constituição para a adoção, ainda que temporária, da pena de morte. Fui sempre adversário do assassínio legal, notadamente por seu caráter absoluto de irresponsabilidade pela sua feição antiética e pela sua incompatibilidade com o nosso tradicional sentimentalismo, mas é preciso convir que aos períodos críticos devem ser aplicados remédios drásticos ou extremos" (MACHADO, Alcântara. *In:* **Jornal de Notícias** (SP) de 08 de junho de 1950. p. 5).

O Código Penal de 1940 recebeu a influência do Código italiano de 1930 (Código Rocco) e do suíço de 1937. Adotava uma política criminal repressiva[218], segundo parcela da doutrina, e uma base filosófica mista, com ideias positivistas e também com ideias clássicas. "O curioso é que, fruto de um estado ditatorial e influenciado pelo código fascista, manteve a tradição liberal iniciada com o Código do Império"[219]. E foi, segundo Pierangeli, o melhor Código, até o presente momento, entre todos os códigos penais brasileiros, no que diz respeito ao sistema e à forma clara de sua exposição[220].

Para Magalhães Noronha, embora tivesse sido produzido no âmbito de um cenário político totalitário, o Código de 1940 teve orientação liberal, merecendo elogios e críticas, uma vez que, no segundo caso, não fugiu totalmente da responsabilidade penal objetiva. Do aspecto filosófico, o referido autor dizia que o Código era eclético, que "acende uma vela a Carrara e outra a Ferri"[221].

No que concerne às penas, o Código Penal 1940, o terceiro Código Penal brasileiro, dividiu as penas em principais e acessórias. As penas principais foram denominadas, no artigo 28, de reclusão, detenção e multa. As penas acessórias, por sua vez, foram catalogadas da seguinte forma no artigo 67: a perda de função pública, eletiva ou de nomeação; as interdições de direitos; e a publicação da sentença.

Na época, já havia uma discussão sobre a desnecessidade de diferenciar reclusão de detenção, ou seja, uma proposta de unificação, que veio a ocorrer na reforma penal de 1948 na Inglaterra, depois na Holanda, bem como no projeto alternativo de Código Penal da Alemanha de 1960[222], que não vingou. No Brasil, as espécies reclusão e detenção continuaram presentes na legislação mesmo após a reforma de 1984. Elas desaparecem no Projeto 236 do novo CP, que tramita no Senado desde 2012, no qual os termos reclusão e detenção são substituídos por prisão.

As regras gerais sobre a execução de tais penas estavam descritas no Código Penal, uma vez que não havia, ainda, um Código Penitenciário, indicado na doutrina penal de então. A Lei n. 3.274 de 1957 fixou as linhas gerais do sistema

218. TOLEDO, Francisco de Assis. **Princípios Básicos de Direito Penal**. 5ª ed. São Paulo: Saraiva, 1994. p. 64.

219. Ibidem, p. 63.

220. PIERANGELI, José Henrique. **Códigos Penais do Brasil. Evolução história.** 2ª ed. São Paulo: RT, 2004. p. 80.

221. NORONHA, E. Magalhães. **Direito Penal**. v.1. 35ª ed. São Paulo: Saraiva, 2000. p. 64.

222. BRUNO, Anibal. **Direito Penal: pena e medida de segurança**. Parte Geral. Tomo 3. 4ª ed. Rio de Janeiro: Forense, 1978. p. 65.

penitenciário[223]. Muitas outras regras eram complementadas no âmbito estadual. O Código, em matéria de execução de pena, trazia as ideias de um sistema progressivo, mais em linha com o sistema denominado de irlandês.

Na metade do século XX, sob a vigência da parte geral do CP de 1940, ao tratar de alguns problemas da pena privativa quanto ao ideal de ressocialização do delinquente, dificultado pelo afastamento do condenado de sua família e de seu trabalho, Anibal Bruno indicava que tais temas eram estranhos ao Direito Penal[224]. A referida afirmação ainda revelava uma distância nesse período de um diálogo entre criminologia, política criminal e Direito Penal.

É certo que o referido autor não se conformava com o isolamento do Direito Penal apenas para temas de conteúdo dogmático. Mais adiante, em sua obra, apontou grandes desafios para a ressocialização como finalidade da pena, uma vez que a promiscuidade e deformação de caráter se faziam presente no cárcere, constituindo uma preocupação de modernos penalistas[225].

Já nesse período, havia uma tendência de se propor a substituição das penas curtas de prisão por multa, liberdade vigiada, suspensão condicional da execução da pena e trabalho em domicílio. Anibal Bruno advertia que os reflexos sociais da pena - a necessidade de dar satisfação à vítima ou à sua família, bem como à comunidade - só faziam sentido na visão clássica da pena como forma de retribuição e de exculpação. Dessa forma, a pena privativa deveria ser restringida ao mínimo, "substituindo-a por um regime que realize ou imite as condições de existência livre"[226]. Foi um defensor da suspensão condicional da pena como forma de reduzir o alcance da pena privativa.

Anibal Bruno, descrente naquele momento do cumprimento do propósito de ressocialização com a pena privativa, sustentava, considerando os movimentos internacionais de então (Congresso de Haia de 1950), uma tendência futura dos estabelecimentos penais abertos, sem muros, grades ou qualquer outro meio material de contenção. Demonstrava esperança na previsão de modelos parecidos com os do projeto do Código Penal de Nelson Hungria, aprovado em 1969, que não veio a entrar em vigor[227].

---

223. BRUNO, Anibal. **Direito Penal: pena e medida de segurança.** Parte Geral. Tomo 3. 4ª ed. Rio de Janeiro: Forense, 1978. p. 85.
224. Ibidem, p. 61.
225. Ibidem, p. 63.
226. Ibidem, p. 65.
227. Ibidem, p. 72-73.

No mesmo sentido, Basileu Garcia destacava o Seminário Latino-Americano sobre Prevenção do Delito e Tratamento do Delinquente, realizado no Rio de Janeiro e em São Paulo em 1953, que proclamou medidas humanitárias aos condenados, como visita diária do médico, bem como a proibição de castigos corporais; e o primeiro Congresso das Nações Unidas sobre Prevenção do Delito e Tratamento do Delinquente realizado na cidade de Genebra em 1955, quando se editaram as regras mínimas[228].

Somente com a Lei n. 7.210 (LEP), aprovada no ano de 1984, em sintonia com a nova reforma da parte geral do Código Penal (Lei n. 7.209), do mesmo ano, houve uma unificação das regras de execução penal no Brasil. Na nova Parte Geral, as penas são somente as seguintes: prisão (reclusão, detenção), restritivas de direito e multa.

O modelo político-criminal escolhido pelo legislador na confecção da LEP considerou a finalidade da pena, o não abandono de sua legitimação, uma vez que a pena constitui uma restrição de direito fundamental, que demanda justificação quanto à sua finalidade. Desse modo, a explicação sobre sua legitimidade constitui parte fundamental do Direito, como sustentado na introdução à presente pesquisa[229].

Malgrado a existência de "fortíssima divergência da doutrina acerca dos reais fins a serem perseguidos com a punição"[230], ou, em outras palavras, significativa celeuma entre as teorias da pena que buscam sua legitimação, constata-se que, "no que concerne ao arranjo normativo brasileiro, na fase da execução penal, houve uma opção político-criminal pela prevenção especial positiva, conforme art. 1º da LEP"[231].

Adverte-se que a Constituição brasileira de 1988 (CF)[232] não trouxe um critério exato quanto ao fim da pena, nem adotou uma opção teórica de forma expressa. O embate acadêmico sobre uma finalidade da pena, com esteio na CF

228. GARCIA, Basileu. **Instituições de Direito Penal.** 7ª ed. v.1, tomo II. São Paulo: Saraiva, 2008. p. 39.

229. PLANAS, Ricardo ROBLES. **Estudos de dogmática jurídico-penal: fundamentos, teoria do delito e direito penal econômico.** Coleção Ciência Criminal Contemporânea. v.6. Coord. Cláudio Brandão. Belo Horizonte: D'Plácido, 2016. p. 34.

230. SALVADOR NETTO, Alamiro Velludo. **Finalidades da Pena**: conceito material de delito e sistema penal integral. São Paulo: Quartier Latin, 2009. p. 250.

231. PONTE, Antônio Carlos da; GOMES FILHO, Dermeval Farias; PEDROSO, Fernando Gentil Gizzi de Almeida. O Modelo Decisório do Supremo Tribunal Federal que se Projeta na execução Penal: Desafios de uma Política Criminal de Desencarceramento sem Preocupação Dogmática. **Revista Magister De Direito Penal e Processual Penal,** Porto Alegre, n. 105, p. 64-87, Dez.-Jan. 2022. p. 68.

232. BRASIL. Presidência da República. Casa Civil. Subchefia para Assuntos Jurídicos. **Constituição da República Federativa do Brasil de 1988.** Disponível em: <http://www.planalto.gov.br/ccivil_03/constituicao/constituicao.htm>. Acesso em 09 jul. 2021.

brasileira, se alicerça nos princípios penais constitucionais e nas previsões do Código Penal, na Lei de Execução Penal e em tratados assinados pelo Brasil.

Como forma de opção legislativa, a Parte Geral de 1984 do Código Penal trouxe um critério misto para o momento da fixação da pena pelo magistrado, quando expõe a reprovação e a prevenção no seu artigo 59, enquanto a LEP deu realce, na fase da execução da pena, ao critério preventivo especial, no seu artigo 1º[233].

De maneira similar à LEP, o artigo 5º, item 6, da Convenção Americana sobre Direitos Humanos, promulgada pelo Brasil no Decreto n. 678/92, narra que "as penas privativas de liberdade devem ter por finalidade essencial a reforma e readaptação social dos condenados"[234].

Desse modo, as normas constitucionais, legais e convencionais, que integram os princípios e a dogmática penal das penas, devem ser concretizadas. Tais construções jurídicas apontam direitos do condenado quanto ao modo de execução da pena e representam uma limitação ao exercício do *ius puniendi* estatal, de modo que não pode haver uma execução da pena contrária à previsão constitucional e legal[235].

O arranjo político-criminal da execução penal almeja concretizar o princípio da humanidade das penas, afastando a execução penal de uma característica exclusiva de inocuização. Busca, assim, implementar direitos sociais ao trabalho, à educação e à saúde, de modo que o condenado seja inserido em um programa máximo de socialização, que possa lhe capacitar para uma vida com mais alternativas sociais após o cumprimento da pena[236].

Observa-se, no entanto, que os direitos sociais estampados no corpo da LEP – que dizem respeito a trabalho, educação, saúde e espaço adequado para o cumprimento da pena – se revelam distantes da realidade da execução penal no Brasil, na grande maioria dos estabelecimentos penais, conforme os dados que serão explorados no Capítulo 5 da presente pesquisa.

---

233. PONTE, Antônio Carlos da; GOMES FILHO, Dermeval Farias; PEDROSO, Fernando Gentil Gizzi de Almeida. O Modelo Decisório do Supremo Tribunal Federal que se Projeta na execução Penal: Desafios de uma Política Criminal de Desencarceramento sem Preocupação Dogmática. **Revista Magister De Direito Penal e Processual Penal**, Porto Alegre, n. 105, p. 64-87, Dez.-Jan. 2022. p. 68.

234. BRASIL. Presidência da República. **Decreto n. 678, de 6 de novembro de 1992.** Promulga a Convenção Americana sobre Direitos Humanos (Pacto de São José da Costa Rica), de 22 de novembro de 1969. Disponível em: http://www.planalto.gov.br/ccivil_03/decreto/d0678.htm. Acesso em: 17 dez. de 2022.

235. PONTE et al., op. cit., p. 69-70.

236. Ibidem, p. 70.

1.9. AUSÊNCIA DE DISCUSSÃO QUANTO À LEGITIMAÇÃO DA PENA E DOS SEUS EQUIVALENTES FUNCIONAIS NO MODELO DE JUSTIÇA NEGOCIADA

Não se verifica em maior ou menor medida, até então, nas teorias que discutem os fins das penas, preocupação com a legitimação da pena ou dos seus equivalentes funcionais, quando constituem resultados de negócios penais. Em outras palavras, as teorias dos fins das penas discutem sua finalidade como se toda pena concreta fosse obtida em um processo conflitivo, o qual finda com uma sentença ou um acórdão.

Não se deu a devida importância – relativa à justificação dogmática – à construção de solução com ou sem natureza de pena, nos modelos de justiça penal negociada. Surge uma questão: é possível transportar a discussão tradicional das teorias das penas, ou a justificativa, para solucionar problemas penais mediante uma negociata, requer um exame mais aprofundado?

Há raras referências, como se nota, a título de ilustração, em Jakobs, que, ao abordar a teoria da prevenção geral positiva (fundamentadora), se refere à solução de conflitos sem pena e menciona a possibilidade de prevenção geral positiva em reações funcionais equivalentes[237]. No entanto, como visto no tópico atinente à referida teoria, é difícil situar a reparação do dano à vítima.

Na Argentina, onde o princípio da oportunidade, em estreita relação com a política criminal, encontra-se em um estágio mais avançado do que no Brasil, em algumas pequenas passagens apontadas por Romero Berdullas, dois julgados relacionaram oportunidade e fins da pena[238].

No primeiro, negócios penais intitulados de conciliação, acordo de partes e reparação implicariam uma relação entre princípio da oportunidade e fins utilitaristas das teorias da prevenção geral e especial, com exclusão do caráter retributivo. No segundo, o abuso do critério de oportunidade foi visto como abuso da legalidade, uma vez que o Estado possui o dever de investigar e punir qualquer fato punível[239].

Por outro lado, não dentro do debate das teorias da pena, mas de forma incorporada aos aspectos críticos, alguns autores dedicam poucas linhas relativas

237. Tal registro se encontra no rodapé da obra de Jakobs (JAKOBS, Günther. **Derecho Penal**: parte general: fundamentos y teoría da imputación. 2. ed. Madrid: Marcial Pons, 1997. p. 14).

238. ROMERO BERDULLAS, Carlos Manuel. **Criterios de oportunidad en el proceso penal**. Buenos Aires: Hammurabi, 2020. p. 158.

239. Ibidem, p. 158-160.

à noção de incompatibilidade entre o ideal de uma pena estatal, na qual existe um interesse público a ser implementado pelo Estado, e o negócio penal.

Nesse sentido, Damaska, ao tratar da crítica ao modelo de justiça penal negociada como um produto ancorado na ideologia do mercado, aponta a oposição de um interesse público e menciona efeitos negativos de resultados penais oriundos de um acordo entre as partes[240]. De forma um pouco mais contundente, Schünemann assume posição contrária à possibilidade de um acordo de pena, com a chance de o acusado acordar uma pena, porquanto violaria um nexo de legitimidade entre o Processo Penal e o Direito Penal e não corresponderia à expectativa relativa ao cumprimento da finalidade[241].

Por sua vez, Felipe De-Lorenzi destaca, no âmbito do *common law*, a existência de uma abordagem consequencialista das teorias retributivas, um pouco distinta da percepção absoluta de Kant e Hegel. Por essa via, a negociação penal pode ser legitimada caso maximize a punição fundada na culpabilidade, ainda que falte uma estrita proporcionalidade com o merecimento. Leva em conta o cálculo dos recursos limitados para o julgamento de todas as pessoas que cometem crimes que justificaria acordos com penas maiores. Ressalta, ainda, de outro lado, sob o aspecto das teorias preventivas, ao tratar das penas nos acordos penais, que "apenas seria cabível uma redução moderada, que não acarretasse uma perda significativa dos efeitos dissuasórios da punição"[242].

A discussão faz parte do objeto da pesquisa que ora se desenvolve. Verificar-se-á mais adiante que esse debate – quase ausente nas teorias dos fins da pena – aparece, com crítica negativa, na pena negociada, mas não foi ainda desenvolvido, como se propõe nos equivalentes penais funcionais sem natureza de pena.

240. DAMASKA, Mirjan. Negotiated Justice in International Criminal Courts. In: THAMAN, Stephen C. (Ed.). **World Plea Bargaining**. Consensual procedures and the avoidance of the full criminal trial. Durham: Carolina Academic Press, 2010. p. 92. No Brasil, em razão da forma, Aury Lopes Junior acredita que a pena negociada se afasta dos fundamentos que a justificam, de forma a não cumprir suas funções, já que não passa pelo controle jurisdicional e nem se submete aos limites da legalidade (LOPES JUNIOR, Aury. A crise existencial da justiça negocial e o que (não) aprendemos com o JECRIM. **Boletim IBCCRIM.** São Paulo: IBCCRIM, ano 29, n. 344, jul.2021. p. 5). Tais razões apontadas por Lopes Junior são apuradas e constatadas como argumentos não convincentes que constarão no Capítulo 4 da pesquisa.

241. "Todavia, das minhas reflexões acerca da relação entre direito penal e processo penal tecidas no início de minha argumentação, infere-se diretamente que ao acusado no processo penal não deve ser conferida a possibilidade de dispor sobre o objeto processual, porque somente o estado pode decidir se os pressupostos para a aplicação da pena estão presentes ou não preenchidos. Condenar alguém simplesmente porque ele assim o deseja não corresponderia à expectativa relativa ao cumprimento da finalidade da pena e seria verdadeiramente um despropósito, portanto, o instituto do *guilty plea* destrói o nexo legitimatório existente entre o processo penal e o direito material e por isso não pode jamais servir de fundamento para uma justa imposição da sanção penal" (SCHÜNEMANN, Bernd; Greco, Luís (coord.). **Estudos de direito penal, direito processual penal e filosofia do direito**. São Paulo: Marcial Pons, 2013. p. 25).

242. DE-LORENZI, Felipe da Costa. **Justiça Negociada e Fundamentos do Direito Penal**: pressupostos e limites materiais dos acordos sobre sentença penal no Brasil. 2020. 380f. Tese (Doutorado) – Programa de Pós-Graduação em Ciências Criminais, PUC-RS Porto Alegre, 2020. p. 283-284, 341.

Ante o que foi apresentado anteriormente nas teorias examinadas nos tópicos anteriores do capítulo que se desenvolve, indaga-se: é possível, de antemão, fazer alguma correlação entre as teorias dos fins da pena e os negócios penais que resultam em pena ou em equivalentes funcionais como solução para o conflito?

De início, não parece existir uma única teoria capaz de fundamentar uma justificativa para a pena, sobretudo para a pena privativa de liberdade, considerada a principal sanção penal que se apresentou, no contexto do período ilustrado, para substituir os suplícios e com o escopo de humanizar o sistema penal. É insuficiente uma resposta unidimensional. Existe, como conclusão parcial, a possibilidade de combinar propostas distintas[243], apesar das críticas vistas aos modelos mistos.

De mais a mais, ainda não se verificou uma sistematização convincente das teorias que objetivam justificar a pena. Nenhuma delas, por si só, consegue, ao mesmo tempo, legitimar a pena para fatos de pequena, média e alta gravidade. Isso equivale a dizer que uma única teoria da pena não parece suficiente para justificar sua existência em resposta a um crime de pequena gravidade e, ao mesmo tempo, para o fenômeno da criminalidade organizada, ou, ainda, para o fenômeno do terrorismo.

Dessa perspectiva, persiste a indagação de uma teoria da pena, ou de várias teorias da pena, ou de outras justificativas no atual estágio do Direito Penal para justificar a resposta negociada com pena ou sem natureza de pena. É preciso encontrar resposta para essa questão. Os equivalentes funcionais estão presentes nos arranjos de justiça penal negociada insculpidos no ordenamento jurídico brasileiro.

A resposta à questão demanda outras análises – que serão concatenadas com as teorias analisadas neste primeiro capítulo – nos capítulos seguintes, até o Capítulo 5, na tentativa, ainda não vislumbrada neste momento da pesquisa, de resposta sobre a legitimidade da pena e dos equivalentes funcionais no modelo de justiça penal negociada.

Será preciso entender as diferenças e semelhanças entre o modelo clássico de Direito Penal e o modelo negocial, bem como o que permanece e o que fica para trás no negócio penal, para, em seguida, examinar as espécies de acordos penais que existem no modelo jurídico brasileiro, bem como buscar encontrar as justificativas que legitimam tais escolhas.

243. HÖRNLE, Tatjana. **Dos estudos: teorias da pena e culpabilidade**. Trad. Tatiana Stoco e Silvio Leite Guimarães Neto. São Paulo: Marcial Pons, 2020. p. 55.

2

A DESAFIADORA E NECESSÁRIA CONVIVÊNCIA DE SOLUÇÃO DO CONFLITO PENAL ENTRE A FORMA CLÁSSICA E O MODELO NEGOCIAL, PROJETADOS NA LEGITIMAÇÃO DA RESPOSTA PENAL

A possibilidade de o modelo clássico de Direito Penal – consubstanciado na formação da culpa em um ambiente conflitivo e judicializado – e a justiça penal negociada ou consensual conviverem tem sido objeto de discussões no campo da ciência criminal. A celeuma reside na possibilidade de negociar a pena sem a formação da culpa em juízo, ou mesmo em negociar um equivalente funcional da pena em procedimentos abreviados, ante os valores clássicos do Direito Penal e do Direito Processual Penal.

De antemão, importa destacar que o recorte, para efeito deste capítulo da pesquisa, levará mais em conta o pós-liberalismo, que provocou importantes modificações nas estruturas do Direito Penal e do Direito Processual Penal. Ressalta-se que os valores penais e processuais defendidos à época, não raro, são colocados como óbice ao modelo de justiça penal negocial[1]. Diante disso, o recorte se justifica.

Para compreender a relação entre os fins da pena ou dos equivalentes funcionais e o modelo de justiça penal negociada, será necessário examinar as

1. Nesse sentido, Schünemann, ainda em razão da inserção do acordo penal na prática forense alemã, considera que os acordos penais contrariam a estrutura e a cultura do processo penal europeu, bem como os requisitos mínimos de um processo penal garantístico-liberal (SCHÜNEMANN, Bernd. **Estudos de direito penal, direito processual penal e filosofia do direito.** Coord. Luís Greco. São Paulo: Marcial Pons, 2013. p. 221).

diferentes maneiras de encontrar uma resposta penal, a relação entre ofendido, vítima e o Estado em momentos distintos da sociedade mundial. Será relevante, ainda, compreender os sistemas processuais inquisitivo, adversarial, misto e a relação entre esses e o princípio acusatório.

Uma questão se coloca, de início, em correlação com o objeto da pesquisa, qual seja: os modelos processuais de aplicação da pena – o acusatório-adversarial e o misto – apresentam maior capacidade de afirmar a verdade material e legitimar a pena, após uma audiência de instrução e julgamento, do que a solução negociada, na qual se obtém uma pena ou um equivalente funcional da pena, antes da audiência de instrução e julgamento? Sobre isso, a reflexão deverá ser retomada mais adiante.

2.1. SISTEMA PROCESSUAL: UMA DEFINIÇÃO COMO PONTO DE PARTIDA

Registra-se que as expressões sistema processual ou modelo processual serão usadas de maneira equivalente. Ainda sobre a discussão terminológica, não se desconhecem a necessidade e, ao mesmo tempo, a dificuldade de se conceituar sistema no âmbito jurídico. Tanto é verdade que Bobbio, ao compreender a multiplicidade de significados, chegou a dizer que os autores usam a expressão sistema conforme suas próprias conveniências[2].

O referido autor, no entanto, com base no histórico da Filosofia do Direito e da jurisprudência, apresenta três significados de sistema: um dado do ordenamento jurídico constitui um sistema sob a condição de que as normas desse ordenamento sejam derivadas de alguns princípios gerais; sistema no sentido de ordenamento da matéria mediante um procedimento indutivo construindo conceitos gerais segundo normas singulares; sistema como ordenamento jurídico que proíbe a existência de normas incompatíveis[3].

Importa destacar ainda que, nas lições de Tércio, um sistema corresponde a um conjunto de objetos e de seus atributos, que formam seu repertório, acrescido das relações entre eles, segundo certas regras que constituem sua estrutura[4]. O resultado do funcionamento de um sistema é fazer cessar os conflitos, ao estabelecer-lhes um fim. Isso não ocorre em razão das condições iniciais do

2. BOBBIO, Noberto. **Teoria do Ordenamento Jurídico**. Trad. Ari Marcelo Solon. 2ª ed. São Paulo: EDIPRO, 2014. p. 82.
3. Ibidem, p. 82-84.
4. FERRAZ JUNIOR, Tércio Sampaio. **Teoria da Norma Jurídica**. 4ª ed. Forense: Rio de Janeiro, 2000. p.140.

sistema, de sua origem, na perspectiva da norma fundamental, mas sim em razão de sua organização. Os sistemas normativos são globais. A variação de uma de suas partes afeta o todo e vice-versa[5].

Dessa perspectiva, um sistema normativo pode abrigar diversos subsistemas. Para cada subsistema, pode ser encontrada a respectiva norma-origem. Desse modo, Tércio utiliza o termo normas-origens, que não são definidas pela adjetivação de validade ou de invalidade, mas sim pela efetividade[6]. Para explicar o alicerce da efetividade, é preciso compreender o sentido de imperatividade do sistema, isso porque a imperatividade calibra a relação entre validade e efetividade[7].

Em um mesmo corpo normativo, existem muitas normas-origens, as quais são normas efetivas, que dão início às cadeias válidas. Quanto à indagação sobre quais normas-origens são mantidas dentro do sistema, isso depende da calibração, ou seja, da sua imperatividade, não depende da efetividade do sistema[8].

Os sistemas normativos, conforme ensina Tércio, possuem uma lógica curiosa, pois apresentam um ambiente de crises e reconciliação, onde a almejada coerência, às vezes, se apresenta como incoerência. Desse modo, um mesmo sistema normativo abriga outros subsistemas, nos quais as normas-origens não são válidas nem inválidas, mas, ao mesmo tempo, na sua relação com as outras, podem ser inválidas. A validade, com isso, não representa uma figura anormal, mas significa uma resposta coerente, dentro de determinada situação[9].

Para efeito do desenvolvimento da pesquisa, o sistema jurídico deve ser compreendido como um conjunto ordenado de princípios gerais, enunciados jurídicos, regras ou normas, que estabeleça uma relação de continente e conteúdo entre tais elementos. Dentro, portanto, do sistema jurídico, há os subsistemas processuais penais, "[...]formados a partir da reunião ordenada de elementos fixos e variáveis de natureza processual penal"[10].

Ademais, vale ainda ressalvar que, para o mesmo efeito, faz-se necessária a análise integrada do Direito Penal e do Direito Processual Penal, porquanto o modelo de justiça penal negociada envolve aspectos materiais e formais, que não se submetem à divisão rígida entre esses dois ramos do Direito.

5. Ibidem, p. 142.
6. Ibidem, p. 142 e 147.
7. Ibidem, p. 142.
8. Ibidem, p. 142.
9. FERRAZ JUNIOR, Tércio Sampaio. **Teoria da Norma Jurídica**. 4ª ed. Forense: Rio de Janeiro, 2000p. p. 142-143.
10. ANDRADE, Mauro Fonseca. **Sistemas processuais penais e seus princípios reitores**. Curitiba: Juruá, 2008. p. 30, 31 e 35.

A visão de um sistema global de Direito Penal, que abriga o Direito Penal Substantivo e o Direito Processual Penal se revela como uma tendência moderna, bem difundida, por exemplo, no cenário acadêmico alemão. Nesse formato, os problemas probatórios são analisados com os conceitos dogmáticos da Parte Geral do Direito Penal; e os institutos processuais são compreendidos segundo os complexos fins do Direito Penal. Com isso, afirma-se uma ciência global do Direito Penal, que engloba a teoria do delito, o processo, os direitos constitucionais, e a individualização da pena, e dirige a atividade dos operadores desse ramo do Direito[11].

Há, nesse novo conjunto, conforme Silva Sánchez, uma dimensão expressiva do Direito Penal, dentro da qual cresce o protagonismo do processo penal em seu sistema de fins. Uma característica de destaque dessa abordagem indica que o processo e o julgamento integram a visão da pena. Com outras palavras, o processo não se reduz a uma condição necessária para impor a sanção penal, mas seu fim constitui-se no restabelecimento do Direito sobre o qual há incerteza. Quando se determina a culpabilidade, a mensagem ao acusado é de que não houve um acidente, mas que ele é autorresponsável pelo que aconteceu; e se comunica à vítima e à sociedade que o ofendido não tem culpa alguma pelo ocorrido[12].

Não se olvida, do mesmo modo, dos diversos negócios penais que permitem encerrar o processo sem pena, nos quais há de existir adequada comunicação da resposta penal ao autor do fato, à vítima e à sociedade. Isso equivale a dizer: "nas diversas formas de terminação do processo por oportunidade, deve ser possível constatar algum gênero de reação estabilizadora adequada (possível) à infração e suas consequências"[13].

Conquanto parcela considerável da doutrina, como se advertiu na introdução, busque trabalhar o negócio penal no âmbito processual, constata-se que o objeto da pesquisa, que ora se desenvolve, o examina na perspectiva penal da teoria da pena, compreendendo o Direito Penal em um sistema global.

Destaca-se que, no final do século XVIII, foram construídas as bases do Direito Penal clássico. Este, ancorado no princípio da legalidade penal e na tutela de bens jurídicos individuais, deveria ser concretizado mediante um processo

11. SILVA SÁNCHEZ, Jesús-María. **Aproximação ao Direito Penal Contemporâneo**. Trad. Roberto Barbosa Alves. São Paulo: Revista dos Tribunais, 2011. p. 93.

12. Ibidem, p. 94.

13. SILVA SÁNCHEZ, Jesús-María. **Aproximação ao Direito Penal Contemporâneo**. Trad. Roberto Barbosa Alves. São Paulo: Revista dos Tribunais, 2011. p.94.

penal amparado no respeito ao contraditório e ao devido processo legal. A sistematização desses ideais ocorreu a partir do século seguinte[14].

No entanto, a dinâmica social demonstrou que os sistemas processuais não seguiram uma rigidez, uma pureza na forma de solucionar conflitos, o que equivale a dizer que as formas judicializadas não seguiram um padrão uniforme em todos os países. E, outrossim, no campo penal, não se limitaram à tutela dos bens jurídicos individuais, mas também se estenderam aos bens jurídicos coletivos.

Acrescente-se que o aumento do espaço da tutela penal na seara dos bens jurídicos individuais e coletivos, a partir da segunda metade do século XX, fez surgir um ambiente propício para a justiça penal negociada – ao lado de outras alternativas penais[15] – que passaram a conviver com o modelo conflitivo, inclusive, em países de tradição jurídica romano-germânica.

2.2. DELIMITAÇÃO DA RESISTÊNCIA À JUSTIÇA PENAL NEGOCIADA

No que concerne à justiça penal negociada, transportada de países de tradição de *common law* para países de *civil law*, em razão, principalmente – no contexto do aumento da demanda penal – da impossibilidade de solucionar todos os conflitos penais mediante o uso de uma audiência de instrução e julgamento, verificam-se dois tipos de resistência à proposta do negócio penal: uma de natureza absoluta e outra de natureza relativa.

A resistência absoluta ao modelo negocial penal busca confrontá-lo com os valores principiológicos do Iluminismo[16], de modo a construir uma intepre-

14. Sobre o tema, no que concerne ao desenvolvimento da estrutura analítica do delito na diversas teorias do crime, do século XIX ao início do século XXI (causal clássica, causal neoclássica, finalista, social da ação, funcionalista teleológica, funcionalista sistêmica, significativa da ação), e à intepretação Direito Penal pelo Supremo Tribunal Federal, pesquisamos em outro momento, quando do mestrado, resultando na publicação: GOMES FILHO, Dermeval Farias. **Dogmática Penal**: Fundamento e limite à construção da jurisprudência penal no Supremo Tribunal Federal. Salvador: JusPodivm, 2019. p. 51-223.

15. Em outro momento, em coautoria, constatamos: "Em decorrência da expansão penal para a tutela de bens jurídicos coletivos, relacionados ao meio ambiente, à ordem econômica, aos setores financeiros e tributário do Estado, constatam-se: o uso do modelo repressivo, com a previsão de conduta e pena em normas penais incriminadoras; o crescimento do modelo negocial, também utilizado após o cometimento do crime; e o surgimento de propostas novas, que buscam evitar a prática do fato criminoso, como a premissa da autorresponsabilidade das corporações econômicas, no âmbito da própria iniciativa privada" (GOMES FILHO, Dermeval Farias; MILANI, Luisa Villar de Queiroz. Criminal compliance: responsabilidade penal por omissão do compliance officer. **Brazilian Journal of Development,** Curitiba, v. 7, n. 2, p. 12.961-12.996, fev. 2021. p. 12.965. Disponível em: https://www.brazilianjournals.com/index.php/BRJD/article/view/24269/19408. Acesso em: 9 fev. 2021).

16. Ressalta-se a abordagem de Schünemann quanto à base penal do *common law* ser distinta dos valores do Iluminismo, ao dizer que "a utilização do direito penal como uma espécie de terrorismo estatal baseia-se no excepcionalismo da Common Law, cujo pensamento jurídico-penal funda-se, não no iluminismo e na filosofia idealista, mas no puritanismo e no utilitarismo" (SCHÜNEMANN, Bernd. **Direito Penal, Racionalidade e**

tação de que a única forma de solucionar o conflito penal com a aplicação de uma pena reside em uma instrução processual conflitiva, com a afirmação da culpa em juízo, após audiência de instrução e julgamento, mediante sentença penal condenatória.

A oposição absoluta ao modelo negocial se reduz, na crítica dos autores estrangeiros e brasileiros, a comparações indevidas com o sistema dos acordos de culpa presentes nos Estados Unidos (EUA), Nesse sistema, verifica-se não só ampla discricionariedade da acusação para negociar a pena e, até mesmo, modificar a natureza do fato a ser imputado[17], bem como uma pressão sobre os investigados mais vulneráveis, do aspecto social, com posição débil da defesa[18].

Ignora-se que os modelos atuais de justiça negociada, presentes em diversos países e também no Brasil, não constituem cópia cega do *plea bargaining* presente nos EUA[19]. Há adaptações e autonomia na construção de propostas relativas ao negócio penal, que respeitam às peculiaridades jurídicas nacionais, de modo que nem todo tipo de justiça negociada existente no mundo guarda identidade com modelo presente no ordenamento jurídico dos EUA.

Desse modo, tal perspectiva absoluta parte de uma premissa equivocada, qual seja: de que todo negócio penal se resume à negociação de pena com ampla discricionariedade acusatória, presente, sobretudo, no modelo estadunidense. Esse tema será retomado quando do estudo dos instrumentos de justiça penal negociada existentes na atualidade.

A resistência relativa reconhece a necessidade de os sistemas processuais conviverem com as soluções do Direito Penal negocial. Essa posição considera a dificuldade de se sustentar um paradigma apenas conflitivo para todas as demandas penais, ante a inexistência de uma força absoluta do princípio da intervenção mínima para conter a denominada expansão do Direito Penal. Dessa forma, um modelo negociado, com limites, constitui um caminho inevitável.

Dogmática: sobre os limites invioláveis do direito penal e o papel da ciência jurídica na construção de um sistema penal racional. Coord. e Trad. Adriano Teixeira. São Paulo: Marcial Pons, 2018. p. 26).

17. O modelo de *plea bargaining*, de sentença penal negociada, com o acordo de pena, será objeto de item específico do Capítulo 3, quando será desenvolvido de forma mais.

18. Nesse sentido, Bernd Schünemann caracteriza o sistema de *plea bargaining* dos EUA, no qual há pouco comprometimento da defesa pública para os investigados de baixo nível social; como também, segundo o mesmo autor, ocorre na *Absprachen* alemã ou na conformidade espanhola, onde o princípio do consenso constitui um eufemismo, porquanto o investigado ou o acusado se sujeita à medida de pena pretendida pelo promotor (maioria dos modelos de negócio penal) ou pelo juiz (modelo alemão no qual o juiz negocia a pena após promovida pelo Ministério Público) (SCHÜNEMANN, op. cit., p. 26).

19. "Saliente-se que *plea* é simplesmente a declaração - de culpado, não culpado ou *nolo contendere* que o acusado presta em juízo; *plea bargaining* trata-se de prática de negociação, do processo de pactuação entre acusação e defesa para se chegar à resolução penal; *plea bargain* significa a barganha, a tratativa em si; e *plea agreement* é o pacto, o acordo entre as partes"(CASTRO, Ana Lara Camargo. **Plea bargain**: resolução penal pactuada nos Estados Unidos. Belo Horizonte: Editora D'Plácido, 2019. p. 39).

Há ainda aqueles que sustentam a possibilidade de ampliar cada vez mais o espaço de consenso no modelo penal – com a negociação não apenas de equivalentes funcionais da pena presente no modelo brasileiro atual –, mediante a possibilidade de acusação e defesa negociarem a pena, submetida à homologação judicial. É certo que constitui alternativa de eficiência para superar a morosidade processual e renovar a confiança no sistema de justiça criminal[20], a qual depende de inserção legislativa.

Por conseguinte, busca-se, nos itens abaixo, demonstrar a desafiadora convivência entre os sistemas acusatório-adversarial, ou mesmo do acusatório-misto (continental) com o sistema negocial no âmbito do sistema penal contemporâneo. Procura-se apontar, ainda, a superação das críticas absolutas ao modelo negocial, quase todas de caráter processual, e a transição que se projeta na tentativa de encontrar resposta para a legitimação da resposta penal nos modelos de justiça penal negociada.

2.3. O MODELO CLÁSSICO DE FORMAÇÃO DA RESPONSABILIDADE PENAL COMO UMA ALTERNATIVA NÃO EXCLUSIVA DE SOLUÇÃO DOS PROBLEMAS PENAIS

O modelo de Direito Penal clássico de formação da responsabilidade penal, iniciado no Estado Liberal, ancorou-se em uma dogmática rígida, formatada, mormente, para a tutela de bens jurídicos individuais, mediante mecanismos repressivos. Dessarte, ante a superação do modelo de sanção dos suplícios corporais do antigo regime e do período medieval, a racionalidade punitiva que se seguiu foi esta: após a ocorrência do fato criminoso, fazia-se uso – em um devido processo legal, com afirmação da culpa em juízo, mediante julgamento – do Direito Penal, com a sua sanção, quase sempre, privativa de liberdade[21].

20. Tal modelo de solução com acordo de pena, que seria feito dentro do processo penal, durante a instrução, estava presente no Projeto de Lei Anticrime, mas não foi aprovado, de modo que apenas o acordo de não persecução penal, que traz uma solução de equivalente funcional da pena, sem natureza de pena, foi introduzido no texto final da Lei n. 13.964/2019, que o inseriu no artigo 28-A do Código de Processo Penal (BRASIL. **Decreto-lei nº 3.689, de 3 de outubro de 1941.** Código de Processo Penal. Brasília-DF: Presidência da República. Disponível em: <http://www.planalto.gov.br/ccivil_03/decreto-lei/del3689compilado.htm>. Acesso em: 21 nov. 2021). A possibilidade de um acordo de pena, entre acusação e defesa, durante o processo, antes da sentença, consta no projeto do novo Código de Processo Penal, que tramita na Câmara dos Deputados (BRASIL. Câmara dos Deputados. **Projeto de Lei 8045/2010**. Disponível em: <https://www.camara.leg.br/proposicoesWeb/prop_mostrarintegra;jsessionid=node03zrauu9mz8ulervpf2nl8w0q951691.node0?codteor=1638152&filename=PL+8045/2010>. Acesso em: 12 out. 2022).

21. GOMES FILHO, Dermeval Farias; MILANI, Luisa Villar de Queiroz. Criminal compliance: responsabilidade penal por omissão do compliance officer. **Brazilian Journal of Development**, Curitiba, v. 7, n. 2, p. 12.961-12.996, fev. 2021. p. 12.966. Disponível em: https://www.brazilianjournals.com/index.php/BRJD/article/view/24269/19408. Acesso em: 9 fev. 2021.

No final do século XVIII, inicia-se a configuração de um Direito liberal, ancorado no princípio da legalidade, dirigido à tutela de bens jurídicos individuais, concretizado mediante devido processo legal, com regras processuais que possibilitam produzir prova de acusação e defesa, em um modelo acusatório[22].

O período iluminista marcou o rompimento com o recurso à tortura para se obter a prova da confissão, autorizada pela Bula do Papa Inocêncio IV, em 15 de maio de 1252. Destaca-se, ainda no período iluminista, a superação, parcial, do modelo inquisitório puro presente no Direito Comum dos Estados Absolutistas, bem como nas monarquias déspotas.

No período medieval e na Idade Moderna, durante os regimes absolutistas, nas jurisdições dos governos centrais e eclesiásticas da Igreja Católica, a confissão fora concebida como uma prova plena dentro de um sistema de classificação das provas, que obrigava o julgador a considerar o fato como provado. A tortura existia devido a essa forma de se conceber a prova, ou seja, existia para se obter a confissão, a qual constituía a prova de maior valor no processo[23].

No novo formato dado ao sistema penal em razão do arranjo normativo do Estado Liberal, esforços foram usados na busca de solucionar o conflito penal em um sistema acusatório, em uma justiça estatal de fim retributivo, ancorada em uma divisão de poderes, na qual a lei e o julgamento não mais pertenciam ao rei. Conquanto ideias de prevenção como fim da pena tenham sido desenvolvidas[24], o ideal de retribuição não desapareceu e foi predominante.

Ressalta-se que, em um sistema inquisitório puro – inexistente nos dias atuais no cenário europeu e brasileiro –, não se projetam o contraditório e a ampla defesa, porquanto competem ao juiz-inquisidor as funções de acusar, defender e julgar. O julgador possui ampla liberdade probatória. O acusado é tratado como objeto do processo, não goza da natureza de sujeito de direitos. Ao revés, em um modelo acusatório, as funções de acusar, defender e julgar são realizadas por atores distintos.

22. Quanto ao uso da terminologia processual para classificar os períodos históricos, nem sempre se observa uma precisão nas pesquisas jurídicas, conforme anota Mauro Andrade: "No que diz respeito à denominação sistema acusatório moderno, o problema reside no período histórico que compreende a palavra moderno. Assim dizemos porque, quando examinamos a lição de Devis Echandia e Garcia, vemos que esses autores se referem a sistema acusatório moderno para designar o sistema acusatório vigente nos séculos XX e XXI. Entretanto, por uma questão de precisão terminológica, a Idade Moderna está situada entre os séculos XV e XVIII, de modo que, a partir do século XIX, ingressamos na Idade Contemporânea" (ANDRADE, Mauro Fonseca. **Sistemas processuais penais e seus princípios reitores**. Curitiba: Juruá, 2008. p. 101).

23. Vale destacar que a prova legal e a tortura não podem ser classificados como elementos exclusivos do modelo inquisitivo, como se não fosse possível a existência de tais mecanismos em um sistema acusatório (ANDRADE, op. cit., p. 370-374).

24. Os fins da pena nas diversas teorias que abordam o problema foram tratados no Capítulo 1 da presente pesquisa.

Em consequência dos ideais do Iluminismo que se refletiram na seara penal, o *Code d'instruction criminelle* francês de 1808 adotou um sistema misto. De um lado, tal Código contemplou os juizados de instrução na fase da investigação, tal como acontece no sistema inquisitório. De outro, atribuiu a função de acusar ao órgão do Ministério Público, o que se revelou uma característica do sistema acusatório. Ressalta-se que, com algumas divergências pontuais, esse arranjo normativo do Ministério Público, consolidado na França, se expandiu para os demais sistemas dos países europeus[25].

Entre as formas de solucionar conflitos penais – seja mediante decisão absolutória ou decisão condenatória, seguida de aplicação de uma pena –, apareceram o modelo adversarial (acusatório-adversarial), presente no sistema dos EUA, e o modelo misto (acusatório-inquisitivo ou continental), presente no sistema europeu e que influenciou outros países, como o Brasil.

A questão terminológica não é consensual no que concerne aos sistemas processuais. Para os dias atuais, no contexto europeu e da grande maioria dos países da América Latina, principalmente, não se pode falar na existência de um modelo inquisitorial puro; por isso, apresenta-se mais adequado o uso do termo misto, que contempla características do princípio acusatório em um sistema de raiz inquisitória[26].

Cabe esclarecer que o modelo de solução de conflitos penais dos EUA é adversarial, no texto das 5ª e 6ª Emendas, com o direito de o acusado ser submetido a um processo perante um conselho de jurados. Na audiência de instrução e julgamento, há um juiz presidente equidistante da produção probatória, cuja apresentação compete às partes. Há o exame cruzado da prova oral, bem como a necessidade de a prova ser produzida oralmente na presença do júri, entre outras características, que serão examinadas mais adiante.

É curial ressalvar que esse modelo procedimental, atualmente, não é aplicado na grande maioria dos fatos penais que ocorrem nos EUA, porquanto, na

25. SCHÜNEMANN, Bernd. **Estudos de direito penal, direito processual penal e filosofia do direito.** Coord. Luís Greco. São Paulo: Marcial Pons, 2013. p. 223.

26. Nesse sentido, ARMENTA DEU, Teresa. **Estudios de Justicia Penal**. Madrid: Marcial Pons, 2014. p. 89-90. De outro lado, malgrado reconheça a inexistência de um sistema 100% puro nos dias atuais, Schünemann ainda caracteriza o sistema alemão como inquisitorial na fase da audiência de instrução e julgamento. Isso, porque o sistema, que era inquisitorial puro, foi reformado no século, quando a acusação passou a ser realizada pelo Ministério Público, o qual conduz a investigação. Contudo, o juiz ainda cumula papeis na audiência de instrução e julgamento, em uma autêntica função inquisitorial, uma vez que produz a prova oral e decide. Desse modo, na Alemanha, a atuação relevante do Ministério Público ocorre até as portas da audiência de instrução e julgamento, na qual o juiz produz prova e decide (SCHÜNEMANN, Bernd. **Estudos de direito penal, direito processual penal e filosofia do direito.** Coord. Luís Greco. São Paulo: Marcial Pons, 2013. p. 206 e 220-221). Em outra toada, em pesquisa aguda sobre o tema, Mauro Fonseca Andrade classifica os sistemas em acusatório, inquisitivo e misto (ANDRADE, Mauro Fonseca. **Sistemas processuais penais e seus princípios reitores**. Curitiba: Juruá, 2008. p. 49-432).

prática forense, houve a substituição do modelo de julgamento - que ocorria na audiência de instrução e julgamento - pela justiça penal negociada. Desse modo, o processo penal dos EUA é cada vez menos acusatório e adversarial, diante dos acordos penais usados em mais de 90% dos casos penais[27].

Por sua vez, consoante as lições de Schünemann, o modelo europeu, em linhas gerais, adotou um processo penal no qual a audiência de instrução e julgamento constitui o único fundamento para a sentença, de modo que o juiz se alicerça apenas na prova obtida nessa fase. Esse modelo, implantado na Europa, substituiu o puro modelo inquisitorial há pouco mais de dois séculos e foi influenciado tanto pelo modelo inglês, que se espalhou pela Europa ao final do século XVIII, ao tempo da Revolução Francesa, quanto pelo francês do início do século XIX[28].

Todavia, destaca-se que, nos dias atuais, na Europa e em vários países da América Latina, as soluções negociadas em matéria penal já estão presentes e convivem com o sistema misto, em maior ou menor medida, com soluções negociadas de penas e/ou com soluções de equivalentes funcionais da pena, conforme se examinará mais adiante, no próximo capítulo da pesquisa.

Anota-se, outrossim, que nenhum sistema - adversarial ou misto - se purificou de influências recíprocas. Nenhum deles é totalmente puro[29], de modo que qualquer tentativa de definição com exclusividade apresentará falhas. Ademais, todos esses sistemas convivem hoje com soluções negociadas, judicializadas e desjudicializadas, repressivas e preventivas[30], muitas das quais não foram pensadas já no início do Estado Liberal. Não se pode mais apontar grandes diferenças entre os modelos adversarial e misto[31].

---

27. ARMENTA DEU, Teresa. **Estudios de Justicia Penal**. Madrid: Marcial Pons, 2014. p. 92.

28. SCHÜNEMANN, op. cit., p. 222-223.

29. ARMENTA DEU, op. cit., p. 90.

30. A título de esclarecimento, uma das forma preventivas que merece destaque se apresenta como *criminal compliance*, ou seja, "uma proposta de atuação preventiva, consubstanciada em desenvolver mecanismos de controle interno no âmbito empresarial, para prevenir, detectar e remediar a prática, entre outros, de atos de corrupção, fraude, e outros ilícitos da mesma natureza" (GOMES FILHO, Dermeval Farias; MILANI, Luisa Villar de Queiroz. Criminal compliance: responsabilidade penal por omissão do compliance officer. **Brazilian Journal of Development**, Curitiba, v. 7, n. 2, p. 12.961-12.996, fev. 2021. p. 12.963. Disponível em: https://www.brazilianjournals.com/index.php/BRJD/article/view/24269/19408. Acesso em: 9 fev. 2021).

31. Nesse sentido, Teresa Armenta Deu aponta ausência de grandes diferenças, no dias atuais, entre os modelos adversarial e misto: "Abunda a ausência real de grandes disparidades entre os modelos adversativo e misto. Na verdade, a delegação do juiz de instrução francês à polícia não está tão distante daquela da investigação americana e dos arquivos do promotor americano quando o Grande Júri rejeita uma acusação que não difere do dossiê europeu. Do mesmo modo, contém depoimentos de testemunhas, documentos acusatórios, laudos periciais e, havendo confissão de culpa, o juiz americano pode estar trabalhando com arquivos ou declarações muito semelhantes ao referido dossiê. Inclusive, em matéria de acordos, os juízes americanos têm assumido funções de fiscalização dos acordos em garantia dos direitos dos acusados, o que os retira de sua posição absolutamente passiva. E o mesmo ocorre quando os juízes devem analisar e decidir medidas restritivas dos direitos fundamentais, contra as quais não podem permanecer passivos e alheios" (ARMENTA DEU, op. cit., p. 92) (tradução própria).

Vale destacar que a existência de tribunais internacionais tem contribuído para o esforço de harmonizar diferentes sistemas de formação da culpa. A título de ilustração, o Tribunal Europeu de Direitos Humanos e o Tribunal Penal Internacional (TPI) contribuem nesse sentido. Contudo, no que concerne ao TPI, muitas críticas lhe são dirigidas pelos defensores de um modelo adversarial ortodoxo, que ignoram os defeitos do modelo adversarial e seu reduzido alcance prático, ante a presença dos acordos penais, no território dos EUA[32].

Observa-se, novamente, que a questão terminológica é desafiadora na qualificação dos sistemas processuais. Nesta etapa da pesquisa, após caracterizar os sistemas adversarial e misto, almeja-se compreender o surgimento e o crescimento da terceira forma – a consensual, denominada de negócio penal –, que penetrou em ambos os sistemas, com diferentes graus de intensidade. Todos os institutos serão examinados do ângulo da legitimação da resposta penal.

2.4. A NECESSIDADE DE NOVOS INSTRUMENTOS DE SOLUÇÃO PENAL ANTE O CRESCIMENTO DO ESPAÇO DE TUTELA DO DIREITO PENAL

O Direito Penal clássico se dirigia à proteção de bens jurídicos individuais, como a vida, a propriedade, a integridade física e a dignidade sexual, enquanto o Direito Penal pós-moderno, em razão de diversos fatores relacionados ao desenvolvimento econômico e social, acrescentou a tutela de novos bens jurídicos, que sequer eram idealizados quando da constituição do modelo clássico de Direito Penal, tais como a informática, a genética e a ecologia[33].

O aumento de espaço da tutela penal, verificado, precipuamente, na segunda metade do século XX, não se deve a uma única causa, nem decorreu apenas da globalização[34] ou de uma política neoliberal, mas é fruto de um contínuo desenvolvimento econômico e tecnológico, que fez surgir novas atividades de risco, que passaram a ser tuteladas no âmbito penal.

---

32. ARMENTA DEU, Teresa. **Estudios de Justicia Penal**. Madrid: Marcial Pons, 2014. p. 72.

33. DONNA, Edgardo. El derecho penal moderno, entre el problema de la inseguridad, la seguridad y la justicia. *In*: MUÑOZ CONDE, Francisco (coord.). **Problemas actuales del derecho penal y de la criminología**: estudios penales en memoria de la Profesora Dra. María del Mar Díaz Pita. Valencia: Tirant lo Blanc, 2008. p. 69.

34. Conforme ensina José de Faria Costa, a globalização não explica tudo, não é possível jogar todos os temas penais e não penais em sua conta, de forma que não pode ser a panaceia analítica e compreensiva para tudo, sob pena de prejudicar e vincular a pesquisa, o pensamento, a explicação de temas penais e não penais. Há espaço para "determinar zonas ou áreas onde o particular possa ter lugar como topos argumentativo e analítico" (COSTA, José de Faria. O Fenômeno da Globalização e o Direito Penal Econômico. **Revista Brasileira de Ciências Criminais**, n. 34, p. 9-25, abr./jun. 2001. p.9-10).

No aumento da tutela penal de bens jurídicos individuais, a insegurança individual das pessoas, segundo Edgard Donna, possui relação com a globalização, que permitiu maior circulação entre seres humanos de culturas diferentes, fazendo surgir o medo do desconhecido, um ambiente do alarme e da vigilância, que gera entusiasmo em grandes condenações penais[35].

Entre as décadas de 1960 e 1970, Álvaro Pires registra a tentativa de diminuição da racionalidade punitiva, ou seja, do próprio espaço da resposta penal com a pena privativa de liberdade. No entanto, a mentalidade punitiva foi retomada, por razões não totalmente esclarecidas. O referido autor indica algumas causas: influência da mídia; relevância dada à opinião pública; emergência discursiva de uma sociedade de vítimas[36].

A expansão penal também se verifica com mais intensidade na seara dos bens jurídicos coletivos, com destaque para a proteção penal da ordem econômica, meio ambiente, relações de consumo, atividades ligadas à computação e à manipulação genética. Nesse espaço, Augusto Silva Dias aloca o meio ambiente, as relações de consumo e a genética humana como ramos emergentes do Direito Penal relacionados à proteção do futuro[37].

O crescimento da tutela penal dos bens jurídicos coletivos possui, ainda, relação com as novas realidades, tais como: as instituições de crédito ou de inversão; as valorações relativas aos bens escassos, a exemplo do meio ambiente; e o incremento essencial de valor, ou seja, realidades que existiam, mas que não recebiam o valor de agora, a exemplo do patrimônio histórico-artístico[38].

A proteção penal de bens jurídicos coletivos dialoga, em grande medida, com a ideia de risco, com a proibição de condutas perigosas, como forma de uma política criminal dos Estados que almejam mais segurança[39], com o uso da técnica de tipificação do perigo abstrato como forma de prevenir o dano[40].

---

35. DONNA, op. cit.

36. PIRES, Álvaro. **A racionalidade penal moderna, o público e os direitos humanos.** Novos Estudos CEBRAP, n. 68, mar. 2004. p. 39.

37. Nesse sentido, DIAS, Augusto Silva. **Ramos emergentes do Direito Penal relacionados com a proteção do futuro**. Coimbra: Coimbra, 2008. p. 61-63.

38. SILVA SÁNCHEZ, Jesús-Maria. **A expansão do Direito Penal:** aspectos da política criminal nas sociedades pós-industriais. 2. ed. São Paulo: Revista dos Tribunais, 2011. p.33-34.

39. MULAS, Nieves Sanz. El Derecho Penal ante los retos del siglo XXI: La urgencia de un Derecho penal que haga frente a los "nuevos" problemas, pero sin olvidar los "viejos" límites. **Cuadernos de Política Criminal**, Madrid, n. 106, p. 115-152, abr. 2012. Disponível em: https://app.vlex.com/#WW/vid/393459850?forw=go. Acesso em: 9 jul. 2020. p. 125-126.

40. No Brasil, encontra-se superada, na jurisprudência, a discussão quanto à possibilidade de o legislador penal tipificar o perigo abstrato. A jurisprudência do Supremo Tribunal Federal tem afirmado: a constitucionalidade da tipificação do perigo abstrato, principalmente, para a tutela preventiva dos bens jurídicos supraindividuais; a possibilidade de o legislador utilizar o recurso da tipificação do perigo abstrato, como forma de tutela preventiva

Ao pesquisar a expansão do Direito Penal, Silva Sánchez a divide em três etapas, com destaque para a terceira, na qual se encontra, em sua classificação, o negócio penal. A divisão do aumento de espaço da tutela penal, para o referido autor, ocorre, portanto, em três velocidades, tendo como focos o modelo de resposta penal e a diversificação da proteção de bens jurídicos.

A primeira velocidade, que se consolida com o Estado Liberal, é destacada pela pena de prisão e tutela de bens jurídicos individuais, sem flexibilização de princípios político-criminais e de garantias processuais, fase denominada de Direito Penal nuclear[41]. Nessa etapa, tanto o sistema processual adversarial, quanto o sistema processual misto ou continental, com presença do princípio acusatório, foram usados na solução dos conflitos penais, conforme será examinado nos próximos itens deste capítulo da pesquisa.

Por sua vez, a segunda velocidade se caracteriza pela presença de penas restritivas de direito e pecuniárias, com a tutela penal de novos riscos sociais, mediante a proteção de bens jurídicos supraindividuais, em que se faz uso da tipificação de crimes de perigo, bem como de delitos de acumulação, com a relativização das regras de imputação, dos princípios político-criminais e das garantias processuais, em uma denominada fase do Direito Penal periférico[42]. Nesse momento, convivem com os procedimentos conflitivos as soluções negociadas no âmbito penal.

Vale, aqui, uma advertência. No arranjo do sistema legal brasileiro, não existe uma flexibilização dos princípios político-criminais ou das garantias processuais na aplicação de penas restritivas de Direito. Isso, porque, em regra, as penas restritivas são aplicadas após a formação da culpa em um processo penal de modelagem mista, com respeito a todos os princípios clássicos, tanto materiais quanto processuais. Depois de fixar a pena privativa e o regime inicial de cumprimento de pena, o julgador avalia a possibilidade de substituir a pena privativa por restritivas de direito[43].

A formação da culpa, sem mitigação de princípios e de garantias, também se faz presente na aplicação direta de pena restritiva prevista para o porte de

em matéria penal; que a referida escolha não se apresenta como inconstitucional; e que compete ao julgador analisar a proporcionalidade da sanção penal (BRASIL. Supremo Tribunal Federal. 2ª . Turma. **Habeas Corpus 104.410/RS**. Relator: Ministro Gilmar Mendes. Julgado em 6/3/2012. Disponível em: https://jurisprudencia.stf.jus.br/pages/search/sjur206595/false. Acesso em: 1 jul. 2020).

41. SILVA SÁNCHEZ, op.cit., p. 185 e 193.

42. SILVA SÁNCHEZ, op.cit., p. 193.

43. Conforme redação do artigo 44 do Código Penal brasileiro (BRASIL. Presidência da República. **Decreto-Lei n. 2.848, de 7 de dezembro de 1940.** Código Penal. Disponível em: http://www.planalto.gov.br/ccivil_03/decreto-lei/del2848compilado.htm. Acesso em: 13 out. 2022).

drogas para consumo pessoal, conforme artigo 28 da Lei n. 11.343/2006[44]; e, ainda, para a pessoa jurídica, condenada por crime ambiental, nos termos dos arts. 21 e 22 da Lei 9.605/98[45]. Nesse último caso, o debate se relaciona mais com o Direito Penal e a política-criminal, acerca da responsabilidade penal da pessoa jurídica, tema que se distancia do objeto da presente pesquisa.

Outrossim, não se pode falar em flexibilização de princípios político-criminais e das garantias processuais – no que concerne à segunda velocidade do Direito Penal – nos negócios penais existentes no ordenamento jurídico brasileiro, quais sejam: a transação penal, a suspensão condicional do processo e o acordo de não persecução penal. Nesses não há acordo de pena, mas sim soluções distintas da pena, sem natureza de pena, que podem ser nominadas de equivalentes funcionais da pena e atingem finalidade parecida com a da pena, mas de forma menos dolorosa, ante a ausência do cárcere. Tal discussão será retomada mais à frente.

Por fim, na terceira velocidade, há um retorno da maior relevância da pena privativa, com a relativização dos princípios político-criminais, regras de imputação e outras garantias processuais, na tutela penal socioeconômica. Destaca-se, ainda, como espécie de terceira velocidade, o Direito Penal do inimigo[46]. Nessa fase, sem prejuízo da solução mediante julgamentos para parcela dos casos penais, alguns ordenamentos jurídicos trabalham, ainda, com acordos de pena para os crimes, como se verá mais adiante.

Silva Sánchez, ao trabalhar com os termos expansão modernizadora e expansão securitária, aponta a distinção entre as duas categorias, em que a expansão modernizadora "estaria passando a ocupar um lugar marginalizado tanto qualitativa como quantitativamente, dando lugar a segunda, da qual seriam expressão o Direito Penal do inimigo, o Direito Penal de terceira velocidade ou, enfim, a reconstrução do Direito da periculosidade"[47].

Conquanto defenda um modelo de Direito Penal mesclado entre a primeira e a segunda velocidade, Silva Sanchez reconhece, de forma excepcional, uma zona limitada de atuação de um Direito Penal de terceira velocidade – sem reduzir o debate ao chamado Direito Penal do inimigo – aos imputáveis

44. BRASIL. Presidência da República. **Lei n. 11.343, de 23 de agosto de 2006**. Disponível em: <http://www.planalto.gov.br/ccivil_03/_ato2004-2006/2006/lei/l11343.htm>. Acesso em: 13 out. 2022.

45. BRASIL. Presidência da República. **Lei n. 9605, de 12 de fevereiro de 1998**. Disponível em: <http://www.planalto.gov.br/ccivil_03/leis/l9605.htm>. Acesso em: 13 out. 2022.

46. SILVA SÁNCHEZ, Jesús-Maria. **A Expansão do Direito Penal**. 2. ed. São Paulo: RT, 2010. p. 193-197.

47. SILVA SÁNCHEZ, Jesús-Maria. **A Expansão do Direito Penal**. 2. ed. São Paulo: RT, 2010. p .231-232.

gravemente perigosos para bens jurídicos essenciais, como o terrorismo e a criminalidade organizada[48].

Inserida na terceira velocidade do Direito Penal se encontra a administrativização do Direito Penal, caracterizada pela transformação de condutas, outrora, punidas unicamente na seara administrativa que, agora, passam a ser punidas na seara penal, sem prejuízo da permanência da punição na esfera administrativa.

À administrativização do Direito Penal pode ser atribuído um outro sentido, qual seja, o de fase de transição da tutela de bens jurídicos individuais para a tutela de bens jurídicos supraindividuais, mediante o uso de recursos penais de tutela preventiva, para atender a demandas de segurança diante das novas fontes de risco[49].

De maneira paralela, a administrativização do Direito Penal ainda pode ser dividida em quatro dimensões: tipificação de delitos de acumulação; proteção penal em um modelo de Estado da prevenção, no qual infrações administrativas são transformadas em crimes, como ocorre, a título de ilustração, no funcionamento de um estabelecimento comercial antes de se obter o devido licenciamento administrativo; neutralização e incapacitação presentes no atuarialismo penal; mediação e negociação dentro de uma política criminal gerencialista, no qual, segundo Jesús-Maria, a gestão eficiente prevalece sobre os valores como verdade e justiça[50].

48. "[...] não deve sobrar espaço algum para um Direito Penal de terceira velocidade? Isso já é mais discutível, se levamos em conta a existência, para não dizer mais, de fenômenos como a delinquência patrimonial profissional, a delinquência sexual violenta e reiterada ou fenômeno como a criminalidade organizada e o terror últimos da sociedade constituída na forma de Estado. Sem negar que a terceira velocidade do direito penal descreve um âmbito que se deveria aspirar a reduzir a mínima expressão, aqui se acolherá com reservas a opinião de que a existência de um espaço de Direito Penal de privação de liberdade com regras de imputação e processuais menos estritas que as do Direito Penal da primeira velocidade, com certeza, é, em alguns âmbitos excepcionais, e por tempo limitado, inevitável" (SILVA SÁNCHEZ, op. cit., p. 193-194). Em outra passagem, o referido autor esclarece que é defensor da inclusão do ser humano e não da exclusão, de que compreende todo ser humano como imagem de Deus. E faz o seguinte alerta: "Creio que a defesa de uma tese fortemente inclusiva em absoluto se vê comprometida pela aceitação matizada de reações (classicamente denominadas de medidas de segurança pós-delitivas) para imputáveis gravemente perigosos para bens jurídicos essenciais, nem tampouco pelo fato de ressaltar a peculiaridade do terrorismo ou da criminalidade organizada. Mas, ao mesmo tempo, também creio que nada se ganha por situar o debate que necessariamente há que existir acerca destas figuras nas trincheiras de defensores (poucos) de detratores (quase todos) do chamado Direito Penal do inimigo" (SILVA SÁNCHEZ, op. cit., p. 234-235).

49. Nesse sentido, MULAS, Nieves Sanz. El Derecho Penal ante los retos del siglo XXI: La urgencia de un Derecho penal que haga frente a los "nuevos" problemas, pero sin olvidar los "viejos" límites. **Cuadernos de Política Criminal**, Madrid, n. 106, p. 115-152, abr. 2012. Disponível em: https://app.vlex.com/#WW/vid/393459850?forw=go. Acesso em: 9 jul. 2020. p.127-128.

50. SÁNCHEZ, Jesús-Maria Silva. **A Expansão do Direito Penal**. 2ª ed. São Paulo: RT, 2011. p. 90-91; 148; 165; 170-171. Sobre esse aspecto, Teresa Deu, do mesmo modo, adverte: "Uno de los argumentos utilizados en defensa del acuerdo negociado en el proceso penal se asienta, precisamente, en pensamientos conforme a los cuales se niega la relevancia de la búsqueda de la verdad, como objetivo siquiera posible" (ARMENTA DEU, Teresa. **Sistemas Procesales Penales:** La justicia penal en Europa y América. Madrid: Marcial Pons, 2012. p. 100). De outro lado, com uma abordagem positiva sobre os acordos penais, Alexandre Rocha e Fábio Bechara os situam dentro da segunda

Essa crítica genérica ao modelo negocial, visto unicamente como alternativa gerencialista que não convive com os valores 'verdade' e 'justiça', não parece suportar um confronto com os aspectos positivos de um modelo negociado, de equivalentes funcionais da pena, no que concerne: à diminuição da pena de prisão, com reflexos na redução da população carcerária; e à reparação do dano, como medida de ressignificação do papel do ofendido no Processo e no Direito Penal. Tais análises serão buscadas nos próximos capítulos da pesquisa.

O aumento do espaço de tutela penal do final do século XX prossegue no início do século XXI. Constata-se, desse modo, um Direito Penal contemporâneo, no qual há maior tutela de bens jurídicos individuais e coletivos, bem como internacionalização e certa harmonização dos sistemas penais, formando-se sistemas globais de proibição, com normas similares encontradas em diversos países[51].

Nesse fenômeno, que pode ser denominado de funcionalização do Direito Penal no âmbito internacional, tanto a tutela de bens jurídicos semelhantes quanto o uso de instrumentos similares para a solução dos problemas penais passam a ser de interesse comum de países que formam blocos econômicos e possuem pautas comuns[52].

No cenário brasileiro, o aumento do espaço de tutela penal pode ser detectado sem grande esforço. A Parte Especial do atual Código Penal ainda é de 1940, mas tem sido constantemente alterada, muito mais para a inserção de novas figuras típicas e muito menos para a revogação de algumas figuras incriminadoras.

Apenas no século XXI, sem desconhecer a legislação especial, é possível detectar vários novos tipos incriminadores no Código Penal brasileiro. A título de ilustração: o crime de feminicídio no art.121-A, de forma que a antiga qualificadora

velocidade do Direito Penal (MORAES, Alexandre Rocha de; BACHARA, Fábio Ramazzini. Acordo de não persecução penal restrição das hipóteses de cabimento a partir dos mandados constitucionais de criminalização. In **Acordo de Não Persecução Penal**. Org. Daniel de Resende Salgado, Luís Felipe Schneider Kircher, Ronaldo Pinheiro de Queiroz. São Paulo: Juspodivm, 2022. p.426).

51. JAPIASSÚ, Carlos Eduardo Adriano. O papel do Direito Penal no Século XXI. *In*: GRECO, Luís; MARTINS, Antônio (orgs.). **Direito Penal como crítica da pena**. São Paulo: Marcial Pons, 2012. p. 348-349.

52. Sobre a funcionalização do direito penal no âmbito internacional, destaca-se a seguinte passagem produzida em outro momento, em coautoria: "O direito penal e o direito processual penal, assim, passam a responder a influxos teóricos e dogmáticos e, também, à expansão de preceitos normativos colhidos do direito internacional, tanto de convenções e atos normativos quanto de contribuições advindas dos ordenamentos internos de outros países. Para a compreensão do processo de expansão do direito penal e a ampliação dos instrumentos de um direito penal negocial, a chamada funcionalização do direito internacional como projeção do direito internacional contemporâneo presta-se como imprescindível ferramenta metodológica e teoria de base para críticas e aprimoramento dos instrumentos que decorrem dessa expansão penal" (SUXBERGER, Antônio Graciano; GOMES FILHO, Dermeval Farias. Funcionalização e Expansão do Direito Penal: o Direito Penal Negocial. In: **Revista de Direito Internacional**, Brasília, DF, v. 13. n. 1, p. 377-396, 2016. p. 377. Disponível em: https://www.publicacoesacademicas.uniceub.br/rdi/article/view/4097/pdf. Acesso em: 9 fev. 2021. p. 378).

do homicídio foi transformada em um tipo penal autônomo com pena mais gravosa; crime de participação em automutilação no artigo 122 do CP, que passou a conviver ao lado da participação em suicídio; perseguição no artigo 147-A do CP; violência psicológica contra a mulher no artigo 147-B; tráfico de pessoas no artigo 149-A; invasão de dispositivo informático no artigo 154-A; apropriação indébita previdenciária no artigo 168-A; receptação de animal no artigo 180-A; violação de direito autoral no artigo 184; importunação sexual no artigo 215-A; assédio sexual no artigo 216-A; registro não autorizado da intimidade sexual no artigo 216-B; divulgação de cena de estupro ou de cena de estupro de vulnerável, de cena de sexo ou de pornografia no artigo 218-C; promoção de migração ilegal no artigo 232-A; constituição de milícia privada no artigo 288-A; fraudes em certames de interesse público; corrupção ativa em transação comercial internacional; tráfico de influência em transação comercial internacional; inserção dos crimes de licitação no CP nos artigos 337-E a 337-P; crimes relativos ao ingresso de aparelho telefônico ou similar em estabelecimento prisional nos artigos 319-A e 349-A; crimes contra as finanças públicas nos artigos 359-A a 359-H[53].

Compreende-se, dessa forma, que certas condutas sempre foram punidas nas sociedades com um mínimo de organização, como o roubo, o estupro, o homicídio, chamados de crimes naturais. Todavia, outras condutas, que passaram a ser tipificadas no Direito Penal, como os crimes contra as relações de consumo, os crimes contra o meio ambiente, os delitos informáticos e outros, podem ser chamados de crimes de plástico, os quais são punidos em determinada época da sociedade organizada, de acordo com a política criminal do momento. Nesse contexto, as ferramentas tradicionais de combate à criminalidade são limitadas, não apresentam eficácia plena[54].

No mundo atual, ante o crescimento contínuo do espaço de atuação do Direito Penal, consubstanciado em novos bens jurídicos e novos tipos penais, ante a recusa a um Direito Penal mínimo[55] por parte das sociedades organizadas, verifica-se a necessidade de um equilíbrio entre a modernidade e o conservadorismo em matéria penal[56], com o surgimento de novas maneiras de solucionar os conflitos penais.

---

53. BRASIL. Presidência da República. Decreto-Lei n. 2848, 7 de dezembro de 1940. Código Penal. Disponível em: < https://www.planalto.gov.br/ccivil_03/decreto-lei/del2848compilado.htm >. Acesso em 11 jun. 2022.

54. PONTE, Antônio Carlos da. **Crimes Eleitorais**. 2ª ed. São Paulo: Saraiva, 2016. p. 52-53.

55. "Com efeito, não parece que a sociedade atual esteja disposta a admitir um Direito Penal orientado ao paradigma do Direito Penal mínimo. Mas isso não significa que a situação nos conduza a um modelo de Direito Penal máximo" (SILVA SÁNCHEZ, Jesús-Maria. **A Expansão do Direito Penal**. 2ª ed. São Paulo: RT, 2011. p. 189-190).

56. HASSEMER, Winfried. **Introdução aos fundamentos do direito penal**. Trad. Pablo Rodrigo Alfen da Silva. Porto Alegre: Sergio Antônio Fabris, 2005. p. 337.

Por conseguinte, surgem os espaços de consenso no campo processual, com reflexos no Direito Penal, na busca de soluções céleres e eficientes pela via do diálogo, com ampla possibilidade de afastamento da prisão como modelo de resposta penal nos crimes de baixa e média gravidade. Tais espaços de consenso convivem com a lógica conflitiva dos sistemas processuais adversarial[57] e mistos.

A expansão penal, portanto, se apresenta como inevitável e, por essa razão, provoca impacto na construção de novas alternativas de soluções penais, que se projetam nos negócios penais e podem trazer muitas contribuições à redução do cárcere e ao reposicionamento da vítima no sistema penal, a depender da dose e do arranjo institucional do sistema negocial a ser implementado.

2.5. A LEGITIMAÇÃO DA RESPOSTA PENAL NO SISTEMA ADVERSARIAL

No contexto dos EUA, desde o final do século XVIII, em razão das 5ª e 6ª Emendas da Carta de Direitos, existe um sistema processual adversarial, em que se busca a verdade mediante a competição de argumentos, marcado pelos seguintes direitos: devido processo legal, não discriminação perante a lei, assistência de defesa, julgamento perante um júri popular, direito de arrolar testemunhas e de ser condenado apenas diante de um *standard* de prova além da dúvida razoável, e invalidade da autoincriminação forçada[58].

Em alguns setores da doutrina processual norte-americana, aparece uma visão inflexível, de que o modelo adversarial é o único compatível com os valores de um Estado Democrático para se afirmar a culpa de alguém e possibilitar a condenação com a aplicação de uma sanção penal. Dito de outro modo, só esse sistema possibilitaria uma condenação penal legitimada. No entanto, como se verá mais adiante, o modelo adversarial possui também suas deficiências[59].

57. ANDRADE, Flávio da Silva. O Consenso no processo penal e o rito abreviado fundado na admissão da culpa: (in) compatibilidade constitucional, vantagens, desvantagens e perigos. In: **Revista Eletrônica de Direito Processual - REDP**. ano 14. v. 21. n. 3. p. 206-224. Rio de Janeiro: UERJ, set/dez. 2020. p.208. Disponível em: <https://www.e-publicacoes.uerj.br/index.php/redp/article/view/45930>. Acesso em: 13 out. 2022.

58. CASTRO, Ana Lara Camargo. **Plea bargain**: resolução penal pactuada nos Estados Unidos. Belo Horizonte: Editora D'Plácido, 2019, p. 25.

59. Essa concepção ilusória é mencionada e criticada, entre outros, por Teresa Deu, que chama o modelo adversarial de modelo desigual (ARMENTA DEU, Teresa. **Estudios de Justicia Penal**. Madrid: Marcial Pons, 2014. p. 72 e 86-89). No mesmo sentido, Schünemann aponta várias deficiências do sistema adversarial, entre as quais, não estaria em condições de fazer surgir a verdade material, mas somente uma verdade como síntese dos argumentos ou das disputas entre as partes (SCHÜNEMANN, Bernd. **Estudos de direito penal, direito processual penal e filosofia do direito.** Coord. Luís Greco. São Paulo: Marcial Pons, 2013. p. 228-229).

O modelo adversarial se alicerça em uma disputa entre as partes - modelo de disputa - que se desenvolve perante um terceiro - julgador - que atua de forma passiva. As partes têm o controle da contenda e devem impulsionar o processo. A prova é produzida na presença do júri com embates entre acusação e defesa. Entende-se que a verdade é obtida pelo confronto de argumentos quanto aos fatos e ao direito, na presença de árbitros neutros e passivos.

Tal forma de solucionar conflitos tem origem no modelo anglo-saxão inglês. Essa estrutura remonta à época em que os jurados eram convocados por juízes reais para expressarem a voz rural. Havia uma investigação informal do fato, realizada por funcionários leigos temporários, seguida de julgamento por um júri popular.

A Lei Comum (ou Direito Comum ou *Common Law*) surgiu após a conquista normanda na Bretanha, quando se formaram as primeiras Cortes Reais, ampliadas por meio do Conselho Real. Os primeiros juízes eram conselheiros reais, que viajavam pelo país e decidiam querelas. Mais adiante, tais julgadores se separaram do Conselho Real e estabeleceram jurisdição fixa em Westminster, sem prejuízo da jurisdição itinerante. As decisões das cortes locais eram proferidas com supedâneo em leis consuetudinárias. Da combinação e modificação de decisões locais pela Corte Real, surgiu o Direito comum à nação - *the common law of the land*[60].

Uma jurisdição de juízes de paz se formou na Inglaterra, com amplo poder de investigação, com a incumbência de realizar os julgamentos criminais, sem reexame de suas decisões. O modo de atuar correspondia a um estilo curioso, ou seja, inquisitivo e paritário, que fora, mais adiante, reproduzido pelo Grande Júri norte-americano. Dito de outra maneira, havia um júri, composto de pessoas leigas, que investigava e denunciava o acusado perante um juiz real. Esse juiz real visitava as províncias e realizava amplas investigações que deveriam conduzir à existência de uma acusação[61].

Foi no ambiente do século XVIII, como origem próxima, que fora introduzido na Inglaterra o modelo adversarial, o qual compreendia uma lista de garantias do devido processo legal, quais sejam: presunção de inocência; direito

60. "A *common law*, embora dele se origine, não é o direito costumeiro, é a *judge-made law*. As cortes estabelecem - e não apenas interpretam - o direito a partir de suas convicções do que é adequado como política pública a determinado tema. As cortes, portanto, declaram a norma jurídica e são fonte primária de lei, e não simplesmente identificam e aplicam o costume espontâneo praticado pelo povo. A *common law* se orienta pelo princípio da consistência no tempo - o *stare decisis*, daí porque as decisões, quando não se trata de *cases of first impression*, fundamentam-se em precedentes" (CASTRO, Ana Lara Camargo. **Plea bargain**: resolução penal pactuada nos Estados Unidos. Belo Horizonte: Editora D'Plácido, 2019. p. 23).

61. ARMENTA DEU, Teresa. **Estudios de Justicia Penal**. Madrid: Marcial Pons, 2014. p. 79.

ao silêncio; e direito das partes de interrogar testemunhas, que se evidencia quando o acusado solicita um julgamento perante os jurados[62].

Nesse contexto inglês, antes do início do século XIX, não havia a figura do promotor ou fiscal para fazer a acusação, o que significa afirmar que a vítima enfrentava o acusado, no julgamento, em igualdade formal de condições. Não havia investigação de fatos e produção de provas atribuídas a um órgão do Estado. O fim do período foi marcado pela extinção da *Star Chamber* (Câmara das Estrelas) e da *High Commission* (Alto Comissariado), porquanto seus juízes foram condenados por terem forçado a autoincriminação de suspeitos, ante a ausência de indícios concretos[63].

No atual modelo inglês, a investigação e a acusação ficam a cargo da polícia, que tem independência funcional e liberdade acerca de quando e como iniciar o processo penal, podendo fazer uso da medida de cautela e da *guilty plea* (confissão de culpa). Há pouco tempo, em razão da criação do próprio *Crown Prosecution Service* (Ministério Público da Coroa), a atividade policial sofreu limitações. O Ministério Público inglês, nos dias atuais, pode requisitar à polícia mais elementos de prova e, outrossim, realiza a direção técnica da acusação, bem como pode desistir da ação penal sem o consentimento da polícia[64].

O modelo adversarial, que se faz presente nos EUA, foi consagrado no texto da 5ª Emenda. Tal norma, de uma perspectiva histórica, correlacionada com o modelo inglês, compreendia o Grande Júri como uma salvaguarda contra persecuções mal-intencionadas. Em seu texto original, estabelecia que somente o Grande Júri tinha competência para formular a acusação penal, com atribuições amplas, o que aproximava o modelo das características inquisitivas[65].

Nos dias atuais, no modelo adversarial dos EUA, a acusação fica a cargo do Ministério Público, que possui ampla discricionariedade. Há variados modelos de procedimentos nos estados da federação e também um modelo federal. Neste, observam-se as seguintes etapas que, em maior ou menor medida, correspondem ao sistema adotado nos estados: *inicial appearence*, corresponde, de maneira semelhante, à audiência de custódia, que deve ocorrer entre 24 e 72 horas após a prisão. O juiz verificará as circunstâncias da prisão e sua constitucionalidade[66].

62. Ibidem, p. 85.

63. ARMENTA DEU, Teresa. **Estudios de Justicia Penal**. Madrid: Marcial Pons, 2014. p. 79.

64. Ibidem, p. 79-80.

65. Ibidem, p. p. 81.

66. CASTRO, Ana Lara Camargo. **Plea bargain**: resolução penal pactuada nos Estados Unidos. Belo Horizonte: Editora D'Plácido, 2019. p. 26.

Nesse momento, a acusação será exibida em peça acusatória produzida pela polícia, denominada de *complaint*. Para os delitos de menor potencial ofensivo (*misdemeanors*), de pena não superior a um ano em regime fechado, na maioria dos casos, há apenas um único ato processual para solucionar o conflito. No caso de declaração de culpa ou *nolo contendere*, haverá sentença imediata. Em análise de crimes mais graves (*felonies*), é incomum ocorrer a declaração de culpa nesse primeiro momento. Serão cumpridas outras etapas do procedimento e fixada a data para a audiência preliminar (*preliminary hearing*)[67].

Na audiência preliminar, o promotor de justiça deverá apresentar ao juízo a causa provável - materialidade e indícios suficientes de autoria - que leve à convicção inicial de que o acusado é o autor do delito a ele imputado. Nessa fase - que não se trata de formação da culpa, mas, sim, de admissibilidade da acusação - não há, em regra, exame cruzado dos depoimentos das testemunhas. Entretanto, a defesa pode requerer a realização do referido ato na fase da audiência preliminar.

Na sequência, há o Grande Júri, que constitui uma etapa processual em que um conselho de jurados, formado por cidadãos, analisa a viabilidade do processo penal contra o acusado. No âmbito federal, com amparo na 5ª Emenda, esse procedimento é obrigatório para os crimes graves (*felonies*), mas isso não ocorre para crimes de menor potencial ofensivo (*misdemeanors*). No entanto, o procedimento do Grande Júri pode ser renunciado ante a realização de um acordo de *plea*[68].

Após a etapa anterior, acontece uma audiência de apresentação formal da acusação (*arraingment*). Tal apresentação, feita pelo promotor de justiça, de uma peça (*information*) que corresponde à denúncia, contém as imputações (*charges*). Isso também pode ocorrer mediante a *indicment*, ou seja, admissão da acusação pelo Grande Júri, quando o acusado recebe cópia da acusação. Na oportunidade, é feita a leitura da acusação e, em seguida, indaga-se ao acusado se deseja declarar-se culpado, não culpado ou *nolo contendere*. Ainda nesse momento ocorre a *plea colloquy*, isto é, uma entrevista com o acusado, na qual o juiz lhe faz perguntas concernentes à sua voluntariedade diante de uma eventual admissão de culpa[69].

67. CASTRO, Ana Lara Camargo. **Plea bargain**: resolução penal pactuada nos Estados Unidos. Belo Horizonte: Editora D'Plácido, 2019. p. 27.

68. Ibidem, p. 28-29.

69. Ibidem, p. 29.

Na sequência, no procedimento federal, há a fase da *discovery*, ou seja, uma apresentação entre as partes das evidências a serem introduzidas no julgamento (*trial*), com o objetivo de garantir o equilíbrio ao *adversarial system*, de maneira a impedir qualquer das partes de obter vantagem injusta.

Há, também, a fase da *petrial conferences*, que se destina ao exame de petições com o objetivo de afastar determinadas imputações e resolver outros detalhes que não foram objeto de acordo entre as partes. Por fim, antes do *trial*, a última fase é a da *pretrial hearing*, na qual são resolvidos os aspectos finais, detalhes, relativos ao julgamento.

Após isso, a data do júri é fixada, direito do acusado previsto na 6ª Emenda. Todavia, o acusado pode renunciar ao julgamento pelo júri popular (*jury trial waiver*) e escolher o julgamento por um juiz singular (*bench trial*). Os requisitos para tal renúncia são variados, conforme o ordenamento de cada estado dos EUA nos crimes de competência estadual[70].

Realizado o *trial* pelo Grande Júri ou pelo juiz singular, o juiz aguarda um relatório sobre a vítima e o acusado e, na sequência, marca a audiência para a leitura da sentença[71]. Ressalta-se que todas essas fases vistas anteriormente não são uniformes em todos os estados dos EUA. Muitos seguem um modelo procedimental semelhante ao federal, mas também há outros que concentram boa parte dessas fases em um único ato.

Em qualquer fase do procedimento apontado nas linhas anteriores, a declaração de culpado (*plea*) e o acordo entre acusação e defesa (*plea agreement*) podem ocorrer. O negócio penal entre as partes, portanto, pode acontecer mesmo depois do início do julgamento, desde que se realize antes de os jurados chegarem ao veredito. Da mesma forma, pode ocorrer em caso de *hung jury*, que significa a ausência de consenso entre os jurados, quando não chegam a um consenso[72].

Adverte-se que toda solução penal obtida mediante o *guilty plea* nega o sistema adversarial[73], porquanto a existência de um acordo entre acusação e defesa significa a inexistência de uma decisão judicial amparada na luta de argumentos entre as partes, na adversariedade da produção de provas.

70. CASTRO, Ana Lara Camargo. **Plea bargain**: resolução penal pactuada nos Estados Unidos. Belo Horizonte: Editora D'Plácido, 2019. p. 33.

71. Ibidem, p. 34.

72. Ibidem p. 34.

73. ARMENTA DEU, Teresa. **Estudios de Justicia Penal**. Madrid: Marcial Pons, 2014. p. 90.

O modelo adversarial, que pode ser designado de acusatório-adversarial, incide em menos de 2% dos casos criminais judicializados nos EUA. O restante dos casos, entre 90% e 98% - mais na justiça federal e um pouco menos na justiça estadual -, recebe a solução negocial, com diversas modalidades de *plea bargaining.* As razões para a não adoção do modelo adversarial residem na impossibilidade de resolver todos os problemas penais mediante o julgamento perante o Grande Júri. Com isso, pode-se dizer que a instituição do júri - apesar de constituir um mecanismo-chave no papel da comunicação entre os juízes e os cidadãos - está em declínio[74].

Na configuração adversarial, constatam-se a discricionariedade da acusação, a disponibilidade das provas pelas partes e a posição passiva do juiz na busca de provas, de modo que o processo penal adversarial se encontra em situação similar ao processo civil, em uma espécie de privatização do conflito penal[75].

Segundo Armenta Deu, observam-se três riscos nesse modelo, em seu trajeto histórico: negligência de proteção do interesse público na persecução de delitos; participação do cidadão na justiça penal por meio do júri; e concentração da investigação e da ação penal em uma só pessoa[76].

Outras fraquezas do modelo adversarial norte-americano se relacionam com o rito decisório do Tribunal do Júri. A primeira se situa no plano das partes, em razão da tarefa, pertencente à defesa e à acusação, de colher a prova e de determinar sua amplitude e seu conteúdo. As partes não buscam a descoberta da verdade material, mas sim atuam com estratégias próprias de argumentação e exploração da prova. Exemplo disso se apresenta na hipótese de haver uma testemunha ambivalente, que pode ser recusada por ambas as partes. Estas avaliam os riscos do depoimento que, eventualmente, pode prejudicar sua estratégia. Tal dispensa pode ocorrer mesmo se esse depoimento for importante para a descoberta da verdade[77].

Uma segunda fraqueza do modelo adversarial se apresenta em um denominado dilema hermenêutico, a saber, apenas as partes dominam o que perguntam e interpretam a resposta. Existe uma assimetria entre o que é compreendido pelas partes e aquilo que é percebido pelo juiz. Frisa-se que o julgador

74. Ibidem, p. 81.

75. ANDRADE, Mauro Fonseca. **Sistemas processuais penais e seus princípios reitores**. Curitiba: Juruá, 2008. p.104.

76. ARMENTA DEU, Teresa. **Estudios de Justicia Penal**. Madrid: Marcial Pons, 2014. p. 73.

77. Essas fraquezas são apontadas por Schünemann ao lado de uma forte crítica dirigida ao rito do Tribunal do Júri, o qual, segundo o mencionado autor, não está em condições de atender aos anseios pela descoberta da verdade material, que seria o objetivo maior do processo penal (SCHÜNEMANN, Bernd. **Estudos de direito penal, direito processual penal e filosofia do direito.** Coord. Luís Greco. São Paulo: Marcial Pons, 2013. p. 229).

permanece passivo diante da apresentação das partes por meio dos embates no manuseio das provas. Os jurados, por sua vez, contemplam a colheita de provas como expectadores mudos, separados do círculo de comunicação[78].

A terceira fraqueza diz respeito à proibição de o juiz tomar a iniciativa para descobrir a verdade, porquanto acompanha a audiência de instrução e julgamento como mero ouvinte passivo, não autorizado a fazer perguntas. A presença de um juiz togado no julgamento não altera a situação, uma vez que, mesmo quando autorizado a fazer perguntas complementares, a decisão sobre a culpabilidade do acusado será dos jurados[79].

Outros aspectos negativos são identificados no modelo adversarial. Um deles consiste na desigualdade, no que concerne à salvaguarda de direitos de defesa. Outro diz respeito à ampla discricionariedade da acusação para o exercício da ação, que pode utilizar o acusado como fonte de prova e gerar a chamada *pena de banquillo*[80], uma espécie de pena processual que se consubstancia no fato de alguém ser processado e se sentar no banco dos réus para, a partir daí, produzir prova contra o verdadeiro culpado.

Importa, ainda, destacar o seguinte aspecto do sistema penal dos EUA: conquanto se origine do *sistema common law* – herdado da Grã-Bretanha, uma vez que as colônias britânicas na América do Norte adotaram o referido modelo, que se fez presente no momento da independência –, não se pode falar em *common-law crimes*. Desse modo, a tipificação de conduta com natureza de crime, nos EUA, depende de lei formal, tanto no âmbito federal quanto no âmbito estadual[81].

---

78. Para Schünemann, a única forma de superar esse defeito seria mediante a comunicação dos sujeitos (partes e julgadores) sobre o conteúdo da colheita de provas (SCHÜNEMANN, op. cit., p. 229-230). Ressalta-se que, no modelo do júri brasileiro - procedimento obrigatório nos crimes consumados e tentados contra a vida - os jurados podem participar da produção probatória durante o julgamento, quando têm a faculdade de fazer perguntas às testemunhas, ao ofendido e ao acusado, por intermédio do juiz presidente. Podem, ainda, requerer acareações e reconhecimento de pessoas, solicitar esclarecimentos aos peritos, bem como a leitura de peças e solicitar esclarecimentos às partes, conforme §2º e §3º do art.473 e §2º do art.474, todos do Código de Processo Penal brasileiro (BRASIL. **Decreto-lei nº 3.689, de 3 de outubro de 1941.** Código de Processo Penal. Brasília-DF: Presidência da República. Disponível em: <http://www.planalto.gov.br/ccivil_03/decreto-lei/del3689compilado.htm>. Acesso em: 21 nov. 2021).

79. SCHÜNEMANN, Bernd. **Estudos de direito penal, direito processual penal e filosofia do direito.** Coord. Luís Greco. São Paulo: Marcial Pons, 2013. p. 230.

80. ARMENTA DEU, Teresa. **Estudios de Justicia Penal**. Madrid: Marcial Pons, 2014. p. 89.

81. Esclarece Ana Lara Camargo de Castro: "A lei penal dos Estados Unidos é editada pelos Parlamentos - federal ou estaduais- e se divide basicamente em dois modelos: o *common law* e o *Model Penal Code* (MPC). Por modelo *common law*, conforme se viu, não se quer dizer que alguns Estados ainda permitam a criação de tipos penais judicias, mas, sim, que há Estados cujos parlamentos codificaram os delitos por meio da incorporação das *common-law offenses*. Nesses estados, onde não há codificação moderna, a linguagem ambígua e a imprecisão dos elementos do crime são mais frequentes, e a consulta aos *common-law cases* históricos é por vezes necessária para se desvendar a *rationale* por trás do tipo. Eles são minoria. Cerca de três quartos dos Estados norte-americanos adotaram alguma versão similar ao Model Penal Code" (CASTRO, Ana Lara Camargo. **Plea bargain**: resolução penal pactuada nos Estados Unidos. Belo Horizonte: Editora D'Plácido, 2019, p. 24).

Esclarece-se que o modelo adversarial não é sinônimo de modelo acusatório. Este se ancora no princípio acusatório e se caracteriza por uma acusação deduzida por um sujeito diferente daquele que julgará o processo. Aquele se caracteriza pela autonomia das partes na produção probatória, bem como pela neutralidade do juiz. Em síntese, o modelo acusatório admite tanto o juiz passivo quanto o juiz que atua mais ativamente na produção de provas (*inquisitorial system*), enquanto o modelo adversarial não admite um julgador que atua, de ofício, na produção de provas (*adversary system*)[82].

Impende, do mesmo modo, esclarecer que o princípio acusatório não possui identidade com o princípio do contraditório. Enquanto o modelo acusatório coloca o julgador na posição de imparcialidade diante das partes, o modelo contraditório coloca as partes em situação de igualdade, para poderem atuar.

São, portanto, princípios diferentes. Apesar de serem conexos, tais princípios atendem a necessidades distintas. A título de ilustração, é possível existir contraditório sem acusatório, quando um processado restar condenado por um fato distinto daquele que lhe foi imputado, embora tenha existido a possibilidade de debates e de contraditório entre as partes[83].

Releva destacar que os modelos inquisitivo e acusatório são, nos dias atuais, de maneira equivocada, qualificados como *adversarial system* ou *inquisitorial system*. Seu aspecto distintivo reside na possibilidade ou não de o juiz buscar a prova durante a fase processual. No primeiro, não há essa possibilidade, enquanto, no segundo, ela existe.

Na verdade, não é possível atribuir pureza ao *adversarial system*, como se fosse ele intocável e o único capaz de possibilitar o desenvolvimento de um processo justo, ou, ainda, de legitimar uma sanção penal. O referido modelo já incorporou características inquisitivas, dos sistemas mistos, em um ou outro aspecto[84]. Da mesma maneira, não existe, atualmente, um modelo inquisitivo puro nos países europeus ou mesmo no Brasil.

82. Vale aqui o registro feito por Mauro Andrade: "Entre os juristas pertencentes ao direito continental, é comum a afirmação de que o processo penal dos países da *Common Law* possui natureza acusatória. Entretanto, quando se observa a opinião dos juristas pertencentes à *Common Law*, nitidamente se abrem duas vias para a sua classificação. Para um primeiro grupo, que se soma ao posicionamento de seus companheiros do direito continental, a classificação dada ao seu processo seria a de integrante do sistema acusatório. Mas, para um segundo grupo, cujo entendimento parece ser majoritário, o processo penal inglês e norte-americano seria integrante do *adversary system*, ao invés do sistema acusatório" (ANDRADE, Mauro Fonseca. **Sistemas processuais penais e seus princípios reitores**. Curitiba: Juruá, 2008. p. 104-105).

83. ARMENTA DEU, Teresa. **Estudios de Justicia Penal**. Madrid: Marcial Pons, 2014. p.75-76.

84. Algumas características inquisitoriais presentes no modelo adversarial dos EUA são assinaladas por Teresa Deu: averiguação da verdade pelo Tribunal Supremo com base em interceptação telefônica; limitação do direito de autoincriminação determinada pela Corte Suprema, ao aceitar como constitucionais leis que exigem que o acusado apresente defesas positivas (coação, inimputabilidade) antes do julgamento; permissão para o Grande

Dito de outra forma, a qualificação em dois polos - *adversarial system* ou *inquisitorial system* - reproduz um pensamento existente na doutrina norte-americana que eleva o modelo adversarial como único compatível com os valores democráticos e com o *due process of law*[85]. Essa visão carece de fundamentos, pois ignora os pontos falhos do sistema adversarial, os aspectos inquisitivos existentes no modelo adversarial e, sobretudo, os mais de 90% de casos penais não solucionados, nos EUA, com o modelo adversarial, ante a opção pelas variadas formas de acordos penais[86].

Nenhum sistema reproduz a pureza descrita em seu texto legal. Seus arranjos interagem com variadas soluções de conflitos. Mesmo nos países de tradição anglo-americana, como anota Damaska, seria vão procurar um processo puro de solução de conflitos. Do mesmo modo, não se pode dizer que o princípio do contraditório decorre do modelo adversarial. Anota-se que alguns procedimentos continentais são mais adversários do que suas contrapartes anglo-americanas[87].

No modelo adversarial, não se busca a verdade como fim do processo, mas se satisfaz com o resultado do confronto de provas apresentadas pelas partes[88]. Nos EUA, com base na 6ª Emenda, a prova da culpabilidade do acusado deve ser alcançada na discussão, entre acusação e defesa, perante o júri. Constitui um modelo que aceita a verdade plausível obtida por meio do confronto de provas realizado pelas partes. Observa-se, nesse sistema, uma posição de neutralidade e equidistância do juiz, que se condiciona à iniciativa das partes e se preocupa em não etiquetar o acusado como objeto da investigação, em evitar que uma pessoa se submeta a uma acusação infundada[89].

Júri obrigar as testemunhas a depor em secreto, sem demonstrar previamente a pertinência do depoimento e sem que a testemunha possa ser assistida por advogado, exigindo que todos os participantes do ato se submetam ao dever de sigilo, ou que o futuro réu não testemunhe os atos de investigação ou não conheça seus resultados, nem possa apresentar seus próprios meios de prova ou questionar o fundamento da denúncia (ARMENTA DEU, Teresa. **Estudios de Justicia Penal**. Madrid: Marcial Pons, 2014. p. 87).

85. ARMENTA DEU, op. cit., p. 84 e 88.

86. Ibidem, p. 79-92.

87. DAMASKA, Mirjan. **The faces of justice and state authority.** A comparative approach to the legal process. New Haven: Yale University Press, 1986. p. 97-98.

88. Ao falar do modelo processual penal brasileiro, Pacelli o contrapõe ao modelo adversarial: "Por certo que nosso modelo não se equipara ao sistema *adversary*, ou de partes, tal como é o modelo estadunidense, em que o juiz se afasta completamente de quaisquer funções probatórias, limitando-se ao controle de legalidade na instrução judicial. Já o dissemos aqui e repetimos: tal modelo parece-nos medieval, tomando como premissa legitimadora uma suposta igualdade de partes. Essa igualdade, ainda que abstratamente comprovada, não pode justificar uma decisão condenatória fundada em uma insuficiência da defesa. Igualdade processual, abstrata ou concreta, justifica um processo de partes exclusivamente em matéria não penal, no bojo do qual se discute a titularidade de direitos subjetivos. Em processo penal, jamais" (PACELLI, Eugênio. **Curso de Processo Penal**. 18ª ed. São Paulo: Atlas, 2014. p. 15-16).

89. ARMENTA DEU, Teresa. **Estudios de Justicia Penal**. Madrid: Marcial Pons, 2014. p. 83 e 87.

A imparcialidade do julgador e sua equidistância das provas, que devem ser produzidas pelas partes em um confronto no julgamento, fazem do modelo adversarial um sistema oposto ao inquisitivo. Enquanto isso, o sistema acusatório dá ênfase às exigências da acusação, que deve, no ato de acusar, oferecer uma causa provável, donde se verifica que a presunção de inocência possui relação estreita com a configuração acusatória. Apesar de não serem idênticos, verifica-se, com exame das caraterísticas apontadas, que o sistema adversarial se acomoda melhor ao princípio acusatório[90].

Do que fora visto, constata-se que o julgamento produzido com o uso do procedimento adversarial não tem compromisso necessário com a descoberta da verdade material. Esta é substituída por uma verdade construída na síntese dos embates entre acusação e defesa, os quais detêm a escolha das provas a serem submetidas oralmente na audiência de instrução e julgamento perante os jurados.

Diante disso, não se pode concluir que a sanção penal estará mais bem legitimada no julgamento produzido no sistema adversarial em detrimento do modelo misto, seja da perspectiva do procedimento em si ou dos fins da pena trabalhados no capítulo anterior. A caminhada prossegue para o exame do modelo misto e, no decorrer da pesquisa, para a compreensão do modelo negocial em sua relação com a sanção penal.

2.6. A RESPOSTA PENAL NO MODELO MISTO

O modelo processual misto constitui um sistema que combina aspectos inquisitivos e aspectos acusatórios[91]. Não existe um único sistema misto, de maneira que sua construção depende das peculiaridades de cada ordenamento jurídico que o adota. Pode-se dizer que compõe o sistema mais presente em ordenamentos jurídicos de países europeus e da América Latina.

Para compreender as características dos sistema misto – ante sua presença na atualidade em muitos ordenamentos jurídicos – e de sua relação com a legitimação da resposta penal, faz-se necessário apresentar alguns apontamentos

90. Ibidem, p. 84-85.

91. Em pesquisa robusta sobre os sistemas processuais, Mauro Fonseca aponta a necessidade de dois aspectos fixos para adjetivar um sistema processual penal de misto, ou seja, uma primeira fase do processo com notas inquisitoriais e uma segunda fase com aspectos acusatórios: "a presença do princípio acusatório, e o fato de que o processo deve ser iniciado sem uma acusação (por *notitia criminis* ou de ofício pelo juiz). Em outras palavras, seu processo necessariamente será bifásico, já que a função da acusação – que é o resultado prático do princípio acusatório – é iniciar uma segunda etapa do processo" (ANDRADE, Mauro Fonseca. **Sistemas processuais penais e seus princípios reitores**. Curitiba: Juruá, 2008. p. 414).

sobre o sistema inquisitivo puro, que antecedeu a consolidação do Estado Liberal e a formação, portanto, do Direito Penal e Processual Penal após o Iluminismo.

2.6.1. A superação do sistema inquisitivo puro

O modelo acusatório surgiu antes do inquisitivo. Na Grécia, existia a ação popular, um modo de iniciar o processo, no qual o cidadão podia colaborar com a acusação ou com a defesa. O modelo acusatório também esteve presente no Direito romano. No entanto, de forma embrionária, o sistema inquisitivo se consolidou durante o governo de Constantino, quando o cristianismo se tornou a religião oficial em 325 a.C. Na sequência, mesmo após a queda do Império Romano, o sistema inquisitivo sobreviveu nas formas do Direito Canônico.

Nos períodos imperial romano e nas Idades Média e Moderna, o sistema inquisitivo substituiu o acusatório. "O poder de decidir, que antes estava nas mãos do povo, passou a ser concentrado exclusivamente na figura do soberano ou da Igreja Católica, sendo que ambos delegaram seu poder jurisdicional a juízes profissionais ou sacerdotes"[92].

Na inquisição medieval do processo canônico, estavam presentes as seguintes características: o depoimento de duas testemunhas era suficiente para fundamentar uma sentença condenatória; nem sempre o acusado possuía o direito ao contraditório; o acusado era impedido, por exemplo, de conhecer os nomes das testemunhas; o juiz podia usar a tortura em conjunto com o *vescovo* (funcionário do Santo Ofício), autorizada por Inocêncio IV em 1252; o processo poderia ser iniciado por acusação, notícia de crime ou de ofício; não se admitiam debates e apelações; o recurso só era admitido ante a inobservância de regras processuais pelo inquisidor; não fosse demonstrada a existência do fato, o acusado sofreria a pena relativa ao fato imputado; falso testemunho era punido com prisão perpétua; a defesa do imputado poderia usar testemunhas desde que não retardasse o processo[93].

No entanto, em determinado período da Idade Média, houve um modelo de persecução penal acusatória, distinto daquele encontrado em Atenas e Roma. Sem a centralização do poder político, havia um Direito local no cenário feudal, alicerçado na tradição popular, em que o ofendido e seus familiares possuíam legitimidade para acusar. Não se preocupava com a reconstrução da

92. ANDRADE, Mauro Fonseca. **Sistemas processuais penais e seus princípios reitores**. Curitiba: Juruá, 2008. p. 370.
93. Ibidem, p. 273-284.

verdade, como ocorrera nos processos atenienses e romanos, mas havia uma tarifação de provas sociais, verbais, físicas, do juramento e ordálias. A função do julgador poderia ser exercida pelo soberano ou por um terceiro escolhido pelas partes contendoras. O julgador apenas acompanhava a regularidade do procedimento[94].

A existência do Direito local, presente nos feudos, contribuiu para uma disputa – iniciada no século XIII e finalizada no século XV – entre os senhores feudais e os monarcas. A vitória dos monarcas resultou na formação dos Estado nacionais. Surgiu uma nova organização política, denominada de absolutista, governada em cada Estado por um monarca que concentrava os poderes de legislar, julgar e administrar. Houve, portanto, a substituição do Direito local (feudal) pelo Direito do monarca, com a reconstrução de um novo modelo processual, influenciado pelo Direito Canônico e pelo Direito Romano ensinado nas universidades.

Dessa forma, o Direito do Estado absolutista constituiu uma recepção do Direito romano-canônico no território europeu. Isso não ocorreu na Inglaterra, onde o Direito Romano não era ensinado nas universidades e, por isso, não exerceu influência maior sobre a formação do seu sistema processual[95].

Nesse novo modelo processual construído no Estado absolutista, substituíram-se os duelos e as ordálias. Havia uma preocupação com a busca da verdade, semelhante aos antigos sistemas ateniense e romano. Foucault o denominou de sistema racional de estabelecimento da verdade[96]. É certo que muitos aspectos negativos também permaneceram. Tal modelo resultou em diversas formas de regulamentação do sistema inquisitivo no território europeu, conforme as concepções políticas de cada país e da maior ou menor influência da Igreja Católica no combate às heresias[97].

Por conseguinte, com a superação do Direito local dos feudos no século XV, as monarquias absolutistas passaram a representar as únicas fontes de poder. Os tribunais locais e populares dos feudos foram substituídos pela

94. Ibidem, p. 267-268.

95. ANDRADE, Mauro Fonseca. **Sistemas processuais penais e seus princípios reitores**. Curitiba: Juruá, 2008. p. 269.

96. FOUCAULT, Michel. **A verdade e as formas jurídicas**. 4ª ed. Rio de janeiro: Nau, 2013. p. 72.

97. Durante um tempo de sua trajetória, do Império Romano até certo momento da Idade Média, a Igreja Católica, no seu Direito eclesiástico, fez uso do modelo de processo acusatório. Todavia, para combater infiéis e outras manifestações religiosas, adotou o modelo de processo inquisitivo em substituição ao modelo de processo acusatório a partir de Inocêncio III. E, mais adiante, com Lúcio III, os inquisidores não precisavam mais esperar uma notícia criminal para atuar contra hereges, modelo de processar que ficou conhecido como inquisição. Com Gregório IX, os tribunais inquisitoriais foram institucionalizados de forma permanente a partir de 1233 (ANDRADE, op. cit., p. 269-271 e 274).

jurisdição centralizada e hierárquica. No entanto, como o rei não podia estar sempre presente para julgar todos os fatos, ele delegava tal função a terceiros que lhe representavam.

Nesse período das monarquias déspotas, o sistema inquisitivo, sob a influência do Direito Canônico, prevaleceu como modelo de persecução penal[98]. Com outras palavras, no Direito Comum dos Estados Centrais, que antecedeu as mudanças do período ilustrado do final do século XVIII, o sistema processual era inquisitivo, na maior parte dos países europeus, nas etapas de investigação, convencimento do julgador e punição dos culpados.

Nesse modelo jurídico, a persecução penal podia ser iniciada de ofício pelo julgador – sem necessidade de manifestação do ofendido ou de um terceiro –, a investigação criminal e a instrução processual estavam centralizadas na competência do juiz, o qual podia delegar a colheita de depoimentos de testemunhas a outros funcionários. A decisão do juiz era proferida com base na valoração dessas provas colhidas pelos funcionários ou pelo próprio julgador.

Os debates não tinham importância na formação de convencimento do julgador, já que sua decisão se alicerçava naquilo que fora escrito durante o depoimento das testemunhas e do próprio acusado. O interrogatório do acusado poderia ocorrer mediante o emprego de tortura. Havia um sistema de avaliação legal da prova que limitava o poder do julgador. Existia, ainda, a possibilidade de recurso, onde o último grau se encontrava na função do próprio rei[99].

A contribuição inquisitiva do modelo canônico ao Direito comum monárquico se ancorou na ideia de que o homem era pecador e, por isso, ocultava a verdade quando era inquirido. Esse postulado religioso da Igreja Católica constituiu um fundamento para a prática da tortura no sistema inquisitivo desse período histórico[100].

Nos sistemas inquisitivos do Direito católico e do Direito comum, uma exigência semelhante estava presente, qual seja: não havia necessidade de um acusador diferente do julgador. Isso equivale a dizer que o processo poderia ser iniciado sem a necessidade de um acusador distinto do julgador, isto é, o próprio juiz poderia dar início ao processo. Dessa maneira, revela-se a ausência do princípio acusatório nos sistemas inquisitivos históricos[101] ou puros.

98. Ibidem, 302-303.

99. ANDRADE, Mauro Fonseca. **Sistemas processuais penais e seus princípios reitores**. Curitiba: Juruá, 2008.

100. Ibidem, p.397.

101. Ibidem, p. 328.

O tratamento desumano do sistema penal do Estado absolutista (Antigo Regime) foi alvo de críticas dos reformistas do final do século XVIII. Defendeu-se naquele momento a liberdade religiosa, a igualdade entre os homens, a legalidade penal, a separação de poderes. Pregou-se um modelo acusatório de processo equivalente ao romano[102]. Foi com o surgimento do Estado Liberal, no período iluminista, que se abriu espaço para profundas mudanças no Direito Penal e no Direito Processual Penal.

2.6.2. A legitimação da resposta penal no sistema misto

Quanto à designação sistema inquisitorial, não se pode afirmar, nos dias atuais, sua existência de maneira pura, seja na Europa ou mesmo no Brasil. Na verdade, é possível dizer que, em tais lugares, adota-se um sistema misto com maior ou menor presença de ideias acusatórias e inquisitoriais. Essa classificação, todavia, não goza de uniformidade na doutrina processual[103].

Uma terminologia que expressa os modelos continentais atuais aponta para o *inquisitorial system*, para diferenciá-lo do *adversary system* presente nos EUA. Em ambos os modelos, vigora o princípio acusatório. A distinção reside no maior ou menor papel do julgador durante a audiência de instrução e de julgamento.

Para efeito do presente trabalho, o modelo misto se relaciona em maior ou menor medida, conforme a legislação de cada país, com o *inquisitorial system*. Não se desconhece, todavia, conforme alertado em outra passagem, a interação entre os sistemas no contexto atual, de modo que existem características importadas do modelo inquisitivo no adversarial e do adversarial no inquisitivo.

O surgimento do modelo misto se tornou possível em razão das reformas liberais do final do século XVIII, conquanto o desejo dos reformadores, concernente ao processo penal, fosse no sentido de um modelo processual mais próximo do acusatório[104]. Na verdade, a título de ilustração, no debate da Assembleia

102. Ibidem, p. 398.

103. Edmar Carmo da Silva, em pesquisa acadêmica, sugere a classificação em sistema acusatório e inquisitivo, ou seja, não reconhece a existência de uma classificação mista: "Dos sistemas possíveis, nada obstante parte da doutrina apregoar a existência de três, quais sejam, o acusatório, o inquisitivo e o misto, aqui são levados em consideração apenas o acusatório e o inquisitivo. Assim se faz, propositadamente, afinado à compreensão de que o caráter definidor do modelo misto, como sendo a junção entre os processos acusatório e inquisitório, não tem razão/fundamento jurídico suficiente porque leva em consideração a fase antecedente ao processo penal, qual seja a fase preliminar ou pré-processual" (SILVA, Edmar Carmo da. **O princípio acusatório e o devido processo legal.** Porto Alegre: Núria Fabris, 2010. p. 62).

104. Tanto o processo anglo-americano que coloca a produção do caso nas mãos das partes quanto o modelo que mistura características acusatórias com aspectos inquisitivos, segundo Hassemer, decorrem da filosofia política do Iluminismo (HASSEMER, Winfried. **Introdução aos fundamentos do direito penal**. Trad. Pablo Rodrigo Alfen da Silva. Porto Alegre: Sergio Antônio Fabris, 2005. p. 185-186).

Constituinte ocorrido na França em 1789, a reforma processual constituiu uma prioridade.

Nesse contexto francês, duas propostas surgiram: a primeira significava a permanência do sistema inquisitivo, com a adoção do regime das Ordenanças de 1539, de Francisco I, e de 1670, de Luis XIV; a segunda proposta, por sua vez, implicava a adoção de um modelo de processo penal parecido com o acusatório romano do passado, mas tinha como referência de reformas o processo penal inglês. A segunda proposta foi a vencedora[105].

Desse debate redundou mais adiante a publicação de três decretos, dois em 1790 e um em 1791, que reorganizaram o processo penal francês e trouxeram as seguintes construções jurídicas: separação de poderes; juízes eleitos para mandatos de seis anos, com possibilidade de reeleição; membro do Ministério Público nomeado pelo rei, para atuar como fiscal da lei no processo penal e somente ajuizar ações na esfera cível; publicidade dos julgamentos cíveis e criminais; adoção do tribunal do Júri; e presença de tribunais de cassação.

Alguns aspectos negativos do processo penal romano foram revividos nas normas francesas de 1790 e 1791, entre eles a legitimidade acusatória exclusiva dos cidadãos, que estavam submetidos, portanto, às ameaças dos acusados. Tal aspecto gerou impunidade, aumento do número de delitos e o surgimento de novas reformas. Foi proposto um retorno parcial ao sistema inquisitivo, na verdade, uma mistura de aspectos inquisitivos e acusatórios[106].

Tais propostas foram consolidadas da seguinte forma: a existência de uma fase prévia ao julgamento, mais rígida do que aquela imaginada pelos pensadores da revolução, e a preservação da figura de um acusador público. Verificava-se, desse modo, a tentativa de expurgar os defeitos dos modelos acusatório e inquisitivo do passado. Com isso, surgiu na França o modelo misto no Código de Instrução Criminal de 1808, que entrou em vigor em 1811[107].

Outras características do sistema misto previsto no Código francês de 1808 são as seguintes: processo dividido em duas fases, a da investigação criminal e a do julgamento, que repetia, nesse aspecto, a estrutura do *Code Louis* de 1670.

105. ANDRADE, Mauro Fonseca. **Sistemas processuais penais e seus princípios reitores**. Curitiba: Juruá, 2008. p.399.

106. ANDRADE, Mauro Fonseca. **Sistemas processuais penais e seus princípios reitores**. Curitiba: Juruá, 2008. p.401.

107. Há várias correntes doutrinárias quanto à origem do modelo processual penal misto: no Direito Romano Imperial; em regiões da Alemanha no século XVIII; somente a partir de 1808 como Código francês; Lei *Constans*, de 1897. Para Mauro Fonseca, a estrutura de sistema misto, com os aspectos fixos (duas fases processuais: uma mais inquisitiva e uma mais acusatória), tem sua primeira manifestação no período da Inquisição Espanhola, com as Instruções de Fernando de Valdés, de 1561, embora o grande difusor na Europa do modelo misto tenha sido o *Code* de 1808, o qual pôs fim à tortura que ainda era praticada desde as primeiras manifestações acusatórias do Direito Clássico (ANDRADE, op. cit., p. 401 e 415-416).

Na primeira fase do processo, a da investigação criminal, a abertura poderia ocorrer mediante ato de ofício do julgador ou mediante uma notícia criminal. A investigação era realizada pela polícia judiciária e submetida ao juiz de instrução, que era escolhido pelo imperador. A atividade do juiz de instrução era fiscalizada pela Procuradoria-Geral Imperial.

Por sua vez, a fase do julgamento só podia ser iniciada mediante acusação formalizada por um acusador público, chamado de procurador imperial, representante do imperador, integrante do Ministério Público, nos termos do Código de 1808. Na fase do julgamento, quando da realização dos atos processuais, estavam presentes os princípios do acusatório, contraditório, da publicidade e oralidade. Houve o abandono da prova legal e a adoção do livre convencimento motivado dos juízes[108].

Durante o século XIX, o modelo napoleônico misto de processo penal francês influenciou os ordenamentos de outros países, a exemplo de Holanda e Bélgica em 1808, de Portugal em 1832, da Prússia em 1846 e da Espanha de 1882[109]. Na Itália, conforme menciona Ferrajoli, a influência foi firme nos Códigos borbônico de 1819, Parma de 1820, pontifício de 1831, toscano de 1838, piemonteses de 1847 e de 1859, e com variações pequenas nos Códigos italianos de 1845 e 1913, e Rocco de 1930. A Alemanha, por sua vez, permaneceu com o modelo inquisitivo no Código da Baviera de 1813, mas adotou um modelo acusatório em 1877, o qual foi deteriorado por elementos inquisitórios[110].

Cabe apontar que os problemas da primeira fase do processo, uma investigação nos moldes inquisitivos, sempre contrariou os ideais revolucionários. Por essa razão, mais adiante, surgiu na França uma nova reforma processual, com a promulgação da Lei de 8 de dezembro de 1897 *(Lei Constans)*. Referida norma alterou a fase da investigação criminal com as seguintes construções jurídicas: o juiz que participava da investigação não poderia julgar; havia o direito ao contraditório e o direito do acusado de ter um defensor; a liberdade provisória era regra. Até então, observa-se, no sistema misto francês, o juiz que investigava podia participar do julgamento; assim, não se pode dizer que tal separação constitua um elemento essencial do modelo misto[111].

108. ANDRADE, op. cit., p. 403-405.

109. FERRAJOLI, Luigi. **Direito e Razão: teoria do garantismo penal**. 3ª ed. São Paulo: Revista dos Tribunais, 2002. p. 522 e 593.

110. FERRAJOLI, Luigi. **Direito e Razão: teoria do garantismo penal**. 3ª ed. São Paulo: Revista dos Tribunais, 2002. p. 522.

111. ANDRADE, Mauro Fonseca. **Sistemas processuais penais e seus princípios reitores**. Curitiba: Juruá, 2008. p. 406.

Os sistemas processuais mistos do século XIX eram diferentes do denominado sistema acusatório, porque possuíam uma fase processual anterior ao oferecimento da acusação. Essa fase prévia possuía caráter jurisdicional e podia ser iniciada de ofício pelo juiz. Somente na fase processual seguinte, havia a necessidade de um acusador distinto da figura do julgador.

O modelo misto, com a investigação presidida pelo julgador, sofria críticas, porquanto o material probatório obtido na fase inicial do processo (investigação), conduzida por um juiz, poderia ser usado para condenar na fase de julgamento, na qual os julgadores não se aprofundavam no exame da prova. Perdia-se a imparcialidade, uma vez que o juiz que colhia a prova e presidia a investigação participava da fase do julgamento. Ora, o julgador que investigava estava comprometido com o fato investigado, buscava apenas comprovar o que fora investigado. Ademais, o Ministério Público se submetia às conclusões do juiz de instrução[112].

Nesse contexto de desarranjos do sistema misto francês do século XIX, a pena era aplicada nas condenações. Pouco debate houve sobre sua legitimação em procedimentos imperfeitos. As enormes contribuições do período iluminista não fizeram surgir um sistema processual – em nenhuma de suas modalidades, independentemente de seu apelido – isento de falhas.

Desse modo, em uma correlação com o modelo processual penal dos dias atuais, se considerarmos que a fase prévia não possui mais caráter processual, mas constitui apenas uma fase de investigação criminal, de natureza administrativa, surgirá a dúvida sobre a permanência da classificação dos sistemas mistos ou se todos esses podem ser chamados de acusatórios[113]. A distinção residirá, por essa via, em modelo acusatório de juiz neutro e em modelo acusatório de juiz que pode produzir prova.

Essa fase processual prévia – denominada de investigação criminal, por exemplo, no modelo brasileiro, realizada por um sujeito distinto da figura do julgador – indica que o processo judicial só será formado mais adiante, com o oferecimento de uma peça acusatória por um acusador distinto da figura do juiz, o que revela um aspecto acusatório.

---

112. Ibidem, p. 433-435.

113. "Em vista de tudo isso, pode-se dizer, resumidamente, que o sistema misto exige, para sua própria sobrevivência como sistema processual penal autônomo, que sua investigação criminal, seja de caráter jurisdicional, devendo estar situada dentro de um processo criminal já iniciado. Do contrário, o que teremos será a aplicação da teoria administrativa, cuja consequência será a absorção do sistema misto pelo sistema acusatório" (ANDRADE, Mauro Fonseca. **Sistemas processuais penais e seus princípios reitores**. Curitiba: Juruá, 2008. p. 424-423).

No modelos europeus da atualidade, a função investigativa, no geral, fica a cargo do Ministério Público e/ou da polícia, enquanto as decisões são de competência do juiz. Mas não existe uniformidade do modelo misto ou do modelo inquisitivo, de modo que cada país apresenta suas peculiaridades quanto ao procedimento. Em regra, quem acusa não pode julgar. E não pode haver condenação por fatos distintos daqueles que foram objeto da imputação. Vale ainda ressaltar, conforme se verá mais adiante, que boa parte dos ordenamentos mistos e/ou inquisitivos, da Europa e de parte da América, convivem com soluções negociadas no âmbito penal.

O modelo francês prevê, por exemplo, que o juiz, participante da instrução, não poderá participar do julgamento (juiz de garantias). Isso, por outro lado, não ocorre no sistema alemão, no qual o juiz que recebeu a denúncia e instaurou o processo desempenha papel proativo na audiência de instrução e julgamento[114].

Por sua vez, o modelo de processo penal na Itália, após a reforma de 1989, é classificado como representativo do sistema acusatório. A investigação criminal cabe ao Ministério Público. Ao lado do princípio da obrigatoriedade de propositura da ação penal se encontra o princípio da oportunidade, que permite ao Ministério Público negociar a pena com o acusado em um acordo denominado de *patteggiamento.* Há espaço para iniciativa probatória do juiz nas exceções previstas em lei[115]. Sobre o *patteggiamento*, outros aspectos serão retomados mais adiante, quando do desenvolvimento do terceiro capítulo desta pesquisa.

Na Alemanha, desde a reforma de 1974 e o fim do juizado de instrução, a investigação criminal, que não integra o processo jurisdicional, faz parte das atribuições do Ministério Público, a quem ainda compete formular a acusação. O julgador não tem poder para abrir de ofício a investigação criminal.

No entanto, o julgador, no modelo alemão, pode acessar os autos da investigação preliminar e, ainda, exercer comando inquisitorial no decorrer da audiência de instrução e julgamento. Esse papel proativo do julgador e seu conhecimento dos autos da investigação são características do procedimento alemão que se opõem ao modelo adversarial[116].

114. SCHÜNEMANN, Bernd. **Estudos de direito penal, direito processual penal e filosofia do direito.** Coord. Luís Greco. São Paulo: Marcial Pons, 2013. p. 231.

115. ANDRADE, op. cit., p.110.

116. SCHÜNEMANN, Bernd. **Estudos de direito penal, direito processual penal e filosofia do direito.** Coord. Luís Greco. São Paulo: Marcial Pons, 2013. op. cit., p. 231.

De todo modo, apesar de não possuir alguns defeitos do modelo adversarial, examinados anteriormente, o modelo alemão falha ao conceder papel inquisitorial ao julgador na audiência de instrução e julgamento, quando este produz provas e decide. Tal problema fora detectado no século XIX, quando do debate do Código de Processo Penal do Império Alemão de 1876. Todavia, a ideia de separar os julgadores - aquele que recebeu a denúncia e instaurou o processo daquele que possui função de julgar - não prevaleceu no texto final[117].

Atualmente, no processo penal alemão, há uma identidade física do julgador que recebe a denúncia, instaura o processo e profere decisões na audiência de instrução e julgamento. Registra-se que "a produção probatória aparece apenas na descrição/relatório escrito na sentença, tarefa relegada ao próprio juiz. Não há assim qualquer garantia contra esquecimentos ou mal entendidos"[118].

Consoante tais características da audiência de instrução e julgamento, Schünemann classifica o modelo alemão como inquisitivo, pois retoma características do processo inquisitorial superado há 200 anos[119]. Hassemer, por sua vez, o classifica como uma mistura de aspectos acusatórios e inquisitivos[120]. É certo que, tendo em conta a fase processual propriamente dita e os enormes poderes concedidos ao julgador durante o processo judicial, o modelo alemão se apresenta com muitas características inquisitivas.

De todo modo, considerando a legitimidade ativa somente confiada ao Ministério Público, bem como os princípios da publicidade, da oralidade, igualdade de armas, contraditório, presunção de inocência, *in dubio pro reo*, legalidade e oportunidade, bem como a possibilidade de recurso, a maioria da doutrina ainda classifica o processo alemão como acusatório[121].

Como aspecto positivo, no modelo misto, têm sido ampliados os direitos dos acusados: informação acerca da imputação; conhecimento do conteúdo da investigação; direito a solicitar alguma medida processual. Compõe um sistema escrito no qual não se exige o interrogatório cruzado ou a reprodução de provas documentais obtidas na fase da investigação[122].

---

117. Ibidem, p. 232.
118. Ibidem, p. 233.
119. Ibidem, p. 226.
120. HASSEMER, Winfried. **Introdução aos fundamentos do direito penal**. Trad. Pablo Rodrigo Alfen da Silva. Porto Alegre: Sergio Antônio Fabris, 2005. p. 185.
121. Esse destaque sobre a maioria da doutrina, pode ser encontrada em: ANDRADE, Mauro Fonseca. **Sistemas processuais penais e seus princípios reitores**. Curitiba: Juruá, 2008. p.107.
122. ARMENTA DEU, Teresa. **Estudios de Justicia Penal**. Madrid: Marcial Pons, 2014. p. 89.

O modelo misto faculta ao juiz contribuir com as partes, mas isso, conforme defende Teresa Deu, não afeta sua imparcialidade. Segundo a autora, tanto no sistema acusatório-adversarial quanto no sistema misto, nos dias atuais, busca-se preservar a imparcialidade do juiz, de maneira que o sujeito que acusa não pode julgar [123].

No entanto, essa possibilidade de o julgador contribuir na produção probatória, presente nos sistemas mistos, torna-se objeto de crítica daqueles que militam no modelo adversarial. Haveria, portanto, muita dificuldade em superar o aspecto negativo da parcialidade do julgador quando esse atua para produzir provas.

Outras críticas ao modelo misto dizem respeito à falta de imparcialidade do órgão encarregado da investigação e, ainda, à atribuição de objeto da investigação aos cidadãos investigados, no lugar de serem tratados como sujeitos de direitos. Destacam-se, além disso, a prevalência da valoração da persecução do crime em detrimento da forma que se realiza tal tarefa; o uso do suspeito como primeira fonte de prova; a tendência de condenação por parte do julgador; e o uso da prisão provisória[124].

No modelo europeu, o sistema misto é reforçado, em muitos países, pela presença de duas fases: instrutória e decisória. A impossibilidade de o órgão judicial atuar se não houver a propositura de uma ação por outro sujeito o coloca em posição imparcial, diante das partes que estarão em posição contraditória, e consagra o princípio dispositivo[125].

Dessa forma, as críticas dirigidas ao modelo misto, tachado por expoentes do modelo adversarial como inquisitivo, carecem de fundamentos e ignoram resultados alcançados. Não faz sentido criticar com a pecha de inquisitivo os modelos mistos continentais, por duas razões; primeiro, porque tais modelos não são inquisitivos puros[126]; segundo, porque a crítica oculta a realidade presente nos dias atuais no sistema processual dos EUA, o qual é cada vez menos acusatório e adversarial, porquanto a quase totalidade dos casos penais é

123. Ibidem, p. 89 e 90.

124. Ibidem, p. 89-90.

125. Ibidem, p.73-74.

126. "La inmensa mayoría de los modelo actuales representan diferentes modalidades de sistemas mixtos, que confluyen en la adopcíon de un mecanismo cuya nota fundamental es renunciar al derecho al proceso, sea cual sea el sistema que siga su desarrollo. Lo que resulta incuestionable es que ninguno de los procesos penales continentales europeos presenta las características propias de un proceso inquisitivo, modelo éste último por cierto aparentemente desconocido cuando se acometen críticas puntuales" (ARMENTA DEU, Teresa. **Estudios de Justicia Penal**. Madrid: Marcial Pons, 2014. p. 34).

solucionada mediante acordos penais. O modelo negocial faz perder a natureza adversarial do sistema[127].

O modelo misto se ancora no *civil law*, com maior peso para a investigação oficial em detrimento do modelo de disputa, o qual se faz mais presente no modelo adversarial que se alicerça no *common law*[128]. Para o recorte do objeto da pesquisa, os dois sistemas, não substituídos em seus países, convivem atualmente com o espaço dos acordos penais.

Quanto ao sistema processual brasileiro[129], é certo que, no quadro delineado antes da Constituição de 1988, se aproximava de modelo misto com mais características inquisitivas, enquanto o quadro delineado após a Constituição de 1988 revela um sistema mais próximo do modelo acusatório. A qualificação de um sistema acusatório tem sido repetida pela jurisprudência e pela doutrina[130].

Não somente no desenho constitucional, mas, agora de maneira expressa, em aspecto infraconstitucional, o sistema processual brasileiro se vincula à estrutura acusatória[131]. Em alteração promovida pela Lei n. 13.964/2019, o art. 3º-A foi inserido no texto do Código de Processo Penal, com a seguinte redação: "o processo penal terá estrutura acusatória, vedadas a iniciativa do juiz na fase de investigação e a substituição da atuação probatória do órgão de acusação"[132]. No entanto, o texto se encontra com vigência suspensa em razão de cautelar deferida pelo STF na ADI n. 6.305[133].

---

127. Vale registar que a expansão penal ante a necessidade de combater novas práticas criminosas com maior poder de dano aos bens jurídicos, como a criminalidade organizada e o terrorismo, mediante a adoção de procedimentos mais agudos, como interrogatórios coercitivos e investigações com flexibilização de garantias, fazem com os sistemas sejam cada vez menos acusatório-adversarial (EUA) ou misto (Europa) (ARMENTA DEU, op. cit., p. 90 e 92).

128. Ibidem, p. 91.

129. Marcelo Polastri, por sua vez, em virtude da previsão na Constituição de 1988 de garantias concedidas ao acusado e da titularidade da ação penal do Ministério Público, classificou o sistema processual brasileiro como acusatório puro. Ressalta-se que o referido autor já entendia, antes da Constituição de 1988, que o próprio CPP de 1941 traz um modelo acusatório, conquanto não seja puro ante os poderes conferidos ao juiz (POLASTRI, Marcelo. **Curso de Processo Penal**. v.1. 4ª ed. Rio de Janeiro: Lumen Juris, 2008. p. 33). Com base, sobretudo, na possibilidade de participação do acusado e de seu defensor no ato de interrogatório do processo penal brasileiro, Pacelli o classifica como acusatório (PACELLI, Eugênio. **Curso de Processo Penal**. 18ª ed. São Paulo: Atlas, 2014. p. 16).

130. Apenas o fato de existir um acusador distinto do julgador não vincula o sistema processual ao modelo acusatório. Ora, no sistema misto francês do Código de 1808, o juiz não apresentava a acusação, uma vez que essa estava a cargo do Ministério Público. Do mesmo modo, a proibição de conduta ativa do juiz na produção de provas também não determina a existência de modelo acusatório. Na própria Inquisição espanhola, no período no qual Torquemada foi o Inquisidor-Geral, havia essa proibição. Ademais, nos dias atuais, é possível dividir os modelos acusatórios de juiz neutro (*adversarial system*) e de juiz ativo (*inquisitorial system*). Ressalta-se que o termo *inquisitorial system*, empregado aqui, não se relaciona com o sistema inquisitorial propriamente dito (ANDRADE, Mauro Fonseca. **Sistemas processuais penais e seus princípios reitores**. Curitiba: Juruá, 2008. p. 454 e 457).

131. Já defendia esse entendimento, Pedro Henrique Demercian (DEMERCIAN, Pedro Henrique; MALULY, Jorge Assaf. **Curso de Processo Penal**. 7ª ed. Rio de Janeiro: GEN/Forense, 2011. p. 27).

132. BRASIL. Presidência da República. **Decreto-Lei n. 3.689, de 3 de outubro de 1941**. Código de Processo Penal (CPP). Disponível em:<http://www.planalto.gov.br/ccivil_03/decreto-lei/del3689compilado.htm>. Acesso em 28 fev. 2022.

133. BRASIL. Supremo Tribunal Federal (STF). **Medida Cautela na Ação Direta de Inconstitucionalidade 6.305** Distrito Federal. Relator Min. Luiz Fux. Decisão monocrática, em 22/01/2020. "[...]e suspendo sine die a eficácia, ad

O modelo acusatório brasileiro, todavia, está repleto de impurezas. É acusatório porque existe um acusador distinto do julgador. No entanto, o julgador pode consultar os depoimentos produzidos na fase do inquérito policial e pode determinar, na instrução processual, a colheita de provas *ex officio* nos termos do art. 156 do CPP, com redação nova, insculpida 20 anos depois da Constituição de 1988[134]. Diante disso, o modelo brasileiro estaria mais próximo de um sistema misto[135].

Sobre esse quadro, Edmar Silva anota com precisão, em sua pesquisa acadêmica, que o CPP de 1941 foi produzido em um cenário autoritário e inspirado no sistema inquisitivo do modelo processual penal italiano. Refere-se ainda à mudança de rumo ocorrida com a Constituição brasileira de 1988, quando se adotou um sistema acusatório, cuja nota característica reside na distinção entre as funções públicas de julgar e de acusar. E defende, com esteio no devido processo legal substancial, a não recepção de normas infraconstitucionais, a exemplo da atuação de ofício do julgador na restrição da liberdade e na produção probatória[136].

Até mesmo as garantias atuais existentes: princípios do contraditório, da publicidade, da oralidade, da igualdade, a existência do tribunal do júri para os crimes dolosos contra a vida e a liberdade do acusado como regra não são

referendum do Plenário, (a1) da implantação do juiz das garantias e seus consectários (Artigos 3º-A, 3º-B, 3º-C, 3º-D, 3ª-E, 3º-F, do Código de Processo Penal) [...]". (ADI 6.305-DF). Disponível em: <https://portal.stf.jus.br/processos/downloadPeca.asp?id=15342203607&ext=.pdf>. Acesso em: 13 out. 2022.

134. "Art. 156. A prova da alegação incumbirá a quem a fizer, sendo, porém, facultado ao juiz de ofício: (Redação dada pela Lei nº 11.690, de 2008) I - ordenar, mesmo antes de iniciada a ação penal, a produção antecipada de provas consideradas urgentes e relevantes, observando a necessidade, adequação e proporcionalidade da medida; (Incluído pela Lei nº 11.690, de 2008) II - determinar, no curso da instrução, ou antes de proferir sentença, a realização de diligências para dirimir dúvida sobre ponto relevante. (Incluído pela Lei nº 11.690, de 2008)" (BRASIL. Presidência da República. **Decreto-Lei n. 3.689, de 3 de outubro de 1941**. Código de Processo penal (CPP). Disponível em:<http://www.planalto.gov.br/ccivil_03/decreto-lei/del3689compilado.htm>. Acesso em 28 fev. 2022).

135. Há uma linha doutrinária que define o modelo processual brasileiro como misto, em razão da divisão da persecução penal em duas partes, a de uma investigação criminal e a do processo judicial, correlacionando tal característica com o modelo francês de 1808 (TUCCI, Rogério Lauria. **Persecução penal, Prisão e Liberdade**. São Paulo: Saraiva, 1980. p. 79; TORNAGHI, Hélio. **Curso de Processo Penal**. 9ª ed. v.1. São Paulo: Saraiva, 1995.p. 18). Para Nucci, o fato de existir um inquérito policial conduzido em uma fase inquisitiva, de possibilidade de uso dessas provas colhidas nessa fase na fase judicial subsequente e de possibilidade de produção da prova de ofício pelo juiz, faz com que o modelo do CPP de 1941 seja inquisitivo. De outro lado, o modelo da Constituição de 1988 é acusatório. Diante dessa conjugação, para o referido autor, o modelo processual brasileiro é misto (NUCCI, Guilherme de Souza. **Manual de Processo Penal e Execução Penal**. 5ª ed. São Paulo: Revista dos Tribunais, 2008. p. 117-119). Essa corrente não distingue a natureza do procedimento prévio, ou seja, judicial, nas duas fases no Código francês de 1808, enquanto a investigação criminal do modelo brasileiro é administrativa, não possui natureza de processo judicial. Logo, a comparação tem defeitos (ANDRADE, Mauro Fonseca. **Sistemas processuais penais e seus princípios reitores**. Curitiba: Juruá, 2008. p. 458). No mesmo sentido, Pacelli afasta aspectos do inquérito policial para a definição do sistema processual brasileiro como misto, ou seja, concentrando apenas em características do processo judicial, já que inquérito não é processo (PACELLI, Eugênio. **Curso de Processo Penal**.18ª ed. São Paulo: Atlas, 2014. p.14).

136. SILVA, Edmar Carmo da. **O princípio acusatório e o devido processo legal**. Porto Alegre: Núria Fabris, 2010. p. 25-27, 70-71.

características que tornam o modelo brasileiro um sistema acusatório puro. Em maior ou menor medida, tais aspectos já estiveram ou estão presentes em modelos mistos e até em modelos taxados de inquisitivos.

A existência de um Estado Democrático de Direito também não implica a adoção de modelo acusatório puro de sistema processual penal[137]. Há países democráticos, a exemplo de Itália, Espanha e Alemanha, que adotam processos de natureza inquisitiva ou mista, a depender da classificação doutrinária[138].

No Brasil, antes da Constituição de 1988, na segunda metade da década de 60, em pleno regime da ditadura militar, os textos da Constituição de 1967, em seu art.153, tratavam das garantias processuais penais, dos princípios da igualdade, do contraditório, da ampla defesa, da possibilidade de recurso, da previsão do tribunal do júri. Todas essas foram, inclusive, mantidas pela Emenda Constitucional 1 de 1969.

Em outras palavras, o atual Código de Processo Penal, vigente desde o ano de 1941, adotou em maiores linhas as características do sistema inquisitorial, destacando a prevalência do interesse coletivo na persecução penal sobre os direitos individuais. Mais adiante, a Constituição de 1988 deu ênfase ao modelo acusatório.

No ano de 2019, a Lei n. 13.964 promoveu diversas alterações no Código de Processo Penal brasileiro e introduziu a figura do juiz de garantias, ou seja, separou as funções do juiz que participa da persecução penal, até recebimento da denúncia, daquele que atuará na audiência de instrução e julgamento. Por ora, esse texto legal se encontra com vigência suspensa em razão de cautelar deferida pelo STF na ADI n. 6.305[139].

---

137. Em sentido oposto, Badaró aponta que o modelo inquisitório é incompatível com um Estado Democrático de Direito, mas classifica como inquisitório apenas os processos nos quais uma única pessoa acusa, defende e julga, além de atribuir ao modelo a inexistência de contraditório (BADARÓ, Gustavo Henrique. **Processo Penal.** 4ª ed. São Paulo: Revista dos Tribunais, 2016. p. 95-99).

138. Para Mauro Fonseca, o modelo brasileiro de processo penal é acusatório no geral, mas é misto nas duas únicas hipóteses de investigação realizada pelo Judiciário: infração penal de seus membros, nos termos do art.33, parágrafo único, da LC 35 de 1979; e nos casos de apuração de crime cometido na sede ou nas dependências do STF, conforme art.43 do Regimento Interno do STF. Há, nessas hipóteses, juizados de instrução, com características de sistema misto. ANDRADE, Mauro Fonseca. **Sistemas processuais penais e seus princípios reitores**. Curitiba: Juruá, 2008. p.456 e 460. Vale ressaltar que essa norma do art.43 do Regimento Interno do STF foi utilizada para justificar uma investigação de fatos ocorridos fora do STF, no denominado inquérito das *fake news* (IP 4781 – STF). Apesar de muitas críticas, de promoção de arquivamento realizada pela PGR, não acatada pelo STF, houve decisão unânime da Corte pela constitucionalidade da referida investigação. Tal decisão e tal forma de instrução representam forte mácula na história do STF, em momento jurídico e institucional conturbado do país, onde fatores externos influenciam com um grau mais acentuado o descumprimento do texto constitucional e da própria jurisprudência da Corte (GOMES FILHO, Dermeval Farias. **Dogmática Penal**: Fundamento e limite à construção da jurisprudência penal no Supremo Tribunal Federal. 2ª ed. Salvador: Juspodivm, 2022. p. 212-216).

139. BRASIL. Supremo Tribunal Federal (STF). **Medida Cautela na Ação Direta de Inconstitucionalidade 6.305** Distrito Federal. Relator Min. Luiz Fux. Decisão monocrática, em 22/01/2020. Disponível em: <https://portal.stf.jus.br/processos/downloadPeca.asp?id=15342203607&ext=.pdf>. Acesso em: 13 out. 2022.

Do mesmo modo que o modelo adversarial-acusatório, o modelo misto ou mesmo os modelos inquisitivos contemporâneos apresentam aspectos positivos e negativos. Não se pode, portanto, confirmar que a pena ou seu equivalente funcional somente estarão legitimados se forem aplicados em uma sentença judicial submetida ao rito procedimental de um modelo misto.

Destarte, quanto à questão feita anteriormente, sobre a relação entre a legitimação da resposta penal e o melhor sistema de solução do conflito, a busca de uma resposta ainda prossegue. No entanto, já é possível inferir que os modelos examinados – o acusatório-adversarial ou o misto – têm aspectos positivos e negativos. Ademais, nos dias atuais, conforme visto, há mais confluências do que divergências entre os sistemas processuais[140], com ausência de pureza.

Portanto, não é convincente afirmar que um é superior ao outro, nem parece adequado enxergar ambos como as únicas vias da resposta penal em um ambiente marcado pela ampliação do espaço de tutela penal que faz surgir a necessidade de novos mecanismos de solução de conflito.

2.7. A INSTITUCIONALIZAÇÃO DOS MODELOS DE DISPUTA E DE INVESTIGAÇÃO OFICIAL INFLUENCIA O DEBATE SOBRE A LEGITIMAÇÃO DA PENA

Neste tópico, retoma-se a discussão sobre a legitimação da pena conforme o modelo de solução de conflito adotado. A análise é importante para compreender os arranjos distintos dos negócios penais que surgiram nos ordenamentos jurídicos, conforme a adoção de um ou outro modelo, ou seja, de disputa ou de investigação oficial[141].

---

140. ARMENTA DEU, Teresa. **Sistemas Procesales Penales:** la justicia penal en Europa y América. Madrid: Marcial Pons, 2012. p. 54.

141. Langer faz uso dessa classificação e diferencia os modelos na forma seguinte: "O primeiro par de modelos comparativos são o modelo de disputa (uma característica do sistema adversarial) e o modelo de investigação oficial (uma característica do modelo inquisitorial). Conforme o primeiro modelo, o processo penal é entendido como uma disputa ou competição entre duas partes, acusação e defesa, diante de um julgador passivo. A disputa se concentra em torno da tentativa da acusação provar para além de uma dúvida razoável que o acusado cometeu o crime do qual ele ou ela está sendo acusado. Se a acusação consegue êxito, então ela vence; se ela falha, o acusado ganha [...]. Já no segundo, qual seja, o modelo da investigação oficial, que corresponde ao sistema inquisitorial, o processo penal é visto como uma investigação feita por um ou mais representantes do Estado com o propósito de determinar se ocorreu um crime e se o réu o cometeu. Inúmeros elementos do processo penal em países do sistema *civil law* podem ser explicados por esse modelo. A indisponibilidade do processo por parte da acusação se ajusta a esse modelo porque o processo é a busca pela verdade e, portanto, o caso somente pode ser encerrado quando não há evidência de que tenha ocorrido um crime ou de que o réu o tenha praticado" (LANGER, Máximo. From Legal Transplants to Legal Translations. In: THAMAN, Stephen C. (org.). **Word Plea Bargaining**: Consensual Procedures and the Avoidance of the Full Criminal Trial. Durham, North Carolina: Academic Press, 2010. p. 1-80. p. 29-30) (tradução própria).

Para efeito de compreensão da terminologia empregada, o modelo ou sistema de disputa denomina-se adversarial, enquanto o modelo ou sistema de investigação oficial pode ser chamado de misto, de inquisitivo, ou de continental. O uso dos termos, conforme já acentuado em itens anteriores, não é uniforme na doutrina.

A classificação entre modelos de disputa e de investigação oficial, que considera a influência da política do Estado na administração da justiça, parece fornecer maior capacidade de rendimento em relação à dicotomia acusatório-inquisitivo, para explicar as distinções entre as formas de solucionar conflitos penais nos países, nos diferentes sistemas jurídicos analisados anteriormente.

Não é difícil, consoante visto nos tópicos anteriores, apontar diferenças entre os sistemas denominados - com certa imprecisão nos dias atuais - de adversarial e de não adversário ou inquisitorial[142] ou misto[143]. No entanto, há um desafio maior para investigar a projeção de tais diferenças na concepção do ideal de justiça, da ordem e da lei[144]. Conforme o escopo do presente trabalho, importa examinar as consequências de tais sistemas na legitimação da resposta penal.

Em um modelo de Estado reativo, o processo assume uma forma de disputa orgânica que deve ser regulamentada. Tal regulamentação pouco é discutida no modelo adversarial. Em um ambiente ideológico de um governo reativo, prevalece a conversão de lei em direitos individuais dos cidadãos, os quais podem, de maneira quase soberana, analisar as chances de sucesso nos litígios e até mesmo renunciar a direitos que lhe são conferidos no processo legislado[145].

Tais direitos individuais podem ser usados, com maior liberdade, como moeda de troca. O julgador só intervirá no modelo de solução do conflito se uma das partes alegar violação da regulamentação existente, de maneira que a ausência de contestação da parte costuma ser interpretada como um consentimento tácito ao desvio de eventual disposição normativa contida na

142. Tal delimitação terminológica é encontrada, entre outros, em Damaska (DAMASKA, Mirjan. **Structures of Authority and Comparative Criminal Procedure**. The Yale Law Journal, v. 84, n. 3, p. 480, 1975. p. 481). Essa divisão de adversarial (acusatório) e não adversarial (inquisitório) não corresponde à realidade. Já foi objeto de alerta que nenhum sistema é puro nos dias atuais e que não se pode falar no modelo europeu e brasileiro em um sistema inquisitorial puro, mas sim em um modelo misto. Nesse segundo sentido: ARMENTA DEU, Teresa. **Estudios de Justicia Penal**. Madrid: Marcial Pons, 2014. p. 89-90.

143. Para Teresa Deu, o emprego da terminologia inquisitorial para o sistema misto continental é errôneo, assim como se referir a determinados fenômenos acusatórios como se fossem qualificados sempre com o sistema adversarial: ARMENTA DEU, Teresa. **Sistemas Procesales Penales:** La justicia penal en Europa y América. Madrid: Marcial Pons, 2012. p. 54. Esse tema já fora, inclusive, discutido e apresentado nos itens anteriores da pesquisa.

144. DAMASKA, op. cit.

145. DAMASKA, Mirjan. **The faces of justice and state authority.** A comparative approach to the legal process. New Haven: Yale University Press, 1986. p. 99.

regulamentação. Verifica-se uma despreocupação contida nas construções jurídicas sobre a questão substantiva da renúncia válida de direitos[146].

Conquanto o atual sistema jurídico dos EUA não seja de total liberdade das partes processuais no modo *laissez-faire*, ainda existe um amplo espaço de escolha da norma processual específica. Em alguns estados dos EUA, inclusive, acusação e defesa podem concordar em levar um caso a julgamento com suporte apenas nas provas apresentadas na fase da audiência preliminar[147].

Por outro lado, constata-se que a liberdade processual das partes tem diminuído, de maneira geral, no sistema processual dos EUA, e revelado que os objetivos de justiça podem ser prejudicados quando os litigantes se encontram livres para selecionar o melhor procedimento, aquele que melhor atende aos seus interesses. Isso ocorre porque ambos os lados podem ter interesses egoístas em detrimento do interesse público. Por essa razão, os poderes judiciais - que eram raramente exercidos- são cada vez mais usados para supervisionar a substituição da regulamentação processual realizada pelas partes. Todavia, a recusa em homologar um acordo feito pelas partes ainda constitui evento excepcional[148].

De uma perspectiva comparada, a escolha das partes pelas regras processuais presentes nos EUA contrasta com o modelo continental europeu e, por sua vez, com o modelo brasileiro. Algumas das tarefas das partes, realizadas no sistema dos EUA, competem ao julgador nos sistemas europeu e brasileiro.

Damaska traz algo importante para compreender a judicialização e a desjudicialização das soluções penais, a saber, o juiz do sistema continental (europeu) - que se aplica, em razão da influência do sistema, ao modelo brasileiro - é muito menos receptivo a interrupções ou mudanças em sua rotina em comparação com os juízes anglo-americanos[149].

Em um procedimento de disputa, do qual é exemplo o adversarial, as partes detêm o controle do conflito e, mediante embates, produzem a prova oratória na presença de julgador neutro e passivo. Há, portanto, certa independência do processo em relação ao Direito material, com ênfase em uma legitimação processual dos julgamentos[150].

146. DAMASKA, Mirjan. **The faces of justice and state authority.** A comparative approach to the legal process. New Haven: Yale University Press, 1986. p. 99.

147. Ibidem.

148. Ibidem, p. 100.

149. Ibidem, p. 101.

150. Nesse aspecto, identifica-se um dos problemas do sistema adversarial, porquanto o procedimento passa a ser visto como substância em detrimento da verdade. Damaska diz que: "A administração da justiça não pode ser completamente separada das noções substantivas de certo e errado ou de quem está associado a um jogo ou a atividades sociais em debate. Portanto, surge um sério problema sempre que parece ao juiz que o resultado

Nesse tipo de procedimento, a verdade decorrerá do confronto argumentativo das partes. Essa forma de solucionar o conflito penal ocasiona, em alguma medida, menor atenção ao fato, que constitui objeto do julgamento, e uma tendência a valorizar as habilidades do orador. Têm relevância as regras que regulam a forma de argumentação.

Diante desse quadro, o julgamento tende a ser justificado processualmente, ou seja, com a possibilidade, em caso de condenação, de pena aplicada em decorrência de uma verdade obtida mais em razão do desempenho de habilidades forenses da parte, do que em razão do fato objeto do julgamento[151].

O modelo adversarial dos EUA, desse modo, limita o descobrimento da verdade. A sentença final decorre de uma competição entre dois adversários, na qual o perdedor, quando se trata da defesa, não receberá a pena, mas sim o seu cliente. O melhor nos argumentos e na estratégia se faz vencedor. "O fato de que seu advogado fora o pior entre os competidores não pode, indubitavelmente, constituir fundamento para uma legitimação séria de sua punição"[152].

A verdade fática substancial para legitimar a sanção penal fica em segundo plano. Dessa forma, alguns aspectos merecem a atenção: a desigualdade entre as partes; a ausência de um objetivo processual de se afirmar a verdade material; a falta de preocupação com critério da capacidade de culpabilidade como condição para se aplicar uma sanção penal.

No que concerne à desigualdade entre partes, observa-se preocupação com a igualdade de procedimentos em seu aspecto formal, ou seja, garantias formais para todos os litigantes relativas às ferramentas procedimentais. Não se verifica a adoção de medidas para compensar eventual desequilíbrio entre as partes, sobretudo, quando a parte estatal - Ministério Público - em muitos dos casos, possui maior capacidade de litigar, no manejo dos recursos dados pelo Estado.

Outra grande diferença na comparação entre o modelo adversarial (de disputa) e o misto (de investigação oficial) reside no objetivo do processo. Esse objetivo, no sistema adversarial, é resolver uma disputa entre partes; não se

---

que reflete o que prevaleceu na disputa não coincide com o resultado adequado para os homens" (DAMASKA, Mirjan. **The faces of justice and state authority.** A comparative approach to the legal process. New Haven: Yale University Press, 1986. p.101) (tradução própria).

151. Esse problema, embora com um maior rigor nas regras processuais, também pode acontecer nos fatos que são objeto de processos julgados pelo Tribunal do Júri, a saber, a habilidade de uma das partes na forma argumentativa pode trazer uma solução, de absolvição ou de condenação, distante da verdade substancial. Esse debate não faz parte da presente pesquisa e envolve muitas discussões sobre a forma de julgar crimes dolosos contra a vida no Brasil. Todavia, não se pode esquecer que essa foi uma escolha do constituinte de 1988.

152. SCHÜNEMANN, Bernd. **Estudos de direito penal, direito processual penal e filosofia do direito.** Coord. Luís Greco. São Paulo: Marcial Pons, 2013. p. 250.

admitem aqui outras finalidades a serem alcançadas com o processo, como a implementação de outras políticas contra a vontade dos litigantes. Como o objetivo do processo é unicamente a resolução do conflito, da disputa, sua continuidade depende das partes; o seu fim, em regra, não requer consentimento do julgador[153].

Em hipóteses excepcionais, o julgador, ao recusar um acordo penal, pode determinar que as partes enfrentem o julgamento. E, quando a parte traz exceções, o julgador pode decidi-las, mas não poderá fazê-lo de ofício, porquanto a autonomia das partes e sua estratégia devem ser respeitadas. É certo que modelo puro adversarial foi mitigado nos EUA, ao se admitir certa participação do julgador, mas sua interferência ainda é bastante pequena no que diz respeito ao poder das partes de produzir provas e decidir o rumo do processo.

A possibilidade de o julgador decidir exceções implica a existência de um sistema jurídico diferente de um modelo *laissez-faire*, isto é, pressupõe um sistema de justiça criminal com o escopo de encontrar a exatidão dos fatos como um objetivo que vai muito além da resolução de uma disputa entre as partes. Em um modelo de estado reativo, isso não ocorre, porquanto prevalece a autonomia das partes, sem a interferência do juiz, mesmo que essa autonomia ocasione uma distorção substancial daquilo que foi percebido pelo julgador como adequado[154].Desse modo, o juiz está de mãos atadas para eventualmente buscar corrigir alguma desigualdade entre as partes que possa interferir na verdade material acerca do fato.

Se o julgador ganhou espaço no sistema adversarial dos EUA para introduzir questões afirmativas processuais de defesa, algumas outras questões relacionadas à culpa e à inocência só podem ser discutidas se a parte alegar, por exemplo, insanidade mental e coação moral irresistível. Desse modo, se o réu não apresentar a defesa de tais questões, poderá ser condenado. O julgador nada poderá fazer sem a iniciativa da parte, mesmo se verificar a presença da insanidade ou da coação moral irresistível. Portanto, um réu insano ou que agiu sob coação moral irresistível ou não culpável poderá receber uma pena no modelo dos EUA[155].

153. Impende ressaltar que, em situações excepcionais, nos EUA, o juiz pode recusar o acordo de culpa e compelir as partes a se submeterem ao julgamento: "a maioria das jurisdições americanas dá poderes ao juiz em um caso criminal para revisar e rejeitar uma confissão de culpa negociada entre a acusação e a defesa. Em situações excepcionais, então, onde o fundamento não for aceito, o promotor público e o réu podem ser compelidos a lutar no tribunal contra seu desejo expresso, ou um promotor especial disposto a lutar com o réu pode ser indicado" (DAMASKA, Mirjan. **The faces of justice and state authority.** A comparative approach to the legal process. New Haven: Yale University Press, 1986. p. 111) (tradução própria).

154. Ibidem, p. 112.

155. Ibidem, p. 113.

Dessa forma, no exemplo anterior, com essa ampla liberdade das partes, o próprio indivíduo decide se o Direito Penal lhe será aplicado. Observa-se que o modelo adversarial se conforma com uma aplicação de pena ancorada em uma solução de disputa com igualdade formal entre as partes, de verdade processual.

Consoante as lições de Damaska, no modelo dos EUA, mesmo na solução negociada mediante acordos de culpa, que afasta a disputa do julgamento, há, em muitas das ocasiões, apenas uma base aproximada para a punição, na qual se permite, inclusive, acordar fatos diversos daquele efetivamente cometido. Não raro, um acordo entre promotor de justiça e defesa resulta em um crime menor, com pena inferior à do crime efetivamente cometido. Conquanto o julgador possa recusar, em algumas hipóteses o acordo, ele raramente o faz[156].

Há portanto, no sistema adversarial, uma legitimação processual da pena, no caso de condenação, a saber, uma pena resultante de condenação ancorada em uma justificativa de liberdade argumentativa das partes, em detrimento de um conhecimento sobre a verdade material do fato.

Dito de outro modo, o sistema adversarial - modelo de disputa - aponta para uma legitimação da sanção ancorada na liberdade das partes em detrimento da relação entre sanção e o fato verdadeiramente cometido. Tanto o modelo de audiência de instrução e julgamento quanto o próprio modelo de justiça penal negociada, presentes nos EUA, se alicerçam em sanções penais mais ancoradas na autonomia das partes e menos na verdade material relativa ao fato. Há pouco poder de interferência do julgador para corrigir o rumo do processo, até mesmo em questões claras de culpabilidade.

De outro lado, conforme já se anunciou em outra passagem, no modelo continental (misto, *inquisitorial system*), a investigação oficial tem maior peso[157]. Após a instauração da relação processual, o juiz desempenha papel bastante relevante na condução da audiência de instrução e julgamento, quando pode atuar, inclusive, na produção de provas, tendo ciência dos autos da investigação anterior ao processo. Isso ocorre, a título de ilustração, no modelo alemão e, em parte, no modelo brasileiro.

Em um modelo de Estado no qual o processo é concebido para promover valores e políticas mais amplas em detrimento apenas da resolução de uma disputa entre as partes, são exigidas sentenças mais substantivas, com predominância dos valores materiais que não podem ser sacrificados em prol da

---

156. DAMASKA, Mirjan. **The faces of justice and state authority.** A comparative approach to the legal process. New Haven: Yale University Press, 1986. p. 113.

157. ARMENTA DEU, Teresa. **Estudios de Justicia Penal**. Madrid: Marcial Pons, 2014. p. 91.

integridade processual. Dito de outro modo, se o julgador percebe uma solução correta quanto ao mérito, ele a persegue, independentemente "[...] dos caprichos da sorte processual dos litigantes"[158]. A estrutura processual tende a ser enfraquecida em referido modelo.

O modelo de investigação oficial - mais presente nos sistemas mistos - tende a se preocupar com a verdade substancial e, desse modo, busca uma relação mais próxima entre o fato e a sanção. A sanção penal não se ancora na liberdade das partes, mas sim na relação entre o fato e a pena correspondente. A construção da verdade fática não se apoia na autonomia das partes quanto à produção probatória e a habilidades argumentativas, mas se submete ainda à atuação do julgador na sua capacidade de produzir provas de ofício.

Por essa razão, embora se verifique o espaço do negócio penal tanto em sistemas de disputa (adversarial) quanto em sistemas de investigação oficial (mistos ou inquisitivos, modernos ou continentais), a desjudicialização se apresenta de maneira maior no primeiro e de forma menor no segundo. Dito de outro modo, a liberdade das partes no negócio penal é maior naquele e menor neste.

2.8. A PENETRAÇÃO DA SOLUÇÃO PENAL NEGOCIADA NOS DIFERENTES SISTEMAS PROCESSUAIS E A NECESSIDADE DE LEGITIMAR A RESPOSTA PENAL

A discussão acerca da legitimação da pena – para que serve e sua relação com o procedimento adotado – foi objeto de exame inicial na apresentação dos sistemas adversarial e misto. No entanto, o modelo negocial, como uma das formas de solução de conflito[159], substituiu, na grande maioria dos casos penais, o sistema adversarial dos EUA e penetrou nos sistemas mistos da Europa e da América latina.

Nos dias atuais, compreende-se o sistema adversarial (adversarial-acusatório) como aquele em que, após instaurada a relação processual, o processo se desenvolve conforme a disposição das partes. De outro lado, no sistema inquisitorial (misto ou inquisitorial-acusatório), após instaurada a relação processual,

158. DAMASKA, Mirjan. **The faces of justice and state authority.** A comparative approach to the legal process. New Haven: Yale University Press, 1986. p. 103.

159. A forma de findar uma questão penal não se resume aos mecanismos consubstanciados nos procedimentos adversarial-acusatório ou misto continental, ou mesmo nos negócios penais, porquanto muitos fatos penais são objeto de arquivamentos promovidos pelo Ministério Público, outros tantos não chegam ao conhecimento das autoridades (cifra negra da criminalidade), seja por desinteresse da vítima, seja em razão de soluções informais, distantes das formas estatais institucionalizadas.

o processo se desenvolve mediante impulso do juiz, o qual concentra a maior parte das tarefas. A adoção de um desses dois caminhos não implica maior ou menor legitimação da pena, conforme visto anteriormente, ante os defeitos presentes em ambos.

No modelo negocial, as partes acordam uma solução penal, realizada em um dos diversos momentos da persecução penal, conforme as peculiaridades legislativas do ordenamento jurídico. Desse acordo, em regra, surge uma pena menor do que aquela contida em eventual sentença penal condenatória.

Há, ainda, o acordo com equivalente funcional da pena, sem natureza de pena, que não implica condenação ao investigado/processado, mas sim um equivalente funcional da pena, na forma de condições (medida alternativa, reparação do dano), presente no ordenamento jurídico brasileiro, que será examinado mais à frente.

Conforme anunciado na introdução da pesquisa, no ano de 1877, na Alemanha, surgiu uma alternativa de solução penal, não precedida de formação da culpa em julgamento perante um juiz, a saber, a denominada ordem penal, mecanismo usado em infrações penais de menor gravidade, consubstanciado em um procedimento escrito, no qual a proposta de sanção penal feita pela acusação se torna final com a aprovação do tribunal[160].

Da mesma forma, conforme visto, conquanto o sistema de justiça penal dos EUA possua uma plataforma adversarial, na prática, como observa Ana Lara, vive à sombra do júri. Em outros termos, se orienta segundo um ideal constitucional, à espera de um julgamento perante membros imparciais da sociedade, mas resolve mais de 90% dos casos por meio de acordos penais, pois, em regra, o procedimento obrigatório do Grande Júri pode ser renunciado mediante um acordo de *plea*[161].

Se no próprio ambiente dos maiores efeitos do Direito Penal clássico, do final do século XVIII e do século XIX, tanto em países de sistema de *civil law* quanto em países de sistema de *common law*, verificou-se a ausência de um único padrão na solução de conflitos penais, onde a obrigatoriedade de um julgamento não fora absoluta, com muito maior razão, em virtude das transformações sociais e econômicas, com novas demandas penais, as alternativas para a solução do conflito não se resumem a um julgamento.

160. LANGER, Maximo. Plea Bargaining, Conviction Without Trial, and the Global Administratization of Criminal Convictions. In: **Annual Review of Criminology**, v. 4, 2021, p. 377-411. Disponível em: https://www.annualreviews.org/doi/full/10.1146/annurev-criminol-032317-092255#article-denial. Acesso em 17 fev.2021. p. 379.

161. CASTRO, Ana Lara Camargo. **Plea bargain**: resolução penal pactuada nos Estados Unidos. Belo Horizonte: Editora D'Plácido, 2019, p. 25, 29 e 38.

No estágio atual do Direito Penal e do Direito Processual Penal, não há de se falar em um único sistema de resolução de conflito como alternativa para legitimar a pena. Os modelos adversarial-acusatório e misto convivem, atualmente, em maior ou menor medida, com os modelos de *plea*, diante da expansão do Direito Penal no atual estágio da na sociedade moderna.

Ao tratar da forma de solução de conflitos penais nos sistemas adversarial e inquisitorial, Schünemann aponta como objetivo do processo penal a descoberta da verdade material, com base na qual se justifica a condenação, aplicando-se a sanção penal. Entende que, no modelo adversarial, a verdade é obtida em uma síntese da disputa entre as partes, na presença de um juiz passivo, por isso esse sistema possui mais falhas, da perspectiva de garantias ao acusado, do que o modelo alemão, no qual o julgador atua na produção probatória em audiência[162].

No entanto, em pesquisa empírica, apontou deficiências também no modelo misto alemão (inquisitorial na audiência), no qual o julgador, com acesso à investigação preliminar, costuma de maneira inconsciente reafirmar a tese da acusação, no uso de suas perguntas, dando menos deferência às teses absolutórias. A unificação de tais poderes nas mãos do juiz o torna adversário do acusado e representa "[...]o calcanhar de aquiles para o Estado de Direito no processo penal alemão[...]"[163].

De início, contrário ao modelo negocial, Schünemann sugere reformas da fase da investigação preliminar: inserção de contraditório com a participação da defesa na fase da investigação. Ao final da investigação, diante de uma proposta de acordo feita pela acusação, o acusado, por meio de seu defensor, pode optar com mais conhecimento pelo acordo (com pequena redução de pena, limitada entre 20% e 25%) ou pelo processo, submetendo-se ao julgamento[164].

---

162. SCHÜNEMANN, Bernd. **Estudos de direito penal, direito processual penal e filosofia do direito.** Coord. Luís Greco. São Paulo: Marcial Pons, 2013. p. 229-230.

163. Ibidem, p. 233.

164. A justificativa de Schünemann quanto à proposta de pena reduzida em baixo percentual para o caso de acordo penal significa uma legitimação acordada de pena reduzida na descoberta da verdade material: "o Ministério Público deveria poder apresentar duas propostas de medida de pena, uma para o caso da ocorrência do processo judicial e da audiência de instrução e julgamento, e outra para o caso de o acusado renunciar ao processo judicial. A diferença entre as duas propostas não poderia ser superior a 20%. Se o acusado, em razão das garantias que possui em sede de investigação preliminar, estiver convencido de que ele ainda assim possui pouquíssimas chances de absolvição, ele certamente renunciará ao processo judicial e se submeterá à pena reduzida. Como fato de legitimação, surge aqui não o seu consenso como tal, mas a consciência de que já a investigação preliminar reduziu à descoberta da verdade material. Caso opte pelo processo judicial e pela audiência de instrução e julgamento, o acusado está, em função da segunda proposta oferecida pelo Ministério Público, protegido de ser eventualmente punido com uma pena exorbitante alta em razão de sua teimosia processual. À designação alta de pena do Ministério Público deve ser vinculada uma proibição de *reformatio in pejus*. Exceções seriam apenas permitidas quando a audiência de instrução e julgamento trouxer à tona de forma bastante decisiva delitos graves, como por exemplo se vier à tona que ao invés de um tiroteio proibido (*unerlaubte Schieberei*) ocorreu um homicídio qualificado" (SCHÜNEMANN, op. cit., p. 237-238).

Com isso, verifica-se que Schünemann, defensor da audiência de instrução e julgamento para descoberta da verdade material, crítico do modelo de justiça penal negociada dos EUA, aceita um modelo negociado, condicionado às mudanças, apontadas no parágrafo anterior, na fase da investigação preliminar. Com isso, depreende-se da pesquisa do referido autor, mediante certas condições, uma rendição ao modelo negocial, ante a incapacidade do modelo de audiência de instrução e julgamento de resolver todos os conflitos criminais no cenário da expansão penal.

Não se pode olvidar que a tutela crescente de mais bens jurídicos vem acompanhada de novas alternativas de solução dos conflitos, de forma a necessitar de novos mecanismos penais e processuais, com o ideal de apresentar respostas diversas da pena privativa de liberdade para os problemas penais, sem o abandono do cárcere para as condutas mais graves.

Tanto o modelo acusatório-adversarial quanto o modelo misto, no arranjo do Direito Penal clássico, que se formou após o Estado Liberal, foram construídos com a ideia de retribuição estatal na aplicação da pena privativa, em substituição à vingança privada. Mais, adiante, conforme visto no Capítulo 1, as teorias absolutas passaram a conviver com as teorias relativas na busca da legitimação da pena.

A resposta penal do Direito Penal negocial, conquanto signifique, em alguns ordenamentos, a solução de pena privativa de liberdade, possibilita, em outros ordenamentos, como o brasileiro, a solução com equivalente funcional da pena, sem natureza de pena e, por conseguinte, sem o uso do cárcere.

Tal uso do modelo negocial no âmbito penal representa grande avanço para solucionar conflitos penais de baixa e de média gravidade, em que se procura restaurar a situação da vítima com a reparação do dano. Procura-se, igualmente, fazer com que o investigado/acusado, de maneira voluntária, e devidamente assistido por uma defesa técnica, confesse o fato e, ainda, cumpra medida alternativa, sem natureza de pena, mas que não deixa de lhe ser custosa, como resposta ao crime cometido.

Parte considerável da crítica dirigida aos negócios penais diz respeito à possibilidade de resultar pena sem afirmação da culpa em juízo, ou seja, pena acordada entre acusação e defesa mediante a confissão acusado. Tal construção representaria uma ofensa aos princípios penais da necessidade de um julgamento para se afirmar a culpa de alguém e a consequente sanção penal.

Essa crítica faz parecer que o modelo de audiência de instrução e julgamento seria o único capaz de encontrar a verdade material. Todavia, conforme visto nas linhas anteriores, há muitas falhas tanto no julgamento do sistema adversarial-acusatório quanto no julgamento do sistema misto.

Na atual conjuntura da sociedade, com a expansão do Direito Penal e a necessidade de respostas penais que não representam a única via do cárcere, a solução dos conflitos penais não pode depender, de maneira exclusiva, do modelo adversarial-acusatório ou do modelo misto. Ambos são insuficientes. A tutela de novos bens jurídicos individuais e de muitos bens jurídicos coletivos exige soluções penais céleres, com menor custo social, não somente calcadas na pena privativa de liberdade, mas também em equivalentes funcionais da pena.

3

A CONSTRUÇÃO DE DISTINTOS MODELOS DE NEGÓCIO PENAL NOS ORDENAMENTOS JURÍDICOS QUE IMPACTAM NA LEGITIMAÇÃO DA RESPOSTA PENAL

A expansão do Direito Penal contribuiu de forma decisiva para o surgimento de novos institutos de solução de conflitos penais, conforme destacado no capítulo anterior. Tais institutos de solução consensual das querelas penais, que surgiram nos ordenamentos jurídicos, não guardam relação de identidade, conforme se verá mais adiante.

Na etapa que se inicia agora, o escopo do trabalho consiste em apresentar institutos de consenso penal, presentes em outros ordenamentos jurídicos, bem como na realidade nacional, e analisar sua relação com a legitimação da resposta penal. Não há pretensão de esgotar os modelos existentes.

3.1. INSTRUMENTOS DE SENTENÇA PENAL NEGOCIADA PROJETADOS NA LEGITIMAÇÃO DA RESPOSTA PENAL

Há duas formas de negociar a resposta penal, conforme o arranjo de cada ordenamento jurídico. Isso equivale a dizer que é possível negociar uma pena em patamar menor do que aquela que seria obtida em eventual condenação, e, ainda, negociar uma resposta diversa da pena para evitar um processo e uma provável condenação.

Alguns ordenamentos jurídicos apresentam essas duas formas de negócio penal. Os ordenamentos com acordo de pena costumam ter, de igual modo, espaços decisórios para o exercício da ação penal, e a possibilidade de acordos entre acusação e investigado, com alternativas jurídicas sem a natureza de pena.

O escopo do trabalho, nesta fase, consiste em examinar modelos de acordo de pena projetados na legitimação da resposta penal. A escolha dos modelos jurídicos de determinados países considerou, respectivamente, a influência mundial do paradigma estadunidense, o diálogo cultural e jurídico da Europa com a realidade brasileira, como ainda a proximidade geográfica e histórico-político-social de um dos modelos da América do Sul.

Por essa razão, antes de analisar os acordos existentes no Brasil, serão examinados negócios penais presentes em distintos ordenamentos jurídicos, quais sejam: *plea bargain* dos Estados Unidos; *patteggiamento* da Itália; *absprachen* da Alemanha; e *acuerdo pleno* da Argentina.

A análise será desenvolvida em conformidade com a questão principal da pesquisa, o que equivale a dizer, a relação entre o negócio penal e a pena. As comparações entre as diversas modalidades de negócio penal estarão projetadas na legitimação da resposta penal, em uma escolha, já justificada, diante de várias abordagens possíveis.

3.1.1. *Plea bargain* nos Estados Unidos

Conforme acentuado no Capítulo 2 da pesquisa, nos Estados Unidos, em razão da 6ª Emenda da *Bill of Rights* (Carta de Direitos), existe o direito a um julgamento (*trial*) em matéria penal. Entende-se que tal modelo se apresenta como adversarial, no qual a busca da verdade ocorre mediante a competição de argumentos das partes, com maior predomínio da autonomia da vontade, e marcado por neutralidade do julgador. No entanto, como se observou outrora, o acusado pode abrir mão de seu direito a um julgamento perante o júri – ou, ainda, em alguns casos, perante um juiz singular – e realizar um acordo com a acusação.

As fases do procedimento processual penal dos EUA foram apresentadas no Capítulo 2 da pesquisa, quando se discorreu sobre o modelo adversarial e sua insuficiência instrumental para solucionar todos os conflitos penais. Anotou-se, naquela oportunidade, que em qualquer fase do procedimento, antes de os jurados chegarem ao veredito, a declaração de culpado (*plea*) e o acordo entre acusação e defesa (*plea agreement*) podem ocorrer.

Nesta fase do trabalho científico que ora se desenvolve, é curial, novamente, afastar uma compreensão equivocada de que o *plea bargain* seria uma característica do sistema adversarial. Na verdade, a solução penal acordada – obtida mediante confissão de culpa (*guilty plea*) – nega o sistema adversarial[1]. Isso, porque o sistema adversarial pressupõe uma disputa entre as partes, enquanto o acordo de pena encerra essa disputa. A característica comum entre as formas adversarial e de negócio penal existentes no sistema jurídico penal dos EUA diz respeito à autonomia da vontade que alicerça uma liberdade maior das partes.

A análise do modelo de negócio penal dos EUA, onde se verificam acordos de pena em mais de 90% dos casos penais[2] e ampla discricionariedade do Ministério Público, revela-se importante para o objeto da presente pesquisa, uma vez que tal modelo inspirou mudanças nas legislações de vários países de tradição jurídica distinta da norte-americana. Ademais, eventuais críticas convincentes ao modelo de *plea bargain* dos EUA facilitam as modificações nos transplantes de tal instituto para outras culturas jurídicas.

Do aspecto histórico, o acordo penal, no desenho que se analisa nos EUA, surgiu no século XIX. Para Alschuler, o surgimento do *plea bargain* remonta à prática de acordo no Direito inglês entre os séculos XIII e XIX; no entanto. a origem próxima se encontra no Direito dos EUA, na última quarta parte do século XIX[3]. Mary Vogel relata que a barganha já existia nos EUA nas décadas de 1830 e 1840, embora não tenha sido formalmente reconhecida pelos tribunais americanos até o final do século. Aponta que, incialmente, tal modelo de acordo se espalhou para abranger a maioria das condenações no Tribunal Municipal de Boston. Em seguida, em 1845, apareceu nos tribunais intermediários de Nova York e, após isso, no Condado de Essex, Massachusetts[4].

De outra forma, Fischer aponta a origem da *plea bargain* na primeira parte do século XIX, entre o começo e a metade, quando se realizavam acordos com o

---

1. ARMENTA DEU, Teresa. **Estudios de Justicia Penal**. Madrid: Marcial Pons, 2014. p. 90. Mary Vogel destaca que existe crítica no sentido de que a barganha corrói o adversarialismo ao promover a cooperação (VOGEL, Mary. Plea Bargaining under the Common Law. In: BROWN, Darryl K.; TURNER, Jenia Iontcheva; WEISSER, Bettina (ed.). **The Oxford Handbook of Criminal Process.** Oxford: Oxford University Press, 2019. Cap. 33. p. 729-760. DOI: https://doi.org/10.1093/oxfordhb/9780190659837.013.38. p. 6). Em sentido oposto, Langer entende que as *plea bargains* podem ser explicados através de um modelo de disputa (adversarial), porquanto "é natural em qualquer disputa que as partes possam negociar uma solução" (LANGER, Máximo. From Legal Transplants to Legal Translations: The Globalization of Plea Bargaining and the Americanization Thesis in Criminal Procedure. In: THAMAN, Stephen C. (org). **Word Plea Bargaining**: Consensual Procedures and the Avoidance of the Full Criminal Trial. Durham, North Carolina: Academic Press, 2010, p.1-80. p. 28). (tradução própria).
2. "Nos Estados Unidos, na década de 1920, as alegações de culpa negociadas eram o caminho mais frequente para a decisão de casos de crimes. A prática cresceu de forma constante nas décadas seguintes. Hoje, estima-se que a delação premiada seja responsável pela resolução de 90% ou mais de todos os casos criminais" (VOGEL, op. cit. DOI: https://doi.org/10.1093/oxfordhb/9780190659837.013.38. p. 3). (tradução própria).
3. ALSCHULER, Albert. **Plea bargain and its history.** University of Chicago Law School, 1979. p. 10.
4. VOGEL, Mary. Plea Bargaining under the Common Law. In: BROWN, Darryl K.; TURNER, Jenia Iontcheva; WEISSER, Bettina (ed.). **The Oxford Handbook of Criminal Process.** Oxford: Oxford University Press, 2019. Cap. 33. p. 729-760. DOI: https://doi.org/10.1093/oxfordhb/9780190659837.013.38. p.2.

emprego de técnicas de negociação que permanecem até os dias atuais[5]. Como primeiro registro de *plea bargain* nos EUA, Fischer anota um caso do ano 1804, referente a uma venda ilegal de bebidas alcoólicas, ocorrido no condado de Middlesex, em Massachusetts. Considerando que uma legislação de 1787 condicionava o comércio de tal mercadoria à prévia autorização especial (*liquor license law*), o cidadão Josiah Syevens teria, com sua conduta, infringido a norma e, por isso, foi processado pelo promotor de justiça Samuel Dana[6].

Nessa imputação penal, foram narrados quatro fatos: conduta de vendedor habitual de bebida alcoólica; venda particular de bebidas alcoólicas; venda ilegal de bebidas alcoólicas; e permissão do consumo de bebida alcoólica em seu próprio estabelecimento comercial, todas condutas sem autorização legal. Em seguida, a declaração de Josiah de que não contestaria a acusação (*plea of no contest*) fez com que o promotor de justiça Dana mantivesse apenas a segunda imputação e desistisse das demais. Na sequência, o promotor e o acusado realizaram um acordo penal, de modo que restou uma pena de multa a ser cumprida pelo acusado Josiah Syevens[7].

Nascem aí, segundo Ismael, as primeiras bases da *plea bargain*, na qual o acusado deixava de exercer o direito ao julgamento pelo júri e aceitava certa sanção proposta pela acusação. Essa pena acordada, reduzida em grande parte, se apresentava mais benéfica ao acusado do que a alternativa de um julgamento com a possibilidade de ser condenado a uma pena muito mais severa[8].

Ainda sobre esse recorte histórico, em razão da influência no sistema jurídico dos EUA, vale apontar algumas notas históricas do acordo penal em países do Reino Unido. Desse modo, registra-se que, na Inglaterra e, até mesmo, no País de Gales, até meados do século XVIII, todos os casos eram julgados pelo júri em tribunais que não possuíam regras de provas. Não se falava em julgamentos sumários e confissões. As vítimas processavam os ofensores. A vítima acusava e nem sempre o réu era representado por um advogado.

Anota Regina Rauxloh que, em algum momento do século XIX, os juízes passaram a se preocupar cada vez mais com os erros judiciários e a qualidade das provas da acusação. Em seguida, surgiram regras de prova e os réus começaram a contar com advogados profissionais. Por essa razão, houve uma

---

5. FISCHER, George. **Plea bargains's Triumph**: a History of Plea bargain in America. California: Stanford University Press 2003. p. 12, 13 e 21.
6. Ibidem, p. 21.
7. Ibidem.
8. ISMAEL, André Gomes. **PLEA BARGAIN**: uma análise histórica, comparada e juseconômica. 2017. 114f. Dissertação. Universidade Católica de Brasília, 2017. p. 19-20.

desaceleração dos procedimentos. Para evitar o colapso do sistema criminal, ainda no século XIX, os julgamentos sumários passaram a fazer parte da legislação. E, outrossim, os juízes passaram a encorajar as declarações de culpa por meio de recompensa de desconto de pena, rompendo, portanto, com a anterior tradição de desencorajamento de tais declarações[9].

Durante o século XX, o acordo penal na Inglaterra permaneceu menos desenvolvido do que o praticado nos EUA, especialmente em razão das decisões dos tribunais federais, que negavam oficialmente a existência do negócio penal, conquanto o procedimento estivesse presente na prática forense. Em 1994, a Lei de Justiça Criminal e Ordem Pública (*Criminal Justice and Public Order Act*) afirmou o princípio de que os réus que se declarassem culpados geralmente deveriam receber uma sentença mais leve do que os condenados em um julgamento.

Em 2004, o Conselho de Diretrizes de Sentenças (*Sentencing Guidelines Council*)[10] emitiu a primeira determinação definitiva, na qual se exigiu que os juízes concedessem uma redução de pena de até um terço quando uma confissão de culpa fosse apresentada. Em seguida, no ano de 2005, abandonaram-se as regras de Turner, as quais impediam o julgador de indicar um patamar de pena menor no caso de confissão de culpa. A partir de então, os juízes do Tribunal da Coroa poderiam apontar a espécie de pena no caso de confissão de culpa. Nos últimos anos, mais de 70% dos réus acusados no Tribunal da Coroa se declararam culpados. Registra-se que a taxa de absolvição inglesa é de 22%[11].

No que concerne às causas para a existência da *plea bargaining*, podem ser divididas em quatro, segundo ensina Mary Vogel. A primeira seria um argumento racional, ou seja, redução de custos, tempo e esforço para aumentar a eficiência, que envolve, portanto, uma abordagem do Direito e da Economia[12]; no

9. RAUXLOH, Regina. **Plea Bargaining in National and International Law**. New York: Routledge, 2012. p. 27-28.

10. Órgão do governo do Reino Unido, composto de membros do Judiciário, criado em 2003 e substituído pelo Conselho de Sentença no ano de 2010.

11. Nesse sentido, Mary Vogel destaca e compara os índices da Inglaterra e dos EUA, bem como aponta que a grande maioria das soluções penais de jurisdição de *common law*, como Canadá, Austrália e Nova Zelândia, ocorre mediante declaração de culpa seguida de negócio penal (VOGEL, Mary. Plea Bargaining under the Common Law. In: BROWN, Darryl K.; TURNER, Jenia Iontcheva; WEISSER, Bettina (ed.). **The Oxford Handbook of Criminal Process.** Oxford: Oxford University Press, 2019. Cap. 33. p. 729-760. DOI: https://doi.org/10.1093/oxfordhb/9780190659837.013.38. p. 5-6).

12. Sobre essa razão para a *plea bargain*, vale destacar a pesquisa acadêmica de André Ismael: "Observa-se que a redução dos custos econômicos do processo penal, aliada à certeza e à efetividade da punição, é uma solução que, apesar de caminhar a passos lentos, é irreversível. E não há dúvidas de que, em termos amplos, essa abreviação do processo penal é inspirada na *plea bargain* estadunidense e reflete uma tendência já consolidada de aproximação entre a tradição jurídica romano-germânica e os institutos jurídicos presentes nos sistemas que adotam a *common law*, tal como já ocorreu com a incorporação da transação (*plea of nolo contendere*) e a teoria das provas ilícitas (*exclusionary rules, fruits of the poisonous tree*), para ficar nesses dois exemplos" (ISMAEL, André Gomes. **PLEA**

entanto, não explicaria toda a trajetória processual, porque nem sempre existiu a barganha; a segunda seria a burocracia, uma vez que as organizações adaptativas utilizam os incentivos e as sanções disponíveis de maneira adequada, para construir um propósito coletivo; contudo, os próprios atores (funcionários) podem ter suas próprias agendas; a terceira diz respeito à crescente complexidade processual no processo de julgamento, que abriu o caminho para as negociações, mas não conseguiria explicar o início da barganha no começo do século XIX, quando não havia a referida complexidade; e, por fim, os grupos de trabalho representam a quarta causa, o que equivale a dizer que os funcionários que atuam nos tribunais desenvolveram procedimento informal da barganha para lidar de maneira cooperativa com os casos penais, mas esse argumento não resistiria a um confronto histórico, ante a existência de tais grupos de trabalho antes da barganha, de modo que poderiam ter dado o pontapé inicial ao instituto em outra época[13].

A referida autora, por sua vez, sustenta que a origem da barganha se relaciona com o contexto social, político e econômico de Boston, no início do século XIX, mais precisamente entre 1830 e 1840. Com a industrialização acelerada, pessoas migraram do campo para as cidades. Nesse contexto, cresceu a violência e aumentou o número de crimes. A elite do período se sentiu ameaçada. As autoridades viram um risco à propriedade, ordem e prosperidade, de forma que se voltaram para a ideologia do Estado de Direito. Dessa forma, os tribunais passaram a desempenhar papel fundamental no controle social, e os juízes se reinventaram como agentes da soberania popular, reconstruindo mecanismos de leniência discricionária – de barganha –, dando à clemência uma qualidade mais contratual. Em casos de furtos e de agressão, a barganha, incialmente, ganhou destaque. Tal modalidade de acordo recebeu a aceitação das velhas e novas elites, porquanto permitia manter os casos abertos em arquivo com controle da vida dos réus, formados em grande parte por pessoas da classe baixa[14].

Verifica-se que os argumentos anteriores apresentam problemas empíricos[15], havendo necessidade de mais estudos sobre a causa de surgimento da bar-

---

BARGAIN: uma análise histórica, comparada e juseconômica. 2017. 114f. Dissertação. Universidade Católica de Brasília, 2017. p. 10-11).

13. VOGEL, Mary. Plea Bargaining under the Common Law. In: BROWN, Darryl K.; TURNER, Jenia Iontcheva; WEISSER, Bettina (ed.). **The Oxford Handbook of Criminal Process.** Oxford: Oxford University Press, 2019. Cap. 33. p. 729-760. DOI: https://doi.org/10.1093/oxfordhb/9780190659837.013.38. p. 10-11.

14. VOGEL, Mary. Plea Bargaining under the Common Law. In: BROWN, Darryl K.; TURNER, Jenia Iontcheva; WEISSER, Bettina (ed.). **The Oxford Handbook of Criminal Process.** Oxford: Oxford University Press, 2019. Cap. 33. p. 729-760. DOI: https://doi.org/10.1093/oxfordhb/9780190659837.013.38. p. 16-17.

15. Mary Vogel reconhece essa ausência de argumento empírico convincente sobre a causa exata do surgimento da barganha nos EUA (VOGEL, op. cit., p. 12).

ganha, que não constitui objeto de maior espaço nessa pesquisa. Cabe ressaltar que, no Capítulo 2 da pesquisa, no que concerne à penetração da barganha penal em ordenamentos jurídicos de plataforma continental, apontou-se como causa a expansão do próprio Direito Penal, em meados do século XX, por meio da tutela de mais bens jurídicos, de forma que o modelo de julgamento não se revelou suficiente para atender à crescente demanda penal.

Vale destacar que a *plea bargain* consiste em um acordo penal, no qual o *prossecutor* (membro do Ministério Público), na busca de uma resposta célere e com menos custo ao Estado, propõe ao acusado uma pena menor pelo fato ou fatos cometidos, enquanto o acusado renuncia ao Direito a um julgamento e aceita um acordo com pena menor, em vez de se submeter ao embate processual, no qual poderia, ante as provas existentes, ser condenado a uma sanção mais gravosa.

Algumas observações conceituais e terminológicas são necessárias para a adequada tradução e compreensão dos termos que serão usados no tópico que ora se desenvolve. Conforme expõe Ana Lara, a expressão *plea* se refere a uma declaração apresentada pelo acusado em juízo, a qual pode ser de: culpado; não culpado; e *nolo contendere*[16]. Por sua vez, *plea bargaining* significa a prática de negociação entre acusação e defesa com o fim de se chegar a uma solução penal, enquanto *plea bargain* constitui a barganha, ou seja, a tratativa em si. Por fim, *plea agreement* trata-se do pacto, do acordo celebrado entre as partes[17].

Ressalta-se que o *nolo contendere* significa nada a declarar ou intenção de não contestar a acusação. Portanto, o *nolo contendere* é distinto do *Alford plea*[18]. Naquele não há admissão ou negação de culpa, mas somente a intenção de não contestar a acusação, enquanto neste há expressa negação de culpa pelo fato[19].

---

16. No *plea of nolo contendere*, o acusado não confessa culpa, mas também não apresenta negativa de culpa. Ele aceita a imposição de uma pena sem admissão de culpa, como forma de solucionar o caso apresentado em juízo de forma diversa da admissão de culpa; a declaração de *nolo contendere* não produz efeito para a responsabilidade civil (CASTRO, Ana Lara Camargo. **Plea bargain**: resolução penal pactuada nos Estados Unidos. Belo Horizonte: Editora D'Plácido, 2019. p. 51 e 59).

17. CASTRO, Ana Lara Camargo. **Plea bargain**: resolução penal pactuada nos Estados Unidos. Belo Horizonte: Editora D'Plácido, 2019. p. 39.

18. Adverte Ana Lara que a *Alford plea*, até hoje, não é totalmente aceita nas cortes norte-americanas. E acrescenta que, em razão de valores garantistas e para evitar questionamentos recursais, nas diretrizes para a redação de acordos, os promotores de justiça são desaconselhados a fazer uso da *Alford plea* (CASTRO, op. cit., p. 78-80).

19. Sobre o tema, Ana Lara esclarece com precisão: "E reconheceu, a partir de precedentes jurisprudenciais, a existência de *plea of nolo contendere*, aquela em que o acusado não se declara culpado ou não culpado, aceitando a imposição da pena sem admissão de culpa, como forma de solucionar o processo. A título de esclarecimento, em nota de rodapé de North Carolina v. Alford, caso que se verá mais adiante, a suprema Corte afirmou que a *plea of nolo contendere* pode ter se originado de prática medieval costumeira, em que os acusados buscando evitar prisão ofereciam ao rei o pagamento de quantia em dinheiro para encerramento de disputas. De qualquer forma, a constitucionalidade da imposição de pena de prisão, após a aceitação da *plea of nolo contendere* pelos juízos, está sedimentada desde Hudson v. United States, caso de 1926. Em 1966, a Rule 11 foi revisada e adotou

A expressão *Alford plea* significa, em uma tradução própria, uma declaração de culpa e, ao mesmo tempo, protesto de inocência. Surgiu de um julgamento realizado pela Suprema Corte dos EUA, o *North Carolina v. Alford*. No caso, o acusado de um crime de homicídio, em que constavam muitas evidências acerca de sua autoria, devidamente orientado pela Defesa, resolveu confessar o fato para realizar um acordo com o Ministério Público e, desse modo, evitar a pena de morte. Antes de decidir aceitar a declaração de culpa, o juiz resolveu realizar audiência para a oitiva de testemunhas. Após o sumário, diante de muitas evidências contrárias à eventual tese de negativa de autoria, o acusado declarou-se culpado, mas, ao mesmo tempo, afirmou que não atirou em ninguém. Mencionou que assumiu a culpa por outro homem, porquanto se não o fizesse iria para câmara de gás.

Ao analisar o caso, a Suprema Corte dos EUA (*North Carolina v. Alford*, 400 U.S. 25, 1970) entendeu que a admissão de culpa não foi fruto de medo ou de coação, mas sim uma tentativa de evitar a pena de morte, o que não afasta a voluntariedade e a inteligibilidade da declaração. Afirmou-se que constituiu uma escolha realizada entre as alternativas legais possíveis, devidamente assistido por um advogado ou defensor[20].

No ordenamento jurídico estadunidense, sob o recorte quantitativo, o acordo penal desempenha papel significativo na solução dos casos penais. A título de ilustração, no ano de 2019, nove em cada 10 réus julgados em tribunais distritais nos EUA foram condenados. De um total de 84.782 réus julgados em 2019, cerca de 92% foram condenados. Desse total, 90% dos acusados apresentaram declaração de culpa e apenas 2% foram julgados pelo júri. Os procedimentos encerrados com base nas declarações de culpa duraram cerca de 197 dias, enquanto os procedimentos que redundaram em julgamento levaram cerca de 559 dias[21].

Algumas questões podem ser apresentadas sobre essa opção de trocar um julgamento por uma solução negociada, ainda mais por conta de uma previsão expressa na *Bill of Rights* de um julgamento para a solução dos casos penais. Como justificar a substituição de um julgamento, previsto no texto

---

a seguinte redação: 'O acusado pode se declarar não culpado, culpado, ou com o consentimento do juízo, *nolo contendere*. O juízo pode se recusar a aceitar a confissão de culpa, e não deverá aceitar declaração de culpa ou *nolo contendere*, sem antes se dirigir pessoalmente ao acusado e determinar que tenha sido feita voluntariamente, com entendimento da natureza da acusação e as consequências da declaração[...]'" (CASTRO, op. cit., p. 52).

20. LEGAL INFORMATION INSTITUTE. Cornell Law School. **North Carolina v. Alford, 400 U.S. 25, 1970.** Disponível em: <https://www.law.cornell.edu/supremecourt/text/400/25>. Acesso em: 27 jun. 2022.

21. UNITED STATES (ESTADOS UNIDOS). Department of Justice. **Bureau of Justice Statistics**. FEDERAL JUSTICE STATISTICS, 2019, OCTOBER 2021. Disponível em: <https://bjs.ojp.gov/content/pub/pdf/fjs19.pdf>. Acesso em: 23 jun. 2022. p. 10.

constitucional, por uma solução pactuada? Apenas a economicidade, ou seja, razões de ordem econômica, de maneira exclusiva, a justificam? Ou a inviabilidade de realizar julgamentos de todos os casos apurados – ante a expansão dos tipos penais e dos fatos penais cometidos – justifica a adoção de soluções mais céleres? E, principalmente, para efeito da pesquisa: "o processo de negociação entre as partes fez da liberdade e da função social da pena novas commodities?"[22]. Para Ana Lara, a existência de sólido regramento pode minimizar os impactos negativos da solução negociada no âmbito penal, a qual é de suma importância para pôr fim às lides penais[23].

No modelo jurídico dos EUA, o procedimento penal perante os juízos federais é regulado por um ato normativo da Suprema Corte, aprovado pelo Congresso. Isto é, as *Federal Rules of Criminal Procedure* representam tal ato, que tem respaldo no *Rules Enabling Act*, de 1934. O ato normativo da Suprema Corte é enviado ao Congresso, que pode modificá-lo e que também possui iniciativa concorrente. Após sua aprovação, o referido ato ganha força de lei.

A normatização para acordos penais, na área federal, consta na Regra 11 (*Rule 11)*, a qual regula a atividade do julgador e das partes no procedimento do acordo penal. Na área estadual, cada Estado possui sua regulamentação, mas a maioria adota regras semelhantes às previstas na *Rule 11*. Isso equivale a dizer que há estatutos penais diferentes nas unidades da federação dos EUA, de modo que os acordos penais em casos semelhantes podem ter solução de penas bem distintas, ante a discricionariedade do membro do Ministério Público, para fazer as propostas, dentro de sua área de atuação[24].

O primeiro texto da *Rule 11* foi produzido em 1944 e entrou em vigor em 1946. O texto era simples e teve o objetivo de consagrar, do aspecto formal, a prática forense já consolidada. Dizia o texto que o acusado poderia se declarar não culpado, culpado ou, com o consentimento do juízo, *nolo contendere*. O juiz poderia recusar a referida confissão e, no caso de aceitá-la, deveria se certificar da voluntariedade do acusado para prestá-la. Nesse primeiro texto da *Rule 11* não havia previsão de etapa de negociação entre acusação e defesa. A norma, inicialmente, preocupou-se apenas com a apresentação do acusado em juízo, em especificar a voluntariedade da admissão de culpa.

---

22. CASTRO, Ana Lara Camargo. **Plea bargain**: resolução penal pactuada nos Estados Unidos. Belo Horizonte: Editora D'Plácido, 2019. p. 39.
23. Ibidem.
24. Em sentido semelhante: VOGEL, Mary. Plea Bargaining under the Common Law. In: BROWN, Darryl K.; TURNER, Jenia Iontcheva; WEISSER, Bettina (ed.). **The Oxford Handbook of Criminal Process.** Oxford: Oxford University Press, 2019. Cap. 33. p. 729-760. DOI: https://doi.org/10.1093/oxfordhb/9780190659837.013.38. p. 3.

Em seguida, destaca-se a alteração da *Rule 11* do ano de 1966, a qual determinou a necessidade de o julgador dirigir-se pessoalmente ao acusado para certificar-se da voluntariedade e da inteligibilidade quanto à declaração de culpa e de *nolo contendere*, ou seja, não somente para verificar a vontade livre em tais declarações, como também para esclarecer o acusado acerca das consequências da confissão de culpa ou de *nolo contendere*.

Em seguida, a Suprema Corte decidiu que a declaração de culpa implica renúncia a direitos constitucionais (vedação de autoincriminação compulsória; júri popular; e sistema adversarial), de modo que, para ter validade, precisa cumprir as formalidades da *Rule 11*. Ao examinar o caso *Boykin v. Alabama*, de 1969, quando o acusado se declarou culpado e foi condenado à pena de morte (pena aplicada pelo júri conforme lei local), mas sem qualquer questionamento ou esclarecimento do juiz, a Suprema Corte decidiu que os requisitos da voluntariedade e da inteligibilidade das consequências da declaração de culpa constituem exigências do *due process*, que contempla direito contra a autoincriminação[25].

A alteração mais ampla da *Rule 11* ocorreu em 1975 quando, formalmente, a Suprema Corte fez emendas no seu texto e incluiu a possibilidade de acordo penal. Até então, os acordos eram praticados na atividade forense, sem reconhecimento formal da legislação processual dos EUA.

Tal modificação decorreu do resultado do julgamento de *Santobello v. New York*, de 1971, no qual a Suprema Corte dos EUA (SCOTUS) examinou a questão, até então negada ou relativizada, do acordo em matéria penal. Nesse julgamento, pela primeira vez, a SCOTUS usou o termo *plea bargain*[26]. Nesse caso, o acusado se declarou não culpado de imputações de crimes de apostas. Em seguida, após negociações com a promotoria, admitiu culpa por um delito menos grave. O caso tardou em chegar à sentença, tempo no qual outro promotor assumiu e recomendou pena máxima de um ano, uma vez que nada constava nos autos acerca do acordo prévio.

A SCOTUS, ao examinar o referido caso, admitiu as negociações e os acordos penais como ferramentas essenciais ao devido funcionamento do sistema de justiça criminal. Afirmou que a prática de *plea bargaining*, se bem

25. "A declaração de culpa, segundo a Suprema Corte é, portanto, mais do que a admissão da conduta, a condenação em si" (CASTRO, Ana Lara Camargo. **Plea bargain**: resolução penal pactuada nos Estados Unidos. Belo Horizonte: Editora D'Plácido, 2019. p. 55-56).

26. VOGEL, Mary. Plea Bargaining under the Common Law. In: BROWN, Darryl K.; TURNER, Jenia Iontcheva; WEISSER, Bettina (ed.). **The Oxford Handbook of Criminal Process.** Oxford: Oxford University Press, 2019. Cap. 33. p. 729-760. DOI: https://doi.org/10.1093/oxfordhb/9780190659837.013.38. p.8.

administrada, deve ser encorajada. "A subdivisão da reforma de 1975, hoje, é decorrência direta de *Santobello* e estabeleceu, pela primeira vez, regras procedimentais para o acordo entre as partes"[27].

As alterações significaram: ampliação do rol de advertências para assegurar ao acusado a inteligibilidade quanto ao teor da acusação e às consequências da admissão de culpa ou *nolo contendere*; e a previsão do *plea agreement* no sistema de justiça, com previsão das discussões entre acusação e defesa na formulação do acordo, bem como a homologação ou rejeição judicial.

O acordo e seu detalhamento passaram a constar formalmente dos autos. A reforma de 1975 manteve o requisito de o julgador aferir a base fática para a declaração de culpa, de que o acusado admite conduta compatível com a imputação que lhe é feita. "O que se pretendeu foi afastar a obscuridade das negociações - o ritual de negação do qual participavam promotores, advogados e juízes"[28].

Nas notas justificativas da alteração da *Rule 11* de 1975 constou que 95% dos casos criminais eram solucionados mediante declaração de culpa e, portanto, era preciso reconhecer sua inevitabilidade. "Na ocasião, os acordos foram considerados relevantes à finalidade da pena tanto no viés punitivo quanto preventivo"[29].

Destacaram-se ainda, nas discussões da *Rule 11*, da versão de 1975, a justificativa de dispensa de júris não somente do aspecto econômico, como também no que concerne à proteção da vítima, de modo a evitar traumas da reinquirição em juízo. E ainda foram consideradas como aspecto objetivo dos acordos a cooperação e a consequente redução de pena para o sucesso no combate aos crimes mais graves.

Ressalta-se que, com esteio na *Rule 11*, antes de aceitar uma declaração de culpa ou de *nolo contendere*, o juiz deve dirigir-se ao acusado, em audiência pública, e indagar-lhe se a declaração é voluntária. Restam claras as obrigações do juiz, no sentido de informar ao acusado os seus direitos à não autoincriminação, assistência de advogado ou defensor, bem como o direito de renúncia desses direitos no caso de declaração de culpa ou *nolo contendere*. O momento no qual o juiz trava esse diálogo com o acusado, esclarecendo-lhe acerca de seus direitos constitucionais, denomina-se de colóquio (*plea colloquy*), o qual é

27. CASTRO, Ana Lara Camargo. **Plea bargain**: resolução penal pactuada nos Estados Unidos. Belo Horizonte: Editora D'Plácido, 2019. p. 58-59.

28. Ibidem, p. 59.

29. Ibidem, p. 59.

disciplinado na *Rule 11* e deve ser seguido de maneira ritual, sob pena de abrir espaço para eventual nulidade[30].

Acrescenta-se que o promotor de justiça e o advogado podem debater o caso e chegar a um acordo. O juiz não participa dessas discussões. As partes devem revelar os termos do acordo em audiência pública. Na apreciação judicial do acordo, o juiz pode aceitá-lo ou rejeitá-lo, com as devidas razões, conforme disciplina a Regra Federal de Evidência 410, citada no texto da *Rule 11*.

Constata-se que a posição da SCOTUS, com base em diversos julgamentos, principalmente, da década de 70 do século XX, significou a constitucionalidade dos acordos penais alicerçados em confissão de culpa. Os argumentos utilizados, para justificar a posição da SCOTUS, indicam: a resolução eficiente de casos; a prática voluntária e não coercitiva na qual existe igualdade de armas entre acusado e Estado; a analogia com negociações de contratos privados; a mutualidade de vantagem e mutualidade de benefícios. Tais argumentos, sem as devidas correções, não encontram muito espaço nos trabalhos acadêmicos[31].

Na atualidade, as modalidades de barganha no sistema jurídico dos EUA podem ser divididas da seguinte forma: a) *charge bargain* ou *charge concession* (modelo 1 ou A); b) *sentence bargain* (modelo 2 ou B); e c) um modelo misto de negociação (modelo 3 ou C). Na *charge bargain*, o Ministério Público negocia a própria imputação, ou seja, em troca da confissão do acusado, o promotor de justiça se compromete a sustentar uma imputação por uma infração penal punida com pena mais branda do que aquela contida na investigação[32].

A *charge bargain* cuida de não formulação ou afastamento de imputações e pode ser dividida em: *charge bargaining* e *court bargaining*. Na *charge bargaining*, o acordo diz respeito à admissão de culpa do acusado por delito menos

---

30. Em *United v. Olson*, de 2018, a Corte de Apelação para o Sétimo Circuito Federal (Illinois, Indiana, Wisconsin) anulou em duas oportunidades o acordo celebrado por falta de colóquio na segunda oportunidade e, quando da primeira celebração do acordo, sob o argumento de ausência de inteligibilidade do acusado quanto à consequência da confissão. O fato praticado pelo acusado consistiu na divulgação de fotografias explicitamente pornográficas de sua filha (CASELAW ACCESS PROJECT. Harvard Law School. **United States v. Olson, 880 F.3d 873 (2018).** Disponível em: <https://cite.case.law/f3d/880/873/>. Acesso em: 27 jun. 2022).

31. VOGEL, Mary. Plea Bargaining under the Common Law. In: BROWN, Darryl K.; TURNER, Jenia Iontcheva; WEISSER, Bettina (ed.). **The Oxford Handbook of Criminal Process.** Oxford: Oxford University Press, 2019. Cap. 33. p. 729-760. DOI: https://doi.org/10.1093/oxfordhb/9780190659837.013.38. p. 9.

32. Em pesquisa acadêmica sobre o aspecto juseconômico da negociação de pena nos EUA, Ismael destaca: "Aqui, um parêntesis é necessário: Nos Estados Unidos, essa seletividade ou discricionariedade do órgão acusatório é absoluta, abrangendo tanto a decisão de iniciar ou não a ação penal em qualquer caso, quanto o poder de desistir daquela em andamento. Isso porque as provas são fracas ou porque, apesar de fortes indícios da prática de um delito, a persecução é, economicamente, muito dispendiosa para o Estado, tornando-se inviável. Nesse país, a seletividade acusatória exercida antes do processo penal é chamada de *sceen out*; no curso da ação, a discricionariedade é realizada por meio da declaração de *nolle prossequi*" (ISMAEL, André Gomes. **PLEA BARGAIN**: uma análise histórica, comparada e juseconômica. 2017. 114f. Dissertação. Universidade Católica de Brasília, 2017. p. 14).

grave; já na *court bargaining*, o acusado assume a culpa por um ou mais dos delitos imputados, enquanto a promotoria concorda com o afastamento das demais imputações[33].

Na *sentence bargain*, por usa vez, o Ministério Público negocia com o acusado uma pena a ser imposta em troca de uma declaração de culpa. O promotor de justiça se compromete a levar ao juiz uma proposta de pena privativa reduzida ou a substituição por uma sanção menos grave. Em síntese, nessa modalidade, o promotor recomenda determinada sentença ao juízo ou concorda com o pedido da defesa.

Por fim, é possível ainda conjugar as ideias presentes nas duas primeiras modalidades de barganha, quando, por exemplo, "em troca da assunção de culpa, a acusação desiste de processar (ou de prosseguir com a ação em curso) em relação a algum crime, e o juiz se compromete à fixação de uma sanção mais branda"[34].

Os acordos 2 e 3 cuidam de tratativas concernentes aos parâmetros de apenação que se desmembram em *sentence bargaining* e *fact bargaining*. O primeiro é um acordo no qual a promotoria recomenda ou concorda com determinada sentença, que se refere à qualidade da pena ou à quantidade da pena. Já o acordo que trata do fato diz respeito ao acontecimento ou a versões do delito, que têm como consequência aumento ou diminuição de pena, ou tempo mínimo obrigatório de prisão. Tais acordos são novos no sistema estadunidense e recebem crítica negativa, porquanto, concebidos para uso na fase da sentença, permitem manipular as diretrizes do cálculo de pena[35].

Conforme a *Rule 11*, nas modalidades de acordo 1 (denominado de A) e 2 (denominado de B), o magistrado poderá homologar, rejeitar ou postergar a análise para depois do relatório pré-sentença. Nos acordos 1 e 3, exige-se homologação judicial e, uma vez homologados, o juízo se vincula aos seus termos. No caso do modelo 3 de acordo (denominado C), o pacto se exaure com a assinatura das partes, sem vincular o juízo. O acordo B constitui uma recomendação da promotoria, que se esgota com a assinatura, que não vincula o juízo.

Os princípios contratuais se aplicam aos acordos. A título de ilustração, no acordo tipo C, a aceitação pelo juízo da recomendação de pena da promotoria o vincula aos seus termos. Nesse caso, se a sentença trouxer período de

---

33. CASTRO, Ana Lara Camargo. **Plea bargain**: resolução penal pactuada nos Estados Unidos. Belo Horizonte: Editora D'Plácido, 2019. p. 84.
34. ISMAEL, op. cit., p. 15.
35. CASTRO, op. cit., p. 85.

livramento condicional, multa ou reparação de danos à vítima, não explicitados no acordo, poderá ocorrer a nulidade[36].

Não se pode deixar de reconhecer que, malgrado a existência de regulamentação na *Rule 11*, há um reconhecimento da liberdade na formulação de acordos penais, de modo que o "toma lá e o dá cá" é aceito pela jurisprudência da SCOTUS, desde que o acusado esteja livre, ou seja, de maneira voluntária e inteligível, devidamente assistido por advogado, para aceitar o acordo, porquanto há uma vantagem para ambas as partes na escolha de evitar o julgamento.

Importa ressaltar o que já foi dito em outro momento, isto é, apesar da disciplina mais taxativa da *Rule 11* para os acordos penais na área federal, vários Estados nos EUA, na demanda penal da justiça estadual, realizam acordos penais com menos formalidade. No entanto, a conferência judicial da voluntariedade do acusado e da base fática para confissão tem sido comum[37].

Destacam-se ainda as soluções que as infrações penais cometidas no ambiente corporativo podem atualmente receber em matéria de acordos. Isto é, em tais casos, tanto nos EUA quanto na Inglaterra, podem ser realizados acordos penais sem reconhecimento de culpa, nos quais os réus concordam em pagar multa, fazer restituições e se adequar a programa de *compliance*, realizando reformas corporativas internas, para ter em troca uma não acusação penal[38].

Para efeito do recorte do objeto da pesquisa, a sanção acordada nos principais acordos do sistema jurídico dos EUA possui natureza de pena. Acrescenta-se que existe, como se constatou, considerável discricionariedade do Ministério Público não somente quanto à proposta de sanção menor, mas com o poder de retirar parte da acusação e ainda de alterar a capitulação jurídica do fato cometido, ou seja, de um fato mais grave para um menos grave, até mesmo de um doloso para um culposo. Nesses dois últimos aspectos, verifica-se desproporcionalidade da resposta penal em relação ao fato cometido e à culpabilidade do agente.

Essa elasticidade do poder do Ministério Público não foi objeto de transplante nos sistemas jurídicos de raiz continental, que adotaram modelos de acordos penais mais restritivos e adequados à sua realidade jurídica. Essa análise será realizada no próximo capítulo da pesquisa. Tamanha discricionariedade em um sistema no qual o cargo de procurador geral se submete à eleição livre

36. CASTRO, Ana Lara Camargo. **Plea bargain**: resolução penal pactuada nos Estados Unidos. Belo Horizonte: Editora D'Plácido, 2019. p. 88.

37. VOGEL, Mary. Plea Bargaining under the Common Law. In: BROWN, Darryl K.; TURNER, Jenia Iontcheva; WEISSER, Bettina (ed.). **The Oxford Handbook of Criminal Process.** Oxford: Oxford University Press, 2019. Cap. 33. p. 729-760. DOI: https://doi.org/10.1093/oxfordhb/9780190659837.013.38. p. 4.

38. Ibidem.

pode gerar problema de excesso de acusação com o fim de maior aceitação popular.

Na discussão teórica dos problemas da barganha penal nos EUA, são apontadas outras críticas: erosão do contraditório; inconstitucionalidade em razão da 5ª e 6ª Emendas[39]; rotina de falsas condenações; condenações irracionais; deficiências administrativas; dissuasão reduzida da prática de novos crimes; diminuição da capacidade de reabilitação; possibilidade de acordo de pena para inocentes que enxergam dificuldade em uma absolvição em caso de julgamento[40].

De outro lado, há argumentos favoráveis ao instituto da barganha, quais sejam: a eficiência do instituto, com a redução de custos e celeridade; a voluntariedade para justificar a referida prática; a redução do risco, mediante o acordo de pena, de culpados pelo fato ficarem livres. O debate permanece entre eventuais distorções do sistema de justiça criminal com a prática da barganha. "Tribunais aceitaram os pontos de vista dos defensores da barganha de que uma confissão de culpa é voluntária, informada e, com a assistência de um advogado competente, não coercitiva" [41].

Em pesquisas realizadas, geralmente, com metodologia estimativa – as quais devem, por isso, ser vistas com reservas –, Vogel aponta que 35% a 69% dos acusados que realizam acordos penais teriam obtido vitória em um julgamento. No entanto, outros estudos sugerem que, em crimes de furto, roubo e "agressão", os acusados que se declararam culpados receberam penas equivalentes às dos condenados em julgamentos por fatos com a mesma tipificação[42]. Com isso, não se sabe qual é o percentual exato, mas existe um consenso nas pesquisas de que, não fosse a confissão de culpa e os consequentes acordos penais, a taxa de condenação no sistema processual estadunidense seria reduzida.

Outra crítica ao modelo estadunidense diz respeito à qualidade de defesa dos acusados que aceitam os acordos penais. Se mais de 90% dos casos de

39. No Reino Unido, debate-se o direito a um julgamento justo em oposição ao negócio penal, em razão da Convenção Europeia de Direitos Humanos (VOGEL, Mary. Plea Bargaining under the Common Law. In: BROWN, Darryl K.; TURNER, Jenia Iontcheva; WEISSER, Bettina (ed.). **The Oxford Handbook of Criminal Process.** Oxford: Oxford University Press, 2019. Cap. 33. p. 729-760. DOI: https://doi.org/10.1093/oxfordhb/9780190659837.013.38. p. 7). Mas vale ressaltar que a própria União Europeia instigou o negócio penal a partir da Resolução do Conselho de Ministros da Europa de 1987 (COUNCIL OF EUROPE. Committee of Ministers. **Recommendation n. R (87) 18,** of the Committee of Ministers to member States concerning the simplification of Criminal Justice. Adopted by the Committee of Ministers on 17 September 1987 at the 410th meeting of the Ministers' Deputies. Disponível em: <https://rm.coe.int/16804e19f8>. Acesso em: 23 out. 2022).
40. VOGEL, op. cit., p. 6-7 e 24.
41. Ibidem, p. 6-7. (tradução própria).
42. VOGEL, Mary. Plea Bargaining under the Common Law. In: BROWN, Darryl K.; TURNER, Jenia Iontcheva; WEISSER, Bettina (ed.). **The Oxford Handbook of Criminal Process.** Oxford: Oxford University Press, 2019. Cap. 33. p. 729-760. DOI: https://doi.org/10.1093/oxfordhb/9780190659837.013.38. p. 20.

condenações criminais, na área federal e na área estadual, são solucionados com acordos penais, cerca de 82% dos réus da área estadual e de 66% da área federal são defendidos por advogados pagos pelo Estado, ou seja, não têm uma defesa privada de sua livre escolha[43].

No que concerne à finalidade da pena, Vogel aponta estudos das décadas de 1960 e 1970, que indicam uma ausência de reabilitação e retribuição, como funções da pena, nos acordos penais de réus que se declaram culpados, os quais recebem uma resposta penal aquém do fato cometido. Existem, portanto, fundamentos distorcidos da retribuição e da reabilitação nos acordos penais de réus que se declaram culpados. Os acusados que confessam e realizam o acordo penal são tratados de forma mais branda do que aqueles submetidos a um julgamento e que recebem a condenação sem a confissão de culpa[44]. Desse modo, deixaria de existir uma relação proporcional entre a gravidade do crime cometido e a pena da sentença.

Acrescente-se que, em acordos de penas rotineiros, como os existentes no modelo jurídico estadunidense, o ideal de uma individualização da pena na fase da sentença judicial, seguindo padrão de dosimetria mais atento às características do indivíduo, pode restar prejudicado, independentemente da necessária capacitação do promotor de justiça. Isso, porque o modelo de acordo penal é mais informal no que diz respeito ao patamar da pena acordada, enquanto a sentença, pós-julgamento, detém um rito de maior precisão dogmática, seguindo balizas determinadas pelo legislador.

Ao tratar do tema, Albergaria ensina que existe um entorse gerado pela *plea bargaining*, principalmente a modalidade de *charge bargaining*, em matéria de aplicação de pena. Por amostragem, aponta a dificuldade em compreender o fim retributivo da pena na negociação de declaração de culpa, porque falta proporção entre pena e natureza e gravidade do fato, quando, por exemplo, se modifica uma imputação de fato doloso para fato culposo. Soma-se a isso a desigualdade de tratamento de processados em situações idênticas quanto às penas negociadas. Anota-se ainda que a pena bem abaixo do que seria exigível, comum na negociação, afeta a prevenção geral negativa. E, do mesmo modo, na negociação da imputação, há prejuízo comunicacional-pedagógico, ou seja, prejudica a prevenção geral positiva[45].

43. Dados nos anos de 1996 e de 1998 (ESTADOS UNIDOS. **Bureau of Justice Statistics**. Defense Counsel in Criminal Cases. Disponível em: <https://bjs.ojp.gov/content/pub/pdf/dccc.pdf>. Acesso em: 23 jun. 2022. p. 01).

44. VOGEL, op. cit., p.22 e 25.

45. ALBERGARIA, Pedro Soares de. **Plea Bargaining:** Aproximação à Justiça Negociada nos E.U.A. Coimbra: Almedina, 2007. p.126-127.

A compreensão do modelo de acordo penal existente no EUA e em muitos países de tradição jurídica do *common law* contribui para o conhecimento dos transplantes que foram introduzidos em outros ordenamentos jurídicos, de modo a possibilitar uma verificação de semelhanças e diferenças, com o fim de constatar a (im)possibilidade de convivência entre soluções negociadas e soluções de julgamento em países de tradição de *civil law*.

Acrescente-se que a mencionada pesquisa de outros ordenamentos jurídicos permite enxergar, com mais clareza, as características do modelo de negócio penal existente no Brasil, a ser examinado mais adiante. Esse aspecto é relevante para afastar afirmações indevidas, como a de que o modelo brasileiro tem, hoje, acordo de pena em sintonia com o modelo estadunidense, o que, conforme será possível constatar, configura uma afirmação não demonstrável e que pode ser contestada, dogmaticamente, sem muito esforço argumentativo.

3.1.2. *Patteggiamento sulla pena* na Itália

Em 1988, foi aprovado na Itália o novo Código de processo penal, o qual entrou em vigor em 24 de outubro de 1989 e substituiu o antigo Código Rocco mussoliniano de 1930. Alguns ritos para a solução de conflitos penais foram mantidos. No entanto, a nova lei, seguindo princípios constitucionais e convenções internacionais, trouxe novidade, não somente com relação a um processo acusatório, mas, de maneira mais ousada, ampliou a forma de consenso penal, cuja análise, nos limites do objeto da pesquisa, será exposta nas linhas abaixo.

Vale destacar que o modelo jurídico italiano tem raízes de *civil law*. Outrossim, o processo penal italiano, até então, inspirado no sistema continental, com predominância do modelo inquisitorial, buscou, com a noticiada reforma, adotar o sistema acusatório em 1989 e fazer alguns transplantes, com as devidas adaptações, de soluções negociadas na seara penal.

A busca da celeridade nas soluções dos conflitos penais, devido à demanda e à morosidade presentes, foi a razão para ampliar o consenso penal no sistema jurídico italiano. É certo que tal ampliação do consenso penal decorreu, ainda, da Recomendação n. R(87), de 17 de setembro de 1987, do Conselho de Ministros da Europa, que apregoou a necessidade de os países adotarem o consenso penal para simplificar e acelerar a solução das demandas[46].

46. COUNCIL OF EUROPE. Committee of Ministers. **Recommendation n. R (87) 18,** of the Committee of Ministers to member States concerning the simplification of Criminal Justice. Adopted by the Committee of Ministers on 17 September 1987 at the 410th meeting of the Ministers' Deputies. Disponível em: <https://rm.coe.int/16804e19f8>. Acesso em: 23 out. 2022. Reconhece, de igual modo, a relevância da norma europeia no fomento ao consenso na legislação de países do continente (NARDELLI, Marcella Alves Mascarenhas. A Expansão da Justiça Negociada e as

Isso equivale a dizer que, no cenário europeu, a referida norma do Conselho de Ministros da Europa tratou da simplificação da justiça criminal e fomentou a adoção de acordos penais. Diversos países do bloco nos anos seguintes passaram a adotar ou a ampliar as modalidades de consenso penal[47].

Quanto aos procedimentos contidos no novo Código italiano, observa-se que, além do ordinário, outros instrumentos, no intuito de acelerar a solução da demanda, são expostos, denominados de ritos especiais. São eles: diretíssimo, quando ocorre a prisão em flagrante (*giudizio direttissimo*,); imediato, diante de prova evidente (*giudizio inmediato*); por decreto ou monitório, sem debates, com pena aplicada a pedido da acusação (*giudizio per decreto)*; abreviado, que provoca o julgamento antecipado da causa criminal, a pedido das partes, com causa de diminuição de penal em um terço (*giudizio abbreviato);* e o modelo de aplicação de pena ante o consenso das partes (*applicazione della pena su richiesta delle parti*)[48].

A análise do modelo de consenso penal existente na Itália é relevante para o estudo das modalidades existentes no Brasil e, de igual modo, para compreender as reformas em andamento no âmbito do Poder Legislativo brasileiro. A base jurídica italiana é semelhante à brasileira e, além disso, a influência, em matéria processual, cível e penal, foi notória no passado, na confecção das normas jurídicas brasileiras. Ademais, a Itália já adotou, como se verá, acordo de pena na seara penal, o que ainda não ocorreu no Brasil.

Na Itália, constatam-se dois tipos de consenso: o que incide sobre o processo e o que incide sobre a pena. Os dois institutos, em conjunto com os procedimentos especiais, possuem o condão de abreviar o processo. Setores da

---

Perspectivas para o Processo Justo: a *plea bargaining* norte-americana e as suas traduções no âmbito da *civil law*. **Revista Eletrônica de Direito Processual-REDP-**, Rio de Janeiro, UERJ, vol. 14, p.331-365, 2014. p.351. Disponível em: <https://www.e-publicacoes.uerj.br/index.php/redp/article/view/14542/15863>. Acesso em: 6 jun. 2022). No mesmo sentido, mas destacando a assunção de culpa como fonte para simplificar os processos e acelerar a justiça na Recomendação R (87), de 17 de setembro de 1987, do Conselho de Ministros da Europa: TULKENS, Françoise. Justiça Negociada. In: DELMAS-MARTY, Mireille. **Processos Penais da Europa.** Trad. Fauzi Hassan Choukr. Rio de Janeiro: Lumen Juris, 2005. p. 695-696. No caso italiano, ressalta-se que o *patteggiamento* não exige a assunção expressa de culpa pelo acusado.

47. =Sobre esse aspecto da Recomendação (87) 18 do Conselho de Ministros da Europa, esclarece Suxberger: "após mencionar a pouca eficácia dos procedimentos penais em geral, o Conselho salientou a necessidade de estabelecer a definição de prioridades na gestão da política criminal, a principal aposta do Conselho da Europa para isso foi a adoção do princípio da oportunidade da ação penal. Os países integrantes do Conselho, nos anos que se seguiram e cada qual a sua maneira, adotaram a sugestão" (SUXBERGER, Antônio Graciano. A Superação do Dogma da Obrigatoriedade da Ação Penal: a oportunidade como consequência estrutural e funcional do sistema de justiça criminal: In: **Revista do Ministério Público do Estado de Goiás.** Goiânia-GO, n. 34, p. 35-50, 2017. p. 44. Disponível em: <http://www.mpsp.mp.br/portal/page/portal/documentacao_e_divulgacao/doc_biblioteca/bibli_servicos_produtos/bibli_boletim/bibli_bol_2006/Rev-MP-GO_n.34.pdf>. Acesso em: 23 out. 2022).

48. GIACOMOLLI, Nereu José. **Legalidade, oportunidade e consenso no Processo Penal na perspectiva das garantias constitucionais**: Alemanha, Espanha, Itália, Portugal, Brasil. Porto Alegre: Livraria do Advogado, 2006. p. 255-256.

doutrina enxergam no negócio penal italiano a influência do modelo da *common law* sobre o antigo sistema continental de raiz francesa[49].

Quanto ao consenso sobre o processo (*patteggiamento sul rito*), verifica-se tal possibilidade na audiência preliminar, quando as partes podem realizar um acordo sobre o rito processual, que implica um julgamento antecipado do processo, com possibilidade de condenação ou absolvição. O acusado – que deverá manifestar anuência personalíssima ao consenso sobre o processo – aceita o julgamento com a prova produzida pela acusação e renuncia ao contraditório.

Nessa hipótese, surge um processo abreviado com um julgamento sumário, que objetiva reduzir a carga processual mais longa, deixando-a para as causas mais complexas, nas quais poderão ocorrer os debates. O acusado, em caso de condenação, se beneficia em virtude da previsão de redução da pena em um terço, conforme art. 422.2 do Código de processo penal italiano[50]. Há duas oportunidades, antes da fase dos debates, para se realizar um acordo sobre o processo. Não se admite o consenso sobre o processo quando a pena prevista é de prisão perpétua[51].

Não há participação da vítima nessa modalidade de processo abreviado, de modo que não se discute e não se fixa a reparação do dano, o que revela ausência de sintonia do rito abreviado de consenso do processo, no direito italiano, com as normas internacionais sobre o novo papel da vítima no sistema de justiça criminal. Esse tema será examinado no Capítulo 4 da pesquisa.

No que concerne ao consenso sobre a pena na Itália, conquanto tal sistema processual esteja ancorado nos princípios da obrigatoriedade da ação penal a cargo do Ministério Público, que decorre da igualdade de todos perante a lei, no devido processo legal exercido mediante contraditório e ampla defesa, razões político-criminais de eficiência levaram à mitigação de tais princípios. Desse modo, inspirada no sistema de acordos penais norte-americano, a Itália incorporou o acordo de pena[52].

---

49. GIACOMOLLI, Nereu José. **Legalidade, oportunidade e consenso no Processo Penal na perspectiva das garantias constitucionais**: Alemanha, Espanha, Itália, Portugal, Brasil. Porto Alegre: Livraria do Advogado, 2006. p. 257.

50. ITÁLIA. Gazzetta Ufficiale. Decreto Del Presidente Della Repubblica 22 settembre 1988, n.447. **Codice di procedura penale**. Disponível em: <https://www.gazzettaufficiale.it/dettaglio/codici/codiceProceduraPenale>. Acesso em: 7 jun.2022.

51. GIACOMOLLI, op. cit., p. 259-261.

52. VASSALLI, Luciana Sperb Duarte. Acordos entre Ministério Público e imputado no Brasil e na Itália: aplicação da pena a pedido das partes, transação penal e acordo de não persecução penal. **Revista da Escola da Magistratura da 4ª Região**, Ano 7, n. 18, 2021, Porto Alegre-RS, p.179-221. Disponível em: <https://www2.trf4.jus.br/trf4/upload/editor/uli72_ctp-miolo-revista-emagis-n18.pdf>. Acesso em: 30 mai. 2022. p. 180.

O início da negociação da pena no sistema jurídico italiano remonta à Lei n. 689 de 1981, a qual introduziu o *patteggiamento* no ordenamento jurídico, com o objetivo de alcançar os pequenos delitos e abreviar os processos. Essa norma previa requerimento do imputado, ou seu consentimento, no curso da instrução ou na fase de julgamento, para a aplicação de pena substitutiva, pecuniária ou de liberdade vigiada. O pedido era feito pelo imputado, mas precisaria haver concordância do Ministério Público[53]. O acusado não poderia ter sido beneficiado anteriormente e nem ter sido condenado a pena detentiva.

Em seguida, o juiz prolatava sentença e aplicava a referida pena. A partir de 1982, começaram as discussões que redundaram na aprovação de um projeto na Câmara, enviado ao Senado em 1984, que permitia o acordo penal entre o Ministério Público e a Defesa. A natureza criminal do acordo, até então regulado na Lei n. 689, foi reconhecida pela Corte italiana em 1984[54].

Vale destacar que, nesse desenho inicial do acordo penal na Itália, a recusa do Ministério Público em realizar o acordo não impedia o juiz de deferir o pedido apresentado pelo imputado. Após acirrados debates, o tema foi decidido nesse sentido pela Corte Constitucional italiana na Decisão n. 120, de 30 de abril de 1984, quando o modelo contratual se rendeu à ideia de um juízo constitucional. Em outros termos, como afirma Langer, prevaleceu a influência, nos tradutores italianos, de um modelo de investigação oficial que permite ao juiz reduzir a pena contra a vontade da acusação. Desse modo, o juiz conserva importante quantidade de poderes no negócio penal italiano[55].

Em 1988, com entrada em vigor em 24 de outubro de 1989, o acordo sobre a pena (*patteggiamento sulla pena*), de igual modo denominado de aplicação da pena a pedido das partes (*applicarzione dela pena su richiesta dlle parti*), foi inserido no texto dos artigos 444 a 448 do novo Código de Processo Penal italiano[56].

A ampliação do negócio penal na Itália ocorreu, portanto, com o novo Código de Processo Penal, tendo contribuído, para tanto, a nova orientação

53. Ibidem, p. 194.

54. GIACOMOLLI, Nereu José. **Legalidade, oportunidade e consenso no Processo Penal na perspectiva das garantias constitucionais**: Alemanha, Espanha, Itália, Portugal, Brasil. Porto Alegre: Livraria do Advogado, 2006. p. 263.

55. LANGER, Máximo. From Legal Transplants to Legal Translations: The Globalization of Plea Bargaining and the Americanization Thesis in Criminal Procedure. In: THAMAN, Stephen C. (org). **Word Plea Bargaining**: Consensual Procedures and the Avoidance of the Full Criminal Trial. Durham, North Carolina: Academic Press, 2010. p. 1-80. p. 65.

56. ITÁLIA. Gazzetta Ufficiale. Decreto Del Presidente Della Repubblica 22 settembre 1988, n.447. **Codice di procedura penale**. Disponível em: <https://www.gazzettaufficiale.it/dettaglio/codici/codiceProceduraPenale>. Acesso em: 7 jun.2022.

constitucional[57] e, como já enfatizado, a Recomendação (87) do Conselho de Ministros da Europa. O novo desenho do *patteggimento* foi ampliado e, segundo a classificação doutrinária, dividido em um *patteggimento tradizionale* e em outro *allargato*[58].

No *patteggimento tradizionale*, ocorre a aplicação de uma pena pecuniária ou de uma pena privativa de liberdade de até dois anos, juntamente ou não com a pena pecuniária, conforme art. 445.1 do Código de Processo Penal italiano (CPP italiano). O *patteggimento allargato,* por sua vez, permite, a pedido das partes, a aplicação de uma pena privativa de liberdade que, reduzida até um terço, não exceda a cinco anos, de forma isolada ou em conjunto com a pena pecuniária[59]. Em ambas as espécies de *patteggiamento*, observa-se a redução da pena em até um terço.

O *patteggiamento tradizionale* pode, em regra, ser aplicado a todos os crimes, independentemente de habitualidade ou reincidência, desde que a pena prevista para o crime não exceda dois anos. Além do benefício da pena reduzida em até um terço, o acusado não pagará as despesas processuais, nem será condenado a penas acessórias, com exceção da perda e incapacitação para o desempenho de cargos públicos, bem como de contratar com o poder público em caso de crimes contra a administração pública, nos termos do art. 445.1-terc. do CPP italiano[60].

É relevante destacar que o juiz pode recusar o acordo de pena no qual não constam as penas acessórias em casos de crimes contra a administração pública[61]. O pedido pode, ainda, diferentemente do que acontecia na vigência da Lei n. 689 de 181, ter sua eficácia condicionada à suspensão condicional da pena,

57. A Lei Constitucional de 23 de novembro de 1999 alterou o art. 111 da Constituição italiana, inseriu o princípio da duração razoável do processo e a previsão do consenso entre as partes, de modo a afastar a produção de prova em contraditório, sem dispensar a necessidade de *accertamento* (SANNA, Alessandra. **Il "Patteggiamento" tra prassi e novelle legislative**. Milano- Italia: Cedam, 2018. p. 22-23).

58. VASSALLI, Luciana Sperb Duarte. Acordos entre Ministério Público e imputado no Brasil e na Itália: aplicação da pena a pedido das partes, transação penal e acordo de não persecução penal. **Revista da Escola da Magistratura da 4ª Região**, Ano 7, n. 18, 2021, Porto Alegre-RS, p. 179-221. Disponível em: <https://www2.trf4.jus.br/trf4/upload/editor/uli72_ctp-miolo-revista-emagis-n18.pdf>. Acesso em: 30 mai. 2022. p. 197.

59. Luciana Vassalli aponta que, no *patteggiamento allargato,* a pena deve permanecer entre dois anos e um dia até cinco anos (VASSALLI, op. cit., p. 198).

60. ITÁLIA, op. cit.

61. Como bem destaca Luciana Vassalli: "Caso o juiz repute imprescindível a aplicação das penas acessórias no caso concreto, deve rejeitar o pedido de aplicação da pena acordada pelas partes. Tanto o art. 445 c.1-ter c.p.p. quanto o art. 444 c.3-bis c.p.p foram inseridos pela Lei no 3, de 9 de junho de 2019, conhecida como legge spazzacorrotti, e refletem o constante esforço do legislador italiano na tutela da Administração Pública" (VASSALLI, Luciana Sperb Duarte. Acordos entre Ministério Público e imputado no Brasil e na Itália: aplicação da pena a pedido das partes, transação penal e acordo de não persecução penal. **Revista da Escola da Magistratura da 4ª Região**, Ano 7, n. 18, 2021, Porto Alegre-RS, p. 179-221. Disponível em: <https://www2.trf4.jus.br/trf4/upload/editor/uli72_ctp-miolo-revista-emagis-n18.pdf>. Acesso em: 30 mai. 2022. p.199).

conforme previsto no art. 444.3. do CPP italiano[62]. O juiz pode rejeitar o acordo se entender que o imputado não faz jus ao benefício.

Já o *patteggiamento allargato* dispõe de requisitos mais restritos. O referido acordo, que alcança crimes de maior gravidade do que aqueles inseridos no espaço do *patteggimento tradizionale*, não pode ser aplicado, entre outros, para os crimes de associação mafiosa e terrorismo. Outrossim, não se aplica o *patteggimento allargato* em casos de crimes cometidos por delinquentes habituais, profissionais ou por tendência, ou reincidentes. O agente que realiza o referido acordo terá a pena reduzida em um terço.

Em relação às duas modalidades de acordo, se presente alguma causa extintiva do crime ou da punibilidade, o juiz deverá reconhecê-la de ofício: inexistência do fato; fato não tipificado na lei; falta de condição de admissibilidade; ausência de autoria do acusado. Em tais casos, o juiz rejeitará o acordo e absolverá o acusado, nos termos do art. 129 do CPP italiano[63].

Ademais, na Decisão n. 313 de 1990, a Corte Constitucional italiana decidiu que o juiz poderá avaliar a adequação da sentença indicada pelas partes, indeferindo o pedido em caso de avaliação desfavorável. Em decorrência dessa decisão, o texto do art. 444.2 foi alterado pela Lei n. 479 de dezembro de 1999, que permitiu ao julgador fazer uma análise de adequação da pena na proposta de acordo das partes[64]. O juiz não pode modificar o pedido das partes e aplicar uma sanção diversa, mas pode apenas acolhê-lo ou rejeitá-lo[65].

Em síntese, em decorrência do *patteggiamento sulla pena*, será aplicada pena privativa ou de multa, com redução de um terço. Não haverá pagamento de custas, imposição de medidas de segurança ou penas acessórias. O consenso sobre a pena entre as partes afetará o caminho normal do processo, mas também afetará o patamar de pena da sentença condenatória. É certo que pode alterar, inclusive, a qualificação jurídica do fato[66], ou seja, mais um aspecto penal. Pode-se dizer, por essas razões, que constitui um instituto com natureza processual e penal, ou de Direito Penal em seu sentido global apontado no segundo capítulo da pesquisa.

---

62. ITÁLIA. Gazzetta Ufficiale. Decreto Del Presidente Della Repubblica 22 settembre 1988, n. 447. **Codice di procedura penale**. Disponível em: <https://www.gazzettaufficiale.it/dettaglio/codici/codiceProceduraPenale>. Acesso em: 7 jun.2022.
63. Ibidem.
64. VASSALLI, op. cit.
65. Ibidem.
66. GIACOMOLLI, Nereu José. **Legalidade, oportunidade e consenso no Processo Penal na perspectiva das garantias constitucionais**: Alemanha, Espanha, Itália, Portugal, Brasil. Porto Alegre: Livraria do Advogado, 2006. p. 262.

Portanto, cuida-se de um acordo de pena que respeita as características singulares do modelo italiano e não guarda identidade com a liberdade consensual existente no modelo dos EUA. Para Giacomolli, o *patteggiamento sulla pena* é um dos instrumentos de economia processual, sem sacrifício de exigências garantistas. Argumenta que não existe oportunidade pura no modelo de consenso penal italiano, no qual o julgador não se submete à vontade exclusiva das partes[67]. Aqui reside uma distinção, portanto, entre o papel do julgador, no cenário consensual do modelo italiano, e o papel mais passivo do julgador que se apresenta no Direito norte-americano.

O *patteggiamento sulla pena* constitui um processo especial na topografia do CPP italiano, que se apresenta de maneira intraprocessual e se estabelece entre a acusação e a defesa, sob o crivo jurisdicional. Na Lei n. 689 de 1981, apenas o acusado poderia postular o acordo. No texto do Código aprovado em 1988, tanto o Ministério Público quanto o acusado têm legitimidade para iniciar o acordo[68].

No modelo de acordo para pequenos delitos de 1981, o objetivo era evitar o cárcere para os casos de penas de curta duração. Já no *patteggiamento* ampliado de 1988, o consenso entre as partes apresenta consequências processuais e penais, com reflexos no desenvolvimento regular do processo, bem como na delimitação do fato quanto à sua qualificação jurídica e, sobretudo, na pena.

Vale registrar que o *patteggiamento* não se aplica no procedimento contra menores e, além disso, em determinados crimes contra a administração pública, a realização do acordo penal se subordina à reparação do dano ou lucro do crime, conforme art. 444.1.ter. do CPP italiano[69]. Em crimes ambientais, o acordo penal deverá exigir a reparação do dano com a repristinação do estado anterior, quando possível, e, em crimes tributários, o pagamento do débito. No que concerne às pessoas jurídicas – que recebem sanções administrativas no Direito italiano, sem caráter penal –, é possível o *patteggiamento* quando se tratar de sanções de conteúdo pecuniário, ou seja, desde que não seja aplicável a sanções interditivas[70].

---

67. GIACOMOLLI, Nereu José. **Legalidade, oportunidade e consenso no Processo Penal na perspectiva das garantias constitucionais**: Alemanha, Espanha, Itália, Portugal, Brasil. Porto Alegre: Livraria do Advogado, 2006. p. 257-258.

68. Ibidem, p. 264.

69. ITÁLIA. Gazzetta Ufficiale. Decreto Del Presidente Della Repubblica 22 settembre 1988, n.447. **Codice di procedura penale**. Disponível em: <https://www.gazzettaufficiale.it/dettaglio/codici/codiceProceduraPenale>. Acesso em: 7 jun.2022.

70. VASSALLI, Luciana Sperb Duarte. Acordos entre Ministério Público e imputado no Brasil e na Itália: aplicação da pena a pedido das partes, transação penal e acordo de não persecução penal. **Revista da Escola da Magistratura**

Destaca-se que a norma italiana prevê um consenso entre o Ministério Público e a Defesa. No entanto, o pedido também pode ser formulado por qualquer das partes de maneira separada. A recusa inicial ao acordo não impede que o pedido seja renovado. Esse pedido, oral ou escrito, pode ser apresentado durante a investigação prévia, na audiência preliminar ou mesmo durante o julgamento, antes dos debates, nos termos do art. 446.1.2. do CPP italiano[71].

Quando o acordo ocorre na fase das investigações preliminares, o juiz designará audiência, com convocação das partes, para certificar a voluntariedade do autor do fato. Se o pedido de aplicação da pena partir apenas do Ministério Público, com a proposta de consenso, o referido órgão deverá formalizar a acusação em conjunto. Ressalta-se que o juiz ouvirá a outra parte – quanto à aceitação ou não do consenso – quando o pedido partir apenas de uma delas.

Se a defesa fizer o pedido de consenso e, na sequência, o Ministério Público discordar, será necessário fundamentar tal recusa (art. 446.6 do CPP). A motivação da recusa será objeto de exame judicial[72], já que o julgador pode verificar a forma e o conteúdo da manifestação dos sujeitos e, inclusive, a proporcionalidade da sanção penal acordada (111.1 da Constituição e 546 do CPP italiano). Dessa forma, há um controle jurisdicional da discricionariedade (ou decisão) negocial do Ministério Público no processo penal italiano.

Se somente uma das partes fizer o pedido, o juiz ouvirá a outra parte. Mas se o Ministério Público discordar, o julgador poderá atender ao pedido da defesa, porquanto realiza um juízo valorativo sobre o dissenso da acusação. Dito de outro modo, no arranjo jurídico italiano, quando o Ministério Público apresentar recusa para a realização do acordo, o imputado poderá fazer o pedido ao juízo.

Nesse caso, se o julgador concordar com o acordo, não poderá aplicar a pena de imediato, mas deverá prosseguir com o processo e, só ao final da instrução processual, poderá sentenciar e aplicar a redução da pena, se entender que a recusa do Ministério Público fora infundada. Nesse caso, o Ministério Público poderá apelar da decisão judicial, nos termos do art. 448.2 do CPP italiano[73].

---

da 4ª Região, Ano 7, n. 18, 2021, Porto Alegre-RS, p. 179-221. Disponível em: <https://www2.trf4.jus.br/trf4/upload/editor/uli72_ctp-miolo-revista-emagis-n18.pdf>. Acesso em: 30 mai. 2022. p. 198.

71. ITÁLIA. Gazzetta Ufficiale. Decreto Del Presidente Della Repubblica 22 settembre 1988, n.447. **Codice di procedura penale**. Disponível em: <https://www.gazzettaufficiale.it/dettaglio/codici/codiceProceduraPenale>. Acesso em: 7 jun.2022.

72. GIACOMOLLI, Nereu José. **Legalidade, oportunidade e consenso no Processo Penal na perspectiva das garantias constitucionais**: Alemanha, Espanha, Itália, Portugal, Brasil. Porto Alegre: Livraria do Advogado, 2006. p. 267.

73. ITÁLIA. Gazzetta Ufficiale. Decreto Del Presidente Della Repubblica 22 settembre 1988, n.447. **Codice di procedura penale**. Disponível em: <https://www.gazzettaufficiale.it/dettaglio/codici/codiceProceduraPenale>. Acesso em: 8 jun.2022. Essa atuação judicial que pode discordar da recusa ao acordo apresentada pelo Ministério Público,

A decisão judicial que aplica a pena possui natureza de sentença penal condenatória e forma título executivo, mas não gera título civil e administrativo, conforme art. 445.1 do CPP italiano[74]. Tal decisão poderá impor o confisco de dinheiro e outros bens de origem ilícita, mas não terá reflexos nas searas cível e administrativa. Em caso de cumprimento da pena acordada, os efeitos penais serão extintos depois de cinco anos da sentença, sem o cometimento de outro delito, ou de dois anos, sem o cometimento de contravenção semelhante à que figurara como objeto do acordo.

A lei e a jurisprudência italianas são atualmente uniformes no sentido de que a sentença judicial que homologa o acordo penal das partes apresenta natureza condenatória e, portanto, afirma a culpa do sentenciado. No entanto, Luciana Vassalli aponta ausência de consenso na doutrina acerca da matéria, tendo agravado a discussão após a entrada em vigor do *patteggiamento allargato*. O motivo desse debate reside na não exigência de admissão de culpa do imputado para realizar o acordo. A discussão no âmbito acadêmico persiste mesmo após a reforma do art. 111 da Constituição italiana[75].

Ao tratar da sentença condenatória penal, Sanna explica que se exigem a cognição e a argumentação do juiz, com o cumprimento de garantias colocadas antecipadamente, para se chegar à afirmação da culpa do acusado. No modelo negocial, parece existir uma renúncia a isso e uma conformidade apenas com o aspecto imperativo da sentença, do seu conteúdo decisório, que se choca com os fins da sanção penal previstos no art. 27, §3º, da Constituição italiana.

Sobre a natureza da sentença que aplica a pena acordada, a referida autora também afirma que não se pode render ao dogmatismo, em crítica ao texto legal do art. 444 do CPP italiano. O problema passa pela necessidade, nessa linha doutrinária, de afirmar a culpa do acusado[76]. É certo que essa crítica se encontra em parcela da doutrina, uma vez que a jurisprudência italiana já fez sua opção.

---

segundo Leite, se justifica porquanto o *patteggiamento* constitui, de igual modo, uma modalidade de exercício do direito de defesa e, por isso, não pode ser irreprimível, de maneira unilateral, pelo Ministério Público (LEITE, Rosimeire Ventura. **Justiça consensual como instrumento de efetividade do processo penal no ordenamento jurídico brasileiro**. 2009. Tese (Doutorado) – Universidade de São Paulo, São Paulo, 2009. Disponível em: <https://teses.usp.br/teses/disponiveis/2/2137/tde-17112011-110813/publico/Rosimeire_Texto_versao_completa.pdf>. Acesso em: 08 jun. 2022. p. 102-103).

74. ITÁLIA. Gazzetta Ufficiale. Decreto Del Presidente Della Repubblica 22 settembre 1988, n.447. **Codice di procedura penale**. Disponível em: <https://www.gazzettaufficiale.it/dettaglio/codici/codiceProceduraPenale>. Acesso em: 7 jun.2022.

75. VASSALLI, Luciana Sperb Duarte. Acordos entre Ministério Público e imputado no Brasil e na Itália: aplicação da pena a pedido das partes, transação penal e acordo de não persecução penal. **Revista da Escola da Magistratura da 4ª Região**, Ano 7, n. 18, 2021, Porto Alegre-RS, p. 179-221. Disponível em: <https://www2.trf4.jus.br/trf4/upload/editor/uli72_ctp-miolo-revista-emagis-n18.pdf>. Acesso em: 8 jun.2022. p.198.

76. SANNA, Alessandra. **Il "Patteggiamento" tra prassi e novelle legislative**. Milano- Italia: Cedam, 2018. p.167-170.

Se o julgador não aceitar o acordo, caberá recurso ao Tribunal, que poderá dar provimento e aplicar a pena solicitada (art. 448.1 do CPP italiano). Na versão do texto aprovado em 1988, e que entrou em vigor em 1989, dizia-se que sentença prolatada pelo julgador, nos termos do consenso entre as partes, não podia ser revogada e nem impugnada via recurso[77].

Todavia, a Lei n. 103 de 2017 alterou o texto do art. 448.2.bis do CPP italiano, de modo que é possível o recurso de cassação da sentença, apresentado pelo Ministério Público, por razões relativas à manifestação da vontade do arguido, à falta de correlação entre o pedido e a sentença, à classificação jurídica errônea do fato e à ilegalidade da sentença ou medida de segurança[78].

É certo que, apesar do consenso entre as partes, se houver alguma causa extintiva do crime ou da punibilidade, o juiz deverá absolver o acusado. Com isso, o julgador, no modelo penal de consenso italiano: examina os fundamentos de eventual recusa do consenso pelo Ministério Público; absolve diante de causa que exclui o crime ou a punibilidade; e pode recusar em decisão, sujeita a recurso, o consenso das partes. Tais poderes afastam o julgador de uma posição cartorial ou homologatória no modelo negocial penal italiano.

Constata-se que o juiz não permanece em estado de neutralidade, como acontece nos EUA. Isso quer dizer que, no acordo penal do sistema jurídico italiano, o juiz exerce papel mais ativo na construção final da solução penal, a qual fora objeto de acordo entre as partes. Integram o exame judicial a adequação da qualificação jurídica do acordo e as circunstâncias a respeito da pena, de modo que poderá o julgador, ao final, homologar e condenar o acusado ou, outrossim, rejeitar o acordo.

A posição de Giacomolli, ao comentar o texto legal italiano sobre o *patteggiamento*, merece destaque. Entende o autor que o consenso penal que permite uma pena privativa de liberdade fere a garantia do *status* liberdade, ao abrir mão de um julgamento com contraditório. No entanto, não deixa de ser surpreendente o fato de aceitar negócio penal com condenação, desde que a sanção não seja privativa de liberdade. Dessa forma, o referido autor aceita

---

77. GIACOMOLLI, Nereu José. **Legalidade, oportunidade e consenso no Processo Penal na perspectiva das garantias constitucionais**: Alemanha, Espanha, Itália, Portugal, Brasil. Porto Alegre: Livraria do Advogado, 2006. p. 270.

78. ITÁLIA. Gazzetta Ufficiale. Decreto Del Presidente Della Repubblica 22 settembre 1988, n. 447. **Codice di procedura penale**. Disponível em: <https://www.gazzettaufficiale.it/dettaglio/codici/codiceProceduraPenale>. Acesso em: 8 jun.2022.

sentença condenatória judicial oriunda de um consenso entre as partes, desde que afastada a possibilidade do cárcere como sanção penal[79].

Verifica-se que o sistema jurídico italiano contempla a negociação de pena entre acusação e defesa, seguida de uma sentença judicial condenatória, bem como que o *patteggiamento sulla pena* na Itália possui características distintas na comparação com o *plea bargaining* dos EUA. Naquele, não se pode falar em neutralidade do julgador e liberdade consensual, em maior medida, das partes, como ocorre neste sistema. Portanto, a discricionariedade da acusação para realizar o acordo penal está sujeita a um controle judicial maior no sistema italiano em comparação com o sistema negocial penal dos EUA.

Ademais, considerando os limites ao *patteggiamento*, pelo quanto da pena de dois ou de cinco anos, o limite de redução de um terço da pena, bem como a natureza de determinados crimes que não admitem o referido acordo e, sobretudo, a inexistência de negociação sobre a natureza do fato ou qualificação jurídica, observam-se grandes diferenças desse instituto para o *plea bargaining* estadunidense.

No *patteggiamento*, o autor do fato não confessa expressamente o crime, mas desiste do processo litigioso em troca de uma redução da pena. Apesar disso, a lei e a jurisprudência italianas reconhecem natureza condenatória na sentença que homologa o acordo penal. Tal decisão não gera efeitos cíveis e administrativos. Isso faz com que o modelo de acordo penal italiano se assemelhe, em certa medida, ao *nolo contendere* praticado nos EUA[80].

Observa-se que a construção de um modelo de negócio penal na Itália - com o CPP de 1988 e as subsequentes alterações legislativas, por meio da atividade uniformizadora da Corte Constitucional - não cedeu à autonomia da vontade das partes, mas buscou equilibrar o negócio penal com outras caraterísticas de um modelo de investigação oficial, que recusa a figura de um julgador passivo.

3.1.3. *Absprachen* na Alemanha

As anotações sobre a forma de solucionar conflitos penais na Alemanha, com celeuma acadêmica quanto ao modelo inquisitivo, misto e/ou com

79. GIACOMOLLI, Nereu José. **Legalidade, oportunidade e consenso no Processo Penal na perspectiva das garantias constitucionais**: Alemanha, Espanha, Itália, Portugal, Brasil. Porto Alegre: Livraria do Advogado, 2006. p. 268.

80. Nesse sentido: LANGER, Máximo. From Legal Transplants to Legal Translations: The Globalization of Plea Bargaining and the Americanization Thesis in Criminal Procedure. In: THAMAN, Stephen C. (org). **Word Plea Bargaining**: Consensual Procedures and the Avoidance of the Full Criminal Trial. Durham, North Carolina: Academic Press, 2010, p. 1-80. p. 65-66.

características acusatórias, foram apontadas no Capítulo 2 da pesquisa[81]. Nesse momento, interessa examinar a solução de negócio penal no ordenamento jurídico alemão, se existe ou não solução negociada de pena, o papel dos atores penais e a correlação desse transplante de barganha com outros modelos jurídicos presentes em outros países.

Ancorado na legalidade penal e no formalismo, tanto o modelo penal quanto o processual alemães exercem influência em muitos sistemas jurídicos europeus e de outros continentes, o que denota a importância de compreender como aconteceu por lá o implante da solução negociada.

Como origem remota, no ano de 1877, surgiu uma alternativa simplificada de solução penal, denominada de ordem penal, que ainda não consistia em um pleno negócio entre as partes, mas que, usada em infrações penais de menor gravidade, permitia à acusação propor, de forma escrita, uma sanção penal que se tornava definitiva com a aprovação do tribunal[82].

O instituto das ordens penais permanece na redação do atual Código de Processo Penal Alemão (StPO, denominado de *Strafprozeßordnung*), porquanto em seus dispositivos §407 até o §412 consta o procedimento para as ordens penais[83]. Da sua leitura, depreende-se que o Ministério Público promove uma acusação escrita e requer a punição consubstanciada em multas, suspensão de direitos ou suspensão da pena por até um ano. Em seguida, se houver a concordância judicial, o acusado será comunicado e terá, se desejar, duas semanas para apresentar suas objeções. Se o acusado não contestar, o requerimento do Ministério Público se transforma em uma ordem, com força de sentença. Se o acusado contestar, o processo seguirá o rito com dilação probatória, podendo ao longo do seu caminho ocorrer alguma medida consensual, com a concordância das partes.

Amparado em um sistema inquisitivo, influenciado pela codificação francesa de 1808, o modelo alemão passou por uma reforma na segunda metade do

81. Conforme constatado no Capítulo 2, com os devidos argumentos, Schünemann classifica o sistema processual alemão como inquisitivo ante o forte papel desempenhado pelo julgador na audiência de instrução e julgamento (SCHÜNEMANN, Bernd. **Estudos de direito penal, direito processual penal e filosofia do direito.** Coord. Luís Greco. São Paulo: Marcial Pons, 2013. p. 206 e 220-221). Hassemer, por sua vez, enxerga características acusatórias e inquisitivas (HASSEMER, Winfried. **Introdução aos fundamentos do direito penal.** Trad. Pablo Rodrigo Alfen da Silva. Porto Alegre: Sergio Antônio Fabris, 2005. p. 185).

82. LANGER, Máximo. Plea Bargaining, Conviction Without Trial, and the Global Administratization of Criminal Convictions. In: **Annual Review of Criminology**, v. 4, 2021, p.377-411. Disponível em: https://www.annualreviews.org/doi/full/10.1146/annurev-criminol-032317-092255#article-denial. Acesso em 17 fev.2021. p.379.

83. ALEMANHA. **Código de Processo Penal (Strafprozeßordnung.** In der Fassung der Bekanntmachung vom 07.04.1987 (BGBl. I S. 1074, ber. S. 1319), zuletzt geändert durch Gesetz vom 25.03.2022 (BGBl. I S. 571). Stand: 01.01.2022 aufgrund Gesetzes vom 05.10.2021 (BGBl. I S. 4607). Disponível em: <https://dejure.org/gesetze/StPO>. Acesso em: 15 jul. 2022.

século XIX, conforme visto no Capítulo 2 da pesquisa. Na sequência, reformas relevantes aconteceram na segunda metade do século XX. Destaca-se que, após a Grande Reforma, realizada no processo penal alemão em 1974, houve a extinção do juizado de instrução, rompeu-se com certas balizas do modelo francês de 1808, e transferiu-se toda a responsabilidade pela investigação ao Ministério Público, a quem compete promover a ação penal. A partir daí, o modelo alemão fora classificado pela maioria da doutrina como acusatório[84], conquanto não tenha abandonado os aspectos inquisitoriais com amplos poderes do juiz durante a fase de instrução e julgamento.

Na estrutura do atual processo penal alemão, alicerçado no princípio da legalidade, destacam-se as seguintes balizas: o Ministério Público preside a investigação criminal, não considerada uma fase do processo judicial; o juiz não tem poder para abrir de ofício a fase jurisdicional da persecução penal, de modo que tal abertura depende de uma acusação; apenas o Ministério Público possui legitimidade ativa para promover a ação penal; após o início do processo, o julgador pode buscar elementos probatórios que lhe permitam melhor exame para o julgamento; há previsão dos princípios da publicidade, oralidade, igualdade de armas, contraditório, presunção de inocência, *in dubio pro reo*, legalidade e oportunidade; o juiz valora a prova com liberdade, mas deve fundamentar e expor as razões de suas decisões; o descumprimento das normas processuais se sujeita à nulidade; as decisões judiciais se sujeitam a recursos[85].

O princípio da acumulação de poderes ou forças processuais se revela no acúmulo de papeis do juiz durante a audiência de instrução e julgamento. E isso implica uma característica inquisitorial do sistema processual penal alemão, no qual o juiz produz a prova e decide nessa fase processual. Desse modo, a atuação relevante do Ministério Público ocorre até as portas da audiência de instrução e julgamento, porquanto, a partir daí, o juiz, com completo acesso ao material produzido desde as investigações preliminares, produz prova e decide[86].

No que concerne à justiça penal negociada, foi na década de 1970, no entanto, que surgiu algo novo na prática forense do sistema penal alemão, em uma contradição com a legalidade e o formalismo desse sistema, qual seja: um acordo penal entre acusação e defesa, sob a supervisão judicial, que poderia ser realizado antes ou durante o julgamento. O acordo, denominado de *absprachen*,

84. ANDRADE, Mauro Fonseca. **Sistemas processuais penais e seus princípios reitores.** 2ª ed. Curitiba: Juruá, 2013. p.114-115.

85. Ibidem, p. 115.

86. SCHÜNEMANN, Bernd. **Estudos de direito penal, direito processual penal e filosofia do direito.** Coord. Luís Greco. São Paulo: Marcial Pons, 2013. p. 220-221e 225.

idealizado com o objetivo de alcançar a celeridade processual, implicava confissão e uma limitação da pena que seria imposta. Essa prática, sem previsão em lei, foi classificada por Schünemann como uma torsão do Direito[87].

O surgimento dessa forma de barganha sem previsão legal na prática processual alemã revela, segundo Vasconcelos e Moeller, um fato histórico sem precedentes, que foi usado no dia a dia, pouco discutido e questionado, como se houvesse um elefante na sala, não percebido por todos que ali estavam[88]. É certo, todavia, que parcela da doutrina não se curvou a essa construção prática do acordo de pena[89].

A causa para o surgimento de um acordo penal no sistema alemão guarda sintonia com o conteúdo da pesquisa trabalhado no Capítulo 2, isto é, com a expansão do Direito Penal e a insuficiência de um único modelo para dar resposta ao fenômeno criminal. Nesse contexto, as soluções negociadas no campo penal penetraram nos ordenamentos jurídicos de plataforma continental.

Para Schünemann, as razões para o surgimento de modelos de consenso penal na Europa se encontram no aumento da criminalidade das últimas décadas, que acarretou a sobrecarga da justiça criminal, bem como nos chamados processos-monstros envolvendo o Direito Penal Econômico, adjetivados dessa forma por serem duradouros e complexos[90].

Não se olvida de que espaços de oportunidade que implicam redução da obrigatoriedade da ação penal foram-se apresentando desde o final do século XIX no ordenamento jurídico alemão, bem como em dispositivos acrescentados a partir de 1923 e consolidados em 1974, quando o Ministério Público ganhou maior destaque como condutor da investigação criminal. Esses espaços podem ser visualizados no instituto mencionado da ordem penal, nos

87. I SCHÜNEMANN, Bernd. **Estudos de direito penal, direito processual penal e filosofia do direito.** Coord. Luís Greco. São Paulo: Marcial Pons, 2013. p. 234.

88. VASCONCELOS, Vinicius Gomes; MOELLER, Uriel. Acordos no processo penal alemão: descrição do avanço da barganha da informalidade à regulamentação normativa. In: **Boletín Mexicano de Derecho Comparado.** v. 49. Issue 147. 2016, p. 13-33. https://doi.org/10.22201/iij.24484873e.2016.147.10638. Disponível em: <https://www.sciencedirect.com/science/article/pii/S0041863318300899>. Acesso em: 15 jul. 2022. p. 16.

89. Antes da regulamentação legal da *absprachen* na Alemanha, Schünemann não escondeu a sua crítica: "a aleatoriedade pós-moderna da cultura contemporânea paralisou a capacidade de compreender os requisitos mínimos de um processo penal garantístico-liberal como o da RStPO de 1877, que, em seus aspectos centrais, permanece inalterado e não pode ser dispensado por uma mera mudança de práticas judiciais. Em verdade, cada época tem o processo penal que merece. [...] Em relação à prática alemã de acordos, para os quais o legislador até hoje não foi capaz de instituir uma legislação própria, trata-se portanto, muito evidentemente, de um exemplo da decadência da cultura jurídica. A exposição desta lamentável situação, realizada sem qualquer disfarces na contribuição científica de um penalista alemão, causa de certa forma vergonha, mas por razões de honestidade e lealdade científicas tem de ser levada a cabo" (SCHÜNEMANN, op. cit., p. 221 e 256). A legislação do *absprachen* surgiu na Alemanha somente em 2009.

90. SCHÜNEMANN, op. cit., p. 256.

arquivamentos de casos de pequena importância (§153 do StPO), bem como no instituto parecido com a suspensão condicional do processo penal existente no Brasil, conforme o §153a do StPO[91].

Vale destacar que, em 1997, uma decisão do Tribunal Federal de Justiça (BGH)[92] estabeleceu parâmetros de validade do *absprachen*, considerando-se as características de outro instituto, presente no dispositivo §153a do Código de Processo Penal alemão (StPO), que traz um espaço de disponibilidade da ação penal[93].

A referida norma permite ao Ministério Público, em casos de pequena gravidade, promover a suspensão do processo, mediante o compromisso do acusado de cumprir determinadas condições[94], submetida à aceitação do juízo. Com o adimplemento das condições pactuadas, o processo será extinto sem qualquer solução quanto à culpabilidade do acusado[95].

O §153a do StPO, conforme lição de Karsten Altenhain, trata de uma suspensão do processo desde que o investigado cumpra determinadas condições, semelhante à *diversion* existente nos EUA. Para o referido autor, conquanto não esteja previsto expressamente no texto do StPO, o promotor e a defesa negociam as condições mais adequadas. Se cumpridas as condições acordadas, o processo será extinto após a investigação preliminar, sem ocorrer uma acusação formal e sem acontecer um julgamento[96]. Ressalta-se a possibilidade de, no caso de ação penal já proposta, o Tribunal, com o consentimento do Ministério

---

91. ALEMANHA. **Código de Processo Penal (Strafprozeßordnung).** In der Fassung der Bekanntmachung vom 07.04.1987 (BGBl. I S. 1074, ber. S. 1319), zuletzt geändert durch Gesetz vom 25.03.2022 (BGBl. I S. 571). Stand: 01.01.2022 aufgrund Gesetzes vom 05.10.2021 (BGBl. I S. 4607). Disponível em: <https://dejure.org/gesetze/StPO>. Acesso em: 15 jul. 2022.

92. ALEMANHA. BGH 4 StR 240/97 - Urteil vom 28. August 1997 LG Dortmund. **HRR-Strafrecht.de Online-Zeitschrift und Rechtsprechungsdatenbank (Jornal on-line e banco de jurisprudência).** Disponível em: <https://www.hrr-strafrecht.de/hrr/4/97/4-240-97.php3>. Acesso em: 21 jul. 2022.

93. ALEMANHA, op. cit.

94. As condições especificadas no §153a do Código de Processo Penal alemão são: prestação de um serviço específico para compensar os danos causados pela infração; pagamento de uma quantia em dinheiro a uma organização de caridade ou ao Estado; prestação de serviços de caridade de outro modo; cumprimento de obrigações de alimentos em determinado valor; realização de esforços sérios para chegar a um acordo com a parte lesada (acordo infrator-vítima) e reparar o dano do crime de forma integral ou em sua maior parte ou se esforçar para corrigi-lo; participação de em curso de formação social; ou participação num seminário avançado de acordo ou num seminário de aptidão para condução de acordo, em linha com o §4a da Lei de Trânsito Rodoviário da Alemanha (ALEMANHA, op. cit.).

95. Considerando a inexistência de uma pena ao findar essa suspensão do processo, Brandalise classifica, de maneira precisa, o referido instituto como uma hipótese de diversão com intervenção, porquanto não se pode falar em sentença penal negociada na suspensão do processo prevista no §153a do Código de Processo Penal Alemão (BRANDALISE, Rodrigo. **Justiça Penal Negociada:** negociação da sentença criminal e princípios processuais relevantes. Curitiba: Juruá, 2016. p. 95-96).

96. ALTENHAIN, Karsten. Absprachen in German Criminal Trials. In: THAMAN, Stephen C. (org). **Word Plea Bargaining**: Consensual Procedures and the Avoidance of the Full Criminal Trial. Durham, North Carolina: Academic Press, 2010. p.158.

Público, suspender o processo mediante certas condições, conforme item 2 do dispositivo §153a do Código de Processo Penal alemão[97].

Portanto, dentro do recorte do objeto da pesquisa, as referidas condições, estabelecidas na suspensão do processo prevista no §153a do Código de Processo Penal alemão, não possuem natureza de pena. Inexiste, nessa hipótese, uma sentença penal condenatória.

Desse modo, antes da regulamentação legal do modelo de acordos denominado de *absprachen*, o BGH estabeleceu, na citada decisão de 28 de agosto de 1997, que a estrutura do Direito Processual alemão era adversa aos acordos, mas que as discussões sobre os resultados do julgamento eram permitidas, como já se observava no instituto previsto no §153a do StPO[98].

Diante disso, decidiu-se que os acordos (*absprachen*) seriam permitidos, desde que observassem determinadas condições atinentes aos aspectos substantivo e procedimental, quais sejam: seu resultado final deve acontecer em audiência pública, mas são permitidas discussões preliminares quando o Tribunal estivesse em recesso; o acusado não pode ser coagido a aceitar o acordo sob ameaça de que uma sentença proferida em um julgamento redundará em pena maior; não pode o juiz prometer, durante o acordo, uma pena vinculante; o juiz poderá apenas estabelecer um limite máximo de pena que almeja aplicar, mas tal limitação pode ser descumprida ante a presença de elementos novos que eventualmente apareçam após a confissão, até então desconhecidos do juízo; a confissão funciona apenas como um elemento de prova e necessita ser específica; o juiz deve estar convencido do fato cometido pelo acusado e que fora narrado na acusação; não haverá renúncia ao direito de recorrer, salvo em caso de orientação expressa, quando tal renúncia será válida[99].

Outrossim, na referida decisão, restou claro que o acordo deve estar atrelado à culpa do acusado na prática do delito, em uma correlação proporcional entre pena e fato, com resposta penal mitigada pela confissão que provoca a redução da pena, sendo incabível a *charge bargaining* (barganha sobre as

97. ALEMANHA. **Código de Processo Penal (Strafprozeßordnung).** In der Fassung der Bekanntmachung vom 07.04.1987 (BGBl. I S. 1074, ber. S. 1319), zuletzt geändert durch Gesetz vom 25.03.2022 (BGBl. I S. 571). Stand: 01.01.2022 aufgrund Gesetzes vom 05.10.2021 (BGBl. I S. 4607. Disponível em: < https://dejure.org/gesetze/StPO/153a.html>. Acesso em: 16 jul. 2022).

98. ALTENHAIN, Karsten. Absprachen in German Criminal Trials. In: THAMAN, Stephen C. (org). **Word Plea Bargaining:** Consensual Procedures and the Avoidance of the Full Criminal Trial. Durham, North Carolina: Academic Press, 2010. p. 164.

99. Ibidem, p. 164-165.

imputações penais), de modo que o acordo não pode alterar a classificação jurídica do fato[100].

Apesar das diretrizes apontadas pelo BGH, Karsten Altenhain aponta evidências de que, na prática diária, juízes, promotores de justiça e advogados operavam juntos para realizar acordos penais, com o costume já existente desde a década de 70, evitando as diretrizes estabelecidas pelo BGH[101].

Vale ressaltar que, no ano de 2005, o BGH, em nova decisão[102], reforçou os argumentos utilizados na decisão de 1997 e reconheceu a existência de acordos penais na prática judiciária, deixando clara a vedação de renúncia ao recurso. Solicitou a atuação do Poder Legislativo, de modo a regulamentar a realização dos acordos penais, porquanto esse papel não poderia ser alcançado de forma plena pelo Judiciário.

Antes da regulamentação legal, o modelo de acordo penal alemão já era utilizado em um número considerável de casos. As estatísticas apontavam entre 30% e 50%, com um percentual ainda maior em crimes econômicos. Esse alto percentual revelava uma dependência do modelo jurídico alemão de soluções penais negociadas, uma necessidade para o funcionamento da justiça criminal[103].

A regulamentação, no campo legislativo, do *absprachen* só ocorreu em 2009, com a Lei de Regulamentação dos Acordos no Processo Penal, que inseriu dispositivos no Código de Processo Penal alemão, conforme itens 1 a 5 do §257c do StPO[104]. Em tais normas, consta que o juiz (Corte local) pode chegar a um acordo com as partes sobre o andamento e o resultado do processo. Observa-se ainda que o objeto do acordo deve, confessado o fato, estar relacionado às consequências jurídicas que farão parte da sentença, bem como de outras medidas processuais.

---

100. Ibidem, p. 164 e 171.

101. ALTENHAIN, Karsten. Absprachen in German Criminal Trials. In: THAMAN, Stephen C. (org). **Word Plea Bargaining:** Consensual Procedures and the Avoidance of the Full Criminal Trial. Durham, North Carolina: Academic Press, 2010. p. 165.

102. ALEMANHA. Bundesgerichtshof (BGH). **Beschluß vom 3. März 2005 - GSSt 1/04.** Disponível em: <http://juris.bundesgerichtshof.de/cgi-bin/rechtsprechung/document.py?Gericht=bgh&Art=en&Datum=Aktuell&nr=32382&linked=bes&Blank=1&file=dokument.pdf>. Acesso em: 14 out. 2022.

103. VASCONCELOS, Vinicius Gomes; MOELLER, Uriel. Acordos no processo penal alemão: descrição do avanço da barganha da informalidade à regulamentação normativa. In: **Boletín Mexicano de Derecho Comparado.** v. 49. Issue 147. 2016, p. 13-33. https://doi.org/10.22201/iij.24484873e.2016.147.10638. Disponível em: <https://www.sciencedirect.com/ science/article/pii/S0041863318300899>. Acesso em: 15 jul. 2022. p. 22-23.

104. ALEMANHA. **Código de Processo Penal (Strafprozeßordnung).** In der Fassung der Bekanntmachung vom 07.04.1987 (BGBl. I S. 1074, ber. S. 1319), zuletzt geändert durch Gesetz vom 25.03.2022 (BGBl. I S. 571). Stand: 01.01.2022 aufgrund Gesetzes vom 05.10.2021 (BGBl. I S. 4607). Disponível em: <https://dejure.org/gesetze/StPO/257c.html>. Acesso em: 16 jul. 2022.

No modelo alemão, o juiz é quem anuncia o acordo penal (*abspracher*), podendo especificar um limite para a pena, um intervalo com um máximo e um mínimo de pena, diante das circunstâncias do caso e demais elementos para a condenação. As partes têm a oportunidade de fazer suas considerações. O acordo será finalizado quando o acusado e o Ministério Público concordarem com a proposta apresentada pelo juiz.

Um esclarecimento deve ser feito. Quando se fala em juiz, significa, no processo alemão, a Corte local, formada em regra por um juiz técnico e juízes leigos. Todos participam do julgamento. Em matéria de acordo, no entanto, o juiz técnico é quem dá as diretrizes no momento inicial das negociações, sem a participação dos juízes leigos[105].

Destaca-se que, conforme item 4 do §257c do StPO, o acordo não vincula o julgador se as circunstâncias jurídicas ou fáticas significativas tiverem sido omitidas ou se tais circunstâncias surgirem após o acordo e, diante disso, o juiz se convencer de que a pena proposta não é adequada ao fato cometido pelo acusado[106].

Houve, na regulamentação do acordo penal alemão, um destaque ao papel do juiz, de maneira, portanto, distinta de outros sistemas jurídicos, que fizeram algum transplante da barganha estadunidense. Nos demais modelo jurídicos, em regra, o Ministério Público goza de protagonismo na solução penal negociada, enquanto no modelo alemão o julgador ocupa esse espaço, negocia e aplica a pena, o que revela forte característica inquisitorial[107]. "O juiz tem um papel efetivo na realização da negociação, pois é ele quem coordena as combinações que podem levar à confissão, indispensável para o acordo"[108].

Para Máximo Langer, a posição de protagonista do julgador no modelo alemão pode ser explicada pela necessidade de adaptar o instituto da barganha

105. VASCONCELOS, Vinicius Gomes; MOELLER, Uriel. Acordos no processo penal alemão: descrição do avanço da barganha da informalidade à regulamentação normativa. In: **Boletín Mexicano de Derecho Comparado.** v. 49. Issue 147. 2016, p. 13-33. https://doi.org/10.22201/iij.24484873e.2016.147.10638. Disponível em: <https://www.sciencedirect.com/science/article/pii/S0041863318300899>. Acesso em: 15 jul. 2022. p. 21.

106. ALEMANHA. **Código de Processo Penal (Strafprozeßordnung).** In der Fassung der Bekanntmachung vom 07.04.1987 (BGBl. I S. 1074, ber. S. 1319), zuletzt geändert durch Gesetz vom 25.03.2022 (BGBl. I S. 571). Stand: 01.01.2022 aufgrund Gesetzes vom 05.10.2021 (BGBl. I S. 4607). Disponível em: <https://dejure.org/gesetze/StPO/257c.html>. Acesso em: 16 jul. 2022.

107. "Em tal procedimento, embora diversos julgamentos sejam realizados por leigos juntamente com juízes profissionais, somente estes participavam das reuniões no momento inicial das negociações (panorama que permanece após a regulamentação de 2009)" (VASCONCELOS, et al, op. cit., p. 21).

108. BRANDALISE, Rodrigo. **Justiça Penal Negociada**: negociação da sentença criminal e princípios processuais relevantes. Curitiba: Juruá, 2016. p. 88.

à distribuição dos poderes processuais que já existiam, com base nos quais o juiz detinha o papel mais relevante no julgamento[109].

Vale ainda acentuar que, em 2013, o Tribunal Federal Constitucional alemão (BVerfG) declarou a constitucionalidade da modificação legislativa inserida no ordenamento jurídico em 2009, relativa aos acordos penais[110]. Na ocasião, três casos foram submetidos à Corte em razão do descumprimento do quadro processual estabelecido no §257c StPO. Por essa razão, os sentenciados alegavam a inconstitucionalidade de suas condenações[111].

Em concreto, os peticionários arguiram que, durante o acordo penal, não foram informados acerca da possibilidade de a Corte local modificar o limite da pena pactuada, caso não verificasse adequação da confissão quanto ao fato efetivamente ocorrido; além disso, noticiaram a expansão do objeto do acordo para além das consequências jurídicas (*charge bargaining*).

O Tribunal Constitucional alemão julgou procedente os pedidos em razão da desobediência às normas processuais que regem o acordo penal alemão, mas rejeitou a contestação de inconstitucionalidade da solução negociada penal prevista na legislação de 2009. Na decisão, restou esclarecido que a obrigação de informação consagrada no artigo 257.º-C, n.º 5, do Código de Processo Penal, não é apenas mera formalidade regulamentar, mas uma exigência constitucional do princípio da justiça processual e da não autoincriminação. Ademais, a confissão não pode ser mera formalidade, vazia de conteúdo, há uma obrigação de os juízes buscarem a verdade material. E, por fim, a pena deve ser proporcional à culpa do condenado[112].

Além disso, nesse julgamento, a Corte Constitucional considerou os acordos penais válidos se seguissem as disposições processuais que regulamentam

109. LANGER, Máximo. From Legal Transplants to Legal Translations: The Globalization of Plea Bargaining and the Americanization Thesis in Criminal Procedure. In: THAMAN, Stephen C. (org). **Word Plea Bargaining**: Consensual Procedures and the Avoidance of the Full Criminal Trial. Durham, North Carolina: Academic Press, 2010. p. 1-80. p. 53. (tradução própria).

110. Essa decisão, que examinou três casos em concreto e a Lei de 2009 em abstrato, pode ser pesquisada em: ALEMANHA. Tribunal Constitucional Federal (Bundesverfassungsgericht). **2 BvR 2628/10; 2 BvR 2883/10; e 2 BvR 2155/11.** Disponível em: <https://www.bundesverfassungsgericht.de/SharedDocs/Entscheidungen/DE/2013/03/rs20130319_2bvr262810.html>. Acesso em: 27 jul. 2022.

111. WEIGEND, Thomas; TURNER, Jenia Iontcheva. The Constitutionality of Negotiated Criminal Judgments in Germany. **German Law Journal**, v. 15, Issue 1: Special issue - Plea Bargains in Germany, 01 February 2014, pp. 81 – 105. DOI: https://doi.org/10.1017/S2071832200002844. Disponível em: <https://www.cambridge.org/core/journals/german-law-journal/article/constitutionality-of-negotiated-criminal-judgments-in-germany/083733A4AC626DC7F5391E9C94956971#article>. Acesso em: 23 jul. 2022. p. 94.

112. Conforme n. III, itens 1 e 2, p. 124, 126, 129 e 130 da decisão de 2013 (ALEMANHA. Tribunal Constitucional Federal (Bundesverfassungsgericht). **2 BvR 2628/10; 2 BvR 2883/10; e 2 BvR 2155/11**. Disponível em: <https://www.bundesverfassungsgericht.de/SharedDocs/Entscheidungen/DE/2013/03/rs20130319_2bvr262810.html>. Acesso em: 27 jul. 2022).

sua realização. Somente dessa forma haveria o cumprimento dos requisitos constitucionais para um julgamento justo com obediência ao princípio da culpa[113]. Deixou claro, ainda, que o legislador deveria monitorar os acordos penais, de modo que, se as violações sistêmicas persistissem, deveria o Poder Legislativo proibir as negociações penais[114].

Na decisão de 2013, o Tribunal percebeu que a prática diária dos acordos penais na Alemanha se distancia da previsão legal, que boa parte dos operadores (juízes, advogados e promotores de justiça) consideram a legislação engessada, por isso não a seguem em seus exatos termos. Por conseguinte, o acórdão do Tribunal se qualificou como uma espécie de decisão condicional, no sentido de que o Legislativo poderia – a continuar um descumprimento contínuo das regras – até revogar a previsão do acordo penal, ou o próprio Tribunal poderia, mais adiante, rever sua posição relativa à constitucionalidade do acordo penal na Alemanha[115]. Observa-se que o Tribunal buscou pressionar os participantes das negociações de pena a cumprir os exatos termos da lei, ao deixar claro que não seriam admitidos os acordos informais[116].

A decisão trouxe algumas contribuições importantes no que concerne aos requisitos processuais, como o dever de buscar a verdade atribuído aos juízes dos tribunais criminais, tanto em processos negociados, quanto em processos submetidos a julgamento. Esse dever, segundo a decisão, se ancora no princípio da culpa, o qual não está à disposição do legislador e nem das partes. A Corte não aprofundou o debate sobre o tema. Parte da doutrina entende que a Corte, em uma justificativa subjacente, quis dizer que somente a culpa do réu pode legitimar a imposição da pena pelo Estado, de forma que a decisão penal não pode ser legitimada pelo mero consenso entre as partes[117].

113. Conforme n. II, itens 4 e 5, p. 121 e 122 da decisão de 2013 (ALEMANHA, op. cit.).

114. WEIGEND, et al, op. cit., p. 94.

115. WEIGEND, Thomas; TURNER, Jenia Iontcheva. The Constitutionality of Negotiated Criminal Judgments in Germany. **German Law Journal**, v. 15, Issue 1: Special issue - Plea Bargains in Germany, 01 February 2014, pp. 81 – 105. DOI: https://doi.org/10.1017/S2071832200002844. Disponível em:<https://www.cambridge.org/core/journals/german-law-journal/article/constitutionality-of-negotiated-criminal-judgments-in-germany/083733A4AC626DC7F5391E9C94956971#article>. Acesso em: 23 jul. 2022. p. 96-97.

116. Conforme item 115, 2, ff: "Finalmente, o legislador decidiu claramente que são inadmissíveis os acordos 'informais' relacionados com a sentença penal. De acordo com o §257c Pará. 1 StPO, acordos sobre o andamento e o resultado do processo só são permitidos de acordo com os parágrafos seguintes. Os "negócios" não transparentes e incontroláveis já são constitucionalmente proibidos no processo penal devido à ameaça associada ao princípio da culpa, à obrigação de investigar a verdade neles ancorada e ao princípio da justiça inerente ao Estado de direito, e a legislatura rejeitou inequivocamente tais procedimentos" (ALEMANHA. Tribunal Constitucional Federal (Bundesverfassungsgericht). **2 BvR 2628/10; 2 BvR 2883/10; e 2 BvR 2155/11**. Disponível em: <https://www.bundesverfassungsgericht.de/SharedDocs/Entscheidungen/DE/2013/03/rs20130319_2bvr262810.html>. Acesso em: 27 jul. 2022. (Tradução livre).

117. WEIGEND, et al, op. cit., p. 97.

Em razão desse princípio, a decisão do Tribunal Constitucional alemão esclareceu que a admissão formal de culpa, embora em confissão detalhada, não é suficiente para suprir a obrigação de os juízes criminais buscarem a verdade[118]. Estes não podem apenas se limitar à comparação do material investigativo apresentado pelo Ministério Público com a confissão do acusado. Para tanto, os julgadores podem examinar esses documentos da investigação antes e durante o julgamento, interrogar o acusado em audiência pública e, ainda, confrontá-lo com eventual declaração anterior juntada aos autos[119].

Alguns aspectos negativos da decisão de 2013 merecem ser destacados. Em razão do papel de preponderância do juiz na confecção do acordo penal na Alemanha, a decisão do Tribunal Constitucional apontou o Ministério Público como encarregado de rejeitar acordos penais que fugissem dos requisitos legais, como um dever imposto aos promotores. No entanto, esse comando é pouco efetivo, porque há um interesse dos promotores na solução negociada, segundo anotam Turner e Weigend[120].

Outro ponto negativo se revela na fraca posição da vítima no que diz respeito ao reconhecimento e à medida de reparação do dano sofrido[121]. Isso denota que o Tribunal se preocupou com questões processuais e formais dos atores processuais e se esqueceu de outros aspectos relevantes de Direito material e ainda do reposicionamento da vítima no modelo de justiça penal negociada.

Dentro do recorte da pesquisa, alguns aspectos merecem ser retomados sobre o modelo de acordo penal alemão. Já foi destacado o papel ampliado do juiz, distinto, portanto, tanto do modelo estadunidense e, mesmo, do modelo italiano, vistos anteriormente. Há um interesse maior em encurtar a marcha processual e um menor, na verdade inexistente, em modificar a pena para um patamar muito inferior ao fato cometido.

Outro ponto que merece ser observado diz respeito ao controle da pena pelo juiz, ao estabelecer limite mínimo e máximo na proposta de acordo e,

---

118. "A Lei do Acordo Mútuo também preserva o princípio da culpa, na medida em que se exclui a abreviação do procedimento ao preço da investigação da verdade material. Como demonstrado, a possibilidade de se chegar a um acordo não exime o tribunal do dever de apurar os fatos de ofício. Uma confissão não deve se tornar uma 'mercadoria' e só pode ser aceita como base para a promessa de um limite máximo de punição se puder ser verificada - por si só ou com base nas respostas às perguntas" (ALEMANHA, op. cit.). (Tradução livre).

119. WEIGEND, Thomas; TURNER, Jenia Iontcheva. The Constitutionality of Negotiated Criminal Judgments in Germany. **German Law Journal**, v. 15, Issue 1: Special issue - Plea Bargains in Germany, 01 February 2014, pp. 81-105. DOI: https://doi.org/10.1017/S2071832200002844. Disponível em: <https://www.cambridge.org/core/journals/german-law-journal/article/constitutionality-of-negotiated-criminal-judgments-in-germany/083733A4AC626DC7F5391E9C94956971#article>. Acesso em: 23 jul. 2022. p. 97-98.

120. Ibidem, p. 99.

121. Ibidem, p. 100.

ainda, em poder modificar essa pena diante de circunstâncias fáticas e jurídicas, já existentes, não apresentadas pelas partes no momento do acordo ou ante o surgimento de tais circunstâncias após o acordo.

Esse controle da pena pelo julgador, presente no sistema do *absprachen* alemão, tem relação com a função judicial do exame da culpabilidade do acusado e a finalidade de prevenção exercida pela pena, sem retirar a função jurisdicional do exame quanto à culpa, segundo anota Figueiredo Dias[122]. Esse argumento, todavia, não parece convincente em sua totalidade, na medida em que – em outros ordenamentos jurídicos já analisados – se conhece a possibilidade de acordos de pena, realizados pelas partes, sem participação judicial nas tratativas, com potencial de prevenção. Nesses casos, existe a homologação judicial em uma sentença penal condenatória, sem o controle amplo da pena realizado pelo julgador.

É certo que o referido autor reconhece que a diminuição da pena em virtude da confissão revela uma correspondência com a culpabilidade e a prevenção, sobretudo quando não for posterior à prova já produzida[123]. Essa análise parece vincular o arrependimento do autor à confissão, de modo que mereceria uma redução da pena, ante menor grau de censura em sua culpabilidade. No entanto, é certo que, não raro, a confissão do agente para realizar um acordo não tem ligação com seu arrependimento. Cuida-se, na verdade, de uma estratégia de defesa, na qual reside o escopo de obter uma solução com menor pena do que aquela que resultaria de uma condenação ao final de um julgamento.

Vale ainda destacar que a discricionariedade dada ao julgador para incentivar o acordo penal e, em seguida, poder não cumprir o limite de pena acordado tem sido objeto de crítica da academia, conquanto tenha sido afirmada sua possibilidade quando da decisão do Tribunal Federal Constitucional de 2013[124].

Não se olvida de uma mitigação do rigor formal do *absprachen* praticado em audiência, que já existia antes da norma de 2009, apesar das diretrizes jurisprudenciais mencionadas acima. Karsten Altenhain, a título de ilustração, aponta que o registro do acordo nos autos não significa necessariamente que

---

122. FIGUEIREDO DIAS, Jorge de. **Acordos sobre a sentença em processo penal:** o "fim" do Estado de direito ou um novo "princípio". Porto: Ordem dos Advogados Portugueses, 2011. p. 51.

123. FIGUEIREDO DIAS, Jorge de. **Acordos sobre a sentença em processo penal:** o "fim" do Estado de direito ou um novo "princípio". Porto: Ordem dos Advogados Portugueses, 2011. p. 51. No mesmo sentido: BRANDALISE, Rodrigo. **Justiça Penal Negociada**: negociação da sentença criminal e princípios processuais relevantes. Curitiba: Juruá, 2016. p. 88.

124. Conforme item 102 da decisão de 2013: "É garantido que a natureza vinculativa do acordo não se aplica se, no decurso da audiência principal, a gama limitada de sanções proposta se revelar não (ou já não) adequada ao crime ou à culpa" (ALEMANHA. Tribunal Constitucional Federal (Bundesverfassungsgericht). **2 BvR 2628/10; 2 BvR 2883/10; e 2 BvR 2155/11**. Disponível em: <https://www.bundesverfassungsgericht.de/SharedDocs/Entscheidungen/ DE/2013/03/rs20130319_2bvr262810.html>. Acesso em: 27 jul. 2022). (Tradução livre).

outros arranjos não tenham sido feitos. Ressaltou ainda que muitas vezes os juízes não permitem um detalhamento do acordo nos autos, seja em razão da ausência de certeza sobre a legalidade de arranjos paralelos perpetrados pelas partes, ou porque temem que suas decisões fiquem vulneráveis em caso de apelação[125].

Na verdade, os dados revelam que os limites jurisprudenciais e as diretrizes legais não conseguiram impedir informalidades na prática dos acordos penais na Alemanha. Em pesquisa que antecedeu o citado julgamento da Corte Constitucional alemã de 2013, grande parte dos juízes entrevistados declarou que informava aos acusados não apenas os intervalos de pena mínimo e máximo em caso de uma negociação, mas, de igual modo, anunciava a pena que poderiam receber em caso de uma opção pelo procedimento de julgamento[126].

Constata-se que a regulamentação legal não eliminou todas as informalidades dos acordos penais na Alemanha. Pesquisa empírica com dados de 2011 revelou que 59% dos julgadores alemães, que celebraram acordos penais, admitiram que fizeram as negociações de modo informal em mais de metade de suas negociações, sem registrá-las no protocolo do julgamento. Nesse mesmo ano, na Alemanha, 23% dos casos penais nos tribunais e 18% nas cortes foram solucionados com acordos. Tal estudo foi usado pela Corte Constitucional alemã antes da decisão de 2013[127].

A decisão final em razão do acordo penal alemão tem natureza de sentença penal condenatória. Quanto a isso, não resta dúvida, a confissão do acusado produzirá redução da pena. Ressalta-se que não será possível realizar um acordo para modificar a natureza jurídica do fato, de modo a resultar em um fato penal juridicamente distinto daquele praticado pelo acusado. Contudo é

125. ALTENHAIN, Karsten. Absprachen in German Criminal Trials. In: THAMAN, Stephen C. (org). **Word Plea Bargaining:** Consensual Procedures and the Avoidance of the Full Criminal Trial. Durham, North Carolina: Academic Press, 2010, p. 173.

126. Na própria decisão, o Tribunal Federal Constitucional alemão exarou no item 3, a), 115: "O levantamento empírico representativo do Prof. Dr. Altenhain, a audição das pessoas que prestaram informações na audição oral, mas também as declarações escritas sobre as reclamações constitucionais e a jurisprudência dos tribunais superiores mostram que os tribunais, o Ministério Público e a defesa em grande parte dos processos desrespeitam os requisitos legais e os tribunais recursais desrespeitam a tarefa que lhes é atribuída nem sempre têm cumprido adequadamente o acompanhamento da prática do entendimento mútuo ALEMANHA. Tribunal Constitucional Federal (Bundesverfassungsgericht). **2 BvR 2628/10; 2 BvR 2883/10; e 2 BvR 2155/11**. Disponível em: <https://www.bundesverfassungsgericht.de/SharedDocs/Entscheidungen/DE/2013/03/rs20130319_2bvr262810.html>. Acesso em: 27 jul. 2022. (Tradução livre). Tal aspecto foi destacado por Weigend e Turner (WEIGEND, Thomas; TURNER, Jenia Iontcheva. The Constitutionality of Negotiated Criminal Judgments in Germany. **German Law Journal**, Volume 15, Issue 1: Special issue - Plea Bargains in Germany, 01 February 2014, pp. 81-105. DOI: https://doi.org/10.1017/S2071832200002844. Disponível em: <https://www.cambridge.org/core/journals/german-law-journal/article/constitutionality-of-negotiated-criminal-judgments-in-germany/083733A4AC626 DC7F5391E9C94956971#article>. Acesso em: 23 jul. 2022. p. 93).

127. Ibidem, p. 92-93.

possível driblar, em certa medida, esse impedimento, quando da classificação de um fato grave para um menos grave, com a finalidade de alcançar uma pena menor, quando a lei não especificar em que circunstâncias o fato é particularmente grave ou menos grave[128].

Outra discussão diz respeito à desproporcionalidade nas penas negociadas. No citado estudo empírico de 2011, as entrevistas revelaram que as penas negociadas foram contempladas como desproporcionalmente baixas ou desproporcionalmente altas por um número significativo de entrevistados[129].

Verifica-se que o sistema jurídico alemão incorporou o acordo penal, mas tentou beber o remédio da negociação de pena sem sofrer todos seus efeitos colaterais. Parece que chegou próximo do objetivo na confecção das regras no texto legal, mas não conseguiu impedir que a prática diária dos acordos se distanciasse da perspectiva normativa.

A existência no processo penal alemão de uma legalidade formal, a busca pela verdade material e de um juiz inquisitivo após a instauração da ação penal não impediram o surgimento de mecanismos de solução penal consensual. No entanto, é certo que não houve uma importação sem reparos da barganha estadunidense.

Na barganha alemã, denominada de *absprachen*, constata-se a impossibilidade de *guilty plea*, bem como de barganhar as imputações penais (*charge bargaining*). Existe menor espaço de discricionariedade na atuação do Ministério Público, em relação ao modelo adversarial dos EUA, no qual prepondera a autonomia da vontade e uma posição de neutralidade do juiz. Acrescente-se que o modelo estadunidense convive com acordos penais que admitem a possibilidade de *guilty plea* para encerrar uma investigação, bem como a discricionariedade da acusação para, inclusive, promover a *charge bargaining*.

Isso revela que a solução negociada, conforme discussão iniciada no Capítulo 2, não depende da plataforma do sistema, inquisitorial ou adversarial. Em sistemas processuais mais formais ou menos formais, de busca da verdade material ou de maior autonomia da vontade na construção da solução penal, o modelo negociado de barganha penetra e rompe barreiras. O que o diferencia

---

128. ALTENHAIN, Karsten. Absprachen in German Criminal Trials. In: THAMAN, Stephen C. (org). **Word Plea Bargaining:** Consensual Procedures and the Avoidance of the Full Criminal Trial. Durham, North Carolina: Academic Press, 2010, p. 171.

129. WEIGEND, Thomas; TURNER, Jenia Iontcheva. The Constitutionality of Negotiated Criminal Judgments in Germany. **German Law Journal**, Volume 15, Issue 1: Special issue - Plea Bargains in Germany, 01 February 2014, pp. 81-105. DOI: https://doi.org/10.1017/S2071832200002844. Disponível em: <https://www.cambridge.org/core/journals/german-law-journal/article/constitutionality-of-negotiated-criminal-judgments-in-germany/083733A4AC626DC7F5391E9C94956971#article>. Acesso em: 23 jul. 2022. p. 93.

é a forma de implantação, com maior ou menor tentativa de se vincular à realidade jurídica local.

Em relação à pena negociada e à sua legitimação, em acréscimo ao que foi produzido acima, não se debateu – segundo o comentário de Jenia e Thomas – na referida decisão do Tribunal Constitucional alemão de 2013 o problema da proporcionalidade substantiva de uma sentença penal negociada. Houve apenas uma concentração de esforço nas implicações processuais do princípio da culpa. Isso equivale a dizer que não se discutiu em que medida a cooperação do acusado pode legitimar e fundamentar um desconto da pena[130].

É certo que, em várias passagens, a decisão se limitou a dizer que a punição deve ser proporcional à gravidade do crime e à culpabilidade do autor, em uma punição proporcional à sua culpa[131]. Foi mencionada expressamente a necessidade de punição proporcional à culpabilidade, punição justa e proporcional, que não é modificada com a justiça negociada, conforme itens 55, 57, 65, 67 e 95 da decisão de 2013[132].

Ressalva-se, no entanto, o item 102 da mencionada decisão, no qual o Tribunal exarou que a proporcionalidade da punição implica um tratamento igualitário, de modo que o grau de culpabilidade legitima a diferenciação nas consequências jurídicas e, ao mesmo tempo, assegura a igualdade de tratamento do acusado no processo penal; bem como o item 109, no qual restou claro que a relação entre proporcionalidade da punição e o fato cometido não está à disposição dos envolvidos no processo, de forma que os juízes não podem, no acordo penal, substituir a avaliação do legislador pelas suas, no que diz respeito ao enquadramento legal do fato e do montante da pena. Ainda no item 109, o Tribunal Constitucional expressou que o nível da punição depende do valor normativo do bem jurídico violado e da culpa do autor do fato, e que a avaliação

---

130. Thomas Weigend e Jenia Turner são categóricos nesse sentido, ao comentarem a referida decisão do Tribunal Constitucional alemão. Anotam apenas uma passagem em um dos três casos apresentados ao tribunal quando do julgamento de 2013, no qual o juiz presidente do tribunal criminal havia oferecido dois anos de prisão e suspensão da sentença em um caso de dois roubos majorados cometido pelo acusado ou, se não confessasse, uma sentença poderia ser proferida ao final do julgamento com pena de quatro anos. O Tribunal Constitucional não anulou a sentença com fundamento na violação do princípio de que a pena deve refletir a culpa do infrator, mas sim em razão da grande diferença entre as opções de sentença que poderiam influir na voluntariedade do acusado quando da confissão (WEIGEND, Thomas; TURNER, Jenia Iontcheva. The Constitutionality of Negotiated Criminal Judgments in Germany. **German Law Journal**, v. 15, Issue 1: Special issue - Plea Bargains in Germany, 01 February 2014, pp. 81-105. DOI: https://doi.org/10.1017/S2071832200002844. Disponível em: <https://www.cambridge.org/core/journals/german-law-journal/article/constitutionality-of-negotiated-criminal-judgments-in-germany/083733A4AC626DC7F5391E9C94956971#article>. Acesso em: 23 jul. 2022. p. 98).

131. ALEMANHA. Tribunal Constitucional Federal (Bundesverfassungsgericht). **2 BvR 2628/10; 2 BvR 2883/10; e 2 BvR 2155/11**. Disponível em: <https://www.bundesverfassungsgericht.de/SharedDocs/Entscheidungen/DE/2013/03/rs20130319_2bvr262810.html>. Acesso em: 27 jul. 2022.

132. Ibidem.

vinculativa realizada pelo legislador no que concerne ao desvalor atribuído à infração penal se reflete no valor da pena prevista[133].

No entanto, na referida decisão alemã, não se observou a fixação de diretrizes mais concretas para essa análise de proporcionalidade entre o fato e a pena negociada, de forma a graduar a redução de pena. Reitera-se que houve um esforço maior na construção dos argumentos relacionados aos aspectos processuais do tema.

Em síntese, o modelo alemão se rendeu à solução penal negociada; no entanto, manteve a característica inquisitorial durante o desenvolvimento do processo, de forma que o julgador, ao menos no plano normativo, controla os acordos penais (*absprachen*) e faz a proposta inicial. Isso reduz, em certa medida, o poder de disposição das partes. E persiste a ausência de um debate mais profundo quanto à legitimação da pena negociada, o qual passou distante até mesmo da mencionada e comentada decisão do Tribunal Constitucional do ano de 2013.

3.1.4. Negócio penal na Argentina

Ante as razões históricas e políticas, a proximidade geográfica com o Brasil, bem como o pioneirismo na adoção de mecanismos de consenso na América do Sul, é importante analisar, ainda que em breves linhas, o sistema de negócio penal argentino, a fim de compreender o desenho do tema no Direito estrangeiro, dentro do recorte da legitimação da resposta penal na justiça negociada.

De início, importa destacar que, diferentemente do Brasil, a Argentina tem um Código de Processo Penal para cada Província e um para a Cidade Autônoma de Buenos Aires. Há, ainda, um *Código Procesal Penal Federal*, que regula o procedimento no âmbito federal[134]. No que concerne aos aspectos penais, há um só Código Penal para todo o território argentino[135].

---

133. Ibidem.

134. O novo Código Processual da Argentina (*Código Procesal Penal de la Nación*) foi aprovado em 2014, mas teve sua vigência postergada. No final de 2018, a Lei n. 27.482 substituiu o nome *Código Procesal Penal de la Nación* por *Código Procesal Federal*. O Decreto n. 118/2019 B.O. 2/8/ 2019 aprovou o texto ordenado do *Código Procesal Federal*, aprovado pela Lei n. 27.063 com as incorporações previstas na Lei n. 27.272 e as modificações introduzidas pela Lei n. 27.482 (ARGENTINA. Ministério de Justicia y Derechos Humanos. Presidencia de la Nación. **Código Procesal Penal Federal.** Disponível em: <http://servicios.infoleg.gob.ar/infolegInternet/anexos/315000-319999/319681/norma.htm>. Acesso em: 15 out. 2022).

135. DEU, Teresa Armenta. **Sistemas Procesales Penales:** La justicia penal en Europa y América. Madrid: Marcial Pons, 2012. p. 212. Vale ressaltar os períodos nos quais mecanismos de oportunidade apareceram em diversos países da América Latina, conforme acentua Anitua: "No obstante han sido adoptados en las últimas décadas, con diversa amplitud y alcance, por diferentes Estados. Así, en España en la reforma de 28 de diciembre de 1988 se impone con el nombre de conformidad; en Portugal en el nuevo Código Procesal Penal de 1987, el consenso; y en el ámbito latinoamericano, en la década del noventa en Guatemala, Panamá, Costa Rica, Chile, Bolivia, Paraguay, Brasil, El

Em vários ordenamentos jurídicos da América do Sul, existem não somente acordos de diversão, mas, de igual modo, acordos de pena[136]. Vale ressaltar, ainda, que o art. 248 *c* e art. 251 do *Código Procesal Penal Federal* (*CPPF*) permite ao membro do Ministério Público adotar critérios de oportunidade e dispensar a persecução penal pública[137].

Os artigos 30 e 31 do *CPPF* estabelece os critérios de oportunidade, quando o Ministério Público pode dispensar total ou parcialmente o exercício da ação penal pública. A disponibilidade da ação ainda pode ser exercida pelo Ministério Público em outras situações, reguladas pelos artigos 30, 32, 33, 34 e 35 do citado diploma legal, quais sejam: conversão de ações; conciliação; e suspensão do processo de julgamento[138].

Os critérios de oportunidade que podem conduzir o Ministério Público a prescindir total ou parcialmente do exercício da ação penal pública são: um fato que, por sua insignificância, não afete gravemente o interesse público; se a intervenção do autor do fato for considerada menos relevante, podendo aplicar-se multa, inabilitação ou pena condicional; se o autor da infração penal tiver sofrido em consequência do fato um dano físico ou moral grave que torne desnecessária e desproporcionada a aplicação da pena; se a pena que poderia ser imposta pelo fato carecer de importância, tendo em conta a pena já imposta, ou a pena que se deve aguardar para outros fatos em investigação no mesmo ou em outros processos, ou a pena imposta ou a ser imposta em processos que tramitam no estrangeiro[139].

A doutrina argentina esclarece que essa insignificância, que aparece como critério de oportunidade, cuida-se de insignificância processual, que não deve

---

Salvador así como en los regímenes procesales penales argentinos (en 1992 Córdoba, en 1993 Santa Fe, en 1994 Tierra del Fuego, en 1997 el Estado federal, en 1998 Buenos Aires etc.), se adoptaron formas procedimentales en las que se puede arribar a una pena luego del allanamiento del imputado a la pretensión del fiscal llamándose en todos estos casos juicio o procedimiento abreviado" (ANITUA, Gabriel Inacio. La importación de mecanismos consensuales del proceso estadounidense, en las reformas procesales latinoamericanas. **Revista Brasileira de Direito Processual Penal,** [S. l.], v. 1, n. 1, 2015. p.46. DOI: 10.22197/rbdpp.v1i1.3. Disponível em: <https://revista.ibraspp.com.br/RBDPP/article/view/3>. Acesso em: 15 out. 2022).

136. As soluções negociadas sem julgamento, e com incidência de pena, por exemplo, se encontram em vários ordenamentos jurídicos da América do Sul: na Argentina desde 1997; na Bolívia em 1999; no Chile em 2000; no Equador em 2000; no Peru em 1994; no Uruguai em 2016; e na Venezuela em 1993 (LANGER, Máximo. Plea Bargaining, Conviction Without Trial, and the Global Administratization of Criminal Convictions. In: **Annual Review of Criminology**, v. 4, 2021, p.377-411. Disponível em: https://www.annualreviews.org/doi/full/10.1146/annurev-criminol-032317-092255#article-denial. Acesso em 17 fev.2021. p. 380-381). Ressalta-se que a data de 1997 apontada por Langer como ponto de partida no ordenamento jurídico argentino vale para a legislação federal, porquanto em normas processuais das províncias já constavam tal previsão.

137. ARGENTINA. Ministerio de Justicia y Derechos Humanos. Presidencia de la Nación. **Código Procesal Penal Federal**. Disponível em: <http://servicios.infoleg.gob.ar/infolegInternet/anexos/315000-319999/319681/norma.htm>. Acesso em: 15 out. 2022.

138. Idem.

139. Tais critérios estão regulamentados no artigo 31 do *Código Procesal Penal Federal* (ARGENTINA op. cit.).

ser confundida com o princípio da insignificância de natureza material. A insignificância processual constitui um conceito relativo que responde a razões político-criminais de eficiência, ou seja, à capacidade operacional do Ministério Público, de modo a dar prevalência à persecução de fatos mais quantificáveis socialmente, em detrimento de outros de menor relevância[140].

Se algum critério de oportunidade for aplicado pelo Ministério Público de forma a dispor da ação penal pública, a vítima poderá solicitar a conversão da ação penal pública em ação privada. De igual modo, a vítima poderá pedir a referida conversão quando: o Ministério Público solicitar o sobrestamento da conclusão da investigação preparatória; se for crime que exija solicitação de parte, ou lesão culposa, desde que o representante do Ministério Público o autorize e não haja interesse público gravemente comprometido; conforme redação do artigo 33 do *CPPF*[141].

Na parte final do referido artigo 30, a norma federal proíbe a aplicação do critério de oportunidade se o acusado for funcionário público e lhe for atribuído crime cometido no exercício ou em razão de seu cargo; ou quando se tratar de episódio no âmbito de violência doméstica; ou motivado por razões discriminatórias. De igual maneira, veda-se a análise de oportunidade quando a disponibilidade da ação penal é incompatível com as disposições de instrumentos internacionais, leis ou instruções gerais do Ministério Público, com base em critérios de política criminal.

Na Argentina, a justiça penal consensual penal está regulamentada tanto na legislação federal quanto nas normas processuais das províncias. Para efeito do presente estudo, maior relevância será dada ao acordo de pena em detrimento de outros modelos de diversão, conquanto se reconheça a presença de ambas as modalidades na legislação argentina.

Não se olvida das razões que levaram à construção da alternativa do negócio penal no ordenamento jurídico argentino, que se relaciona com o aumento da criminalidade e a constatação da falta de estrutura do Estado para julgar todos os fatos penais, aliados ao desejo estatal de respostas mais céleres para o fenômeno da criminalidade. Essa abordagem já foi explorada no Capítulo 2 da pesquisa.

140. CARLOS MANUEL, Romero Berdullas. **Criterios de oportunidad en el proceso penal**. Buenos Aires: Hammurabi, 2020. p.125.

141. ARGENTINA. Ministerio de Justicia y Derechos Humanos. Presidencia de la Nación. **Código Procesal Penal Federal**. Disponível em: <http://servicios.infoleg.gob.ar/infolegInternet/anexos/315000-319999/319681/norma.htm>. Acesso em: 15 out. 2022.

O atual *CPPF* [142] repetiu, com mudanças pontuais, a previsão de um acordo de pena que existia no *Código Procesal Penal de la Nación*, denominado de *acuerdo pleno* mediante um *juicio abreviado*, que se encontra redigido em seus artigos 323 a 325. Há, outrossim, a previsão de *acuerdo parcial* no artigo 326 e de *acuerdo de juicio directo* no artigo 327[143]. Trata-se o *juicio abreviado* de procedimento especial incluído no Título II do *Código Procesal Penal Federal*.

No modelo de negócio penal denominado de *acuerdo pleno*, há um acordo de pena com afirmação da culpabilidade do acusado. Nesse modelo de negócio penal, o membro do Ministério Público (*el fiscal*), no âmbito da peça acusatória, estima como suficiente para o fato a imposição de uma pena menor de seis anos e a propõe ao acusado. Se o imputado, de maneira expressa, aceitar a imputação e a pena proposta, o acordo será submetido ao juízo para a homologação.

Observa-se que o legislador argentino adotou um patamar máximo de pena concreta a ser proposta pelo Ministério Público no negócio penal denominado de *acuerdo pleno*, ou seja, uma pena inferior a seis anos. Não optou a lei por um critério de máximo de pena em abstrato cominada no preceito secundário do tipo penal. A pena a ser pactuada deverá estar localizada entre o mínimo e o máximo previsto em abstrato, e ter um patamar concreto - apontado na peça acusatória - inferior a seis anos.

Para propor o acordo penal, o membro do Ministério Público argentino (*Ministerio Público Fiscal*) deverá promover uma acusação que contempla os requisitos do artigo 274 do *Código Procesal Penal Federal*, incluindo o pedido concreto da pena, conforme narra o artigo 323 do mesmo diploma legal. Se a imputação apontar uma pena inferior à metade prevista em abstrato para o fato cometido, o membro do Ministério Público deverá ter o consentimento do superior hierárquico[144].

Para a concretização do acordo, é preciso que o acusado aceite de forma expressa os fatos que lhe são imputados, a prova apontada, a tipificação legal dos fatos e a pena requerida no pedido do Ministério Público. A formalização

142. O *Código Procesal Penal de la Nación* passou a ser chamado de *Código Procesal Penal Federal*. Isso ocorreu no ano de 2019, com a entrada em vigor do Código de Processo Penal Federal, quando o procedimento do *juicio abreviado* foi repetido no texto do novo diploma legal (ARGENTINA, op. cit.).

143. "ARTÍCULO 323 - Presupuestos y oportunidad del acuerdo pleno. Se aplicará a los hechos respecto de los cuales el representante del MINISTERIO PÚBLICO FISCAL estimare suficiente la imposición de una pena privativa de la libertad inferior a SEIS (6) años" (ARGENTINA. Ministerio Público Fiscal. **Código Procesal Penal Federal.** Disponível em: <https://www.mpf.gob.ar/cppf/files/2020/06/CPPF_SistemaAcusatorio-2020_22-6.pdf>. Acesso em: 15 out. 2022).

144. ARGENTINA. Ministerio de Justicia y Derechos Humanos. Presidencia de la Nación. **Código Procesal Penal Federal**. Disponível em: <http://servicios.infoleg.gob.ar/infolegInternet/anexos/315000-319999/319681/norma.htm>. Acesso em: 15 out. 2022.

desse acordo penal poderá acontecer desde a formalização da investigação preparatória até o final da audiência de debate, conforme última parte do texto do art. 323 do *CPPF* argentino[145].

Conforme narrativa do artigo 324 do referido Código, haverá a designação de audiência destinada a homologar o acordo. Nesse ato, o juiz poderá questionar as partes sobre os termos do acordo e acerca das informações coletadas e pactuadas. Além disso, o juiz indagará ao imputado se sua concordância, ao celebrar o acordo penal, foi livre e voluntária. E, antes de homologar o acordo, o juiz deverá esclarecer ao imputado as consequências do pacto celebrado e o seu direito de exigir um julgamento oral.

Nessa mesma audiência, o juiz proferirá sentença penal condenatória em caso de homologação do acordo penal. A sentença deverá conter os requisitos legais, estabelecidos para a sentença de um processo de julgamento. Cabe ressaltar que a condenação penal, em decorrência do acordo, não poderá se alicerçar de forma exclusiva na aceitação dos fatos pelo imputado. Afasta-se dessa forma a possibilidade de uma *guilty plea* nos moldes estadunidenses. A pena não poderá exceder a que foi pactuada pelas partes, sem prejuízo de aplicação de pena inferior, conforme redação do art. 325 da citada norma federal.

O juiz poderá, ainda, proferir sentença absolutória se os reconhecimentos fáticos apresentados pelo acusado forem inconsistentes com as provas apontadas pela acusação. De igual modo, o juiz pode declarar a inadmissibilidade do acordo se perceber que a avença não cumpre com seus requisitos legais.

Em trecho do artigo 325, o legislador argentino narrou: "La admisión de los hechos por parte del imputado no pode ser considerada como reconocimiento de culpabilidade"[146]. A norma se refere aos casos de inadmissão do acordo, ou seja, de não aceitação judicial do acordo, quando a anterior aceitação expressa do acusado não importará em afirmação de sua culpa de modo suficiente para gerar condenação futura.

A questão cível pode ser objeto do acordo, mas não há uma vinculação automática. Desse modo, não há garantia de reparação do dano nesse acordo de pena. A parte final do citado artigo 325 expressa que a questão cível pode ser resolvida no acordo penal, mas pode também não ser deduzida em uma ação cível.

145. Ibidem.

146. ARGENTINA. Ministerio de Justicia y Derechos Humanos. Presidencia de la Nación. **Código Procesal Penal Federal**. Disponível em: <http://servicios.infoleg.gob.ar/infolegInternet/anexos/315000-319999/319681/norma.htm>. Acesso em: 15 out. 2022.

Destaca-se ainda, com menor interesse ao objeto da pesquisa, a possibilidade, constante nos artigos 326 e 327 do *CPPF* argentino, dos procedimentos de *acuerdo parcial* e de *acuerdo de juicio directo,* respectivamente. No *acuerdo parcial,* as partes, durante a etapa preparatória e até a audiência de controle da acusação, podem, exclusivamente, pactuar em uma petição os fatos e requerer o julgamento quanto a culpabilidade e aplicação da pena. Já no *acuerdo de juicio directo,* na audiência de formalização da investigação preparatória, as partes podem acordar a realização direta do julgamento[147].

O *acuerdo parcial* trata de um ajuste entre acusação e defesa quanto aos fatos e à prova, sem abranger a culpabilidade do acusado. Por sua vez, o *acuerdo de juicio directo* envolve uma aceleração do procedimento, mediante a supressão de fases e realização imediata do julgamento. Tanto o *acuerdo parcial* quanto o *acuerdo de juicio directo* podem ser usados em relação a qualquer fato penal, independentemente de sua gravidade.

O procedimento do *juicio abreviado*, de maneira similar ao desenho da norma federal, encontra-se regulado na maioria dos códigos processuais das províncias[148]. Todavia, os patamares de pena nos procedimentos abreviados das províncias não são uniformes. Destaca-se o texto legal do Código de Processo Penal da província de Corrientes, em seu artigo 374, o qual não prevê limite de pena máxima para o referido acordo.

Do mesmo modo, difere da regulamentação federal a norma da província de Santa Fé, a qual permite acordo com pena maior, mas exige a concordância do procurador em todos os casos de acordos de pena com patamar superior a oito anos, nos termos do item 6 do art. 339 do Código de Processo da referida província. Já a norma de idêntica natureza da província de Rio Negro, no seu art. 212, item 3, estabelece limite máximo de 10 anos de pena para concretizar o procedimento abreviado[149].

A título de ilustração, em 22 de maio de 2021, o juiz de garantias de Monte Caseros (província de Corrientes) homologou um acordo de nove anos de pena para um agente acusado de crime de estupro, cuja conduta se encontra

147. Ibidem.

148. DEU, Teresa Armenta. **Sistemas Procesales Penales:** La justicia penal en Europa y América. Madrid: Marcial Pons, 2012. p. 218.

149. CORIA GARCÍA, Carlos A. El juicio abreviado: algunas consideraciones. El caso "Amestoy". Los arrepentidos en los "Cuadernos de Centeno". In: **derechopenalonline**. Disponível em: <https://derechopenalonline.com/el-juicio-abreviado-algunas-consideraciones-el-caso-amestoy-los-arrepentidos-en-los-cuadernos-de-centeno-y-la-puerta-al-juicio-abreviado/#:~:text=En%20Argentina%2C%20el%20juicio%20abreviado,nuevo%20C%C3%B3digo%20Procesal%20Penal%20Federal4%20>. Acesso em: 15 out. 2022.

tipificada no art. 119, par. 3, do Código Penal argentino[150]. O acordo foi proposto pelo Ministério Público e aceito pelo acusado, devidamente assistido pela defesa técnica[151].

Observa-se que o magistrado exerce, no *acuerdo pleno,* papel menos ativo do que o verificado nos modelos alemão e italiano, quando da concretização do acordo penal na Argentina. No país vizinho, o juiz não adentra no mérito da proposta, não propõe o acordo, não valora a pena que será objeto do acordo. Ele averigua a existência de voluntariedade do acusado e esclarece as consequências do acordo realizado, bem como sua opção por um julgamento em caso de recusa ao acordo penal.

No entanto, conforme ressaltado anteriormente, o julgador pode confrontar a declaração do acusado com a prova juntada pela acusação, pode aplicar pena inferior à que foi pactuada, pode não homologar o acordo se perceber que a confissão do acusado não se coaduna com a prova juntada pela acusação. Tais características afastam o juiz argentino da qualificação de juiz neutro ou passivo na concretização do acordo penal e revela que sobrepuseram, nesse aspecto, a influência de um modelo de investigação oficial em detrimento de um modelo de disputa.

Na nova distribuição de papeis do novo *CPPF* argentino, não cabe mais ao juiz a produção probatória de ofício. Há um desenho no qual o Ministério Público assume uma função de protagonismo, principalmente na análise de disponibilidade da ação penal e, de igual modo, na proposta de acordo de pena do *juicio abreviado.*

A novel legislação argentina buscou uma codificação adversarial e acusatória, mas não abandonou o modelo de investigação oficial, uma vez que o protagonismo do Ministério Público não o desincumbe de buscar a verdade. Apesar de um procedimento oral, a decisão final no processo de julgamento não ocorre com o melhor argumento da disputa. Em matéria de oportunidade, a disciplina representa um avanço, mas os critérios são restritivos, não tendo ocorrido a adoção de litigância estratégica existente no modelo estadunidense[152]. No que

150. ARGENTINA. Ministerio de Justicia y Derechos Humanos. Presidencia de la Nación. **Código Penal de la Nación Argentina.** Disponível em: <http://servicios.infoleg.gob.ar/infolegInternet/anexos/15000-19999/16546/texact.htm>. Acesso em: 15 out. 2022.

151. CORIA GARCÍA, op. cit.

152. Em sentido semelhante, Vitor Sousa Cunha analisa o sistema argentino fora de uma dicotomia acusatório/inquisitivo, da premissa de modelos de disputa e investigação oficial, para concluir que a tentativa de construção de um Código de Processo Adversarial não o transformou em um modelo ideal de disputa: "Embora o magistrado tenha sido transformado em um espectador passivo, a persecução criminal não passou a ser concebida como um duelo entre duas partes, de cujo resultado emergirá a melhor solução. De maneira oposta, o que se percebe é a substituição de atores, e não modificação de sua forma de atuação, uma vez que o Ministério Público, que

concerne ao acordo penal, repetiu-se, praticamente, a previsão da norma anterior. Não há um juiz neutro e completamente passivo.

Registra-se que o espaço dado à vítima para discordar da análise de oportunidade do Ministério Público e fazer o pedido de ação penal privada não aparece no acordo penal do *juicio abreviado*. Não foi sequer prevista a necessidade de reparação do dano para celebrar o acordo com pena reduzida.

O *acuerdo pleno* argentino, consagrado na norma federal desde 1997, constitui um acordo de pena no qual se afirma a culpabilidade do acusado. O desenho argentino revela certa proximidade – sem prejuízo da advertência da ausência de tradução literal – ao *sentencing bargaining* estudunidense[153].

No campo estatístico, o estudo *Oficina de Estadísticas do Poder Judicial de la Nación* revela que o *juicio abreviado* tem cumprido o ideal quantitativo de resultados. No estudo que compreendeu o período de 2001 a 2012, antes, portanto, do *CPPF* de 2019, as sentenças dos julgamentos orais caíram na proporção de 66% para 36%. Em contrapartida, as sentenças do *juicio abreviado* cresceram de 34% para 64%[154].

De todo modo, tanto em critérios específicos de oportunidade quanto na possibilidade de um acordo de pena, a legislação argentina demonstra mais avanços do que a legislação brasileira. Não se pode esquecer de que, por ora, no ordenamento jurídico brasileiro, ainda não foi incluído acordo de pena, mas apenas instrumentos de diversão, que apresentam equivalentes funcionais da pena.

---

anteriormente desempenhava papel menos atuante em razão de seus poderes limitados, passou a ser o julgador mais importante e, seguramente, o mais poderoso no novo sistema (CUNHA, Vitor Sousa. **Acordos de Admissão de Culpa no Processo Penal.** Salvador: Juspodivm, 2019. p. 170).

153. Ao comparar os acordos de penais da Alemanha, França Itália e Argentina com o modelo estadunidense, Langer concluiu, ainda na vigência da redação do *Código de Proceso Penal de la Nación*, que o desenho do acordo argentino foi o que mais se aproximou do *sentencing bargaining* estudunidense. No entanto, destacou que, se de um lado as partes têm papel ativo na negociação e o juiz exerce um controle formal do acordo, de outro lado destoa do modelo estadunidense, ante a possibilidade de o juiz absolver o acusado, de modo que a admissão de culpa não tem o alcance da *guilty plea* norte-americana. Acrescentou que há uma limitação temporal para que as partes cheguem a um acordo, tornando o processo menos flexível (LANGER, Máximo. From Legal Transplants to Legal Translations: The Globalization of Plea Bargaining and the Americanization Thesis in Criminal Procedure. In: THAMAN, Stephen C. (org). **Word Plea Bargaining**: Consensual Procedures and the Avoidance of the Full Criminal Trial. Durham, North Carolina: Academic Press, 2010. p. 69-70).

154. ARGENTINA. Poder Judicial de la Nación. **Oficina de Estadísticas**. Disponível em: <http://old.pjn.gov.ar/07_estadisticas/estadisticas/07_estadisticas/Archivos/Trabajos_Especiales/Justicia_Penal_Oral_2001_2012/Informe%20Tribunales%20Orales%202001-2012.pdf >. Acesso em: 16 out 2022.

3.2. OS EQUIVALENTES FUNCIONAIS DA PENA, EXISTENTES NOS MODELOS DE NEGÓCIO PENAL BRASILEIRO, QUE ALMEJAM OS MESMOS FINS DA PENA

Em um cenário penal de expansão dos tipos penais, no qual o processo conflitivo tradicional não deu conta da demanda, o ordenamento jurídico brasileiro se tornou um ambiente propício às soluções negociadas. Tais alternativas, por ora, não seguiram os passos norte-americanos ou mesmo os europeus ou dos vizinhos da América do Sul, no que concerne à possibilidade de introdução dos acordos de penas.

É sabido que os acordos penais podem ser divididos em dois grupos: a diversão e a negociação da sentença penal. A diversão é conhecida como modelo verde de justiça que possibilita uma solução sem afirmar a culpa, caracterizada nas seguintes formas de resolução de conflitos processuais: com a retirada de acusações, seja com o arquivamento do processo por razões de política criminal (diversão simples); com a extinção da punibilidade após o cumprimento de certos atos pelo autor do fato, como, por exemplo, a indenização da vítima em casos de conciliação (diversão encoberta); e, com base em lei, determinação ao acusado para cumprir certas condições (diversão com intervenção)[155].

A negociação da sentença penal, examinada anteriormente no trabalho, inspirada, sobretudo, no modelo da *plea bargaining* do sistema dos EUA, se espalhou, sem um transplante jurídico identitário, com características diversas, para outros países. São exemplos o *absprachen* da Alemanha, o *patteggiamento* da Itália e o *acuerdo pleno* argentino, examinados anteriormente.

No ordenamento jurídico brasileiro, acordos penais implicam soluções denominadas de equivalentes funcionais da pena, que não possuem natureza de pena. Isso ocorre na transação penal, na suspensão condicional do processo e no acordo de não persecução penal, que são institutos de negócio penal do ordenamento jurídico brasileiro. As propostas legislativas de acordo de pena na modalidade de sentença penal negociada ainda não foram finalizadas no processo legislativo brasileiro.

A construção de um modelo próprio no Brasil para os acordos penais sem a natureza de pena, que trazem equivalentes funcionais da pena, sem a

155. SUXBERGER, Antônio Graciano; GOMES FILHO, Dermeval Farias. Funcionalização e Expansão do Direito Penal: o Direito Penal Negocial. In: **Revista de Direito Internacional, Brasília**, DF, v. 13. n. 1, p. 377-396, 2016. p. 377. Disponível em: <https://www.publicacoesacademicas.uniceub.br/rdi/article/view/4097/pdf>. Acesso em: 15 abril 2022. p. 384-385. No mesmo sentido: BRANDALISE, Rodrigo da Silva. **Justiça Penal Negociada**: negociação da sentença criminal e princípios processuais relevantes. Curitiba: Juruá, 2016. p. 23-29.

possibilidade da solução do cárcere como resultado final do consenso, abre uma porta para diversas indagações relacionadas: à capacidade de tutela efetiva do bem jurídico; ao reposicionamento da vítima no modelo de justiça penal negociada; à existência de um Direito Penal sem pena; à eventual (in)suficiência dos equivalentes funcionais; às soluções consequencialistas, que consideram o estado de coisas inconstitucional do sistema carcerário brasileiro; à tentativa de transportar equivalentes funcionais da justificação das funções das penas discutidas em diversas teorias.

Nas linhas abaixo, serão analisados os acordos penais brasileiros na sua relação com a resposta penal. Outras questões adiantadas no parágrafo anterior serão examinadas nos próximos capítulos da pesquisa, com títulos específicos. Haverá uma graduação entre este capítulo e os próximos, de um caminho descritivo para uma abordagem mais argumentativa.

É preciso aclarar, em razão da deficiência de tratamento do tema no espaço acadêmico brasileiro, que existem no cenário mundial acordos penais sem natureza de pena e acordos penais com natureza de pena. O modelo jurídico brasileiro, repita-se, por ora, só apresenta acordos penais sem natureza de pena, quais sejam: transação penal; suspensão condicional do processo; e acordo de não persecução penal[156].

Não se desconhece a importância do acordo de composição civil dos danos, insculpido no texto do parágrafo único do artigo 74 da referida Lei n. 9.099/95, que provoca a extinção da punibilidade nos casos de ação penal privada e de ação condicionada à representação, ante a renúncia dos direitos de queixa ou de representação. O legislador acentuou a importância do papel da vítima e da reparação do dano no referido instituto[157].

De maneira semelhante, adverte-se, outrossim, que a colaboração premiada não será examinada nesta pesquisa em um campo específico destinado aos acordos penais brasileiros, por razoes metodológicas ante o recorte proposto, uma vez que a natureza do instituto é de meio de produção de provas; não se trata de um acordo que apresenta de imediato uma solução para o problema penal.

Por sua vez, o denominado acordo de leniência repercute na seara do Direito Administrativo sancionador, permite o fornecimento de informações

156. Sobre o acordo na perspectiva da justiça restaurativa que resulta em arquivamento da investigação, o tema foi tratado no primeiro capítulo, quando se examinou a justiça restaurativa.

157. DEMERCIAN, Pedro Henrique. MALULY, Jorge Assaf. **Teoria e Prática dos Juizados Especiais Criminais.** 4ª ed. Rio de Janeiro: Forense, 2008. p. 56-57.

relevantes para o combate à corrupção, em uma espécie de acordo de investigação, e foge do objeto recortado na pesquisa, razão pela qual não será tratado.

Para o recorte da pesquisa, em razão de maior abrangência dos fatos contidos na legislação penal, bem como a necessidade de se examinar a natureza das respostas penais obtidas, a pesquisa cuidará dos acordos penais brasileiros denominados de transação penal, acordo de não persecução penal e suspensão condicional do processo.

Para a construção que se segue, o conceito de pena utilizado é o propriamente dito, como resposta penal ao fato criminoso, afirmada em uma sentença condenatória, precedida de ação penal, da formação da culpa durante a instrução processual, na qual houve possibilidade de produção probatória das partes. Em síntese, a pena constitui uma resposta penal ao fato criminoso, aplicada após a comprovação da culpabilidade do agente, dotada de imperatividade, consubstanciada no *ius puniendi* estatal.

3.2.1. O equivalente funcional da pena na resposta da transação penal

A transação penal trata-se de um acordo celebrado entre o Ministério Público e o investigado em crimes de menor potencial ofensivo, introduzido no ordenamento jurídico brasileiro em 1995, com a entrada em vigor da Lei n. 9.099[158]. Tal norma inaugurou espaços de consenso no ordenamento jurídico penal brasileiro: composição civil; transação penal; e suspensão condicional do processo.

No que concerne à transação penal, presentes os requisitos legais, a proposta de transação é oferecida, antes da ação penal, no crimes apenados com pena máxima abstrata não superior a dois anos[159]. O Ministério Público somente deverá oferecer a transação penal ao investigado se estiverem presentes os elementos suficientes para a propositura de uma ação penal. Isso quer dizer que não deverá ser oferecida a transação penal se houver necessidade de mais diligências investigatórias para apurar circunstâncias relacionadas à autoria e

158. BRASIL. Presidência da República. **Lei 9099, de 26 de setembro de 1995**. Disponível em: <http://www.planalto.gov.br/ccivil_03/leis/leis_2001/l10259.htm>. Acesso em: 18 out. 2022.

159. De início, no texto da Lei n. 9.099/95, o crime de menor potencial ofensivo era aquele que possuía pena máxima não superior a um ano. Mais adiante, a Lei n. 10.259, de 12 de julho de 2001, aumentou para dois anos o patamar dos crimes de menor potencial ofensivo, ao tratar dos juizados especiais cíveis e criminais da Justiça Federal. Prevaleceu o entendimento de que o patamar de dois anos valeria para todos os crimes de menor potencial ofensivo, não somente os sujeitos à competência dos juizados federais (BRASIL. Presidência da República. **Lei 10259, de 12 de julho de 2001**. Disponível em: <http://www.planalto.gov.br/ccivil_03/leis/leis_2001/l10259.htm>. Acesso em: 22 abr. 2022).

ao fato. Em igual sentido, não haverá proposta de transação penal se o fato sob exame revelar, na análise do Ministério Público, uma solução de promoção de arquivamento.

Não há direito subjetivo do investigado à transação[160], de modo que compete ao Ministério Público examinar os requisitos objetivos e subjetivos apresentados pelo legislador no art. 76 da Lei n. 9.099/95[161]. Se houver dissenso, desinteligência, discordância entre o juiz e o membro do Ministério Público quando ao cabimento ou não da transação penal, o julgador não poderá substituir a análise de mérito já realizada pelo titular da ação penal. Nessa situação, haverá de usar a regra do art. 28 do CPP, para submeter a hipótese fática ao reexame do órgão superior do Ministério Público.

No presente item, tendo em vista o objetivo da pesquisa que ora se desenvolve, buscar-se-á desenvolver aspectos relacionados à natureza das medidas acordadas na transação penal e a sua finalidade. Não haverá, portanto, um desenvolvimento de todos os aspectos que circulam a transação penal, para evitar a extensão desnecessária e a fuga do objeto da pesquisa.

Do ano de 1995 para cá, muitas afirmações não convincentes quanto à transação penal foram apresentadas no cenário acadêmico. A defesa da natureza de pena das medidas acordadas na transação penal – de forma que seu descumprimento pudesse redundar em um imediato *jus puniendi* estatal revelado no seu poder de coerção e imperatividade –, ou mesmo a afirmação da natureza de pena sem a possibilidade de execução no caso de descumprimento não desapareceram da academia, conquanto não encontrem abrigo na jurisprudência[162].

Grinover, Magalhães, Scarance e Luís Flávio defendem a natureza de pena, de sanção penal nas condições acordadas na transação penal e homologadas na decisão judicial. Afirmam ainda a possibilidade de execução da sentença

160. Contra essa posição, parcela da doutrina, ao sustentar a existência de um direito subjetivo do autor do fato (NOGUEIRA, Márcio Franklin. **Transação Penal**. São Paulo: Malheiros, 2003. p. 166).

161. BRASIL. Presidência da República. **Lei 9099, de 26 de setembro de 1995**. Disponível em: <http://www.planalto.gov.br/ccivil_03/leis/leis_2001/l10259.htm>. Acesso em: 18 out. 2022.

162. Segundo o Supremo Tribunal Federal, em decisão com repercussão geral, a sentença que homologa a transação penal não possui natureza condenatória, fixando a seguinte tese de número 238: A homologação da transação penal prevista no artigo 76 da Lei 9.099/1995 não faz coisa julgada material e, descumpridas suas cláusulas, retoma-se a situação anterior, possibilitando-se ao Ministério Público a continuidade da persecução penal mediante oferecimento de denúncia ou requisição de inquérito policial. Obs.: Redação da tese aprovada nos termos do item 2 da Ata da 12ª Sessão Administrativa do STF, realizada em 9/12/2015, como consequência da decisão seguinte: "EMENTA: AÇÃO PENAL. Juizados Especiais Criminais. Transação penal. Art. 76 da Lei nº 9.099/95. Condições não cumpridas. Propositura de ação penal. Possibilidade. Jurisprudência reafirmada. Repercussão geral reconhecida. Recurso extraordinário improvido. Aplicação do art. 543-B, §3º, do CPC. Não fere os preceitos constitucionais a propositura de ação penal em decorrência do não cumprimento das condições estabelecidas em transação penal" (BRASIL. Supremo Tribunal Federal. **Recurso Extraordinário 795567-PR.** Relator, Min. Cezar Peluso. Tribunal Pleno. Julgado em 19/11/2009. Disponível em: <https://jurisprudencia.stf.jus.br/pages/search/repercussao-geral1341/false>. Acesso em 17 abril 2022).

homologatória da transação em caso de descumprimento das medidas acordadas[163]. A posição jurídica sustentada por tais autores não convence e, ainda, apresenta contradição intrínseca. Isso, porque eles argumentam que o agente que realiza a transação com o Ministério Público não assume culpa (no sentido amplo do termo) e, mesmo assim, pregam a execução da sentença homologatória de pena. Ora, se não há culpabilidade, não pode existir pena. Com outras palavras, não existe pena sem afirmação da culpabilidade.

Em sentido equivalente, com alguns outros apontamentos, Afrânio Silva Jardim sustenta a natureza de pena nas medidas acordadas na transação. Contudo, afirma que o Ministério Público, ao propor a transação, de maneira oral, como na denúncia do juizado, descreve e atribui ao autor do fato uma conduta típica, ilícita e culpável, individualizada no tempo e no espaço. Dessa forma, haverá uma acusação penal com pedido de aplicação de pena. A pena a ser aplicada pelo juiz dependerá da aceitação do réu. Encerra o referido autor afirmando que, desse modo, existem ação penal, jurisdição e processo e, por isso, não há violação do princípio *nulla poena sine judicio*[164].

Em sentido semelhante, mas com algumas características específicas, Giacomolli enxerga a transação penal como um ato processual complexo e sustenta a natureza de pena nas medidas acordadas. Concebe uma aplicação da pena, na decisão judicial homologatória, por força do *ius puniendi* do Estado, mas argumenta que o estado de inocência persiste. Dito de outro modo, o referido autor defende a compatibilidade entre o estado de inocência e a aplicação da pena na transação penal. Prega a existência de uma pena proporcional sem os efeitos de uma condenação. Nessa linha acadêmica, o Ministério Público deduz uma pretensão alternativa em substituição à pretensão acusatória comum[165].

---

163. GRINOVER, Ada Pellegrini; GOMES FILHO, Antônio Magalhães; FERNANDES, Antônio Scarance; GOMES, Luís Flávio. **Juizados Especiais Criminais:** comentários à Lei 9.099, de 26.09.1995. 4ª ed. São Paulo: Revista dos Tribunais, 2002. p.242-243; GOMES, Luís Flávio. **Suspensão Condicional do Processo.** 2ª ed. São Paulo: Revista dos Tribunais, 1997. p. 140, 156, 159 e 160. Do mesmo modo, com ressalva quanto à não execução do acordo descumprido e à existência de ação penal na transação penal, Márcio Nogueira afirma que a proposta do Ministério Público não importa em admissão de culpabilidade, mas, mesmo assim, mantém a natureza de pena, de sanção penal na proposta acordada na transação, contida na sentença homologatória. Aponta a existência de pena, sem condenação, sem formação da culpabilidade. Sustenta uma pena consentida pelo autor do fato que não pode ser executada no caso de descumprimento de pena restritiva de direitos como a prestação de serviços, devendo ser proposta uma ação penal. No entanto, mantém a execução se foi acordada e descumprida uma pena de multa. O argumento não convence, conforme já esclarecido no corpo do texto, e ainda fica mais fraco quando o autor menciona que o legislador poderia alterar o texto legal, substituindo o termo pena por "medidas de restrição à liberdade livremente aceitas, ou pagamento de uma importância em dinheiro como compensação pelo ilícito praticado" (NOGUEIRA, Márcio Franklin. **Transação Penal.** São Paulo: Malheiros, 2003. p. 184, 193-194, 196, 198-199, 200).

164. JARDIM, Afrânio Silva. **Ação Penal Pública**: princípio da obrigatoriedade. 3ª ed. Rio de Janeiro: Forense, 1988. p.100.

165. GIACOMOLLI, Nereu José. **Juizados Especiais Criminais:** Lei 9099/95, abordagem crítica, acordo civil, transação penal, suspensão condicional do processo, rito sumaríssimo. 3ª ed. Porto Alegre: Livraria do Advogado, 2009. p. 120-122.

Ao tratar do descumprimento da transação penal, Giacomolli leciona que o inadimplemento da pena de multa não autoriza o exercício da pretensão acusatória, na forma de denúncia ou queixa-crime, porquanto o início de um processo poderia resultar na aplicação de uma pena privativa. Quanto ao descumprimento daquilo que denomina como pena restritiva na transação penal, o mesmo autor defende que não poderá ser convertida em pena privativa, pois não haveria parâmetro para essa operação como, *a contrario sensu*, ocorre na previsão de penas restritivas do art. 44 do Código Penal. Entende, portanto, que não poderá haver denúncia do Ministério Público ou execução da pena restritiva, não cumprida, acordada na transação penal[166].

Os argumentos de Giacomolli não convencem[167]. Verifica-se sua defesa de pena sem culpabilidade, uma vez que reconhece a manutenção da inocência do agente, apesar de afirmar a natureza de pena nas medidas pactuadas na transação penal. Outrossim, o autor ainda defende uma pena sem possibilidade de ser executada ante o seu descumprimento. São argumentos que negam a natureza da pena como sanção penal específica, já conceituada e caracterizada no primeiro capítulo da pesquisa.

Não convencem os argumentos anteriores que sustentam a natureza de pena, com ou sem a possibilidade de execução no caso de descumprimento, nem mesmo diante da terminologia empregada na transação penal contida na legislação brasileira. É certo que não estabeleceu o legislador um modelo de sentença penal negociada, mas sim uma forma de diversão. Esclarece-se, ainda, que não há réu, mas sim investigado. E a culpabilidade não é formada, de modo que não há espaço para essa construção de natureza de pena no arranjo da transação penal do art. 76 da Lei n. 9.099/95.

Por sua vez, Demercian e Maluly destacaram, com precisão, pouco tempo depois da promulgação da Lei n. 9.099 de 1995, que as descrições, no texto legal

166. Ibidem, p. 143-146.

167. O autor ainda cometeu uma pequena confusão ao correlacionar o tema transação penal com o art. 28 da Lei n, 11.343/2006, ao dizer: "Na Lei 11.343/06, o descumprimento da transação penal (advertência, prestação de serviços à comunidade, medidas educativas) nas hipótese do art. 28 (usuário), o magistrado submeterá o autor do fato à admoestação verbal e à multa (art.28, §6º), vedando-se, portanto, o oferecimento de denúncia". Há um flagrante erro nessa afirmação. O art. 28 da Lei n. 11.343/2006 possui preceito primário e preceito secundário. É possível o oferecimento de denúncia, caso não preenchido algum requisito para um acordo penal ou caso ocorra o não cumprimento de um acordo penal. Por conseguinte, é possível a existência de sentença penal condenatória com a fixação de penas previstas no referido artigo. O que não existe, na previsão legal desse dispositivo, é a previsão de pena privativa de liberdade. Isso, todavia, não afasta a natureza de crime na conduta que fora narrada no referido dispositivo. Sobre o tema, a título de reforço, após a entrada em vigor do art. 28 da Lei n. 11.343, de 2006, o STF já se pronunciou no sentido da natureza de crime do novo dispositivo, afirmando que a mudança nas penas, ou seja, do antigo art. 16 da Lei n. 6.368, de 1976, para o art. 28 da nova lei, trouxe uma despenalização, mas não uma descriminalização (BRASIL. Supremo Tribunal Federal (1ª Turma). **Recurso extraordinário 430.105-9 QO/RJ**. Relator Ministro Sepúlveda Pertence. Julgado em 13/2/2007. Disponível em: <https://jurisprudencia.stf.jus.br/pages/search/sjur90996/false>. Acesso em: 9 maio 2022).

da transação penal, de penas restritivas de direitos e multa não poderiam ser compreendidas como sanções de natureza penal em sentido estrito, porquanto não traziam a reprovação das medidas penais e nem o reconhecimento da culpabilidade[168].

O investigado, ao aceitar a transação, não confessa o fato. Ele pode, inclusive, no debate para o acordo, dizer que é inocente - apesar da justa causa apontada pelo Ministério Público - mas que aceitará a transação por não estar disposto a responder a um processo penal, a gastar tempo com a instrução processual para argumentar sua inocência. Isso só é possível porque a transação não implica um acordo de pena, mas sim de medida diversa da pena, de um equivalente funcional da pena.

Não se olvida da imprecisão terminológica do texto legal, ao empregar o termo penas para se referir às medidas despenalizadoras, conforme o teor do *caput* do art.76 da Lei n. 9.099/95, e do §1º e do §4º do mesmo artigo[169]. Nessas passagens, em referência à transação penal, o texto legal menciona, respectivamente: o Ministério Público poderá propor a aplicação imediata de pena restritiva de direitos ou multas, a ser especificada na proposta; nas hipóteses de ser a pena de multa a única aplicável, o juiz poderá reduzi-la até a metade; se o autor da infração aceitar a proposta do Ministério Público, o juiz aplicará a pena restritiva de direitos ou multa.

O uso da expressão pena no texto legal não é suficiente para inferir sua natureza de pena como condenação penal dotada de imperatividade. Vale destacar que até mesmo no texto da composição civil dos danos o legislador fez uso da expressão pena, conforme art. 72 da Lei n. 9.099/95: "[...] o Juiz esclarecerá sobre a possibilidade da composição dos danos e da aceitação da proposta de aplicação imediata de pena não privativa de liberdade"[170]. Ressalta-se que essa conciliação pode ser conduzida por auxiliares da justiça, que não são juízes de Direito. Por conseguinte, a expressão pena descrita em tais artigos da Lei n. 9.099/95 não é suficiente para afirmar sua natureza de sanção penal condenatória.

O §6º do art. 76 menciona que a 'sanção' obtida na transação penal não constará de certidão de antecedentes criminais. Com isso, a referida medida não servirá para análise de maus antecedentes e nem de reincidência. Considerando

168. DEMERCIAN, Pedro Henrique. MALULY, Jorge Assaf. **Teoria e Prática dos Juizados Especiais Criminais.** São Paulo: Aide Editora, 1997. p. 74-75.

169. BRASIL. Presidência da República. **Lei n. 9099, de 26 de setembro de 1995.** Disponível em: <http://www.planalto.gov.br/ccivil_03/Leis/L9099.htm>. Acesso em: 15 set. 2022.

170. BRASIL. Presidência da República. **Lei n. 9099, de 26 de setembro de 1995.** Disponível em: <http://www.planalto.gov.br/ccivil_03/Leis/L9099.htm>. Acesso em: 15 set. 2022.

o estágio atual da jurisprudência penal brasileira, os maus antecedentes dependem de fato anterior e de trânsito em julgado antes da sentença do novo crime, enquanto a reincidência depende de fato anterior e de trânsito em julgado antes da prática do novo crime. A transação penal não dialoga com nenhum desses institutos.

É certo, repita-se, que a menção no art. 76 da Lei n. 9.099/95 da terminologia pena não a transforma em pena em sentido estrito. A transação não absorve a natureza de sanção penal, porquanto não se comprova a culpabilidade do agente nem de forma consensual, nem de forma conflitiva em um processo judicial. Desse modo, o descumprimento da transação penal não legitima o Estado a usar seu poder, para fazer cumprir uma decisão condenatória, de maneira imperativa.

Vale destacar ainda que as medidas acordadas na transação penal não seguem uma tabela ou tarifação[171]. Nos diferentes cantos do país, os membros do Ministério Público realizam transação com os investigados, devidamente assistidos pela defesa técnica. São pactuados nesses acordos, a prestação pecuniária e a prestação de serviços, com diferentes valores e tempo de duração das horas trabalhadas, respectivamente. O quantitativo de tais medidas, mesmo em crimes idênticos, não apresenta equivalência abstrata ou concreta. Isso denota, como reforço, a ausência de natureza de pena. Se fossem penas, o princípio da igualdade seria clamado para a transação, em busca de maior proximidade das propostas, no que concerne aos fatos semelhantes de autores distintos.

Deveria o legislador ter feito uso do termo condições ou medidas ou equivalentes funcionais da pena ao tratar da transação penal. Ressalta-se que a terminologia 'condições' figura nos textos legais da suspensão condicional do processo e do acordo de não persecução penal, conforme se observa no *caput* do art. 89 da Lei n. 9.099/95 e no *caput* do art. 28-A do CPP.

A imprecisão de parcela da doutrina e dos operadores do Direito Penal e Processual Penal aponta para uma frágil consolidação acadêmica do Direito Penal negocial no Brasil[172], para uma incompreensão das diversas espécies de

171. Em pesquisa empírica sobre a transação penal em diferentes localidades do Rio de Janeiro, Vera Ribeiro de Almeida registrou: "Contudo, estas respostas penais não se submetem a nenhum tabelamento ou tarifação, já que mesmo quando examinado um único juizado em casos de semelhantes infrações (ou seja, o mesmo tipo penal), as medidas oferecidas se diferenciaram. Além disso, não se verificou qualquer relação entre a penalidade e os bens jurídicos tutelados" (ALMEIDA, Vera Ribeiro. **Transação Penal e Penas Alternativas:** uma pesquisa empírica em juizados especiais criminais do Rio de Janeiro. Rio de Janeiro: Lumen Juris, 2014. p.182-183).

172. Sem argumentar, apenas se referindo, de maneira descritiva, ao texto legal no sentido de pena, podem ser citadas as passagens contidas nas obras de: ANDREUCCI, Ricardo Antônio. **Legislação Penal Especial.** São Paulo: Saraiva, 2005. p. 37. Outros autores reproduzem o termo pena, fazem uma equiparação entre as penas da transação e as previstas no art. 44 do CP, mas afirmam que a transação não constitui condenação, mas não discutem a natureza

negócio penal existentes no Direito comparado[173] e, sobretudo, ignora a ausência de natureza de pena, em seu sentido estrito, como sanção penal ao fato criminoso, sustentada pela natureza coercitiva e imperativa.

De mais a mais, não subsistem apenas equívocos na interpretação das medidas da transação ao chamá-las de penas em sentido estrito[174]. Há, outrossim, outras manifestações acadêmicas que apresentam uma oposição ideológica[175], com argumentos não comprovados sobre o negócio penal, que tentam etiquetar os negócios penais do ordenamento jurídico brasileiro como produtos importados, sem qualquer ressalva, dos EUA, onde há várias possibilidades de negociação de pena. Esse tema será retomado no momento oportuno, quando da abordagem do item sobre ausência de transplante jurídico identitário no Capítulo 4 da presente pesquisa.

Admitir a natureza de pena na transação penal no ato de homologação judicial do acordo implica aceitação de pena sem ação penal, sem processo, sem formação da culpa em juízo, com frágil judicialidade ancorada na homologação de um acordo realizado entre o Ministério Público e o investigado.

---

do termo empregado pelo legislador (ROQUE, Fábio; TÁVORA, Nestor; ALENCAR, Rosmar Rodrigues. **Legislação Criminal.** Salvador: Juspodivm, 2016. p. 372).

173. Diversão constitui modalidade de negócio penal distinta da sentença penal negociada. O tema foi abordado na Introdução e no Capítulo 2.

174. Nesse sentido, após discorrer sobre as características que distinguem as sentenças declaratórias, constitutivas e condenatórias, Moraes e Smanio sustentam: "Sendo assim, a natureza jurídica da sentença homologatória da transação penal é condenatória. Primeiramente, declara a situação do fato, torna certo o que era incerto. Mas além de declarar, cria uma situação nova para as partes envolvidas, ou seja, cria uma situação jurídica que até então não existia. E ainda impõe uma sanção penal ao autor do fato, que deve ser executada" (MORAES, Alexandre de; SMANIO, Gianpaolo Poggio. **Legislação Penal Especial.** 10ª ed. São Paulo, Atlas, 2007. p. 267). Os referidos autores sustentam a natureza de pena das medidas acordadas na transação penal, mas afirmam que o não cumprimento possibilitará ao membro do Ministério Público o oferecimento da denúncia (MORAES et al., op. cit., p. 272-273). Constata-se a imprecisão no manejo dos institutos. Ora, se se trata de pena e de sentença condenatória, o não cumprimento deveria gerar a execução penal e não a instauração de processo penal para prosseguir com uma instrução que, ao final, pode redundar em condenação ou em absolvição. De forma semelhante, portanto, de maneira imprecisa, se manifesta Marcelo Juliano, ao dizer que o investigado assume a culpa na transação, amparado na autonomia da vontade, devidamente assistido por um defensor, e que a homologação judicial produz uma sentença condenatória imprópria, que gera condenação, mas não produz maus antecedentes, de forma que o condenado permanecerá primário (PIRES, Marcelo Juliano Silveira. Possibilidade de Conversão da transação penal não cumprida em pena restritiva de liberdade. *In*: **Revista do Ministério Público n.47**, 2002, AMPRS, p. 217-227. Disponível em: <http://www.amprs.org.br/arquivos/revista_artigo/arquivo_ 1274906170.pdf>. Acesso em 16 abril 2022. p. 223-224).

175. Para reflexão, conforme leciona Atienza, uma teoria da argumentação jurídica deve cumprir três funções: contribuir para o desenvolvimento de outras disciplinas, jurídicas ou não, para uma compreensão mais profunda da prática de argumentar, que considere outros ramos do conhecimento que não o direito, como a lógica, a filosofia, a linguística, a psicologia cognitiva (caráter teórico ou cognoscitivo); ter orientação útil nas fases de produção, interpretação e aplicação do direito, devendo para tanto oferecer um método que possibilite reconstruir o processo real de argumentação, tarefa ainda não cumprida pelas teorias da argumentação jurídica, na construção de sistemas jurídicos hábeis, como também no ensino do direito, como apreender e raciocinar de maneira jurídica (natureza prática ou técnica); identificar o tipo de ideologia jurídica sempre contida na base de uma concepção da argumentação, defesa de uma forma mais crítica e mais realista da argumentação jurídica (natureza política ou moral) (ATIENZA, Manuel. **As razões do Direito**: a teoria da argumentação jurídica. 2. ed. Trad. Maria Cristina Guimarães Cupertino. Rio de Janeiro: Forense, 2014. p. 269-273).

A clareza do que fora afirmado pode ser observada quando do não cumprimento da transação penal, que não autoriza o Estado a obrigar o investigado a cumprir o que foi pactuado com o Ministério Público. Ora, o não cumprimento da transação penal, assim como o não cumprimento do acordo de não persecução penal conduzem ao oferecimento da denúncia pelo Ministério Público para a abertura de um processo penal conflitivo, com possibilidade, ao final do processo, de condenação ou mesmo de absolvição.

Logo, a transação penal não redunda em pena. Se fosse pena, o Estado poderia obrigar o desobediente do pacto a cumprir as penas acordadas, afinal ele já estaria condenado. Portanto, não haveria espaço para uma nova ação penal por um fato que já teria sido objeto de condenação penal.

Aliás, é isso que ocorre no ordenamento jurídico brasileiro, a título de ilustração, quando se aplicam, ao fim de um processo conflitivo, em uma sentença condenatória, penas restritivas de direitos em substituição à pena privativa de liberdade. O não cumprimento da pena restritiva de direito provoca sua conversão em pena privativa de liberdade[176]. Tal previsão não existe para a transação penal, nem para o acordo de não persecução penal e, do mesmo modo, inexiste para a suspensão condicional do processo.

Vale destacar, mais uma vez, a recusa precisa e acertada da jurisprudência em conceber a transação penal como um instituto capaz de gerar uma pena. As decisões do STF, desde o início dos debates sobre o tema[177], caminharam no

176. Nos termos do §4º do art.44 do CP: "A pena restritiva de direitos converte-se em privativa de liberdade quando ocorrer o descumprimento injustificado da restrição imposta. No cálculo da pena privativa de liberdade a executar será deduzido o tempo cumprido da pena restritiva de direitos, respeitado o saldo mínimo de trinta dias de detenção ou reclusão" (BRASIL. Presidência da República. **Decreto-Lei n. 2848, 7 de dezembro de 1940**. Código Penal. Disponível em: <http://www.planalto.gov.br/ccivil_03/decreto-lei/del2848compilado.htm>. Acesso em 16 abril 2022).

177. Ainda no ano de 1996, em decisão da Relatoria do Ministro Celso de Melo, medidas despenalizadoras foram o termo usado para se referir ao objeto da transação penal: "[...] Os processos técnicos de despenalização abrangem, no plano do direito positivo, tanto as medidas que permitem afastar a própria incidência da sanção penal quanto aquelas que, inspiradas no postulado da mínima intervenção penal, tem por objetivo evitar que a pena seja aplicada, como ocorre na hipótese de conversão da ação pública incondicionada em ação penal dependente de representação do ofendido (Lei n. 9.099/95, arts. 88 e 91). - A Lei n. 9.099/95, que constitui o estatuto disciplinador dos Juizados Especiais, mais do que a regulamentação normativa desses órgãos judiciários de primeira instância, importou em expressiva transformação do panorama penal vigente no Brasil, criando instrumentos destinados a viabilizar, juridicamente, processos de despenalização, com a inequívoca finalidade de forjar um novo modelo de Justiça criminal, que privilegie a ampliação do espaço de consenso, valorizando, desse modo, na definição das controvérsias oriundas do ilícito criminal, a adoção de soluções fundadas na própria vontade dos sujeitos que integram a relação processual penal. Esse novíssimo estatuto normativo, ao conferir expressão formal e positiva às premissas ideológicas que dão suporte às medidas despenalizadoras previstas na Lei n. 9.099/95, atribui, de modo consequente, especial primazia aos institutos (a) da composição civil (art. 74, parágrafo único), (b) da transação penal (art. 76), (c) da representação nos delitos de lesões culposas ou dolosas de natureza leve (arts. 88 e 91) e (d) da suspensão condicional do processo (art. 89). As prescrições que consagram as medidas despenalizadoras em causa qualificam-se como normas penais benéficas, necessariamente impulsionadas, quanto a sua aplicabilidade, pelo princípio constitucional que impõe a *lex mitior* uma insuprimível carga de retroatividade virtual e, também, de incidência imediata. [...]" (BRASIL. Supremo Tribunal Federal. **QO Inq 1055-AM**, Relator Min. Celso de Mello,

sentido de tratar o termo penas da transação penal como medidas despenalizadoras e, ainda, no bojo da Súmula Vinculante n. 35, como cláusulas[178].

Quanto à finalidade das medidas acordadas na transação penal, pouco destaque acadêmico é apresentado no cenário nacional[179]. Conquanto não tenham natureza de pena, tais medidas constituem equivalentes funcionais da pena que buscam atingir os mesmo fins da pena. Dessa maneira, se bem dosadas e fiscalizadas, podem ser até mais eficientes do que a pena, ao possibilitar concreta reparação do dano à vítima, comunicando-lhe o sentido da resposta penal, bem como comunicando ao investigado uma autorresponsabilidade.

3.2.2. O equivalente funcional da pena na resposta penal da suspensão condicional do processo

A suspensão condicional do processo constitui uma modalidade de acordo penal, com efeitos processual e material[180], proposta pelo Ministério Público quando do oferecimento da denúncia, após valorar a presença de determinados requisitos, ao agente que cometeu crime com pena mínima não superior a um ano.

Tribunal Pleno, julgado em 24/04/1996. Disponível em:<https://jurisprudencia.stf.jus.br/pages/search/sjur111561/false>. Acesso em 17 abril 2022).

178. Em 2014, na Súmula Vinculante n. 35, o STF exarou o seguinte texto: "A homologação da transação penal prevista no artigo 76 da Lei 9.099/1995 não faz coisa julgada material e, descumpridas suas cláusulas, retoma-se a situação anterior, possibilitando-se ao Ministério Público a continuidade da persecução penal mediante oferecimento de denúncia ou requisição de inquérito policial" (BRASIL. Supremo Tribunal Federal. **Súmula Vinculante 35**. Plenário. Aprovação 16/10/2014. Disponível em: <https://www.stf.jus.br/arquivo/cms/jurisprudenciaSumulaVinculante/anexo/SUV_35__PSV_68.pdf>. Acesso em 17 abril 2022). A primeira parte do texto deixa clara a ausência de natureza de pena nas medidas pactuadas na transação penal. A segunda parte do texto, todavia, peca no que diz respeito à possibilidade de requisição de inquérito policial, por duas razões, quais sejam: a transação penal se refere a crime de menor potencial ofensivo, cuja apuração ocorre mediante Termo Circunstanciado; não há falar em inquérito policial; e, outrossim, se o Ministério Público ofereceu a transação penal, significa que existe justa causa para a ação penal. Se não houvesse, a transação penal não deveria ter sido oferecida. Outras diligências deveriam ter sido realizadas ou, caso esgotadas essas, a promoção de arquivamento seria a medida acertada.

179. Encontra-se menção aos fins da transação penal em passagem de Demercian e Maluly: "A transação penal, como já ressaltado, é medida despenalizadora que deve ser concedida dentro de critérios de necessidade e suficiência e tem por finalidade evitar a imposição de pena privativa de liberdade, mas sem perder de vista o aspecto pedagógico e preventivo" (DEMERCIAN, Pedro Henrique. MALULY, Jorge Assaf. **Teoria e Prática dos Juizados Especiais Criminais.** 4ª ed. Rio de Janeiro: Forense, 2008. p. 56-57).

180. A natureza mista do instituto tem sido afirmada pela doutrina nacional. Ao suspender o processo, traz a natureza processual; o conduzir à extinção da punibilidade, ante o cumprimento das condições, revela sua natureza penal. Nesse sentido: GRINOVER, Ada Pellegrini; GOMES FILHO, Antônio Magalhães; FERNANDES, Antônio Scarance; GOMES, Luís Flávio. **Juizados Especiais Criminais:** comentários à Lei 9.099, de 26.09.1995. 4ª ed. São Paulo: Revista dos Tribunais, 2002. p.242-243. Do mesmo modo: GOMES, Luís Flávio. **Suspensão Condicional do Processo**. 2ª ed. São Paulo: Revista dos Tribunais, 1997. p. 121-132. Para Nereu Giacomolli, a transação penal introduzida pela Constituição de 1988 no seu art. 98-I, como modalidade de consenso, deve ser compreendida em sentido amplo, de modo a abranger transação e suspensão condicional como formas de consenso (GIACOMOLLI, Nereu José. **Juizados Especiais Criminais:** Lei 9099/95, abordagem crítica, acordo civil, transação penal, suspensão condicional do processo, rito sumaríssimo. 3ª ed. Porto Alegre: Livraria do Advogado, 2009. p. 198 e 202. Quando o referido autor escreveu sobre a obra citada, ainda não havia sido inserido no ordenamento jurídico brasileiro o acordo de não persecução penal. Dessa maneira, em igual sentido, o ANPP pode ser compreendido como uma espécie transação.

Conquanto tenha sido regulamentada no art. 89 da Lei n. 9.099/95, é instituto aplicável, em regra, aos crimes de médio potencial ofensivo. Trata-se de um instituto despenalizador que apresenta outras alternativas em detrimento do cárcere, portanto traz reflexos ao Direito Penal.

São pressupostos da suspensão condicional do processo: proposta pelo Ministério Público; legalidade da proposta; aceitação do acusado; recebimento da denúncia. Os seus requisitos estão expostos no *caput* do art. 89 da Lei n. 9.099/95: prática de infração penal com pena mínima abstrata não superior a um ano; inexistência de processo em andamento contra o acusado; inexistência de condenação por outro crime contra o acusado.

A referida norma ainda aponta serem necessários os requisitos que autorizam a suspensão condicional da pena presentes no art. 77 do Código Penal, a saber: não haver reincidência; e a culpabilidade, os antecedentes, a conduta social e personalidade do agente, bem como os motivos e as circunstâncias autorizarem a concessão do benefício.

O Ministério Público examina a presença dos requisitos quando da promoção da ação penal[181]. Vale ressaltar que inexiste Direito subjetivo do investigado à suspensão condicional do processo[182]. Acrescenta-se que o julgador não pode substituir a análise dos requisitos realizada pelo Ministério Público. A ausência da proposta do referido acordo, em caso no qual o julgador entender que deveria ter sido oferecida, deverá conduzir à incidência da regra prevista no art. 28 do CPP.

181. É equivocada a afirmação de que a ausência de indiciamento no inquérito policial impede o oferecimento da suspensão condicional do processo. Tal construção se distancia totalmente do modelo constitucional e legal brasileiro que não é possível acreditar, salvo conferindo concretamente na obra, que fora realmente escrito: "Na suspensão não se discute a culpa, não há culpado. E se o acusado não foi indiciado antes, na fase de inquérito, nem sequer esse ato é cabível" (GRINOVER, Ada Pellegrini; GOMES FILHO, Antônio Magalhães; FERNANDES, Antônio Scarance; GOMES, Luís Flávio. **Juizados Especiais Criminais:** comentários à Lei 9.099, de 26.09.1995. 4ª ed. São Paulo: Revista dos Tribunais, 2002. p. 320). A afirmação ignora que o Ministério Público pode promover a ação penal sem indiciamento em inquérito e até mesmo sem inquérito. A ação penal pode se alicerçar em outras informações não contidas em inquérito policial. A ação penal pode ainda está amparada em investigação contida em Procedimento de Investigação Criminal (PIC), regulamentado pela Resolução n. 181 do CNMP, conduzida pelo próprio Ministério Público. É desnecessário dizer isso, mas o óbvio jurídico, nesse caso, precisa ser repetido.

182. Sobre o tema, há consenso na jurisprudência atual: "[...]5. Quanto à pretendida concessão da suspensão condicional do processo (art. 89 da Lei nº 9.099/95), anoto que a jurisprudência da Corte já decidiu que o benefício não é cabível se o Ministério Público, de forma devidamente fundamentada, como no caso, deixa de propô-la e o Juiz concorda com a recusa (HC nº 89.842/SP, Primeira Turma, Relator o Ministro Sepúlveda Pertence, DJ 15/9/06). Desse entendimento, não dissentiu o aresto ora questionado. 6. É pertinente se destacar que a suspensão condicional do processo tem natureza de transação processual, não existindo, portanto, direito público subjetivo do paciente à aplicação do art. 89 da Lei 9.099/95 (HC nº 83.458BA, Primeira Turma, Relator o Ministro Joaquim Barbosa, DJ de 6/2/03; HC nº 101.369/SP, Primeira Turma, de minha relatoria, DJe de 28/11/11). 7. Ordem denegada" (BRASIL. Supremo Tribunal Federal. **HC 129346/ES.** Relator, Min. Dias Toffoli, Segunda Turma, julgado em 5/4/2016. Disponível em: <https://jurisprudencia.stf.jus.br/pages/search/sjur347841/false>. Acesso em 16 abril 2022).

O acusado, devidamente assistido pela defesa técnica, realiza uma estratégia defensiva ao aceitar a suspensão condicional do processo e ao concordar em cumprir determinadas condições. Exercita, dessa forma, uma alternativa defensiva que lhe foi outorgada pelo legislador; em detrimento do enfrentamento processual e da incerteza processual, escolhe a suspensão condicional do processo[183].

Cabe apontar que a suspensão condicional do processo se destina a crimes de médio potencial ofensivo, punidos com pena abstrata mínima não superior a um ano, e o seu oferecimento ocorre quando do oferecimento da denúncia, geralmente no conteúdo da cota que acompanha a peça inicial. Se o acusado aceitar a proposta, o seu defensor, o juiz, após o recebimento da denúncia, homologará o acordo, nos termos do art. 89 e de seu §1º, da Lei n. 9.099/95[184].

Durante a suspensão do processo, discriminada em dois anos, a prescrição não correrá. Cumprido o que foi pactuado e não sendo o beneficiário processado por outro crime, ao fim do período de suspensão, será declarada a extinção da punibilidade, consoante o §6º do art. 89 da Lei n. 9.099/95[185].

Esse instituto jurídico possui antecedentes em outros ordenamentos jurídicos, como se observa na Alemanha, em Portugal e na França. Nos dois primeiros países, constata-se a presença tanto da suspensão condicional quanto da suspensão incondicional do processo, a depender da gravidade do crime cometido[186].

Contudo, a suspensão condicional do processo prevista no art. 89 da Lei 9.099/95 não se confunde: com a possibilidade de suspensão incondicional do processo prevista no art. 366 do CPP para réu citado por edital que não comparece e nem constitui advogado; e nem com a suspensão condicional da pena, prevista no art. 77 do Código Penal, aplicada após a condenação penal, no âmbito da sentença penal condenatória.

Vale destacar que, no escopo da pesquisa, a abordagem da suspensão condicional do processo como modalidade de acordo penal estará adstrita à natureza das medidas pactuadas, de modo a não fugir do tema proposto, dos

183. GIACOMOLLI, Nereu José. **Juizados Especiais Criminais:** Lei 9099/95, abordagem crítica, acordo civil, transação penal, suspensão condicional do processo, rito sumaríssimo. 3ª ed. Porto Alegre: Livraria do Advogado, 2009. p.199.

184. BRASIL. Presidência da República. **Lei n. 9099, de 26 de setembro de 1995.** Disponível em: <http://www.planalto.gov.br/ccivil_03/Leis/L9099.htm>. Acesso em: 15 set. 2022.

185. Idem.

186. Sobre as características desses institutos nesses três países, registra-se o trabalho acadêmico de Giacomolli: GIACOMOLLI, Nereu José. **Juizados Especiais Criminais:** Lei 9099/95, abordagem crítica, acordo civil, transação penal, suspensão condicional do processo, rito sumaríssimo. 3ª ed. Porto Alegre: Livraria do Advogado, 2009. p.189-194.

problemas que o cercam. Diante disso, são propostas as seguintes questões: qual é a natureza das medidas acordadas na suspensão condicional do processo? Qual é a finalidade de tais medidas?

Para tanto, de início, vale ressaltar que o texto legal indica uma primeira resposta à questão formulada, ao fazer uso do termo condições, conforme a redação do §1º do art. 89 da Lei n. 9.099. Com isso, mesmo após o oferecimento da denúncia e o seu recebimento, a suspensão do processo, em razão de acordo entre o Ministério Público e o acusado, não sujeita o acusado ao cumprimento de penas. Nem mesmo nesse caso pode-se falar em pena, conquanto já exista uma relação processual penal, na qual a graduação não é de investigado, como ocorre na transação penal e no acordo de não persecução penal, mas sim de acusado.

Tais condições, pactuadas na suspensão condicional do processo, são equivalentes funcionais da pena, que buscam atingir a mesma função da pena, sem fazer uso de uma pena negociada restritiva de direitos, de uma pena privativa, ou de uma pena de multa ou qualquer outra espécie de pena.

O não cumprimento das condições, ou o processo por um novo crime contra o acusado, redundará na revogação da suspensão condicional do processo e na retomada dos atos processuais com a realização da instrução processual. Verifica-se com isso que, no momento da suspensão condicional, não se realiza uma declaração de culpabilidade, nem subsiste uma declaração judicial acerca da responsabilidade penal do beneficiário pelo fato cometido[187].

Desse modo, a revogação da suspensão condicional do processo não levará à execução de pena pactuada, porquanto não se pactuou pena alguma, mas sim, condições ou equivalentes funcionais da pena, consubstanciados na reparação do dano à vítima e em algumas outras condições, nos termos dos §§1º e 2º do art. 89 da Lei n. 9.099/95. O cumprimento de tais equivalentes funcionais gera a extinção da punibilidade.

---

187. Compartilham desse entendimento, Demercian e Maluly, quando discorrem sobre a suspensão condicional do processo: "Não se trata do *probation system* do direito anglo-saxão, pois neste a suspensão ocorre depois de reconhecida a culpabilidade do acusado, e tampouco apresenta qualquer similitude mais significativa com o instituto da suspensão condicional da pena, que decorre de sentença penal condenatória, ao cabo do devido processo, com todos os seus consectários (contraditoriedade, ampla defesa, paridade de armas etc."(DEMERCIAN, Pedro Henrique. MALULY, Jorge Assaf. **Teoria e Prática dos Juizados Especiais Criminais.** 4ª Ed. Rio de Janeiro: Forense, 2008. p. 117). Em sentido semelhante, distinguindo a suspensão condicional do processo das modalidades de *plea bargaining*, bem como do instituto da *probation*, existentes nos EUA: GIACOMOLLI, Nereu José. **Juizados Especiais Criminais:** Lei 9099/95, abordagem crítica, acordo civil, transação penal, suspensão condicional do processo, rito sumaríssimo. 3ª ed. Porto Alegre: Livraria do Advogado, 2009. p. 196. Na *plea bargaining*, tanto via *guilty plea* (com reflexos na esfera cível) quanto via *nolo contendere* (sem reflexos na esfera cível), se produz sentença condenatória negociada. É curial ressaltar que na *probation* dos EUA não se suspende o processo e nem a execução da pena, mas sim a fase processual de aplicação da pena (*sentence*).

Conquanto exista clareza no que atine à inexistência de natureza de pena nas condições aceitas pelo acusado quando da suspensão condicional do processo, os textos acadêmicos brasileiros - por vício de origem, ao não distinguirem corretamente entre acordo com natureza de pena (diversão) e acordo sem natureza de pena (sentença penal negociada), presentes no Direito comparado - ainda apresentam muita imprecisão na exposição do assunto.

Não é incomum encontrar afirmações no sentido de que a aceitação da proposta de suspensão condicional do processo significa admissão de autoria e de culpa no que concerne ao fato imputado[188] narrado na denúncia apresentada pelo Ministério Público. Tal interpretação não convence e já foi combatida anteriormente. Sua existência remete, como já dito, ao problema do pouco conhecimento da doutrina nacional sobre as modalidades de Direito Penal negocial e, ainda, de maior desconhecimento quanto à (in)existência de diálogo de referidos institutos com a teoria da pena.

Há, também, quem faça errônea comparação entre a suspensão condicional do processo e o instituto *nolo contendere* do Direito dos EUA[189], quando o acusado não faz declaração de culpa nem de inocência, e pode, assim, realizar de maneira voluntária um acordo com a acusação, chamado de *plea nolo contendere.*

Não se pode concordar com tal equiparação, uma vez que o não cumprimento da sentença, oriunda de *plea nolo contendere,* leva à execução da pena pactuada, enquanto o não cumprimento das condições fixadas na suspensão condicional do processo leva à retomada dos atos processuais, com a designação de audiência de instrução e de julgamento.

Quanto à finalidade das condições fixadas na suspensão condicional do processo, existe posicionamento no sentido de prevenção geral e de prevenção

188. Nesse sentido: "Caso o acusado não aceite a proposta, o processo tem seguimento normal. Aceitando a proposta, o acusado está admitindo, implicitamente, a autoria e culpa do fato que lhe está sendo imputado" (CARVALHO, Roldão Oliveira de; CARVALHO NETO, Algomiro. **Juizados Especiais Cíveis e Criminais**. 2ª ed. Araras-SP: Bestbook Editora, 2000. p. 210).

189. "O que bem explica a natureza da suspensão condicional do processo entre nós, em suma, é o *nolo contendere*, que consiste numa forma de defesa em que o acusado não contesta a imputação, mas não admite culpa nem proclama sua inocência. A distinção fundamental que existe no direito norte-americano entre guilty plea e o *nolo contendere* reside nos efeitos civis da resposta do acusado: daquele (onde o acusado admite culpa) deriva efeito civil (tem que indenizar); deste não decorre semelhante consequência (a indenização será discutida)" (GRINOVER, Ada Pellegrini; GOMES FILHO, Antônio Magalhães; FERNANDES, Antônio Scarance; GOMES, Luís Flávio. **Juizados Especiais Criminais:** comentários à Lei 9.099, de 26.09.1995. 4ª ed. São Paulo: Revista dos Tribunais, 2002. p. 242-243). No mesmo sentido, com idênticas palavras: GOMES, Luís Flávio. **Suspensão Condicional do Processo**. 2ª ed. São Paulo: Revista dos Tribunais, 1997. p.130. Há um equívoco nas afirmações anteriores que equiparam suspensão condicional ao *nolo contendere*, presente no ordenamento jurídico dos EUA. Essa indevida comparação não é exarada por toda a doutrina nacional. Repita-se: não existe condenação e fixação de pena na suspensão condicional do processo. A título de ilustração, Nereu Giacomolli registra corretamente a possibilidade de condenação (sentença condenatória) a partir do *nolo contendere* no sistema jurídico dos EUA (GIACOMOLLI, Nereu José. **Juizados Especiais Criminais:** Lei 9099/95, abordagem crítica, acordo civil, transação penal, suspensão condicional do processo, rito sumaríssimo. 3ª ed. Porto Alegre: Livraria do Advogado, 2009. p. 197).

especial[190]. Com isso, sem problematizar, esse setor da academia reconhece a mesma função da pena para medidas que não têm natureza de pena.

De modo diverso, outra linha acadêmica aponta três finalidades na suspensão condicional do processo: do aspecto político-criminal, busca diminuir a demanda processual, evitar o desenvolvimento ordinário do processo, e evitar uma sentença condenatória e seus efeitos; do aspecto criminológico, afasta o estigma de condenado e de apenado e contempla um fundamento ressocializador e de prevenção na aceitação voluntária de uma sanção penal alternativa, uma sanção criminal atípica; e do aspecto penal material, há uma atuação proporcional do *ius puniendi* estatal quando da suspensão condicional do processo, tendo a retribuição jurídica ao fato criminal praticado, ou seja: "Fundamenta-se, pois, do ponto de vista do Direito material, na retribuição criminal proporcional ao fato praticado pelo acusado"[191].

Tal construção jurídica apresenta confusão na terminologia, uma vez que não se pode falar em *ius puniendi* estatal nas condições da suspensão condicional do processo, ante a ausência de pena em seu sentido estrito. Há uma resposta penal sem a natureza de pena, sem a natureza de punição e sem a natureza de sanção criminal. Existe uma resposta penal, com natureza de equivalente funcional da pena, construída de forma consensual.

Por sua vez, a reparação de danos à vítima tem vários significados, em virtude das implicações político-criminal, processual e criminológica[192]. Diante disso, o legislador se preocupou em exigir, como condição obrigatória para a suspensão condicional do processo, a reparação de danos à vítima. Ademais, estabeleceu como causa de revogação obrigatória o descumprimento dessa condição, salvo motivo justificado, nos termos do §1º, inciso I, e §3º do art. 89 da Lei n. 9.099/95[193].

---

190. Nesse sentido, Grinover e outros sustentam um objetivo duplo nas condições da suspensão condicional do processo: prevenção geral negativa, fazendo referência a Feuerbach, bem como prevenção geral positiva fundamentadora, fazendo referência a Jakobs. Apontam ainda um sentido de prevenção especial positiva. E destacam que os interesses são múltiplos e até conflitantes. Anunciam que: "Dele se espera muita coisa: ressocialização do infrator, reparação de danos à vítima, não estigmatização, agilização da justiça" (GRINOVER et al, op. cit., p. 324-325). Por sua vez, Demercian e Maluly destacam que a suspensão condicional do processo tem o objetivo de prevenção geral, busca resposta rápida aos delitos de menor importância, deixando o espaço processual para as grandes causas criminais (DEMERCIAN, Pedro Henrique. MALULY, Jorge Assaf. **Teoria e Prática dos Juizados Especiais Criminais.** 4ª ed. Rio de Janeiro: Forense, 2008. p. 215).

191. GIACOMOLLI, Nereu José. **Juizados Especiais Criminais:** Lei 9099/95, abordagem crítica, acordo civil, transação penal, suspensão condicional do processo, rito sumaríssimo. 3ª ed. Porto Alegre: Livraria do Advogado, 2009. p.198, 205 e 222.

192. GIACOMOLLI, Nereu José. **Juizados Especiais Criminais:** Lei 9099/95, abordagem crítica, acordo civil, transação penal, suspensão condicional do processo, rito sumaríssimo. 3ª ed. Porto Alegre: Livraria do Advogado, 2009. p. 198 e 205-206.

193. BRASIL. Presidência da República. **Lei n. 9099, de 26 de setembro de 1995.** Disponível em: <http://www.planalto.gov.br/ccivil_03/Leis/L9099.htm>. Acesso em: 15 set. 2022.

Vale ressaltar que a função dos equivalentes funcionais da pena, existentes tanto na suspensão condicional do processo quanto nos demais acordos penais do ordenamento jurídico brasileiro, ainda será retomada no último capítulo, como parte do objeto da pesquisa que se realiza.

Em suma, no que concerne à suspensão condicional do processo, o acusado não assume culpa quando aceita a suspensão condicional do processo. Isso equivale a dizer que ele não precisa confessar o fato para concretizar a suspensão condicional do processo. Cuida-se de um acordo proposto pelo Ministério Público, podendo o acusado fazer contraproposta. Pactuadas as condições, que têm natureza de equivalentes funcionais da pena, o processo será suspenso por decisão judicial. O cumprimento das condições levará à extinção da punibilidade. O não cumprimento gerará a retomada do processo, podendo, ao final da instrução processual, ocorrer absolvição ou condenação.

3.2.3. O equivalente funcional da pena na resposta penal do acordo de não persecução penal (ANPP)

O acordo de não persecução penal (ANPP) merecerá uma abordagem mais extensa na pesquisa, em detrimento da transação e da suspensão condicional do processo, sem perder o escopo de relacioná-lo com os fins da pena. Esse recorte se justifica por ser o ANPP o instituto mais novo no espaço do Direito Penal negocial brasileiro, bem como pela sua extensão, muito mais ampla do que a transação e a suspensão condicional do processo, porquanto alcança crimes com penas mínimas inferiores a quatro anos. Desse modo, abrange um percentual significativo dos fatos penais que, antes, tramitavam em processos penais conflitivos.

O potencial de impacto do acordo de não persecução penal, no aspecto político-criminal, é significativo. A realidade do que já foi medido sugere isso, como se verá mais adiante. De mais a mais, há um rearranjo da estrutura dos atores principais do sistema penal. Muitos fatos – que eram tratados na estrutura judicial do processo penal – são, agora, solucionados no âmbito do Ministério Público, onde se realiza o acordo com o investigado, sem deixar de lado o interesse da vítima.

3.2.3.1. A construção do acordo de não persecução penal no Brasil

O acordo de não persecução penal (ANPP) surgiu no Brasil quando da aprovação da Resolução n. 181, do Conselho Nacional do Ministério Público

(CNMP)[194], e foi previsto no artigo 18 da referia norma. O ponto de partida das discussões da Resolução n. 181 se referia à atualização da normatização anterior do CNMP[195] sobre o procedimento de investigação criminal (PIC), conduzido por membro do Ministério Público, quando se buscava melhor regulamentação para atender, inclusive, a um clamor da jurisprudência do Supremo Tribunal Federal.

Ao atualizar a norma atinente ao PIC, um grupo de trabalho, integrado por juristas, formado no âmbito da Corregedoria Nacional do Ministério Público[196], órgão do CNMP, debateu e propôs a inserção do instituto do ANPP na resolução que trataria do PIC. A iniciativa constituiu uma novidade no âmbito do ordenamento jurídico brasileiro, uma vez que possibilitava, sem a existência de lei ordinária, um acordo, para evitar uma ação penal, entre o Ministério Público e o investigado, devidamente assistido por um advogado, sem a participação judicial.

A justificativa para a proposta considerou, do aspecto político-criminal, a necessidade de construir soluções penais/processuais consensuadas ante: a funcionalização do Direito Penal Negocial no âmbito internacional[197], com destaque para a experiência do Conselho da Europa, fazendo referência à recomendação n. R (87) 18[198]; a orientação da ONU, em sentido semelhante, no texto das Regras de Tóquio[199]; a realidade político-criminal nacional, que apresenta

194. BRASIL. Conselho Nacional do Ministério Público (CNMP) **Resolução n. 181, de 7 de agosto de 2017**. Disponível em: <https://www.cnmp.mp.br/portal/images/Resolucoes/Resoluo-181-1.pdf>. Acesso em: 15 set. 2022.

195. A Resolução n. 13, de 2/10/2006, constitui a norma anterior que fora revogada pela Resolução n. 181, de 7/8/2017, ambas do CNMP.

196. O grupo de estudos e pesquisas, escolhido pelo então Corregedor Nacional, Cláudio Portela, com base na Portaria da Corregedoria Nacional do CNMP, número 087, de 16 de maior de 2016, foi formado pelos seguintes membros: Rodrigo Leite Ferreira Cabral (MPPR), Antônio Henrique Graciano Suxberger (MPDFT), Luiz Felipe Carvalho Silva (MPM) e Vladimir Aras (MPF) (BRASIL. Conselho Nacional do Ministério Público (CNMP). **Procedimento Administrativo 0.00.002.000080/2017-30**. Brasília-DF: CNMP, 18 jan. 2017. p. 3-5).

197. Sobre a funcionalização do Direito Penal negocial no âmbito internacional: SUXBERGER, Antônio Graciano; GOMES FILHO, Dermeval Farias. Funcionalização e Expansão do Direito Penal: o Direito Penal Negocial. In: **Revista de Direito Internacional, Brasília**, DF, v.13. n.1, p. 377-396, 2016. p. 377. Disponível em: <https://www.publicacoesacademicas.uniceub.br/rdi/article/view/4097/pdf>. Acesso em: 15 abril 2022.

198. A Recomendação n. R(87) 18 do Comité de Ministros do Conselho da Europa, de 17 de setembro de 1987, no item 18, cuida da simplificação da justiça criminal. O texto da R (87), entre outros assuntos, cuida ainda do apoio à vítima e da prevenção da vitimização, e recomenda aos governos dos Estados membros que incentivem experiências de mediação, em nível nacional ou local, entre o ofensor e a vítima, e avaliem seus resultados, com especial referência, à medida em que são defendidos os interesses da vítima (COUNCIL OF EUROPE. Committee of Ministers. **Recommendation n. R (87) 18,** of the Committee of Ministers to member States concerning the simplification of Criminal Justice. Adopted by the Committee of Ministers on 17 September 1987 at the 410th meeting of the Ministers' Deputies. Disponível em: <https://rm.coe.int/16804e19f8>. Acesso em: 23 out. 2022).

199. Conforme texto das Regras de Tóquio: "5.1. Sempre que adequado e compatível com o sistema jurídico, a polícia, o Ministério Público ou outros serviços encarregados da justiça criminal podem retirar os procedimentos contra o infrator se considerarem que não é necessário recorrer a um processo judicial com vistas à proteção da sociedade, à prevenção do crime ou à promoção do respeito pela lei ou pelos direitos das vítimas. Para a decisão sobre a adequação da retirada ou determinação dos procedimentos deve-se desenvolver um conjunto de critérios estabelecidos dentro de cada sistema legal. Para infrações menores, o promotor pode impor medidas não privativas de liberdade, se apropriado" (BRASIL. CONSELHO NACIONAL DE JUSTIÇA (CNJ), **Regras de Tóquio: regras**

um estado de coisas inconstitucional no sistema carcerário, reconhecido pelo STF no julgamento da Ação de Descumprimento de Preceito Fundamental 347 (ADPF 347)[200], no qual restou consignada a orientação ao CNJ e ao CNMP para a adoção de alternativas para o quadro atual do sistema carcerário brasileiro.

O acordo na versão do artigo 18 da Resolução n. 181 do CNMP estabelecia um negócio penal entre o Ministério Público e o investigado, devidamente assistido por um advogado, para fatos penais cometidos sem violência ou grave ameaça à pessoa, punidos com sanção penal mínima inferior a quatro anos. Não havia participação judicial na homologação do acordo. A avença devidamente cumprida pelo investigado redundava na promoção de arquivamento pelo membro do Ministério Público, a qual era submetida a um órgão superior interno que detém atribuição revisional[201] para verificar a legalidade no seu aspecto formal. Em seguida, cumprido o acordo, se houvesse inquérito policial, o membro do Ministério Público promoveria seu arquivamento em juízo.

A ausência de participação judicial na homologação do acordo e a construção do instrumento consensual via Resolução do CNMP geraram insatisfação da Associação de Magistrados Brasileiros, a qual propôs no STF a ADI n. 5.790, buscando a inconstitucionalidade do art. 18 da Resolução n. 181 do CNMP[202]. Do mesmo modo, insatisfeita com alguns dispositivos da Resolução n. 181, a OAB ingressou no STF com a ADI 5.793[203].

Nesse ínterim, foi construída no CNMP, em 2017, por deliberação em sessão administrativa, uma comissão para estudos e reformulação da Resolução

---

mínimas padrão das Nações Unidas para a elaboração de medidas não privativas de liberdade. Anexo da Resolução 45/110, da Assembleia-Geral das Nações Unidas, de 14 dez. 1990, Brasília: CNJ, 2016. p. 17).

200. BRASIL. Supremo Tribunal Federal. Plenário. **Ação de Descumprimento de Preceito Fundamental 347**. Relator Ministro Marco Aurélio. Julgado em 09/09/2015. Disponível em: <http://portal.stf.jus.br/processos/downloadPeca.asp?id=312067308&ext=.pdf>. Acesso em: 6 jul. 2021.

201. No âmbito do MPU, tal atribuição revisional interna (exemplos: exame de arquivamento de PIC, de Procedimento Administrativo, de Inquérito Civil, Notícia de Fato) pertence às Câmaras de Coordenação e Revisão, divididas conforme a matéria, na forma da LC 75 (BRASIL. Presidência da República. **Lei Complementar 75, de 20 de maio de 1993.** Disponível em: <http://www.planalto.gov.br/ccivil_03/leis/lcp/lcp75.htm>. Acesso em: 22 out. 2022). Nos Ministérios Públicos dos Estados, nos termos dos arts. 10, inciso IX, letra 'e', 12, inciso XI, 29, inciso VII, todos da Lei n. 8.625/93, compete ao Procurador-Geral de Justiça o exame revisional, salvo no inquérito civil, para o qual o exame do arquivamento foi conferido ao Conselho Superior, conforme artigo 30 da mencionada norma (BRASIL. Presidência da República. **Lei 8625, de 12 de fevereiro de 1993.** Disponível em: <http://www.planalto.gov.br/ccivil_03/leis/l8625.htm>. Acesso em: 23 out. 2022).

202. BRASIL. Conselho Nacional do Ministério Público (CNMP). **Resolução n. 181, de 7 de agosto de 2017**. Disponível em: <https://www.cnmp.mp.br/portal/images/Resolucoes/Resoluo-181-1.pdf>. Acesso em: 15 set. 2022.

203. GOMES FILHO, Dermeval Farias. Não persecução penal: prós, contras e limites materiais para a proteção jurídica suficiente. **IV Congresso Criminal do Ministério Público de São Paulo**. Mesa Temática I. Escola Superior do Ministério Público. São Paulo: Associação Paulista do Ministério Público, 2019. p. 25-33. Disponível em: <http://www.mpsp.mp.br/portal/page/portal/documentacao_e_divulgacao/doc_biblioteca/bibli_servicos_produtos/BibliotecaDigital/Publicacoes_MP/Todas_publicacoes/IVCongressoCriminalESMP.pdf>. Acesso em 21 dez 2021.p.29.

n. 181[204]. O escopo do trabalho consistia em ajustar o texto, sem abalar seus fundamentos, para evitar eventual decisão liminar de inconstitucionalidade do ANPP nas referidas ADIs.

O material de estudo produzido por essa comissão foi usado pela presidência do CNMP em resposta ao STF, no bojo das ADIs referidas. Serviu também para formular a proposta da Resolução n. 183, a qual alterou o texto da Resolução n. 181, a fim de prever, entre outras mudanças, a necessidade, após a celebração do ANPP entre o Ministério Público e o investigado, de uma fase de homologação judicial do acordo. Alguns ajustes também foram feitos, tendo em vista a legislação da OAB no que diz respeito ao acesso do advogado aos autos do PIC.

Após a aprovação da Resolução n. 183[205], que alterou o texto da Resolução n. 181, a implementação do ANPP continuou enfrentando resistências de alguns ramos do Ministério Público, sob o fundamento de ausência de previsão legal do referido instituto. De início, os MPMG, MPRJ e MPDFT – ante a inexistência de legislação oriunda do Poder Legislativo da União – apresentaram oposição ao cumprimento do texto normativo do CNMP.

No entanto, uma atuação rápida e de ofício da Corregedoria Nacional do CNMP fez valer o seu texto normativo, mediante a instauração de procedimentos para apurar a responsabilidade disciplinar de conselheiros integrantes do Conselho Superior, dos respectivos ramos do Ministério Público, que aprovaram propostas de descumprimento da Resolução n. 181. Em seguida, houve um recuo dos Ministérios Públicos (MPs) que se opuseram à norma do CNMP, o que provocou o arquivamento dos mencionados procedimentos disciplinares no âmbito da Corregedoria Nacional.

Vale destacar que considerável parcela da oposição inicial ao ANPP – tanto a interna registrada entre membros do próprio Ministério Público, quanto a externa que se apresentou nas ADIs da OAB e da AMB – ocorreu devido à

204. Essa comissão foi presidida por Dermeval Farias Gomes Filho (então Conselheiro do CNMP 2017-2019 e Presidente da Comissão do Sistema Carcerário e do Controle Externo da Atividade Policial do CNMP 2017-2019) e formada pelos seguintes membros: Antônio Henrique Graciano Suxberger (Promotor de Justiça do MPDFT, Membro Auxiliar do CNMP 2017-2021); Vanessa Wendhausen Cavallazzii (Promotora de Justiça do MPSC, Membro Auxiliar do CNMP 2017-2020); Rodrigo Iennaco (Promotor de Justiça do MPMG); Nedens Ulisses (Procurador de Justiça do MPMG, Membro Auxiliar do CNMP 2017-2019). As discussões e as conclusões dos trabalhos da referida comissão constam no Procedimento Interno de Controle n. 0.00.000.000141/2017-89. Trata-se de um documento físico, sem acesso *on-line*, que fora juntado aos autos da Proposição 1.00927/2017-69, conforme páginas 32-269. O Relator no CNMP da mencionada Proposição que redundou na aprovação da Resolução n. 183, e alterou o texto da Resolução n. 181, foi o Conselheiro Lauro Nogueira (BRASIL. Conselho Nacional do Ministério Público (CNMP). Plenário. **Proposição 1.00927/2017-69**. Rel. Cons. Lauro Nogueira. Julgamento na 23ª Sessão Ordinária de 12.12.2017. Brasília-DF: CNMP, 12 dez. 2017. p. 273-313).

205. BRASIL. Conselho Nacional do Ministério Público (CNMP). **Resolução n. 183, de 24 de janeiro de 2018**. Disponível em: <https://www.cnmp.mp.br/portal/images/Resolucoes/Resoluo-183.pdf>. Acesso em: 15 set. 2022.

ausência de compreensão das diferenças existentes entre acordo que propõe resposta sem natureza de pena (diversão) e acordo que resulta em pena (sentença penal negociada).

Resolvidos esses embates, o ANPP foi regulamentado em normas dos MPs estaduais e dos MPs da União, conforme previsão no artigo 22 da Resolução n. 181[206]. Sua aplicação começou a gerar resultados expressivos. Muitos seminários passaram a ser realizados pelo país afora, visando a difundir essa nova modalidade de Direito Penal negocial[207].

Atento aos efeitos positivos do ANPP, o Poder Legislativo, por meio da Lei n. 13.964/2019, o incorporou ao texto do Código de Processo Penal (CPP), em seu artigo 28-A. O novo dispositivo constitui quase uma cópia integral do artigo 18 da Resolução n. 181 do CNMP. Apesar de algumas críticas dirigidas ao texto legal, que serão examinadas mais adiante, sua consagração no CPP representou grande avanço para o modelo político-criminal brasileiro, como uma alternativa de solução penal sem o uso do cárcere.

É certo que a previsão legal afastou alguns óbices que ainda existiam, a exemplo do argumento da ausência de lei, mas não impediu o surgimento de muitas interpretações equivocadas, que passaram a equiparar o ANPP a acordos de penas existentes em modelos jurídicos de outros países. A natureza jurídica de equivalentes funcionais da pena, no que concerne às medidas acordadas no ANPP, ainda não está amadurecida na frágil doutrina nacional sobre o Direito Penal negocial.

3.2.3.2. A estreita relação entre a dogmática do ANPP e os fins da pena

O acordo de não persecução penal (ANPP) significa uma escolha político-criminal negocial, em crimes de média lesividade, proposta ao investigado pelo titular da ação penal, no sentido de evitar um processo penal e atingir a

206. "Os órgãos do Ministério Público deverão promover a adequação dos procedimentos de investigação em curso aos termos da presente Resolução, no prazo de 90 (noventa) dias a partir de sua entrada em vigor" (BRASIL. Conselho Nacional do Ministério Público (CNMP). **Resolução n. 181, de 7 de agosto de 2017**. Disponível em: <https://www.cnmp.mp.br/portal/images/Resolucoes/Resoluo-181-1.pdf>. Acesso em: 15 set. 2022).

207. Entre os eventos iniciais realizados, destaca-se o debate no IV Congresso Criminal do Ministério Público do Estado de São Paulo (GOMES FILHO, Dermeval Farias. Não persecução penal: prós, contras e limites materiais para a proteção jurídica suficiente. **IV Congresso Criminal do Ministério Público de São Paulo**. Mesa Temática I. Escola Superior do Ministério Público. São Paulo: Associação Paulista do Ministério Público, 2019. p. 25-33. Disponível em: <http://www.mpsp.mp.br/portal/page/portal/documentacao_e_divulgacao/ doc_biblioteca/bibli_servicos_produtos/BibliotecaDigital/Publicacoes_MP/ Todas_publicacoes/IVCongressoCriminalESMP.pdf>. Acesso em 21 dez 2021).

mesma finalidade da pena, mediante o cumprimento de certas condições, consoante a disciplina legal contida no art. 28-A do CPP[208].

As condições, termo utilizado pelo legislador no *caput* do art. 28-A do CPP, consubstanciam medidas a serem cumpridas de maneira voluntária pelo investigado, que as aceita, devidamente acompanhado por um advogado, no âmbito do acordo celebrado com o Ministério Público.

Tais condições não têm natureza jurídica de pena, mas sim de equivalentes funcionais da pena, com a finalidade de reprovar e prevenir o crime. As discussões e eventuais conclusões sobre a relação entre o ANPP e a pena serão objeto de análise a ser feita mais adiante na pesquisa, no Capítulo 6.

Segundo Cabral, para essa passagem do legislador, a política criminal, consubstanciada na eleição das melhores escolhas para a intervenção penal do Estado na proteção dos bens jurídicos, deve constituir o norte-interpretativo no sentido apenas preventivo, por defender o autor uma superação do aspecto retributivo da pena. Dessa forma, haveria uma correlação do processo penal, do princípio da oportunidade e da finalidade preventiva da pena, em situações fáticas de escassa culpabilidade e de ausência de interesse público, quando se pode deixar de levar a cabo a persecução penal. E, por fim, propõe a análise com dois fatores: exame da presença ou não de um injusto mais grave, que deve considerar pressupostos da lesividade social, da perspectiva da vítima, e a magnitude da violação do bem jurídico; e análise da maior ou menor culpabilidade do agente[209].

Verifica-se, outrossim, que um maior espaço de valoração e discricionariedade do membro do Ministério Público, que realiza o acordo de não persecução penal, reside, sobretudo, na análise das funções de reprovar e prevenir, estabelecidas pelo legislador. Em casos concretos, a presença dos demais requisitos objetivos e subjetivos poderá encontrar barreira na ausência da função de reprovar e prevenir o crime, de modo a impedir o oferecimento do acordo de não persecução penal[210].

---

208. Essa forma de encerrar o processo antes da ação penal, mediante o cumprimento de certas condições, se classifica como diversão. Tal ferramenta consensual não se confunde com a sentença penal negociada pelas partes. O tema será explorado nos próximos capítulos da pesquisa.

209. CABRAL, Rodrigo Leite Ferreira. O requisito da necessidade e suficiência para a reprovação e prevenção do delito para a celebração do acordo de não persecução penal. *In:* **Acordo de Não Persecução Penal**. Orgs. Leonardo Schmitt de bem e João Paulo Martinelli. 2ª ed. Belo Horizonte: D'Plácido, 2020. p. 365-370.

210. Desse modo, inclusive, já decidiu o Supremo Tribunal Federal: "STF [...] – As condições descritas no art. 28-A do Código de Processo Penal - CPP, incluído pela Lei 13.964/2019, são requisitos necessários para o oferecimento do Acordo de Não Persecução Penal – ANPP, porém insuficientes para concretizá-lo, pois, mesmo que presentes, poderá o Ministério Público entender que, na hipótese específica, o ANPP não se mostra necessário e suficiente para a reprovação e prevenção do crime, tal como, aliás, é previsto na parte final do dispositivo. Não se trata,

Detectada a referida situação, o membro do Ministério Público deverá fundamentar, na peça anexa (cota, manifestação) que acompanha a denúncia, a inexistência de relação entre os equivalentes funcionais do ANPP e a função de reprovar e prevenir no caso examinado. Desse modo, estará esclarecido o motivo pelo qual não foi escolhida a via do consenso, mais sim a via do processo, para buscar uma pena mediante sentença condenatória.

O *caput* do art. 28-A do CPP aponta as finalidades de reprovar e prevenir para que o acordo seja proposto, de modo que as condições do ANPP sejam capazes de atingir tais fins. Essa terminologia dialoga com a função mista da pena contida na regulamentação legal do procedimento trifásico, conforme redação do artigo 59 do Código Penal, que de igual modo apontou a necessidade de reprovação e prevenção como um dos critérios balizadores da fixação da pena-base.

Portanto, os fins de reprovar e de prevenir aparecem em dispositivos legais que implicam equivalentes funcionais da pena, ou seja, condições sem natureza de pena, e em comandos da própria dosimetria da pena privativa de liberdade. O legislador buscou atingir os mesmos fins da pena com respostas penais de naturezas distintas.

Essa escolha entre a via do consenso e a via do processo – que examina a intensidade da resposta com equivalentes funcionais ou a alternativa de busca de uma pena privativa de liberdade – é realizada pelo membro do Ministério Público, de modo que não pode haver substituição dessa análise pelo juiz[211].

---

portanto, de um direito subjetivo do acusado. IV – Conforme exposto no acórdão atacado, o paciente não tem direito ao benefício, haja vista que as penas mínimas dos crimes que lhe são imputados, somadas (concurso material – art. 69 do CP), totalizam exatamente 4 anos de reclusão, quantum este superior ao limite previsto no art. 28-A do CPP, que estabelece a "pena mínima inferior a 4 (quatro) anos. V – A tese de aplicação analógica do art. 44 do CP (substituição de pena privativa de liberdade por sanções restritivas de diretos), além de ser imprópria a sua invocação - pois inexiste lacuna legislativa a ser preenchida -, não foi analisada pelo Tribunal de Justiça local, nem pelo STJ, de modo que a sua apreciação por esta Suprema Corte implicaria supressão de instância, com evidente extravasamento dos limites de competência descritos no art. 102 da Constituição Federal. Precedentes. VI – Agravo regimental a que se nega provimento" (BRASIL. Supremo Tribunal Federal (2ª Turma). **HC 201610 AgR**. Relator, Min. RICARDO LEWANDOWSKI. Julgamento em 21.6.2021. Disponível em: <https://redir.stf.jus.br/paginadorpub/paginador.jsp?docTP=TP&docID=756262481>. Acesso em: 17 dez. 2022).

211. Nesse sentido, já decidiu o Supremo tribunal Federal: "O Poder Judiciário não pode impor ao Ministério Público (MP) a obrigação de ofertar acordo de não persecução penal (ANPP). Não cabe ao Poder Judiciário, que não detém atribuição para participar de negociações na seara investigatória, impor ao MP a celebração de acordos (1). Não se tratando de hipótese de manifesta inadmissibilidade do ANPP, a defesa pode requerer o reexame de sua negativa, nos termos do art. 28-A, §14, do Código de Processo Penal (CPP) (2). não sendo legitimo, em regra, que o Judiciário controle o ato de recusa, quanto ao mérito, a fim de impedir a remessa ao órgão superior no MP. Isso porque a redação do art. 28-A, §14, do CPP determina a iniciativa da defesa para requerer a sua aplicação. Com base nesse entendimento, a Segunda Turma concedeu parcialmente a ordem, para determinar a remessa dos autos à Câmara de Revisão do Ministério Público Federal, a fim de que seja apreciado o ato que negou a oferta de ANPP. Vencido, parcialmente, o ministro Ricardo Lewandowski, que concedia a ordem em maior extensão. (1) Precedente citado: MS 35.693, relator Min. Edson Fachin (DJe de 24.7.2020). (2) CPP: "Art. 28-A. Não sendo caso de arquivamento e tendo o investigado confessado formal e circunstancialmente a prática de infração penal sem violência ou grave ameaça e com pena mínima inferior a 4 (quatro) anos, o Ministério Público poderá propor acordo

Esse entendimento está alinhado com a atual intepretação da jurisprudência dos tribunais superiores quanto aos acordos de equivalentes funcionais da pena do contexto jurídico brasileiro. O desenho constitucional das atribuições do Ministério Público, em conjunto as normas que tratam da transação penal, da suspensão condicional do processo e do acordo de não persecução penal, conduzem ao protagonismo do Ministério Público no papel desempenhado no negócio penal, por meio de discricionariedade regrada pelos comandos legais. O autor do fato, devidamente assistido por um advogado, poderá recusar ou aceitar a proposta. Não poderia ser outro o entendimento ante o papel desempenhado pelo Ministério em modelos de negócio penal, conforme será objeto de exame no próximo capítulo da pesquisa[212].

Dessa forma, o acordo de não persecução penal não constitui direito subjetivo do acusado[213]. Compete ao Ministério Público interpretar as condições apontadas pelo legislador e, após exercer o espaço valorativo que lhe fora atribuído, oferecer ou não a proposta, de maneira fundamentada.

Os fins de reprovar e prevenir servem como guia, quando da análise realizada pelo membro do Ministério Público, que conduz a escolha de oferecer ou não um acordo de não persecução penal. Para tanto, leva-se em conta não

de não persecução penal, desde que necessário e suficiente para reprovação e prevenção do crime, mediante as seguintes condições ajustadas cumulativa e alternativamente: (...) §14. No caso de recusa, por parte do Ministério Público, em propor o acordo de não persecução penal, o investigado poderá requerer a remessa dos autos a órgão superior, na forma do art. 28 deste Código" (BRASIL. Supremo Tribunal Federal (2ª Turma). **HC 194677/SP.** Informativo 1017. Relator, Min. Gilmar Mendes. Julgamento em 11.5.2021. Disponível em: <https://www.stf.jus.br/arquivo/cms/informativoSTF/anexo/Informativo_PDF/Informativo_stf_1017.pdf>. Acesso em 10 abril 2022).

212. Em sentido contrário, com uma posição que parece distante do desenho atribuído ao Ministério Público pela Constituição de 1988 e pelas leis que regulamentam os acordos penais no país, Vasconcelos sustenta que o ideal seria permitir à defesa a iniciativa do acordo, com possibilidade de contraditório e decisão judicial. Esse entendimento permitiria, em outros termos, ao Judiciário, decidir sobre iniciar ou não a persecução penal, ao negar ou ao deferir o pedido de acordo da defesa, respectivamente: "Considerando tais posições, é necessário reafirmar que a vontade do órgão acusatório (em regra, o MP) é vinculada aos critérios previstos na legislação, não sendo admissível que tal decisão ocorra de modo totalmente discricionário e incontrolável. Idealmente, os acordos de simplificação processual deveriam ser definidos na legislação como procedimentos alternativos que, atendidos os pressupostos legais, poderiam ser requeridos pela defesa e deferidos pelo Judiciário, com manifestação das partes em contraditório. Assim, restaria superada a problemática sobre a necessidade de vontade de ambas as partes para formalização do negócio jurídico" (VASCONCELLOS, Vinicius Gomes de. O acordo de não persecução penal na jurisprudência do Supremo Tribunal Federal em 2020 e 2021. **Revista Brasileira de Ciências Criminais**: RBCCrim, São Paulo, v. 30, n. 191, p. 93-120, jul./ago. 2022. DOI: [https://doi.org/10.54415/rbccrim.v191in.%20191.117]. Disponível em: <https://bdjur.stj.jus.br/jspui/handle/2011/166613>. Acesso em: 20 out. 2022. p. 12).

213. Nesse sentido, o STF, no HC 191.124/RO, decidiu que "esse novo sistema acusatório de discricionariedade mitigada não obriga o Ministério Público ao oferecimento do acordo de não persecução penal, nem tampouco garante ao acusado verdadeiro direito subjetivo em realizá-lo" (BRASIL. Supremo Tribunal Federal (1ª Turma). **Habeas Corpus 191.124/RO.** Relator, Min. Alexandre de Mendes. Julgamento em 11.5.2021. Disponível em: <https://redir.stf.jus.br/paginadorpub/paginador.jsp?docTP=TP&docID=755564653 >. Acesso em: 21 out. 2022). Na mesma linha de entendimento, no HC 194.677, o STF negou o pedido da defesa, que pleiteava o reconhecimento do direito ao acordo, com os seguintes termos: "a jurisprudência desta Corte é firme no sentido de que não é dado ao Poder Judiciário impor ao Ministério Público a obrigação de ofertar acordo em âmbito penal" (BRASIL. Supremo Tribunal Federal (2ª Turma). **Habeas Corpus 164.677/SP**. Relator, Min. Gilmar Mendes. Julgamento em 11.5.2021. Disponível em: <https://redir.stf.jus.br/paginadorpub/paginador.jsp?docTP=TP&docID=756751533>. Acesso em: 21 out. 2022).

apenas o passado criminal do investigado, mas, sobretudo, o bem jurídico ofendido. Os crimes que ofendem bens jurídicos coletivos e/ou que sujeitam a mandados constitucionais expressos de criminalização devem ser analisados de forma mais restritiva em relação à oferta de acordos de diversão.

3.2.3.2.1. Requisitos objetivos do ANPP e sua relação com os fins da pena

Além da função da pena mencionada anteriormente, outros requisitos objetivos devem estar presentes para redundar em uma proposta de ANPP, quais sejam, pena mínima abstrata cominada ao delito de valor inferior a quatro anos e crime cometido sem o emprego de violência ou grave ameaça à pessoa. Além disso, a investigação criminal deve abrigar justa causa e, portanto, estar pronta alicerçar a propositura da ação penal, de modo que não pode se tratar de hipótese de arquivamento, ou de investigação na qual outras diligências precisam ser realizadas para colher elementos de autoria e materialidade.

O legislador, no art. 28-A do CPP, ainda narrou hipóteses que impedem a solução do problema penal por meio de um acordo de não persecução penal. Dessa maneira, o ANPP não poderá ser proposto: em situações nas quais se possa propor a transação penal; e em casos de fatos penais cometidos no âmbito de violência doméstica ou praticado contra a mulher por razões da condição de sexo feminino.

O patamar de pena inferior a quatro anos– quando da inspiração para o texto da Resolução 181 do CNMP– mirou os casos penais que podiam resultar em condenação a pena privativa de liberdade substituída por restritivas de direitos, na forma do art. 44 do Código Penal. Com outras palavras, se o investigado, preenchendo determinados requisitos objetivos e subjetivos, cumprisse determinadas condições que pudessem alcançar a reprovação e prevenção, o Ministério Público, apesar da existência de justa causa para a ação penal, poderia promover o arquivamento da investigação.

Com relação à vedação de ANPP em crimes sem violência[214] e grave ameaça à pessoa, o grau de ofensa ao bem jurídico foi a razão para o impedimento. Em tese, crimes com violência ou grave ameaça costumam ter tratamento penal mais gravoso, não somente pelo legislador –vedação de penas restivas, a título de ilustração –, como também pela jurisprudência dos Tribunais, a exemplo da vedação de aplicação do princípio da insignificância em crimes dessa espécie.

214. Para Cabral, o termo violência do *caput* do art. 28-A do CPP abrange violência real, imprópria e presumida (CABRAL, Rodrigo Leite Ferreira. **Manual do Acordo de Não Persecução Penal**. Salvador: Juspodivm, 2020. p. 92).

Todavia, esse parâmetro não foi seguido em outras modalidades de acordo penal presentes no ordenamento jurídico brasileiro, quais sejam, a transação e a suspensão condicional do processo, em que não existe a vedação automática de incidência em crimes cometidos com violência ou grave ameaça à pessoa.

A vedação persiste em crimes de violência doméstica, cometidos com ou sem violência. Registra-se que, no Brasil, a impossibilidade de transação e de suspensão condicional, quando se trata de crimes sujeitos ao rito da Lei Maria da Penha, foi construída em interpretação jurisprudencial[215]. No entanto, no caso do ANPP, instituto mais novo, a previsão legal já apontou expressamente o impedimento, ante o reflexo da posição jurisprudencial nos demais instrumentos de consenso. Essa vedação tem sido comum não somente no ordenamento jurídico brasileiro. Na Argentina, por exemplo, o novo *CPPF* expressa a impossibilidade de adotar critérios de oportunidade em caso de violência doméstica[216].

O impedimento para realizar ANPP em qualquer situação que envolva crime cometido com violência ou grave ameaça se dá por uma razão convincente. O ANPP alcança fatos sujeitos a penas muito superiores aos alcançados pela transação penal e pela suspensão condicional do processo. Não poderia, portanto, o legislador permitir solução diversa da pena, sem ação penal, para crimes cometidos com violência ou grave ameaça e apenados com pena mínima inferior a quatro anos. Se isso tivesse ocorrido, a título de ilustração, até o roubo tentado do *caput* do art. 157 do CP (art. 157 c/c art.14 II do CP) estaria sujeito a um ANPP, o que revelaria desproporcionalidade e ausência de proteção eficiente aos bens jurídicos que podem ser atingidos com essa modalidade de infração penal.

Com relação à violência em crime culposo, o legislador não trouxe vedação na proposta de ANPP. É certo que, na redação do *caput* do art. 28-A do CPP,

---

215. As Súmulas n. 536, 588 e 589 do Superior Tribunal de Justiça (STJ) apontam respectivamente: a impossibilidade de transação penal e suspensão condicional do processo em delitos sujeitos ao rito da Lei Maria da Penha; a impossibilidade da substituir a pena privativa de liberdade por restritiva de direitos, quando houver crime ou contravenção penal contra a mulher com violência ou grave ameaça no ambiente doméstico; e inaplicabilidade do princípio da insignificância nos crimes ou contravenções penais praticados contra a mulher no âmbito das relações domésticas (BRASIL. Superior Tribunal de Justiça. **Súmulas Anotadas.** Disponível em: <https://www.stj.jus.br/docs_internet/jurisprudencia/tematica/download/SU/Verbetes/VerbetesSTJ.pdf>. Acesso em: 23 out. 2022).

216. O artigo 30 do Código de Processo Penal Federal argentino veda a adoção da disponibilidade da ação penal (critérios de oportunidade, conversão de ações, conciliação e suspensão do processo de julgamento) em casos de violência doméstica e em algumas outras hipóteses, conforme o seu texto que segue: "Não se pode prescindir do exercício da ação penal, no todo ou em parte, se o arguido for funcionário público e lhe for atribuído um crime cometido no exercício ou em razão do seu cargo, ou quando este se apresentar como episódio no contexto de violência doméstica ou motivada por razões discriminatórias. Tampouco pode em casos incompatíveis com o disposto em instrumentos internacionais, leis ou instruções gerais do Ministério Público com base em critérios de política criminal" (ARGENTINA. Ministerio de Justicia y Derechos Humanos. Presidencia de la Nación. **Código Procesal Penal Federal.** Disponível em: <http://servicios.infoleg.gob.ar/infolegInternet/anexos/315000-319999/319681/norma.htm>. Acesso em: 15 out. 2022).

ao negar o ANPP em crime cometido com violência e grave ameaça à pessoa, o legislador não fez restrição expressa somente aos crimes dolosos. De todo modo, a intepretação deve ser sistemática e jurisprudencial, em sintonia com a legislação e a jurisprudência brasileiras, no sentido de não afastar do crime culposo violento benefícios excluídos do crime doloso violento, a exemplo das penas restritivas de direito.

Se é permitida a substituição de pena privativa por penas restritivas de direitos em crime culposo cometido com violência, não há razão para vedar o acordo de equivalente funcional da pena, preenchendo os demais requisitos, nessa modalidade de crime. Por isso, pode-se falar de ANPP, se preenchidos todos os requisitos, em crime de homicídio culposo ou em crime de lesão corporal culposa, inclusive para aqueles cometidos na direção de veículo automotor, regulados pelo Código de Trânsito brasileiro[217].

Observa-se, desse modo, que não houve vedação no texto legal do ANPP para crime culposo cometido mediante violência. No entanto, a valoração, no caso concreto, exige a análise de todos os requisitos, com destaque singular para os fins de reprovar e prevenir, os quais trazem um campo de discricionariedade na atuação do membro do Ministério Público. A existência de parâmetros gerais para a atuação na via do consenso, de modo a evitar desigualdade nas propostas ou na ausência de propostas de ANPP, será objeto de reflexão mais adiante na pesquisa.

Por fim, quanto aos requisitos objetivos, conforme acentuado, a investigação criminal precisa estar madura, segundo o exame do membro do Ministério Público, para possibilitar a propositura de uma ação penal. Ante a presença de justa causa, de elementos de autoria e definição fática, faz-se um exame valorativo por uma escolha alternativa, mediante a oferta de um ANPP ao investigado.

Isso significa dizer que a proposta de ANPP não poderá ser levada adiante se faltar algum elemento a ser colhido, para tornar a investigação madura, de modo a alicerçar a propositura de uma ação penal. Se forem necessárias novas

217. Em sentido contrário, ante a ressalva literal do legislador para crime culposo violento: CABRAL, Rodrigo Leite Ferreira. **Manual do Acordo de Não Persecução Penal**. Salvador: Juspodivm, 2020. p. 91. Vale ressaltar que o Enunciado 23 do Conselho Nacional de Procuradores gerais de Justiça orienta os membros do Ministério Público brasileiro no sentido de oferecer o ANPP em crimes culposo violento, desde que preenchidos os demais requisitos: "É cabível o acordo de não persecução penal nos crimes culposos com resultado violento, uma vez que nos delitos desta natureza a conduta consiste na violação de um dever de cuidado objetivo por negligência, imperícia ou imprudência, cujo resultado é involuntário, não desejado e nem aceito pela agente, apesar de previsível" (Conselho Nacional de Procuradores-Gerais (Conselho Nacional de Procuradores-Gerais (CNPG). Comissão Especial – GNCCRIM. **Enunciados Interpretativos da Lei n. 13964/2019 (Lei Anticrime).** 2019. Disponível em: <https://www.cnpg.org.br/images/arquivos/gndh/documentos/enunciados/ GNCCRIM_Enunciados.pdf>. Acesso em: 15 set. 2022).

diligências para colher elementos formadores da justa causa para a ação penal, essas deverão ser realizadas antes de qualquer propositura de um ANPP.

3.2.3.2.2. Requisitos subjetivos do ANPP e sua relação com os fins da pena

Por sua vez, quanto aos requisitos subjetivos, o inciso II do §2º do artigo 28-A do CPP estabelece que não será oferecido ANPP "se o investigado for reincidente ou se houver elementos probatórios que indiquem conduta criminal habitual, reiterada ou profissional, exceto se insignificantes as infrações penais pretéritas".

O sentido de reincidência é dado pelo Código Penal brasileiro (CP) em seus artigos 63 e 64. Considera reincidente aquele que, após condenação penal transitada em julgado, pratica um novo crime. Adotou-se a teoria ficta da reincidência, a qual não exige um cumprimento concreto de pena e, depois, a prática de um novo crime.

Para se caracterizar a reincidência, bastam a condenação transitada em julgado e a prática de um novo crime, antes do período depurador de cinco anos. Esse lapso temporal é contado após a extinção da punibilidade ou do cumprimento da pena pelo agente, computado o período de prova da suspensão ou do livramento condicional, se não ocorrer revogação.

No que atine à segunda parte do inciso II do artigo 28-A do CPP, houve muita imprecisão no uso dos termos pelo legislador. Isso, todavia, não impede o caminho para uma interpretação adequada do dispositivo. Segundo o texto, não caberá ANPP se houver elementos probatórios que indiquem conduta criminal habitual, reiterada ou profissional, exceto se insignificantes as infrações penais pretéritas.

O sentido de conduta criminal habitual é quase equivalente ao de conduta criminal reiterada e próximo ao de conduta profissional. A conduta habitual indica que o agente tem o hábito de cometer determinada modalidade de crime, que faz parte de seu modo de vida, tanto no que diz respeito ao mesmo tipo penal, a exemplo da prática rotineira de furtos, quanto à violação do mesmo bem jurídico, a exemplo da prática de constantes crimes patrimoniais, consubstanciados no cometimento de furtos, de estelionato e de receptação. Não há habitualidade se o agente praticou um crime de dano, previsto no art. 163 do Código Penal e, em outra oportunidade, conduziu veículo automotor sob a influência de álcool, na forma narrada no art. 306 da Lei n. 9.503/97.

A conduta reiterada, em um esforço para diferenciá-la da conduta habitual, significa o cometimento de mais de uma infração penal, sem necessidade de identidade entre elas, seja quanto às elementares ou quanto à ofensa ao mesmo bem jurídico. Não é preciso se tratar, portanto, de crimes da mesma espécie. A conduta profissional, por sua vez, indica que o agente tem especialidade na prática de determinados crimes pela forma como os comete, e que a faz, inclusive, como um modo de vida.

Um ponto de destaque diz respeito ao uso pelo legislador de "elementos probatórios" que indiquem a conduta habitual, reiterada ou profissional. Constata-se a desnecessidade de decisão condenatória transitada em julgado para aferir tais conclusões. Esse entendimento já se encontra presente na jurisprudência do Superior Tribunal de Justiça, quando examina o sentido de habitualidade, para o qual são suficientes investigações e processos em andamento[218]. Isso equivale a dizer que o conteúdo da habitualidade criminosa é distinto tanto do conteúdo da reincidência quanto do conteúdo dos maus antecedentes.

Os outros elementos probatórios, referidos pelo legislador, são extraídos, a título de ilustração, da investigação criminal ou de processos em andamento, quando o membro do Ministério Público, ancorado em elementos fáticos, averigua a existência de habitualidade, reiteração ou profissionalismo do investigado[219].

Quanto à última parte do inciso II, há uma ressalva no sentido de que, conquanto o agente seja reincidente e/ou tenha provas de condutas habituais, reiteradas ou profissionais, o ANPP poderá ser oferecido se as infrações penais pretéritas forem insignificantes. Diante disso, indaga-se: o que são infrações penais insignificantes?

A resposta de pergunta anterior deve considerar, de início, que o legislador se referiu às infrações penais de pouca intensidade de ofensa ao bem jurídico

218. É certo que o conceito de habitualidade criminosa não exige os mesmos requisitos dos maus antecedentes e muito menos da reincidência. Nesse sentido, decidiu o Superior Tribunal de Justiça: "AGRAVO REGIMENTAL NO RECURSO ESPECIAL. DESCAMINHO. REITERAÇÃO DELITIVA. PRINCÍPIO DA INSIGNIFICÂNCIA. INAPLICABILIDADE. INSURGÊNCIA DESPROVIDA. 1. Este Superior Tribunal de Justiça posiciona-se no sentido de que, para além dos requisitos objetivos, o aspecto subjetivo, consubstanciado, sobretudo, na verificação da reiteração criminosa do agente, caso reconhecida, impede a incidência do princípio da insignificância, porquanto demonstra maior reprovabilidade de seu comportamento, circunstância suficiente e necessária a embasar a incidência do Direito Penal como forma de coibir a reiteração delitiva. 2. É entendimento consolidado nesta Corte que, apesar de não configurar reincidência, a existência de outras ações penais, inquéritos policiais em curso ou procedimentos administrativos fiscais é suficiente para caracterizar a habitualidade delitiva e, consequentemente, afastar a incidência do princípio da insignificância. 3. Agravo regimental desprovido" (BRASIL. Superior Tribunal de Justiça (5ª Turma). **AgRg no REsp 1592146/PR**, Rel. Ministro JORGE MUSSI, QUINTA TURMA, julgado em 20/10/2016. Disponível em: <https://scon.stj.jus.br/SCON/GetInteiroTeorDoAcordao?num_registro=201600927079&dt_publicacao=26/10/2016>. Acesso em: 15 set. 2022).

219. Para Cabral: "A exigência dessa justa causa sobre a habitualidade, reiteração ou profissionalismo é em grau de semelhante à justa causa para o oferecimento da denúncia, uma vez que o exame é feito - pela própria natureza da investigação criminal - por meio de um juízo de cognição sumária. Assim, não basta a mera desconfiança, deve existir um juízo de plausibilidade sobre esses elementos" (CABRAL, Rodrigo Leite Ferreira. **Manual do Acordo de Não Persecução Penal**. Salvador: Juspodivm, 2020. p. 110).

tutelado. É certo que, por um lado, a conclusão, de imediato, no sentido de que o termo se refere aos fatos bagatelares sujeitos à incidência do princípio da insignificância, não se revela a mais adequada: em primeiro lugar porque a incidência do princípio da insignificância produz a atipicidade material do fato passado, de modo que não deverá ser sopesado de maneira negativa em valorações posteriores; em segundo lugar, tal relação direta com o princípio da insignificância seria complexa, uma vez que o referido postulado, conquanto presente na jurisprudência, ainda não foi previsto na Lei Penal brasileira. Há proposta de sua inclusão no artigo 28 do Projeto de Lei n. 236 do Senado, que cuida do Novo Código Penal[220].

Com um outro olhar, menos convincente, não se pode descartar que o termo 'insignificantes' conduz ao princípio da insignificância, em uma análise conjunta com os demais termos do texto legal. Isso se reforça porque a existência de habitualidade criminosa pode ser aferida, conforme visto, com suporte em processos e investigações em andamento. Portanto, em casos anteriores, se houve solução com o princípio da insignificância, não haverá impedimento de análise de ANPP em fato futuro, cometido pelo mesmo agente, desde que os equivalentes funcionais da pena do ANPP sejam suficientes para reprovar e prevenir.

Não se olvida de que é comum o uso, pelo legislador e, de igual modo, pela jurisprudência, da reincidência e da habitualidade para impedir a aplicação das penas restritivas, do princípio da insignificância e da continuidade delitiva. Com outras palavras, isso ocorre quando se negam: as penas restritivas em substituição às privativas de liberdade em caso de reincidência, salvo se a medida for socialmente recomendável; a incidência, embora não seja de maneira automática, do princípio da insignificância em caso de reincidência e/ou de habitualidade criminosa; a incidência da continuidade delitiva no caso de habitualidade criminosa.

Ressalta-se que o referido inciso II não trouxe o instituto dos maus antecedentes penais, ou seja, fato anterior transitado em julgado antes da prática do novo crime. Isso não impede, conforme valoração fundamentada do caso concreto pelo membro do Ministério Público, a negativa de ANPP em razão de maus antecedentes penais que possam indicar serem o acordo e os seus equivalentes funcionais da pena insuficientes para reprovar e prevenir, nos termos do *caput* do art. 28-A do CPP.

---

220. BRASIL. Congresso Nacional. Senado Federal. **Projeto de Lei do Senado nº 236, de 2012**. Reforma do Código Penal Brasileiro. Disponível em: <https://legis.senado.leg.br/sdleg-getter/documento?dm=3515262&ts=1645029382318&disposition=inline>. Acesso em: 23 out. 2022.

De igual maneira, o legislador não apontou como obstáculo ao ANPP o fato de o investigado estar respondendo a outro processo penal. Tal impedimento existe no exame da suspensão condicional do processo, mas não foi previsto como empecilho à oferta do ANPP. No entanto, é possível confrontar os processos e as investigações penais, em andamento, com os demais requisitos colocados pelo legislador: habitualidade, reiteração profissionalismo e, acima de tudo, se a medida (ANPP com os seus equivalentes penais), para o caso concreto, é suficiente para reprovar e prevenir. Observa-se, desse modo, maior espaço de discricionariedade, de escolha valorativa, balizada nos requisitos apontados pele legislador, quando da atuação do membro do Ministério Público.

Por ter relação com o investigado, constitui, ainda, requisito subjetivo para o ANPP a inexistência de acordo anterior, nos termos do inciso III do §2º do art. 28-A do CPP[221]. Esse acordo anterior se refere à transação, à suspensão condicional do processo e ao acordo de não persecução penal. A contagem ocorre da seguinte forma: no caso de ANPP anterior, intervalo de cinco anos a contar do dia em que o acordo de não persecução penal foi homologado, conforme §6º do art.28-A do CPP; no caso de transação penal, intervalo de cinco anos a contar da data da homologação do referido acordo penal, nos termos do §4º do art. 76 da Lei n. 9.099/95; e no caso de suspensão condicional do processo, após o acusado aceitar a proposta do Ministério Público, intervalo de cinco anos a contar da data da decisão que suspender o processo, nos termos do §1º do art. 89 da Lei n. 9.099/95[222].

Por fim, é requisito subjetivo para o ANPP a confissão formal e circunstanciada do investigado quanto à prática do delito. Isso significa dizer que o investigado, para celebrar o ANPP, deve confessar de maneira integral o fato cometido. Essa confissão do investigado, devidamente assistido por um advogado, deve ser voluntária e realizada na presença do membro do Ministério Público.

Se a confissão, por si só, não é suficiente para celebrar um ANPP, quando não se soma ao conjunto investigatório no sentido de formar justa causa para uma ação penal, sua ausência torna-se um impedimento para o acordo. Essa confissão do investigado deve ser voluntária, realizada na presença da defesa técnica e do membro do Ministério Público, quando da celebração do acordo de não persecução penal.

221. BRASIL. **Decreto-lei nº 3.689, de 3 de outubro de 1941.** Código de Processo Penal. Brasília-DF: Presidência da República. Disponível em: <http://www.planalto.gov.br/ccivil_03/decreto-lei/del3689compilado.htm>. Acesso em: 11 set. 2022.

222. BRASIL. Presidência da República. **Lei 9099, de 26 de setembro de 1995**. Disponível em: <http://www.planalto.gov.br/ccivil_03/leis/leis_2001/l10259.htm>. Acesso em: 18 out. 2022.

A ausência ou negativa de confissão na investigação policial, quando do interrogatório do investigado, não impede a proposta do ANPP. Seria ilegal exigir confissão do investigado, na fase policial da investigação, sem qualquer proposta de acordo feita pelo Ministério Público. Não existe etapa alguma do acordo de não persecução penal na fase da investigação policial. Isso porque o ambiente adequado e legal para essa confissão se encontra na audiência específica de celebração do ANPP, com a presença do investigado – acompanhado da Defesa técnica – e do membro do Ministério Público. As eventuais divergências na atuação prática sobre esse tema foram solucionadas pela 3ª Seção do STJ mediante decisão fixada no Tema Repetitivo 1.303[223].

Desse modo, a eventual confissão na presença da autoridade policial, quando do inquérito policial, ou mesmo a confissão celebrada em um Procedimento de Investigação Criminal (PIC)[224] não substituem a confissão, como requisito subjetivo, a ser realizada no momento da celebração do ANPP com o Ministério Público.

Uma questão curial se apresenta em torno da confissão do ANPP. É certo que o texto legal menciona confissão formal e circunstanciada. Diante disso, indaga-se: a confissão pode constituir mera confirmação, pelo investigado, do objeto da investigação redigido na proposta de ANPP e explicado pelo membro do Ministério Público, ou é necessário que o próprio investigado detalhe na confissão, em narrativa voluntária, tudo que ocorreu e o que ele fez?

Segundo Cabral, a confissão não pode ser magra ou mera confirmação do fato investigado; exige-se que o acusado descreva em detalhes o fato com suas próprias palavras. O referido autor se espelha em outras pesquisas, que tratam da confissão em acordos de pena no Direito comparado, quando rejeitam a mera assunção de culpa, que ocorre em alguns procedimentos de *plea* dos EUA[225].

---

223. A decisão foi fixada no Tema 1.303 dos recursos repetitivos, estabelecendo a seguinte tese: 1) A confissão pelo investigado na fase de inquérito policial não constitui exigência do artigo 28-A do Código de Processo Penal para o cabimento de acordo de não perseguição penal, ANPP, sendo inválida a negativa de formulação da respectiva proposta, baseada em sua ausência. 2) A formalização da confissão para fins de ANPP pode se dar no momento da assinatura do acordo, perante o próprio órgão ministerial, após a ciência, avaliação e aceitação da proposta pelo beneficiado, devidamente assistido por defesa técnica, dado o caráter negocial do instituto. BRASIL. Superior Tribunal de Justiça. Recurso Especial n. 2.161.548/BA. 3ª SEÇÃO. Ministro Otávio de Almeida Toledo (Desembargador Convocado do TJSP). Julgamento em 12/03/2025, DJEN de 253/2025. Disponível em: https://scon.stj.jus.br/SCON/GetInteiroTeorDoAcordao?num_registro=202402883032&dt_publicacao=25/03/2025. Acesso em: 27 mar. 2025.

224. O PIC é conduzido por um membro do Ministério Público, regulado pela Resolução n. 181 do CNMP (BRASIL. Conselho Nacional do Ministério Público (CNMP). **Resolução n. 181, de 7 de agosto de 2017**. Disponível em: <https://www.cnmp.mp.br/portal/images/Resolucoes/Resoluo-181-1.pdf>. Acesso em: 15 set. 2022).

225. CABRAL, Rodrigo Leite Ferreira. **Manual do Acordo de Não Persecução Penal**. Salvador: Juspodivm, 2020. p. 112. Nesse sentido, Brandão, ao tratar de sentença penal negociada, portanto de acordo de pena, sustenta que a confissão não pode constituir uma "simples declaração ou assunção de culpa, estando arredada a possibilidade de o acordo incidir sobre questão da culpabilidade *qua tale*, mas como elemento probatório dirigido ao esclarecimento e comprovação dos factos objeto do processo. Sendo essa a sua função, serão de considerar

Não difere da abordagem de Vasconcelos que, por sua vez, ao interpretar o texto legal, defende necessidade de uma confissão completa. Ainda acrescenta que a confissão não pode consistir em "uma afirmação genérica dos termos da acusação, mas um relato detalhado, nas palavras do autor do fato, sobre o ocorrido"[226].

No entanto, o ANPP não se trata de um acordo sobre a sentença, ou seja, um acordo que negocia a pena. Cuida-se de instrumento consensual concretizado antes da ação penal e que gera medidas diversas da pena. Seu cumprimento implica extinção da punibilidade e, portanto, o fim da investigação, sem abertura de processo penal. Na verdade, esse detalhamento da confissão serve para: reforço da justa causa no sentido de que o investigado praticou o fato; reforço, como fonte de informação para a busca de elementos probatórios no processo penal a ser instaurado em caso de eventual descumprimento do ANPP que implique sua revogação.

A confissão, por si só, não é suficiente para que o membro do Ministério Público ofereça um ANPP, até porque a oferta do ANPP precede a confissão, a qual aparecerá como uma condição obrigatória. A justa causa para o ANPP não se alicerça na confissão. De mais a mais, a confissão apresentada em um ANPP que fora, posteriormente, revogado, não serve, de modo exclusivo, como prova para condenar no processo judicial que veio a ser instaurado. No entanto, a confissão pode ser utilizada no conjunto da argumentação que reforça a prova a ser produzida em juízo.

Dessa forma, em caso de revogação do ANPP, com a consequente ação penal, a confissão detalhada, colhida na fase do acordo, que se coaduna com a prova produzida, será mais útil do que uma confissão meramente formal. Não se olvida de decisão do STF, quando do exame do HC 185913, em sentido contrário ao uso da confissão após a revogação do acordo de não persecução penal[227].

---

inadmissíveis e inidôneas para esse efeito as confissões meramente formais, vazias de conteúdo. Exige-se que seja o arguido a apresentar ao tribunal, sem induções e com as suas próprias palavras, a sua versão dos factos, a fim de o tribunal avaliar se está ou não realmente diante de uma confissão e apreciar a verossimilhança do relatado. Neste contexto, e atento ao risco da apresentação de uma confissão falsa, deve o tribunal manter todos os poderes de indagação inerentes ao princípio da investigação e sindicar, através de uma atividade probatória suplementar, a fidedignidade da confissão" (BRANDÃO, Nuno. Acordos sobre a sentença penal: problemas e vias de solução, *in* **Revista Julgar**, n. 25, 2015. p. 173). Ao tratar da confissão em acordo sobre a sentença, De-Lorenzi usa a mesma expressão, qual seja, de que a confissão não pode ser magra, superficial e genérica quanto aos fatos narrados (De-Lorenzi, Felipe da Costa. **Justiça Negociada e Fundamentos do Direito Penal**: pressupostos e limites materiais dos acordos sobre sentença penal no Brasil. 2020. 380f. Tese (Doutorado) – Programa de Pós-Graduação em Ciências Criminais, PUC-RS Porto Alegre, 2020. p. 221-222).

226. VASCONCELOS, Vinicius Gomes de. **Acordo de não persecução penal.** São Paulo: Thomson Reuters. 2022. p. 88.

227 Esse julgamento tratou da possibilidade de retroatividade do ANPP. Na oportunidade, sobre a confissão, o relator afirmou: "Dado o caráter negocial do ANPP, a confissão é "circunstancial", relacionada à manifestação da autonomia privada para fins negociais, em que os cenários, os custos e benefícios são analisados, vedado, no caso de

De todo modo, não se pode falar em defeito jurídico grave no ANPP celebrado com confissão do investigado sem detalhamento, com as seguintes palavras: "confirmo que pratiquei o fato apurado, ou seja, após ingerir bebida alcoólica, conduzi o veículo automotor e fui flagrado pelos policiais". Ou, após narrativa do Ministério Público do fato apurado e sua subsequente pergunta ao investigado, advém a seguinte resposta do investigado: "sim, confesso que pratiquei este fato". O ANPP é válido em ambas as situações. Reforça-se que tais declarações prestadas pelo investigado são gravadas em vídeo e ocorrem na presença de um advogado.

Questão mais complexa diz respeito à confissão do fato com a exclusiva finalidade de obter o acordo de não persecução penal, mas com a ressalva do investigado de que não praticou o fato. Isso significa que o investigado explica não ter praticado o fato, mas que irá confessá-lo a fim de cumprir o requisito legal previsto para a celebração do ANPP.

Em situação semelhante, o Superior Tribunal de Justiça, ao examinar o caso, decidiu que o ANPP não poderia ser celebrado pelo membro do Ministério Público[228]. Importa destacar que, nessa situação, a ação penal deverá ser proposta. Se houve oferta de ANPP, significa que, antes disso, ocorreu a formação da *opinio delicti* pelo membro do Ministério Público no que concerne à justa causa para a promoção de uma ação penal.

---

revogação do acordo, o reaproveitamento da "confissão circunstancial" (ad hoc) como prova desfavorável durante a Etapa do Procedimento Judicial". Sobre a retroatividade, foram fixadas as seguintes teses: com a fixação das seguintes teses: "1. Compete ao membro do Ministério Público oficiante, motivadamente e no exercício do seu poder-dever, avaliar o preenchimento dos requisitos para negociação e celebração do ANPP, sem prejuízo do regular exercício dos controles jurisdicional e interno; 2. É cabível a celebração de Acordo de Não Persecução Penal em casos de processos em andamento quando da entrada em vigência da Lei nº 13.964, de 2019, mesmo se ausente confissão do réu até aquele momento, desde que o pedido tenha sido feito antes do trânsito em julgado; 3. Nos processos penais em andamento na data da proclamação do resultado deste julgamento, nos quais, em tese, seja cabível a negociação de ANPP, se este ainda não foi oferecido ou não houve motivação para o seu não oferecimento, o Ministério Público, agindo de ofício, a pedido da defesa ou mediante provocação do magistrado da causa, deverá, na primeira oportunidade em que falar nos autos, após a publicação da ata deste julgamento, manifestar-se motivadamente acerca do cabimento ou não do acordo; 4. Nas investigações ou ações penais iniciadas a partir da proclamação do resultado deste julgamento, a proposição de ANPP pelo Ministério Público, ou a motivação para o seu não oferecimento, devem ser apresentadas antes do recebimento da denúncia, ressalvada a possibilidade de propositura, pelo órgão ministerial, no curso da ação penal, se for o caso". BRASIL. Supremo Tribunal Federal. Tribunal Pleno. **Habeas Corpus 185913/DF**. Relator Ministro Gilmar Mendes. Julgado em 19/9/2024. Disponível em: <https://redir.stf.jus.br/paginadorpub/paginador.jsp?docTP=TP&docID=782290785>. Acesso em: 02 abr. 2025.

228. Conforme se extrai da decisão proferida no Habeas Corpus 636279/SP: "[...] 2. O acordo de não persecução penal é negócio jurídico extraprocessual que possibilita a celebração de acordo entre acusação e acusado para o cumprimento de condições não privativas de liberdade em troca do não prosseguimento do processo penal, afastando, assim, efeitos deletérios da sentença condenatória. Para tanto, é requisito essencial do ato que o acusado confesse de maneira formal e circunstanciada a prática do delito. 3. No caso em análise, a despeito de confessar a infração penal perante o Juízo, o paciente afirmou que o fazia apenas para ter acesso ao acordo de não persecução penal, mas que não era o autor da infração penal. Tal afirmação do paciente não preenche os requisitos do art. 28-A, do CPP, e afasta a possibilidade de homologação do acordo de não persecução penal[...]" (BRASIL. Superior Tribunal de Justiça (5ª turma). **Habeas Corpus 636279/SP**. Rel. Ministro Joel Ilan Paciornik, julgado em 9/3/2021. Disponível em: <https://scon.stj.jus.br/SCON/GetInteiroTeorDoAcordao?num_registro=202003467770&dt_publicacao=23/03/2021>. Acesso em: 22 out. 2022).

Ao retomar a questão, para uma nova problematização, de forma mais clara, indaga-se: a confissão feita por um investigado, que afirma categoricamente não ter praticado o fato, pode ou não pode conduzir à concretização de um ANPP?

A resposta não parece simples. Conquanto o Superior Tribunal de Justiça possua julgado em sentido negativo, é necessária reflexão científica mediante o uso da contribuição dogmática. Alerta-se que a resposta negativa seria imediata se no ANPP houvesse um acordo de pena, porquanto não haveria um pacto relativo à culpabilidade ante a afirmação do acusado de que não praticou o fato[229].

Todavia, considerando que no ANPP existe um acordo para fixar condições que não possuem natureza de pena, que tal forma de diversão evita a propositura de uma ação penal, o processo, o julgamento, e impede a fixação de uma pena, é preciso refletir – em análise de custo e benefício feita pelo próprio acusado e por sua defesa técnica – se haverá um benefício ao investigado que realiza acordo finalístico, em detrimento de uma ação penal.

Em síntese, a resposta negativa conduz à abertura de um processo penal, que pode significar uma medida muito mais prejudicial ao investigado do que a concretização de um ANPP, celebrado mediante confissão finalística. O investigado e sua defesa técnica podem fazer uma avaliação de custo e benefício e concluir que o acordo é melhor do que o processo.

A confissão finalística consiste em uma confissão formal, produzida sob alegação de inocência, ou seja, em um ato praticado mediante análise de custo e benefício, do peso de se submeter a um processo penal no modelo de justiça criminal brasileiro. É certo que a referida avaliação pela defesa técnica levará em conta a baixa chance de êxito em uma absolvição no caso de um julgamento, tendo em vista o conjunto do material colhido na investigação, de pleno acesso da defesa, e o que será possível produzir em juízo[230].

229. Não se olvida da análise realizada anteriormente, quanto ao precedente *Nort Carolina v. Alford*, julgado pela Suprema Corte estadunidense, quando se admitiu acordo de pena com a confissão do acusado para obter uma pena menor. No referido caso, o acusado disse que havia confessado para não receber a pena de morte ao final de julgamento, uma vez que não tinha cometido o fato. A Suprema Corte aceitou o acordo alicerçada na voluntariedade do acusado e presença da defesa técnica (LEGAL INFORMATION INSTITUTE. Cornell Law School. **North Carolina v. Alford, 400 U.S. 25, 1970.** Disponível em: <https://www.law.cornell.edu/supremecourt/text/400/25>. Acesso em: 27 jun. 2022).

230. Ao tratar do tema, Vasconcelos manifesta da seguinte forma: "Considerando-se que os acordos penais devem ser admitidos somente em casos fortes, quando há elementos que indiquem a culpabilidade do imputado e isso ensejaria uma condenação também em um processo tradicional, aceitar tais mecanismos nas situações em que o autor do fato mantenha declaração de inocência parece temerário e ilegítimo. Contudo, considerando-se os riscos do processo, trata-se de situação delicada, que enseja ressaltar a necessidade de aprimoramento do sistema como um todo, de modo que pessoas que se achem inocentes tenham confiança de que isso será reconhecido no processo" (VASCONCELOS, Vinicius Gomes de. **Acordo de não persecução penal.** São Paulo: Thomson Reuters. 2022. p. 87).

As exigências apontadas pela doutrina na construção do acordo de pena, existentes em diversas modalidades do Direito comparado, não devem ser transportadas, sem a devida análise, para os modelos de acordos penais do ordenamento jurídico brasileiro, os quais, por ora, não resultam em pena. Dito de outra forma, não se pode confundir as razões de uma confissão circunstanciada e detalhada de um acordo de pena, presente em outros ordenamentos jurídicos, com as razões de uma confissão para um acordo de diversão, que fixa medidas diversas da pena, denominadas de equivalentes funcionais da pena.

Constata-se que o conjunto de requisitos subjetivos examinados se relaciona com a valoração da suficiência do ANPP e de seus equivalentes funcionais para as finalidades de reprovar e prevenir descritas no *caput* do artigo 28 do CPP. No entanto, tais finalidades não se restringem ao exame de tais requisitos subjetivos. Há muito mais densidade em tais finalidades, a serem examinadas em seguida.

3.2.3.2.3. Condições ou equivalentes funcionais da pena do ANPP e sua relação com os fins da pena

No art. 28-A do CPP, o legislador chamou as medidas propostas pelo Ministério Público de condições[231], que significam um conjunto de equivalentes funcionais da pena que deverão ser cumpridos pelo investigado para provocar a extinção da punibilidade e, portanto, o arquivamento da investigação, sem a propositura de uma ação penal em razão do fato cometido.

A primeira condição apontada pelo texto legal se dirige à necessidade de reparação do dano à vítima. Tal previsão revela uma preocupação maior do Direito Penal negocial com a vítima, que tem sido denotada em normas do âmbito internacional[232], as quais refletem no Direito local, sem restabelecer a tomada do *ius puniendi* pela vítima.

Compete ao Estado, por meio do Ministério Público, contatar a vítima sobre o montante do prejuízo e propor como condição obrigatória a reparação do dano ao investigado. O acordo no ANPP, por conseguinte, não é celebrado entre o autor e a vítima. Não há falar, nessa construção da reparação do dano do ANPP, em um modelo de justiça restaurativa.

231. O termo condições, do mesmo modo, foi utilizado pelo legislador para se referir às medidas propostas na suspensão condicional do processo pelo Ministério Público, conforme §1° do art. 89 da Lei n. 9.099/95. De forma equivocada, como explicado anteriormente, no acordo mais fraco, do aspecto da intensidade da resposta penal, o legislador chamou de pena as medidas ofertadas na transação penal, nos termos da parte final do art. 76 da Lei n. 9.099/95.

232. Aspecto explorados nos Capítulos 5 e 6.

A reparação do dano precisa ser efetiva, como condição obrigatória a constar no ANPP. A impossibilidade de reparar o dano não impede a realização do acordo, desde que aquela seja devidamente demonstrada pelo investigado. A mera alegação de não poder reparar o dano será insuficiente para dispensar o cumprimento da referida condição.

O dano pode ser moral ou material. A vítima pode ser pessoa física ou jurídica ou mesmo a coletividade. Compete ao Ministério Público apurar o dano e propor sua reparação em justa medida. Se a vítima não ficar satisfeita com o *quantum* proposto pelo Ministério Público, poderá postular no juízo cível o valor complementar.

Tal condição tem estreita ligação com os fins da pena, no sentido de reprovação e prevenção apontados no *caput* do art. 28-A do CPP, porquanto existe uma comunicação dessa espécie de resposta penal tanto ao ofendido, que terá o prejuízo reparado, quanto ao investigado, no que concerne à autorresponsabilidade e às consequências do fato criminoso.

É necessária, portanto, uma comunicação da resposta penal ao ofendido que o deixe satisfeito com a inexistência de processo penal conflitivo no qual se buscaria uma pena fixada em uma sentença. Quando o Estado abre mão do seu poder de punir, ele deve apresentar à vítima uma resposta penal equivalente, em que o sentimento de justiça possa refletir na assunção e no cumprimento das condições pelo investigado.

A relação entre vítima e o negócio penal será retomada no próximo capítulo da pesquisa, com abordagem mais ampla. Nesse momento, interessam apenas os aspectos dogmáticos do ANPP e sua relação com os fins da pena, que devem ser alcançados via equivalentes funcionais da pena, denominados de condições pelo legislador.

A segunda condição prevista no inciso II do art. 28-A do CPP diz respeito à renúncia voluntária de bens e direitos, indicados pelo Ministério Público, que constituam instrumentos, produto ou proveito do crime. É prática comum, nos modelos de acordo penal, o pacto sobre o destino de bens classificados como instrumento, produto ou proveito do crime. Em razão do procedimento mais célere do modelo de consenso penal, evita-se, ainda, o perecimento dos bens devidamente apreendidos.

A terceira condição ou equivalente funcional da pena consiste na prestação de serviços à comunidade ou a entidades públicas por período correspondente à pena mínima cominada ao delito, diminuída de um a dois terços, em local a ser indicado pelo juízo da execução, na forma do art. 46 do Código Penal.

A quarta condição consiste no pagamento de prestação pecuniária a entidade pública ou de interesse social, a ser indicada pelo juízo da execução, que tenha, preferencialmente, como função proteger bens jurídicos iguais ou semelhantes aos aparentemente lesados pelo delito, a ser estipulada nos termos do art. 45 do Código Penal.

No próximo item do presente capítulo, serão feitas considerações sobre as condições nominadas de prestação de serviços e de prestação pecuniária, por conta da estreita ligação desses equivalentes funcionais com os fins da pena proclamados no *caput* do art. 28-A do CPP[233], bem como em razão da confusa redação que remete o *quantum* de uma obrigação pactuada, sem natureza de pena, às bases das penas restritivas de direitos.

Uma quinta condição foi apontada pelo legislador, qual seja: poderá o membro do Ministério Público, no âmbito do ANPP, além das condições já referidas, propor ao investigado o cumprimento de outra condição por prazo determinado, desde que proporcional e compatível com a infração penal imputada. Constata-se, de imediato, um equívoco na redação do texto legal ao falar em infração penal imputada. Não há infração imputada no momento do ANPP, uma vez que inexiste até então ação penal.

A outra condição prevista no inciso V do art. 28-A corresponde aos deveres laterais de conduta relacionados à boa-fé objetiva, como a informação sobre eventual mudança de endereço residencial durante o cumprimento das condições pactuadas no ANPP. São deveres que implicam lealdade entre as partes, no sentido de facilitar o adimplemento do ANPP, como o dever de comprovar o cumprimento das condições pactuadas[234].

233. Quanto à prestação de serviços à comunidade: "Essa condição constitui a medida a ser cumprida pelo investigado como forma de reprovação de sua conduta com vistas à função preventiva que deve informar o conteúdo do acordo de não persecução penal. [...] Ademais, esse cumprimento de prestação de serviço tem o objetivo e a potencialidade de provocar um momento reflexivo do agente, levando-o, em alguns casos, inclusive, a desenvolver novas potencialidades, habilidades e aptidões. Além de contribuir com comunidades e entidades públicas. Tudo isso fomenta a ideia de prevenção geral positiva" (CABRAL, Rodrigo Leite Ferreira. **Manual do Acordo de Não Persecução Penal**. Salvador: Juspodivm, 2020. p. 134-135). No que concerne à prestação pecuniária, como condição do ANPP, o mesmo autor afirma: "Essa medida de prestação pecuniária deve, também, concretizar a função preventiva do acordo de não persecução penal" (CABRAL, op. cit., p.139).

234. Nesse sentido, Rodrigo Cabral leciona sobre a possibilidade de incluir, no âmbito do ANPP, eventual acordo de não persecução civil relacionado à Lei de Improbidade Administrativa, bem como a realização em conjunto de ANPP com um acordo de colaboração premiada ou mesmo com um acordo de leniência (CABRAL, op. cit., p.148-149).

3.2.3.3. Retrocesso quanto ao modelo de homologação e fiscalização do cumprimento do ANPP

A previsão inicial do ANPP no texto pioneiro da Resolução n. 181 do CNMP[235], conforme já noticiado anteriormente, não continha a homologação judicial do acordo. Todo o procedimento de proposta e aceitação se dava entre as partes: Ministério Público e investigado devidamente assistido por um advogado. A fiscalização do cumprimento competia ao Ministério Público.

Em caso de investigação do fato mediante procedimento de investigação criminal (PIC), seguido de proposta de ANPP, o seu cumprimento, com amparo no texto original da Resolução n. 181, implicava uma promoção de arquivamento da investigação submetida à homologação perante a instância superior do próprio Ministério Público.

De outro modo, em caso de investigação oriunda de inquérito policial, se houvesse a propositura de ANPP pelo Ministério Público, após seu cumprimento, a promoção de arquivamento seguiria para a apreciação judicial. Se houvesse discordância judicial quanto ao arquivamento do inquérito policial, os autos deveriam ser encaminhados ao Procurador-Geral de Justiça, nos termos do comando apresentado pelo art. 28 do CPP[236].

Conforme já destacado em outro momento, em razão da ADI 5.790 proposta pela Associação dos Magistrados brasileiros no ano de 2017, contra o texto da Resolução n. 181, o CNMP resolveu alterar seu texto normativo. Na oportunidade, aprovou-se a Resolução n. 183[237], a qual trouxe a homologação judicial como etapa de final de confirmação do ANPP, de forma a evitar - em prognóstico político-decisional de eventual posicionamento do STF - uma decisão liminar que pudesse eliminar o ANPP, sob alguma pecha de inconstitucionalidade, do texto da norma da Resolução n. 181.

Cabe destacar que não era e nunca foi a intenção do CNMP fazer constar do texto da Resolução n. 181 a necessidade de homologação judicial. Isso, porque o ANPP, como modelo de acordo penal de diversão, refere-se a uma atribuição exclusiva do Ministério Público na fase pré-processual, antes do oferecimento da ação penal. Acrescenta-se, ainda, que as condições pactuadas no

235. BRASIL. Conselho Nacional do Ministério Público (CNMP). **Resolução n. 181, de 7 de agosto de 2017**. Disponível em: <https://www.cnmp.mp.br/portal/images/Resolucoes/Resoluo-181-1.pdf>. Acesso em: 15 set. 2022.

236. BRASIL. **Decreto-lei nº 3.689, de 3 de outubro de 1941**. Código de Processo Penal. Brasília-DF: Presidência da República. Disponível em: <http://www.planalto.gov.br/ccivil_03/decreto-lei/del3689compilado.htm>. Acesso em: 11 set. 2022.

237. BRASIL. Conselho Nacional do Ministério Público (CNMP). **Resolução n. 183, de 24 de janeiro de 2018**. Disponível em: <https://www.cnmp.mp.br/portal/images/Resolucoes/Resoluo-183.pdf>. Acesso em: 15 set. 2022.

acordo de não persecução penal não possuem natureza de pena. Se houvesse natureza de pena, a participação judicial seria condição de constitucionalidade de qualquer acordo penal.

A inserção da homologação judicial se deu para salvar o texto no ANPP inserido no art. 18 da Resolução n. 181, para salvar o instituto[238] e acalmar os ânimos daqueles que até hoje não compreenderam a diminuição do espaço judicial nas modalidades de justiça consensual, seja no âmbito cível, seja no âmbito penal. No que toca aos acordos penais, a não exclusividade do Judiciário e o redesenho do Ministério Público serão objeto de análise no Capítulo 4 da pesquisa.

Em sequência, já em 2019, a Lei n. 13.964 inseriu o ANPP no art. 28-A do CPP. O texto legal importou a homologação judicial, seguindo a versão da Resolução n. 183 do CNMP. Nessa fase, o juiz, em audiência, afere a voluntariedade do investigado e a legalidade do ANPP. A homologação judicial constitui condição de eficácia do acordo de não persecução penal[239]. Se observar inadequação, insuficiência ou abusividade das condições, o juiz devolverá os autos ao Ministério Público para reformular as propostas do acordo, nos termos dos §§4º e 5º do art. 28-A do CPP.

Várias ADIs (n. 6.298, 6.299, 6.300 e 6.305) foram propostas no STF contra partes do texto da Lei 13.964/2019, principalmente no que concerne aos temas do juiz de garantias e do arquivamento da investigação criminal. O STF julgou as ADIs e afirmou a constitucionalidade da referida lei, com várias modificações mediante interpretação conforme. No que concerne ao acordo de não persecução penal, após tais decisões do STF, o CNMP aprovou a Resolução 289, para adequar o texto da Resolução 181 no que diz respeito ao procedimento de investigação criminal (PIC) e ao acordo de não persecução penal. Os artigos 18 ao 18-K da mencionada resolução tratam do acordo de não persecução penal,

---

238. A intervenção judicial na homologação do ANPP constitui medida salutar, considerando a necessidade de consolidar um espaço decisório no exercício da ação penal. Quanto a isso, anotou Suxberger, com a precisão que lhe é peculiar, ainda na época do texto novo da Resolução n. 181, alterada pela Resolução n. 183, ambas do CNMP, que: "A intervenção jurisdicional a respeito do acordo de não persecução penal mostra-se iniciativa desejada nesses primeiros passos institucionais em direção ao reconhecimento de um espaço decisório no exercício da ação penal. Até mesmo em países como os Estados Unidos da América, em que a *prosecutorial discretion* sempre se apresentou como algo inerente à prerrogativa da função executiva do Estado de promover a ação penal, tem se reconhecido que a prática jurisdicional de revisão e controle do exercício da atividade persecutória tem se mostrado em maior ou menor grau, tanto no aspecto de admissibilidade da acusação quanto no aspecto de disciplinar revisão da decisão de promover persecução penal ou mesmo abandoná-la. Vê-se, pois, gradação no exercício dessa atuação de controle jurisdicional, mas não ausência" (SUXBERGER, Antônio Henrique Graciano. **Acordo de Não Persecução Penal:** o exercício da ação penal e a questão prisional como problema público. Brasília: Fundação Escola, 2019. p. 91).

239. CABRAL, Rodrigo Leite Ferreira. **Manual do Acordo de Não Persecução Penal**. Salvador: Juspodivm, 2020. p. 150.

de deveres impostos principalmente ao membro do Ministério Público para a celebração do ANPP[240].

A intervenção judicial, na homologação do ANPP, em audiência designada para esse fim, conforme ocorre sem a presença do Ministério Público, tem o escopo de: garantir direitos do investigado, ao aferir se sua decisão de pactuar o ANPP foi voluntária; e conferir a legalidade da avença, ao examinar a legalidade das condições constantes no acordo. É certo que o juiz não substituirá a análise de mérito do Ministério Público.

A eventual recusa do julgador quando à homologação do ANPP pode ser combatida com recurso em sentido estrito, nos termos do inciso XXV do art. 581 do CPP. Em caso de não propositura do ANPP pelo membro do Ministério Público, o órgão superior do próprio Ministério poderá ser acionado pelo investigado, conforme §14 do art. 28-A do CPP.

A decisão que homologa o ANPP não possui natureza condenatória, uma vez que o referido acordo não permite pactuar uma pena como resposta ao fato criminoso cometido. Essa homologação não tem o condão de afastar a presunção de inocência. Sua natureza é de um "ato homologatório, de natureza integrativa do negócio jurídico, sem força de coisa julgada material, e que tem a função de garantia de legalidade e legitimidade da avença, permitindo que ela passe a surtir seus efeitos jurídicos"[241].

Vale ressaltar que o comando normativo para a homologação do acordo de não persecução penal em uma audiência judicial tem sido mitigado na prática forense. No Distrito Federal, a partir do primeiro semestre de 2021, os juízes criminais da Circunscrição Judiciária de Ceilândia substituíram a audiência, com a finalidade de homologar o acordo de não persecução penal, por uma decisão judicial escrita, na qual se analisam a legalidade do acordo proposto e a voluntariedade do investigado. Argumentam a desnecessidade da audiência, considerando que o acordo foi gravado em vídeo, com a presença do membro do Ministério Público, do investigado e de seu defensor. Sustentam, ainda, a impossibilidade de realizar de maneira célere a audiência judicial, com a finalidade de homologar ANPP, em razão do alto volume processual de fatos criminais que demandam audiência de instrução e julgamento[242].

---

240. BRASIL. Conselho Nacional do Ministério Público (CNMP). **Resolução n. 289, de 16 de abril de 2024**. Disponível em: <https://www.cnmp.mp.br/portal/images/noticias/2024/Abril/Resolu%C3%A7%C3%A3o_289_2024.pdf>. Acesso em: 02 abr. 2025.

241. Ibidem, p. 150.

242. Até o momento que findava essa pesquisa, as Câmaras de Coordenação e Revisão Criminal do MPDFT, disciplinadas pelos artigos 154-V, 160, 166-I, a, 171 da Lei Complementar n. 75, não haviam examinado a possibilidade de

Após essa iniciativa judicial, os membros do Ministério Público que atuam na localidade se reuniram e decidiram não recorrer das decisões judiciais[243], desde que a defesa técnica manifestasse, quando da realização do acordo, sua concordância expressa com a homologação judicial mediante decisão judicial escrita, dispensando a realização da audiência para tal finalidade.

Esse caminho de afastar, na prática forense, a audiência judicial para a homologação do ANPP confirma a informalidade, em parcela dos acordos penais, como solução encontrada pelos operadores do Direito Penal e Processual Penal para administrar o alto volume dos procedimentos criminais, com o objetivo de otimizar a força de trabalho e tornar mais eficiente a prestação jurisdicional.

É certo que o maior objetivo da audiência judicial, no que diz respeito aos acordos penais entre acusação e defesa, consiste em aferir a voluntariedade e inteligibilidade do investigado (acordo sem natureza de pena) ou do acusado (acordo com natureza de pena)[244]. Considerando que o ANPP representa uma modalidade de acordo sem natureza de pena, realizado na fase pré-processual, sem afirmar a culpabilidade do investigado, há mera irregularidade na ausência da audiência para homologar a avença. Não se observa nulidade na ausência do referido ato.

---

homologação judicial mediante decisão judicial escrita em substituição à audiência (BRASIL. Presidência da República. **Lei Complementar 75, de 20 de maio de 1993.** Disponível em: <http://www.planalto.gov.br/ccivil_03/leis/lcp/lcp75.htm>. Acesso em: 22 out. 2022). As Câmaras de Coordenação e Revisão Criminais Reunidas do Ministério Público do Distrito Federal e Territórios consolidaram várias teses nos Enunciados n. 102 a 113, com a finalidade de uniformizar a atuação dos membros na condução do ANPP (BRASIL. Ministério Público do Distrito Federal e Territórios (MPDFT). **Enunciados em ordem cronológica.** Disponível em: <https://www.mpdft.mp.br/portal/index.php/cmaras-de-coordenao-e-revisao- menu/230-camaras-reunidas/696-enunciados>. Acesso em: 22 out. 2022).

243. Vale destacar que o TJDFT, em reclamação contra decisão proferida pelo Juízo de Direito da Primeira Vara Criminal da Circunscrição Judiciária de Samambaia que, nos autos de n. 0709551-66.2020.8.07.0009, sem realizar a audiência prevista no art. 28-A, §4º, do Código de Processo Penal, inserido pela Lei n. 13.964/19, homologou acordo e decidiu: "[...] Prevê o art. 28-A, §4º, do Código de Processo Penal, com as alterações promovidas pela Lei nº 13.964/2018, que, para homologação do acordo de não persecução penal, será realizada audiência na qual o juiz deverá verificar a sua voluntariedade, por meio da oitiva do investigado na presença do seu defensor, e sua legalidade. 2. A medida é impositiva, apontando para a necessidade de um prévio controle jurisdicional, a ser realizado em audiência designada especificamente para a finalidade de se averiguar as condições sobre a legalidade e a voluntariedade do ajuste celebrado, encerrando, assim, em ato próprio perante o Estado-Juiz, a justiça penal negociada. 3. Reclamação julgada procedente para reformar a decisão que dispensou a realização do ato processual. (Acórdão 1323037, 07383487920208070000, Relator: JESUINO RISSATO, 3ª Turma Criminal, data de julgamento: 4/3/2021, publicado no PJe: 13/3/2021. Pág.: Sem Página Cadastrada" (BRASIL. Tribunal de Justiça do Distrito Federal (TJDFT). 3ª Turma Criminal. **Reclamação Criminal 0738348-79.2020.8.07.0000.** Relator: JESUINO RISSATO. Disponível em: <https://pesquisajuris.tjdft.jus.br/IndexadorAcordaos-web/sistj>. Acesso em: 22 out. 2022).

244. Esse é maior objetivo da audiência judicial para homologar acordo de pena no modelo estadunidense. É certo que outros desenhos jurídicos de acordo de pena ampliam em maior medida o papel do julgador, como ocorre no modelo alemão, no qual o juiz propõe o acordo. No modelo argentino, por sua vez, o julgador não propõe o acordo, mas afere a voluntariedade e pode, inclusive, chegar à uma decisão absolutória, de forma que não se limita ao papel de juiz neutro do sistema estadunidense. As razões para essas diferenças dependem da raiz de cada sistema, se está ancorado em um modelo de disputa ou em um modelo de investigação oficial. Isso permite explicar a maior ou menor intervenção judicial. Tais temas foram examinados no Capítulo 2.

Não deve ser atribuída à informalidade operada em acordos de diversão a mesma consequência jurídica da informalidade detectada em acordos de pena. A primeira, não raro, reflete mera irregularidade e não deve ser examinada no campo da teoria das nulidades processuais. A segunda, dada a afirmação da culpabilidade e existência de uma condenação penal, deverá observar maior rigor quanto à forma, sem prejuízo de admitir informalidades que não causem qualquer prejuízo ao acusado.

Quanto à fiscalização do ANPP, o ideal seria que todas as etapas do cumprimento do acordo fossem fiscalizadas pelo Ministério Público, que não houvesse delegação dessa atividade à Vara de Execuções Penais, uma vez que lá são acompanhadas as execuções de penas e não o cumprimento de condições, medidas sem natureza de pena, classificadas como equivalentes funcionais da pena. Nesse sentido, assim previa o texto da Resolução n. 181, superado nesse aspecto pela previsão legal do art. 28-A, §6º, do CPP: "Homologado judicialmente o acordo de não persecução penal, o juiz devolverá os autos ao Ministério Público para que inicie sua execução perante o juízo de execução penal"[245].

Vale destacar que, no âmbito do Distrito Federal, o acompanhamento e a fiscalização do ANPP não são feitos pela Vara de Execução Penal, mas sim pelo próprio Ministério Público, por intermédio do seu Setor de Medidas Alternativas (Sema), que tem funcionado de maneira exemplar, do mesmo modo, no acompanhamento e cumprimento de outros acordos penais, quais sejam: transação e suspensão condicional do processo.

Tal setor realiza o cadastro e a fiscalização das entidades beneficiadas, tanto para o cumprimento de prestação de serviços, quanto para o destino de prestação pecuniária. À medida que o investigado cumpre as etapas do ANPP, o Ministério Público informa nos autos do procedimento judicial eletrônico (processo judicial eletrônico-PJE).

Cumpridas as etapas do ANPP, o Ministério Público requererá a extinção da punibilidade perante o juízo competente, em consonância com o §13 do art. 28-A do CPP. Cuida-se, portanto, o aperfeiçoamento do ANPP de um ato complexo, que exige manifestação de mais de um agente público para sua validade.

245. BRASIL. **Decreto-lei nº 3.689, de 3 de outubro de 1941.** Código de Processo Penal. Brasília-DF: Presidência da República. Disponível em: <http://www.planalto.gov.br/ccivil_03/decreto-lei/del3689compilado.htm>. Acesso em: 11 set. 2022.

Buscou-se acima tratar da dogmática do ANPP com os fins da pena, ressaltando a inexistência de acordo de pena nessa modalidade de negócio penal. Não se deu destaque a todos os pontos controvertidos ou que são objeto de consenso do referido instituto, porquanto implicaria extensão não prevista dentro do objeto da pesquisa.

3.2.3.4. A inexistência de natureza jurídica de pena nos equivalentes funcionais da pena propostos no ANPP

O acordo de não persecução penal (ANPP) resulta em equivalentes funcionais da pena, que não possuem natureza de pena. As medidas do ANPP almejam os mesmos fins da pena, mas sem a carga dogmática e criminológica da pena. Não subiste a possibilidade do cárcere e nem os efeitos da reincidência, nem resta um etiquetamento ante a inexistência de condenação penal[246].

A pena aqui é compreendida como sanção decorrente do reconhecimento da prática de uma infração penal e de um procedimento no qual há necessariamente intervenção jurisdicional, porquanto depende da prévia afirmação da culpabilidade do acusado antes de sua condenação. Não se atribui ao termo pena, na presente pesquisa, outro sentido que não esse já afirmado[247].

No atual modelo jurídico brasileiro, não existe pena sem acusação penal formalizada, sem processo e sem formação da culpa em juízo. As medidas pactuadas no ANPP não atribuem ao Estado um poder de coerção – de imperatividade –, de modo que não há falar em *ius puniendi* no acordo de não persecução

246. Esse modelo de acordo penal, classificado dentro de uma categoria denominada de diversão, faz surgir uma questão sobre a existência de um Direito Penal sem a pena, no aspecto concreto, como resposta ao fato criminoso. A análise desse problema será realizada no último capítulo da pesquisa.

247. De forma semelhante, mas com atribuição de dois sentidos ao termo pena, manifesta Suxberger: "Não há dúvida que a aplicação da pena, compreendida como sanção, decorrente do reconhecimento da prática de um crime, deriva de procedimento que respeita necessariamente manifestação jurisdicional. Aliás, nisso consiste a chamada jurisdicionalidade da pena, que tratamos no tópico anterior. No entanto, cabe a pergunta: a imposição de penas restritivas de direitos acordada entre investigado confesso e titular da ação, como ocorre no acordo de não persecução penal, é pena entendida como aquela de inafastável jurisdicionalidade? A resposta é negativa. Com efeito, no acordo de não persecução, o investigado concorda, isto é, aquiesce voluntariamente com a imposição de prestar serviço à comunidade ou a entidades públicas por período correspondente à pena mínima cominada ao delito, diminuída de um a dois terços, em local a ser indicado pelo Ministério Público, ou a pagar prestação pecuniária a entidade pública ou de interesse social. São medidas que guardam similitude com espécies de penas restritivas de direito, decerto, mas não são sanções penais no seu sentido mais estrito do termo? A presença de pena tem por pressuposto a manifestação do *jus puniendi* estatal e este só se concretiza por meio da jurisdicionalidade, isto é, por meio da manifestação jurisdicional a ser construída após provocação da parte que se vale do lídimo exercício do direito de ação judiciária. No entanto, ainda que as medidas descritivas no acordo de não persecução penal guardem similitude ou identidade com espécies de penas restritivas de direitos, não se trata de sanção penal imposta como consequência do reconhecimento do crime" (SUXBERGER, Antônio Henrique Graciano. **Acordo de Não Persecução Penal:** o exercício da ação penal e a questão prisional como problema público. Brasília: Fundação Escola, 2019. p. 87-88).

penal[248]. Do mesmo modo, as condições do ANPP não devem ser conceituadas como sanções.[249]

O não cumprimento do ANPP não permite ao Estado obrigar o investigado a cumprir a condição pactuada. Nessa hipótese, restará ao Ministério Público promover a ação penal para a instauração de um processo criminal contra o acusado. Ao final do processo, poderá, quanto ao mérito, ocorrer uma absolvição ou uma condenação.

Tais características revelam que as medidas pactuadas no ANPP não têm natureza de pena. Se fossem pena, não haveria necessidade de um novo processo para discutir a culpa. Se fossem pena, não haveria possibilidade de absolvição em relação a uma pena já definida, pactuada, aplicada e transitada em julgado. Acrescente-se que o ANPP não gera reincidência, porquanto não há condenação.

Esse ponto de partida – relativo à inexistência de pena no ANPP– torna-se a única opção condizente com os enunciados dogmáticos do Direito Penal e do Direito Processual Penal em um Estado Democrático de Direito. Supor a existência de pena no ANPP seria admitir a existência de condenação penal sem ação penal, sem processo penal e sem formação da culpa em juízo.

Não foi aprovado, ainda, no Brasil um modelo negocial, existente em outros países, que possibilita a sentença penal negociada entre o Ministério e o acusado, durante a instrução processual, ou seja, após o recebimento da ação penal, antes da sentença judicial penal condenatória.

No entanto, não raro – talvez em razão de equívocos terminológicos no emprego do termo pena na legislação em relação à transação penal[250] ou, ainda, por causa de uma redução do debate do negócio penal aos aspectos processuais

248. Contempla a mesma posição jurídica, Rodrigo Cabral: "No entanto, parece bastante claro que o acordo não impõe penas, apenas estabelece direitos e obrigações de natureza negocial. O investigado somente cumpre as obrigações se quiser, não existindo a possibilidade de cumprimento forçado. Por isso é possível afirmar que o investigado, ao cumprir tal obrigação (v.g. pagamento de multa ou prestação de serviço à comunidade), não está cumprindo pena, justamente por faltar uma das características fundamentais do conceito de pena, que é a sua imperatividade. É dizer, na pena o Estado pode impor coercitivamente o seu cumprimento, independente da vontade do condenado" (CABRAL, Rodrigo Leite Ferreira. **Manual do Acordo de Não Persecução Penal**. Salvador: Juspodivm, 2020. p. 86).

249. De modo diverso, Vasconcelos concorda que não existe pena em sentido formal, mas usa o termo sanções para se referir às condições do ANPP e, outrossim, exara que houve ampliação das sanções no regime jurídico do ANPP (VASCONCELOS, Vinicius Gomes de. **Acordo de não persecução penal.** São Paulo: Thomson Reuters. 2022. p. 127).

250. É o que ocorre, a título de ilustração, conforme já tratado em outros espaços da pesquisa, na transação penal, nos termos do art. 76 da Lei n. 9.099/95, quando o legislador se equivocou no uso da terminologia pena para se referir às condições propostas na transação penal, modalidade mais simples de acordo penal existente na legislação penal brasileira.

– parcela representativa da doutrina ainda faz uso do termo pena para se referir ao ANPP[251].

Essa posição confusa que desconhece a distinção entre pena e equivalente funcional da pena– entre negócio penal com incidência de pena[252] e negócio penal sem solução de pena – já se fazia presente em setores da doutrina mesmo antes da introdução do art. 28-A do CPP pela Lei n. 13.964/2019, isto é, quando o acordo de não persecução penal constava unicamente na Resolução n. 181 do CNMP[253].

Os equívocos desse entendimento precisam ser aclarados para evitar: a indevida comparação do ANPP com os modelos de acordos que redundam em pena, existentes em outros ordenamentos jurídicos; e a tentativa de aproximar as medidas do ANPP às penas existentes no Código Penal e na Legislação Especial Criminal.

Dito de outra maneira, se as condições propostas no ANPP tivessem natureza de pena, os enunciados dogmáticos e a doutrina a serem construídos em torno do referido instituto jurídico possuiriam implicações totalmente distintas das atribuídas a um equivalente funcional da pena.

Esse ponto de partida entre os dois caminhos inconciliáveis é crucial para compreender o ANPP na legislação penal brasileira. Chamar suas condições de pena revela um vício insanável na origem, que redunda em conclusões incorretas sobre o instituto e suas consequências.

De maneira paralela ao problema anterior, no que diz respeito, portanto, à tentativa de equiparar, na concretização diária do ANPP, suas medidas às penas existentes no Código Penal e na Legislação Especial Criminal, o próprio legislador contribuiu, em dois momentos, para o referido equívoco: ao atribuir a função mista da pena às condições a serem acordadas no ANPP; e ao buscar uniformizar a construção dos equivalentes funcionais da pena com as regras que norteiam as penas restritivas de prestação de serviços e de prestação pecuniária.

De forma mais direta, o legislador, como ponto de partida, vinculou a proposta do ANPP – consubstanciada em condições a serem cumpridas pelo

251. Parte significativa da doutrina equipara, de maneira equivocada, o ANPP, a transação penal e a suspensão condicional do processo com os modelos de sentença penal negociada existente no Direito norte-americano. Por todos: LOPES JUNIOR, Aury. A crise existencial da justiça negocial e o que (não) aprendemos com o JECRIM. **Boletim IBCCRIM.** São Paulo: IBCCRIM, ano 29, n. 344, jul.2021, p. 4-6.

252. Como já alertado, não existe, por ora, negócio penal com incidência de pena no Brasil. As propostas legislativas ainda não resultaram em promulgação de lei.

253. AMORIM, Pierre Souto Maior Coutinho de. Observações sobre a Resolução n.181/2017 do CNMP. *In:* JARDIM, Afrânio da Silva. **Direito Processual Penal:** Estudos, pareceres e crônicas. 15ª ed. Salvador: Juspodivm, 2018. p. 907.

investigado - com as funções da pena de reprovação e prevenção, nos termos do *caput* do art. 28-A do CPP. Até aqui, compreende-se a busca de alternativas de resposta penal com os mesmos fins da pena, sem o uso do cárcere e sem a etiqueta da pena, para crimes, principalmente, de médio potencial ofensivo.

O legislador denominou de condições as medidas a serem propostas pelo Ministério Público no ANPP. Tais condições, conforme já acentuado, são mais bem compreendidas como equivalentes funcionais da pena, ou seja, respostas penais sem natureza de pena que alcançam os mesmos objetivos da pena, sem fazer uso do cárcere[254].

As funções de reprovar e prevenir com o uso das condições do ANPP - e, por conseguinte, sem o uso do cárcere - representam alternativa político-criminal em completa sintonia com a realidade da execução penal no Brasil e com maior racionalidade do Direito Penal para o uso da pena privativa. Se o Direito Penal é de *ultima ratio*, a pena privativa constitui a *ultima ratio* dentro da *última ratio*.

Conquanto tenha sido crucial na fase de humanização do Direito Penal nos fins do século XVIII, quando da substituição dos suplícios corporais, a pena privativa não é, no contexto atual, a única resposta penal possível. Mais de 200 anos depois do período iluminista, a pena privativa representa uma resposta penal a ser utilizada em situações de singular gravidade, no entanto não constitui a única forma de responder ao fenômeno da criminalidade.

Esse novo arranjo político-criminal, conforme visto no segundo capítulo da pesquisa, tornou-se necessário ante o aumento do espaço de tutela penal dos bens jurídicos. A nova realidade impôs a adoção de modelos alternativos de solução penal, sem uso da pena privativa, com mais penas restritivas de direitos e pena de multa. Além disso, substituiu-se um modelo conflitivo processual por um modelo consensual para parcela significativa dos problemas penais submetidos ao sistema de justiça criminal estatal.

Os negócios penais que surgiram, a depender do ordenamento jurídico examinado, possibilitam a construção de acordos de pena (sentença penal negociada), como também de acordos com equivalentes funcionais da pena (diversão), os quais sequer possuem natureza de pena. O Brasil, repita-se, por ora,

254. Na introdução à pesquisa, foi apontado que outros pesquisadores do Direito Penal fazem uso da terminologia equivalentes funcionais da pena, quando mencionam modalidades de solução de conflito penal sem uso da pena (SILVA SÁNCHEZ, Jesús-Maria. **Malum Passionis.** Mitigar el dolor del Derecho penal. Barcelona: Atelier, 2018. p.113-181; JAKOBS, Günther. **Derecho Penal**: parte general: fundamentos y teoría da imputación. 2. ed. Madrid: Marcial Pons, 1997. p.14-18).

não permite em seu ordenamento jurídico acordo penal com natureza de pena, mas, apenas, acordo penal no qual se pactuam equivalentes funcionais da pena.

Os equivalentes funcionais da pena do ANPP não possuem natureza de pena privativa de liberdade, nem de penas restritivas de direitos e nem de pena de multa. Constituem um conjunto de medidas propostas pelo Ministério Público na fase pré-processual para impedir uma ação penal contra o investigado.

Ante os enormes desafios do sistema carcerário brasileiro, o legislador importou a solução construída na Resolução n. 181 do CNMP, em consonância com orientações advindas de julgamentos do STF, a exemplo da Ação de Descumprimento de Preceito Fundamental 347 (ADPF 347 MC/DF)[255] e do Recurso Extraordinário RE 641.320/RS (RE 641.320/RS)[256], o qual redundou na Súmula Vinculante n. 56[257]. Nessas oportunidades, o STF mencionou a necessidade de o CNJ , o CNMP e o Poder Legislativo adotarem medidas concretas no sentido de minorar os problemas da execução penal no Brasil. Afirmou-se, nesses julgamentos, o estado de coisas inconstitucional da execução penal brasileira.

Desse modo, com o ANPP, busca-se evitar o aumento da população carcerária, sem abrir mão de uma resposta penal ao fato e sem dispensar a necessária proteção do bem jurídico no âmbito do Direito Penal. O tipo abstrato continua com seu preceito primário e seu preceito secundário, mas haverá uma solução pré-processual com resposta diversa da pena, que almeja ser tão suficiente quanto a pena, para reprovar e prevenir.

Por conseguinte, o legislador, no *caput* do art. 28-A do CPP, mencionou como função do ANPP a mesma expressão, encontrada no art. 59 e inciso III do art. 44 do Código Penal, concernente aos fins de reprovar e prevenir relativos, respectivamente, à primeira fase da dosimetria da pena privativa de liberdade e à substituição de pena privativa por restritivas de direito.

Quanto ao objetivo de conseguir com o ANPP alcançar a reprovação e a prevenção do crime, andou bem o legislador, uma vez que as medidas a serem

---

255. BRASIL. Supremo Tribunal Federal. Tribunal Pleno. **Ação de Descumprimento de Preceito Fundamental 347**. Relator Ministro Marco Aurélio. Julgado em 9/9/2015. Disponível em: <http://portal.stf.jus.br/processos/downloadPeca.asp?id=312067308&ext=.pdf>. Acesso em: 06 jul. 2021.

256. BRASIL. Supremo Tribunal Federal. Tribunal Pleno. **Recurso Extraordinário 641.320/RS**. Relator Ministro Gilmar Mendes, julgado em 11/5/2016. Disponível em: <https://redir.stf.jus.br/paginadorpub/paginador.jsp?docTP=TP&docID=11436372>. Acesso em: 06 jul. 2021.

257. Conforme texto da Súmula Vinculante n. 56: "A falta de estabelecimento penal adequado não autoriza a manutenção do condenado em regime prisional mais gravoso, devendo-se observar, nessa hipótese, os parâmetros fixados no RE 641.320/RS" (BRASIL. Supremo Tribunal Federal. **Súmula Vinculante 56**. Plenário. Aprovação de 29/06/2016. Disponível em: <https://jurisprudencia.stf.jus.br/pages/search/seq-sumula815/false>. Acesso em: 22 out. 2022).

propostas ao investigado pelo Ministério Público constituem equivalentes funcionais da pena, com os quais podem ser obtidos bons resultados sem o uso do cárcere.

Tal orientação busca, entre outros anseios, equalizar o problema da execução penal no Brasil e está em linha com a racionalização do Direito Penal, onde a resposta sem natureza de pena pode alcançar os mesmos fins da pena. É certo, por outro lado, que surgem algumas questões a partir da opção legislativa: existe Direito Penal sem pena? A diversão representa um tempero abolicionista ao Direito Penal moderno? Tais temas tangenciam com o objeto da pesquisa e serão objeto de análise no seu último capítulo.

Ademais, o legislador, em um segundo momento, em incisos do artigo 28-A do CPP, fez uso de critérios de aplicação das penas restritivas de direitos, de prestação de serviços à comunidade e de prestação pecuniária, para vincular parte das condições a serem propostas pelo Ministério Público quando do oferecimento do acordo de não persecução penal.

Faz-se, desse modo, determinada equiparação no procedimento de concretização das referidas condições do ANPP com as penas restritivas. Comparou-se, portanto, o procedimento de penas com o de equivalentes funcionais da pena. Por essa razão, na busca de uniformizar as propostas de ANPP, com a finalidade de estabelecer parâmetros igualitários, várias iniciativas apareceram no âmbito dos diversos ramos do Ministério Público. Com isso, foram desenhados critérios que aproximam, no aspecto prático, os equivalentes funcionais da pena do ANPP às penas restritivas, em relação às características quantitativas das medidas.

Isso equivale a dizer que os incisos II e III do artigo 28-A do CPP, ao tratar das medidas do ANPP – consistentes, respectivamente, em prestação de serviços à comunidade e prestação pecuniária –, remeteram, em certa medida, aos critérios de fixação das penas restritivas de direitos previstas nos artigos 46 e 45 do Código Penal.

O legislador estabeleceu, nos referidos incisos, uma redução de um terço a dois terços no oferecimento do ANPP, por parte do Ministério Público, ao indicar como medida equivalente da pena a prestação de serviços à comunidade; e, no que concerne à prestação pecuniária, limitou-se a afirmar que o membro do Ministério Público deverá observar, quando do ANPP, os termos do artigo 45 do Código Penal.

Ensina Cabral que, na prática diária, a diminuição de um terço a dois terços deverá ser guiada de acordo com a gravidade do injusto e o grau de reprovabilidade do agente, podendo considerar as circunstâncias do art. 59 do Código Penal, bem como a incidência de agravantes e de atenuantes. Em seguida, pontua que não há necessidade de um cálculo específico de projeção de pena, que tais critérios servem como baliza para o membro do Ministério Público fazer a proposta no ANPP e ouvir a contraproposta da defesa[258].

Ora, tais critérios de fixação das condições do ANPP, remetidos às circunstâncias judiciais de fixação da pena base e às agravantes e atenuantes, trazem uma imprecisão dogmática. Isso, porque o acordo de não persecução penal não constitui um acordo de pena. É sabido que a análise das balizas do critério trifásico (circunstâncias judiciais, agravantes e atenuantes, causas de aumento de diminuição e pena) ocorre em uma sentença condenatória, na qual se comprovou a culpa de alguém.

Se no Brasil houvesse acordo de pena na modalidade de sentença penal negociada, após o recebimento da ação penal, durante a instrução processual, tal correlação, da proposta do Ministério Público à defesa, com critérios das penas restritivas e/ou das penas privativas, possuiria um sentido correspondente à natureza de pena e seria convincente.

Não havia, portanto, necessidade de equiparar o procedimento de construção das condições do ANPP, ou seja, dos equivalentes funcionais da pena – um acontecimento da fase da persecução penal pré-processual – com a dosimetria judicial da substituição da pena privativa por restritivas de direitos em uma sentença penal condenatória, que ocorre na fase final do processo judicial.

O legislador deveria ter construído um rol mais aberto quanto às condições do ANPP, sem vinculá-las a parâmetros das penas restritivas de direitos, uma vez que os equivalentes funcionais da pena – existentes na transação penal, no acordo de não persecução penal e na suspensão condicional do processo – não possuem, repita-se mais uma vez, natureza de pena. São formas diversas da condenação penal para solucionar problemas penais de menor intensidade, segundo critérios objetivos e subjetivos, exarados pelo legislador e valorados pelo Ministério Público.

Essa redação do texto legal, conforme já alertado, tem como espelho a norma da Resolução n. 181 do CNMP, que já trazia essa relação entre ANPP e penas restritivas. A preocupação do legislador está atrelada à razão de existência do ANPP, que marcaram as discussões de sua criação. E existe outro aspecto

258. CABRAL, Rodrigo Leite Ferreira. **Manual do Acordo de Não Persecução Penal**. Salvador: Juspodivm, 2020. p. 136.

relativo à deficiência na construção dogmática da proposta no corpo do texto legal.

No que concerne à formulação do ANPP, quando do ponto de partida nos debates do grupo de estudos formado no âmbito do CNMP, considerou-se a possibilidade de arquivar uma investigação, apesar da existência de justa causa para a ação penal, desde que o investigado aceitasse cumprir determinadas condições. Tal medida poderia ser adotada em situações nas quais o membro do Ministério Público verificasse, entre outras condições objetivas e subjetivas, que a proposta de uma ação penal redundaria em futura condenação, com substituição de uma pena privativa por penas restritivas de direitos.

Isso explica a origem da correlação entre ANPP e penas restritivas. Todavia, não há uma correlação dogmática convincente, porquanto se não tem natureza de pena, mas apenas busca as mesmas funções da pena, as condições do acordo de não persecução penal não poderiam seguir padrão de fixação destinado a uma espécie de pena, mesmo que restritiva de direitos.

3.2.3.5. Uma projeção inicial do impacto do ANPP segundo dados empíricos colhidos na Circunscrição Judiciária de Ceilândia-DF

Os dados dos ANPP realizados em todo o país começaram a ser catalogados pelo Conselho Nacional do Ministério Público no Retrato do Ministério Público brasileiro[259]. No entanto, por ora, nessa fase inicial do instituto, a colheita de informações setorizada, de determinado ramo do Ministério Público, que contém dados de anos distintos por conta de uma célere estruturação interna e permite a comparação com outras classes processuais, tornará possível projetar o impacto do ANPP no sistema de justiça criminal.

259. Os últimos dados da atividade finalística de todos os ramos do Ministério Público brasileiro foram publicados pelo CNMP em 2021. Nessa publicação, no Anexo II.A- Criminal - Inquérito Policial e Auto de Prisão, na Classe Inquérito Policial, consta o número de 77.379 acordos de não persecução penal realizados em todos os ramos do Ministério Público estadual e no Ministério Público do Distrito Federal e Territórios no ano de 2021. Não há, no relatório, dados de ANPPs de 2019, 2020 e, por ora, não foram contabilizados os dados de 2022. Nesse relatório, constam ainda os seguintes dados de denúncias ofertadas pelos referidos ramos do Ministério Público: 68.586 em 2019; 103.322 em 2020; 258.542 em 2021. Por sua vez, os números, do mesmo período, de promoções de arquivamentos na área criminal são os seguintes: 73.526 em 2019; 91.397 em 2020; 323.662 em 2021. Destacam-se ainda as informações sobre termos circunstanciados atinentes a fatos penais de competência do Juizado Especial Criminal. No Anexo II.B- Criminal - Termo Circunstanciados, na Classe Termo Circunstanciado (TCs), observa-se em 2021, nos mencionados ramos do Ministério Público, o recebimento de 2.137.534 TCs, dos quais 341.797 foram alvo de promoção de arquivamentos, 164.579 foram objeto de transação penal, e 69.750 resultaram no oferecimento de denúncia (BRASIL. Conselho Nacional do Ministério Público (CNMP). **O Retrato do Ministério Público brasileiro 2021**. Disponível em: <https://www.cnmp.mp.br/portal/relatoriosbi/mp-um-retrato-2021>. Acesso em 29 nov. 2022).

Assim, por meio de levantamento de dados quantitativos do ANPP, da suspensão condicional do processo e de denúncias, realizado em 10 promotorias do MPDFT, localizadas na cidade de Ceilândia-DF, buscou-se inferir eventual percentual de redução das ações penais em razão do novo instituto consensual.

O recorte temporal de janeiro de 2018 a outubro de 2022 engloba o momento anterior à vigência do ANPP e o período seguinte a ela. A comparação numérica dos movimentos ou das classes (ANPP, suspensão condicional do processo e denúncias) lançados no sistema, de alimentação obrigatória, permite inferir o impacto inicial do novo instituto consensual na redução de ações penais.

A primeira base de dados utilizada contempla os movimentos lançados no sistema eletrônico NeoGab do Ministério Público do Distrito Federal e Territórios por 10 promotorias de justiça da área criminal, localizadas na Circunscrição Judiciária de Ceilândia-DF. Tais unidades do MPDFT não atuam em processos do juizado especial criminal, em processos do júri, em processos de violência doméstica e em processos da Lei de Drogas.

A escolha da cidade pesquisada se deu em razão da possibilidade de acesso aos dados internos pelo pesquisador. Inexiste, por enquanto, uma plataforma aberta que apresente os dados nacionais dos movimentos (classes processuais) necessários para a pesquisa, ou seja, desde a entrada em vigor do artigo 28-A do CPP em janeiro de 2020[260].

A atuação, portanto, dessas 10 unidades pesquisadas é residual, abrangendo os demais crimes da Parte Especial do Código Penal e da Legislação Especial, com algumas ressalvas de delitos de atribuição exclusiva de outras promotorias, a exemplo dos crimes contra a ordem tributária[261]. Destacam-se, na atribuição dessas unidades, os crimes patrimoniais, os crimes contra a dignidade sexual e os crimes do Código de Trânsito Brasileiro. A atribuição, portanto, abriga a

260. Não se desconhece o completo relatório em BI (*Business Intelligence*) do Ministério Público Federal (MPF) que permite, nos crimes de competência da Justiça Federal, de atuação do MPF, compreender o cenário do ANPP na área da competência federal. Ressalte-se que o MPF foi ramo do MP brasileiro que primeiro implementou o ANPP previsto na Resolução n. 181 do CNMP, de modo que é possível comparar os dados desde 2019. Extrai-se do Sistema Único do MPF (14/10/2022) o seguinte resultado de ANPPs: 740 em 2019; 4.688 em 2020; 2.485 em 2021; 1.049 até o momento da pesquisa, 14 de outubro de 2022. Em relação à suspensão condicional do processo: 1.974 em 2019; 797 em 2020; 507 em 2021; 379 em 2022. Em relação às denúncias (ações penais), verifica-se o seguinte resultado na plataforma de dados abertos em BI: 24.129 em 2019; 14.489 em 2020; 15.463 em 2021 (BRASIL. Ministério Público Federal (MPF). **MPF em números**. Disponível em: <https://www.mpf.mp.br/numeros>. Acesso em 29 nov.2022).

261. No Ministério Público do Distrito Federal e Territórios (MPDFT), há promotorias de justiça (ofícios) especializadas nas áreas tributária, patrimônio público, meio ambiente, ordem urbanística, consumidor, falência, idoso e outras. A Resolução n. 90 do Conselho Superior do MPDFT (CSMPDFT) regula as atribuições das promotorias de justiça (DISTRITO FEDERAL (Brasil). Ministério Público do Distrito Federal e Territórios (MPDFT). Conselho Superior do MPDFT (CSMPDFT). **Resolução 90, de 14 de setembro de 2009**. Disponível em: <https://www.mpdft.mp.br/portal/images/pdf/unidades/conselho_superior/resolucoes_vigor/Res_90_TEXTO_alterada_Res_285_atualizada_em_9_Fev_2022.pdf>. Acesso em: 2 nov. 2022).

maior parcela dos crimes cometidos sem violência ou grave ameaça à pessoa com patamar de pena alcançado pelo ANPP.

Os dados da suspensão condicional do processo foram colhidos para verificar, no cotejo comparativo com os dados do ANPP e de denúncias, o real impacto do acordo de não persecução penal na diminuição dos processos, não somente na diminuição da propositura das ações penais.

A omissão aos dados da suspensão condicional do processo poderia camuflar um impacto maior do que o real do ANPP na diminuição dos processos, porquanto parcela dos fatos atualmente abrangidos pelo ANPP era alcançada pela suspensão condicional do processo, quando inexistia o acordo de não persecução penal no ordenamento jurídico.

Em 2018 e 2019, no âmbito do MPDFT, nas 10 promotorias criminais de Ceilândia, o ANPP foi pouco utilizado e não alimentado no sistema processual. Seu uso foi isolado em um ou outro caso. Havia previsão apenas no texto da Resolução n. 181 do CNMP. O referido instituto só apareceu no texto legal do art. 28-A do CPP com a Lei n, 13.964/2009, que entrou em vigor em 23 janeiro de 2020.

Os dados colhidos do NeoGab-MPDFT foram colocados em tabelas e gráficos[262]:

ANO	DENÚNCIAS	TERMO DE ACORDO DE ANPP	SUSPENSÃO CONDICIONAL DO PROCESSO
2018	1.270	-	294
2019	1.213	-	253
2020	1.368	248	64
2021	1.481	637	104
2022	1.177	343	58
TOTAL	**6.509**	**1.228**	**773**

O resultado da análise aponta o número total de denúncias oferecidas pelas 10 promotorias criminais de Ceilândia, entre os anos de 2018 e 2022. Esse resultado engloba as imputações de todos os crimes de atribuição das promotorias criminais, o que equivale a dizer que parte considerável dessas imputações

262. Extraído do NeoGab, em todo esse período, apenas uma "ciência de não homologação de ANPP". O NeoGab constitui um sistema de controle interno de procedimentos do MPDFT, que convive com o Sisproweb. Para a colheita dos dados apontados nesta pesquisa, foram retiradas informações do Sisproweb, em razão do período de transição dos procedimentos físicos para os digitalizados, e do NeoGab. Ambos os sistemas permitem acesso mediante senha (DISTRITO FEDERAL (Brasil).. Ministério Público do Distrito Federal e Territórios. **Relatórios de movimentos**. Disponível em: <https://intranet.mpdft.mp.br/sistemas/java/neogab/>. Acesso em 30 out. 2022).

representa o crime de roubo, cometido com violência ou grave ameaça à pessoa, não alcançado pela suspensão condicional do processo e pelo acordo de não persecução penal.

É importante destacar que o roubo representa boa parte da demanda das promotorias criminais, porquanto considerável número de denúncias dessas unidades são relativas ao crime de roubo. O crime de roubo não é objeto de acordo penal de diversão. No entanto, tal fato poderá ser objeto de acordo de pena se for aprovado o mencionado projeto do novo CPP que tramita no Congresso Nacional. Ressalte-se que as condenações por roubo representam, atualmente, cerca de 28% do número total de presos no sistema carcerário brasileiro.

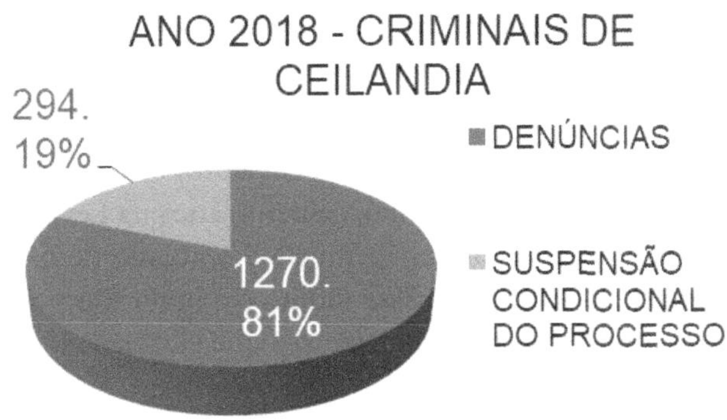

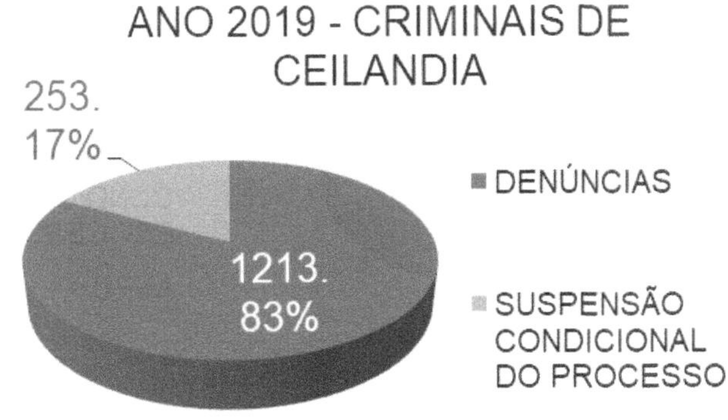

Em 2018, foram propostas 1.270 denúncias e 294 acordos de suspensão condicional do processo. Em 2019, foram 1.213 denúncias e 253 acordos de suspensão condicional do processo. As denúncias representaram 81% e 83%, enquanto a suspensão condicional do processo representou 19% e 17%, em 2018

e 2019, respectivamente. Nesses dois períodos, não foram alimentados acordos de não persecução penal eventualmente realizados nas unidades pesquisadas, conquanto já exista o ANPP no art. 18 da Resolução n. 181 do CNMP.

Destaca-se que o número de denúncias não foi reduzido em virtude dos acordos de suspensão condicional do processo, porquanto a proposta da suspensão depende do oferecimento da denúncia. Na verdade, após o oferecimento da denúncia, presentes os requisitos do artigo 89 da Lei n. 9.099/95, ocorre a suspensão condicional do processo.

Portanto, a suspensão condicional do processo, conforme indica o nome, impede o prosseguimento do processo, paralisa o processo, não evita a propositura da denúncia. Se o acusado cumpre as condições pactuadas, haverá a extinção da punibilidade. O número de denúncias do quadro apresentado deve ser obtido da soma dos itens denúncias e suspensão condicional do processo, ou seja: 1.270 + 294 no ano de 2018; 1.213 + 253 no ano de 2019.

Os acordos penais brasileiros que impedem a propositura de uma ação penal são a conciliação e a transação penal, contemplados na Lei n. 9.099/95, sob o rito específico do Juizado Especial Criminal, e o acordo de não persecução penal, tratado no art. 28-A do CPP. Esse último é o praticado pelas 10 promotorias de justiça criminal pesquisadas, uma vez que elas não atuam no juizado especial criminal.

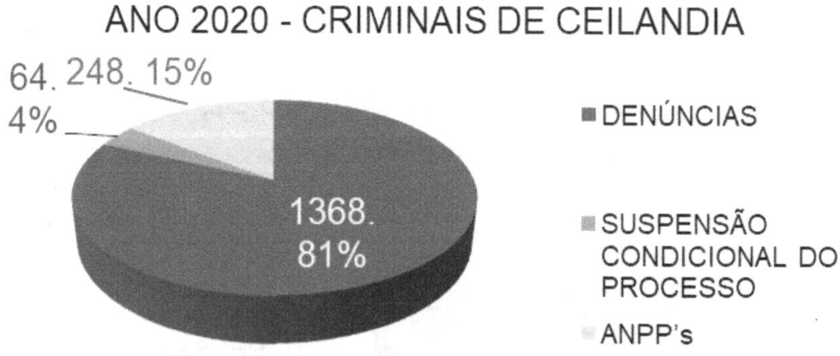

Em 2020, primeiro ano da realização do ANPP e da sua alimentação no sistema processual, observa-se um total de 1.368 denúncias, 248 acordos de não persecução penal e 64 acordos de suspensão condicional do processo. Em 2020, portanto, as denúncias representaram 81%, enquanto a suspensão condicional do processo representou 19% e 17%, em 2018 e 2019, respectivamente.

Ressalta-se que, em 2020, nem todo procedimento estava digitalizado. Não havia, portanto, 100% de procedimentos eletrônicos no MPDFT. Dessa forma, denúncias, ANPPs e suspensão condicional do processo foram feitos em procedimentos físicos e em procedimentos eletrônicos, alimentados no Sisproweb e no NeoGab, respetivamente. Para não haver prejuízo na análise dos dados, foram colhidas as informações de ambos os sistemas.

Das análise dos dados de 2020, verifica-se que a soma dos ANPP e dos acordos de suspensão condicional do processo resultam em um percentual de 19%, enquanto as denúncias representam um percentual de 81%. O percentual das denúncias de 2020, portanto, é idêntico ao percentual de 2019, decotados os casos de suspensão condicional do processo.

O percentual resultante da soma de ANPPs e dos acordos de suspensão condicional do processo de 2020 é idêntico ao percentual dos acordos de suspensão condicional do processo de 2019, quando não se praticava o ANPP. Destarte, os acordos de não persecução penal de 2020 abrangeram parcela dos fatos que outrora eram alcançados pela suspensão condicional do processo em 2019.

ANO 2021 - CRIMINAIS DE CEILANDIA

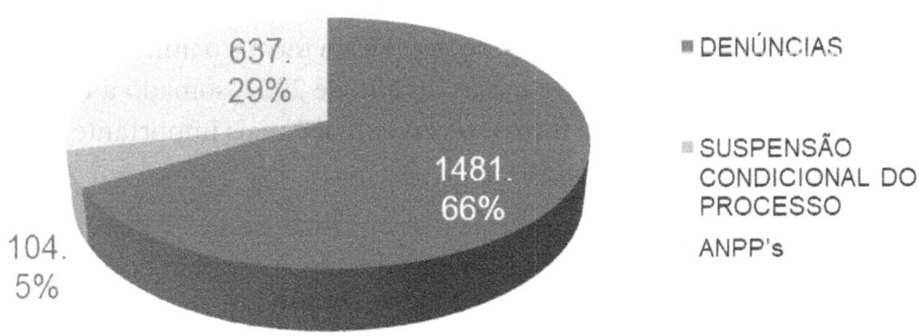

Em 2021, constata-se um total de 1.481 denúncias, 637 acordos de não persecução penal e 104 acordos de suspensão condicional do processo. As denúncias representaram 67%, os ANPP representaram 29%, enquanto a suspensão condicional do processo representou 5% dos casos criminais nos quais foi apurada a justa causa para a propositura da ação penal.

O resultado de 2021 foi mais significativo para o ANPP, no que sentido de diminuir o número de ações penais, em relação ao ano de 2020. Vale ainda considerar que a soma do percentual de ANPP (29%) com o percentual de acordos de suspensão condicional do processo (5%) atingiu 34 %, patamar superior aos 19% de 2020.

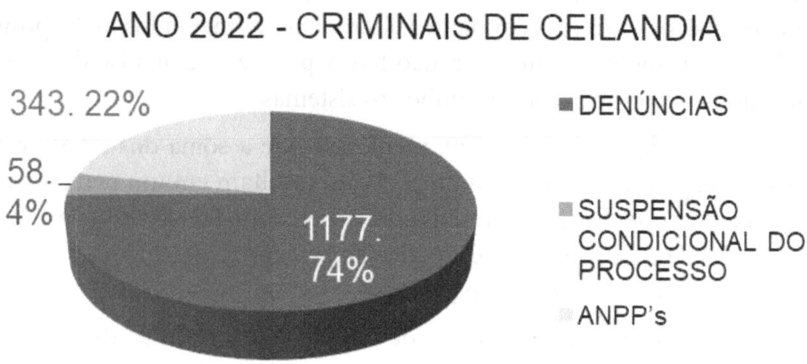

Esse maior quantitativo de ANPPs em 2021, em relação ao ano de 2020, pode ser atribuído à melhor estruturação do Ministério Público para a celebração do acordo pré-processual. O ano de 2020 foi o primeiro do ANPP, quando a rotina do procedimento ainda precisava ser implantada e aperfeiçoada, no quadro institucional que demanda recursos humanos e materiais.

Os dados de 2022 foram colhidos até o início do mês de outubro, quando se produzia o respetivo capítulo da pesquisa. Dessa forma, o número representa uma contagem completa de nove meses do ano de 2022, somado a mais cinco dias do mês de outubro. Dessa forma, o percentual é mais importante do que o resultado absoluto dos movimentos.

Em 2022, até 5 de outubro, verifica-se um total de 1.177 denúncias, 343 acordos de não persecução penal e 58 acordos de suspensão condicional do processo. As denúncias representaram 75%, os ANPP representaram 22%, enquanto a suspensão condicional do processo representou 4%. Há uma pequena diminuição do número de ANPPs, em percentual, em relação ao de 2021, quando o percentual foi de 29%.

Por ora, ainda não é possível afirmar se o percentual dos ANPP se estabilizará entre 22% e 29% dos casos criminais que preenchem os requisitos para o acordo. Alguns fatores, relacionados ao recursos humanos e materiais do Ministério Público, poderão influenciar no quantitativo de 2022.

A força de trabalho dos promotores de justiça, no âmbito das 10 promotorias de justiça pesquisadas, tem sido dividida para a realização de audiências judiciais, nos processos de julgamento, e para a realização de audiências extrajudiciais, que visam à concretização de ANPPs, sem prejuízo das demais atribuições.

Por ora, nas 10 promotorias de justiça pesquisadas, a prioridade tem sido dada às audiências judiciais, de modo que os acordos penais têm sido sobrestados por até 60 dias, por falta de estrutura para sua realização imediata. Esse é um aspecto da política institucional do Ministério Público, em uma dimensão resolutiva, que precisa ser repensado e revisado, de modo a realizar com maior celeridade os ANPP.

Em resposta à questão inicial, sobre o impacto do ANPP na redução das ações penais. Por enquanto, em seus primeiros anos de existência, o ANPP conseguiu reduzir a propositura de denúncias, no cenário pesquisado, no percentual de 29% em 2021 e 22% nos nove primeiros meses de 2022. Esse foi o quadro da pesquisa até o ano de 2022, quando não foi possível, naquela oportunidade, de maneira exata, com aqueles recortes temporal e espacial, aferir a real projeção do ANPP no sistema de justiça criminal para os anos subsequentes.

No entanto, na consolidação dos dados de 2024 de atuação das promotorias criminais de Ceilândia-DF , foi possível observar que o ANPP representou 37% dos casos que redundariam em denúncia, enquanto o número de denúncias representou 63%. Verifica-se que o ANPP absorveu o espaço da suspensão condional do processo – o qual representava 19% em 2018 e 17% em 2019 – conforme dados apontados anteriormente. Desse modo, pode-se dizer que o ANPP diminuiu em 20%, no mínimo, o número de julgamentos. Isso porque o percentual de 17% já era alcançado pela suspensão condicional do processo. Atualmente, repita-se, o ANPP impede a denúncia em 37% das investigações que possuem justa causa para a persecução penal.

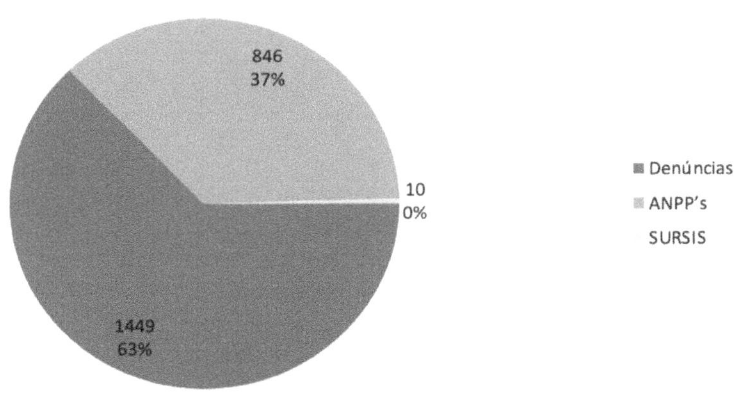

4

O QUE SURGE, O QUE PERMANECE E O QUE FICA PARA TRÁS COM O DIREITO PENAL NEGOCIAL

Em consonância com as linhas introdutórias da pesquisa, a possibilidade de os valores do Direito Penal e Processual Penal clássicos conviverem com o modelo de acordos penais constitui um debate intenso nesses ramos do saber jurídico, relevante na eventual construção de legitimar a resposta penal na justiça penal negociada.

Desse modo, os temas abordados no presente capítulo dialogam diretamente com o objeto da pesquisa. Isso, porque a existência de uma pena concreta, para determinados setores da doutrina penal e processual penal, estaria condicionada a um modelo processual de julgamento ao qual o acordo entre as partes não pertence. O devido processo legal ou o processo justo só existiriam com as garantias clássicas, em um recorte convencional, e somente dessa forma a pena estaria legitimada[1].

Aspectos penais e processuais – como a necessidade de afirmar a culpabilidade em um julgamento seguido de sentença prolatada por um julgador – são apontados como obstáculos intransponíveis para a existência de uma sanção penal, a qual não poderia ser objeto de negociata entre o Estado e o infrator da norma.

1. "É certo que esse pragmatismo, ao mesmo tempo que vem ganhando fiéis admiradores que buscam otimizar seus sistemas de justiça (supostamente falidos e morosos), possui também seus críticos efusivos, defensores do processo justo como único meio e legitimar o exercício do poder do Estado através da pena" (NARDELLI, Marcella Alves Mascarenhas. A Expansão da Justiça Negociada e as Perspectivas para o Processo Justo: a *plea bargaining* norte-americana e as suas traduções no âmbito da *civil law*. **Revista Eletrônica de Direito Processual - REDP**, Rio de Janeiro, UERJ, vol. 14, p. 331-365, 2014. p. 341. Disponível em: https://www.e-publicacoes.uerj.br/index.php/redp/article/view/ 14542/15863. Acesso em: 6 jun. 2022).

De forma equivalente, a necessidade de embates entre as partes em um processo judicial, consubstanciados no princípio do contraditório, para a existência de uma pena, é apontada como via única, de modo a impedir a legitimação de uma pena ou de seu equivalente funcional em um acordo penal[2].

Os argumentos anteriores buscam indicar a impossibilidade de convivência entre justiça penal negociada e valores penais, processuais penais e político-criminais de um Estado Democrático de Direito. Por conseguinte, faz-se necessário examinar se tais premissas são fortes nos argumentos científicos ou se apenas representam uma ideologia possível, mas não conclusiva sobre os caminhos do Direito Penal e do Direito Processual Penal, na solução de conflitos.

Releva acentuar que os obstáculos opostos à justiça penal negociada se dirigem, quase de maneira absoluta, contra a negociação de pena entre acusação e defesa seguida de homologação judicial, ou seja, sem discussão da culpa em um embate processual tradicional com presença das partes e do julgador.

Portanto, não se faz, como se deveria, a distinção entre negociação de pena e negociação de equivalentes funcionais da pena que não possuem a natureza de pena. Isso é relevante, uma vez que, por ora, no modelo brasileiro, não há negociação de pena, apenas negociação de equivalentes funcionais da pena[3].

Essa separação dos modelos de acordo é curial, porquanto, se existe espaço para debater a justiça negociada com acordo de penas em distintos ordenamentos jurídicos[4], ante os valores penais e processuais iniciados construídos a partir do período ilustrado, pouco se aproveita, nesse diapasão, para rebater os acordos que implicam solução diversa da pena e resultam em equivalentes funcionais sem natureza de pena.

Outro aspecto, que se faz necessário pontuar de forma preliminar ao exame que se pretende neste capítulo, diz respeito à generalização negociada sobre os arranjos instrumentais de negócios penais que se espalharam dos EUA para o mundo. Há equívocos acadêmicos que enxergam um modelo universal, como

2. Em crítica mais contundente e afirmação de importação realizada pelo Brasil do modelo negocial estadunidense, ver LOPES JUNIOR, Aury. A crise existencial da justiça negocial e o que (não) aprendemos com o JECRIM. **Boletim IBCCRIM**. São Paulo: IBCCRIM, ano 29, n. 344, jul. 2021, p. 04-05.

3. Refere-se aos negócios penais do ordenamento jurídico brasileiro denominados de transação penal, suspensão condicional do processo e acordo de não persecução penal, uma vez que a colaboração premiada/delação possui outra natureza, qual seja, meio de obtenção de prova.

4. Conforme alertado na introdução à pesquisa, Máximo Langer, em trabalho sobre a administração da justiça penal pelo mundo, aferiu a existência de 60 ordenamentos jurídicos que adotam alguma modalidade de negociação de pena sem julgamento. Mais adiante, na mesma pesquisa, o autor reduziu a amostra para 26 países. O Brasil não faz parte do grupo, porquanto não possui até o presente momento acordo de pena nas suas leis (LANGER, Máximo. Plea Bargaining, Conviction Without Trial, and the Global Administratization of Criminal Convictions. In: **Annual Review of Criminology**, v. 4, 2021, p. 377-411. Disponível em: https://www.annualreviews.org/doi/full/10.1146/annurev-criminol-032317-092255#article-denial. Acesso em 17 fev.2021. p. 378-379).

se todo país – que incorporou algum mecanismo de negócio penal em seu ordenamento jurídico – tivesse copiado integralmente o modelo vigente nos Estados Unidos. E, dessa forma, estariam presentes, em todos os ordenamentos jurídicos que adotaram a solução penal negociada, os aspectos positivos e negativos do modelo estadunidense.

Essa premissa ignora as peculiaridades culturais e jurídicas de cada nação e a autonomia para se desenharem modelos adaptados às realidades locais. Isso ocorreu com os modelos de acordos penais adotados na Alemanha, Itália, Argentina, no Brasil e em outros países. Nenhum deles copiou integralmente o modelo de *plea bargain* adotado nos EUA. Desse modo, todo o arcabouço de argumentos contrários ao modelo de *plea bargaining* adotado nos EUA não vale, necessariamente, para os demais acordos penais existentes em outros ordenamentos jurídicos pelo mundo afora.

Em uma sociedade dinâmica e em contínuo processo de transformação, em que o desenvolvimento tecnológico, econômico, bem como o aumento das necessidades humanas, motivados por distintas razões, provocam conflitos humanos, com mais e mais riscos a bens jurídicos individuais e coletivos, verifica-se a necessidade de adotar medidas preventivas e repressivas na seara penal, na busca de respostas mais céleres e eficientes.

Registre-se que o negócio penal abrange aspectos penais e processuais. A escolha do modelo de justiça penal negociada implica consequências penais, como a redução da quantidade de pena abaixo do limite descrito pelo legislador ou mesmo a substituição de uma pena por um equivalente funcional, sem natureza de pena. Isso não acontece no julgamento com sentença judicial, no qual o julgador, em sua discricionariedade vinculada, está adstrito aos limites fixados pelo legislador nas regras da dosimetria da pena.

Ademais, em alguns modelos de justiça penal negociada, a exemplo dos EUA, é possível construir acordos que transformam fatos dolosos em culposos, com alteração da natureza substancialmente penal na estrutura da tipicidade. Desse modo, não se pode sustentar que o modelo de justiça penal negociada tenha natureza unicamente processual, como o faz boa parte da doutrina, sem aprofundar a discussão penal[5].

5. Em sentido oposto, ou seja, na defesa de natureza apenas processual do negócio penal, escreve Flávio Andrade, ao enaltecer a exclusão do tratamento do tema no Projeto do Novo Código Penal brasileiro: "No projeto do novo Código Penal Brasileiro (Projeto de Lei do Senado n. 236/2012) também se inseriu, no art. 105, uma disciplina para o acordo penal, utilizando-se o termo barganha, mas, no parecer no 1576/2013, foi proposta a exclusão de tal dispositivo daquele projeto de lei, uma vez que, naturalmente, trata-se de um tema de direito processual penal e não de direito penal material" (ANDRADE, Flávio da Silva. O Consenso no processo penal e o rito abreviado fundado na admissão de culpa: (in)compatibilidade constitucional, vantagens, desvantagens e perigos. **Revista Eletrônica de**

Dessa maneira, busca-se neste capítulo examinar o que permanece, o que fica para trás e o que surge de novo com a justiça penal negociada. Atenta-se para o questionamento de: eventual ranhura na função do Direito Penal na proteção de bens jurídicos; possibilidade de harmonia com os princípios limitadores do poder de punir do Estado e também garantidores do devido processo legal; desaparecimento da exclusividade do Judiciário como protagonista na definição da pena ou de seu equivalente funcional; reposicionamento da vítima[6]; e redesenho do papel do Ministério Público.

4.1. PERMANECE A NECESSIDADE DO DIREITO PENAL DE TUTELAR OS BENS JURÍDICOS PRINCIPAIS

A principal função do Direito Penal em um Estado Democrático de Direito se encontra na proteção dos bens jurídicos principais, daqueles mais relevantes para a sociedade. O vínculo entre o Direito Penal e o bem jurídico permite atribuir a este a função de limitar o poder de punir do Estado e, portanto, o próprio Direito Penal[7].

Em sua relação com o Direito Penal, as funções do bem jurídico são: interpretativa, que permite analisar os tipos penais; individualizadora, que auxilia na medição de pena conforme o grau de lesão ao bem jurídico; sistemática, quando da classificação e descrição dos crimes na Parte Especial do Código Penal e na Legislação Especial, ao dirigir a atividade do julgador[8]; e guia irrenunciável, durante a persecução penal[9].

O presente espaço do trabalho acadêmico parte da compreensão de que o bem jurídico constitui um limite ao Direito Penal, de modo que não se pode encontrar Direito Penal incriminador sem a presença de perigo ou de lesão a um bem jurídico. Cabe advertir que não se desconhece a inexistência dessa função para o funcionalismo sistêmico de Jakobs[10]; nem passa despercebido o

Direito Processual - REDP. Rio de Janeiro, UERJ, ano 14, vol. 21, n. 3, set.-dez., p. 331-365, 2020. p. 208. Disponível em: https://www.e-publicacoes.uerj.br/index.php/redp/article/ view/45930. Acesso em: 13 out. 2022).

6. Ante a importância do tema no desenho da justiça penal negociada, principalmente nos espaços dos equivalentes funcionais da pena, o reposicionamento da vítima será examinado em um capítulo específico da pesquisa.

7. PONTE, Antônio Carlos da; GOMES FILHO, Dermeval Farias. A Política Criminal de Proteção da Saúde no Brasil: limite substancial do bem jurídico e desafios dogmáticos. **Revista Brasileira de Estudos Jurídicos**, Montes Claros, MG, v. 15, n. 3, p. 34-58, set./dec. 2020. p. 37-38.

8. PRADO, Luís Regis. **Bem jurídico-penal e Constituição**. 5ª ed. São Paulo: Revista dos Tribunais, 2011. p. 60-61.

9. RUIZ, Carlos Arturo. Acercamiento al bien jurídico salud pública. **Nuevo Derecho**, Envigado, Colômbia, v. 8, n. 11, p. 69-79, jul./dez. 2012. p. 71.

10. Para Jakobs, a função do Direito Penal não reside na proteção de bens jurídicos, mas no restabelecimento de expectativas normativas quando da aplicação da pena (JAKOBS, Günther. **Derecho Penal**: parte general: fundamentos

debate alemão sobre o crime de incesto[11]; nem a classificação feita por setores da doutrina sobre a existência de crimes sem bem jurídico[12]. Tais aspectos, contudo, não aproveitam à questão que se propõe a seguir.

Indaga-se, nesse momento, se o recurso à justiça penal negociada - que implica a possibilidade, conforme o ordenamento jurídico examinado, tanto de redução da pena, abaixo do limite mínimo abstrato contido no preceito secundário da norma incriminadora, quanto da substituição da pena por um equivalente funcional, ou mesmo da modificação da imputação fática, ao possibilitar uma imputação por crime menos grave do que aquele que fora efetivamente cometido[13] - é compatível com a função do Direito Penal de proteção dos bens jurídicos principais.

A tipificação da conduta no preceito primário da norma incriminadora, realizada pelo legislador no seu papel constitucional, leva em conta a seleção do bem jurídico como merecedor da tutela penal. Por sua vez, a pena, escolhida pelo legislador no seu papel constitucional, como único legitimado a tipificar crimes, considera o bem jurídico ofendido e o grau da ofensa ao referido bem.

A resposta penal almeja atingir uma finalidade legítima, conforme o ordenamento jurídico de cada país, porquanto a pena - ante a possibilidade de atingir direitos fundamentais, como a liberdade de um ser humano - precisa ser justificada em um ambiente de um Estado Democrático de Direito.

Quando se negocia a pena, em substituição ao julgamento sob o rito tradicional do processo, abaixo do patamar previamente escolhido pelo legislador ou, ainda, pela substituição da pena por um equivalente funcional[14], surge a

---

y teoría da imputación. 2. ed. Madrid: Marcial Pons, 1997. p. 54-56). Sobre o tema, de maneira crítica, ver GOMES FILHO, Dermeval Farias. **Dogmática penal**: fundamento e limite à construção da jurisprudência penal no Supremo Tribunal Federal. Salvador: Juspodivm, 2019. p. 98-107.

11. O Tribunal Constitucional alemão reconheceu a constitucionalidade do crime de incesto, ao considerar que tal comportamento ofende interesses relevantes da sociedade, com o argumento de um ideal de democracia, no sentido de que os fins do Direito Penal devem ser fixados pelo legislador democraticamente legitimado, e não pelos penalistas. Na crítica ao que fora decidido, Luís Greco anota ao fortalecimento de convicções morais quando o Tribunal reconheceu a constitucionalidade da tipificação de uma conduta que não causa perigo e nem ofende um bem jurídico (GRECO, Luís. Tem futuro a teoria do bem jurídico? Reflexões a partir da decisão do Tribunal Constitucional alemão a respeito do crime de incesto (§173 Strafgesetzbuch). **Revista Brasileira de Ciências Criminais**, São Paulo, v. 18, n. 82, p. 165-185, jan./fev. 2010. p. 172).

12. "Sin embargo, gana terreno la idea de que existen delitos sin bien jurídico o delitos de conducta, con lo que se quiere hacer referencia sobre todo a los tipos que protegen las necesidades colectivas elementales, los sentimentos, los tabúes o a los animales" (KUBLEN, Lothar. Bienes jurídicos y nuevos tipos de delito. In: ROBLES PLANAS, Ricardo (ed.). **Límites al derecho penal**: princípios en la fundamentación del castigo. Barcelona: Atelier, 2012. p. 229).

13. A substituição da imputação de um crime grave por um menos grave, apesar da ciência da prática do crime mais grave, é possível no modelo de justiça penal negociada praticada nos EUA, conforme visto anteriormente.

14. A substituição da pena no modelo de justiça penal negociada por um equivalente funcional ocorre, a título de ilustração, no modelo jurídico brasileiro, com o uso da transação penal, do acordo de não persecução penal e da suspensão condicional do processo, examinados no Capítulo 3 desta pesquisa.

questão relativa à legitimação dessa sanção negociada. Isso ocorre porque o acordo penal permite uma escolha diversa daquela inicialmente exarada pelo legislador.

Ao valorar a ofensa ao bem jurídico selecionado, o legislador constrói um mínimo e máximo de pena no preceito secundário do tipo incriminador. O negócio penal tem o potencial de refazer em parte essa construção, mediante uma pena menor, uma resposta diversa da pena, ou até por meio de uma modificação da imputação fática, uma imputação menos grave em detrimento de uma imputação mais gravosa.

Na busca de uma resposta à indagação apresentada, faz-se necessário apresentar como função do Direito Penal a proteção de bens individuais e coletivos, para, em seguida, examinar o uso da justiça penal negociada como mecanismo de resposta penal protetiva desses bens jurídicos.

4.1.1. O Direito Penal na proteção de bens jurídicos individuais e coletivos

Nos dias atuais, a tutela penal alcança bens jurídicos individuais e coletivos. Apesar de existir um campo acadêmico de divergência, cresce a cada dia o entendimento contra a proibição completa da proteção penal de bens jurídicos coletivos, seja devido a mandados de criminalização no âmbito da Constituição brasileira (CFRB), seja pela necessidade de proteção penal em razão da complexidade, dinâmica e velocidade do desenvolvimento da sociedade moderna[15].

O Direito Penal Liberal do final do século XVIII e início do século XIX se dirigiu inicialmente à formulação de institutos jurídicos destinados a tipificar condutas ofensivas aos bens jurídicos individuais, com a previsão de conduta e pena, principalmente a pena privativa de liberdade[16]. A partir do século XX, observou-se um crescimento da tipificação penal de condutas ofensivas aos bens jurídicos coletivos, que, outrora, eram tratados apenas nas searas cível e administrativa[17].

15. PONTE, Antônio Carlos da; GOMES FILHO, Dermeval Farias. A Política Criminal de Proteção da Saúde no Brasil: limite substancial do bem jurídico e desafios dogmáticos. **Revista Brasileira de Estudos Jurídicos**, Montes Claros, MG, v. 15, n. 3, p. 34-58, set./dec. 2020. p. 35.

16. Para Foucault: "A prisão não pertence ao projeto teórico da reforma da penalidade do século XVIII. Surge no início do século XIX, como uma instituição de fato, quase sem justificativa teórica" (FOUCAULT, Michel. **A verdade e as formas jurídicas**. 4ª ed. Rio de Janeiro: Nau, 2013. p. 85). Quanto aos aspectos históricos sobre o surgimento da pena de prisão, o tema foi explorado no Capítulo 1 desta pesquisa.

17. SUXBERGER, Antônio Graciano; GOMES FILHO, Dermeval Farias. Funcionalização e Expansão do Direito Penal: o Direito Penal Negocial. In: **Revista de Direito Internacional**, Brasília, DF, v. 13. n. 1, p. 377-396, 2016. p. 377. Disponível em: https://www.publicacoesacademicas.uniceub.br/rdi/article/view/4097/pdf. Acesso em: 9 fev. 2021. p. 378.

É certo que o Direito Penal dogmático atual busca responder às demandas clássicas e modernas, referidas à tutela dos bens jurídicos individuais, como vida, liberdade, integridade física, e, ainda, dos bens jurídicos coletivos, como ordem econômica, meio ambiente, saúde pública, relações de consumo[18].

Ressalte-se que a dependência de uma lesão ou perigo[19] de lesão a um bem jurídico de terceiro deve ser vista não somente da ótica de um Direito Penal que tutela bens jurídicos individuais, mas que, de maneira equivalente, promove a tutela de bens jurídicos coletivos, a exemplo da saúde pública, do meio ambiente e da ordem econômica[20].

Quanto aos bens jurídicos individuais, a exemplo da vida, liberdade, integridade física e do patrimônio, há quase um consenso sobre a necessidade da tutela penal, ante a importância de tais bens para o convívio em sociedade. Resta, por outro lado, um espaço de debate sobre o grau da resposta penal na proteção de tais bens jurídicos, de modo que nem todos eles necessitam, no caso de conduta ofensiva, de uma resposta penal com privação da liberdade.

---

18. A tutela penal de bens jurídicos individuais e coletivos encontra guarida na proposta constitucional brasileira. Ensina Luiz Luisi que "as Constituições promulgadas nos últimos decênios se caracterizam pela presença no elenco de suas normas de instâncias de garantia de prerrogativas individuais, e concomitantemente de instâncias que traduzem imperativos de tutela de bens transindividuais ou coletivos. Ou seja: os princípios do Rechtsstaats e, ao mesmo tempo, do Sozialstaats. Os primeiros configuram-se em preceitos asseguradores dos direitos humanos e da cidadania. Os segundos se fazem presentes na tutela dos valores sociais. [...] Nas Constituições de nossos dias, estas instâncias de resguardo dos direitos individuais em matéria penal persistem vigorosas, mas nelas se encontram uma série de preceitos que implicam no alargamento da atuação do Direito Penal de moldes a ampliar a área de bens objeto de sua proteção. Ou seja: de um lado nas Constituições contemporâneas se fixam os limites do poder punitivo do estado, resguardando as prerrogativas individuais; e de outro lado se inserem normas propulsoras do Direito Penal para novas matérias, de modo a fazê-lo um instrumento de tutela de bens cujo resguardo se faz indispensável para a consecução dos fins sociais do Estado" (LUISI, Luiz. **Os princípios constitucionais penais**. Porto Alegre: Sérgio Antônio Fabris, 1991. p. 10).

19. Registre-se que foi superada no campo jurisprudencial brasileiro a possibilidade de uso do Direito Penal incriminador em condutas de perigo abstrato. O STF tem afirmado a possibilidade da tipificação do perigo abstrato, principalmente, ao dizer que o legislador pode fazer uso dessa tipificação na tutela preventiva dos bens jurídicos coletivos. E ressalta que a referida escolha não se apresenta como inconstitucional, de forma que compete ao julgador analisar a proporcionalidade da sanção penal. "Habeas corpus. Porte ilegal de arma de fogo desmuniciada. (A)tipicidade da conduta. Controle de constitucionalidade das leis penais. Mandatos constitucionais de criminalização e modelo exigente de controle de constitucionalidade das leis em matéria penal. Crimes de perigo abstrato em face do princípio da proporcionalidade. Legitimidade da criminalização do porte de arma desmuniciada. Ordem denegada.1. Controle de constitucionalidade das leis penais. (...) 2. Crimes de perigo abstrato. porte de arma. princípio da proporcionaldiade. [...] 3. Legitimidade da criminalização do porte de arma". (BRASIL. Supremo Tribunal Federal. 2ª Turma. **Habeas Corpus 104.410/RS**. Relator: Ministro Gilmar Mendes. Julgado em 6/3/2012. Disponível em: https://jurisprudencia.stf.jus.br/pages/search/sjur206595/false. Acesso em: 1 jul. 2020). Do mesmo modo, Neumann aponta o caminho da jurisprudência alemã, no sentido de que a escolha do legislador pela tipificação, na forma do perigo abstrato, não tem sido cunhada de inconstitucional pelo Tribunal Constitucional alemão. Entretanto, faz-se uso do princípio da proporcionalidade para mitigar eventual exagero do legislador no que concerne à escolha do bem e, desse modo, constrói-se uma interpretação limitadora (NEUMANN, Ulfrid. El principio de proporcionalidad como principio limitador de la pena. In: ROBLES PLANAS, Ricardo (ed.). **Límites al derecho penal**: principios en la fundamentación del castigo. Barcelona: Atelier, 2012. p. 202-211).

20. GOMES FILHO, Dermeval Farias. **Dogmática penal**: fundamento e limite à construção da jurisprudência penal no Supremo Tribunal Federal. Salvador: Juspodivm, 2019. p. 174.

Por seu turno, quanto à tutela de bens jurídicos coletivos, não há uma única causa para o fenômeno, podendo ser descritas as seguintes: as novas realidades econômicas que surgiram, a exemplo de instituições de crédito ou de inversão; a modificação da realidade ambiental que passou a constituir um bem escasso; e o incremento essencial de valor, ou seja, realidades que existiam, mas não recebiam o valor de agora, a exemplo do patrimônio histórico-artístico[21].

A discussão sobre a escolha dos bens jurídicos que serão objeto de tutela penal ocorre no campo da política criminal. Nesse sentido, a intervenção jurídico-penal almeja uma função social do Direito Penal, de forma que possa ser retirado aquilo que esteja fora desse escopo. O grande desafio, portanto, passa pela escolha dos bens que merecem tutela penal e pela forma de resposta penal diante da ofensa a tais bens.

É sabido que a temperatura da política momentânea de um país vai necessariamente interferir na produção do Direito Penal dogmático. Dito de outro modo, a macropolítica conduz a política criminal a um caminho que corresponde à ideologia do momento, ao poder dominante daquele momento histórico. Nesse caso, resta à política criminal calibrar e limitar essa interferência com seus princípios e conceitos, de modo a interagir com a ciência dogmática penal e impedir seu uso autoritário.

Constitui função do Direito Penal garantir aos cidadãos uma existência pacífica, livre, segura, quando esses objetivos não puderem ser alcançados mediante outras medidas, políticas e/ou jurídicas, que atinjam em menor escala a liberdade das pessoas. Essa compreensão de uso subsidiário do Direito Penal faz parte dos Estados democráticos e advém do período iluminista[22].

É preciso encontrar um ponto de equilíbrio quando se fala em função do bem jurídico penal, de modo a evitar o excesso. Já nos anos 50 do século XX, Aníbal Bruno conceituava o Direito Penal como um sistema de dupla face, que seria protetor da sociedade contra a agressão do indivíduo e, de maneira equivalente, protetor do indivíduo contra possíveis excessos da sociedade constituída na forma de Estado, quando da prevenção e repressão dos fatos puníveis[23].

No mesmo sentido, Roxin ensina que a seleção dos bens jurídicos a serem objeto de proteção pelo Direito Penal deve considerar, como orientação

21. SILVA SÁNCHEZ, Jesús-Maria. **A expansão do Direito Penal:** aspectos da política criminal nas sociedades pós-industriais. 2. ed. São Paulo: Revista dos Tribunais, 2011. p. 33-34.

22. ROXIN, Claus. **A proteção de bens jurídicos como função do Direito Penal**. 2ª ed. Porto Alegre: Livraria do Advogado, 2013. p. 16-17.

23. BRUNO, Aníbal. **Direito Penal**. Parte Geral. 2ª ed. T.1. Rio de Janeiro: Forense, 1959. p. 18-19.

político-criminal, a busca de um equilíbrio entre a liberdade civil e o poder de intervenção estatal, que assegure a cada um a proteção penal necessária e a liberdade individual[24].

Na atual conjuntura dos ordenamentos jurídicos, a proteção penal de bens jurídicos coletivos dialoga, em grande medida, com a ideia de risco, com a proibição de condutas perigosas, como forma de uma política criminal dos Estados que almejam mais segurança[25]. É comum, nessa construção normativa, o uso da técnica de tipificação do perigo abstrato como forma de prevenção do dano.

Com precisão, Alexandre Rocha de Almeida Moraes discorre que essa escolha do bem jurídico merecedor da tutela penal, para se legitimar, se condiciona a uma indicação constitucional ancorada na exigência dessa proteção. Dessa forma, da Constituição se retira a política criminal que deve guiar a dogmática, no sentido de tipificar condutas que lesionem ou causem perigo de lesão aos bens jurídicos de maior relevância social[26].

Prossegue o referido autor no sentido de que a relevância atribuída pela sociedade a um bem jurídico parece um bom ponto de partida para construir sua proteção na seara penal. É certo que a referida valoração, com alicerce constitucional, compete ao legislador no campo político-criminal. Nesse quadro, quando se trata dos bens jurídicos supraindividuais, são necessárias mudanças profundas no ordenamento jurídico, bem como transformação da dogmática penal[27].

Não se olvida dos debates penais quanto aos institutos adequados e inadequados à construção da responsabilidade penal por ofensa aos bens jurídicos coletivos, relativos ao nexo causal, ao uso em excesso de elementares normativas e da técnica da norma penal em branco, tal qual de alguns tipos penais que proporcionam uma valoração aberta e não delimitada da tipicidade.

No entanto, para efeito do presente trabalho, interessa saber, conforme anunciado, se a solução penal negociada entre acusação e defesa pode conviver com a função do Direito Penal de proteção dos bens jurídicos penais. Dito de outro modo, se a resposta penal acordada – seja com pena menor, com

24. ROXIN, op. cit., p. 17.

25. MULAS, Nieves Sanz. El Derecho Penal ante los retos del siglo XXI: La urgencia de un Derecho penal que haga frente a los "nuevos" problemas, pero sin olvidar los "viejos" límites. **Cuadernos de Política Criminal**. Número 106, I, Época II, abril 2012. p. 125 e 126. Disponível em: https://app.vlex.com/#WW/vid/393459850?forw=go. Acesso em: 9 de jul. 2020.

26. MORAES, Alexandre Rocha Almeida de. **Direito Penal Racional:** propostas para a construção de uma teoria da legislação e para uma atuação criminal preventiva. Curitiba: Juruá, 2016, p. 140.

27. Ibidem, p. 139.

equivalente funcional da pena, com imputação fática por crime menos grave – exerce a mesma função protetiva da pena contida nos limites mínimo e máximo previstos nos preceitos secundários dos tipos incriminadores.

4.1.2. O uso da justiça penal negociada como mecanismo de resposta penal protetiva dos bens jurídicos individuais e coletivos

Com base na premissa de que o Direito Penal possui como função a proteção de bens jurídicos individuais e coletivos de elevada importância para o convívio social, importa agora analisar se a resposta penal negociada entre acusação e defesa se revela (in)suficiente para a tutela de tais bens jurídicos na mesma medida da resposta penal obtida em um julgamento.

Importa, com outras palavras, para análise, distinguir duas construções jurídicas: no modelo de julgamento seguido de sentença judicial condenatória resulta, na maior parte dos ordenamentos jurídicos, uma pena privativa de liberdade, restritiva de direito e/ou multa; no modelo de justiça penal negociada, por sua vez, pode-se obter pena ou equivalente funcional sem natureza de pena, a depender do desenho do ordenamento jurídico de cada país.

De início, faz-se necessário, ainda, destacar a distinção existente entre o modelo brasileiro de justiça penal negociada e os modelos comparados no tocante à (im)possibilidade de negociar a pena. Nos EUA, Itália, Alemanha, Argentina e em muitos outros países, é possível acordar a pena sem a necessidade de afirmação da culpabilidade em um julgamento. No Brasil, ainda não é possível o acordo de pena entre acusação e defesa seguido de homologação judicial.

Conforme visto, em modelos como o italiano, é possível o acordo de pena entre acusação e defesa submetido a uma homologação judicial mais completa/minuciosa do que a encontrada, de forma geral, no modelo estadunidense. Nesse, por sua vez, é possível o acordo entre acusação e defesa não somente com diminuição de pena ou mudança da natureza da pena de mais grave para menos grave, mas até mesmo com alteração de uma imputação de um fato doloso para um culposo.

De outro lado, com outro desenho negocial, ainda limitado em relação ao quadro dos demais países[28], o que se acorda no Brasil constitui equivalente fun-

28. Conforme apontado na introdução da pesquisa, Langer apontou 60 jurisdições que adotam algum instrumento jurídico que possibilita negociação de pena sem julgamento. O Brasil não é citado nessa tabela, talvez porque o autor e seus auxiliares de pesquisa perceberam que os instrumentos de justiça penal negociada existentes no país não permitem aplicação de pena sem julgamento. Mais adiante, na mesma pesquisa, o autor reduz a amostra para 26 países (LANGER, Máximo. Plea Bargaining, Conviction Without Trial, and the Global Administratization of Criminal

cional da pena, sem natureza de pena, que não gera reincidência e nem dá ao Estado o poder de coagir a parte, em caso de descumprimento das medidas acordadas, a cumprir o que foi pactuado. Restará ao Estado, nesse caso, o caminho normal do processo para se obter uma pena.

Essa distinção implica respostas mais intensas ou menos intensas, conforme o modelo adotado, para a tutela de bens jurídicos individuais e coletivos. Dessa perspectiva, o modelo brasileiro apresenta resposta menos intensa, ao não dispor do instituto da pena, principalmente da pena privativa de liberdade, para a construção das soluções negociadas em matéria penal.

Quanto aos modelos jurídicos que permitem negociar a pena privativa de liberdade – sem a necessidade de afirmar a culpa em um julgamento seguido de sentença judicial –, não há desproporcionalidade na resposta penal, do aspecto de sua natureza, para a tutela do bem jurídico. No entanto, subsistem alguns fatores relativos a: redução da pena muito abaixo do patamar mínimo fixado pelo legislador como aspecto cativante para a negociação da pena; alteração da natureza dolosa para culposa do fato a ser imputado; e afastamento de determinadas imputações ante a confissão dada na negociação.

As soluções anteriores implicam alternativas utilitárias, aceleradas e econômicas. Fazem parte de um conjunto de mecanismos encontrados pelos Estados no contexto da ampliação do espaço de tutela penal, conforme explorado no segundo capítulo da pesquisa. Isso não permite afirmar, por si só, que os acordos de penas protegem o bem jurídico de maneira menos adequada do que a resposta penal obtida mediante sentença condenatória redigida após um julgamento.

Todavia, nos casos de alteração de um fato doloso para um culposo, e também nos acordos em que ocorrem significativa redução da pena em relação ao limite mínimo abstrato, há espaço para desconfiança, no sistema normativo de proteção do bem jurídico, no que concerne à pena comunicada à vítima e à sociedade.

Demonstrar o grau exato de pena que deve receber uma ofensa a um bem jurídico específico não parece ser algo mensurável no atual estágio da dogmática penal. Presume-se que a opção do legislador constitui a melhor alternativa, do aspecto político-criminal, como ator competente e legitimado no desenho constitucional para, após a seleção do bem jurídico merecedor da proteção penal, construir os preceitos primário e secundário.

Convictions. In: **Annual Review of Criminology**, v. 4, 2021, p. 377-411. Disponível em: https://www.annualreviews.org/doi/full/10.1146/annurev-criminol-032317-092255# article-denial. Acesso em 17 fev. 2021. p. 378-379).

Não se olvida de que o intervalo entre o mínimo e o máximo da pena, arquitetado pelo legislador no preceito secundário do tipo penal, possibilita um espaço de valoração atribuído ao julgador, que fará uso das regras atinentes à dosimetria da pena, quando da elaboração da sentença penal condenatória. No que concerne ao modelo negociado, a tarefa de valorar a proposta de pena reduzida ou de equivalente funcional da pena cabe, em regra, na maioria dos ordenamentos jurídicos, ao Ministério Público.

Em todo caso, existe desconfiança quanto à exata medida da pena para a tutela do bem jurídico protegido, que pode ser atribuída à ausência de uma recuperação do indivíduo com a pena de prisão na proporção desejada, ao se considerar a finalidade de prevenção especial positiva.

Ao voltar o olhar para os bens jurídicos penais, a depender do tipo de conduta praticada pelo agente, ainda é possível indicar uma gravidade maior ou menor. A título de ilustração, crimes cometidos com violência ou grave ameaça à pessoa parecem apontar para a necessidade de uma resposta penal mais intensa, seja a negociada ou a sentenciada em um julgamento.

Nessa toada, com muito mais razão, ante a gravidade social do comportamento, com possibilidade de grandes danos à sociedade de maneira coletiva e individualizada, crimes de terrorismo ou cometidos por organizações criminosas indicam, do mesmo modo, as soluções de resposta penal mais intensa, seja a negociada ou a sentenciada.

No entanto, outras considerações podem e devem ser feitas, entre elas, a de que a resposta penal pode ser menos intensa, com a fixação de equivalente funcional da pena, sem natureza de pena, por meio de um acordo penal, quando se trata de fato ofensivo à moralidade administrativa, ao meio ambiente, à lisura do sistema eleitoral, à ordem tributária e econômica?

Se os ordenamentos jurídicos permitem, com poucas ressalvas, a negociação de pena, independentemente do bem jurídico atingido, parece ainda subsistir espaço para justificar a resposta negociada sem natureza de pena na tutela de bens jurídicos coletivos e individuais, a escolha de uns em detrimento de outros.

Desse aspecto, a política criminal brasileira parece, por ora, bastante seletiva e desigual. Há muitos anos já se afasta o Direito Penal na seara de crimes tributários ante o pagamento do imposto devido, nos casos do Refis tributário[29].

---

29. §3º do art.15 da Lei n. 9.964/2000: "Extingue-se a punibilidade dos crimes referidos neste artigo quando a pessoa jurídica relacionada com o agente efetuar o pagamento integral dos débitos oriundos de tributos e contribuições sociais, inclusive acessórios, que tiverem sido objeto de concessão de parcelamento antes do recebimento da denúncia criminal" (BRASIL. Presidência da República. **Lei 9.964, de 10 de abril de 2000.** Disponível em: http://

Do mesmo modo, medidas benéficas jurisprudenciais também são encontradas na exclusão da tipicidade penal para crimes de descaminho com valor não superior a 20 mil reais[30]. E, mais recentemente, acordos de equivalentes penais têm substituído o processo e a pena em crimes eleitorais e em crimes contra a administração pública[31].

No espaço legal e jurisprudencial, a política criminal brasileira tem permitido os acordos penais, com afastamento da pena e incidência de equivalentes funcionais, quando se trata de ofensas aos seguintes bens jurídicos: a moralidade administrativa, o meio ambiente, a lisura do sistema eleitoral, a saúde pública e a ordem tributária e econômica. De outro lado, crimes com violência ou grave ameaça contra a pessoa e crimes no contexto de violência doméstica são excluídos da possibilidade de acordos penais.

Parece que a justiça penal negociada sem pena, que faz uso somente de equivalente funcional da pena, como ocorre no modelo brasileiro, conquanto represente aspectos positivos no que atine ao melhor controle do sistema carcerário e à maior eficiência na reparação de dano ao ofendido – temas que serão abordados adiante –, não deve ser utilizada na tutela de todos os bens jurídicos.

Para tanto, não basta o critério de exclusão da violência ou grave ameaça e/ou do contexto de violência doméstica. Embora algumas restrições devam ser adotadas, não se pode amparar uma negativa absoluta de uso de acordos penais quando se tratar de todo e qualquer fato relacionado à ofensa a um bem jurídico coletivo.

---

www.planalto.gov.br/ccivil_03/leis/l9964.htm. Acesso em: 28 out. 2022). A jurisprudência se consolidou no sentido de que o parcelamento do débito tributário nas hipóteses apontadas no Refis (Programa de Recuperação Fiscal) suspende o processo penal, enquanto o pagamento extingue a punibilidade.

30. Tese fixada no Recurso Especial (tema repetitivo 157): "Incide o princípio da insignificância aos crimes tributários federais e de descaminho quando o débito tributário verificado não ultrapassar o limite de R$20.000,00 (vinte mil reais), a teor do disposto no art. 20 da Lei n. 10.522/2002, com as atualizações efetivadas pelas Portarias n. 75 e 130, ambas do Ministério da Fazenda" (BRASIL. Superior Tribunal de Justiça. **Recurso Especial 1.688.878/SP**. 3ª SEÇÃO. Relator Min. Sebastião Reis. Julgamento em 28/02/2018. Disponível em: https://scon.stj.jus.br/SCON/GetInteiroTeorDoAcordao?num_registro=201702016211&dt_publicacao=04/04/2018. Acesso em: 17 dez. 2022).

31. Um exemplo de aplicação em crime eleitoral ocorreu na PET 7990/DF: "O ministro Marco Aurélio, do Supremo Tribunal Federal (STF), declarou extinta a punibilidade de Onyx Lorenzoni, atual ministro da Secretaria Geral da Presidência da República, quanto aos fatos criminosos confessados no âmbito do acordo de não persecução penal (ANPP) firmado com o Ministério Público Federal (MPF) nos autos da Petição (PET 7990). Lorenzoni confessou não ter declarado o recebimento de doações eleitorais do Grupo J&F nas eleições de 2012 e 2014, fato que configura o crime previsto no artigo 350 do Código Eleitoral (caixa 2 eleitoral). O acordo foi homologado pelo ministro Marco Aurélio no último dia 19/2 e, a partir da ciência dessa decisão, foi aberto o prazo de 24 horas para Lorenzoni comprovar o pagamento da multa no valor de R$189 mil, ajustada com o MPF. Com a juntada do comprovante de pagamento e a manifestação do procurador-geral da República, que apontou o integral cumprimento do acordo, cabe ao juízo competente decretar a extinção da punibilidade, nos termos do artigo 28-A do Código de Processo Penal (CPP)" (BRASIL. Supremo Tribunal Federal. **PET 7990/DF.** Relator, Min. Marco Aurélio. Decisão monocrática. Homologação de Acordo de Não Persecução Penal. Julgamento em 19/02/2021. Disponível em: https://portal.stf.jus.br/processos/downloadPeca.asp?id=15345713435&ext=.pdf. Acesso em: 17 dez. 2022).

Vale destacar aqui o exemplo do Código de Processo Penal Federal da Argentina, visto anteriormente, que veda a adoção de critérios de oportunidade, uma das espécies de disponibilidade da ação penal, quando se trata dos seguintes crimes: cometido por funcionário público no exercício ou em razão da função; cometido no âmbito da violência doméstica; e cometido por razões discriminatórias. Acrescenta ainda a proibição de critérios de oportunidade quando houver incompatibilidade com disposições internacionais, leis e instruções gerais do Ministério Público[32].

Conforme o ordenamento jurídico de cada país, a existência de um espaço aberto para construir modelos de justiça penal negociada, que impliquem redução de pena ou substituição da pena privativa por equivalente funcional, não pode refletir para a vítima e para a sociedade uma fraca intervenção do Direito Penal, uma ausência de proteção efetiva do bem jurídico.

Quando se trata de crimes mais graves contra a administração pública – como a corrupção, o peculato e crimes em licitações e contratos administrativos –, ou de crimes contra o sistema eleitoral e o sistema tributário, o acordo com equivalente funcional da pena parece comunicar à sociedade uma fraca intervenção penal, uma escolha seletiva e desigual ante o tratamento mais severo dispensado aos crimes cometidos contra determinados bem jurídicos individuais.

Em síntese, os acordos penais são utilizados na tutela penal de bens jurídicos individuais e coletivos em vários ordenamentos jurídicos. Por outro lado, no Brasil, não existe acordo penal com negociação de pena, mas somente com equivalente funcional da pena. E, desse modo, por constituir uma resposta menos intensa do que a pena, é preciso estabelecer critérios de proporcionalidade e igualdade relativos à resposta penal, no uso de tais acordos, para proteger os bens jurídicos de maneira eficiente.

Se, por ora, o texto legal do ANPP não restringiu o uso de equivalentes funcionais da pena aos fatos ofensivos aos bens jurídicos coletivos, compete ao Ministério Público constituir critérios e consolidar uma política criminal uniforme, no que diz respeito ao acordo de não persecução penal, por ser a modalidade mais elástica de disponibilidade da ação penal constante no ordenamento jurídico brasileiro.

O campo interno para consolidar essa política criminal deve ser objeto de reflexão. Não parecem suficientes as regulamentações de cada Ministério

32. ARGENTINA. Ministerio de Justicia y Derechos Humanos. Presidencia de la Nación. **Código Procesal Penal Federal**. Disponível em: http://servicios.infoleg.gob.ar/infolegInternet/anexos/315000-319999/319681/norma.htm. Acesso em: 15 out. 2022.

Público brasileiro, conforme seu desenho normativo, em razão da possibilidade de desigualdade de tratamento dos investigados em situações fáticas semelhantes, ante a realidade continental do espaço territorial e a existência de quase 30 ramos do Ministério Público.

Tais critérios político-criminais de uniformização do ANPP, outrossim, deverão estar relacionados com a finalidade da pena e com a relevância do bem jurídico. Dito de outro modo, a opção por um acordo penal sem natureza de pena, para a solução de um problema penal, indica a necessidade de critérios uniformes institucionalizados, que dialogam com os fins da pena e a devida proteção de um bem jurídico. O tema será retomado mais adiante.

4.2. PERMANECEM OS PRINCÍPIOS PENAIS COMO LIMITADORES DO *IUS PUNIENDI* ESTATAL

Os princípios penais e processuais penais desenvolvidos e aprimorados com as reformas liberais do final do século XVIII são postos, por setores da doutrina, em constante antagonismo com a justiça penal negociada, donde se sustenta a impossibilidade de o Estado acordar uma pena com o acusado, conforme mencionado no capítulo primeiro da pesquisa[33].

Existe até o argumento da inconstitucionalidade do acordo de pena, mesmo quando realizado durante o processo, com intensa participação da defesa técnica e a presença do controle judicial - como se propõe no atual projeto do novo CPP (Projeto de Lei n. 8.045/2010) - em razão da irrenunciabilidade da presunção de inocência, do Direito ao processo e do Direito à prova, na qualidade de direitos fundamentais[34]. Ainda se verifica a ideia de inconstitucionalidade da justiça penal negociada, porque significaria transformar o processo penal em uma negociata[35].

O escopo do presente espaço da pesquisa consiste em examinar os argumentos e confrontá-los, de modo a verificar se é ou não possível a convivência

33. Nesse sentido, com ressalvas: SCHÜNEMANN, Bernd; Greco, Luís (coord.). **Estudos de direito penal, direito processual penal e filosofia do direito.** São Paulo: Marcial Pons, 2013. p. 25. Cita essa linha crítica também: DAMASKA, Mirjan. Negotiated Justice in International Criminal Courts. In: THAMAN, Stephen C. (Ed.). **World Plea Bargaining.** Consensual procedures and the avoidance of the full criminal trial. Durham: Carolina Academic Press, 2010. p. 92.

34. Nessa perspectiva: PRADO, Geraldo. Poder Negocial (sobre a pena) Common Law e processo penal brasileiro: Meta XXI, em busca de um milhão de presos!? In: BONATO, Gilson (Org). **Processo Penal Constituição e crítica.** Estudos em homenagem ao Prof. Dr. Jacinto Nelson de Miranda Coutinho. Rio de Janeiro: Lumen Juris, 2011. p. 299-315.

35. Desse modo: LOPES JR. Justiça Negociada: utilitarismo processual e eficiência antigarantista. In: WUNDERLICH, Alexandre; CARVALHO, Salo de (Orgs.) **Diálogos sobre a Justiça Dialogal.** Rio de Janeiro: Lumen Juris, 2002. p. 99-128.

entre um modelo de justiça conflitiva e um modelo de justiça penal negociada, da perspectiva dos princípios interpretados em um arranjo global do Direito Penal, que abrange a Política Criminal, o Direito Penal e o Processo Penal.

É certo que esse é um campo com total ausência de consenso no seio dos estudos do Direito Penal e do Direito Processual Penal, com maior espaço de discordância no debate acadêmico brasileiro, o qual tem-se refletido na resistência à construção legislativa de um acordo de pena[36].

Parte representativa dos pesquisadores que se dedicam ao tema enxergam dificuldade na harmonia entre negociação de pena e garantias processuais[37], por conta de algumas fragilidades encontradas no modelo negocial penal estadunidense, como se todos os demais ordenamentos tivessem feito cópia integral do modelo norte-americano.

Verifica-se, ainda, nessa resistência uma argumentação reducionista que não enxerga a necessidade de superar a crise[38] do Direito Penal e do Direito Processual Penal diante das novas demandas sociais e das mudanças aceleradas da sociedade contemporânea, conforme abordado no segundo capítulo.

Por último, um exame parcial do significado dos princípios processuais, não considerados no seu todo, gera aparente dificuldade de convivência da justiça conflitiva com a consensual.

---

36. No Projeto de Lei n. 882/2019 (chamado de pacote anticrime) que redundou na aprovação da Lei n. 13.964/2019, havia previsão de um acordo de pena entre acusação e defesa durante a instrução processual, ou seja, após o recebimento da denúncia. Mas o texto não foi aprovado. Aprovou-se, unicamente, nesse projeto, em matéria de consenso, o acordo de não persecução penal, inserido no art. 28-A do CPP, que ocorre entes do oferecimento da acusação, o qual não implica acordo de pena, mas consiste em afastamento da imputação penal ante uma negociação entre acusação e defesa, que redunda em um equivalente funcional da pena sem natureza de pena. Consiste em uma diversão, um modelo verde de justiça, que permite uma solução de conflito sem afirmar a culpa. A confissão exigida para o ANPP não implica afirmação da culpa suficiente para uma pena. O não cumprimento, eventual, do ANPP não resultará em pena. Mas sim em uma acusação seguida de um julgamento no qual poderá ocorrer, por exemplo, condenação ou absolvição ou desclassificação. Sobre a diferença entre diversão e negociação de pena, ver SUXBERGER, Antônio Graciano; GOMES FILHO, Dermeval Farias. Funcionalização e Expansão do Direito Penal: o Direito Penal Negocial. In: **Revista de Direito Internacional,** Brasília, DF, v. 13. n. 1, p. 377-396, 2016. p. 377. Disponível em: https://www.publicacoesacademicas.uniceub.br/rdi/article/view/4097/pdf. Acesso em: 9 fev. 2021. p. 384; BRANDALISE, Rodrigo da Silva. **Justiça Penal Negociada:** negociação da sentença criminal e princípios processuais relevantes. Curitiba: Juruá, 2016. p. 23-29.

37. Vinicius Gomes de Vasconcelos entende que a importação da barganha traz consequências, como as seguintes: o processo deixa de limitar o poder de punir do Estado; relativiza o devido processo legal e viola direito fundamental do acusado (VASCONCELOS, Vinicius Gomes de. As tendências de expansão da justiça criminal negocial em âmbito internacional: a barganha como instituto importado em convergências entre sistemas. **Revista de Estudos Criminais,** Porto Alegre, v. 19, n. 76, p. 153-173, 2020. p. 163).

38. Os princípios de garantia e de eficiência devem caminhar juntos para superar a crise na qual se encontra o processo penal (GARCÍA, Nicolás Rodriguez. **El consenso en el processo penal español.** Barcelona: José Maria Bosch Editor, 1997. p. 17-18; ANDRADE, Flávio da Silva. O Consenso no processo penal e o rito abreviado fundado na admissão da culpa: (in)compatibilidade constitucional, vantagens, desvantagens e perigos. In: **Revista Eletrônica de Direito Processual - REDP**. ano 14. v. 21. n. 3. p. 206-224. Rio de Janeiro: UERJ, set/dez. 2020. p.208. Disponível em: <https://www.e-publicacoes.uerj.br/index.php/redp/article/ view/45930>. Acesso em: 13 out. 2022).

E esse tem sido um debate duradouro - principalmente na academia brasileira - que não considera, ao lado de um garantismo concentrado na proteção dos direitos individuais, a análise de utilidade, eficiência e economia, como valores necessários a um processo penal justo e democrático. O reducionismo do debate afugenta outros fenômenos da justiça penal negociada, que necessitam ser discutidos e pesquisados, como o que se propõe na presente pesquisa, no que concerne à legitimação da resposta penal consensual.

Conquanto o tema do recorte seja a legitimação da resposta penal - com ou sem natureza de pena - no modelo de justiça penal negociada, não se deixará de examinar a existência de pontes entre os princípios penais e o modelo de justiça penal negociada, como parte do caminho da pesquisa que se propõe.

É preciso esclarecer que boa parte da crítica existente compreende apenas os acordos de pena, não faz referência aos demais negócios com solução diversa da pena. Conforme já repetido várias vezes ao longo dos textos anteriores, os equivalentes funcionais da pena não têm sido separados das penas nas pesquisas acadêmicas relativas à justiça penal negociada.

Desse modo, a crítica existente em setores da doutrina brasileira perde significativa importância quando submetida ao arranjo do ordenamento jurídico nacional, uma vez que, no Brasil, por ora, ainda não se verifica a existência de acordo de pena, mas somente de negócios com solução diversa da pena: transação penal; suspensão condicional do processo e acordo de não persecução penal.

Questiona-se quase sempre se, em nome de uma eficiência processual e de uma redução de custos econômicos, justifica-se um acordo de pena sem o percurso das garantias processuais do devido processo legal presentes em um julgamento. Nesse espaço, cabe indagar, de forma um tanto quanto distinta: o modelo de acordo penal - seja de pena ou de equivalentes funcionais da pena - pode conviver com o devido processo legal, com as garantias? Há (in)compatibilidade?

Nas linhas dos itens seguintes, vários argumentos denotarão as respostas às indagações anteriores. A falsa premissa de cópia integral do modelo dos EUA está no centro do problema. Falta a compreensão, em parcela significativa da doutrina penal, de um reconhecimento de autonomia dos ordenamentos jurídicos para construir soluções negociadas compatíveis com a realidade jurídica interna de cada país.

4.2.1. Obstáculos não convincentes projetados contra os acordos penais

Fora dito anteriormente que parte da crítica ao modelo de justiça penal negociada deriva dos problemas encontrados no sistema norte-americano, ao tratá-lo como raiz de todos os males, na condição de único paradigma do negócio penal pelo mundo afora, como se não fosse possível cada ordenamento jurídico fazer uso do instituto do negócio penal em sintonia com sua específica realidade jurídica.

Boa parte dos problemas detectados nos EUA não se faz presente em países de tradição de *civil law*. Nos EUA, o Ministério Público possui ampla discricionariedade, e o julgador permanece, em regra, em situação de neutralidade. Ademais, as margens de negociação da pena, em um modelo de justiça penal com penas mais severas, são mais amplas. Existe ainda a possibilidade de negociar a própria natureza do fato (*charge bargaining*), ou seja, transformar uma conduta dolosa em imputação de uma conduta culposa como resultado de um acordo penal.

No entanto, mesmo no modelo estadunidense, é possível verificar aspectos favoráveis e contrários no debate acadêmico local. Ao tratar de aspectos favoráveis e contrários à justiça negociada, Damaska esclarece que, conquanto os acordos penais sejam amplamente praticados nos sistema jurídico dos EUA, "a negociação criou uma sensação de mal-estar e suspeita"[39]. Existe, nessa realidade jurídica, uma âncora do modelo negocial penal na racionalidade do mercado, na ideologia do *laissez-faire* com ênfase na autonomia pessoal[40].

Quanto aos aspectos positivos, para parcela da doutrina estadunidense, observa-se que, do lado do Estado, o membro do Ministério Público enxerga o acordo penal como um mecanismo vantajoso, já que lhe permite obter dissuasão com o uso de uma quantidade menor de recursos. Dessa forma, barganhar resultados é mais barato do que litigar[41].

Do lado do acusado, ao perceber uma chance de condenação, ele enxergará vantagem em uma sentença acordada com pena menor ou com imputação fática menos grave. Para os juízes, o modelo também é interessante, porque diminui a carga de trabalho, pois os fatos que seriam submetidos a julgamento, com dispêndio de tempo e de recursos, se transformam em objeto de negócios penais[42].

---

39. DAMASKA, Mirjan. Negotiated Justice in International Criminal Courts. In: THAMAN, Stephen C. (Ed.). **World Plea Bargaining**. Consensual procedures and the avoidance of the full criminal trial. Durham: Carolina Academic Press, 2010. p. 91.

40. Ibidem, p. 92.

41. DAMASKA, Mirjan. Negotiated Justice in International Criminal Courts. In: THAMAN, Stephen C. (Ed.). **World Plea Bargaining**. Consensual procedures and the avoidance of the full criminal trial. Durham: Carolina Academic Press, 2010. p. 92-93.

42. Ibidem.

Outro aspecto de defesa da justiça negociada, anotado no bojo das doutrinas norte-americanas, alinha-se aos princípios da filosofia pós-moderna, que trabalha o conceito de verdade como a versão aceitável para todos os envolvidos, em detrimento de certezas probatórias. Assim, o procedimento serve como meio para resultados aceitáveis para os envolvidos[43].

Damaska alerta que essa visão destoa de um sistema de justiça democrático. E ainda esclarece: a utilidade prática é a única justificativa convincente para a justiça negociada; evidências contra grandes criminosos dependem de negociação com malfeitores menores; e existe sobrecarga do sistema de justiça criminal, de modo que, se todos os casos fossem levados a julgamento, a qualidade da justiça diminuiria de forma considerável[44].

Com base em problemas detectados na trajetória dos acordos penais realizados nos EUA, parte da doutrina tenta alertar para impedir sua implementação em modelos de *civil law*. Uma terceira abordagem enxerga aspectos bastante positivos no modelo de justiça penal negociada e defende a aprovação de um acordo de pena no Brasil, conforme consta no projeto do novo CPP que tramita no Congresso Nacional[45]. Outra linha acadêmica, diante de uma tendência irrefreável do mecanismo negocial na seara penal, se rende à necessidade de construir uma solução equilibrada, sem os vícios do modelo exportador[46].

De forma contrária ao modelo de justiça penal negociada, Aury Lopes Junior, sem distinguir negociação de pena de negociação de soluções diversas da pena, enxerga fracasso até mesmo na Lei n. 9.099/95, quanto às suas expectativas. Leciona no sentido de que o sistema jurídico brasileiro possui limites que não toleram a importação do *plea bargaining* dos EUA e isso tem sido esquecido. Tal autor, portanto, sustenta que tem ocorrido uma importação[47].

43. Ibidem, p. 93-94.

44. Ibidem p. 94.

45. Nesse sentido: "Enfim, urge que se dê um passo à frente em busca de superar o descrédito de nosso sistema de justiça criminal, que ainda é um dos mais atrasados e morosos do mundo, adotando-se um rito abreviado amparado na confissão, conforme delineado no projeto da nova codificação. O modelo de processo penal de um país deve pautar-se pelo equilíbrio entre os ideais do garantismo penal e funcionalidade ou eficiência na resposta do Estado-Juiz" (ANDRADE, Flávio da Silva. O Consenso no processo penal e o rito abreviado fundado na admissão de culpa: (in)compatibilidade constitucional, vantagens, desvantagens e perigos. **Revista Eletrônica de Direito Processual** – REDP. Rio de Janeiro. ano 14. v. 21. n. 3, p. 206-240, set.-dez. de 2020. p. 235-236. Disponível em: https://www.e-publicacoes.uerj.br/index.php/redp/article/view/45930. Acesso em: 13 out. 2022).

46. "Por fim, reconhecendo-se a força inevitável dessa tendência, algumas premissas serão estabelecidas em caráter conclusivo, para adequar a justiça negociada aos padrões mínimos exigidos para o processo justo" (NARDELLI, Marcella Alves Mascarenhas. A Expansão da Justiça Negociada e as Perspectivas para o Processo Justo: a *plea bargaining* norte-americana e as suas traduções no âmbito da *civil law*. **Revista Eletrônica de Direito Processual – REDP**, Rio de Janeiro, UERJ, vol. 14, p. 331-365, 2014. p. 334. Disponível em: https://www.e-publicacoes.uerj.br/index.php/redp/article/view/14542/15863. Acesso em: 6 jun. 2022).

47. LOPES JUNIOR, Aury. A crise existencial da justiça negocial e o que (não) aprendemos com o JECRIM. **Boletim IBCCRIM**. São Paulo: IBCCRIM, ano 29, n. 344, jul.2021, p. 04-05.

Sobre o aspecto processual penal, Aury aponta ofensa do modelo negocial ao contraditório, ao direito de defesa e à presunção de inocência; anuncia uma relação entre a confissão do acordo de não persecução penal (ANPP) e o retorno ao modelo inquisitório; e menciona a inexistência de consenso ou voluntariedade ante a desigualdade entre as partes. Quanto aos aspectos penais, menciona uma banalização do Direito Penal quando do seu uso para tentar resolver problemas sociais complexos, o que gera aumento da demanda ("entulhamento") e a justificativa da justiça penal negocial. Sustenta ainda que a pena negociada se desconecta dos argumentos que a justificam, já que não passa pelo controle jurisdicional e nem se submete aos limites da legalidade[48].

A premissa de Lopes Junior, ao não distinguir os acordos de penas dos acordos de equivalentes funcionais da pena, produz sentidos não convincentes em significativa parcela de seus argumentos. Ao rebater os acordos da Lei n. 9.099/95 e o acordo de não persecução penal inserido no art. 28-A do CPP, o autor os intitula como acordos de pena e ignora a real solução promovida por tal instrumento, mediante a fixação de condições sem qualquer natureza de pena.

Há, em tais modalidades negociadas do ordenamento jurídico brasileiro, diversão em vez de sentença penal negociada[49]. Há, portanto, em tais acordos, ausência de aplicação de pena. Existe uma solução pacificadora sem o julgamento do processo penal e sem uma sentença penal condenatória.

Em determinado momento de seu texto, ao tratar do modelo brasileiro atual, o professor Aury, embora contrário ao modelo de justiça penal negociada, reconhece que tal instrumento veio para ficar. Destaca, todavia, que o espaço de consenso deve ficar limitado às penas iguais ou inferiores a quatro anos, sem possibilidade de aplicação de pena privativa sem processo[50].

Nesse texto, observa-se, de maneira clara, o equívoco do autor ao sustentar pena não privativa sem processo no modelo brasileiro atual. Repita-se, não existe pena em acordo penal sem processo no Brasil. Os acordos brasileiros atuais, existentes na Lei n. 9.099/95 e no art. 28-A CPP, não possibilitam solução de pena (seja privativa ou não privativa de liberdade), mas sim solução diversa da pena, com equivalentes funcionais da pena: reparação do dano, prestação de serviços e outras medidas.

Ao situar adequadamente os modelos negociados brasileiros, presentes no atual ordenamento jurídico, como acordos penais que implicam equivalentes

48. Ibidem.

49. Ibidem, p. 06.

50. Ibidem.

funcionais da pena, e não possuem natureza de pena, os argumentos contrários ao negócio penal apresentados na doutrina nacional perdem seu objeto.

Resta saber se, por outro lado, seria possível ao legislador brasileiro construir um acordo de pena em legislação futura sem arranhar o conjunto de princípios penais e processuais oriundos do texto constitucional. Essa análise é de normas de *lege ferenda*, mas se justifica no presente momento para examinar as críticas presentes no debate acadêmico nacional.

No sentido favorável ao modelo penal de justiça penal negociada e de sua possibilidade de convivência com os princípios processuais penais, Flávio da Silva Andrade – ao tratar da proposta de acordo de pena inserido no art. 283 do Projeto de Lei do Senado n. 156/2009, novo Código de Processo Penal, que se encontra na Câmara dos Deputados sob o número PL 8.045/2010[51] – defende a coexistência dos espaços de consenso com a via conflitiva ou adversarial. Argumenta que tais espaços são essenciais para garantir celeridade e eficiência ao sistema de justiça criminal, sendo possível, se bem disciplinado, "conjugar garantismo penal e celeridade/efetividade"[52].

O nominado autor esclarece que a ferramenta do consenso não é concebida para contrastar com as garantias do acusado, mas sim promover uma aproximação das partes com o fim de encontrar solução para o conflito originado em razão do delito cometido, de modo a atingir uma finalidade preventiva geral e especial, com a paz jurídico-social e a reabilitação do autor[53].

Ao rebater as críticas feitas ao modelo de justiça penal negociada, Flávio Andrade enfatiza que existe uma crítica de tom genérico inspirada nos defeitos que denotam o sistema norte-americano. Contudo, conquanto o *plea bargaining* dos EUA tenha inspirado outros ordenamentos jurídicos, cada país fez as adaptações que entendeu necessárias, com compatibilização constitucional[54].

As objeções apresentadas no sentido de desigualdade processual, de que o acusado sofre coação, partem de uma presunção de que as autoridades seriam

---

51. BRASIL. Câmara dos Deputados. **Projeto de Lei 8045/2010**. Código de Processo Penal. Disponível em: https://www.camara.leg.br/proposicoesWeb/prop_mostrarintegra;jsessionid=node03zrauu9mz8ulervpf2nl8w0q951691.node0?codteor=1638152&filename=PL+8045/2010. Acesso em: 12 out. 2022.

52. ANDRADE, Flávio da Silva. O Consenso no processo penal e o rito abreviado fundado na admissão de culpa: (in) compatibilidade constitucional, vantagens, desvantagens e perigos. **Revista Eletrônica de Direito Processual** – REDP. Rio de Janeiro. ano 14. v. 21. n. 3, p. 206-240, set.-dez. de 2020. p. 208 e 220. Disponível em: https://www.e-publicacoes.uerj.br/index.php/redp/article/view/45930. Acesso em: 13 out. 2022.

53. Ibidem.

54. ANDRADE, Flávio da Silva. O Consenso no processo penal e o rito abreviado fundado na admissão de culpa: (in) compatibilidade constitucional, vantagens, desvantagens e perigos. **Revista Eletrônica de Direito Processual** – REDP. Rio de Janeiro. ano 14. v. 21. n. 3, p. 206-240, set.-dez. de 2020. p. 208 e 220. Disponível em: https://www.e-publicacoes.uerj.br/index.php/redp/ article/view/45930. Acesso em: 13 out. 2022.

irresponsáveis e ignoram as funções da defesa da técnica e do juiz, os quais "têm exatamente a incumbência de suprir disparidades e compensar a aludida desigualdade para que o desenlace do caso se revele justo, eficiente e legítimo"[55].

Quanto à crítica de ausência de genuína voluntariedade na declaração de vontade do acusado, esta não se justifica, pois o acusado estará assistido por seu defensor que lhe esclarecerá o fato, a possibilidade de prova - favoráveis e contrárias à tese da defesa - em caso de um julgamento, e se o acordo será ou não a melhor alternativa. Ao juiz caberá, na proposta de acordo de pena previsto no projeto do novo CPP[56], informar ao acusado sobre suas garantias constitucionais e indagá-lo sobre sua voluntariedade e compreensão quanto às consequências do acordo.

O acordo de pena, previsto no procedimento abreviado do projeto do novo CPP brasileiro, é mais tímido do que as modalidades existentes nos EUA, justamente para conciliar garantismo com eficientismo. "Naturalmente, é impensável que o próprio juiz, que tem a função de garantidor, venha a coagir o arguido a aceitar os termos do acordo ou permitir que o membro do Ministério Público, diante do defensor, force o réu a aceitar a aplicação imediata da pena"[57].

Ao avançar no tema, Flávio sustenta que a proposta de acordo de pena prevista no citado projeto do novo CPP não afronta os princípios constitucionais que guiam o processo penal brasileiro, sendo compatível com a Constituição brasileira de 1988. Isso, porque a possibilidade de acordo surge somente após o recebimento da ação penal; sua formalização ocorre na presença do juiz e das partes, de modo que não há falar em inexistência do devido processo legal. Ademais, o acusado, em estratégia com seu defensor, pode escolher não admitir a culpa e, desse modo, não realizar um acordo com a acusação, e exercer o Direito ao contraditório e à ampla defesa em um julgamento[58].

Para realizar um acordo, sob a orientação da defesa técnica, o acusado pode dispor, porque é titular, do direito ao contraditório e à produção de provas. Isso não é renúncia – se fosse, seria parcial, não seria total –, uma vez que o acusado é titular de tais direitos e pode escolher uma estratégia que lhe seja vantajosa.

55. Ibidem,

56. BRASIL. Câmara dos Deputados. **Projeto de Lei 8045/2010**. Código de Processo Penal. Disponível em: https://www.camara.leg.br/proposicoesWeb/prop_mostrarintegra;jsessionid=node03zrauu 9mz8ulervpf2nl8w0q951691.node0?codteor=1638152&filename=PL+8045/2010. Acesso em: 12 out. 2022.

57. ANDRADE, op. cit. p. 223.

58. ANDRADE, Flávio da Silva. O Consenso no processo penal e o rito abreviado fundado na admissão de culpa: (in) compatibilidade constitucional, vantagens, desvantagens e perigos. **Revista Eletrônica de Direito Processual – REDP**. Rio de Janeiro. ano 14. v 21. n.3, p.206-240, set-dez de 2020. p.220-221. Disponível em: https://www.e-publicacoes.uerj.br/index.php/redp/article/view/45930. Acesso em: 13 out. 2022.

Essa escolha representa um exercício estratégico de direitos fundamentais. A irrenunciabilidade absoluta desses direitos equivaleria a negar a liberdade ao titular da proteção jurídica.

A presunção de inocência não é ferida, já que, se não houver interesse do acusado, não haverá acordo forçado no texto do citado projeto de Código de Processo Penal, mas sim um julgamento com todas as garantias. A confissão por si só não redunda em um acordo automático, porquanto o acusado pode discordar do quanto de redução da pena ofertado pela acusação. E não cabe falar em ofensa ao princípio da culpabilidade, pois, se houver acordo em audiência com todas as partes e esclarecimentos feitos pelo julgador, será preciso uma sentença judicial homologatória. O sentenciado somente será considerado culpado após o trânsito em julgado dessa sentença[59].

Como enfatiza Rosimeire Ventura Leite, não se deve negar ao acusado os benefícios de uma solução negociada de um caso penal, na medida em que isso significaria retirar sua autonomia da vontade e seu poder de disposição. Os institutos consensuais devem ser aprimorados, de modo a reforçar a boa-fé, a defesa técnica, e um controle jurisdicional que não seja ficção, de forma a tornar claras as consequências da manifestação volitiva[60].

Apesar da crítica ao modelo, observa-se uma rendição em outros setores da doutrina nacional. Nessa toada, Marcella Nardelli apresenta a justiça penal negociada como uma proposta comodista, que aposta na eficiência de uma verdade consensual e abandona o processo tradicional. No entanto, não se recusa a encontrar um ponto de equilíbrio entre os mecanismos de acordo penal e o modelo de julgamento tradicional. Anota, outrossim, fatores positivos e negativos à adoção dos acordos penais. Quanto aos primeiros, os aspectos críticos anotados são oriundos da experiência prática norte-americana[61].

Para a referida autora, a posição de ampla discricionariedade do membro do Ministério Público, sobretudo nos casos mais fracos para a acusação em seu aspecto probatório, quando a defesa não está aberta a negociar, constitui um problema de maior destaque presente nos bastidores da *plea bargaining* dos

59. Ibidem, p. 226.

60. LEITE, Rosimeire Ventura. **Justiça Consensual e Efetividade no Processo Penal**. Belo Horizonte: Del Rey, 2013. p. 35.

61. NARDELLI, Marcella Alves Mascarenhas. A Expansão da Justiça Negociada e as Perspectivas para o Processo Justo: a *plea bargaining* norte-americana e as suas traduções no âmbito da *civil law*. **Revista Eletrônica de Direito Processual - REDP**, Rio de Janeiro, UERJ, vol. 14, p. 331-365, 2014. p. 344. Disponível em: https://www.e-publicacoes.uerj.br/index.php/redp/article/view/14542/15863. Acesso em: 6 jun. 2022.

EUA, quando se compara aos demais obstáculos causados pela busca da eficiência e da economicidade em substituição ao julgamento tradicional[62].

No modelo norte-americano de negócio penal, a crítica indica uma posição assimétrica das partes, por conta das desigualdades financeiras e informativas, que redundam na possibilidade de até o inocente assumir a culpa e aceitar o acordo. E acrescenta a pressão a que é submetido o acusado; e o risco calculado racionalmente, em caso de não aceitação do acordo, qual seja, de ser submetido a um julgamento adversarial, onde a igualdade formal das partes não refletirá em concreto, ante o maior poderio da acusação[63].

Para Marcella Nardelli, a desigualdade das partes é reforçada pela enorme discricionariedade concedida ao Ministério Público e pelo fato de a defesa nem sempre conseguir acesso a todo conteúdo da prova produzida, antes das tratativas do acordo. Embora o mecanismo do *discovery* estabeleça que as partes possam ter acesso ao material probatório sob domínio da parte contrária, há restrições, de modo que não é suficiente para garantir a igualdade entre acusação e defesa[64].

A autora ainda destaca a violação do conteúdo material do processo, ante a impossibilidade concreta de o acusado exercer o contraditório na fase da negociação, na presença do promotor de justiça. Alerta que as provas colhidas acolhem apenas a versão acusatória. Destaca, ainda, que a negociação, não raro, é feita sem a presença do acusado, isto é, somente com promotor de justiça e advogado do acusado sentados à mesa, e isso implicaria "violação da publicidade,

62. "E é aí que entram em cena algumas práticas censuráveis de constrangimento e ameaça de sobreimputação (*overcharging*), seja sobrecarregando a imputa com uma pluralidade de condutas (*horizontal overcharging),* seja pela elevação do quantum da pena pretendida (*vertical overcharging*) ou, até mesmo, ameaçando pleitear a aplicação de pena capital, nos estados em que é admitida" (NARDELLI, Marcella Alves Mascarenhas. A Expansão da Justiça Negociada e as Perspectivas para o Processo Justo: a *plea bargaining* norte-americana e as suas traduções no âmbito da *civil law.* **Revista Eletrônica de Direito Processual - REDP**, Rio de Janeiro, UERJ, vol. 14, p. 331-365, 2014. p. 345. Disponível em: https://www.e-publicacoes.uerj.br/index.php/redp/article/ view/14542/15863. Acesso em: 6 jun. 2022).

63. Depois de abordar os pontos favoráveis ao *plea bargaining*, Damaska inicia alguns apontamentos críticos, quando destaca, por exemplo, a posição das partes: "Esse raciocínio, entretanto, é vulnerável a críticas, mesmo em termos de justiça econômica ou transacional em que se baseia. O contexto que legitimaria tal raciocínio está ausente do processo penal. Considere apenas as posições assimétricas dos parceiros de negociação, que frequentemente acarretam desigualdades informacionais e financeiras, e quase sempre cargas psicológicas desiguais: as autoridades processuais se engajam na negociação e avaliam os riscos que isso acarreta, sem a intensidade pressionada de ansiedade que acompanha atitude do réu em relação às negociações. Quanto maior a severidade das penalidades ameaçadas e a magnitude relativa das concessões oferecidas, mais provável se torna que até mesmo réus inocentes possam admitir a culpa por motivos que mesmo os teóricos da tomada de decisão considerariam inteiramente racionais. Tampouco se deve esquecer que o advogado do réu, que participa das negociações, pode ter sua própria agenda - uma agenda que não precisa coincidir com a de seu cliente" (DAMASKA, Mirjan. Negotiated Justice in International Criminal Courts. In: THAMAN, Stephen C. (Ed.). **World Plea Bargaining**. Consensual procedures and the avoidance of the full criminal trial. Durham: Carolina Academic Press, 2010. p. 92) (tradução livre).

64. NARDELLI, op. cit. 2014. p. 348.

imediação, oralidade e da própria posição do acusado como sujeito de direitos"[65].

Anota-se que o argumento de pouca capacidade de parcela dos acusados para realizar um negócio penal é combatido pelo modelo de Estado existente nos EUA, que recusa uma governança paternalista e abomina a restrição da autonomia individual. Dessa perspectiva, a justiça negociada naquele país deve ser utilizada independentemente de sobrecarga do sistema judicial[66].

Importa ressaltar que os obstáculos apresentados anteriormente aos acordos penais foram direcionados aos modelos de sentença penal negociada, ou seja, as críticas se dirigiram aos negócios penais nos quais se negocia uma pena, uma condenação. Não foram examinados nas críticas anteriores os negócios em que se negocia um equivalente funcional da pena.

4.2.2. Insuficiência dos argumentos contrários ao paradigma do negócio penal estadunidense para impedir a justiça penal negociada no ordenamento jurídico brasileiro

As críticas apontadas no item anterior não servem para confrontar o atual modelo brasileiro de justiça penal negociada, por várias razões demonstráveis, entre elas, o fato de que nos modelos brasileiros de transação penal, não se negociam pena, suspensão condicional do processo e acordo de não persecução penal.

Não fosse isso, em caso de aprovação da proposta de negociação de pena do novo CPP, o modelo será bem distinto do existente no EUA, porquanto haverá ampla participação da defesa e não deixará de existir o controle judicial. Além disso, esse acordo de pena ocorrerá durante o processo, com denúncia já recebida, até o início da audiência de instrução e julgamento[67].

65. NARDELLI, Marcella Alves Mascarenhas. A Expansão da Justiça Negociada e as Perspectivas para o Processo Justo: a *plea bargaining* norte-americana e as suas traduções no âmbito da *civil law*. **Revista Eletrônica de Direito Processual - REDP**, Rio de Janeiro, UERJ, vol. 14, p. 331-365, 2014. p. 349. Disponível em: https://www.e-publicacoes.uerj.br/index.php/redp/article/view/14542/15863. Acesso em: 6 jun. 2022.

66. DAMASKA, Mirjan. Negotiated Justice in International Criminal Courts. In: THAMAN, Stephen C. (Ed.). **World Plea Bargaining**. Consensual procedures and the avoidance of the full criminal trial. Durham: Carolina Academic Press, 2010. p. 92 (tradução livre).

67. Os artigos 283 e 284 do Projeto de Lei n. 8.045 de 2010 estabelecem as regras do acordo penal, o qual pressupõe o recebimento da peça acusatória. O pedido, acordado pela acusação e defesa, deve ser feito até o início da audiência de instrução e julgamento. O acordo somente se aplica aos crimes cuja sanção máxima cominada (em abstrato) não ultrapasse oito anos. A pena proposta não pode ser inferior ao mínimo previsto em abstrato, com a possibilidade de as partes acordarem uma redução de até um terço, que deverá incidir sobre o patamar mínimo cominado, sem prejuízo de eventual substituição de pena privativa por restritivas de direito, na forma do artigo 44 do Código Penal. A sentença que homologa o acordo possui natureza de sentença penal condenatória (BRASIL. Câmara dos Deputados. **Projeto de Lei 8045/2010**. Código de Processo Penal. Disponível em: https://

Cabe acrescentar que não existe a ampla discricionariedade da acusação no Brasil. Não se pode negociar, no ordenamento jurídico brasileiro, um fato doloso a título de culposo. Exige-se um suporte probatório suficiente para promover uma ação penal em todas as modalidades de acordo citadas (transação penal, suspensão condicional do processo e acordo de não persecução penal).

Se não houver suporte probatório suficiente para promover uma ação penal, a solução, a ser adotada pelo membro do Ministério Público brasileiro, será prosseguir na investigação ou, esgotadas as linhas investigatórias, promover o arquivamento. E, por derradeiro, não se realiza acordo sem a presença e aquiescência do investigado/acusado[68].

O Brasil apresenta uma realidade assimétrica quanto à deficiência da defesa de acusados hipossuficientes. Diversas unidades da Federação têm defensorias públicas instituídas, formadas por profissionais altamente qualificados, selecionados em concursos públicos de alta exigência. Nesses lugares, não há, de forma alguma, desequilíbrio na capacidade técnica da negociação.

Nos locais onde não existe uma defensoria pública devidamente estruturada, a defesa técnica persiste como exigência instransponível para a realização de um acordo penal. Ademais, não fosse isso, cabe ainda ao juiz o papel de verificar a voluntariedade do investigado que celebra o acordo.

No que concerne à produção da prova unicamente em um sentido, que faz com que inocentes sejam pressionados a confessar dentro de uma análise racional, ante o risco – em caso de recusa da confissão e do acordo – de uma condenação pelo júri, esse argumento contrário ao modelo estadunidense não serve para se opor aos espaços de justiça negociada que apesentam solução sem a imposição de pena.

Acrescenta-se que o modelo de investigação criminal brasileiro não permite ocultar prova que eventualmente possa levar à inocência do investigado. Outrossim, não é possível alterar o fato criminoso mais grave para um fato menos grave em uma negociação. A investigação criminal oficial, dirigida pelo Ministério Público ou pela polícia, no desenho jurídico atual, busca encontrar a verdade quanto ao fato apurado.

Nesse diapasão, não subsiste nos acordos penais brasileiros ofensa ao direito de o réu silenciar a garantia constitucional contra a autoincriminação. Há

www.camara.leg.br/proposicoesWeb/prop_mostrarintegra;jsessionid= node03zrauu9mz8ulervpf2nl8w0q951691.node0?codteor=1638152&filename=PL+8045/2010. Acesso em: 12 out. 2022).

68. Investigado no ANPP e na transação penal; acusado na suspensão condicional do processo.

de ser respeitada sua autonomia da vontade, e será assistido por uma defesa técnica. Tudo isso, no desenho normativo, será objeto de exame judicial, em audiência designada para tal finalidade – como acontece no ANPP –, de modo a tornar claros ao investigado os efeitos do acordo penal e as consequências da sua confissão.

É sabido, desse modo, que, no ordenamento jurídico brasileiro, o acusado pode confessar por várias razões: por estratégia para efeito de atenuante da pena em um julgamento com sentença judicial; em razão de arrependimento pelo fato cometido; ou para realizar um acordo de não persecução penal que não redunda em pena. De *lege ferenda*, se aprovado o texto do novo CPP, a confissão será uma das condições para realizar um acordo de pena[69].

Há um ponto em comum entre os críticos e os defensores da justiça penal negociada no Brasil, qual seja, a confissão, por si só, não é suficiente para impor uma pena ao acusado. E isso não tem sido mitigado pelo ordenamento jurídico brasileiro. Em primeiro lugar, ainda não existe acordo de pena no Brasil, uma vez que a proposta constante no projeto do novo CPP ainda não foi aprovada. E se o for, não haverá acordo de pena firmado de maneira exclusiva em uma confissão, já que o texto da futura lei exige o recebimento da acusação. Desse modo, o acordo de pena não será celebrado na fase de investigação, mas durante o processo judicial. Exige-se, ainda, a participação da defesa e o controle judicial.

No que concerne ao acordo penal que implica consequência diversa da pena, ou seja, um equivalente funcional, como é o caso do ANPP, a confissão por si só não pode levar o Ministério Público a propor o acordo, uma vez que é necessário examinar a presença de outros elementos de justa causa para a propositura de uma ação penal. Dito de outro modo, somente diante de elementos

69. Muitos dos casos examinados nas varas criminais do Brasil decorrem de prisão em flagrante, principalmente relacionados ao tráfico de drogas e aos crimes patrimoniais, que representam grande percentual dos fatos relacionados à população carcerária do Brasil. Não raro, há provas colhidas em depoimentos de testemunhas presenciais, depoimentos das vítimas. Em alguns casos, há, inclusive, provas técnicas (impressões digitais, laudos periciais) e, em razão do desenvolvimento tecnológico, muitos fatos são filmados por câmeras localizadas nas ruas ou em celulares de pessoas que passavam no momento do fato. Desse modo, a melhor defesa nem sempre consistirá em evitar a condenação em casos com provas tão claras. Será interessante ao acusado a diminuição da pena e/ou abrandamento do regime de cumprimento, que, no caso brasileiro, poderá ter um significado relevante, uma vez que a Súmula Vinculante n. 56 do STF permitiu o cumprimento de pena em regime semiaberto até fora dos estabelecimentos penais, com monitoração eletrônica e/ou penas alternativas, ante a ausência de vagas em colônia agrícola, industrial ou estabelecimento similar. Por conseguinte, a depender do conjunto de informações constantes nos autos - registre-se, a defesa possui acesso –, o acusado poderá optar pelo caminho do consenso de forma a obter uma resposta penal menos gravosa do que aquela que – na sua análise em conjunto com a defesa técnica – estaria presente em uma sentença judicial. É certo que o modelo brasileiro ainda não avançou para acordos de pena em crimes patrimoniais violentos e, ainda, no tráfico de drogas. Mas já há possibilidade de alcançar boa parte da demanda criminal com as modalidades de acordo existentes na legislação: transação penal; suspensão condicional do processo e acordo de não persecução penal. Aury Lopes Junior fala em 70% dos casos penais, mas sem apontar a fonte de dados (LOPES JUNIOR, Aury. A crise existencial da justiça negocial e o que (não) aprendemos com o JECRIM. **Boletim IBCCRIM.** São Paulo: IBCCRIM, ano 29, n. 344, jul.2021, p. 04-05).

suficientes para propor uma ação penal é que o Ministério Público, presentes os demais requisitos, proporá um ANPP ao acusado.

Observa-se, dessa forma, que o argumento de atribuir uma identidade entre a confissão da justiça penal negociada e o sistema inquisitivo medieval - já que a confissão gozaria de prevalência e seria obtida mediante pressão sobre o acusado - não convence. Equiparar o negócio penal - no qual ocorre a confissão do acusado (acordo de pena) ou do investigado (acordo sem pena, a exemplo do ANPP) - revela desconhecimento dos sistemas e dos institutos do Direito Penal global. O negócio penal não é sinônimo de sistema inquisitorial puro ou relativizado, do passado ou do presente. O negócio penal pode conviver com modelos conflitivos (adversarial, misto ou inquisitivo moderno) dentro de um mesmo ordenamento jurídico.

Quanto à crítica de desigualdade na pena aplicada a quem aceita o acordo em comparação com quem não aceita o acordo em casos semelhantes, do mesmo modo, não convence, porquanto não considera aspectos penais presentes no acordo. Esclarece Figueiredo Dias que a pena menor a quem realiza o acordo se justifica por razões penais, ou seja, a confissão gera menor necessidade de pena e, portanto, de prevenção[70].

Em síntese, os argumentos negativos, extraídos da crítica norte-americana, lançados contra a justiça negociada não se aplicam necessariamente aos modelos jurídicos de países de *civil law* que passaram a conviver com os acordos penais. Isso, porque o papel neutro do julgador norte-americano não se repete na maioria dos países de *civil law*, tanto no julgamento tradicional quanto nos negócios penais.

4.2.3. Permanência do princípio da legalidade na justiça penal negociada

Os acordos penais possuem o potencial de substituir uma pena por um equivalente funcional (diversão) ou de resultar em uma pena inferior ao mínimo previsto pelo legislador (sentença penal negociada). Diante disso, observa-se a necessidade de justificar, do ponto de vista da legalidade penal, a escolha negociada de um equivalente funcional em detrimento de uma pena, bem como da negociação de uma pena menor em detrimento da que fora escolhida, inicialmente, pelo legislador, quando da construção do preceito secundário do tipo penal.

70. DIAS, Jorge de Figueiredo. **Acordos sobre a sentença em processo penal**. O "fim" do Estado de Direito ou um novo "princípio? Porto: Conselho Distrital do Porto da Ordem dos Advogados, 2011. p. 56-57.

Como ponto de partida, a legalidade processual não é ferida na equação entre critérios de oportunidade e o princípio da obrigatoriedade da ação penal. As preferências por oportunidade ou por obrigatoriedade da ação penal apresentam distintas medidas, a depender do ordenamento jurídico pesquisado. No entanto, tais escolhas não provocam ranhura à legalidade no seu sentido processual.

Ao tratar dos acordos penais, Hassemer apontou uma ausência de sintonia entre o acordo no processo penal e os princípios processuais, como se estivessem em posições opostas. Enfatizou que a legalidade dirige o processo penal na realização uniforme do Direito Penal, quanto aos elementos necessários relacionados à suspeita de conduta punível para iniciar uma investigação, de modo a afastar considerações sobre pessoas e circunstâncias. De outro lado, o princípio da oportunidade constitui instrumento estratégico, que orienta a justiça penal, da pequena e média criminalidade, com amparo na eficiência, na redução de custos e até em um resultado mais indolor[71].

Para o referido autor, o princípio da oportunidade que sustenta os acordos penais é liberal e flexível, bem como confunde os limites da divisão de poderes, porquanto a realização do objeto material da investigação fica a cargo das autoridades da investigação. Há uma redução de consequências jurídicas ante a presença de uma confissão, de modo que, aparentemente, a causa termina sem prejuízo algum. No entanto, o autor enfatiza que a longo prazo pode-se temer a ranhura nos princípios e nas regras que garantem a proteção dos participantes no processo[72].

No entanto, não convence eventual contradição entre acordo penal e princípio da legalidade processual. Isso, porque a previsão legal do acordo afasta boa parte da oposição, outrora justificada na presença de acordos informais e sem previsão em lei, como ocorrera na Alemanha a partir da década de 1970[73].

71. Posição assumida antes da alteração legislativa de 2009 na Alemanha, quando se adotou o *absprachen* via introdução legislativa (HASSEMER, Winfried. **Introdução aos fundamentos do direito penal**. Trad. Pablo Rodrigo Alfen da Silva. Porto Alegre: Sergio Antônio Fabris, 2005. p. 234-237).

72. Ibidem, p. 236-237.

73. No Brasil, referido argumento de ilegalidade, contrário ao acordo de não persecução penal (ANPP), fora utilizado quando do seu surgimento no art. 18 da Resolução n. 181 do Conselho Nacional do Ministério Público de 2017, antes de ser inserido, pela Lei n. 13.964/19, no art. 28-A do Código de Processo Penal brasileiro. Algumas entidades, como a Associação dos Magistrados Brasileiros (AMB) e a Ordem dos Advogados do Brasil (OAB), ingressaram no Supremo Tribunal Federal (STF) com Ação Declaratória de Inconstitucionalidade do ANPP, ADI n. 5.790 e ADI n. 5.793, respectivamente. Um dos fundamentos consistia na ausência de previsão em lei. O STF não examinou os pedidos e não concedeu liminar, de modo que o ANPP sobreviveu na Resolução n. 181, alterada pela Resolução n. 183, do CNMP, até a publicação do texto legal (GOMES FILHO, Dermeval Farias. Não persecução penal: prós, contras e limites materiais para a proteção jurídica suficiente. **IV Congresso Criminal do Ministério Público de São Paulo**. Mesa Temática I. Escola Superior do Ministério Público. São Paulo: Associação Paulista do Ministério Público, 2019. p. 25-33. Disponível em: http://www.mpsp.mp.br/portal/page/portal/documentacao_e_divulgacao/

No que diz respeito à legalidade no aspecto penal, ou seja, à sua compreensão entre a previsão legal da conduta e a consequente pena, o modelo de acordo penal pode interferir, a depender das disposições do ordenamento jurídico de cada país, tanto no seu preceito primário quanto no secundário.

No modelo estadunidense, visto anteriormente, a título de ilustração, um acordo pode significar pena reduzida ou outra modalidade de pena menos gravosa, como ainda pode implicar a modificação de um fato doloso para um fato culposo. Nos modelos italiano, alemão e argentino, o acordo pode resultar em pena menor. Por sua vez, no ordenamento jurídico brasileiro, por ora, o acordo penal significa uma resposta diversa da pena, menos dolorosa, com equivalente funcional da pena, sem natureza de pena. Em qualquer caso, em razão do acordo, em todos esses ordenamentos jurídicos, deve ser seguido o procedimento, previsto em lei, para a realização de tais acordos.

Desse modo, não há ofensa à legalidade processual com os acordos penais. No entanto, a mesma premissa não se apresenta tão conclusiva em relação à legalidade penal, uma vez que, para a conduta prevista em um tipo incriminador, existe uma pena. Tanto o preceito primário quanto o preceito secundário decorrem da política criminal do legislador em um Estado Democrático de Direito. O legislador, em tese, construiu a figura típica com a intenção de proteger algum bem jurídico merecedor da proteção penal.

Por conseguinte, ao possibilitar uma pena inferior ao mínimo previsto pelo legislador ou uma resposta diversa da pena ou a transformação de uma conduta dolosa em uma conduta culposa, a justiça penal negociada possibilita mitigar a premissa clássica segundo a qual, para um crime, há uma pena prevista no preceito secundário de uma lei aprovada pelo legislador.

Fundamentos de política criminal já apresentados, em razão da expansão penal e da impossibilidade de submeter todos os fatos penais a um julgamento, bem como da necessidade de soluções alternativas, preventivas e repressivas, mais céleres e econômicas, têm justificado a adoção do modelo penal negociado.

Quando se trata de solução negociada sem pena, o argumento de que a culpa somente pode ser apurada em um julgamento – no qual as garantias processuais se fazem presentes, com a fixação da pena, em caso de condenação, em uma sentença judicial que poderá ser submetida a recurso – não convence. Isso,

doc_biblioteca/bibli_servicos_produtos/BibliotecaDigital/Publicacoes_MP/Todas_publicacoes/IVCongressoCriminalESMP.pdf. Acesso em: 21 dez 2021).

porque o investigado faz, com a presença da defesa técnica, um acordo penal sem natureza de pena, que não lhe traz as marcas de uma condenação penal[74].

Por outro lado, a solução negociada com pena diversa da prevista pelo legislador no preceito secundário, muitas vezes menor ou de outra natureza (menos gravosa) implica resposta diversa ao fato criminoso na intensidade de proteção ao bem jurídico construída pelo Poder Legislativo, que detém tal competência no âmbito constitucional.

Do aspecto do investigado ou do acusado que aceita a resposta menos dolorosa, ciente de que praticou o fato criminoso, não parece existir um autoritarismo estatal, porque, mediante um acordo, não sofrerá consequência penal mais gravosa do que aquela prevista em abstrato pelo legislador. De outro lado, a justificativa, ante a postura do Estado que abre mão da resposta penal construída no preceito secundário do tipo incriminador, parece desafiadora.

Nesse momento da caminhada da pesquisa, poderíamos nos contentar com o argumento de que uma confissão do acusado diminui a necessidade de maior intensidade da resposta penal, que enxerga a prevenção especial positiva como fim da pena[75]. Esse raciocínio não se confirma quando a confissão não revela qualquer arrependimento, mas se trata apenas de uma estratégia, em casos de farto material probatório suficiente para condenar.

Registre-se, novamente, que, no caso brasileiro, a confissão, do aspecto penal da sentença, constitui atenuante que incide na segunda fase da dosimetria da pena, mas tem respeitado o limite mínimo previsto no preceito secundário. A confissão também é pressuposto para o acordo de não persecução penal que implica resposta sem natureza de pena, com equivalente funcional da pena.

74. É o que acontece, por ora, no modelo brasileiro, com a transação penal, o acordo de não persecução penal e a suspensão condicional do processo. Aqui não entra a colaboração premiada ou as diversas formas de delação premiada porquanto possuem natureza de meio de obtenção de provas, mas não são um acordo entre acusação e defesa que vincula o julgador, uma vez que haverá necessidade de produzir provas em um julgamento para, no final, se comprovados os fatos objetos da colaboração e/ou delação, o julgador aplicar a pena com a benesse igual ou diferente da acordada.

75. Sobre o tema relativo ao mínimo e ao máximo da pena em abstrato e o negócio penal, Rafael Oliveira, embora se posicione sobre o negócio penal de forma mais restritiva, sustenta que as partes (Ministério Público e acusado) fazem um acordo de pena com uma moldura que deverá, ao final, ser fixada pelo juiz: "A aparente contradição entre os princípios é, a nosso ver, só aparente, sendo que a harmonização dos seus conceitos se dá pela teoria da moldura da prevenção. Por essa corrente, a pena concreta será fixada em última análise em função da necessidade de prevenção especial, mas o quantum exato da pena não será definido dentro da moldura legal abstratamente determinada pelo legislador e sim por um nova moldura formada pela necessidade de prevenção especial positiva que tem como máximo o ponto ótimo da pena para tutelar o bem jurídico violado e as expectativas sociais, e como limite mínimo aquela abaixo do qual a pena já não é comunitariamente aceitável. A culpa, por sua vez, é o limite máximo da pena, o qual nunca poderá ser ultrapassado por qualquer consideração de prevenção" (OLIVEIRA, Rafael Serra. **Consenso no Processo Penal:** uma alternativa para a crise do sistema criminal. São Paulo: Almedina, 2015. p. 156).

O limite mínimo da pena previsto no preceito secundário abstrato existe [...] "como mínimo de pena necessário para preservar a confiança da comunidade na vigência de uma norma relativa a um certo tipo de factos [...][76]". Desse modo, o acordo de pena, que resulta em pena inferior ao mínimo legal previsto em abstrato, possui justificativa a ser procurada nas demais etapas da pesquisa.

4.3. DESAPARECE A POSIÇÃO DE EXCLUSIVIDADE DO JULGADOR COMO ÚNICO PROTAGONISTA NA CONSTRUÇÃO DA PENA OU DE SEU EQUIVALENTE FUNCIONAL

Nos julgamentos ocorridos nos procedimentos penais tradicionais, examinados no segundo capítulo da pesquisa, o julgador (júri ou juiz singular ou turma de juízes) exerce papel relevante na sentença penal, ao valorar a prova e proferir uma decisão, seja de condenação ou de absolvição. No caso de condenação, o juiz também exercerá o papel de aplicador da pena.

O papel do julgador ainda merece destaque na fase anterior ao julgamento. Conquanto seja mais de caráter neutro no modelo adversarial, o papel do juiz é mais ativo no sistema continental europeu, que muito inspirou o modelo processual brasileiro e de outros países da América Latina.

Na Alemanha, o juiz exerce forte comando na condução do julgamento, de modo que a atividade acusatória do Ministério Público cessa com o oferecimento da acusação, porquanto, na audiência de instrução e julgamento alemã, o promotor de justiça "foi reduzido a uma figura periférica"[77]. No Brasil, o juiz pode, inclusive, contribuir na produção probatória quando da solução processual conflitiva, ficando distante de qualquer neutralidade.

Esse contorno clássico anterior, no qual a pena depende, de maneira exclusiva, da decisão de um julgador, de um juiz como membro do Poder Judiciário, permanece nos julgamentos dos sistemas processuais atuais, mas desaparece nas soluções negociadas, seja de pena ou de equivalente funcional da pena[78].

Na maioria dos sistemas processuais - modelos de disputa ou de investigação oficial - que adotam soluções negociadas de penas, a proposta do *quantum*

---

76. DIAS, Jorge Figueiredo. **Direito Penal Português**: as consequências jurídicas do crime. Coimbra: Coimbra, 2011. p. 226.

77. SCHÜNEMANN, Bernd; Greco, Luís (coord.). **Estudos de direito penal, direito processual penal e filosofia do direito.** São Paulo: Marcial Pons, 2013. p. 236.

78. Vale registrar que, no modelo negocial alemão, a participação do juiz é significativa, inclusive no oferecimento da proposta de acordo ao acusado. O papel do julgador, portanto, ainda permanece relevante na construção da pena negociada, conforme examinado no Capítulo 3 da pesquisa.

da pena parte do Ministério Público. Haverá, então, a negociação com o acusado devidamente assistido por um advogado. O julgador só exercerá o papel de homologação desse resultado, o que equivale a dizer, uma concordância com pena negociada, com maior ou menor exame valorativo – a depender do desenho do ordenamento jurídico do respectivo país – das condições legais do acordo firmado pelas partes.

O julgador não interferirá no quanto da pena objeto da negociação, salvo ofensa à legalidade. Haverá interferência judicial, por exemplo, no caso de a proposta – feita pelo Ministério Público e aceita pelo acusado devidamente assistido por um advogado – extrapolar o limite legal previsto para a realização do acordo. Desse modo, o Judiciário, na figura do juiz, salvo no modelo alemão, não exerce papel de protagonismo na pena negociada.

Do mesmo modo, ou ainda de forma mais aguda, na negociação de equivalente funcional sem natureza de pena, presente no sistema jurídico brasileiro – como resultado dos instrumentos da transação, suspensão condicional do processo e do acordo de não persecução penal –, o papel do julgador na construção da resposta penal também é reduzido.

Nesses casos, compete ao julgador, após o exame da legalidade e voluntariedade do investigado/acusado[79], a faculdade de incluir algumas outras condições e, em seguida, homologar o acordo. Não poderá o juiz obrigar o Ministério Público a oferecer a ação penal e, ainda, não poderá substituir a análise de mérito – opção pelo acordo penal – feita pelo Ministério Público.

A decisão fundamentada sobre a não persecução penal, ou seja, a opção pelo afastamento de um julgamento, compete ao Ministério Público. É certo que esse poder-dever já existe no próprio modelo de processo com julgamentos conflitivos, quando o Ministério Público decide pela não propositura da ação penal, em razão de inexistência de suporte probatório mínimo, esgotadas as linhas de investigação, ou quando valora o caso com algum princípio e promove seu arquivamento[80].

Essa redução do protagonismo do papel do Judiciário (representado na figura do julgador) mostra menor resistência em um arranjo estatal classificado

79. Investigado no ANPP e na transação. Acusado na suspenção condicional do processo.

80. Essa decisão do arquivamento é do Ministério Público. No modelo brasileiro, a discordância do juiz não obriga o órgão do Ministério Público a propor a ação. Os autos, nesse caso, serão encaminhados ao órgão revisor do próprio Ministério Público, conforme artigo 28 do CPP (BRASIL. **Decreto-lei nº 3.689, de 3 de outubro de 1941.** Código de Processo Penal. Brasília-DF: Presidência da República. Disponível em: http://www.planalto.gov.br/ccivil_03/decreto-lei/ del3689compilado.htm. Acesso em: 11 set. 2022).

como modelo de disputa, a exemplo do se faz presente nos EUA, no qual o papel do julgador é neutro durante o julgamento.

Ressalta-se, como constatado, quando da abordagem no segundo capítulo da pesquisa, que a *plea bargaining* constitui uma forma de solução de conflito (negócio) diferente da proposta pelo sistema adversarial (disputa). São duas formas distintas de solucionar problemas penais, presentes no mesmo ordenamento jurídico estadunidense.

Por outro lado, nos sistemas processuais mistos ou inquisitivos modernos, ancorados em modelos estatais de investigação oficial, em razão de um papel mais ativo do julgador na audiência de instrução e julgamento e/ou em outras fases da persecução penal, há maior resistência à sua retirada no momento da solução de pena ou de um equivalente funcional da pena.

No que concerne aos acordos de pena, o argumento de resistência se alicerça na impossibilidade de existir uma pena sem um julgamento. Apenas nessa fase processual seria possível comprovar o fato, a autoria e a estrutura analítica do delito, sintetizados na afirmação da culpabilidade. A pena dependeria exclusivamente de uma sentença judicial exarada por um juiz em decorrência de um julgamento. Essa linha de raciocínio já foi examinada no tópico anterior, quando foi rebatida com vários argumentos.

No que diz respeito aos acordos penais que resultam em condições sem natureza de pena, a resistência à ausência de um protagonismo do juiz confunde a natureza da resposta penal, ou seja, nomina como pena aquilo que não possui natureza de pena. Com base nisso, apresentam a oposição narrada no parágrafo anterior.

Ambas as resistências têm sido superadas ante o crescimento dos espaços de consenso para os problemas penais. As razões para o surgimento e a adoção dos modelos de justiça penal negociada foram examinadas no segundo capítulo, quando se constataram sua necessidade e a possibilidade de sua convivência com soluções de julgamento dentro de um mesmo ordenamento jurídico.

Os argumentos de resistência e salvaguarda do protagonismo do papel do julgador têm natureza subjetiva, de luta por mero espaço de poder. Tal oposição se distancia das soluções penais e processuais penais modernas ante a expansão do espaço de tutela do Direito Penal. Outrossim, o modelo negocial constitui mecanismo necessário para administrar o sistema de justiça criminal, que implica, sobretudo, no que concerne à realidade brasileira, redução do cárcere e/ou substituição do cárcere por outras respostas que não possuam natureza de pena.

No atual Direito Penal global, a justiça penal negocial exerce importante papel político-criminal na gestão da criminalidade. E pode gerar benefícios, se bem equilibrada, melhores do que aqueles pensados para a pena privativa, de forma a transformar os fins preventivos, principalmente, em uma realidade concreta, não abstrata, quando da comunicação da resposta penal à sociedade e à vítima.

Em síntese, a defesa de um protagonismo absoluto do Judiciário indica justificativas subjetivas de espaço de poder, sem uma contribuição social efetiva. De outro modo, as modalidades de justiça penal negociada equilibram os espaços de atuação dos principais atores do sistema de justiça criminal, sem prejuízo à convivência com os valores constitucionais.

4.4. AUSÊNCIA DE TRANSPLANTE JURÍDICO IDENTITÁRIO DOS INSTRUMENTOS DE JUSTIÇA PENAL NEGOCIADA

Um dos equívocos existentes na análise da justiça penal negociada nos países de tradição de *civil law* reside na falsa premissa de que seus ordenamentos jurídicos importaram, literalmente[81], os acordos de pena presentes nos EUA e trouxeram uma contaminação aos seus sistemas processuais.

Tal linha de raciocínio aponta para um transplante identitário de institutos do Direito norte-americano para sistemas com estruturas jurídicas distintas, de forma que resulta em uma incompatibilidade do instituto transplantado. Ocorreria, desse modo, uma importação de instituto jurídico que traz conflito ao sistema processual receptor. Há quem sustente, portanto, uma americanização do Direito, por meio de uma organização do raciocínio jurídico de modo mais judiciário[82], ou, ainda, uma marcha triunfal do modelo processual norte-americano sobre o mundo, com destaque para a *plea bargaining*[83].

81. Ao tratar dos institutos negociais da Lei n. 9.099/95 e do ANPP, Aury Lopes Junior, de maneira contrária ao negócio penal, fala, em linha distinta da demonstrada na presente pesquisa, em uma importação praticamente identitária do modelo dos EUA para o Brasil: "Grave erro é a importação 'à la carte' de institutos de sistemas de matriz absolutamente distinta, como o modelo do *common law* norte-americano, desconsiderando sua incompatibilidade como o modelo civil law brasileiro, com os princípios que regem a acusação de iniciativa pública, com os limites institucionais do Ministério Público, a indisponibilidade do objeto do processo penal brasileiro" (LOPES JUNIOR, Aury. A crise existencial da justiça negocial e o que (não) aprendemos com o JECRIM. **Boletim IBCCRIM.** São Paulo: IBCCRIM, ano 29, n. 344, jul. 2021, p. 04-05).

82. GARAPON, Antonie; PAPADOPOULOS, Ioannis. **Julgar nos Estados Unidos e na França**: cultura jurídica francesa e common law em uma perspectiva comparada. Rio de Janeiro: Lumen Juris, 2008. p. 249.

83. SCHÜNEMANN, Bernd; Greco, Luís (coord.). **Estudos de direito penal, direito processual penal e filosofia do direito.** São Paulo: Marcial Pons, 2013. p. 240. Ao tratar do sistema jurídico italiano, Damaska aponta que a barganha, apesar das tentativas conciliatórias dos juristas, é vista ainda de maneira isolada dentro do ordenamento daquele país, como se fosse algo estranho (DAMASKA, Mirjan. Negotiated Justice in International Criminal Courts.

Outros entendem que os acordos penais podem ser classificados como espécies de mudanças transformativas, cujo êxito depende da interação com a gestão institucional da justiça do país receptor[84]. Em uma linha mais próxima da realidade pesquisada, há influência nos ordenamentos europeus e latinos, mas não se verifica uma reprodução integral do sistema estadunidense[85].

Parte desse equívoco, atinente à importação crua do modelo de justiça penal negociada, já foi solucionado no Capítulo 2 da pesquisa, quando se verificou a ausência de sistemas processuais puros nos dias atuais. Constatou-se uma influência recíproca de institutos jurídicos em diferentes sistemas processuais, dentro de uma dinâmica progressiva do Direito Penal e do Direito Processual da atualidade, na ótica de um Direito Penal global, em busca de melhores meios para solucionar os conflitos com a resposta jurídica mais eficaz.

A solução penal mais eficaz nem sempre corresponde a uma pena privativa de liberdade. E a forma de solução mais eficaz não corresponde, necessariamente, a um julgamento penal nos moldes clássicos.

Não convence, do mesmo modo, a afirmação de que o mecanismo de justiça negociada representa algo extraído de um sistema adversarial e, por esse motivo, tem dificuldade de penetração nos sistemas inquisitoriais. Já fora anunciado no Capítulo 2 que a *plea bargaining* nega o modelo adversarial, de forma que o acordo penal não é uma característica do sistema adversarial, mas sim um mecanismo criado posteriormente, como alternativa de resposta ao aumento da demanda processual e à impossibilidade do uso do julgamento para todos os fatos criminosos, de uma perspectiva de busca de eficiência e economicidade.

É necessário, portanto, como feito anteriormente, separar o processo adversarial do mecanismo de *plea bargaining*[86]. Não são iguais, mas convivem, de

---

In: THAMAN, Stephen C. (Ed.). **World Plea Bargaining**. Consensual procedures and the avoidance of the full criminal trial. Durham: Carolina Academic Press, 2010. p. 89.

84. DAMASKA, Mirjan. Aspectos Globales de la Reforma del Proceso Penal. In: AA. VV. **Reforma a la justicia penal em las Américas**. Washington: The Due Proceso of Law Foundation, 1999. p. 5-7.

85. VASCONCELOS, Vinicius Gomes de. As tendências de expansão da justiça criminal negocial em âmbito internacional: a barganha como instituto importado em convergências entre sistemas. **Revista de Estudos Criminais**, Porto Alegre, v. 19, n. 76, p. 153-173, 2020. p. 160-161.

86. Essa separação não é verificada e, portanto, aparentemente produz um discurso, sem alicerce convincente, de maior dificuldade de adoção de mecanismos de justiça penal negociada em sistemas mistos/inquisitivos modernos em relação ao sistema adversarial, em alguns trabalhos científicos, como o de Marcella Nardelli: "Embora a ideia de se adotar a *plea bargaining* possa parecer tentadora, importante observar que as peculiaridades do sistema adversarial norte-americano em muito se distanciam das características inquisitoriais dos sistemas de *civil law*, o que pode comprometer a incorporação do modelo consensual ou, até mesmo, fazer com que o mesmo ganhe um novo significado à luz do direito interno" [...]. "Além do mais, tal mecanismo é perfeitamente amoldado no sistema adversarial anglo-americano, encaixando-se no ideal de batalha travada entre as partes adversárias: acusação e defesa" [...]. "Da forma como foi implementado no processo penal alemão, o *plea bargaining* fugiu de sua configuração original tipicamente adversarial para se acomodar nas molduras de uma estrutura inquisitorial e que se baseia na busca da verdade como forma de legitimar a resposta penal" (NARDELLI, Marcella Alves Mascarenhas.

forma que o modelo de justiça negociada não possui o DNA do modelo adversarial e nem do modelo inquisitorial. Pode conviver em qualquer um dos sistemas, de forma mais ampla ou restrita, conforme o desenho jurídico de cada país, que poderá fazer a tradução e atribuir o significado desejado.

Dito de outro modo, a importação de acordos penais não significa a importação do sistema adversarial. Cada país faz a tradução e atribui o sentido de justiça penal negociada adequado ao seu sistema jurídico. A maior amplitude ou restrição dos institutos negociais de cada país possui explicações não vinculadas unicamente aos modelos adversarial ou misto ou inquisitivo, mas às peculiaridades jurídicas de cada sistema à disposição da política criminal do momento[87].

A segunda parcela contrária à premissa anunciada se apresenta em dados empíricos. Os ordenamentos jurídicos continentais de países europeus, que adotaram mecanismos de acordos penais em seus ordenamentos, não fizeram transplantes identitários do modelo estadunidense, mas sim traduções, as quais receberam significados jurídicos adaptados à realidade local[88].

Conforme já acentuado, na Alemanha, o acordo é proposto na fase processual, após o recebimento da acusação, quando o comando do processo pertence ao julgador. Na Itália, por sua vez, o juiz tem um controle muito mais amplo do acordo penal, realizado entre acusação e defesa, em relação ao existente no modelo estadunidense. Já na Argentina, o acordo é proposto pelo Ministério Público quando da imputação do fato e, se houver aceitação do acusado, seguirá para a homologação judicial.

A Expansão da Justiça Negociada e as Perspectivas para o Processo Justo: a *plea bargaining* norte-americana e as suas traduções no âmbito da *civil law*. **Revista Eletrônica de Direito Processual - REDP**, Rio de Janeiro, UERJ, vol. 14, p. 331-365, 2014. p. 333, 344, 351 e 353. Disponível em: https://www.e-publicacoes.uerj.br/index.php/redp/article/view/ 14542/15863. Acesso em: 6 jun. 2022).

87. Não se desconhece aqui o raciocínio sustentado por Damaska, segundo o qual a forma de condução da política estatal sobre a autonomia dos indivíduo tem relação com o sistema jurídico processual adotado. Isso quer dizer que Estados mais intervencionistas na autonomia das pessoas estão mais atrelados ao modelo inquisitivo/misto, enquanto os menos intervencionistas optam pelo modelo adversarial, com maior liberdade das partes (DAMASKA, Mirjan. **The faces of justice and state authority.** A comparative approach to the legal process. New Haven: Yale University Press, 1986. p. 71-73).

88. Sobre o tema, Langer sustenta que não existe reprodução precisa do modelo de justiça penal dos EUA, da *common law*, mas ocorre um fenômeno de fragmentação e divergência da *civil law*. O referido autor menciona a existência de traduções diferentes, nos sistemas inquisitoriais, das influências adversarias norte-americanas (LANGER, Máximo. From Legal Transplants to Legal Translations: The Globalization of Plea Bargaining and the Americanization Thesis in Criminal Procedure. In: THAMAN, Stephen C. (org). **Word Plea Bargaining**: Consensual Procedures and the Avoidance of the Full Criminal Trial. Durham, North Carolina: Academic Press, 2010, p. 5-8 e 79). Em sentido semelhante, Armenta Deu ensina que importação de um instituto de *plea bargaining* para outro sistema não o torna contraditório, pois cada ordem jurídica recebe a figura de maneira própria, o que implica uma fragmentação, muito mais do que uma americanização ou uma adversarialização. Adverte que a incorporação de formas de negociação nos países europeus não significou a mudança para um processo de partes (AMENTA DEU, Teresa. **Sistemas procesales penales. La justicia penal em Europa y América**. Madrid: Marcial Pons, 2012. p. 288).

No modelo brasileiro, não se pode falar em transplante identitário ou em americanização do Direito estadunidense em matéria de acordos penais. Os modelos de acordos penais brasileiros, até então, não permitem acordo de pena entre acusação e defesa. Portanto, não há falar em homologação judicial de sentença penal condenatória acordada entre acusação e defesa.

Os institutos da transação penal, suspensão condicional do processo e o acordo de não persecução penal permitem solução diversa da pena, ou seja, redundam em alternativas penais denominadas de equivalentes funcionais da pena, sem natureza de pena. Até então, o Brasil, nas propostas de reformas do ordenamento jurídico, tem recusado o negócio penal com pena reduzida[89].

Adverte-se que a colaboração premiada ou a delação premiada, existentes no ordenamento jurídico brasileiro, não possuem natureza de acordo de pena. Tais institutos existem como uma necessidade da persecução penal de determinados delitos e são meios de obtenção de prova.

Infere-se que o modelo de justiça penal negociada dos EUA tem influência em diversos países, não somente do continente europeu ou mesmo da América Latina[90], mas não se pode falar em importação cega, em um transplante identitário, uma vez que persiste a conjuntura jurídica nacional com suas peculiaridades[91]. Portanto, as construções penais negociadas não são idênticas na comparação entre os sistemas jurídicos receptores, tampouco na relação com o modelo jurídico exportador.

4.5. UM REDESENHO DO MINISTÉRIO PÚBLICO BRASILEIRO COMO PRINCIPAL ATOR NA CONCRETIZAÇÃO DO DIREITO PENAL NEGOCIAL

O poder decisório de escolher a via do acordo penal no modelo de Direito Penal negocial implica um rearranjo do Ministério Público. Com isso, ao lado

89. O acordo de pena não vingou no projeto que redundou na Lei n. 13.964/2019. No entanto, os artigos 283 e 284 do Projeto de Lei n. 8.045 de 2010 (novo Código de Processo Penal) estabelecem as regras do acordo pena (BRASIL. Câmara dos Deputados. **Projeto de Lei 8045/2010**. Código de Processo Penal. Disponível em: https://www.camara.leg.br/proposicoesWeb/prop_mostrarintegra;jsessionid=node03zrauu9mz8ulervpf2nl8w0q951691.node0?codteor=1638152&filename=PL+8045/2010. Acesso em: 12 out. 2022).

90. Schünemann menciona, inclusive, a influência do modelo de justiça penal negociada dos EUA no sistema jurídico da China (SCHÜNEMANN, Bernd; Greco, Luís (coord.). **Estudos de direito penal, direito processual penal e filosofia do direito.** São Paulo: Marcial Pons, 2013. p. 240).

91. Em sentido semelhante, Langer apontou: "Neste artigo, eu faço uma advertência contra a anterior tese da americanização (a tese forte), através da análise da introdução do estilo plea bargaining estadunidense em quatro países de tradição civil law: Alemanha, Itália, Argentina e França. A influência do plea bargaining estadunidense sobre todas estas quatro jurisdições é inegável. Apesar desta influência, contudo, a importação do plea bargaining nestas jurisdições não é suscetível de reproduzir um modelo estadunidense de processo criminal" (LANGER, Máximo. From Legal Transplants to Legal Translations: The Globalization of Plea Bargaining and the Americanization Thesis in Criminal Procedure. In: THAMAN, Stephen C. (org). **Word Plea Bargaining**: Consensual Procedures and the Avoidance of the Full Criminal Trial. Durham, North Carolina: Academic Press, 2010, p. 1-80. p. 5).

da investigação do fato, de sua promoção de arquivamento e da propositura da ação penal aparece a capacidade de escolher a via do acordo penal.

Nessa nova conformação, alguns pontos merecem destaque: reconhecimento de um poder decisório ampliado; equilíbrio entre independência funcional e unidade; necessidade de construir uma política criminal nacional com parâmetros gerais de atuação para os ramos do Ministério Público brasileiro; e novas estruturas e rotinas administrativas.

Ao tratar dos atores processuais no sistema de justiça penal negociada, Damaska aponta que esse arranjo transforma o promotor de justiça no ator mais importante do sistema de justiça criminal e adverte que pode ser problemático esse aumento de poder quando resulta em práticas de manipulação[92].

Essa crítica subsiste, como já dito em outras passagens da pesquisa, no modelo de acordo presente nos EUA, com larga margem de discricionariedade para a acusação, sem as balizas normalmente existentes nos ordenamentos jurídicos de tradição de *civil law*, que passaram a adotar mecanismos negociados e não fizeram importação literal da barganha norte-americana.

Constata-se que, na justiça penal negociada, aumenta o poder decisório do Ministério Público e diminui o espaço de atuação judicial. É certo que a atuação judicial continua relevante, uma vez que o juiz realiza a homologação do acordo e o controle de legalidade, em maior ou menor extensão, conforme o ordenamento jurídico de cada país. No entanto, o exame judicial não substitui a análise de mérito do Ministério Público relativa à escolha de um negócio penal como caminho de solução da querela fática apresentada[93].

Com a ampliação do espaço da justiça penal negociada em distintos ordenamentos jurídicos – fruto do impulso político-criminal com o crescente aumento da tutela penal, conforme examinado no segundo capítulo –, amparada no princípio da oportunidade da ação penal, cresceu o poder decisório do Ministério Público. Nesse ambiente de rearranjo da atuação, reconhece-se uma seletividade institucionalizada, que contribui para afastar uma seletividade informal do sistema de justiça criminal[94].

---

92. DAMASKA, Mirjan. Negotiated Justice in International Criminal Courts. In: THAMAN, Stephen C. (Ed.). **World Plea Bargaining**. Consensual procedures and the avoidance of the full criminal trial. Durham: Carolina Academic Press, 2010. p. 93.

93. Nesse sentido, sobre a impossibilidade de o juiz substituir a análise de mérito do Ministério Público na propositura do acordo de não persecução penal, já decidiu o Supremo Tribunal Federal, conforme destacado no Capítulo 3 desta pesquisa.

94. Em outras passagens, Suxberger acrescentou: "É que a unicidade de resposta do Estado por meio do exercício do Direito de ação conduz a um verdadeiro fomento à subnotificação. Não se cuida daquela resposta que retira o fato criminoso do sistema de justiça criminal, pois o sistema é realmente seletivo; mas aquela situação que

Esse arranjo jurídico – já presente com os mecanismos de justiça penal negociada, consubstanciados na transação penal e na suspensão condicional do processo – foi ampliado no ordenamento jurídico brasileiro, com a introdução do acordo de não persecução penal. Iniciou-se com a Resolução n. 181, alterada pela Resolução n. 183, ambas do CNMP, e foi transportado ao art. 28-A do CPP pela Lei n. 13.964/2019.

Suxberger, ao tratar do ANPP no texto da Resolução n. 181 do CNMP, antes de sua inserção no art. 28-A do CPP, esclareceu com precisão que a norma estabeleceu balizas claras de racionalidade e conformação do poder exercido pelo Ministério Público, quando manifesta o direito de ação em juízo. Anotou que o ANPP amplia e intensifica o controle penal, ao retirar parcela dos fatos que redundaria em insucesso na persecução penal judicial, bem como que a medida prevista no ANPP não implica sanção penal em sentido estrito, mas cumpre as finalidades de retribuição e prevenção, ou seja, um fim do Direito Penal. Ressaltou, ainda, que a referida norma reconhece espaço decisório inafastável na atuação do Ministério Público, com regulação do exercício dessa oportunidade[95].

O aumento das atribuições do Ministério Público na concretização do negócio penal fortalece seu poder e lhe impõe maior responsabilidade institucional. Exige-se, ainda, uma reorganização interna e maior equilíbrio entre independência funcional e unidade, que constituem princípios, no cenário brasileiro, da estrutura constitucional do órgão[96].

O pilar da independência funcional evita rendição diante de ingerências políticas indevidas, perseguições e pressões não republicanas, ou seja, práticas contrárias aos valores de um Estado Democrático de Direito. A independência funcional, portanto, garante ao membro do Ministério Público, em benefício

---

retira do sistema de justiça e o faz de modo invisível, sem controle, sem transparência do processo decisório e, por conseguinte, ocultando ideologicamente a atuação dos atores do sistema de justiça" (SUXBERGER, Antônio Henrique Graciano. **Acordo de Não Persecução Penal**: o exercício da ação penal e a questão prisional como problema público. Brasília: Fundação Escola, 2019. p. 93).

95. "A afirmação da obrigatoriedade do exercício da ação penal traduz uma impossibilidade organizacional de controle. Afinal, quando se afirma que não há espaço decisório na atuação do Ministério Público, esse espaço decisório não deixa concretamente de existir. Ele, simplesmente, deixa de ser percebido, regulado e controlado institucionalmente" (SUXBERGER, Antônio Henrique Graciano. **Acordo de Não Persecução Penal**: o exercício da ação penal e a questão prisional como problema público. Brasília: Fundação Escola, 2019. p. 94).

96. Conforme destacam Ponte e Demercian: "Em nosso País o avanço legislativo fez com que o Ministério Público atingisse uma liberdade de atuação que não tem precedentes no direito estrangeiro. No entanto, em tempos mais do que nunca maniqueístas, a interpretação da Constituição Federal e de todas as leis que dão suporte a uma atuação independente de Promotores de Justiça e Procuradores da República autoriza o questionamento: qual é a política de atuação desse órgão e o que se espera da Instituição?" (PONTE, Antônio Carlos da. DEMERCIAN, Pedro Henrique. O Ministério Público e a Justiça Penal Consensual. Foro. **Revista de Ciencias Jurídicas y Sociales,** Nueva Época, vol. 22, núm. 1 (2019): 101-118. p. 103. Disponível em: <https://redib.org/Record/oai_articulo2860088-o-minist% C3%A9rio-p%C3%BAblico-brasileiro-e-a-justi%C3%A7a-consensual>. Acesso em: 16 set.2022).

de uma atuação isenta e igualitária, a liberdade para atuar, conforme sua convicção, sedimentada nos textos constitucional e legal, quando do exercício de suas atribuições[97].

A unidade, por sua vez, como princípio de organização interna e externa, contribui para alinhar objetivos institucionais, de modo que a atuação do Ministério Público possa comunicar uma atuação responsável e uniforme à sociedade, de maneira equilibrada, em busca de igualdade e de segurança jurídica[98].

Tal preocupação parecia menos relevante quando havia apenas a transação penal e a suspensão condicional do processo: a primeira para crimes de menor potencial ofensivo e a segunda para crimes punidos com pena mínima não superior a um ano. Os critérios mais vinculativos, dos arts. 76 e 89 da Lei n. 9.099, e a menor relevância dos fatos, apesar de um debate inicial a partir de 1995, ano da referida lei, não gerou maiores discussões no seu caminhar.

No entanto, o art. 28-A do CPP[99], ao introduzir o acordo de não persecução para crimes com penas mínimas inferiores a quatro anos, sem violência ou grave ameaça à pessoa, ampliou o alcance a uma parcela significativa dos fatos penais. E inovou ao estabelecer a necessidade, a cargo do Ministério Público, de analisar as funções retributiva e preventiva do acordo. Em caso de ser valorada a insuficiência do acordo para atender a esses comandos, o instituto, apesar da presença dos demais requisitos, não deverá ser proposto.

Reside nesse aspecto, a título exemplificativo, uma atuação discricionária do membro do Ministério Público, que faz uma escolha não sujeita à substituição judicial. Dito de outro modo, nos acordos penais existentes no modelo jurídico brasileiro, inexiste participação judicial apta a substituir o juízo de mérito

97. Ao abordar o tema sobre a atuação do Ministério Público, em um contexto de obrigatoriedade da ação penal, de critério de oportunidade e de discricionariedade cada dia mais ampliada, explica Nello Rossi: "Por outro lado, é necessário assegurar que a persecução seja exercida com rigor, coerência e correção, evitando que uma ligação demasiado estreita com a política seja indevidamente utilizada para fins partidários, para influenciar ações ou promover omissões do Ministério Público, em violação do princípio da igualdade dos cidadãos" (ROSSI, Nello. Per una cultura della discrezionalità del pubblico ministero. **Rivista Questione Giustizia**. II Trimestre 2021. Roma: Associazione Magistratura democracia. Disponível em https://www.questionegiustizia.it/articolo/per-una- cultura--della-discrezionalita-del-pubblico-ministero. Acesso em 08 fev. 2022. p.27).

98. "É que o campo de incidência da unidade do Parquet, ao reverso do que se verifica em outros entes estatais, é essencialmente funcional. Esse princípio do Ministério Público é pleno de significação e aplicabilidade. A unidade, mais do que sugere a definição, tem a relevante e indeclinável finalidade de preservar a isonomia de tratamento dos arguidos (objetivo, aliás, precípuo de um processo penal baseado no garantismo) e busca viabilizar uma resposta célere, eficaz e coordenada à sociedade quanto aos métodos e medidas empreendidas no combate às mais variadas formas e expressões da criminalidade" (PONTE, Antônio Carlos da. DEMERCIAN, Pedro Henrique. O Ministério Público e a Justiça Penal Consensual. Foro. **Revista de Ciencias Jurídicas y Sociales,** Nueva Época, vol. 22, núm. 1 (2019): 101-118. p. 109. Disponível em: https://redib.org/Record/oai_articulo2860088-o-minist%C3%A9rio-p%C3%BAblico-brasileiro-e-a-justi%C3%A7a-consensual. Acesso em: 16 set.2022).

99. BRASIL. **Decreto-lei nº 3.689, de 3 de outubro de 1941.** Código de Processo Penal. Brasília-DF: Presidência da República. Disponível em: http://www.planalto.gov.br/ccivil_03/decreto-lei/del3689compilado.htm. Acesso em: 11 set. 2022.

do Ministério Público. Nos acordos penais, o membro do Ministério Público, como autoridade democrática, tem a primazia na determinação dos critérios de prioridade da persecução penal.

Os parâmetros dessa escolha, que se projeta no uso do instrumento de justiça penal negociada, precisam estar alinhados com a independência funcional e com a unidade do Ministério Público, de modo a: indicar um caminho seguro de proteção do bem jurídico penal; comunicar à vítima a suficiência do equivalente funcional da pena como resposta ao fato; e comunicar ao autor sua autorresponsabilidade pela infração penal que cometera.

A direção do bem jurídico, com suas diversas funções no Direito Penal, já anunciadas anteriormente, serve como norte para a atuação do Ministério Público, seja na busca de uma solução penal em um processo de natureza conflitiva ou mediante um instrumento de justiça penal negociada. O sentido de uma proteção penal suficiente deve fazer parte da valoração realizada pelo membro do Ministério Público quando da escolha de uma alternativa penal negociada.

Do mesmo modo, a comunicação ao ofendido dessa escolha negociada não pode ser esquecida no atuar do membro do Ministério Pública. Não se trata unicamente de mera informação ou de comunicação formal. Deve existir uma preocupação na construção da solução negociada capaz de transmitir ao ofendido o sentido de uma resposta penal suficiente.

Essa preocupação se torna mais evidente no modelo brasileiro que - de forma distinta da maioria dos ordenamentos jurídicos - não possui solução negociada com natureza de pena, muito menos com natureza de pena privativa de liberdade. A comunicação da resposta penal negociada, decorrente da atuação do Ministério Público, deve levar o ofendido a compreender que o Estado não banaliza a dor que lhe fora gerada pelo fato, que existe uma resposta penal tão ou mais suficiente do que a promessa de pena gerada por um processo conflitivo.

Atuações disformes do Ministério Público em situações fáticas idênticas conflitam com os princípios da igualdade e da segurança jurídica em um país no qual existe um só Direito Penal. Por essa razão, como terceiro aspecto da discussão proposta no início do tópico, parâmetros gerais de uniformidade na atuação dos ramos do Ministério Público brasileiro precisam ser construídos para aprimorar o modelo de justiça penal negociada.

Conforme acentuam Da Ponte e Demercian, ao Ministério Público impõe-se a implementação de políticas de atuação resolutiva pautadas no processo de resultados, no qual se inclui o processo penal consensual. Em matéria penal, os autores ainda destacam, em relação ao Ministério Público, a necessidade de "construção de uma Política Criminal própria que discuta o trato da política de segurança pública como bem difuso que merece ser protegido, traçando estratégias para tanto"[100].

De forma específica, em relação ao acordo de não persecução penal, houve uma tentativa inicial de uniformizar a atuação com parâmetros gerais estabelecidos no âmbito do Conselho Nacional de Procuradores de Justiça (CNPG)[101], quando foram aprovados vários enunciados não cogentes alusivos à atuação dos membros do Ministério Público brasileiro no âmbito dos acordos de não persecução penal. Em seguida, cada ramo do Ministério Público fez sua orientação interna[102].

Esse emaranhado não apresenta sintonia. Alguns pontos permanecem confusos, como o cabimento ou não de ANPP em violência culposa, a exemplo de alguns crimes do Código de Trânsito brasileiro, e crimes que ofendem bens jurídicos coletivos sujeitos a mandados constitucionais de criminalização. Ademais, determinados parâmetros das condições do ANPP, discutidos em certos ramos do Ministério Público, ainda não avançaram em outros ramos.

A institucionalização dos parâmetros gerais de atuação do Ministério Público no ANPP parece constituir medida urgente. O modelo de justiça penal negociada, adotado, até agora, pelo Brasil, implica trocar a pena do crime por condições que não possuem natureza de pena, denominadas de equivalentes funcionais da pena. Esse mecanismo de solução penal, que abre mão da pena diante de um crime cometido, exige comunicar ao ofendido e à sociedade a suficiência da solução adotada, sob pena de lhe faltar a devida legitimação.

Acrescente-se que essa comunicação da resposta penal negociada refletirá na medição social da atuação do Ministério Público. Nesse novo arranjo, o órgão não será avaliado apenas por um índice de desempenho – presente em uma atuação demandista –, mas será cobrado, mais cedo ou mais tarde, mediante análises de resultado, ou seja, *accountability*. O acordo de não persecução penal

---

100. PONTE, Antônio Carlos da. DEMERCIAN, Pedro Henrique. O Ministério Público e a Justiça Penal Consensual. Foro. **Revista de Ciencias Jurídicas y Sociales,** Nueva Época, vol. 22, núm. 1 (2019): 101-118. p. 105-106. Disponível em: https://redib.org/Record/oai_articulo2860088-o-minist%C3%A9rio-p%C3%BAblico-brasileiro-e-a-justi%C3%A7a-consensual. Acesso em: 16 set.2022.

101. Conselho Nacional de Procuradores-Gerais (CNPG). **Enunciados Interpretativos da Lei Anticrime.** https://www.cnpg.org.br/images/arquivos/gndh/documentos/enunciados/GNCCRIM_Enunciados.pdf. Acesso em: 15 set. 2022.

102. A exemplo do Ministério Público do Distrito Federal e Territórios (MPDFT), no qual suas Câmaras de Coordenação e Revisão Criminais Reunidas consolidaram várias teses nos Enunciados n. 102 a 113, com a finalidade de uniformizar a atuação dos membros na condução do ANPP (DISTRITO FEDERAL (Brasil). Ministério Público do Distrito Federal e Territórios (MPDFT). **Enunciados em ordem cronológica**. Disponível em: https://www.mpdft.mp.br/portal/index.php/cmaras-de-coordenao-e-revisao-menu/230-camaras-reunidas/696-enunciados. Acesso em: 22 out. 2022).

produz dados que comportarão análise de resultado para o conjunto da política criminal brasileira[103], no qual deverá ser considerada sua suficiência para a tutela dos bens jurídicos envolvidos.

Parâmetros positivos da proteção do bem jurídico e da comunicação à vítima precisam ser priorizados nos acordos penais. A justificativa de medida desencarceradora, ante um contexto de estado de coisas inconstitucional, não se revela suficiente por si só para justificar o referido negócio penal[104].

As discussões sobre uma linha mais comum de atuação no uso dos instrumentos negociados têm sido feitas em outros cantos do mundo. Ao comparar sistemas de maior rigidez na obrigatoriedade de exercício penal, conquanto mitigados pela penetração de critérios de oportunidade, com sistemas de maior predomínio da discricionariedade na atuação do Ministério Público, Nello Rossi enfatiza a necessidade de buscar uma linha de conduta comum e coerente nas soluções negociadas dos procedimentos[105].

O mencionado autor, ao se referir ao modelo italiano, explica que há uma linha de convergência entre o princípio da obrigatoriedade da ação penal e a atuação discricionária do Ministério Público, mas adverte que permanece um nó central quanto ao sujeito institucional, numa ordem democrática, que será chamado a gerir os regimes de discricionariedade regulada ou de natureza compulsória[106].

Há uma relação entre a ampliação da discricionariedade do Ministério Público e a progressiva aproximação entre os sistemas jurídicos processuais, principalmente com a convivência entre a obrigatoriedade da ação e os critérios de oportunidade que, entre outras alternativas, possibilitam as soluções negociadas. Nesse sentido, ao examinar o desenho institucional do Ministério Público

---

103. GOMES FILHO, Dermeval Farias. Não persecução penal: prós, contras e limites materiais para a proteção jurídica suficiente. **IV Congresso Criminal do Ministério Público de São Paulo.** Mesa Temática I. Escola Superior do Ministério Público. São Paulo: Associação Paulista do Ministério Público, 2019. p. 25-33. p. 27. Disponível em: http://www.mpsp.mp.br/portal/page/portal/documentacao_e_divulgacao/doc_biblioteca/bibli_servicos_produtos/BibliotecaDigital/Publicacoes_MP/Todas_publicacoes/IVCongressoCriminalESMP.pdf. Acesso em: 10 fev. 2022.

104. Sobre esse tema, em outra oportunidade, já foi dito que: "Conquanto a realidade prisional seja antagônica ao modelo político criminal consubstanciado na LEP, a política criminal do Estado brasileiro, representada na busca da ressocialização do detento, deve ser perseguida, e não substituída por uma exclusiva opção desencarceradora, como se fosse um caminho de defesa da teoria agnóstica, a qual nega os fins positivos da pena, sustentada por setor da doutrina" (PONTE, Antônio Carlos da; GOMES FILHO, Dermeval Farias; PEDROSO, Fernando Gentil Gizzi de Almeida: O modelo decisório do Supremo Tribunal Federal que se projeta na execução penal: desafios de uma política criminal de desencarceramento sem preocupação dogmática. **Revista Magister de Direito Penal e Processual Penal,** Porto Alegre, v. 105, p. 64-87, dez./jan. 2022. p. 79).

105. ROSSI, Nello. Per una cultura della discrezionalità del pubblico ministero. **Rivista Questione Giustizia.** II Trimestre 2021. Roma: Associazione Magistratura democracia. Disponível em https://www.questionegiustizia.it/articolo/per-una-cultura-della-discrezionalita-del-pubblico-ministero. Acesso em: 8 fev. 2022. p. 25.

106. Ibidem, p. 26.

inglês, francês, alemão e italiano, Nello Rossi afirma que, nas democracias modernas, o papel do membro do Ministério Público cresce em todos os lugares[107].

Por essa razão, faz-se necessário compreender as prioridades do Ministério Público na sua atuação, como órgão democrático, ou seja, há uma preocupação em estabelecer parâmetros gerais para tais escolhas, com respeito aos finitos recursos humanos e materiais e ao conhecimento de cada realidade local. Uma preocupação com uma atuação homogênea do órgão como ator político criminal se faz presente.

Na Itália, a título de comparação, o Ministro da Justiça apresentou à Câmara dos Deputados, em 13 de março de 2020, um projeto de lei de delegação para a reforma do processo penal, A.C. n. 2.345. O texto de tal proposta legislativa disciplina a escolha político-criminal no âmbito do Ministério Público. Ressalva que o Parlamento é o primeiro intérprete da política criminal e estabelece a elaboração de critérios de prioridade pelo procurador-geral. Os critérios levarão em conta os princípios elaborados sobre a matéria pelo Conselho Superior, compreendendo cada realidade territorial e os recursos disponíveis[108].

Conquanto não possua a idêntica estrutura do Ministério Público brasileiro, já que a forma de constituição é distinta em cada ordenamento jurídico, ou seja, mediante eleições (EUA) ou mais influenciados pelo Executivo (França) ou como magistrados do Ministério Público (Itália), não é incompatível a discussão, presente em vários países[109], relativa à ampliação da discricionariedade do membro do Ministério Público, com a realidade brasileira, no recorte da justiça penal negociada.

No Brasil, o papel do Conselho Nacional de Procuradores-Gerais (CNPG), ao traçar as diretrizes político-criminais, não tem sido suficiente. Não se desconhece que o arranjo administrativo do CNPG, entidade privada, constituída por todos os procuradores-gerais de justiça, com divisão em subgrupos temáticos, dentro dos quais participam membros do Ministério Público brasileiro, parece o palco mais adequado para o debate e a construção de alternativas para uniformizar a atividade finalística.

Isso, porque o CNPG é formado pela liderança de cada ramo do Ministério Público brasileiro, ou seja, por cada procurador-geral de justiça eleito pela

107. Ibidem, p. 17.

108. ROSSI, Nello. Per una cultura della discrezionalità del pubblico ministero. **Rivista Questione Giustizia**. II Trimestre 2021. Roma: Associazione Magistratura democracia. Disponível em https://www.questionegiustizia.it/articolo/per-una-cultura-della-discrezionalita-del-pubblico-ministero. Acesso em: 8 fev. 2022.28.

109. Ibidem, p. 16-31.

classe para formar uma lista tríplice, a qual é submetida, em regra[110], ao governador do respectivo Estado para a escolha de um dos nomes. O processo é democrático e regulamentado na legislação brasileira[111].

No âmbito do Ministério Público da União, a escolha da chefia ocorre de maneira diferente dos Estados. No Ministério Público do Distrito Federal e Territórios (MPDFT), a lista tríplice votada pela classe de membros é submetida ao Presidente da República para a escolha de um dos nomes. No Ministério Público do Trabalho (MPT), após a formação da lista tríplice pelos pares, a escolha de um dos nomes para liderar a instituição pelo prazo de dois anos é feita pelo Procurador Geral da República. Idêntico procedimento ocorre no Ministério Público Militar. Por fim, a escolha do Procurador Geral da República (PGR), que chefia administrativamente o MPU e chefia o Ministério Público Federal (MPF), é feita pelo Presidente da República entre os integrantes da carreira do Ministério Público da União, sem previsão legal de lista tríplice, nos termos do §1º do art.127 da Constituição da República Federativa do Brasil (CRFB)[112].

O CNPG tem natureza de associação privada e suas decisões não obrigam os membros. Desse modo, verifica-se a ausência de um arranjo organizacional que possa implicar maior institucionalidade, o que dificulta a construção mais sólida de parâmetros cogentes, capazes de projetar uma atuação finalística mais uniforme dos membros do Ministério Público brasileiro, de maneira a equilibrar independência funcional e unidade.

De outro lado, o Conselho Nacional do Ministério Público (CNMP) – apesar de não possuir competência constitucional expressa para estabelecer parâmetros de atuação da atividade finalística dos membros do Ministério Público – tem, em maior ou menor medida, exercido tal papel por meio de resoluções. Para aclarar, isso pode ser verificado na Resolução n. 181 do CNMP, que regulamenta a investigação criminal do Ministério Público, na qual ainda constou, de forma pioneira, o acordo de não persecução penal. Tal norma trouxe

110. BRASIL. Câmara dos Deputados. **Constituição da República Federativa do Brasil (CRFB)**. Disponível em: https://www2.camara.leg.br/atividade-legislativa/legislacao/constituicao1988/arquivos/ConstituicaoTextoAtualizado_EC%20125.pdf. Acesso em: 2 nov. 2022). A Lei Complementar n. 75 de 1993 regulamenta a atuação dos membros do Ministério Público da União (BRASIL. Presidência da República. **Lei Complementar n.75, de 20 de maio de 1993**. Disponível em: http://www.planalto.gov.br/ccivil_03/leis/lcp/lcp75.htm). Acesso em: 2 nov. 2022.

111. O artigo 9º da Lei n. 8.625/1993 disciplina a escolha do Procurador-Geral de Justiça dos Ministérios Públicos estaduais (BRASIL. Presidência da República. **Lei 8625, de 12 de fevereiro de 1993**. Disponível em: http://www.planalto.gov.br/ccivil_03/leis/l8625.htm. Acesso em: 2 nov. 2022).

112. BRASIL. Câmara dos Deputados. **Constituição da República Federativa do Brasil (CRFB)**. Disponível em: https://www2.camara.leg.br/atividade-legislativa/legislacao/constituicao1988/arquivos/ConstituicaoTextoAtualizado_EC%20125.pdf. Acesso em: 2 nov. 2022). A Lei Complementar n. 75 de 1993 regulamenta a atuação dos membros do Ministério Público da União (BRASIL. Presidência da República. **Lei Complementar n.75, de 20 de maio de 1993**. Disponível em: http://www.planalto.gov.br/ccivil_03/leis/lcp/lcp75.htm. Acesso em: 2 nov. 2022).

dispositivos que fortaleceram a atuação do Ministério Público. Disciplinou, com parâmetros gerais, a atuação do membro do Ministério Público no procedimento de investigação criminal (PIC) e no acordo de não persecução penal (ANPP)[113].

Ressalva-se que o referido órgão de controle externo não realiza a substituição da análise de mérito feita pelo membro do Ministério Público brasileiro no exercício funcional diário da atividade finalística. O próprio enunciado 6 do CNMP reconhece isso, ao dispor sobre a impossibilidade de o CNMP examinar atos da atividade finalística, como a propositura de uma denúncia, a promoção de um arquivamento, a propositura de uma ação civil pública, ou mesmo a escolha por um acordo penal ou um acordo cível[114].

Desse modo, indaga-se: seria o caso de o CNMP – na ampliação da competência por decisão própria, como de costume – constituir uma nova norma, recomendação ou resolução, com parâmetros gerais sobre o ANPP? A resposta não é simples, porquanto não deixa de envolver um debate sobre a atuação finalística, o qual não poderia se situar em um órgão de controle administrativo, financeiro e correcional, de composição heterogênea, cujos membros têm mandatos provisórios e se sujeitam à pressão política do Parlamento. Acrescente-se que o CNMP é órgão externo ao Ministério Público, não pertence a ele.

Apesar dessas considerações, não se pode deixar de reconhecer que o CNMP já estabelece, em certa medida, parâmetros de atuação finalística para

113. O ANPP, mais adiante, foi previsto no art. 28-A do Código de Processo Penal (CPP) por força da Lei n. 13.964/2019. A normatização do PIC em Resolução do CNMP não é inconstitucional. O STF reconhece as resoluções do CNMP como espécies normativas de caráter genérico e abstrato, que se submetem ao controle de constitucionalidade na Corte Constitucional brasileira: "EMENTA: CONSTITUCIONAL. RESOLUÇÃO DO CNMP. INTERCEPTAÇÃO TELEFÔNICA. 1. Resolução editada pelo CNMP no exercício de sua competência constitucional, em caráter geral e abstrato, não constitui ato normativo secundário. Ausentes outros vícios na petição inicial, as questões preliminares devem ser rejeitadas e ação direta conhecida. 2. Breves considerações sobre interceptações telefônicas: fundamentação das decisões, prorrogações e transcrições. 3. O ato impugnado insere-se na competência do CNMP de disciplinar os deveres funcionais dos membros do Ministério Público, entre os quais o dever de sigilo, e de zelar pela observância dos princípios previstos no art. 37 da Constituição, aí incluído o princípio da eficiência. 4. Ausência de violação à reserva de lei formal ou à autonomia funcional dos membros do Parquet. 5. Pedido em ação direta de inconstitucionalidade julgado improcedente. (ADI 4263, Relator(a): ROBERTO BARROSO, Tribunal Pleno, julgado em 25/4/2018, PROCESSO ELETRÔNICO DJe-189 DIVULG 29-07-2020 PUBLIC 30-07-2020 REPUBLICAÇÃO: DJe-259 DIVULG 27-10-2020 PUBLIC 28-10-2020) (BRASIL. Supremo Tribunal Federal. Tribunal Pleno. **ADI 4263.** Rel. Ministro Roberto Barroso. Julgamento m 25/04/2018. Disponível em: <https://jurisprudencia.stf.jus.br/pages/search/sjur428846/false>. Acesso em: 2 março 2022). Mais adiante, essa terminologia do PIC foi utilizada no art. 339 do Código Penal, por força da Lei n. 14.110 de 2020.

114. "Os atos relativos à atividade-fim do Ministério Público são insuscetíveis de revisão ou desconstituição pelo Conselho Nacional do Ministério Público. Os atos praticados em sede de inquérito civil público, procedimento preparatório ou procedimento administrativo investigatório dizem respeito à atividade finalística, não podendo ser revistos ou desconstituídos pelo Conselho Nacional do Ministério Público, pois, embora possuam natureza administrativa, não se confundem com aqueles referidos no art. 130-A, §2°, inciso II, CF, os quais se referem à gestão administrativa e financeira da Instituição" (BRASIL. Conselho Nacional do Ministério Público (CNMP). **Enunciado 6, de 28 de abril de 2009**. Disponível em: https://www.cnmp.mp.br/portal/images/Enunciados/Enunciado-006.pdf. Acesso em: 10 fev. 2022).

os membros do Ministério Público brasileiro, mediante recomendações e resoluções. É certo que as decisões do CNMP, nas diversas classes de procedimentos administrativos, não podem substituir a análise de mérito feita por cada membro do Ministério Público brasileiro no exercício da atividade-fim.

A atuação do CNMP, quando do estabelecimento de tais parâmetros, ocorre por meio de recomendação e resolução. Tais normas são construídas no âmbito das comissões do órgão, integradas por membros do Ministério Público. Os temas são submetidos ao debate, com consultas feitas a todos os ramos do Ministério Público brasileiro, de modo a colher opiniões de todos que desejam participar.

Ainda são realizados encontros temáticos e audiências públicas para debater o assunto. Por fim, tais normas são votadas e aprovadas no plenário do órgão pelos conselheiros. Existe, dessa maneira, uma construção normativa por meio da contribuição dos membros do Ministério Público brasileiro.

É sabido que, de outra parte, nada impede que um conselheiro, oriundo ou não do Ministério Público, possa fazer uma proposta normativa contrária ao espírito normativo que até aqui guiou o CNMP. Uma proposta em tal sentido será objeto de discussão, consulta e votação. Por enquanto, não têm avançado propostas dissonantes da atuação constitucional e legal do Ministério Público em matéria de política criminal. Por ora, salvo pequenos escorregões monocráticos, tem prevalecido a deferência à independência funcional no exercício da atividade-fim pelos membros, em sintonia com os princípios constitucionais.

Por conseguinte, não parece negativa a possibilidade de um debate nacional no âmbito do Ministério Público, promovido pelo CNMP, sobre parâmetros gerais de atuação do Ministério Público no acordo de não persecução penal. Tal medida deverá considerar o fim retributivo e preventivo do equivalente funcional da pena, o interesse da vítima e a defesa do bem jurídico envolvido, em sintonia com a norma do art. 28-A do CPP. Essa construção deverá perseguir a uniformização de entendimentos, com respeito à independência funcional e à unidade, sem prejuízo de espaço complementar para a normatização interna em cada ramo do Ministério Público.

Essa discussão poderia inicialmente caminhar como recomendação. Parece que, de uma perspectiva de crítica contrária, ainda não existe amadurecimento institucional do próprio CNMP para construir uma norma – de tão relevantes parâmetros gerais de política criminal – por meio de resolução, sem arranhar os valores dos arts. 129 e 130-A da Constituição Federal (CRFB).

Em uma proposta intermediária no sentido de uniformizar a atuação dos membros do Ministério Público brasileiro no ANPP, o CNMP poderia realizar essa tarefa. Para tanto, poderia criar um Núcleo de Direito Negocial, o qual deverá ser presidido por um dos conselheiros integrantes do Ministério Público, formado ainda por membros auxiliares de diversos ramos do Ministério Público brasileiro. Em seguida, após realização de audiências e debates com representantes de todos os ramos do Ministério Público brasileiro, a aprovação de enunciados com parâmetros gerais de atuação poderia integrar uma proposta de recomendação do CNMP. No texto da referida proposta normativa deve constar a necessidade de sua revisão em um intervalo de dois anos, quando poderá ser convertida em resolução[115].

Não se desconhece, no entanto, a necessidade de implementar novas áreas administrativas para atender às demandas de implementação dos acordos penais, que implicam mais recursos humanos e econômicos. Nesse aspecto, o ANPP demanda mais do Ministério Público do que a transação penal e a suspensão condicional do processo. Os dois últimos, conquanto possuam participação efetiva do membro do Ministério Público, são realizados com a contribuição administrativa das varas judiciais.

Parcela significativa dos fatos que eram processados pelo Ministério Público e, a partir daí, seguiam nas varas criminais, sob a condução administrativa do Judiciário, agora são solucionados no âmbito do Ministério Público e submetidos a mera homologação judicial. A rotina administrativa dos procedimentos ocorre no âmbito do Ministério Público: contato com a vítima, o autor, e o defensor/advogado; ambiente virtual ou físico para o acordo; fiscalização do cumprimento das medidas[116].

Não há como negar um espaço decisório, portanto, de discricionariedade do Ministério Público, ampliado no modelo de justiça penal negociada. Todavia, a independência funcional, por si só, não resolve os problemas que circulam a atuação do Ministério Público, que tem sido ampliada no contexto das democracias atuais. Um poder descontrolado e desequilibrado pode gerar disfunções e distorções. O órgão precisa estar preparado, mediante regras, para prestação de contas, "em busca de uma química institucional mais refinada"[117].

115. O artigo 147 do Regimento do CNMP aponta as espécies normativas do CNMP (BRASIL. Conselho Nacional do Ministério Público. **Regimento Interno do Conselho Nacional do Ministério Público.** Disponível em: https://www.cnmp.mp.br/portal/images/noticias/2022/junho/web-Regimento_Interno_do_CNMP_2022.pdf. Acesso em: 2 nov. 2022).

116. Malgrado a norma do artigo 28-A do CPP mencione a participação do juízo da execução penal na fiscalização das medidas do ANPP, isso não ocorre em todos os lugares da Federação brasileira. No MPDFT, o Setor de Execução de Medidas Alternativas (Sema do MPDFT) realiza o acompanhamento do cumprimento das medidas acordadas no ANPP.

117. ROSSI, Nello. Per una cultura della discrezionalità del pubblico ministero. **Rivista Questione Giustizia.** II Trimestre 2021. Roma: Associazione Magistratura democracia. Disponível em <https://www.questionegiustizia.it/articolo/per-una-cultura-della-discrezionalita-del-pubblico-ministero>. Acesso em 08 fev. 2022. p.27.

5

UM REPOSICIONAMENTO DA VÍTIMA NO DIREITO PENAL NEGOCIAL

O modelo de justiça penal negociada se importa mais com a vítima do que o modelo tradicional? É melhor ou pior para a vítima o acordo entre acusação e defesa? Há reposicionamento da vítima no modelo de justiça penal negociada? Há relação entre a finalidade da pena negociada e a redefinição do papel da vítima no modelo de justiça penal negociada? A vítima tem o poder de veto ao negócio penal? Várias são questões que devem ser enfrentadas nesse espaço que se inicia.

Antes de se buscarem respostas para as questões apresentadas relativas à relação entre a vítima e o modelo de justiça penal negocial, é preciso compreender o ciclo, ainda que de forma concisa, quanto à posição da vítima no modelo de justiça criminal, do passado até os dias atuais, passando pelo seu protagonismo, pela sua indiferença e pelo seu resgaste.

Para efeito de organização da análise, três fases relativas à trajetória da vítima no sistema de justiça criminal costumam ser apontadas. Na primeira, a vítima constituía a verdadeira protagonista da persecução penal; na segunda, esqueceu-se o papel da vítima, quando deixou de ser a autora principal do modelo de justiça e se transformou em fornecedora de informações, já que o Estado tomou para si as fases da investigação, do processo e da punição do culpado; na terceira, situada após a Segunda Guerra Mundial, a vítima reaparece e busca-se sua redescoberta, na tentativa de lhe conferir melhor atendimento e mais participação[1].

1. Nesse sentido, apontando três momentos da vítima na trajetória do sistema de justiça criminal: FERNANDES, Antônio Scarance. **O Papel da Vítima no Processo Penal.** *In:* Temas de Vitimologia II. Org. Ester Kosoviski e Heitor Piedade Junior. Rio de Janeiro: Lumen Juris, 2001. p. 1-2.

Nesse terceiro estágio do papel da vítima no sistema de justiça criminal, podem ser identificados diversos movimentos em defesa de seus direitos, em perspectivas mais amplas, que concebem a categoria vítima não somente de uma perspectiva jurídica do sistema de justiça criminal, ou de uma perspectiva mais restrita, limitada ao Direito Penal Global (penal e processo penal).

De início, vale distinguir dois termos próximos, mas que podem apresentar sentidos não idênticos: vitimodogmática e vitimologia. Ensina Larrauri que o primeiro trata da forma como a vítima se apresenta para o Direito Penal, seja antes, durante ou depois do fato criminoso, e o que isso representará na pena do autor. A vitimodogmática aponta, dessa forma, aspectos contrários entre os direitos da vítima e os direitos do agente que cometeu o crime[2].

A vitimodogmática relaciona, ainda, o medo da vítima e seu desejo de punição alicerçado em pedidos de penalidades mais duras. E uma terceira abordagem da vitimodogmática diz respeito à necessidade econômica da vítima que deve ser amparada pelo Estado.

Por sua vez, a vitimologia se relaciona, em aparente oposição à vitimodogmática, com a teoria da pena, na busca de reflexões sobre uma punição ao infrator que atenda às necessidades da vítima. Almeja a reparação de dano à vítima e a prestação de serviços sociais por parte do autor do crime, de modo que os interesses da vítima não se encontram em oposição aos interesses do condenado.

Novos estudos da vitimologia abordam ainda a relação entre Direito Penal e vítima em um cenário de maior espaço para a vítima, que procura mais participação e não somente o atendimento de suas necessidades econômicas. O intuito é evitar a vitimização secundária e implementar medidas que ajudem as vítimas na superação do medo e do impacto emocional gerado pelo crime[3].

Para Larrauri, é possível superar a eventual oposição entre vitimodogmática e vitimologia, de forma a alcançar uma união de esforços, a legitimar com argumentos penais qual é a base de participação da vítima e revelar que isso não se opõe às finalidades atribuídas ao Direito Penal[4]. Essa perspectiva considera

2. LARRAURI, Helena. Victimología: ¿Quiénes son las víctimas? ¿Cuáles sus derechos? ¿Cuáles sus necesidades? ***In*: Jueces para la Democracia: información y debate**. v.15, Madrid, 1992. p. 24. Disponível em: <http://www.juecesdemocracia.es/wp-content/uploads/1992/03/revista-15-enero-1992.pdf>. Acesso em: 20 nov.2022.

3. LARRAURI, Helena. Victimología: ¿Quiénes son las víctimas? ¿Cuáles sus derechos? ¿Cuáles sus necesidades? ***In*: Jueces para la Democracia: información y debate**. v.15, Madrid, 1992. p. 24. Disponível em: <http://www.juecesdemocracia.es/wp-content/uploads/1992/03/revista-15-enero-1992.pdf>. Acesso em: 20 nov.2022.

4. Considera, para tanto, a ideia de terceira via do Roxin, onde a reparação do dano conviveria ao lado da pena e da medida de segurança (LARRAURI, op. cit.). Sobre as ideias de Roxin que dialogam com a pesquisa, o desenvolvimento fora realizado no primeiro capítulo e será retomado no Capítulo 6.

aspectos da criminologia e política criminal que se identificam com a procura de sanções alternativas ao cárcere.

Busca-se, no transcorrer das linhas abaixo, em razão do recorte da pesquisa, realizar o estudo da vítima no espaço penal específico da justiça negociada, sem deixar de fazer as devidas correlações entre outros campos do saber, ciente de que a vitimologia corresponde a um campo do conhecimento de múltiplos sentidos, de modo que essa polissemia permite diversas abordagens acadêmicas[5].

5.1. A POSIÇÃO DA VÍTIMA NA TRAJETÓRIA DO SISTEMA DE JUSTIÇA CRIMINAL

Na Antiguidade, quando se exercia a justiça das sociedades tribais, a vítima detinha forte posição na persecução do fato criminoso, no seu exercício de vingança, bem como na reparação do prejuízo econômico. Nas sociedades nômades e tribais, a vingança de sangue e o direito de constituir um vingador – geralmente o parente mais próximo[6] – estiveram presentes.

A vingança privada nas comunidades antigas constituía uma expressão da própria luta pela sobrevivência[7]. Conforme alertado no primeiro capítulo da pesquisa, a prática da vingança de sangue gerava prejuízo quando se tratava de autor e vítima de tribos distintas, porquanto ocasionava um conflito com muitos danos colaterais e, dessa forma, poderia levar ao desaparecimento de uma das tribos. Por essa razão, surgiu a pena de expulsão do ofensor do grupo ao qual pertencia, como forma de preservação da tribo[8].

Nesse contexto, o fato praticado contra um membro do clã era considerado uma ofensa a todo o clã. A vítima não era tratada de maneira isolada e não

5. "A vitimologia é um campo multidisciplinar por excelência e abrange vários níveis de atuação em diferentes contextos. Podemos dizer que repousa em um tripé: estudo e pesquisa, mudança de legislação, assistência e proteção à vítima. Cada um desses segmentos é de importância fundamental para uma nova visão do crime e de todo o sistema penal" (KOSOVSKI, Ester. **As Novas Formas de Proteção à Vítima**. *In:* Temas de Vitimologia. Org. Ester Kosoviski e Elida Séguin. Rio de Janeiro: Lumen Juris, 2000. p. 21).

6. No período pré-mosaico, tal função era de todos os parentes, membros do clã. Depois, passou a ser restringida ao parente mais próximo: SILVA, Jorge Medeiros da. O Direito Penal dos Hebreus. **Justitia**. 41 (107):19-26. Out./dez. 1979. São Paulo. p. 21.

7. Nesse sentido, anota: MORAN, Fabíola. **Ingerência penal e proteção integral à vítima**. Belo Horizonte, São Paulo: D'Plácido: 2020. p. 31.

8. BOSCHI, José Antônio Paganella. **Das Penas e seus Critérios de Aplicação**. 4ª ed. Porto Alegre: Livraria do Advogado, 2006. p. 92 e 93. Do mesmo modo, Guilherme Costa Câmara menciona o risco da subsistência do organismo social que derivava da ausência de regulação da violência, ou seja, uma situação de anomia ante a ausência de regras (CÂMARA, Guilherme Costa. **Programa de política criminal orientado para a vítima de crime**. São Paulo: Revista dos Tribunais, 2008. p. 23).

tinha autonomia para a tomada de decisão. A reação se dava em nome do clã. E a responsabilidade penal ultrapassava a pessoa do autor[9].

Nos modelos de Estados teológicos da Antiguidade, de forma mais organizada, a vingança de sangue esteve presente, bem como, de maneira geral, o paradigma do talião. A título de ilustração, na Lei dos Hebreus contida no Pentateuco[10], na qual havia uma identidade entre o Direito e a religião, a pena de morte imposta ao homicida constituía uma vingança regulamentada, uma vez que a família da vítima, sob a supervisão da liderança central, ficava responsável pela execução do culpado[11].

Esse conjunto de normas[12] previa o modelo do talião para os delitos violentos dolosos e a alternativa da cidade refúgio para o homicídio culposo[13]. Estabelecia ainda a reparação pecuniária para o furto, com o pagamento em dobro. Os juízes (anciãos) que ficavam à porta da cidade deveriam condenar o autor do furto a pagar em dobro o valor daquilo que fora subtraído da vítima[14].

---

9. Passagem importante sobre a transcendência da sanção penal consta o livro de Josué, que registra a batalha entre Israel, no caminho para a Palestina, e Jericó. O comandante do exército de Israel, Josué, havia recebido - na sua crença - uma ordem do Deus de Israel sobre a tomada dos despojos da guerra contra Jericó. No entanto, Acã, soldado do exército de Israel, durante a batalha contra Jericó, desobedeceu ao comando de Josué e levou para si uma capa de ouro babilônica, 200 ciclos de prata e uma barra de ouro. Na batalha seguinte, após a vitória contra Jericó, Israel foi derrotado por um pequeno povo da cidade de Ai. Josué - na sua crença, em conversa com Deus - descobriu que a razão da derrota para Ai foi a desobediência de Acã. Por esse motivo, Acã e sua família foram julgados e receberam a pena de morte (BÍBLIA. A. T. Josué, 6:17-18; 7:1-26. *In*: **Bíblia de Estudo Almeida.** Trad. João Ferreira de Almeida. 2ª ed. Barueri: Sociedade Bíblica do Brasil, 2006. p.103).

10. O pentateuco é formado pelos cinco primeiros livros da Bíblica. A palavra "geralmente é associada à lei, como muitos dos títulos hebraicos dos cinco primeiros livros atestam. A palavra lei traduz a palavra hebraica *tôrâ*, e a lei do AT inclui mandamentos (*mitswâ*), estatutos (*hôq*) e ordenanças (*mishpāt*)" (HILL, Andrew E.; WALTON, J. H. **Panorama do Antigo Testamento.** Trad. Lailah de Noronha. São Paulo: Vida Nova, 2006. p. 58).

11. MARQUES, Oswaldo Henrique Duek. **Fundamentos da Pena.** 3ª ed. São Paulo: Martins Fontes, 2016. p. 50-51.

12. Registra-se que, para o povo hebreu, a Lei fora dada por Deus a Moisés, durante a peregrinação no deserto, no caminho entre Egito e a Palestina, de modo que ir contra a Lei significava ir contra Deus, ou seja, pecado e crime se confundem. E, nessa relação, somente Deus poderia modificar a lei. "Os rabinos (chefes religiosos) podem até interpretá-lo para adaptá-lo à evolução social, entretanto nunca podem modificá-lo" (CASTRO, Flávia Lages de. **História do Direito Geral e Brasil.** Rio de Janeiro: Lumen Juris, 2005. p. 28).

13. Vale registrar que o homicídio sem a intenção de matar (provocar a morte por acidente, compreendendo a ideia, ainda não desenvolvida à época, tanto de culpa quando de responsabilidade objetiva), comprovado mediante julgamento perante a congregação, resultava em absolvição, de modo que o vingador do sangue não podia matar o homicida dentro da cidade refúgio. No entanto, logo após o fato, tal homicida deveria aguardar o julgamento em cidade refúgio, local para o qual deveria retornar após a absolvição e por ali morar até à morte do sumo sacerdote (BÍBLIA. A.T. Números 35:22-28. *In:* **Bíblia de Estudo Almeida.** Barueri: Sociedade Bíblica do Brasil, 2006. p. 199). Sobre o tema, acrescenta Duek Marques: "Verifica-se, assim, um avanço na legislação hebraica, distinguindo o homicídio doloso do culposo, quanto ao tratamento penal. Embora fosse essa legislação muito arcaica, já demonstrava preocupação como aspecto subjetivo do crime em uma época em que praticamente predominava a responsabilidade de cunho objetivo" (MARQUES, op. cit. p. 51).

14. A sanção pecuniária estava presente, por exemplo, no caso de furto: "Se alguém furtar boi ou ovelha e o abater ou vender, por um boi pagará cinco bois, e quatro ovelhas por uma ovelha" [...] Sobre todo o negócio fraudulento, sobre boi, sobre jumento, sobre gado miúdo, sobre roupa, sobre toda a coisa perdida, de que alguém disser que é sua, a causa de ambos será levada perante os juízes; aquele a quem condenarem os juízes pagará em dobro ao seu próximo". Se durante o cometimento do furto, alguém matasse o ladrão, não haveria punição, salvo se tivesse escuro, sem o sol (BÍBLIA. A.T Êxodo 22. 1-2 e 9. *In:* **Bíblia de Estudo Almeida.** Barueri: Sociedade Bíblica do Brasil, 2006. p. 104).

Conquanto o talião fosse a base principal dos ordenamentos antigos (Código Ur-Nammu 2028 a.C.; Código Hamurabi 1694 a.C.; Lei de Moisés 1500 a 1450 a.C.; Código de Manu século XIII ou XII a.C.), Moran destaca que a previsão da reparação do dano - como forma, em maior ou menor medida, de substituir o olho por olho e dente por dente - buscou evitar a vingança de sangue e constituiu a origem remota da vitimologia[15].

O papel de importância da vítima na justiça criminal prosseguiu, embora tenha sido mitigado em alguma medida no Direito romano[16]. Mais adiante, na Idade Média, a vítima novamente exerceu seu protagonismo. No Direito Germânico medieval, todos os delitos eram tratados como questões privadas, que podiam ser objeto de solução entre as famílias do ofensor e do ofendido, mediante uma tabela de composição[17].

Destaca-se que, antes da influência do cristianismo, o Direito germânico era compreendido como uma ordem de paz, e a sua base era consuetudinária. O delito significava a ofensa a essa ordem de paz. O agressor deveria ser expulso do grupo familiar, ficando, então, à mercê dos demais membros da comunidade. Existia um direito pessoal, já que se entregava o agressor à vítima ou aos seus parentes para que pudessem exercer o direito de vingança.

No período anterior à influência do Império Romano, no antigo Direito germânico, o litígio entre dois indivíduos era resolvido, conforme ensina Foucault, pelo jogo da prova; não havia inquérito. Não havia ação pública - salvo em caso de traição e de homossexualidade -, de modo que a existência de um processo dependia em quase 100% dos casos de uma demanda da vítima ou de alguém pertencente à sua família. Dessa forma, a ação era caracterizada pelo duelo entre famílias ou grupos. Não havia um terceiro personagem que pudesse se colocar como elemento neutro entre o autor e a vítima e proferir uma sentença[18].

Nesse antigo Direito Germânico, ensina Foucault que a ideia de guerra não se opõe à ideia de justiça, não se identificam justiça e paz, de modo que se

---

15. MORAN, Fabíola. **Ingerência penal e proteção integral à vítima**. Belo Horizonte, São Paulo: D'Plácido: 2020. p. 32-33. No mesmo sentido: CÂMARA, Guilherme Costa. **Programa de política criminal orientado para a vítima de crime**. São Paulo: Revista dos Tribunais, 2008. p. 28.

16. Para Heitor Piedade Junior, o Direito Romano lançou as bases para um Direito Penal distante das vítimas. Isso, porque, inicialmente, havia uma divisão no Direito Romano entre os *crimina* - que estavam situados no âmbito do Direito Penal- e os *delicta*, que constituíam fontes de Direito privado. Mais adiante, os *delicta* foram incorporados pelos *crimina*. E os *crimina* eram de caráter público. Desse modo, a vítima, que podia pleitear a reparação do dano, passou a depender do Estado para adoção dessa medida (PIEDADE JÚNIOR, Heitor. **Vitimologia**: evolução no tempo e no espaço. Rio de Janeiro: Freitas Bastos, 1993. p. 47).

17. MORAN, Fabíola. **Ingerência penal e proteção integral à vítima**. Belo Horizonte, São Paulo: D'Plácido: 2020. p.34.

18. FOUCAULT, Michel. **A verdade e as formas jurídicas**. 4ª ed. Rio de Janeiro: Nau, 2013. p. 59-61.

alguém fosse assassinado, o parente próximo poderia exercer a prática judiciária da vingança. Era permitido, sob certas regras e formas, cortar o autor do crime em pedaços ou, ainda, cortar sua cabeça e colocá-la em uma estaca na entrada da casa do assassino[19].

No entanto, como o Direito germânico antigo - antes da invasão do Império Romano - constituía a forma ritual da guerra, ou seja, não existia oposição entre Direito e guerra, logo era possível chegar a um acordo. Havia, portanto, a possibilidade de um acordo ou de uma transação para substituir a vingança e as regras ritualísticas do uso da violência. Nessa hipótese do acordo, os adversários procuravam um árbitro para que esse pudesse estabelecer uma soma em dinheiro como forma de resgate do direito de ter a paz, de não sofrer a vingança de seu adversário[20].

Esse procedimento foi enfraquecido quando as ideias jurídicas do velho Direito de Estado do Império Romano penetraram no modelo jurídico germânico entre os séculos V e X, sobretudo na época do Império Carolíngio, quando o modelo jurídico romano sobrepujou o modelo germânico. Entretanto, nos momentos de enfraquecimento do modelo estatal, equivale a dizer, no contexto do Direito feudal, prevaleceu o modelo jurídico mais próximo do germânico antigo[21].

No arranjo das práticas judiciárias, destacavam-se a prova automática[22] e a estrutura binária do procedimento que se fez presente no feudalismo, no qual um adversário perdia e outro ganhava, sem a existência de sentença, uma vez que a autoridade só interferia para acompanhar a regularidade do procedimento[23].

Na segunda metade da Idade Média, no fim do século XII e durante o século XIII, surgem novas condições quanto à possibilidade do saber e aparecem modificações nos procedimentos judiciários, a exemplo da reintrodução do inquérito. Tal instrumento apareceu pela primeira vez na Grécia e ficou adormecido durante o Império Romano. Aconteceram, nessa fase, muitas mudanças na forma de elaboração do Direito que influenciaram a história da Europa e do mundo inteiro[24].

19. Ibidem, p. 60.
20. Ibidem, p. 60-61.
21. FOUCAULT, Michel. **A verdade e as formas jurídicas**. 4ª ed. Rio de Janeiro: Nau, 2013. p. 60-61.
22. Foucault classifica as provas deste período do feudalismo (FOUCAULT, op. cit., p. 62-63).
23. Ibidem, p. 64-65.
24. Ibidem, p.65-66.

Na Alta Idade Média, não havia poder judiciário autônomo. Por conseguinte, a título de ilustração, se dois indivíduos entrassem em conflito, eles pediriam ao mais poderoso, àquele que exercia a soberania, para averiguar a regularidade do procedimento de solução da contenda. O drama se desenrolava no interesse apenas dos dois indivíduos[25]. A partir do meio ou final do século XII, aparece, segundo Foucault, um personagem novo, que não estava presente no Direito Romano, qual seja: o procurador, que se posiciona como representante do rei[26].

Nesse momento da história, a lesão do delito deixa de ser um interesse exclusivo da vítima, em uma relação interindividual, e passa também a ser uma ofensa contra o Estado. "Assim, na noção de crime, a velha noção de dano é substituída pela de infração"[27]. A infração – uma das invenções do pensamento medieval – não é mais um dano de um indivíduo contra outro, mas sim uma ofensa à ordem, ao Estado.

Nesse contexto, o Estado, que se apresentava na figura do soberano, se considerava lesado pela infração, de modo que o indivíduo declarado culpado deveria reparar o dano à vítima, mas diferentemente do modelo feudal e do antigo Direito germânico, porquanto não se busca mais resgatar a sua paz para satisfazer o seu adversário (vítima). Agora, o culpado precisa também reparar a ofensa que cometeu contra o soberano. Aparecem, assim, os mecanismos de multa e de confisco, uma forma de as monarquias nascentes acumularem riquezas[28].

Vale ainda registrar que a forte presença do Direito Canônico no período medieval, sob a influência da Igreja Católica, apesar da crueldade decorrente da Inquisição, concorreu para abrandar a vingança privada. A contribuição da Igreja com um Direito escrito serviu ainda para fortalecer, mais adiante, o surgimento e a organização dos Estados nacionais.

O protagonismo do ofendido fora reduzido com a centralização do poder estatal. Após a disputa com os senhores feudais e a Igreja, o Estado tomou para si o poder punitivo. Essa modificação não foi instantânea, mas decorreu de um processo paulatino de modificação das normas e costumes[29].

O modelo acusatório no qual a demanda dependia da vítima foi substituído por um modelo inquisitório de impulso oficial, no qual um funcionário do

25. Salvo no caso de flagrante delito, quando a própria coletividade poderia atuar, ou seja, os que viram o indivíduo cometendo o fato poderiam levá-lo à presença do soberano, ao detentor do poder político, e exigir-lhe a reparação (FOUCAULT, op. cit., p. 70).
26. Ibidem, p. 68.
27. Ibidem, p. 69.
28. FOUCAULT, Michel. **A verdade e as formas jurídicas**. 4ª ed. Rio de Janeiro: Nau, 2013. p.69.
29. MORAN, Fabíola. **Ingerência penal e proteção integral à vítima**. Belo Horizonte, São Paulo: D'Plácido: 2020. p. 35.

Estado demandava e julgava, concentrando as tarefas de investigador, acusador e julgador, conforme examinado no capítulo segundo da pesquisa[30].

Com o iluminismo, o papel da vítima no processo criminal sofre maior redução. O nascente Estado Liberal apropria-se do conflito que decorre da prática de um crime, de uma ofensa à lei penal. A vítima passa a ser concebida como sujeito passivo ou objeto material do delito[31].

A premissa do novo modelo de Estado de afastar a vingança privada colaborou para eliminar formas de consenso e de reparação do dano[32], reduzindo o papel da vítima à de prestadora de informações relativas ao fato que pudessem ser juntadas ao cotejo probatório. A vítima deixou de figurar como sujeito de direitos na relação processual penal. Essa conformação se deu com as ideias do iluminismo e a subsequente formação do Direito Penal e Processual Penal do Estado Liberal.

Com o Estado Liberal, as maiores discussões sobre os fins da pena também influenciaram na compreensão do papel da vítima no sistema de justiça criminal. As teorias que pregam a retribuição como fim da pena tendem a dar maior espaço à vítima, enquanto as de caráter preventivo tendem a afastá-la.

A primeira volta-se ao passado e busca a punição do autor e a compensação da vítima em razão do dano sofrido. "Um sistema penal que se orienta pela retribuição do injusto cometido leva em conta a vítima, porque a lesão foi causada nela e por isso se trata de uma retribuição"[33]. A segunda, por sua vez, não olha para a vítima, mas apenas se preocupa com o autor (prevenção especial), ou como intimidar futuros autores e fortalecer a consciência social pelas normas (prevenção geral)[34].

---

30. Registra Carlos Lima que, a partir do século XII, a vítima perde o protagonismo, uma vez que houve uma mudança do procedimento de acusatório para inquisitivo estatal: "A partir do final do século XII, surgiu o processo oficioso, ordenado pelo juiz sempre que a prática de uma infração chegasse a seu conhecimento por meio de qualquer pessoa. O procedimento assume natureza inquisitorial e a vítima deixa de ter relevância [...] O declínio da vítima no sistema penal guarda estreita relação com o nascimento do Estado e do direito penal como instituição pública. Há que se salientar que o direito penal estatal surge exatamente com a neutralização da vítima, assumindo o estado o controle do jus puniendi. O século XII é o marco de transformação, apontado como o período em que as antigas práticas privadas começam a ceder lugar a uma nova concepção de justiça. As partes diretamente envolvidas num conflito perdem o direito de buscar, por si mesmas, a solução do litígio, devendo se submeterem a um poder exterior. É neste período que surge a figura do procurador, que atuava como representante do soberano, assumindo o papel de 'dublê' da vítima sempre que ocorresse um crime" (LIMA, Carlos Magno Moulin. **A Vítima no Processo Penal:** aspectos vitimológicos. 2006. 175f. Dissertação. Pontifícia Universidade Católica de São Paulo, 2006. p. 25-26).
31. MORAN, op. cit., p. 38.
32. Ibidem, p. 37.
33. HASSEMER, Winfried. **Introdução aos fundamentos do Direito Penal.** 2ª ed. Porto Alegre: Sérgio Antônio Fabris, 2005, p. 116.
34. No segundo sentido do texto, ou seja, como prevenção geral: HASSEMER, op. cit., p. 116.

A posição de neutralidade da vítima no sistema de justiça criminal, como forma de suprimir a vingança privada e de se construir um *ius puniendi* estatal, parece ter sido medida exagerada, oposta à ideia de pacificação social do conflito. Mais recentemente, esse debate foi reavivado e se discute novamente sobre o reposicionamento da vítima, não para resgatar a vingança privada, mas para lhe dar voz, além de reparar seu prejuízo físico, moral, psicológico, e torná-la, novamente, sujeito de direitos.

No atual contexto, a política criminal orienta superar o pensamento jurídico de que os interesses do acusado, respaldados nas garantias processuais, seriam contraditórios ao modelo de protagonismo da vítima. O Estado deve implementar, em diversos âmbitos, inclusive no sistema de justiça criminal, com suas interações, uma política de atenção à vítima voltada ao seu acolhimento e à promoção dos seus direitos, sem prejuízo de resguardar as garantias do acusado. Não há incompatibilidade e nem tensão nesses escopos[35].

5.2. A VÍTIMA NO ORDENAMENTO JURÍDICO BRASILEIRO

Para compreender o atual estado da normatização dos direitos da vítima no ordenamento jurídicos brasileiro, importa fazer um breve percurso relativo à construção das normas nacionais, após a independência do Brasil, deixando fora da amostra, em razão do recorte e do espaço da pesquisa, o período anterior abrangido pela legislação portuguesa.

No Brasil, vale destacar o Código de Processo Penal do Império, promulgado em 29 de novembro de 1832, que disciplinou a participação da vítima, nominada de ofendido, em determinadas classes de ações penais como autora da demanda, sem prejuízo de atuar como fornecedora de informações ao ser ouvida na persecução penal[36].

35. "Em verdade, nessa suposta incompatibilidade, tem-se, sim, confusão entre o que seja a ação do Estado dirigida à apuração de responsabilidade por crime e a ação do Estado dirigida ao acolhimento, atenção e promoção dos direitos das vítimas.[...] A vítima não é parte no processo, o que não significa que ela deva ficar fora ou estranha ao processo. Ela não titulariza pretensão no juízo criminal (exceto nas hipóteses - excepcionais, com perdão ao pleonasmo- de titularidade do ofendido para a ação penal de iniciativa privada), o que não significa nem de longe que o exercício jurisdicional de cariz protetiva a ela não possa ou não deva se dirigir" (SUXBERGER, Antônio Henrique Graciano; GOMES FILHO, Dermeval Farias Gomes Filho. CNMP e acesso à justiça: Política Institucional de Proteção Integral e de Promoção de Direitos e Apoio às Vítimas. In: **Direito Penal e Acesso à Justiça:** múltiplos olhares e dimensões do fenômeno criminal. Org. Alberto Carvalho Amaral, Bruno Amaral Machado, Cristina Zackseski. Belo Horizonte: D'Plácido. 2022. p. 96-97).

36. BRASIL. Presidência da República. **Lei de 29 de novembro de 1832.** Promulga o Código do Processo Criminal de primeira instancia com disposição provisória acerca da administração da Justiça Civil. Disponível em: <http://www.planalto.gov.br/ccivil_03/leis/lim/lim-29-11-1832.htm>. Acesso em: 20 nov. 2022.

O CPP brasileiro do Império permitia o seguinte quadro de ações penais: ação penal pública; ação penal particular; ação penal popular; ação penal *ex officio*; e denúncias policiais. Surgiu o debate sobre a possibilidade de o ofendido exercer também o direito de ação pública nos casos de inércia do Ministério Público, porquanto, no desenho inicial, a lei concedeu ao ofendido o direito de queixa, nos crimes particulares e o de denúncia ao promotor público (promotor de justiça)[37].

Nessa época, compreende-se que o ofendido poderia oferecer ação subsidiária da pública e, ainda, queixa nos casos de crimes denominados particulares, bem como nos casos de delitos públicos e particulares afiançáveis. Era permitido ao ofendido atuar, inclusive, como auxiliar de acusação.

Não era possível oferecer queixa contra o imperador, inviolável e sagrado, contra os membros das duas câmaras legislativas e das assembleias provinciais, pelos discursos nelas proferidos, nos termos dos artigos 76 do CPP do Império[38] e 99 da Constituição de 1824[39]. Acrescenta-se que, em crime de adultério, somente o marido ou a mulher poderia oferecer queixa. Essa acusação não poderia ser realizada se, em qualquer tempo, o cônjuge ofendido tivesse consentido no adultério. Por fim, em crime de furto entre marido e mulher, ascendentes e seus descendentes, e afins nos mesmos graus, não se admitia o oferecimento de queixa.

Houve uma reforma da legislação em 1871 que trouxe a figura do inquérito policial. Modificações, ademais, foram implementadas nos institutos da prisão preventiva, fiança, recursos e *habeas corpus*. Nesse momento histórico,

37. Pierangeli destacou esse debate da seguinte forma: "Questionou-se acerca da possibilidade de o próprio ofendido oferecer denúncia nos crimes públicos e nos crimes policiais. A lição de Joaquim Guimarães, em face das buscas que encetamos, afigura-se-nos incensurável. Diz ele: 'Fazemos esta observação porque à primeira vista, parece que tendo o Código dado direito de queixa ao ofendido nos crimes de ação privada, ao passo que para os demais criou a denúncia por considerá-los públicos, só nos crimes de ação privada poderia a parte apresentar a sua queixa. Mas, como em qualquer crime há um ofendido, a razão que justifica a queixa nos crimes de ação privada justificá-la-á nos de ação pública'. Mais ainda continua: 'se justifica a amplitude desse direito ao ofendido porque, dado um crime de ação pública, se o órgão da justiça conserva-se inerte, não procurando desagravar a sociedade nem abafar o alarma por ele produzido, o ofendido, não porque lhe seja lícito exercer uma vindicta, mas, para corrigir a inércia criminosa do Ministério Público, poderá apresentar a sua queixa, a fim de que, verificada a verdade, seja punido o delinquente e defendida a sociedade (PIERANGELI, José Henrique. Processo penal. **Evolução histórica e fontes legislativas.** 2ª edição. São Paulo: IOB Thomson, 2004. p. 102).

38. Segundo do artigo 76 do CPP do Império: "Não se admittirão queixas, nem denuncias contra os membros das duas Câmaras Legislativas pelos discursos nellas proferidos" (BRASIL. Presidência da República. **Lei de 29 de novembro de 1832.** Promulga o Código do Processo Criminal de primeira instancia com disposição provisória acerca da administração da Justiça Civil. Disponível em: <http://www.planalto.gov.br/ccivil_03/leis/lim/lim-29-11-1832.htm>. Acesso em: 20 nov. 2022).

39. Dizia o artigo 99 da Constituição de 1824: "A Pessoa do Imperador é inviolável, e Sagrada: Elle não está sujeito a responsabilidade alguma" (BRASIL. Presidência da República. **Constituição Política do império do Brasil, de 25 de março de 1824**. Constituição Política do Império do Brasil, elaborada por um Conselho de Estado e outorgada pelo Imperador D. Pedro I, em 25.03.1824. Disponível em: <http://www.planalto.gov.br/ccivil_03/constituicao/constituicao24.htm>. Acesso em: 20 nov. 2022).

o processo penal brasileiro estava normatizado no Decreto n. 4.824 e na Lei n. 2.033, de 20 de setembro de 1871[40].

Com a Proclamação da República em 1889 e a entrada em vigor de um novo Código Penal (CP) em 1890, novas modificações na legislação aconteceram, de modo a impactar a participação da vítima. O artigo 407 do CP de 1890 trouxe um novo desenho normativo para a ação penal[41].

O artigo 408 do CP de 1890, por sua vez, estabelecia: "em todos os termos da acção intentada por queixa será ouvido o ministerio publico; e nos da que o for por denuncia, ou ex officio, poderá intervir a parte offendida para auxilia-lo"[42]. Isso revela que a vítima poderia atuar como assistente da acusação, conforme já constava na normatização anterior a esse período. Destaca-se a permanência dessa iniciativa de ação penal pelo juiz, o que revelava forte característica inquisitorial do sistema processual do período.

Já a Constituição Republicana, em 24 de fevereiro de 1891, rompeu com a unidade do processo penal no território nacional, ao conceder competência às unidades federativas (Estados) para legislar sobre processo criminal e sobre organização dos respectivos judiciários[43]. A unidade do processo penal no território nacional retornou a partir da Constituição brasileira de 16 de junho 1934, Constituição Federal de 16 de junho de 1934, que trouxe em seu artigo 5º, inciso XIX, letra 'a', a competência privativa da União, entre outras matérias, para o processo penal[44].

Com o Decreto-lei n. 3.689, de 3 de outubro de 1941, foi finalmente promulgado o Código de Processo Penal do Brasil (CPP), que entrou em vigor em

40. LIMA, Carlos Magno Moulin. **A Vítima no Processo Penal:** aspectos vitimológicos. 2006. 175f. Dissertação. Pontifícia Universidade Católica de São Paulo, 2006. p. 41.

41. "Artigo 407 – "Haverá logar á acção penal: §1º - Por queixa da parte offendida, ou de quem tiver qualidade para representá-la. §2º - Por denuncia do ministério público, em todos os crimes e contravenções. Exceptuam-se: 1º, os crimes de furto e damno, não tendo havido prisão em flagrante; 2º, os crimes de violência carnal, rapto, adultério, parto supposto, calumnia e injuria, em que somente caberá proceder por queixa da parte, salvos os casos do art. 274. §3º - Mediante procedimento ex-officio, nos crimes inafiançáveis, quando não for apresentada a denúncia nos prazos da lei" (BRASIL. Presidência da República. **Decreto n. 847, de 11 de outubro de 1890. Código Penal**. Disponível em: <http://www.planalto.gov.br/ccivil_03/decreto/1851-1899/d847.htm>. Acesso em 12 nov. 2022).

42. Idem.

43. O artigo 34, item 23, da Constituição de 1891 não listou a competência do Congresso Nacional para o processo penal, de modo que cada Estado da Federação, na forma do art. 63, poderia elaborar o seu Código de Processo Penal em substituição ao de 1832 (BRASIL. Presidência da República. **Constituição da República dos Estados Unidos do Brasil, de 24 de fevereiro de 1891**. Disponível em: <http://www.planalto.gov.br/ccivil_03/constituicao/constituicao91.htm>. Acesso em 12 nov. 2022).

44. BRASIL. Presidência da República. **Constituição da República dos Estados Unidos do Brasil, de 16 de julho de 1934**. Disponível em: <http://www.planalto.gov.br/ccivil_03/constituicao/constituicao34.htm>. Acesso em 12 nov. 2022.

1º de janeiro de 1942[45]. A participação da vítima no texto legal do CPP correspondeu, durante décadas, ao seu papel na ação privada e ao fornecimento de informações na persecução penal, quando ouvida.

Vale ressaltar, de início, que o CPP usa alguns termos equivalentes com o sentido de vítima. Além da vítima, como terminologia, portanto, observa-se o uso das expressões lesado e ofendido ou pessoa ofendida. Há uma preferência, segundo Scarance, pelo termo ofendido. Mas essa posição relaciona-se com a concepção restritiva adotada pelo mencionado autor, de que a vítima, no processo penal, é o sujeito passivo principal ou o sujeito passivo secundário[46]. O termo ofendido consta, por exemplo, nos papeis da vítima para a queixa-crime, na representação, nas medidas cautelares patrimoniais e no exercício da condição de procedibilidade para a persecução penal. É certo, outrossim, que recebeu preferência nas disposições do artigo 201 do CPP[47].

No entanto, o termo vítima é o que melhor define aquele que sofreu com a conduta perpetrada pelo autor da infração penal, independentemente da natureza do bem jurídico lesionado. Muitos anos depois da aprovação do CPP de 1941, as novas inserções normativas fizeram uso do termo vítima[48]. Acrescenta-se que a Resolução n. 243/2021 do CNMP e a n. 253/2018 do CNJ fizeram uso da terminologia vítima, em consonância com outras normas de âmbito internacional[49].

45. Destaca o art. 387, inciso IV, do CPP: "fixará valor mínimo para reparação dos danos causados pela infração, considerando os prejuízos sofridos pelo ofendido" (BRASIL. Presidência da República. **Decreto-lei n. 3.689, de 3 de outubro de 1941**. Código de Processo Penal. Disponível em: <http://www.planalto.gov.br/ccivil_03/decreto-lei/del3689compilado.htm >. Acesso em: 1 fev. 2022).

46. FERNANDES, Antônio Scarance. **O Papel da Vítima no Processo Penal.** *In:* Temas de Vitimologia II. Org. Ester Kosoviski e Heitor Piedade Junior. Rio de Janeiro: Lumen Juris, 2001. p. 2 e 4.

47. BRASIL. Presidência da República. **Decreto-lei n. 3.689, de 3 de outubro de 1941**. Código de Processo Penal. Disponível em: <http://www.planalto.gov.br/ccivil_03/decreto-lei/del3689compilado.htm>. Acesso em: 1 fev. 2022.

48. Em especial nos arts. 400-A e 474-A do CPP: BRASIL. Presidência da República. **Decreto-lei n. 3.689, de 3 de outubro de 1941**. Código de Processo Penal. Disponível em: <http://www.planalto.gov.br/ccivil_03/decreto-lei/del3689compilado.htm>. Acesso em: 1 fev. 2022. Registra-se ainda o novo tipo penal, aprovado pelo legislador por meio da Lei n. 13.321, de 31 de março de 2022, para proteger a vítima na persecução penal, que fora inserido no artigo 15-A da Lei de Abuso de Autoridade e que faz uso do terminologia vítima: "Art. 15-A. Submeter a vítima de infração penal ou a testemunha de crimes violentos a procedimentos desnecessários, repetitivos ou invasivos, que a leve a reviver, sem estrita necessidade: I - a situação de violência; ou II - outras situações potencialmente geradoras de sofrimento ou estigmatização: Pena - detenção, de 3 (três) meses a 1 (um) ano, e multa. §1º Se o agente público permitir que terceiro intimide a vítima de crimes violentos, gerando indevida revitimização, aplica-se a pena aumentada de 2/3 (dois terços). §2º Se o agente público intimidar a vítima de crimes violentos, gerando indevida revitimização, aplica-se a pena em dobro" (BRASIL. Presidência da República. **Lei n. 13.869, de 5 de setembro de 2019**. Disponível em: <http://www.planalto.gov.br/ccivil_03/_ato2019-2022/2019/lei/ L13869.htm>. Acesso em: 16 set. 2022).

49. BRASIL. Conselho Nacional do Ministério Público (CNMP). **Resolução n. 243, de 18 de outubro de 2021.** Dispõe sobre a Política Institucional de Proteção Integral e de Promoção de Direitos e Apoio às Vítimas. Diário Eletrônico do CNMP, Caderno Processual, edição de 22/10/2021, p. 17–21. Disponível em: < https://www.cnmp.mp.br/portal/images/Resolucoes/2021/Resoluo-n-243-2021.pdf>. Acesso em: 10 dez. 2022; BRASIL. Conselho Nacional de Justiça (CNJ). **Resolução n. 253, de 04 de setembro de 2018.** Define a política institucional do Poder Judiciário de atenção e apoio às vítimas de crimes e atos infracionais. Diário Eletrônico do CNMP, Caderno Processual, edição

No século XXI, algumas reformas legislativas incorporaram no CPP comandos normativos com maior atenção à vítima, no que diz respeito à reparação do dano, ao direito à comunicação (informação), ao atendimento multidisciplinar e ao respeito à sua dignidade. No entanto, a vítima não tem o poder de vetar a persecução penal em crimes de ação penal pública incondicionada.

A ação privada no CPP se divide em três espécies: privada propriamente dita; privada personalíssima; e subsidiária à pública[50]. Registra-se que o requerimento da vítima é imprescindível para a abertura de um inquérito policial nos crimes de ação privada, consoante o §5º do artigo 5º do CPP[51].

É certo que a vítima ou quem legalmente a represente pode requerer ainda a instauração de investigação criminal (inquérito policial ou Procedimento de Investigação Criminal[52]) em crime de ação pública, não somente em crime de ação privada[53]. Compete à vítima ainda a representação como condição para a persecução penal nos crimes de ação pública condicionada, nos termos do §5º do artigo 5º CPP[54].

O artigo 201 trata da oitiva do ofendido sempre que possível. E o seu §1º autoriza a condução coercitiva da vítima que, devidamente intimada, deixa de comparecer sem motivo justo. Vítimas poderão, ainda, ser submetidas a acareações quando divergirem, com fundamento no artigo 208 do CPP.

A participação da vítima, no sistema de justiça criminal brasileiro, da legislação do Império até o texto do Código de Processo Penal de 1941, antes das mudanças promovidas já no início do século XXI, em linhas gerais, apareceu na forma de prestadora de informações na persecução penal. Além disso, em alguns crimes, era permitido a ela promover a ação privada, ingressar com ação subsidiária da ação penal pública em caso de inércia da acusação, atuar

---

de 22/10/2021, p. 17-21. Disponível em: < https://atos.cnj.jus.br/files/resolucao_253_04092018_05092018141948.pdf>. Acesso em: 10 dez. 2022.

50. DEMERCIAN, Pedro Henrique; MALULY, Jorge Assaf. **Curso de Processo Penal**. 7ª ed. Rio de Janeiro: GEN/Forense, 2011. p. 101.

51. BRASIL. **Decreto-lei nº 3.689, de 3 de outubro de 1941.** Código de Processo Penal. Brasília-DF: Presidência da República. Disponível em: <http://www.planalto.gov.br/ccivil_03/decreto-lei/del3689compilado.htm>. Acesso em: 11 set. 2022.

52. O Procedimento de Investigação Criminal (PIC) está regulamentado na Resolução n. 181 do Conselho Nacional do Ministério Público (CNMP) (BRASIL. Conselho Nacional do Ministério Público (CNMP). **Resolução n. 181, de 7 de agosto de 2017.** Dispõe sobre instauração e tramitação do procedimento investigatório criminal a cargo do Ministério Público. Diário Eletrônico do CNMP, Caderno Processual, edição de 22/10/2021, p. 17-21. Disponível em: <https://www.cnmp.mp.br/portal/images/Resolucoes/ Resoluo-181-1.pdf>Acesso em: 19 nov. 2022).

53. DEMERCIAN, Pedro Henrique; MALULY, Jorge Assaf. **Curso de Processo Penal**. 7ª ed. Rio de Janeiro: GEN/Forense, 2011. p. 52

54. BRASIL. **Decreto-lei nº 3.689, de 3 de outubro de 1941.** Código de Processo Penal. Brasília-DF: Presidência da República. Disponível em: <http://www.planalto.gov.br/ccivil_03/decreto-lei/del3689compilado.htm>. Acesso em: 11 set. 2022.

na forma de representação na ação penal pública condicionada, e figurar como assistente da acusação.

Na fase da investigação da infração penal, Scarance alertou que a função da vítima seria de colaboradora, fornecedora de informações. Já na fase processual, a vítima exerceria três papeis. O primeiro seria o de controle da atuação do Ministério Público por meio da queixa subsidiária em caso de inércia titular da ação penal. O segundo consistiria no condicionamento da persecução à manifestação da vítima, nos casos de crimes condicionados à representação. E o terceiro, por sua vez, está presente na possibilidade de a vítima figurar como assistente de acusação[55].

Registra-se que a maioria dos crimes possuem persecução mediante ação penal pública no desenho jurídico brasileiro, com titularidade da ação conferida ao Ministério Público. Os crimes de ação privada e os de persecução penal condicionados à representação da vítima representam um número reduzido.

Scarance defende que primeiro papel da vítima na fase processual penal deveria ser ampliado para hipóteses de arquivamento promovido pelo Ministério Público[56]. Trata-se de proposta que não convence, pois contraria o texto constitucional quanto à titularidade da ação penal do Ministério Público. A valoração de arquivamento significa que não houve inércia. Acrescenta que, se não fosse por isso, permitir à vítima revogar a decisão de arquivamento do Ministério Público em matéria penal provocaria uma distorção do sistema político-criminal, ao ressuscitar uma premissa de vingança privada para quem não possui condições nem estrutura para investigar o fato e examiná-lo. A emoção poderia estar presente em detrimento de um exame objetivo do fato.

Argumenta-se ainda que o segundo papel da vítima na fase processual tem uma tendência crescente, conforme se observa na norma contida no artigo 88 da Lei n. 9.099/95, que passou a exigir representação da vítima para a persecução penal da lesão leve e da lesão culposa. Todavia, essa previsão de Scarance não se tornou realidade, por ora, no ordenamento jurídico brasileiro. A alteração no artigo 225 do CP transformou, por exemplo, os crimes contra a dignidade sexual em fatos de persecução penal mediante ação pública incondicionada[57].

55. FERNANDES, Antônio Scarance. **O Papel da Vítima no Processo Penal.** *In:* Temas de Vitimologia II. Org. Ester Kosoviski e Heitor Piedade Junior. Rio de Janeiro: Lumen Juris, 2001. p. 6-7.

56. Ibidem.

57. Redação dada ao artigo 225 do CP pela Lei n. 13.718, de 24 de setembro de 2018, qual seja: "Art. 225. Nos crimes definidos nos Capítulos I e II deste Título, procede-se mediante ação penal pública incondicionada", inserido no Código Penal (BRASIL. Presidência da República. **Decreto-Lei n. 2.848, de 7 de dezembro de 1940.** Código Penal. Disponível em: <http://www.planalto.gov.br/ccivil_03/decreto-lei/del2848compilado.htm>. Acesso em: 13 out. 2022).

De forma semelhante, o artigo 41 da Lei n. 11.340/2006 afastou a aplicação da Lei n. 9.099/95 aos crimes praticados contra a mulher nos âmbitos doméstico e familiar[58]. E a jurisprudência, em interpretação mais protetiva do bem jurídico e da vítima de violência doméstica, afastou a suspensão condicional do processo e o princípio da insignificância aos crimes praticados contra a mulher nos âmbitos doméstico e familiar[59].

O caminho para ampliar a necessidade de representação da vítima, que significaria maior valorização do ofendido no sistema criminal, não parece fácil. No atual momento, o próprio crime de furto ainda está contemplado pela ação penal pública incondicionada. O projeto do Novo Código Penal, que traz a necessidade de representação da vítima na persecução penal do furto, ainda não foi aprovado[60].

Alteração legislativa promovida pela Lei n. 11.690 de 2008, já em sintonia com comandos normativos internacionais, fez inserir o §5º no artigo 201 do CPP, que permite ao juiz encaminhar a vítima para atendimento multidisciplinar, especialmente nas áreas psicossocial, de assistência jurídica e de saúde, a expensas do ofensor ou do Estado[61].

Houve, ademais, a inserção do §6º no mesmo dispositivo legal, segundo o qual, o juiz adotará as providências no sentido de preservar a intimidade, vida privada, honra e imagem da vítima. Para tanto, poderá determinar segredo de justiça em relação aos dados, depoimentos e outras informações constantes dos autos a seu respeito, a fim de evitar sua exposição aos meios de comunicação[62].

58. É certo que a orientação jurisprudencial e o artigo 41 da Lei n. 11.340/2006 restaram, em parte, prejudicadas na lesão dolosa leve contra a mulher no contexto de violência doméstica, porquanto tal modalidade deixou de figurar como crime de menor potencial ofensivo em razão da nova redação do parágrafo 9º do artigo 129 do Código Penal.

59. Lesão dolosa e lesão culposa, no âmbito das relações domésticas, na forma da Lei n. 11.340/2006, são crimes de ação pública incondicionada; não se aplica o artigo 88 da Lei n. 9.099/95, segundo a jurisprudência (BRASIL. Superior Tribunal de Justiça. 6ª Turma. **Habeas Corpus 190.135.** Rel. Maria Theresa de Assis Moura.. Julgamento 21/3/2013. Disponível em: <https://scon.stj.jus.br/SCON/GetInteiroTeorDoAcordao?num_registro=201002134626&dt_publicacao=02/04/2013>. Acesso em: 19 nov. 2022). O tema, no mesmo sentido, foi apreciado pelo Plenário do Supremo Tribunal Federal na ADI n. 4.424/DF de 9/2/2012, com a seguinte ementa: "[...]a ação penal relativa a lesão corporal resultante de violência doméstica contra a mulher é pública incondicionada" (BRASIL. Supremo Tribunal Federal. Tribunal Pleno. **ADI 4.424/DF**.. Rel. Min. Marco Aurélio. Julgamento 9/2/2012. Disponível em: <https://redir.stf.jus.br/paginadorpub/paginador.jsp?docTP=TP&docID=6393143>. Acesso em: 20 de nov. 2022).

60. O texto do §3º do artigo 155 do Projeto 236 traz a necessidade de representação da vítima para a persecução penal de todas as modalidades de furto, salvo as hipóteses qualificadas. O referido dispositivo ainda prevê que a reparação do dano, salvo nas hipóteses qualificadas, extinguirá a punibilidade se for feita até a sentença (BRASIL. Congresso Nacional. Senado Federal. **Projeto de Lei do Senado nº 236, de 2012.** Reforma do Código Penal Brasileiro. Disponível em: <https://legis.senado.leg.br/sdleg-getter/documento?dm=3515262&ts=1645029382318&disposition=inline>. Acesso em: 23 out. 2022).

61. BRASIL. **Decreto-lei nº 3.689, de 3 de outubro de 1941.** Código de Processo Penal. Brasília-DF: Presidência da República. Disponível em: <http://www.planalto.gov.br/ccivil_03/decreto-lei/del3689compilado.htm>. Acesso em: 11 set. 2022.

62. Idem.

De singular importância o teor do §2º no artigo 201 do CPP, que garante à vítima a comunicação dos atos processuais relativos ao ingresso e à saída do acusado da prisão, à designação de data para audiência e à sentença e aos respectivos acórdãos que a mantenham ou modifiquem.

Essas medidas legislativas não são, todavia, comuns no dia a dia forense, salvo a previsão do §6º do artigo 201 do CPP, que tem sido atendida sem dificuldade. Os demais comandos normativos dependem de uma política criminal institucionalizada, necessitam de investimento e melhor capacitação dos operadores do Direito Penal. Algumas pequenas mudanças poderiam já trazer benefícios para as vítimas, as quais deveriam ter um lugar apropriado, separado de testemunhas e, principalmente, de acusados, para aguardar o seu depoimento em juízo.

Destaca-se, por outro lado, em mudanças legislativas e novos posicionamentos jurisprudenciais, uma tendência em diminuir o poder de decisão da vítima para a persecução penal de determinadas classes de crimes, a exemplo dos que ocorrem no ambiente doméstico, quando se trata da vítima mulher, bem como dos crimes cometidos contra a dignidade sexual. Em ambos os casos, consoante citações feitas anteriormente, ação penal deixou a dependência da representação da vítima e se transformou em pública incondicionada.

Não se olvida, outrossim, dos entendimentos jurisprudenciais que consideram da maior importância a valoração do depoimento da vítima em casos de crimes contra a dignidade sexual, que geralmente acontecem na ausência de testemunhas, e em crimes violentos contra o patrimônio quando cometidos na clandestinidade[63]. Em tais casos, a vítima exerce uma função presente na segunda fase de sua trajetória, de prestadora de informações, de objeto do processo, e não de sujeito de direitos.

No entanto, a vítima deixa de figurar no esquecimento – fase na qual é mera colaborada da produção probatória – e passa por uma redescoberta, com melhor atenção do sistema de justiça, por força uma funcionalização da política criminal internacional, a partir da segunda metade do século XX.

---

63. Já decidiu o STJ acerca da palavra da vítima em crimes contra a dignidade sexual: "[...] Ademais, a jurisprudência desta Corte firmou-se no sentido que, em crimes contra a dignidade sexual, nos quais dificilmente há testemunhas ou deixam-se vestígios, a palavra da vítima é elemento de convicção de alta importância" (BRASIL. Superior Tribunal de Justiça. 6ª Turma. **Habeas Corpus 259092.** Rel. Min. Assusete Magalhães. Julgamento 07/03/2013. Disponível em: <https://scon.stj.jus.br/SCON/GetInteiroTeorDoAcordao?num_registro= 201202376241&dt_publicacao=03/04/2013>. Acesso em: 20 nov. 2022). Tem decidido o STJ sobre a palavra da vítima em crimes patrimoniais: "Conforme já decidiu esta Corte, em crimes contra o patrimônio, cometidos na clandestinidade, em especial o roubo, a palavra da vítima tem especial importância e prepondera, especialmente quando descreve, com firmeza, a cena criminosa" (BRASIL. Superior Tribunal de Justiça. 6ª Turma. **Habeas Corpus 581963/SC.** Rel. Min. Laurita Vaz. Julgamento 22/3/2022. Disponível em: <https://scon.stj.jus.br/SCON/GetInteiroTeorDoAcordao?num_registro= 202001153339&dt_publicacao=28/03/2022>. Acesso em: 20 nov. 2022).

Nos anos seguintes à Constituição de 1988, conquanto ainda exista omissão legislativa ao não cumprir, por ora, determinação normativa específica de proteção à vítima exarada pelo constituinte, constata-se crescente preocupação com a vítima de crimes em diversas outras normas criadas para os mais variados temas. Por conta da relação entre esse quadro normativo interno e a funcionalização da proteção à vítima de crime no quadro internacional, os temas foram juntados no item seguinte da pesquisa.

5.3. REPOSICIONAMENTO DA VÍTIMA DECORRENTE DA POLÍTICA PÚBLICA PROJETADA EM UMA NORMATIZAÇÃO EXTERNA E INTERNA

A nova posição da vítima no modelo de justiça criminal decorre de um rearranjo de política pública, fruto de uma normatização internacional, que se projeta nos ordenamentos jurídicos nacionais. O tema cerca vários outros campos do saber, como psicologia, assistência social, medicina e outros.

Neste tópico, em obediência ao recorte da pesquisa, buscar-se-á fazer a intersecção entre a política criminal - espécie de polícia pública - e o Direito Penal Global (Direito Penal e Processual Penal), no campo normativo, de modo a apresentar, no próximo item, respostas às perguntas formuladas.

A partir de meados do século XX, crescem os estudos sobre a vítima e surge de maneira sistemática a vitimologia[64], tanto dentro de um espectro mais empírico da criminologia, que estuda o papel do ofendido na própria ação criminosa, quanto em uma abordagem acerca do sofrimento das vítimas no holocausto perpetrado pelo nazismo[65].

No entanto, no fim do século XX, surge maior atenção para o ofendido, no plano internacional, com a edição, pela Organização das Nações Unidas

64. "A Vitimologia, a teoria criminológica da vítima, foi elaborada sistematicamente somente após a Segunda Guerra Mundial. Ela foi tratada em parte junto à questão do papel que a vítima desempenha como indicadora no esclarecimento do setor obscuro. A Vitimologia, a qual desenvolve sua tipologia da vítima paralelamente aos princípios biológicos, interacionistas ou sócio-estruturais das teorias do autor, oferece conhecimento, sobretudo, sobre os seguintes pontos de vista: aptidão e a tendência a se tornar vítima; o processo de desenvolvimento da vítima, as relações da vítima com o autor; o prejuízo da vítima e a reparação; a profilaxia do crime por parte da vítima; as influencias sociais no processo de vitimização; situações específicas da vítima (despudor com crianças; estupro; roubo; crimes violentos motivados politicamente; genocídio etc". (HASSEMER, Winfried. **Introdução aos fundamentos do Direito Penal.** 2ª ed. Porto Alegre: Sérgio Antônio Fabris, 2005, p. 111).

65. "Mas já em 1947 Mendelsohn pronuncia sua famosa conferência em Bucarest: Um horizonte novo na ciência biopsicossocial: a vitimologia. Nasce uma ciência a partir do sofrimento de um povo e o que se expressa pela generosidade em relação a todos os perseguidos e discriminados. A necessidade e urgência desta abordagem pode ser medida pelo rápido sucesso que alcançou no mundo todo" (JOSEF, Jorge. **Holocausto, 50 anos depois.** *In:* Temas de Vitimologia. Org. Ester Kosoviski e Elida Séguin. Rio de Janeiro: Lumen Juris, 2000. p. 35).

(ONU), da Resolução n. 40/34 de 29 de novembro de 1985[66]. Esta tem natureza de *soft norms*, aquelas que não criam obrigações rígidas, mas não deixam de ser relevantes, porquanto os Estados membros aceitam e concordam em executar suas normas. A concretização da norma dependerá muito mais do comprometimento interno de cada Estado, em suas práticas, no que concerne aos assuntos exarados nessa Resolução[67].

A referida norma traz uma séria de providências que devem ser adotadas pelos países integrantes da ONU quanto ao papel de reconhecimento, acolhida e assistência à vítima. O conceito de vítima aparece de forma bastante ampla e independe da identificação do autor do fato criminoso[68].

A abordagem sobre a vítima na normativa da ONU não pretende resolver o problema da criminalidade, mas almeja reduzi-lo e criar um espaço de tratamento mais humanitário e justo aos grupos menos favorecidos e vulneráveis, dando-lhes voz na tomada de decisão sobre seu destino[69].

No âmbito europeu, a decisão 2001/2020/GAI, que fora substituída pela Diretiva 2012/29/EU, demonstrou relevante preocupação com o ofendido, que se refere ao estatuto da vítima no processo penal, a qual estabelece a avaliação individual das vítimas a ser realizada no tempo adequado, de forma a facilitar a identificação de suas necessidades[70]. Com base nessa avaliação, medidas de

66. BRASIL. Ministério da Justiça. Secretaria Nacional de Justiça (Org.). **Normas e Princípios das Nações Unidas sobre Prevenção ao Crime e Justiça Criminal**. Brasília: Secretaria Nacional de Justiça, 2009. Disponível em: <https://www.unodc.org/documents/justice-and-prison-reform/projects/ UN_Standards_and_Norms_CPCJ_-_Portuguese1.pdf>. Acesso em: 31 jan. 2022.

67. SUXBERGER, Antônio Henrique Graciano; GOMES FILHO, Dermeval Farias Gomes Filho. Atenção às vítimas de crimes no Brasil: das Nações Unidas aos atos infralegais. ***Index Law Journals*. Revista de Política Judiciária, Gestão e Administração da Justiça**. Encontro Virtual | v. 8 | n. 1 | p. 34 – 53 | Jan/Jul. 2022. p. 37. Disponível em: <https://indexlaw.org/index.php/revistapoliticiajudiciaria /article/view/8800>. Acesso em: 16 set. 2022.

68. 1. "Vítimas referem-se a pessoas que, individual ou coletivamente, tenham sofrido dano, seja mental seja físico, sofrimento emocional e perda econômica, ou que sofreram dano substancial de seus direitos fundamentais, por meio de ações ou omissões que violam a lei penal vigente nos Estados-Membros, incluindo as leis que condenam o abuso de poder criminal. 2. Uma pessoa pode ser considerada vítima, nos termos da presente Declaração, independentemente de o delinquente ser identificado, detido, processado ou condenado e também independentemente de relações familiares entre o delinquente e a vítima. O termo 'vítima' também inclui, quando apropriado, a família imediata ou os dependentes diretos da vítima, assim como indivíduos que tenham sofrido dano ao intervir e auxiliar as vítimas em perigo, ou evitar a vitimização" (BRASIL. Ministério da Justiça. Secretaria Nacional de Justiça (Org.). **Normas e Princípios das Nações Unidas sobre Prevenção ao Crime e Justiça Criminal**. Brasília: Secretaria Nacional de Justiça, 2009. Disponível em: <https://www.unodc.org/documents/justice-and-prison-reform/projects/ UN_Standards_and_Norms_CPCJ_-_Portuguese1.pdf>. Acesso em: 31 jan. 2022).

69. KOSOVSKI, Ester. **As Novas Formas de Proteção à Vítima**. *In:* Temas de Vitimologia. Org. Ester Kosoviski e Elida Séguin. Rio de Janeiro: Lumen Juris, 2000. p. 25.

70. UNIÃO EUROPEIA. Parlamento Europeu. **Diretiva 2012/29/UE do Parlamento Europeu e do Conselho**, de 25 de outubro de 2012, que estabelece normas mínimas relativas aos direitos, ao apoio e à proteção das vítimas da criminalidade e que substitui a Decisão-Quadro 2001/220/JAI do Conselho. 25 out. 2012. Disponível em: https://eur-lex.europa.eu/legal-content/PT/TXT/PDF/?uri=CELEX:32012L0029&from=en. Acesso em: 7 maio 2022. Sobre o tema: SUXBERGER, Antônio Henrique Graciano; GOMES FILHO, Dermeval Farias Gomes Filho. Atenção às vítimas de crimes no Brasil: das Nações Unidas aos atos infralegais. ***Index Law Journals*. Revista de Política Judiciária,**

proteção devem ser adotadas para atender à necessidade particular de vulnerabilidade das vítimas e evitar a vitimização secundária[71].

Vale ainda mencionar o Tratado de Amesterdão de 1998, que estabeleceu o prazo de cinco anos para a elaboração de estudos comparados que abordassem a questão de apoio às vítimas, com destaque para modelos de indenização a serem implementados na União Europeia[72].

Como resultado das iniciativas anteriores, após a comunicação sobre as medidas que deveriam ser adotadas em favor das vítimas[73], o Conselho da Europa – que cuida do sistema regional europeu de proteção de direitos humanos – pronunciou a Directiva 2004/80/CE, que trata de indenizações e de assistência às vítimas[74].

Por sua vez, no âmbito da América, verificam-se iniciativas da Comissão Interamericana de Direitos Humanos (CIDH), mediante relatórios específicos que apontam os desafios estruturais relacionados aos grupos específicos de vítimas, a exemplo de: pessoas afrodescendentes; mulheres; comunidades quilombolas; povos indígenas; camponeses e trabalhadores rurais; moradores de rua, de favelas ou periferias[75].

Vale ressaltar que, na sua trajetória, até o início do ano de 2025, a Corte Interamericana de Direitos Humanos já havia proferido 18 decisões de condenação contra o Brasil. Parcela significativa de tais decisões revela a necessidade de maior proteção às vítimas de crimes e aponta deveres positivos ao Brasil no que concerne à investigação e ao processo criminal.

Gestão e Administração da Justiça. Encontro Virtual | v. 8 | n. 1 | p. 34 – 53 | Jan/Jul. 2022. p.37. Disponível em: <https://indexlaw.org/index.php/revistapoliticiajudiciaria /article/view/8800 >. Acesso em: 16 set. 2022.

71. "Nomina-se vitimização secundária o processo experimentado pela vítima no sistema de justiça criminal, pelo qual não raro a vítima não é tratada com respeito e consideração em ambientes de confiança" (SUXBERGER et al, op. cit.).

72. UNIÃO EUROPEIA. Conselho da União Europeia. **Plano de acção do Conselho e da Comissão sobre a melhor forma de aplicar as disposições do Tratado de Amesterdão relativas à criação de um espaço de liberdade, de segurança e de justiça** - Texto aprovado pelo Conselho Justiça e Assuntos Internos de 3 de dezembro de 1998. Disponível em: <https://eur-lex.europa.eu/legal-content/PT/ALL/?uri=CELEX%3A31999Y0123%2801%29>. Acesso em: 31 jan. 2022.

73. UNIÃO EUROPEIA. Comissão Europeia. **Comunicação da Comissão ao Conselho, ao Parlamento Europeu e ao Comité Econômico e Social** - As vítimas da criminalidade na União Europeia - Reflexão sobre as normas e medidas a adoptar. 14 jul. 1999. Disponível em: <https://eur-lex.europa.eu/legal-content/PT/ALL/?uri =CELEX%3A-51999DC0349>. Acesso em: 31 jan. 2022.

74. UNIÃO EUROPEIA. Conselho da Europa. **DIRECTIVA 2004/80/CE DO CONSELHO de 29 de abril de 2004 relativa à indenização das vítimas da criminalidade.** Disponível em: <https://eur-lex.europa.eu/legal-content/PT/TXT/?uri=CELEX%3A32004L0080>. Acesso em: 31 jan. 2022.

75. SUXBERGER, Antônio Henrique Graciano; GOMES FILHO, Dermeval Farias Gomes Filho. CNMP e acesso à justiça: Política Institucional de Proteção Integral e de Promoção de Direitos e Apoio às Vítimas. In: **Direito Penal e Acesso à Justiça:** múltiplos olhares e dimensões do fenômeno criminal. Org. Alberto Carvalho Amaral, Bruno Amaral Machado, Cristina Zackseski. Belo Horizonte: D'Plácido. p. 100.

Nesse caminhar normativo, o Brasil tardou, mas construiu normas que indicam maior preocupação com a tutela de direitos das vítimas, dentro e fora do procedimento penal. De uma preocupação apenas com a dosimetria da pena, de caráter vitimodogmático, ante o comportamento da vítima, previsto no art. 59 do Código Penal[76], mais preocupado com a eventual compensação da circunstância em favor do réu condenado, a legislação nacional avançou para destacar o papel da vítima, com fundamento na vitimologia.

A Constituição de 1988 determinou ao legislador uma normatização de atenção às vítimas no artigo 245: "A lei disporá sobre as hipóteses e condições em que o Poder Público dará assistência aos herdeiros e dependentes carentes de pessoas vitimadas por crime doloso, sem prejuízo da responsabilidade civil do autor do ilícito"[77]. Esse mandado de normatização, por enquanto, não foi cumprido pelo Estado brasileiro[78].

A ausência de um Estatuto da Vítima, no entanto, não impediu a constituição de sua proteção em diversas leis[79]. A vítima aparece em normas que versam sobre políticas de segurança pública, investigação e processos criminais. Há uma preocupação crescente com sua proteção, sua participação e reparação do dano no sistema de justiça criminal brasileiro. Por outro lado, não se verifica, nessa normatização, um espaço decisório da vítima quanto à escolha do procedimento de solução do problema penal realizada pelo Ministério Público.

Registra-se, depois da Constituição, a Lei n. 9.807, de 13 de julho de 1999, que trouxe, entre outras normas, medidas de proteção para vítimas e testemunhas de crimes que estejam coagidas ou expostas a grave ameaça em razão de colaborarem com a investigação ou o processo criminal[80].

---

76. BRASIL. Presidência da República. **Decreto-Lei n. 2.848, de 7 de dezembro de 194**0. Código Penal. Disponível em: <http://www.planalto.gov.br/ccivil_03/decreto-lei/del2848compilado.htm>. Acesso em: 13 out. 2022.

77. BRASIL. Presidência da República. Casa Civil. Subchefia para Assuntos Jurídicos. **Constituição da República Federativa do Brasil de 1988**. Disponível em: <http://www.planalto.gov.br/ccivil_03/constituicao/constituicao.htm>. Acesso em: 20 nov. 2022.

78. Existe Ação Direta de Inconstitucionalidade por Omissão indicando essa omissão acerca do artigo 245 da Constituição, que não fora regulamentado pelo Legislador (BRASIL, Supremo Tribunal Federal (STF). **Ação Direta de Inconstitucionalidade por Omissão (ADO) n. 62** - Distrito Federal. Requerente: Procurador-Geral da República. Ajuizada em 1 o março 2021. Aguarda julgamento. Ministro Dias Toffoli. Disponível em: <https://portal.stf.jus.br/processos/detalhe.asp?incidente=6120625>. Acesso em: 20 nov. 2022).

79. Isso não significa que um Estatuto da Vítima não seja necessário, conforme dito em outro oportunidade: "Um estatuto da vítima reclama, para além do cumprimento do dever de assistência estabelecido na Constituição, a fixação de tarefas ao Estado que abranjam as Diretrizes mencionadas na Declaração das Nações Unidas" (SUXBERGER, Antônio Henrique Graciano; GOMES FILHO, Dermeval Farias Gomes Filho. Atenção às vítimas de crimes no Brasil: das Nações Unidas aos atos infralegais. **Index Law Journals**. **Revista de Política Judiciária, Gestão e Administração da Justiça**. Encontro Virtual | v. 8 | n. 1 | p. 34 – 53 | Jan/Jul. 2022. p. 45. Disponível em: <https://indexlaw.org/index.php/revistapoliticiajudiciaria/article/view/8800 >. Acesso em: 16 set. 2022).

80. BRASIL. Presidência da República. **Lei 9807, de 13 de julho de 1999.** Estabelece normas para a organização e a manutenção de programas especiais de proteção a vítimas e a testemunhas ameaçadas, institui o Programa Federal de Assistência a Vítimas e a Testemunhas Ameaçadas e dispõe sobre a proteção de acusados ou condenados que

Nota-se uma atenção à vítima, outrossim, nos modelos negociados de justiça criminal nacionais. Observa-se tal preocupação na Lei n. 9.099/95, em seu art. 89, inciso I, que, ao tratar da suspensão condicional do processo, menciona, como condição obrigatória, a necessidade de reparar o dano da vítima, salvo impossibilidade de fazê-lo[81].

No processo penal conflitivo, com as modificações oriundas das Leis n. 11.689, 11.690 e 11.719, que alteraram o Código de Processo Penal (CPP) no ano de 2008, o texto legal previu a fixação da indenização à vítima no conteúdo da sentença penal condenatória, no art.387, inciso IV, do CPP[82].

Mais adiante, no mesmo sentido, a inserção do art. 28-A no CPP pela Lei n. 13.964/2019 contemplou, no acordo de não persecução penal (ANPP), no inciso I, a necessidade de reparação do dano à vítima como condição obrigatória, bem como, no §9º, a necessidade de intimação da vítima para ciência da homologação do ANPP e de seu eventual descumprimento[83].

As normas anteriores se concentraram na necessidade de reparação de danos à vítima do crime, salvo impossibilidade de fazê-lo, seja na sentença que segue ao julgamento ou nas ferramentas de diversão, que produzem acordos penais, sem natureza de pena. E ressalta-se a presença de um Direito de informação na previsão legal do ANPP.

Não se observou, por outro lado, em tais normas, um espaço obrigatório de voz às vítimas, bem como a institucionalização de programas de apoio psicológico ou de complemento da reparação moral e material, de danos físicos e psicológicos às vítimas de crimes. A previsão de encaminhamento judicial a tais programas representou um avanço normativo[84], mas sua institucionalização por meio de uma política pública tem caminhado a passos lentos. Ressalta-se que outras normas, vistas mais adiante, no plano macro da política criminal, trouxeram incentivos à criação desses programas de proteção à vítima.

---

tenham voluntariamente prestado efetiva colaboração à investigação policial e ao processo criminal. Disponível em: <https://normas.leg.br/?urn=urn:lex:br:federal:constituicao:1988-10-05;1988>. Acesso em: 14 nov. 2022.

81. BRASIL. Presidência da República. **Lei 9099, de 26 de setembro de 1995**. Disponível em: <http://www.planalto.gov.br/ccivil_03/leis/leis_2001/l10259.htm>. Acesso em: 18 out. 2022.

82. Destaca o art.3 87, inciso IV, do CPP: "fixará valor mínimo para reparação dos danos causados pela infração, considerando os prejuízos sofridos pelo ofendido" (BRASIL. Presidência da República. **Decreto-lei n. 3.689, de 3 de outubro de 1941**. Código de Processo Penal. Disponível em: <http://www.planalto.gov.br/ccivil_03/decreto-lei/del3689compilado.htm >. Acesso em: 1 fev. 2022).

83. BRASIL. Presidência da República. **Decreto-lei nº 3.689, de 3 de outubro de 1941.** Código de Processo Penal. Disponível em: <http://www.planalto.gov.br/ccivil_03/decreto-lei/del3689compilado.htm>. Acesso em: 11 set. 2022.

84. O §5º no artigo 201 do CPP contempla a possibilidade de o juiz encaminhar a vítima para atendimento multidisciplinar, especialmente nas áreas psicossocial, de assistência jurídica e de saúde, a expensas do ofensor ou do Estado (BRASIL. Presidência da República. **Decreto-lei nº 3.689, de 3 de outubro de 1941.** Código de Processo Penal. Disponível em: <http://www.planalto.gov.br/ccivil_03/decreto-lei/del3689compilado.htm>. Acesso em: 11 set. 2022).

Importante ainda destacar que não se debateu se as vítimas têm poder de veto em casos de acordos de diversão, se esse aspecto deve ou não ser considerado pelo Ministério Público, se deveria ou não fazer parte da lei em casos de crimes que provocam danos às vítimas, cuja reparação material não seja factível, a exemplo de lesão culposa que provoca a perda de membro ou homicídio culposo, previstos tanto no Código Penal quanto no Código de Trânsito brasileiros.

Houve mudança no artigo 28 do CPP operada pela Lei n. 13.964/2019. Foi inserido o direito de recurso da vítima em caso de arquivamento da investigação criminal promovido pelo membro do Ministério Público. A vítima deverá ser comunicada do arquivamento e terá o prazo de 30 dias para recorrer ao órgão superior do Ministério Público que detém atribuição revisora, conforme a respectiva lei orgânica[85]. Essa norma é constitucional, conforme decidiu nos autos das ADIs 6.298, 6.299, 6.300 e 6.305[86].

Importante destacar que a Lei n. 14.245 de 22 de novembro de 2021, que alterou o CPP, introduziu o art. 400-A no CPP, para proibir a prática de atos atentatórios à dignidade da vítima e de testemunhas[87]. O dispositivo em comento aponta uma atribuição aos sujeitos processuais no sentido de zelar pela integridade física e psicológica da vítima.

E, mais adiante, foi introduzido na Lei de Abuso de Autoridade, pela Lei n. 14.321, de 31 de março de 2022[88], o tipo penal denominado de Violência

85. "Art. 28. Ordenado o arquivamento do inquérito policial ou de quaisquer elementos informativos da mesma natureza, o órgão do Ministério Público comunicará à vítima, ao investigado e à autoridade policial e encaminhará os autos para a instância de revisão ministerial para fins de homologação, na forma da lei. §1° Se a vítima, ou seu representante legal, não concordar com o arquivamento do inquérito policial, poderá, no prazo de 30 (trinta) dias do recebimento da comunicação, submeter a matéria à revisão da instância competente do órgão ministerial, conforme dispuser a respectiva lei orgânica. §2° Nas ações penais relativas a crimes praticados em detrimento da União, Estados e Municípios, a revisão do arquivamento do inquérito policial poderá ser provocada pela chefia do órgão a quem couber a sua representação judicial" (BRASIL. Presidência da República. **Decreto-lei n. 3.689, de 3 de outubro de 1941**. Código de Processo Penal. Disponível em: <http://www.planalto.gov.br/ccivil_03/decreto-lei/del3689compilado.htm>. Acesso em: 01 fev. 2022).

86. O artigo 28 do CPP com a redação dada pela Lei n. 13.964/2019 está com sua eficácia suspensa em virtude de decisão proferida no bojo das ADIs 6.298, 6.299, 6.300 e 6.305, de forma mais específica na ADI 6305. Todas essas ações foram juntadas e examinadas cautelarmente pelo Supremo Tribunal Federal (BRASIL. Supremo Tribunal Federal. **Ação Declaratória de Inconstitucionalidade 6298 MC / DF (ADI 6298 MC / DF). Relator, Min. Luiz Fux.** Disponível em: <https://www.stf.jus.br/arquivo/cms/noticiaNoticiaStf/anexo/ADI6298.pdf>. Acesso em: 14 nov. 2022).

87. BRASIL. Presidência da República. **Decreto-lei n. 3.689, de 3 de outubro de 1941**. Código de Processo Penal. Disponível em: <http://www.planalto.gov.br/ccivil_03/decreto-lei/del3689compilado.htm>. Acesso em: 1 fev. 2022.

88. BRASIL. Presidência da República. **Lei n. 14321, de 31 de março de 2022**. Altera a Lei nº 13.869, de 5 de setembro de 2019, para tipificar o crime de violência institucional. Disponível em: <http://www.planalto.gov.br/ccivil_03/_ato2019-2022/2022/ Lei/L14321.htm#art2>. Acesso em: 16 set. 2022.

Institucional, que busca impedir a revitimização[89]. Observa-se, portanto, que, na ausência de um Estatuto da Vítimas, a normatização tem sido produzida de maneira espalhada pelo ordenamento jurídico[90].

O tipo de "Violência Institucional" deve ser interpretado no sentido de que a conduta típica visa a ofender a vítima e não a proteger seu bem jurídico que foi objeto de lesão. Cabe lembrar que, para configurar o delito, é preciso um elemento subjetivo especial, conforme previsão do §1º do artigo 1º da Lei n. 13.869/2019, sem o qual não haverá crime. Conforme esclarece seu texto: "As condutas descritas nesta Lei constituem crime de abuso de autoridade quando praticadas pelo agente com a finalidade específica de prejudicar outrem ou beneficiar a si mesmo ou a terceiro, ou, ainda, por mero capricho ou satisfação pessoal"[91].

Além disso, no espaço da política criminal brasileira, percebe-se, do mesmo modo, uma atenção à vítima, em especial na Lei n. 11.530 de 24 de outubro de 2007, que instituiu o Programa Nacional de Segurança Pública com Cidadania (Pronasci). Ao tratar das políticas públicas de segurança, a mencionada lei fez menção à necessidade de atender a demandas das vítimas da criminalidade por meio de apoio psicológico, jurídico e social, além de estabelecer a criação de centros de referência e apoio psicológico, jurídico e social às vítimas da criminalidade, nos termos dos incisos XIII do art. 3º e inciso IX do art. 6º[92].

89. Artigo 15-A da Lei 13.869: "Art. 15-A. Submeter a vítima de infração penal ou a testemunha de crimes violentos a procedimentos desnecessários, repetitivos ou invasivos, que a leve a reviver, sem estrita necessidade: I - a situação de violência; ou II - outras situações potencialmente geradoras de sofrimento ou estigmatização: Pena - detenção, de 3 (três) meses a 1 (um) ano, e multa. §1º Se o agente público permitir que terceiro intimide a vítima de crimes violentos, gerando indevida revitimização, aplica-se a pena aumentada de 2/3 (dois terços). §2º Se o agente público intimidar a vítima de crimes violentos, gerando indevida revitimização, aplica-se a pena em dobro" (BRASIL. Presidência da República. **Lei n. 13.869, de 5 de setembro de 2019**. Disponível em: <http://www.planalto.gov.br/ccivil_03/_ato2019-2022/ 2019/lei/L13869.htm>. Acesso em: 16 set. 2022).

90. Em outra oportunidade, esse ponto foi esclarecido: "Para além dos princípios, que projetam normatividade a todos os enunciados que versem, de alguma maneira, sobre matéria de interesse das vítimas, é preciso atentar para as estratégias de implementação da Declaração. Essas se encontram no Plano de Ação para a implementação da Declaração (ORGANIZAÇÃO DAS NAÇÕES UNIDAS, Conselho Econômico Social, 1988). Ali, há a determinação de "coleta e troca de informação e pesquisa" – providência que, no plano interno, como já mencionado, parece encontrar lugar na determinação veiculada na Lei do SUSP (BRASIL, 2018). O Plano ainda estabelece a realização de ações de prevenção da vitimização. Na ausência de um Estatuto da Vítima em lei federal, tais ações se encontram hoje estabelecidas tanto nas Resoluções do CNJ e do CNMP (BRASIL, Conselho Nacional de Justiça (CNJ), 2018; BRASIL, Conselho Nacional do Ministério Público (CNMP), 2021), como igualmente nas previsões veiculadas no próprio Código de Processo Penal, em especial nos arts. 201, 400-A e 474-A) (BRASIL, 1941)" (SUXBERGER, Antônio Henrique Graciano; GOMES FILHO, Dermeval Farias Gomes Filho. Atenção às vítimas de crimes no Brasil: das Nações Unidas aos atos infralegais. **Index Law Journals. Revista de Política Judiciária, Gestão e Administração da Justiça**. Encontro Virtual | v. 8 | n. 1 | p. 34 – 53 | Jan/Jul. 2022. p.45. Disponível em: <https://indexlaw.org/index.php/revistapoliticiajudiciaria /article/view/8800 >. Acesso em: 16 set. 2022).

91. BRASIL. Presidência da República. **Lei n. 13.869, de 5 de setembro de 2019**. Disponível em: <http://www.planalto.gov.br/ccivil_03/_ato2019-2022/ 2019/lei/L13869.htm>. Acesso em: 16 set. 2022.

92. BRASIL. Presidência da República. **Lei 11530, de 24 de outubro de 2007**: instituiu o Programa Nacional de Segurança Pública com Cidadania (PRONASCI). Disponível em: <http://www.planalto.gov.br/ccivil_03/_ato2007-2010/2007/lei/l11530.htm>. Acesso em 31 jan. 2022.

A orientação normativa de atenção às vítimas foi reforçada pela Lei n. 13.675 de 11 de junho de 2018, que criou o Sistema Único de Segurança Pública, ao tratar de dados e informações estatísticas sobre criminalidade e vitimização no seu art. 13[93]. Em complemento, o Plano Nacional de Segurança Pública e Defesa Social (PNSP), atualizado para o período de 2021/2030 por intermédio do Decreto federal n. 10.822, de 28 de setembro de 2021, estabelece a exigência de ações focadas na vítima de crimes, a exemplo da qualificação de atendimento às vítimas por meio da criação ou estruturação de espaços humanizados[94].

Em sintonia com o conjunto normativo exposto, de forma a garantir concretude às medidas de atenção às vítimas de crimes, tanto o Conselho Nacional de Justiça (CNJ)[95], quanto, principalmente, o Conselho Nacional do Ministério Público (CNMP)[96] consolidaram normas cogentes da atuação, respectivamente, de juízes e membros do Ministério Público.

Vale ressaltar que as resoluções do CNJ e do CNMP possuem natureza de normas primárias, submetendo-se ao mesmo modelo de controle de constitucionalidade das leis, segundo entende o STF. Tais resoluções, não raro, têm tratado de temas distantes do controle administrativo, financeiro e disciplinar, inerentes à competência constitucional de tais órgãos, no desarranjo institucional brasileiro[97]. Esse assunto foi examinado no capítulo anterior, quando da

93. BRASIL. Presidência da República. **Lei 13675, de 11 de junho de 2018**: cria a Política Nacional de Segurança Pública e Defesa Social (PNSPDS); institui o Sistema Único de Segurança Pública (Susp). Disponível em: <http://www.planalto.gov.br/ccivil_03/_ato2015-2018/2018/lei/L13675.htm>. Acesso em 31 jan. 2022.

94. BRASIL. Presidência da República. **Decreto nº 10.822, de 28 de setembro de 2021**: Institui o Plano Nacional de Segurança Pública e Defesa Social 2021-2030. Disponível em: <https://www.in.gov.br/en/web/dou/-/decreto-n-10.822-de-28-de-setembro-de-2021-348271076>. Acesso em 31 jan. 2022.

95. BRASIL. Conselho Nacional de Justiça (CNJ). **Resolução n. 253, de 04 de setembro de 2018.** Define a política institucional do Poder Judiciário de atenção e apoio às vítimas de crimes e atos infracionais. Diário Eletrônico do CNMP, Caderno Processual, edição de 22/10/2021, p. 17–21. Disponível em: <https://atos.cnj.jus.br/atos/detalhar/2668>. Acesso em: 31 jan. 2022.

96. BRASIL. Conselho Nacional do Ministério Público (CNMP). **Resolução n. 243, de 18 de outubro de 2021.** Dispõe sobre a Política Institucional de Proteção Integral e de Promoção de Direitos e Apoio às Vítimas. Diário Eletrônico do CNMP, Caderno Processual, edição de 22/10/2021, p. 17–21. Disponível em: <https://www.cnmp.mp.br/portal/images/Resolucoes/2021/Resoluo-n-243-2021.pdf>. Acesso em: 31 jan. 2022.

97. A natureza de fonte normativa primária dos atos normativos do CNJ e do CNMP foi encampado pelo Supremo Tribunal Federal, conforme as seguintes ementas: "[...] 1. À luz do art.5º, §2º, da Emenda Constitucional nº 45/2004, o Regimento Interno do Conselho Nacional de Justiça constitui ato normativo primário, que extrai seu fundamento de validade diretamente da Magna Carta. 2. Ao contrário do alegado pelo agravante, não há campo para a incidência do critério hierárquico, enquanto regra de resolução de antinomia, uma vez que os dispositivos em cotejo, arts. 935 do vigente CPC e 120, §2º, do Regimento Interno do CNJ, estão situados no mesmo patamar normativo.3. A aplicação do critério da especialidade, previsto no art. 2º, §2º, da Lei de Introdução às Normas do Direito Brasileiro, evidencia, em sintonia com o decidido pela autoridade impetrada, inexistente a sustentada derrogação do art. 120, §2º, do Regimento Interno do CNJ pelo art. 935do CPC.4. Agravo interno conhecido e não provido (BRASIL. Supremo Tribunal Federal. 1ª Turma. AG. REG. em **Mandado de Segurança 37.384-DF.** Relatora: Ministra Rosa Weber. Julgamento em 26/02/2021. Disponível em: <https://redir.stf.jus.br/paginadorpub/paginador.jsp?docTP=-TP&docID=755279660>. Acesso em: 31 jan. 2022).

discussão sobre o novo papel do Ministério Público ante o crescimento no ordenamento jurídico brasileiro da justiça penal negociada.

A Resolução n. 243, de 18 de outubro de 2021, do CNMP, determina a atuação do membros do Ministério Público na busca da reparação do dano às vítimas de crimes, conforme seu art. 9º. Do mesmo modo, estipula ferramentas de justiça restaurativa em seu art. 10, ao determinar que o Ministério Público deve implementar projetos e mecanismos de resolução extrajudicial de conflitos, por meio de negociação, mediação e conferências reparadoras dos traumas derivados dos eventos criminosos ou de atos infracionais, observando-se as diretrizes traçadas nas Resoluções CNMP n. 118, de 1º de dezembro de 2014, e n. 181, de 7 de agosto de 2017[98].

A norma, de igual modo, contempla uma atuação preventiva e difusa com foco na proteção das vítimas. O seu art. 11 prevê a necessidade, no âmbito do Ministério Público, de "estimular políticas públicas e criar, em sua estrutura interna, meios de atendimento às vítimas que busquem evitar a revitimização, bem como núcleos próprios de jurimetria para diagnosticar e produzir uma política de atuação mais eficaz, resolutiva e preventiva"[99].

A referida Resolução n. 243 do CNMP estabelece, inclusive, a estruturação – no âmbito dos Ministérios Públicos do Brasil – dos Núcleos ou Centros de Apoio às Vítimas. Além de outras providências, a norma determina que os ramos do Ministério Público brasileiro tornem a vítima um objetivo principal de defesa institucional, fomentando cursos de formação inicial e de capacitação continuada de membros e servidores, para atendimento especial de vítimas de infrações penais e atos infracionais, nos seus artigos 15 e 14[100].

Registra-se que o próprio Conselho Nacional do Ministério Público, como se verá mais adiante, foi quem deu o pontapé inicial, para a introdução no ordenamento jurídico brasileiro do acordo de não persecução penal, que prevê a

98. BRASIL. Conselho Nacional do Ministério Público (CNMP). **Resolução n. 243, de 18 de outubro de 2021.** Dispõe sobre a Política Institucional de Proteção Integral e de Promoção de Direitos e Apoio às Vítimas. Diário Eletrônico do CNMP, Caderno Processual, edição de 22/10/2021, p. 17-21. Disponível em: <https://www.cnmp.mp.br/portal/images/Resolucoes/2021/Resoluo-n-243-2021.pdf>. Acesso em: 31 jan. 2022. Conquanto não esteja prevista em lei, a justiça restaurativa encontra-se regulada, no Brasil, pelas Resolução 225/2016 e 300/2019 (BRASIL. **Conselho Nacional de Justiça**. Justiça Restaurativa. Disponível em:<https://www.cnj.jus.br/programas-e-acoes/justica-restaurativa>. Acesso em 23 de março 2021).

99. BRASIL. Conselho Nacional do Ministério Público (CNMP). **Resolução n. 243, de 18 de outubro de 2021.** Dispõe sobre a Política Institucional de Proteção Integral e de Promoção de Direitos e Apoio às Vítimas. Diário Eletrônico do CNMP, Caderno Processual, edição de 22/10/2021, p. 17-21. Disponível em: <https://www.cnmp.mp.br/portal/images/Resolucoes/2021/Resoluo-n-243-2021.pdf>. Acesso em: 31 jan. 2022.

100. BRASIL. Conselho Nacional do Ministério Público (CNMP). **Resolução n. 243, de 18 de outubro de 2021.** Dispõe sobre a Política Institucional de Proteção Integral e de Promoção de Direitos e Apoio às Vítimas. Diário Eletrônico do CNMP, Caderno Processual, edição de 22/10/2021, p. 17-21. Disponível em: <https://www.cnmp.mp.br/portal/images/Resolucoes/2021/Resoluo-n-243-2021.pdf>. Acesso em: 31 jan. 2022.

necessidade de reparação do dano à vítima como condição para o pacto. Isso ocorreu na Resolução n. 181, de 2016, antes da introdução do referido negócio no art. 28-A do CPP no final do ano de 2019.

5.4. A APARENTE TENSÃO ENTRE O NEGÓCIO PENAL E OS DIREITOS DA VÍTIMA

A segunda metade do século XX mostra um aumento do espaço de tutela do Direito Penal que contribui para o implemento de soluções negociadas em países de sistema continental, segundo análise feita no Capítulo 2 da pesquisa, e apresenta, outrossim, o surgimento dos movimentos pelos direitos das vítimas. Esses dois fenômenos, todavia, não se originam de idêntica causalidade.

No cenário internacional, os movimentos pelos direitos das vítimas têm sido fomentados no campo da funcionalização do Direito Penal, com diversos arranjos normativos, seguidos de espaços internos de discussão e regulamentação da matéria nos ordenamentos jurídicos de cada Estado.

Uma questão que se propõe, dentro do recorte pesquisado, diz respeito à eventual tensão entre os direitos das vítimas e os institutos do Direito Penal negocial. Para essa resposta, faz-se necessário examinar, em primeiro lugar, o que é defendido no reposicionamento da vítima no sistema de justiça criminal e o seu real papel no desenho jurídico dos acordos penais.

Para tanto, em razão da relevância do sistema negocial penal estadunidense, bem como dos debates sobre vitimologia lá existentes, vale situar a mobilização pelos direitos das vítimas a partir da década de 1960 nos EUA, quando várias leis surgiram nas áreas estadual e federal, o que coincide com o movimento feminista de proteção às vítimas de violência sexual. Houve, nesse período, uma união improvável entre o conservadorismo e o feminismo[101].

Será destacada ainda pesquisa realizada na Austrália, na qual Arie Freiberg e Asher Flynn buscaram colher resultados sobre as reações das vítimas ao acordo penal, perguntando-lhes sobre suas experiências e opiniões sobre possíveis intervenções políticas. Os autores reconheceram o estado atual de escassa literatura sobre vítimas e negócio penal, incluindo reformas focadas na vítima.

101. ZARGAR, Zulkifl M. Secret faits accomplis: declination decisions, nonprosecution agreements, and the crime victim's right to confer. **Fordham Law Review**, New York, NY, v. 89, p. 343-383, Oct. 2020. p.350. Disponível em: http://fordhamlawreview.org/wp-content/uploads/2020/09/Zargar_October.pdf. Acesso em: 7 nov. 2022.

Observaram que o acordo penal não constitui um simples acordo, mas traz uma história humana que precisa ser respeitada[102].

Ao considerar o caminho traçado anteriormente, recorda-se que, a partir da década de 1970, o feminismo defendia justiça para as vítimas de violência doméstica, porquanto compreendia que os autores desses crimes eram ignorados, como grupo, pelo sistema de justiça criminal e não eram punidos na justa medida. Nesse contexto, o movimento pelos direitos das vítimas se esforçou para encontrar alternativas, de modo a lidar com o trauma e com o processo contraditório[103].

No início da década de 1980, o movimento pelos direitos das vítimas ganhou maior projeção nos EUA. O então presidente Reagan criou uma força-tarefa sobre vítimas de crimes, revestida da retórica da Ideologia da Lei e da Ordem, que pregava uma resposta dura para o crime[104].

Como resultado do trabalho dessa força-tarefa, um relatório destacou que o sistema criminal estava desequilibrado para proteger as pessoas que obedecem à lei e que havia desinteresse institucionalizado no tratamento da vítima[105]. Diante disso, apontou a necessidade tanto de leis para tratar dos direitos das vítimas, quanto de participação dos atores do sistema de justiça criminal (polícia, juízes e promotores) em apoio às vítimas. Foi sugerida, de igual maneira, a aprovação de emenda constitucional para obrigar a participação da vítima nas fases mais complexas do processo penal[106].

102. FREIBERG, Arie; FLYNN, Asher. **Victms and Plea Negotiations:** overlooked and unimpressed. Palgrave Macmillan. Versão Kindle, 2021. p.9-15.

103. KRINSKY, Miriam; KOMAR, Liz. "Victims' rights" and diversion: furthering the interests of crime survivors and the community. **SMU Law Review**, Dallas, TX, USA, v. 74, n. 3, p. 527-554, Summer 2021. p. 536. Disponível em: https://scholar.smu.edu/smulr/vol74/iss3/7. Acesso em: 7 nov. 2022.

104. Tanto Zangar quanto Krinsky e Komar apontam esse alicerce ideológico do grupo de trabalho. A ideologia dura com o crime se expandiu nas décadas de 1960 e 1970 nos EUA, com a mensagem 'Pela Lei e Ordem', usada como *slogan* da campanha para presidente de Nixon em 1968. Essa ideologia significa uma fusão da teoria da incapacitação e do retributivismo (KRINSKY et al., op. cit.; e ZARGAR, op. cit.). Ao tratar das políticas da lei e ordem, Gabriel Anitua o relaciona com o realismo criminológico ou realismo de direita, desenvolvido no começo da década de 1970, que faz uma mescla de ideias razoáveis com outras extravagantes, e apregoa um tratamento mais duro com o crime. Esclarece que tal movimento se alicerça em uma plataforma política conservadora, que compreende o crime como uma escolha racional. Esse conjunto de ideias foi uma bandeira do partido republicano, que redundou um grande aumento do número de presos nos EUA. Além disso, esse movimento estadunidense inspirou políticas de segurança para outros cantos do mundo. Anitua correlaciona os movimentos lei e ordem, teoria das janelas quebradas e política da tolerância zero. Para o referido autor, os discursos neoconservadores inspirados em tais movimentos justificam, "sem complexos, uma nova criminalização da marginalidade e da pobreza" (ANITUA, Gabriel Ignácio. **Histórias dos pensamentos criminológicos**. Rio de Janeiro: Revan, 2015. p. 779-787).

105. KRINSKY, Miriam; KOMAR, Liz. "Victims' rights" and diversion: furthering the interests of crime survivors and the community. **SMU Law Review**, Dallas, TX, USA, v. 74, n. 3, p. 527-554, Summer 2021. p.537. Disponível em: https://scholar.smu.edu/smulr/vol74/iss3/7. Acesso em: 7 nov. 2022.

106. ZARGAR, Zulkifl M. Secret faits accomplis: declination decisions, nonprosecution agreements, and the crime victim's right to confer. **Fordham Law Review**, New York, NY, v. 89, p. 343-383, Oct. 2020. p.350-351. Disponível em: http://fordhamlawreview.org/wp-content/uploads/2020/09/Zargar_October.pdf. Acesso em: 7 nov. 2022.

Após esses movimentos, mais de 30 Estados estadunidenses aprovaram emendas constitucionais com previsão de direitos das vítimas, enquanto os 50 Estados aprovaram direitos estatutários das vítimas. Desse resultado, destacam-se, conforme Zangar, os direitos de ser atendida em suas necessidades de reparação do dano e de assistência e de informação. Acrescentam-se ainda direitos processuais de fornecer informações às autoridades para a própria satisfação da vítima com melhor tomada de decisão dos atores da justiça criminal[107].

Entre seus objetivos, os movimentos pelos direitos das vítimas pregaram três deles que trazem aparente tensão com o negócio penal e com a solução de julgamento, quais sejam: direito de notificação e de poder dispor do caso; direito de ser ouvido e de ter opinião; direito de vetar uma proposta de acordo de diversão realizada pelo Ministério Público[108].

Nessa análise, dois aspectos merecem ser destacados para delimitar a relação entre vítima e justiça negociada. É necessário separar acordos de pena de acordos de diversão, conquanto esse segundo, no modelo estadunidense, receba categorização mais ampla do que a adotada nesta pesquisa.

Nos EUA, a diversão alcança a ausência de punição, com soluções alternativas antes de uma acusação, até uma acusação por fato menos grave ou uma punição menor na sentença, em todo caso, sem pena de prisão. E estão incluídos nessa lista os processos de justiça restaurativa[109].

O debate relativo à participação da vítima na proposta de condução do caso penal pelo Ministério Público recebeu maior destaque em razão do caso conduzido pela Procuradoria do Distrito Sul da Flórida contra Jeffrey Epstein e outros coautores. Jeffrey e outros coautores abusaram sexualmente de mais de 30 meninas menores, no período de 1999 a 2007. A Procuradoria (Ministério Público) se comunicou com as vítimas mediante cartas nas quais lhes informava acerca de seus direitos estatutários, inclusive ao de conferência com um advogado público.

No entanto, não houve diálogo entre a procuradoria e as vítimas quanto à proposta de acordo penal proposta ao acusado. Não houve comunicação sobre tudo que estava sendo tratado, de modo que as vítimas não tiveram oportunidade de conferir o acordo celebrado pelo Ministério Público ante a assunção de culpa do autor.

107. Ibidem, p. 351.

108. KRINSKY et al., op. cit.

109. Ibidem, p.533.

Essa questão foi objeto de debate judicial em ação movida por uma das vítimas, que clamou pelo direito de ser ouvida (*right to confer*). Portanto, seria nulo o acordo penal no qual o Ministério Público não conferiu com as vítimas do crime, ou seja, não lhes deu conhecimento acerca da proposta?

No caso Epstein, o Tribunal local reconheceu inexistir impedimento para os promotores de justiça negociarem acordos de não acusação, sem conferir com as vítimas ou notificá-las. Fixou que o Ministério Público tem o dever legal de conferir com as vítimas quando realiza a acusação[110].

Vale destacar que, no ordenamento jurídico estadunidense, existe o direito das vítimas de conferir, tanto no âmbito federal quanto nos Estados, o qual se trata de uma consulta à vítima, que não vincula o promotor de justiça e não muda sua discricionariedade. Várias leis estaduais sequer apontam o exato momento no qual deve ocorrer essa conferência[111].

Desde 2004, a legislação federal dos EUA, replicada em diversos estados, confere participação às vítimas de crime, no sentido de obter informações sobre o andamento de um caso no sistema de justiça. Tal normatização, contudo, não obriga o promotor de justiça a realizar consulta à vítima sobre suas decisões na persecução penal.

Conquanto seja escassa a jurisprudência sobre a participação da vítima no sentido dado pelas leis que lhe concedem o direito de conferir, o resultado até então dos julgamentos estaduais aponta que a vítima não pode interferir e nem contestar a discricionariedade do Ministério Público na persecução penal[112].

No que concerne, por sua vez, aos acordos de diversão, os movimentos pelos direitos das vítimas, principalmente os do início da década de 1980 nos

110. ZARGAR, Zulkifl M. Secret faits accomplis: declination decisions, nonprosecution agreements, and the crime victim's right to confer. **Fordham Law Review**, New York, NY, v. 89, p. 343-383, Oct. 2020. p.346-347. Disponível em: http://fordhamlawreview.org/wp-content/uploads/2020/09/Zargar_October.pdf. Acesso em: 7 nov. 2022.

111. Ibidem, p. 343-383.

112. Zargar traz comentários sobre alguns casos decididos nos EUA. No caso *Jordan v. Department of Justice* (173 F. Sup. 3d 44 SDNY 2016), o tribunal entendeu o recebimento da vítima pelo promotor de justiça; o diálogo durante uma hora, existente no caso concreto, constituía um exercício suficiente da atribuição. Jordan havia ingressado com uma ação na qual buscava demonstrar que havia sido vítima de esquemas de fraude financeira realizada pelo seu ex-marido, e incluía na sua ação o direito de conferir (CVRA). Em outro caso do Quinto Circuito, que tratava de uma explosão de refinaria na qual haviam morrido 15 pessoas, o governo buscou dizer que a notificação às vítimas seria impraticável e traria cobertura prejudicial da mídia, que poderia prejudicar o processo de negociação. O tribunal decidiu que o governo não deveria notificar as vítimas antes da assinatura do acordo, mas deveria fazê-lo antes de o acordo ser submetido ao tribunal. Entendeu que a notificação a quase 200 pessoas não era impraticável, o argumento de prejudicar as negociações não afastava a atribuição do Estado de notificar às vítimas. Por fim, foi afirmado que as vítimas têm o Direito de informação quanto ao procedimento de negociação do pedido, independente de tentarem impedir um pedido específico (ZARGAR, Zulkifl M. Secret faits accomplis: declination decisions, nonprosecution agreements, and the crime victim's right to confer. **Fordham Law Review**, New York, NY, v. 89, p. 343-383, Oct. 2020. p.368 e 369. Disponível em: http://fordhamlawreview.org/wp-content/uploads/2020/09/Zargar_October.pdf. Acesso em: 7 nov. 2022).

EUA, apontam uma contradição, porquanto a proposta menos punitivista se encontra nos primeiros, e a defesa de maiores punições reside nos segundos.

Em virtude disso, entre os pedidos dos movimentos das vítimas destacam--se os direitos de ser ouvido, de dispor da demanda penal e, inclusive, de vetar eventual acordo de diversão proposto pelo Ministério Público. Os dois primeiros trazem maior transparência processual para a vítima e contribuem para sua recuperação psicológica. No entanto, o terceiro interfere na administração da justiça, podendo trazer prejuízos a uma política institucionalizada de segurança pública, afetando os critérios mais objetivos e igualitários[113].

Miriam Krinsky e Liz Komar esclarecem que os movimentos pelos direitos das vítimas surgiram como uma proposta de endurecer as leis penais, sobretudo, a partir do início da década de 1980, com a força-tarefa criada pelo presidente Ronald Reagan. Desse modo, haveria aparente tensão com as reformas atuais, empreendidas por parcela dos membros do Ministério Público estadunidense, no sentido de fazer menor uso do cárcere na resposta penal, adotando ferramentas de diversão[114].

As autoras apontam que alguns acordos de diversão exigem consenso da vítima, a exemplo de programas de justiça restaurativa para crimes graves. De outro modo, a diversão em casos de furto e roubo, relacionados ao consumo de drogas, não impõe concordância da vítima do crime patrimonial[115].

A relação entre a participação das vítimas em acordos de diversão tem sido debatida à luz da taxa de encarceramento estadunidense. No passado, os acordos de pena propiciaram maior uso do cárcere e crescimento do encarceramento. Contudo, em política criminal mais recente, verifica-se uma nova forma de atuar de parcela dos membros do Ministério Público, na qual os acordos de diversão, que resultam em respostas diferentes do cárcere, têm sido utilizados. Diante disso, surgem discussões sobre a forma e extensão da participação das vítimas nessas soluções negociadas.

113. KRINSKY, Miriam; KOMAR, Liz. "Victims' rights" and diversion: furthering the interests of crime survivors and the community. **SMU Law Review**, Dallas, TX, USA, v. 74, n. 3, p. 527-554, Summer 2021. p.538 e 549. Disponível em: https://scholar.smu.edu/smulr/vol74/iss3/7. Acesso em: 7 nov. 2022.

114. Essa compreensão não é uníssona entre os membros do Ministério Público estadunidense. Para ilustrar, em 2019, o ex-procurador-geral William Bar, em discurso à Ordem Fraterna de Polícia, criticou os promotores de justiça que se recusam a iniciar um processo penal contra autores de roubo com motivação em consumo de drogas. Os novos promotores eleitos que buscam implementar uma política criminal que implica reforma, ou seja, respostas diversas ao cárcere, têm enfrentado reação considerável (KRINSKY et al., op. cit., p. 528-531).

115. Ibidem.

A nova forma de atuar de membros do Ministério Público busca se alicerçar em evidências científicas e alternativas ao encarceramento[116], ou seja, em adotar soluções sem o uso do cárcere para fração dos fatos penais, de modo a implementar uma política criminal mais eficaz, inclusive, na diminuição da reincidência.

Diante disso, revela-se aparente tensão entre esse novo proceder de parcela da nova geração de promotores de justiça estadunidenses e os movimentos pelos direitos das vítimas. A razão para tanto, conforme trabalho científico de Miriam Krinsky e Liz Komar, se encontra na origem de tais movimentos, que pregaram uma política criminal mais dura, alicerçada na ideologia da Lei e da Ordem[117].

Subsiste um desafio para o Ministério Público ao buscar conciliar os direitos das vítimas e as necessidades da comunidade. Os primeiros, do aspecto histórico, em sua retomada no final do século XX, se alicerçaram em uma ideologia de punição mais dura aos autores do crime. Por sua vez, os segundos compreendem, no contexto atual, que uma política de segurança nem sempre significa mais encarceramento.

Para tanto, é necessário entender que os movimentos pelos direitos das vítimas, como ponto de partida, começaram com um alicerce retributivista e em defesa de mais encarceramento e mais participação do ofendido. Atualmente, é certo que nem sempre as vítimas defendem a opção do encarceramento, a depender do tipo de crime cometido. E isso deve ser considerado pelo membro do Ministério Público, como ator protagonista da justiça penal negociada.

As autoras destacam que vítimas de comunidades negras e pardas não desejam de maneira universal a prisão como resposta penal, porquanto levam em conta o sofrimento que o sistema prisional, no passado, causou em tais comunidades. Essa abordagem indica uma contradição com o passado dos movimentos pelas vítimas, que apresentavam uma proposta exclusiva em sentido

116. De 2007 a 2017, em 34 Estados dos EUA, houve redução do encarceramento e, ao mesmo tempo, detectou-se uma diminuição no número de crimes (KRINSKY, Miriam; KOMAR, Liz. "Victims' rights" and diversion: furthering the interests of crime survivors and the community. **SMU Law Review**, Dallas, TX, USA, v. 74, n. 3, p. 527-554, Summer 2021. p.528-531. Disponível em: https://scholar.smu.edu/smulr/vol74/iss3/7. Acesso em: 7 nov. 2022.

117. Essa ideologia de um tratamento mais duro com o crime, chamada de Lei e Ordem, cresceu nas décadas de 1960 e 1970 nos EUA. E foi um *slogan* da campanha presidencial de Nixon em 1968. Para Krinsky e Komar, o pensamento Lei e Ordem representa a fusão da incapacitação e do retributivismo, com base em uma abordagem, pela mídia, de uma sociedade atormentada pelo crime que clama por controle. Nesse ambiente, cresceu a defesa da pena de morte, a guerra às drogas e ganhou espaço a política conservadora, que se opôs às decisões judiciais de maior proteção aos réus, principalmente em casos de provas ilícitas (*decisions by the Warren Court*). Nesse contexto, conservadores, liderados por Ronald Reagan, então governador da Califórnia, argumentavam que os liberais do Supremo estariam sendo brandos com o crime (KRINSKY, Miriam; KOMAR, Liz. "Victims' rights" and diversion: furthering the interests of crime survivors and the community. **SMU Law Review**, Dallas, TX, USA, v. 74, n. 3, p. 527-554, Summer 2021. p.537-538. Disponível em: https://scholar.smu.edu/smulr/vol74/iss3/7. Acesso em: 7 nov. 2022).

retributivo e mais duro com o crime, conforme se destacou na força-tarefa de Reagan[118].

Conscientes de que os modelos de acordo penal com mais respostas por pena privativa e pouca diversão contribuíram para um sistema criminal que, por décadas, abordou uma perspectiva unicamente punitivista e alimentou de forma não equilibrada o encarceramento, uma nova geração de promotores de justiça estadunidenses, eleita nos últimos cinco anos, tem buscado implantar uma reforma que implica mais acordos de diversão, portanto, com respostas sem a pena de prisão[119].

Ademais, a nova geração de membros do Ministério Público tem-se preocupado em adotar estratégias que signifiquem, na atuação diária, a redução das disparidades raciais e o aumento da confiança das partes interessadas no sistema jurídico. A mesma discricionariedade dos promotores de justiça que, no passado, constituiu um dos principais fatores da explosão do encarceramento nos EUA, tem sido agora utilizada, nas palavras de Miriam Krinsky e Liz Komar, para corrigir esse dano[120].

Sob o alicerce de evidências de alternativas ao encarceramento, verifica-se um contínuo movimento de promotores de justiça na busca por uma reforma do sistema criminal. Para tanto, têm sido adotados acordos de diversão que abrigam crimes menos graves, a exemplo da posse de drogas, de crimes contra o patrimônio e de lesões classificadas como agressões simples. Alguns programas de diversão incluem crimes graves que envolvem arma de fogo[121].

Para delitos de baixíssima gravidade, os promotores de justiça nos EUA têm implementado, ainda, a estratégia de arquivamento como ferramenta de política de segurança pública, alicerçada em evidências, que confirmam a eficácia da abordagem para reduzir custos individuais e sociais, bem como prevenir futura vitimização, ao reduzir o encarceramento[122].

Nesse contexto, surge uma tensão entre os direitos das vítimas – que, não raro, ainda buscam maior punição – e as estratégias de diversão implementadas pelo Ministério Público. Daí advém a seguinte questão: deve ser atribuído à

118. KRINSKY, Miriam; KOMAR, Liz. "Victims' rights" and diversion: furthering the interests of crime survivors and the community. **SMU Law Review**, Dallas, TX, USA, v. 74, n. 3, p. 527-554, Summer 2021. p.537-538. Disponível em: https://scholar.smu.edu/smulr/vol74/iss3/7. Acesso em: 7 nov. 2022.

119. Ibidem, p. 531-532.

120. Ibidem, p. 527-554.

121. Ibidem, p. 534.

122. Ibidem, p. 535.

vítima o poder de vetar um acordo de diversão, sobretudo o que implica acordo pelo não oferecimento de uma acusação?

Há quem entenda que a possibilidade de a vítima vetar um acordo de diversão implicaria afirmar uma modelagem da ideologia dura com o crime, nos moldes do passado da Lei e Ordem, que significou uma explosão do encarceramento. Afirma-se que as vítimas, em sua maioria, não querem a prisão como resposta penal, mas buscam ser tratadas de forma justa, ser ouvidas, e almejam responsabilidade para o autor do fato[123].

Por ora, salvo nas ferramentas de justiça restaurativa para crimes graves, a vítima nos EUA não tem poder de vetar um acordo de diversão. Prevalece a discricionariedade do membro do Ministério Público, o qual é avaliado pelas urnas; por isso, deve buscar adotar critérios transparentes de elegibilidade das ferramentas de diversão, alicerçadas em evidências cientificas.

Quanto à prática estadunidense da justiça penal negociada, que representa mais de 95% dos casos penais, Zargar aponta uma presença cada vez menor da vítima[124]. Essa abordagem revela que, a depender do desenho concretizado, a participação da vítima na solução com julgamento ocorre quase que de forma irrenunciável ante a necessidade de produzir prova, enquanto nos acordos penais, principalmente, quando existe a confissão de culpa, a vítima nem sempre é ouvida pelo Ministério Público. Sua participação é reduzida à fase da investigação para fornecer informações à polícia.

Arie Freiberg e Asher Flynn, por sua vez, anotam antipatia do sistema adversarial em conceder maior participação das vítimas, porquanto consideram como partes apenas o Estado e o acusado. Ademais, argumentam que os defensores do modelo adversarial acreditam que maior espaço para direitos das vítimas na persecução penal significará maiores atrasos e custos, além de priorizar os interesses privados em detrimento dos interesses públicos[125].

Os professores australianos, Arie Freiberg e Asher Flynn, destacam a inexistência de sistemas contraditórios que concedam às vítimas o direito de vetar a decisão de um promotor de justiça. Segundo eles, pesquisas empíricas

123. Nesse sentido: KRINSKY, Miriam; KOMAR, Liz. "Victims' rights" and diversion: furthering the interests of crime survivors and the community. **SMU Law Review**, Dallas, TX, USA, v. 74, n. 3, p. 538-539, Summer 2021. p.537-538. Disponível em: https://scholar.smu.edu/smulr/vol74/iss3/7. Acesso em: 7 nov. 2022.

124. ZARGAR, Zulkifl M. Secret faits accomplis: declination decisions, nonprosecution agreements, and the crime victim's right to confer. **Fordham Law Review**, New York, NY, v. 89, p. 343-383, Oct. 2020. p.352. Disponível em: http://fordhamlawreview.org/wp-content/uploads/2020/09/Zargar_October.pdf. Acesso em: 7 nov. 2022.

125. FREIBERG, Arie; FLYNN, Asher. **Victms and Plea Negotiations:** overlooked and unimpressed. Palgrave Macmillan. Versão Kindle, 2021. p. 95.

sugerem que as vítimas não buscam necessariamente esse poder de veto, mas desejam que seus pontos de vista sejam apreciados[126].

Os mencionados autores, no entanto, trazem o resultado da pesquisa, realizada na Austrália, na qual muitas vítimas, ao serem introduzidas no palco do acordo penal, consideraram ótima a ideia de um veto. As justificativas foram distintas para a possibilidade de veto da vítima, quais sejam: seria um reconhecimento do dano a ela causado, representando um direito seu de dizer sim ou não a um acordo penal; permitiria a opção de ir até o fim do processo, quando poderia ser realmente ouvida, independentemente do resultado do julgamento; representaria uma sensação de controle, de ter a palavra final; "porque você não está perdendo nada indo a julgamento, porquanto ainda é trabalho do promotor convencer o júri que houve um crime de roubo"[127].

Sobre a negativa de veto, com a mesma metodologia, as respostas foram colhidas e apontaram que o poder de veto criaria disparidade no sistema, de maneira que a vítima não abandonaria sua experiência de vitimização e não teria condições de interpretar o sistema de justiça criminal de maneira objetiva. Acrescenta-se que respostas, de igual modo, foram dadas no sentido de que a opção de veto poderia trazer muita pressão sobre a vítima e aumentaria seu trauma. Foi apontado que seria irreal exigir uma decisão racional da vítima no pior momento de sua vida. A cautela indica, outrossim, uma compreensão por parte das vítimas de que não teriam informações suficientes para tomar uma decisão vinculativa[128].

Arie Freiberg e Asher Flynn, ao analisarem o resultado dos testes aplicados, concluíram que não houve consenso sobre uma opção de reforma para a possibilidade de veto da vítima na decisão de acordo implementada pelo Ministério Público. Nenhuma das opções foi universalmente aceita ou universalmente rejeitada, mas restou clara a necessidade de maior participação das vítimas em relação ao negócio penal[129].

O poder de veto às vítimas em acordo de diversão poderia, em nome de maior participação do ofendido, tornar o sistema de justiça criminal desigual, implicar maior número de processos penais, maior possibilidade de encarceramento, e desajustar uma política de segurança pública de interesse coletivo.

---

126. Ibidem, p. 131-132.

127. FREIBERG, Arie; FLYNN, Asher. **Victms and Plea Negotiations:** overlooked and unimpressed. Palgrave Macmillan. Versão Kindle, 2021. p.132-133.

128. Ibidem, p. 133-134.

129. Ibidem, p. 137.

Não se pode olvidar das Diretrizes da Procuradoria-Geral Federal *(Attorney General's Guidelines)*, dirigida aos promotores federais dos EUA, que apontam a necessidade de considerar as opiniões das vítimas acerca de negociações em potencial e de incluir consultas antes da apresentação da acusação no Tribunal. Os promotores devem informar as vítimas, esforçar-se para conversar com elas e fornecer explicações antes de decidir quanto a uma acusação futura. Em casos de crimes graves, ao não celebrar um acordo de acusação na falta de demonstração de boa causa, devem consultar as vítimas antes da assinatura do acordo[130].

A atribuição contida nas mencionadas diretrizes aponta uma tarefa dada aos promotores, no sentido de fornecer às vítimas as razões para uma decisão de não acusação, quando a vítima poderá apresentar seus pontos de vista sobre a decisão do Ministério Público.

Ressalva-se que a diretriz que impinge um diálogo entre o promotor de justiça e a vítima não torna o promotor um cliente da vítima, não o vincula aos desejos da vítima. Ao fornecer às vítimas as razões pelas quais recusou uma acusação, o Ministério Público promove uma agenda de justiça consensual qualificada pela transparência, com capacidade de produzir nas vítimas uma crença de confiança na atuação dos promotores, os quais se apresentam como atores neutros. De outro lado, as vítimas, de igual modo, se sentirão respeitadas pelo sistema de justiça criminal[131].

Alguns desafios para implementar essa participação da vítima merecem ser destacados. Eles envolvem os custos desse diálogo ante o volume da demanda processual, bem como a gestão na conferência com a vítima nos casos de crimes graves, de modo a evitar a influência indevida do ofendido na valoração da decisão quanto à medida a ser adotada pelo Ministério Público na persecução penal. São aspectos de uma equação dentro da discricionariedade do Ministério Público, que considera a forma, o tempo e a quantidade de atribuições do órgão[132].

Para Zargar, de uma perspectiva de teoria da justiça consensual, é importante dar voz à vítima, como parte interessada, mesmo que ela não tenha

130. ZARGAR, Zulkifl M. Secret faits accomplis: declination decisions, nonprosecution agreements, and the crime victim's right to confer. **Fordham Law Review**, New York, NY, v. 89, p. 343-383, Oct. 2020. p.374-375. Disponível em: http://fordhamlawreview.org/wp-content/uploads/2020/09/Zargar_ October.pdf. Acesso em: 7 nov. 2022.

131. Ibidem, p. 378-379.

132. Ibidem, p. 343-383.

qualquer controle sobre o resultado. Isso ocorre porque as vítimas desejam participar, sua satisfação está relacionada à sua capacidade de participar[133].

As vítimas devem ter voz, mas não o poder de veto. É possível conciliar acordos de diversão e interesses das vítimas. Para tanto, revela-se necessário compreender que o sistema criminal estatal tem deveres para com a vítima de crime que vão além da ideia de retribuição.

As vítimas precisam ser ouvidas, informadas, ressarcidas de forma material e psicológica. Devem ter o momento de opinar e ser comunicadas que não contribuíram para o crime, que o fato criminoso é de exclusiva responsabilidade do seu autor, o qual será responsabilizado na justa medida, com pena ou com solução diversa da pena, conforme a hipótese legal permitir.

A garantia de participação, contudo, não significa que a vítima estará completamente satisfeita. Pesquisa realizada na Austrália, por meio da técnica metodológica do grupo focal, identificou que as vítimas ficaram insatisfeitas com a possibilidade de poder reclamar, mas não poder alterar o resultado final. Perceberam que a reclamação implicava uma participação de pouco ganho, sem caráter empoderador e transparente[134].

Na persecução penal do território da capital australiana, prevê-se pedido de revisão feito pela vítima contra a decisão do promotor de justiça que optou por não prosseguir com a acusação de um autor identificado. Essa revisão não abrange a decisão de mudança da imputação fática ou de redução da acusação, por exemplo, para fato menos grave. Quanto às decisões passíveis de revisão, os procedimentos exigem que o promotor não apenas consulte a vítima, mas também a informe: desse modo, se estiver insatisfeita com a decisão de encerrar um processo, poderá solicitar a reconsideração da decisão[135].

No Reino Unido, por sua vez, desde 2014, a vítima pode solicitar revisão quando da decisão do Ministério Público de não prosseguir com uma acusação. No entanto, não pode solicitar revisão da escolha do promotor de justiça por negócio penal alicerçado em uma confissão, nem em caso de modificação da acusação[136].

133. Ibidem.

134. FREIBERG, Arie; FLYNN, Asher. **Victms and Plea Negotiations:** overlooked and unimpressed. Palgrave Macmillan. Versão Kindle, 2021. p. 99.

135. Ibidem, p. 106.

136. Ibidem, p. 105.

O modelo foi criticado por possuir mecanismo interno de revisão. A revisão interna não permitiria entender completamente se estereótipos desatualizados e problemas padrões ainda existem em relação à tomada de decisão do Ministério Público. A revisão interna poderia ocultar as verdadeiras razões que levam à tomada de decisão do Ministério Público quando escolhe não prosseguir com uma acusação[137].

Outro aspecto detectado na citada pesquisa diz respeito à linguagem utilizada comumente nas normas que buscam dar algum tipo de participação às vítimas. Há, segundo Arie Freiberg e Asher Flynn, uma forma de vitimização secundária na linguagem da legislação que não especifica claramente os direitos das vítimas e cria falsas esperanças e expectativas. Argumentam que o fracasso ao não empregar uma linguagem acessível a todas as vítimas continua a gerar divisão entre elas e as partes interessadas do sistema de justiça criminal[138].

No que concerne ao ordenamento jurídico brasileiro, as vítimas não têm poder de veto nos acordos de diversão. Registra-se, no entanto, que, ao realizar a conciliação cível, prevista na Lei n. 9.099/95, a vítima renuncia à persecução penal nos crimes de ação privada e de ação pública condicionada à representação.

Há um esforço normativo, examinado abaixo, em relação ao ressarcimento do dano sofrido e à necessidade de ampliar a participação da vítima. Todavia, até então inexistem de maneira institucionalizada a informação e o espaço de voz da vítima em arquivamentos realizados pelo Ministério Público. Nem mesmo nos arquivamentos, em hipóteses de crimes graves, quando se detecta, por exemplo, a falta de mais linhas investigatórias para identificar o autor.

5.5. UM INCOMPLETO REPOSICIONAMENTO DA VÍTIMA NO MODELO DE JUSTIÇA PENAL NEGOCIADA

Algumas questões lançadas no início do espaço destinado a relacionar as vítimas e o sistema de justiça penal negociada serão agora examinadas, fazendo-se o devido cotejo com a legislação em vigor e, quando for necessário, com a jurisprudência, buscando compreender se houve alteração significativa no espaço destinado à vítima nos modelos de negócio penal existentes.

137. Ibidem.

138. Ibidem, p. 94 e 97.

Para tanto, é preciso dividir a análise do papel da vítima nos dois arranjos de justiça penal negociada, ou seja, nos acordos que possibilitam a fixação de uma pena, principalmente a pena privativa de liberdade, e nos acordos penais que implicam respostas sem natureza de pena.

Esse segundo modelo é denominado acordo de diversão, conforme delimitação adotada na pesquisa que ora se desenvolve, conquanto seu conceito possa ser mais amplo em algumas abordagens acadêmicas, abrigando resposta penal com natureza de pena, mas com intensidade menor, que diminui a opção do cárcere.

Quanto à primeira questão, se o modelo de justiça penal negociada se importa mais com a vítima do que o modelo tradicional, parece que a resposta deve ser positiva no que concerne aos acordos de diversão existentes no ordenamento jurídico brasileiro, quanto à reparação do dano e à informação acerca do procedimento.

A resposta, no entanto, não é positiva em relação ao direito de voz em seu grau máximo, qual seja, à possibilidade de veto da vítima à realização de acordo de diversão pelo Ministério Público, de modo a exigir persecução penal em busca de uma condenação, porquanto o ofendido não possui tal prerrogativa.

Nos mecanismos negociais existentes no Brasil, a título de ilustração, no campo das leis, observa-se uma preocupação com a reparação do dano, como condição obrigatória para realizar a avença, e existe ainda interesse na concretização do direito à informação. No âmbito das resoluções examinadas no item anterior, preocupa-se não somente com a reparação do dano e com a informação, mas ainda com o acolhimento da vítima.

Quanto à reparação do dano, ressalta-se que essa previsão consta, de igual modo, na solução processual conflitiva, uma vez que o legislador estabeleceu a possibilidade de fixar a reparação cível da vítima no bojo da sentença penal condenatória, conforme destacado anteriormente.

Todavia, na prática forense, na grande maioria dos casos, inclusive dos crimes patrimoniais, aqueles que geram prejuízos materiais diretos à vítima, não se observa a fixação dessa reparação ante a dificuldade, na maioria dos casos, de se provar o quantum do prejuízo sofrido pelo ofendido durante a instrução criminal.

Verifica-se que, no desenho vigente, a instrução criminal apresenta um formato para o fato criminoso e para a autoria, com reduzido espaço – na rotina dos atores processuais – para o contraditório do quantum cível do prejuízo, salvo casos de valor incontestável do dano sofrido, comprovado, por exemplo, por meio de notas fiscais recentes[139].

As dificuldades para reparar o dano à vítima foram destacadas por Larrauri. Conquanto compreendesse a possibilidade de superar cada empecilho, a autora apontou que, em crimes graves, a compensação ocorre com menos frequência; que os juízes encontram dificuldade em concretizar a reparação do dano em suas decisões no processo criminal, porquanto entendem que, na sentença condenatória, aplica-se pena, de modo que não deve ser usada para questões cíveis; além da falta, não raro, de capacidade econômica do autor do crime[140].

Em atenção a esses desafios, que de igual modo se fazem presentes na realidade nacional, o Conselho Nacional do Ministério Público, conforme indicado anteriormente, determina atuação de seus membros no sentido de fazer cumprir o comando normativo, nos termos do artigo 9º da Resolução n. 243, de 18 de outubro de 2021, tanto na ação penal que inicia o processo conflitivo, quanto nos acordos penais entabulados na justiça penal negociada[141].

Verifica-se ainda, em linha com a mencionada Resolução n. 40/34 da ONU, preocupação da normatização interna brasileira em concretizar outros direitos da vítima, além da reparação do dano, no que concerne à informação e ao acolhimento do ofendido pelo crime, para lhe proporcionar um retorno, sem medo, às atividades cotidianas.

139. Pode ser citada a seguinte hipótese exemplificativa do dia a dia forense: roubo de um celular. O aparelho não foi recuperado. A vítima, por intermédio do Ministério Público, junta cópia da nota fiscal do produto adquirido poucos dias antes do fato, na qual consta o valor exato do bem. Em algumas situações, o referido documento já consta na investigação policial que chega ao Ministério Público para o oferecimento da denúncia. Tanto no corpo da denúncia, quanto nas alegações finais, após a instrução criminal, a acusação reforça o pedido de reparação cível do dano causado à vítima. A defesa pode-se manifestar sobre a prova documental do prejuízo nas diversas fases do processo. Em tal situação, é comum a fixação do valor do prejuízo na sentença condenatória e a condenação do réu ao seu pagamento.

140. LARRAURI, Helena. Victimología: ¿Quiénes son las víctimas? ¿Cuáles sus derechos? ¿Cuáles sus necesidades? ***In*****: Jueces para la Democracia: información y debate**. v.15, Madrid, 1992. p.25. Disponível em: <http://www.juecesdemocracia.es/wp-content/uploads/1992/03/revista-15-enero-1992.pdf>. Acesso em: 20 nov.2022.

141. Nos termos do art. 9º da Resolução CNMP 243, de 18 de outubro de 2021: "O Ministério Público deverá pleitear, de forma expressa, no bojo dos autos, a fixação de valor mínimo para reparação dos danos materiais, morais e psicológicos, causados pela infração penal ou ato infracional, em prol das vítimas diretas, indiretas e coletivas. §1º Incumbe ao Ministério Público, orientado pelo princípio da unidade institucional, implementar políticas, parâmetros e protocolos para a exigência, sempre que possível, da reparação dos danos materiais e morais das vítimas e familiares em investigações, processos e acordos celebrados com sua mediação ou participação. §2º Os acordos ou valores recuperados para fins de ressarcimento dos danos suportados por vítimas ou familiares devem ser devidamente registrados em sistema próprio (BRASIL. Conselho Nacional do Ministério Público (CNMP). **Resolução n. 243, de 18 de outubro de 2021.** Dispõe sobre a Política Institucional de Proteção Integral e de Promoção de Direitos e Apoio às Vítimas. Diário Eletrônico do CNMP, Caderno Processual, edição de 22/10/2021, p. 17–21. Disponível em: <https://www.cnmp.mp.br/portal/images/Resolucoes/2021/Resoluo-n-243-2021.pdf>. Acesso em: 01 fev. 2022).

No primeiro aspecto, destaca-se a ciência sobre a homologação do acordo de não persecução penal, bem como acerca do seu descumprimento, insculpida no §9º do art. 28-A do CPP[142]. No segundo objetivo, a Resolução n. 243 do CNMP determina, nos arts. 15 e 14, a criação de Núcleos ou Centros de Apoio às Vítimas no âmbito dos Ministérios Públicos brasileiros[143].

No que concerne à segunda indagação proposta – é melhor ou pior para a vítima o acordo entre acusação e defesa? –, essa é uma pergunta que admite vários recortes. Do aspecto da reparação do dano, o modelo negocial a considera condição obrigatória, salvo comprovada impossibilidade, demonstrada pelo autor do crime, de reparar o prejuízo. Esse modelo de reparação do dano se faz presente nos acordos penais brasileiros: transação penal; suspensão condicional do processo; acordo de não persecução penal. Nos dois últimos, a reparação consta como condição obrigatória.

De outro lado, no modelo conflitivo, não raro, a reparação do dano em decorrência da persecução penal é colocada em segundo plano, pelas razões apontadas alhures. A alta demanda processual das varas criminais, a necessidade de findar o processo para a gestão administrativa dos feitos, bem como a sempre insuficiente força de trabalho dos atores do sistema de justiça criminal fazem com que a preocupação com a vítima, não raro, fique em segundo plano. Desse modo, de maneira comparativa, o modelo negocial da diversão, consegue atender a vítima de forma mais eficaz do que a solução penal mediante julgamento.

Constata-se, ainda, que a celeridade e a informação dos instrumentos negociados, ao menos os previstos no ordenamento jurídico brasileiro, contribuem para satisfação da vítima, ao lhe dar papel de maior destaque na solução do conflito penal, sem transformá-la, salvo em raros casos, em parte na relação processual penal.

No que diz respeito à relação entre justiça negociada, pena e vítima, a questão é: há relação entre a finalidade da pena negociada e a redefinição do papel da vítima no modelo de justiça penal negociada? Pode-se dizer que, quanto à comunicação da resposta penal ao autor culpável pelo injusto cometido, a resposta não parece ser simples.

---

142. BRASIL. Presidência da República. **Decreto-lei n. 3.689, de 3 de outubro de 1941**. Código de Processo Penal. Disponível em: <http://www.planalto.gov.br/ccivil_03/decreto-lei/del3689compilado.htm>. Acesso em: 1 fev. 2022.

143. BRASIL. Conselho Nacional do Ministério Público (CNMP). **Resolução n. 243, de 18 de outubro de 2021.** Dispõe sobre a Política Institucional de Proteção Integral e de Promoção de Direitos e Apoio às Vítimas. Diário Eletrônico do CNMP, Caderno Processual, edição de 22/10/2021, p. 17-21. Disponível em: <https://www.cnmp.mp.br/portal/images/Resolucoes/2021/Resoluo-n-243-2021.pdf>. Acesso em: 1 fev. 2022.

Dito com outras palavras, tanto a pena negociada abaixo do patamar previsto em abstrato – nos modelos jurídicos que admitem acordos de penas –, quanto o equivalente funcional da pena – nos modelos jurídicos que, por ora, não admitem acordos de penas – encontram o desafio de ajuste com a expectativa punitiva do ofendido.

Em sentido mais negativo, ao tratar de modelos que permitem a negociação da pena, Damaska discorre que o interesse da vítima ou mesmo do público em geral pode ser negligenciado no modelo de justiça penal negociada. Isso, porque a negociação de sentenças penais, com penas mais baixas, pode dificultar a resposta racional, enquanto a negociação por fato menos grave do que aquele cometido, ou, ainda, outras negociações de acusação podem gerar suspeita sobre o funcionamento do sistema de justiça[144].

É certo que os instrumentos do consenso aproximam mais a vítima do modelo de resposta penal em detrimento do modelo conflitivo, principalmente nos arranjos existentes no ordenamento jurídico brasileiro, o qual, por ora, só permite acordos penais com soluções diversas da pena, denominados de equivalentes funcionais. Aqui reside uma relevante diferença que se apresenta no ordenamento jurídico brasileiro em relação aos modelos comparados, ou seja, a não existência de acordo de pena.

Nos modelos jurídicos comparados que possuem acordo de pena, a vítima não faz parte da negociação. O Estado, geralmente na figura do Ministério Público, faz a proposta ao acusado que, se aceita, é homologada pelo juiz. No modelo brasileiro de equivalente funcional da pena, o procedimento é semelhante, mas as medidas pactuadas não têm natureza de pena. Dessa forma, a vítima é cientificada da resposta dada pelo Estado à ofensa que sofreu.

A vítima, no arranjo atual dos acordos penais brasileiros, pode compreender que a resposta não é suficiente, ao vislumbrar para o fato uma previsão abstrata de pena – prevista no preceito secundário da norma incriminadora – que o Estado deixou de lado ao propor um acordo sem natureza de pena.

Como última indagação proposta: há um reposicionamento da vítima no modelo de justiça penal negociada? As normas apontadas, tanto do cenário externo quanto do interno, indicam destaque maior para a vítima no ambiente penal no que concerne: à reparação do dano; à informação; ao acolhimento com o uso das redes intersetoriais; a um espaço de justiça restaurativa. Tais

144. DAMASKA, Mirjan. Negotiated Justice in International Criminal Courts. In: THAMAN, Stephen C. (Ed.). **World Plea Bargaining**. Consensual procedures and the avoidance of the full criminal trial. Durham: Carolina Academic Press, 2010. p. 93.

iniciativas são mais afinadas com o negócio penal e menos com as soluções obtidas em procedimentos conflitivos.

Não há espaço no contexto do atual Estado Democrático de Direito para um resgate da vítima no sentido de fazer ressuscitar maneiras de exercício da vingança privada[145]. O seu reposicionamento, de forma específica, ocorre de duas formas: no âmbito dos acordos penais previstos no ordenamento jurídico brasileiro, a vítima tem o direito de ser ouvida para apontar o prejuízo sofrido construir a reparação do dano, e de ser informada acerca do acordo realizado; e, ante a nova normatização oriunda do CNMP, a vítima também tem o direito de ser acolhida por um conjunto de iniciativas de arranjo multidisciplinar, que alcança os modelos de justiça penal negociada e de justiça penal conflitiva.

Por conseguinte, pode-se inferir que o reposicionamento da vítima, conforme constatado, diz respeito a maior preocupação do Estado com a reparação do dano causado pelo crime, com o direito à informação e, até mesmo, com medidas de restauração do abalo emocional, fazendo-se uso da contribuição multidisciplinar da psicologia, da assistência social e até mesmo da religião - sem perder a ideia de um Estado laico, de liberdade religiosa - no diálogo com o Direito Penal.

No texto da Lei n. 9.099/95, na qual constam conciliação, transação e suspensão condicional do processo, observa-se principalmente um resgate da vítima no que diz respeito à reparação do dano. Idêntica preocupação se verifica no art. 28-A do CPP ao tratar do acordo de não persecução penal. Todavia, não se constata, nas formas de consenso penal do Brasil, a participação da vítima em respostas penais com natureza de pena.

Não parece razoável possibilitar à vítima participar de uma proposta penal com natureza de pena privativa, nem no plano abstrato, onde o temor do ofendido, como única fonte, pode fazer surgir normas com conteúdo simbólico[146], nem no plano concreto, onde poderá sobressair o sentido vingativo[147].

145. "Uma das conquistas no direito moderno e que revela como verdadeira garantia dos direitos individuais é a proibição da justiça privada ou da chamda justiça pelas próprias mão" (GRECO FILHO, Vicente. **Manual de Processo Penal.** 8ª ed. São Paulo: Saraiva, 2010. p.42).

146. Em sentido semelhante: HASSEMER, Winfried. **Introdução aos fundamentos do Direito Penal.** 2ª ed. Porto Alegre: Sérgio Antônio Fabris, 2005, p. 115.

147. No procedimento conflitivo, em pequena parcela dos crimes, o legislador condicionou à persecução penal à iniciativa da vítima, nos denominados crimes de ação privada. Há ainda, em caso de crimes de ação pública, a possibilidade de ação penal subsidiária ante a inércia do Ministério Público. No entanto, quando se trata de negócio penal, compete ao Ministério Público a iniciativa, salvo em crimes de ação privada, diante da posição atual da jurisprudência brasileira. O STJ tem decidido de maneira favorável à possibilidade de transação penal em crimes de ação privada, de menor potencial ofensivo: "[...] IV - A jurisprudência dos Tribunais Superiores admite a aplicação da transação penal às ações penais privadas. Nesse caso, a legitimidade para formular a proposta é do ofendido, e o silêncio do querelante não constitui óbice ao prosseguimento da ação penal [...]" (BRASIL. Superior Tribunal de Justiça.

De outro lado, o Estado que detém o *ius puniendi* deve se preocupar com a imposição de uma pena que seja suficiente para tutelar o bem jurídico lesado ou exposto a perigo de lesão. Penas insuficientes podem não transmitir a mensagem adequada à vítima e à coletividade, seja em modelos de justiça negociada ou em modelos de justiça penal afirmada em um processo conflitivo.

Acrescenta-se que a vítima não detém, no ordenamento jurídico brasileiro, o poder de veto aos acordos de diversão. Compete ao Ministério Público, em sua discricionariedade, ancorada na valoração dos critérios apontados pelo legislador, propor, de acordo com o caso examinado, transação penal, acordo de não persecução penal e suspensão condicional do processo.

Em síntese, o Direito Penal do Estado Liberal do final do século XVIII surge com a neutralização da vítima. No entanto, no atual contexto, "a política-criminal precisa levar em conta e processar o interesse da vítima"[148]. Isso vale tanto para as vítimas difusas quanto para vítimas individuais, no sentido comunicativo da resposta penal, tanto nas soluções negociadas quanto nas soluções conflitivas do modelo de justiça penal.

O reposicionamento da vítima, portanto, não se dá no exercício de alguma parcela decisória sobre a negativa de acordo de diversão ou sobre o patamar de pena a ser aplicada ao condenado. Enfatiza-se a reparação do dano provocada pelo crime, o direito à informação com a resposta de uma medida suficiente e ao atendimento multidisciplinar. Esse último aspecto carece de maior atenção no âmbito dos Ministérios Públicos brasileiros e de uma paulatina cobrança do Órgão de Controle Externo, ou seja, o CNMP[149].

. 5ª Turma. **Recurso Ordinário em Habeas Corpus 102381/BA.** Rel. Min. Felix Fischer. Julgado em 9/10/2018. Disponível em:<https://scon.stj.jus.br/SCON/GetInteiroTeorDoAcordao?num_registro=201802221680&dt_publicacao=17/10/2018>. Acesso: em 20 nov. 2022). O tribunal, de igual modo, tem permitido a suspensão condicional do processo em crimes de ação privada mediante proposta do ofendido: "[...] 4. No caso de ação penal privada, a legitimidade para formular a proposta de suspensão condicional do processo é do ofendido.[...]" (BRASIL. Superior Tribunal de Justiça. 6ª Turma. **Agravo Regimental em Recurso Especial 1815689/PA**. Rel. Min. Laurita Vaz. Julgado em 22/06/2021. Disponível em: <https://scon.stj.jus.br/SCON/GetInteiroTeorDoAcordao?num_registro=202100133712&dt_publicacao=30/06/2021>. Acesso: em 20 nov. 2022).

Na doutrina, há diversas linhas. Destaca-se a posição de Demercian, para o qual não caberia transação penal na ação privada, por ser medida mitigadora da legalidade ou obrigatoriedade de instauração da ação penal no que concerne à atribuição do Ministério Público, que possui discricionariedade controlada ou regulada. De outro lado, o ofendido possui discricionariedade para propor ou não a queixa. Nem mesmo o Ministério Público poderia propor a transação em casos de ação privada, porquanto não teria legitimidade para a propor tal ação, logo não poderia dispor desse direito (DEMERCIAN, Pedro Henrique. MALULY, Jorge Assaf. **Teoria e Prática dos Juizados Especiais Criminais.** 4ª Ed. Rio de Janeiro: Forense, 2008. p.79-80).

148. HASSEMER, op. cit, p. 113 e 117.

149. Essa cobrança há de existir, porquanto o CNMP regulamentou a matéria em resolução e atribuiu deveres aos diversos ramos do Ministério Público brasileiro. Por isso, deve fazer o acompanhamento da implementação de sua Resolução n. 243 de 2021.

6

A LEGITIMAÇÃO DA RESPOSTA PENAL NEGOCIADA NO DIREITO PENAL

Neste último capítulo, busca-se, de forma mais específica, apontar o caminho para a questão relativa à legitimação da resposta penal na justiça negociada no atual estágio do Direito Penal. Adianta-se, de início, considerando o exposto no primeiro capítulo, a impossibilidade de escolher uma única teoria para justificar a pena e, do mesmo modo, justificar um equivalente funcional da pena.

Faz-se necessário retomar algumas análises, tais como a imprecisão da retribuição que não admite pena menor do que a culpabilidade do indivíduo, de forma a dificultar os acordos de culpa que entregam, de forma geral, menor resposta penal do que a prevista pelo legislador no preceito secundário do tipo penal.

As teorias preventivas, de forma isolada, também apresentam dificuldade. A prevenção geral negativa não consegue superar a crítica empírica quanto ao seu efeito intimidador mediante o uso da prisão. Em uma correlação com os acordos penais, tal teoria encontraria dificuldade nos acordos que afastam a possibilidade do cárcere.

De outra parte, para a teoria preventiva geral positiva fundamentadora, a pena reafirma a norma e não há relevância externa do conflito[1]. Desse modo, não compreende a necessidade de atenção à vítima direta por meio da reparação de dano, retirando uma das principais condições fixadas nos acordos penais.

---

1. JAKOBS, Günther. **Derecho Penal**: parte general: fundamentos y teoría da imputación. 2. ed. Madrid: Marcial Pons, 1997. p.12.

No grupo da prevenção especial, a modalidade negativa teria dificuldade de justificar acordos penais que não fazem uso do cárcere como resposta penal. Dessa forma, os acordos de diversão não dialogariam com o fim de inocuização do indivíduo abrigado na teoria da prevenção especial negativa[2].

No que concerne à prevenção especial positiva, o papel de ressocialização e de reeducação do agente que cometeu a infração penal é compatível com os acordos penais, tanto nos negócios de sentença penal negociada quanto nas formas de *diversion*. No entanto, não é suficiente, por si só, para justificá-los, em razão da ausência de comprovação empírica de seus resultados e por não abrigar uma comunicação convincente da resposta penal ao ofendido.

As teorias mistas também apresentam suas falhas, conquanto representem uma tendência, conforme se observa em textos normativos brasileiros tanto da pena privativa, quanto da pena restritiva de direitos ou, ainda, de acordo com a incidência de equivalentes funcionais da pena[3]. As teorias mistas juntam, não raro, propostas incompatíveis e, por isso, não são consistentes[4].

Alerta-se que nenhuma teoria clássica da pena se importou com a vítima[5]. E sem atenção à vítima não é possível encontrar espaço para a legitimação de acordos penais, principalmente quando se trata de acordos com respostas sem o uso do cárcere. Um espaço para tanto pode ser extraído da terceira via proposta por Claus Roxin, na qual a reparação do dano exerce uma posição ao lado da pena e da medida de segurança, podendo diminuir ou eliminar a opção do cárcere[6]. Acrescenta-se ainda a contribuição comunicativa da resposta penal à vítima e à sociedade no seio da teoria expressiva da pena.

A redescoberta da vítima, no terceiro estágio de sua participação no sistema de justiça criminal, requer um espaço na teoria da pena e em outras alternativas

---

2. Ressalta-se que tal função apregoada pela prevenção especial negativa não é totalmente desprezada. Na linha de Claus Roxin, pode sim ser útil para os indivíduos não corrigíveis e nem intimidáveis (ROXIN, Claus. **Sentido e limites da pena estatal.** *In:* Problemas Fundamentais de Direito Penal. Trad. Ana Paula dos Santos Luis Natsheradetz. 3ª ed. Lisboa: Vega, 2004. p. 20).

3. Os artigos 59 e 44-III do Código Penal apontam a função de reprovar e prevenir na dosimetria da pena privativa de liberdade e na substituição de pena privativa de liberdade por restritivas de direito, respectivamente (BRASIL. Presidência da República. **Decreto-Lei n. 2.848, de 7 de dezembro de 1940**. Código Penal. Disponível em: <http://www.planalto.gov.br/ccivil_03/decreto-lei/del2848compilado.htm>. Acesso em: 13 out. 2022). Terminologia semelhante foi utilizada no artigo 28-A do Código de Processo Penal, inserido pela Lei n. 13.964/2019, ao exarar a necessidade de o Ministério Público analisar as finalidades de reprovação e prevenção quanto do oferecimento de um acordo de não persecução penal (BRASIL. **Decreto-lei nº 3.689, de 3 de outubro de 1941.** Código de Processo Penal. Brasília-DF: Presidência da República. Disponível em: <http://www.planalto.gov.br/ccivil_03/decreto-lei/del3689compilado.htm>. Acesso em: 21 nov. 2021).

4. LESCH, Heiko H. **La Función de la Pena.** Trad. Javier Sánchez-Vera Gómez-Trelles. Madrid: Dykinson, 1999. p.41.

5. GUIMARÃES NETO, Silvio Leite. **Uma teoria da pena baseada na vítima:** a busca pela satisfação do indivíduo vitimado como finalidade da pena. São Paulo: Marcial Pons, 2020. p. 36-78.

6. ROXIN, Claus; GRECO, Luis. **Strafrecht Allgemeiner Teil.** Grundlagen. Der Aufbau der Verbrechenslehre. 5ª auf. München: C.H. Beck, 2020. p. 169-171.

de resposta penal. Essa participação reforça o caráter democrático do Direito Penal e amplia sua transparência na comunicação com a vítima e a sociedade, em um modelo de Estado Democrático de Direito.

Há, portanto, um caminho a percorrer na busca de legitimação da resposta penal negociada. Para tanto, a demonstração de alternativas levará em conta a divisão dos dois modelos de solução do conflito penal negociado: pena negociada e equivalente funcional da pena negociado.

A natureza da resposta penal negociada revela-se importante, entre outras razões, para compreender sua legitimação, a qual se relaciona com seus fins. Se a resposta tem natureza de pena, há espaço para solucionar as dúvidas nas teorias das penas, com os acréscimos de procedimentos mais céleres e redução de custos para o Estado. Contudo, o utilitarismo não é suficiente para justificar acordos penais sem natureza de pena, que abrem mão de percorrer o caminho do *ius puniendi* estatal.

Não se olvida de um reducionismo quanto à finalidade da justiça penal negociada, que dialoga diretamente com sua legitimação. Damaska alerta que essa visão destoa de um sistema de justiça democrático, ao reconhecer que a utilidade prática constitui a única justificativa convincente para a justiça negociada, porquanto: evidências contra grandes criminosos dependem de negociação com malfeitores menores; há sobrecarga do sistema de justiça criminal, de modo que, se todos os casos fossem levados a julgamento, a qualidade da justiça diminuiria de forma considerável[7].

De outro modo, considerando que vários obstáculos à justiça penal negociada já foram superados nos capítulos anteriores, resta buscar uma legitimação para a resposta penal, com ou sem natureza de pena, que não seja limitada à ideia de redução de custos ou de utilidade prática, apontada por Damaska, que parece estar mais próxima da resposta penal que tem natureza exclusiva de pena.

Se a resposta penal negociada não tem natureza de pena, sua finalidade se dirige a alcançar os mesmos fins da pena, sem impingir a dor e o etiquetamento da pena, dentro da ideia de equivalentes funcionais. Outrossim, sem a natureza de pena, a resposta penal negociada pode ser vista como alternativa político-criminal para diminuir o encarceramento, sem prejuízo de ser confrontada com uma atenção à vítima e de corresponder à perspectiva de proteção penal do bem jurídico. Será analisada ainda a graduação da resposta penal negociada

7. DAMASKA, Mirjan. Negotiated Justice in Internacional Criminal Courts. In: THAMAN, Stephen C. (Ed.). **World Plea Bargaining**. Consensual procedures and the avoidance of the full criminal trial. Durham: Carolina Academic Press, 2010. p. 94.

em distintos estágios da persecução penal. Por fim, examinar-se-á a (im)possibilidade de existir Direito Penal sem pena.

Além disso, sem a natureza de pena, o equivalente funcional negociado deve: apontar uma comunicação eficaz ao infrator, à vítima e à sociedade; representar uma tutela suficiente ao bem jurídico protegido; indicar que é legítima a construção de um Direito Penal sem pena concreta para ofensas menos intensas em estágios da persecução penal que antecedem à formação da culpa; constituir alternativa político-criminal para diminuir o encarceramento e contribuir com a gestão equilibrada do sistema prisional brasileiro.

6.1. LEGITIMAÇÃO DA PENA NEGOCIADA

Quanto ao primeiro modelo no qual a pena constitui uma alternativa de resposta negociada, conforme se observou em ordenamentos jurídicos de diversos países, principalmente no Capítulo 3, a sentença penal judicial, que reconhece o acordo entabulado entre a acusação e a defesa, produz os mesmos efeitos de uma sentença penal condenatória prolatada ao final de um julgamento.

Em razão da voluntariedade, da autonomia da vontade, do princípio da oportunidade, da legalidade, de necessidade de eficiência estatal, supera-se a celeuma penal e processual de que a pena só poderia ser aplicada após um julgamento com embate na produção da prova, ou seja, de que a culpabilidade dependeria de um contraditório entre as partes seguido de uma decisão judicial. Subsiste, todavia, a seguinte questão: como se legitima a pena negociada?

Com argumentos convincentes, não se pode negar que a pena negociada se legitima na mesma medida da pena aplicada ao final de um julgamento. Tanto na hipótese de pena negociada quanto na hipótese de pena aplicada judicialmente ao final de um julgamento, a natureza da sentença penal é condenatória e o Estado tem o poder de executar a pena. Após a homologação judicial e esgotada eventual fase de recurso – ante as especificidades do ordenamento jurídico de cada país –, subsiste um agente condenado que se submeterá ao *ius puniendi* estatal na fase executória da pena.

Restam, por conseguinte, os espaços de justificação das teorias da pena, vistos no primeiro capítulo da pesquisa, que se aplicam à pena negociada. Dito de outro modo, as discussões sobre retribuição e prevenção, como fins da pena, são aplicadas tanto à pena objeto de uma sentença penal negociada quanto à pena objeto de uma sentença penal produzida ao final de um julgamento[8].

8. Na década de 70 do século passado, nos EUA, a Suprema Corte, ao examinar o acordo penal, até então realizado na prática norte-americana, mas sem constar em textos legais, aceitou o seu uso e ainda afirmou, entre outras razões,

Não se desconhece a apontada dificuldade da teoria retributiva quando se trata de acordo penal que implica sanção menor do que a culpabilidade do agente. No entanto, todas as teorias da pena apresentam, do mesmo modo, em maior ou menor medida, dificuldade para justificar a pena aplicada em um julgamento, conquanto isso não afaste a necessidade de seus fundamentos e, portanto, de busca de sua legitimação.

De outro lado, é certo que algumas características do modelo de construção da pena negociada podem influenciar na defesa de determinadas teorias da pena, quando se objetiva justificar a resposta estatal. Dessa perspectiva, no modelo dos EUA, a confissão prévia do fato, em regra, surge antes da construção da solução negociada, nas diversas formas de *plea bargaining*. Por sua vez, o modelo jurídico italiano não pressupõe confissão para a construção de um acordo de pena, ou seja, de um *patteggiamento*[9].

Um modelo que pressupõe a confissão, voluntária e inteligível, para a construção de um acordo penal consegue comunicar melhor a resposta penal e evita discussões sobre a culpabilidade. Foi visto que há forte celeuma na doutrina italiana em razão da existência de um acordo de pena sem a necessidade de o acusado confessar o fato[10].

No desenho jurídico atual do acordo alemão (*absprachen*), cuja constitucionalidade foi afirmada pelo Tribunal Constitucional antes de sua previsão em lei, quando era praticado no dia a dia forense, observa-se dificuldade a respeito da construção legitimadora da resposta penal concreta, em razão do sujeito processual que toma a iniciativa[11]. O acordo penal alemão é oferecido pelo juiz à defesa do acusado, estabelecendo a lei uma possibilidade de veto do Ministério Público.

O juiz que oferece o acordo na Alemanha é o mesmo que sentencia o processo em caso de recusa da defesa em aceitar o acordo. Para Schünemann, o desenho jurídico do acordo penal alemão contraria as regras procedimentais e

---

que tal modalidade de solução penal contribuía para a reprovação e prevenção do crime, consoante abordagem do Capítulo 3. Na oportunidade, verificou-se que, entre as justificativas da alteração da *Rule* 11 de 1975, os acordos foram considerados relevantes à finalidade da pena, tanto no viés punitivo quanto preventivo (CASTRO, Ana Lara Camargo. **Plea bargain:** resolução penal pactuada nos Estados Unidos. Belo Horizonte: Editora D'Plácido, 2019. p. 59). No mesmo sentido, no Capítulo 1, constataram-se julgados da Argentina (país que possui acordo de pena desde 1997) ao relacionarem o princípio da oportunidade com os fins utilitaristas das teorias preventivas da pena, com exclusão do fim retributivo, bem como decisão judicial que relaciona o abuso do critério de oportunidade como abuso da legalidade, uma vez que cabe ao Estado investigar e punir qualquer fato punível (BERDULLAS, Carlos Manuel. **Criterios de oportunidad en el proceso penal**. Buenos Aires: Hammurabi, 2020. p. 158-160).

9. Esses modelos de acordo de outros ordenamentos jurídicos foram explorados no Capítulo 3.

10. SANNA, Alessandra. **Il "Patteggiamento" tra prassi e novelle legislative**. Milano- Italia: Cedam, 2018. p.167-170.

11. A história e o desenvolvimento dos acordos penais na Alemanha, Itália, Estados Unidos e Argentina foram apresentados no Capítulo 3.

a justiça da negociação, porquanto há grande disparidade entre as partes. Em contundente crítica, o referido autor menciona a existência de uma farsa, a inexistência de negociação e, sim, uma conversa de gato e rato, onde o primeiro discute com o segundo sobre a morte por este preferida[12].

Argumenta, ainda, que a negativa do acusado em realizar o acordo elimina a chance de absolvição. Ademais, existe uma tesoura sancionatória, que consiste na aplicação de uma pena mais grave na sentença quando a defesa recusa o acordo penal. O juiz procede dessa forma, segundo Schünemann, "para que a anterior ameaça dessa pena não pareça anteriormente um frívolo blefe de um jogo de pôquer. Com isso, a pena supostamente atenuada vai paulatinamente transformando-se na pena normal [...]"[13].

Outros aspectos parecem mais complexos, conforme o modelo jurídico pesquisado, quando, por exemplo, a discricionariedade da acusação lhe permite: alterar uma imputação de fato doloso para um fato culposo; e reduzir a imputação, retirando determinados fatos e imputando somente alguns ao acusado que confessou e concordou em realizar um acordo penal.

Essa alternativa foi verificada no ordenamento jurídico dos EUA, embora a *Rule* 11[14], em sua versão atual, tenha incumbido o juiz de fazer uma verificação fática quando dos acordos penais. Não há notícia de vedação à prática da *charge bargaining*, na qual se verifica ampla discricionariedade do Ministério Público quando da proposta de um acordo penal.

Do aspecto da legitimação da pena, na *charge bargaining*, subsiste um problema ao retirar imputações fáticas ou ao modificar a natureza de um fato doloso para um fato culposo, porquanto a resposta penal não corresponde ao que foi efetivamente cometido pelo agente. Deixa de existir, desse modo, uma correlação entre a pena e o fato, uma correta individualização da pena.

Tal solução não pode ser comparada com um acordo de pena em relação ao fato real cometido, no qual o acusado confessa o que fez sob a promessa de uma pena menor, ou seja, de uma causa de redução de pena. Nesse caso, não há mudança fática (*charge bargaining*). Existe, nessa hipótese, interesse estatal em uma solução célere, com menor custo e, de outro lado, interesse do acusado

---

12. SCHÜNEMANN, Bernd. **Estudos de direito penal, direito processual penal e filosofia do direito.** Coord. Luís Greco. São Paulo: Marcial Pons, 2013. p. 308.
13. SCHÜNEMANN, Bernd. **Estudos de direito penal, direito processual penal e filosofia do direito.** Coord. Luís Greco. São Paulo: Marcial Pons, 2013. p. 308.
14. O assunto foi explorado no Capítulo 3, quando do exame da *plea bargain* estadunidense.

– devidamente assistido por um advogado – em obter uma pena menor, diante do contexto probatório que lhe é desfavorável.

Esse exame do negócio penal com acordo de pena, no âmbito da legitimação da resposta penal, ou seja, de um aspecto do Direito Penal, possibilita, entre outras constatações, verificar que uma discricionariedade da acusação, que lhe permita, entre outras opções, alterar um fato doloso para um fato culposo, torna difícil legitimar a resposta penal, construída pelo legislador para determinado fato, ancorada no princípio da legalidade e da reserva legal.

Na qualidade de princípio dogmático-estruturante, a legalidade está presente no art. 5º, inciso XXXIX, da Constituição brasileira, e também no art. 1º do Código Penal, como um princípio final, orientador do Direito Penal brasileiro. Outrossim, alicerça as demais normas penais do Código Penal, com sua parte geral repleta de conceitos na forma de um sistema coeso, bem como fundamenta os tipos penais da Parte Especial e da Legislação Especial.

Do mesmo modo, como corolário da legalidade, o princípio da reserva legal corresponde à exigência de lei em sentido estrito e ocupa um espaço dogmático-estruturante, visto que orienta a formação dos preceitos primários e secundários das normas penais incriminadoras. Conquanto se admita a existência de normas penais em branco em sentido amplo (homogênea ou impróprias) e em sentido estrito (heterogêneas ou propriamente ditas), o referido princípio não permite o complemento do preceito primário com núcleos diversos dos que constam nas elementares do tipo, da mesma maneira que impede a remessa de pena à fonte diversa da lei[15].

15. GOMES FILHO, Dermeval Farias. **Dogmática Penal:** fundamento e limite à construção da jurisprudência penal no Supremo Tribunal Federal. Salvador: JusPodivm, 2019. p. 239-240. Segundo Nilo Batista, parece que o primeiro corpo de leis penais a incluir o princípio da legalidade foi a codificação de D. José II da Áustria de 1787 (Josephina). Antes disso, o art. 9º da Declaração da Virgínia de 1776 impedia a promulgação de leis maléficas com efeito retroativo, o que se repetiu com a proibição de decreto de proscrição (lei retroativa) no art. 9º, I, da Constituição americana de 7 de setembro de 1787. Em seguida, no ano de 1789, na França, a Declaração de Direitos do Homem e do Cidadão, no seu art. VIII, estabeleceu a necessidade de anterioridade da lei penal (BATISTA, Nilo. **Introdução crítica ao Direito Penal brasileiro**. 11. ed. Rio de Janeiro: Revan, 2007. p. 66). Luiz Luisi afirma que "a presença da matéria penal nas Constituições contemporâneas se faz através de princípios especificamente penais, ou seja, de princípios de Direito Penal constitucional e de princípios constitucionais influentes em matéria penal. Os primeiros são exclusiva e tipicamente penais, divididos em princípios explícitos e implícitos. Os explícitos estão anunciados de forma expressa e inequívoca no texto da Constituição. Os implícitos se deduzem das normas constitucionais, por nelas estarem contidos. Os segundos, os pertinentes a matéria penal, geralmente não são propriamente criminais, impondo-se tanto ao legislador penal, como ao legislador civil, tributário, agrário etc." (LUISI, Luiz. **Os princípios constitucionais penais**. Porto Alegre: Sérgio Antônio Fabris, 1991. p. 10). Sobre o princípio da legalidade, Luigi Ferrajoli o divide em mera legalidade (lata legalidade) e em legalidade em sentido estrito. Como mera legalidade, o princípio exige que a definição da conduta penal e a especificação da pena estejam na lei. Por sua vez, como legalidade estrita, compreende todas as demais garantias (*nulla lex poenalis sine necessitate, sine injuria, sine actione, sine culpa, sine judicio, sine accusatione, sine probatione, sine defensione*). Observam-se desse modo duas estruturas distintas do mesmo princípio. No primeiro caso, a lei é condicionante, trata-se da legalidade da forma e da fonte como condições de existência e de vigência da norma que estabelece delito e pena, qualquer que seja seu conteúdo. No segundo caso, a legalidade, cercada pelas garantias, representa uma condição de validade e

Para efeito do presente estudo, a reserva legal impede a construção de pena em intervalo distinto do previsto no preceito secundário. Até o momento, os ordenamentos jurídicos, alicerçados em modelos de investigação oficial, não têm dado o amplo espaço discricionário ao Ministério Público, presente nos modelos de disputa, para alterar, mediante acordo penal, a correspondência entre o fato e o preceito primário (*charge bargaining*), ou para modificar de maneira substancial a previsão mínima e máxima do preceito secundário. O percentual de redução da pena, em razão do princípio da oportunidade, costuma se encontrar nas leis dos países que adotam modelo de investigação oficial.

Os acordos de pena reduzida que exijam a confissão voluntária e inteligível, realizados entre acusação e defesa, sem a possibilidade de *charge bargaining*, conforme o modelo do CPPF argentino[16] e o constante no projeto do novo CPP brasileiro[17], possibilitam não somente ampliar a eficiência processual, como também comunicar a resposta penal adequada ao ofendido, à vítima e à sociedade, além de se aproximar de alguns dos efeitos apregoados pelas clássicas teorias da pena.

Nesse diapasão, quando se observam os ordenamentos jurídicos analisados no Capítulo 3, um caminho mais consoante com a realidade jurídica brasileira aponta para, em um futuro não muito distante, considerando os projetos de lei que tramitam no Congresso Nacional, adotar solução penal de acordo de pena, sem a ampla discricionariedade da acusação presente no modelo dos EUA.

Portanto, a proposta de acordo de pena, desenhada no atual Projeto do Novo Código de Processo Penal, indica um acordo de pena realizado, entre acusação e defesa, após o recebimento da ação penal, que deverá ser formalizado até o início da audiência de instrução e julgamento, conforme previsão do artigo 283[18].

---

de legitimidade das leis vigentes (FERRAJOLI, Luigi. **Direito e razão**: teoria do garantismo penal. 3. ed. São Paulo: Revista dos Tribunais, 2010. p. 93).

16. O acordo penal argentino foi explorado no Capítulo 3. Sobre o tema, um dos artigos citados foi o 323 do Código de Processo Penal Federal, que repetiu norma anterior: "ARTÍCULO 323.- Presupuestos y oportunidad del acuerdo pleno. Se aplicará a los hechos respecto de los cuales el representante del MINISTERIO PÚBLICO FISCAL estimare suficiente la imposición de una pena privativa de la libertad inferior a SEIS (6) años" (ARGENTINA. Ministerio Público Fiscal. **Código Procesal Penal Federal.** Disponível em: <https://www.mpf.gob.ar/cppf/files/2020/06/CPPF_SistemaAcusatorio-2020_22-6.pdf>. Acesso em: 15 out. 2022.

17. BRASIL. Câmara dos Deputados. **Projeto de Lei 8045/2010**. Código de Processo Penal. Disponível em: <https://www.camara.leg.br/proposicoesWeb/prop_mostrarintegra;jsessionid=node03zrauu9mz8ulervpf2nl8w0q951691.node0?codteor=1638152&filename=PL+8045/2010%3E.>. Acesso em: 22 nov. 2022.

18. Nos termos do artigo 283 do projeto do novo CPP: "Até o início da instrução e da audiência a que se refere o art. 276, cumpridas as disposições do rito ordinário, o Ministério Público e o acusado, por seu defensor, poderão requerer a aplicação imediata de pena nos crimes cuja sanção máxima cominada não ultrapasse 8 (oito) anos. §1º São requisitos do acordo de que trata o *caput* deste artigo: I – a confissão, total ou parcial, em relação aos fatos imputados na peça acusatória; II – o requerimento de que a pena privativa de liberdade seja aplicada no mínimo previsto na cominação legal, independentemente da eventual incidência de circunstâncias agravantes ou causas

Esse acordo de pena, se aprovado na forma que consta no texto do projeto, considerará a imputação da denúncia recebida e será formalizado pelas partes na presença do juiz, condicionado à admissão da culpa pelo acusado. Desse modo, não haverá possibilidade de *charge bargaining*, nem ausência de confissão, nem será proposto pelo juiz. Por conseguinte, não haverá ofensa aos princípios da legalidade e da reserva legal.

Em síntese, um negócio penal que permita acordo de pena, do aspecto da legitimação da resposta penal, enfrenta os mesmos desafios da pena aplicada em uma sentença penal condenatória ao final de um julgamento. Razões econômicas e utilitárias têm sido utilizadas para justificar a diminuição da pena mínima em um acordo penal que encerra o processo antes da audiência de instrução e julgamento. Permanecem as críticas das teorias da pena sobre retribuição e prevenção.

6.2. LEGITIMAÇÃO DO EQUIVALENTE FUNCIONAL DA PENA NEGOCIADO

No que concerne ao segundo modelo, no qual o equivalente funcional constitui a resposta negociada, ou seja, em que não existe pena negociada, mas uma solução sem natureza de pena, subsistem algumas questões complexas para relacionar tal arranjo com a legitimação da resposta penal. Uma delas pode ser apresentada desde já: como se legitima uma resposta penal negociada, sem natureza de pena, para uma infração penal cometida? Essa e outras questões serão apresentadas ao longo desse espaço da pesquisa. As respostas ou tentativas de respostas serão desenvolvidas neste e nos tópicos seguintes do respectivo capítulo.

Em primeiro lugar, faz-se necessário reforçar o argumento até aqui sustentado ao longo da pesquisa de que, no Brasil, não se pode falar em acordo de

de aumento da pena, e sem prejuízo do disposto nos §§2° e 3° deste artigo; III – a expressa manifestação das partes no sentido de dispensar a produção das provas por elas indicadas. §2° Aplicar-se-á, quando couber, a substituição da pena privativa de liberdade, nos termos do disposto no art. 44 do Código Penal, bem como a suspensão condicional prevista no art.77 do mesmo Código. §3° Mediante requerimento das partes, a pena aplicada conforme o procedimento sumário poderá ser, ainda, diminuída em até 1/3 (um terço) do mínimo previsto na cominação legal, se as condições pessoais do agente e a menor gravidade das consequências do crime o indicarem. §4° Não se aplica o disposto no §3° deste artigo se incidir no caso concreto, ressalvada a hipótese de crime tentado, outra causa de diminuição da pena, que será expressamente indicada no acordo. §5° Se houver cominação cumulativa de pena de multa, esta também será aplicada no mínimo legal, devendo o valor constar do acordo. §6° O acusado ficará isento das despesas e custas processuais. §7° Na homologação do acordo e para fins de aplicação da pena na forma do procedimento sumário, o juiz observará o cumprimento formal dos requisitos previstos neste artigo. §8° Para todos os efeitos, a homologação do acordo é considerada sentença condenatória. §9° Se, por qualquer motivo, o acordo não for homologado, será ele desentranhando dos autos, ficando as partes proibidas de fazer quaisquer referências aos termos e condições estão pactuados, tampouco o juiz em qualquer ato decisório" (BRASIL, op. cit.).

pena, ante o desenho atual do ordenamento jurídico brasileiro. Os argumentos sobre essa defesa da natureza jurídica de *diversion*[19], em razão das condições fixadas nos acordos presentes nas leis brasileiras até então – na transação penal, no acordo de não persecução penal e na suspensão condicional do processo –, foram objeto de exaustivo exame nos Capítulos 3 e 4.

Por enquanto, o ordenamento jurídico brasileiro adotou os modelos de acordo penal que implicam solução sem natureza de pena. O Congresso Nacional ainda não aprovou as propostas de introdução de acordo penal com solução de pena. Quando se examinou a opção na discussão do projeto da atual Lei n. 13.964/2019, o Parlamento brasileiro não aprovou o acordo de pena endoprocessual previsto no texto da proposta do Ministério da Justiça. Resta, no plano legislativo, a citada proposta do artigo 283 do projeto do novo CPP[20].

Do aspecto da legitimação da resposta penal, parece importante lapidar a questão anterior e apresentar outra questão prévia: como legitimar uma resposta penal sem natureza de pena para um fato criminoso para o qual existe previsão de pena no ordenamento jurídico abstrato? Isso equivale a dizer: o que justifica abrir mão da pena e solucionar o fato criminoso com outra resposta sem natureza de pena?

Para essa questão, pode-se dizer que há razões fortes, sob o ângulo político-criminal, e razões fracas, sob uma base filosófica ou, ainda, sob um alicerce dogmático-penal. Como resposta político-criminal costumeiramente citada, os fatos menos graves não comportam pena de prisão, por razões de eficiência e de economicidade, de modo que podem ser solucionados com penas restritivas de direitos e pena de multa ou, até mesmo, com solução mais célere, sem toda a marcha processual, com equivalente funcional da pena no âmbito dos negócios penais.

Do aspecto filosófico e dogmático-penal, é preciso superar a ideia de que o crime pressupõe sempre uma pena ou, em outros termos, de que uma conduta criminosa requer uma pena concreta. Em relação ao aspecto abstrato da lei, ao preceito secundário que representa a norma nos tipos penais da legislação, essa premissa continua válida. No entanto, no que atine à solução concreta da resposta penal, ela não é absoluta.

19. Os instrumentos negociais classificados como diversão têm o sentido de evitar ou afastar a possibilidade do cárcere, ou seja, da pena privativa. Constituem mecanismos de solução penal que buscam fins legítimos em resposta ao fato criminoso sem necessitar do uso da prisão. A adoção de uma concepção restritiva do conceito de diversão foi explicada na introdução à pesquisa.

20. BRASIL. Câmara dos Deputados. **Projeto de Lei 8045/2010**. Código de Processo Penal. Disponível em: <https://www.camara.leg.br/proposicoesWeb/prop_mostrarintegra;jsessionid=node03zrauu9mz8ulervpf2nl8w0q951691.node0?codteor=1638152&filename=PL+8045/2010%3E.>. Acesso em: 22 nov. 2022.

Essa premissa, no desenho constitucional do Ministério Público brasileiro, tem sido mitigada ao longo do tempo. Existe um espaço valorativo nas promoções de arquivamento do Ministério Público, que se apresenta, nos dias atuais, não raro, com o uso dos princípios da intervenção mínima, subsidiariedade, proporcionalidade e, principalmente, mediante o uso do princípio da insignificância, reconhecido pela jurisprudência brasileira.

Ademais, é possível, no Direito Penal atual, obter respostas penais suficientes, que alcançam os mesmos fins da pena, em estágios da persecução penal que antecedem a formação da culpa. Nessa toada, as soluções com os instrumentos da transação penal, da suspensão condicional do processo e, agora, em maior elasticidade, com o acordo de não persecução penal alcançam significativa parcela dos fatos penais cometidos no território nacional e precisam ser justificados, legitimados, da perspectiva de uma resposta penal.

Alerta-se, conforme já dito outrora, que essa legitimação não pode ser reduzida a uma análise econômica do direito. Os institutos negociados não podem ser reduzidos ao pragmatismo isolado de uma política criminal de segurança pública, com olhar monocular para uma mera eficiência mercadológica.

Como recorte, tendo em vista ser o instituto mais novo e que permite alcançar muito mais fatos penais – considerando o patamar de pena mínima inferior a quatro anos –, o destaque será dado ao acordo de não persecução penal (ANPP), nessa perspectiva da legitimação da resposta penal. Para evitar repetição desnecessária, ressalta-se que os institutos negociados brasileiros já foram examinados, em outros aspectos, no Capítulo 4 da pesquisa. Desse modo, a abordagem nesse espaço se restringirá ao objeto das questões inicialmente propostas.

O primeiro argumento, quando dos debates do ANPP nas discussões da Resolução n. 181 do Conselho Nacional do Ministério Público (CNMP)[21], antes de sua introdução, portanto, no artigo 28-A do Código de Processo Penal[22], justificou sua aprovação, considerando o resultado final dos processos, em caso de ação penal para os casos abrangidos pelo novel instituto, com aplicação de penas restritivas de direito. Dito de outro modo, em crimes dolosos sem violência ou grave ameaça à pessoa com pena aplicada de até quatro anos – ausente a

21. O acordo de não persecução penal foi previsto inicialmente no artigo 18 da Resolução n. 181 do CNMP (BRASIL. Conselho Nacional do Ministério Público (CNMP). **Resolução n. 181, de 7 de agosto de 2017.** Dispõe sobre instauração e tramitação do procedimento investigatório criminal a cargo do Ministério Público. Diário Eletrônico do CNMP, Caderno Processual, edição de 22/10/2021, p. 17-21. Disponível em: <https://www.cnmp.mp.br/portal/images/Resolucoes/Resoluo-181-1.pdf>Acesso em: 19 nov. 2022).

22. BRASIL. **Decreto-lei nº 3.689, de 3 de outubro de 1941.** Código de Processo Penal. Brasília-DF: Presidência da República. Disponível em: <http://www.planalto.gov.br/ccivil_03/decreto-lei/del3689compilado.htm>. Acesso em: 11 set. 2022.

reincidência e considerando as circunstâncias judiciais favoráveis –, a resposta penal será de pena privativa substituída por penas restritivas, na forma dos artigos 44 e seguintes do Código Penal.

Vale destacar que tal construção não é matemática. Isso, porque a substituição de pena privativa por restritiva envolve valoração do julgador não somente de aspectos objetivos, mas ainda de fatores subjetivos, como as circunstâncias judiciais do art. 59, nos termos do artigo 44-III do Código Penal[23]. Dessa forma, a depender da valoração da pena-base, o condenado poderá não obter a substituição de pena privativa por restritiva.

Ante esse quadro delineado, buscando uma correlação com o art. 44 do CP, o instituto do ANPP previsto na Resolução n. 181 do CNMP apontou a possibilidade de sua aplicação quando a pena mínima abstrata fosse inferior a quatro anos. Com isso, vislumbrou-se ser possível, em caso de processo penal, a aplicação de penas restritivas; logo, poderia ser feito um acordo que evitasse o processo, fixando condições equivalentes às penas, embora sem a natureza jurídica de pena. O ganho seria relevante, porque a solução suficiente para o problema penal ocorreria antes da ação penal.

Dessa forma, a justificativa seria solucionar tais fatos criminosos, com tal patamar de pena, cometidos sem violência e grave ameaça à pessoa, antes da ação penal, desde que o agente preenchesse certas condições subjetivas. Isso, porque o eventual processo penal redundaria em solução semelhante de natureza de pena restritiva de direitos. A legitimação, portanto, residiria na economia de custos para o Estado, bem como no atendimento do pleito da vítima na reparação do dano, mediante solução negociada prévia à instauração da persecução penal em juízo.

Vale destacar que esse ponto de partida substituiu uma resposta penal com natureza de pena por uma resposta sem natureza de pena, de modo que subsiste um crime que recebe solução sem natureza de pena e, por conseguinte, de natureza não condenatória. Esse modelo do ANPP, aliado ao desenho da conciliação, da transação penal e da suspensão condicional do processo, permite inferir que, no Brasil, há critérios de oportunidade legislados que possibilitam solucionar o problema penal sem o uso do cárcere.

É certo, no entanto, que tanto a norma citada do CNMP quanto o artigo 28-A do CPP exigem que as condições acordadas no acordo de não persecução penal atinjam a finalidade de reprovação e prevenção do crime. Com isso,

23. BRASIL. Presidência da República. **Decreto-Lei n. 2.848, de 7 de dezembro de 1940**. Código Penal. Disponível em: <http://www.planalto.gov.br/ccivil_03/decreto-lei/del2848compilado.htm>. Acesso em: 13 out. 2022.

busca-se alcançar os mesmos fins da pena com equivalente funcional que não possui a natureza de pena.

Se é possível alcançar as mesmas finalidades da pena mediante o uso de condições que não possuem a natureza de pena, para os crimes cometidos sem violência ou grave ameaça à pessoa, punidos com pena privativa inferior a quatro anos, o que justifica a existência de previsão de pena privativa para tais crimes? Seria apenas para forçar o investigado à decisão de aceitar o acordo, uma vez que, caso contrário, poderá ser etiquetado com um processo penal e, ainda, poderá ser condenado ao final?

Estaria o Estado abrindo mão do Direito Penal por não acreditar na pena privativa como alternativa de resposta penal para fatos pequenos e médios e, desse modo, buscando outras soluções desencarceradoras para os problemas penais? Tais soluções sem natureza de pena podem ser classificadas como soluções penais, porquanto há um rito de delegacia de polícia, promotoria criminal e juízo criminal? Ou podem ser classificadas como soluções de outra ordem?

Ou, retomando uma das linhas abordadas nos argumentos iniciais, as razões seriam exclusivamente de política criminal, no sentido de eficiência e economicidade, de não ter mais o Estado as condições de responder penalmente – com sentença ao final de um julgamento – a todos os fatos investigados, de tal forma que somente os fatos graves, em regra, serão objeto de processo judicial. A causa, dessa forma, residiria na expansão do Direito Penal, que não acompanhou a estruturação do Estado para responder aos crimes. Acrescenta-se que o Estado não está disposto, ante outras prioridades, a aumentar seu aparato para processar e julgar na forma clássica. Seria essa a única justificativa? E ela seria capaz, por si só, de legitimar a resposta penal? Como já adiantado, não se revela suficiente. O Direito Penal ainda possui premissas do templo que não podem ser substituídas pelas bancas do mercado.

É certo que as soluções negociadas de pena e de diversão, sem natureza de pena, constituem uma realidade nos ordenamentos jurídicos de muitos países. O Brasil, por ora, adotou várias modalidades de acordos penais sem natureza de pena[24]. Existe possibilidade de consenso para os fatos leves e médios, com

24. Langer aferiu a existência de 60 ordenamentos jurídicos que adotam alguma modalidade de negociação de pena sem julgamento. Mais adiante, na mesma pesquisa, o autor reduziu a amostra para 26 países. O Brasil não faz parte do grupo, porquanto não estabeleceu até o presente momento acordo de pena em suas leis. O Brasil fora colocado ao lado de Indonésia e Angola, como países que não adotaram solução negociada de pena sem julgamento. Outros países vizinhos da América do Sul já adotaram soluções negociadas, com incidência de pena sem julgamento, a exemplo da Argentina desde 1997, Bolívia em 1999, Chile em 2000, Equador em 2000, Peru em 1994, Uruguai em 2016, Venezuela em 1993 (LANGER, Máximo. Plea Bargaining, Conviction Without Trial, and the Global Administratization of Criminal Convictions. In: **Annual Review of Criminology**, v. 4, 2021, p.377-411.

solução melhor do que uma pena privativa legitimada em uma perspectiva de política criminal que, não raro, considera a realidade de um sistema carcerário em estado de inconstitucionalidade; bem como um modelo penal de terceira via, no qual a reparação de danos à vítima gera consequências na escolha da resposta penal.

A relação entre sistema carcerário brasileiro e acordos que evitam o cárcere (*diversion*) será objeto de um item específico mais adiante. Por enquanto, interessa examinar a terceira via proposta por Roxin, consubstanciada na reparação do dano à vítima, como categoria jurídica que constitui uma resposta penal propriamente dita e que, ainda, pode exercer outra função, qual seja, eliminar ou diminuir a pena privativa de liberdade.

Ao defender a teoria unificadora dialética da pena, examinada no Capítulo 1, Roxin argumenta que, na fase de execução da pena, o único fim legítimo é a ressocialização, sem eliminar, completamente, como ponto de partida, a prevenção geral. Acrescenta, ainda, que dentro do aspecto geral de ressocialização está contida a reparação do dano[25].

Nessa concepção, Roxin questiona se a reparação de danos à vítima deve figurar como uma terceira via do Direito Penal, ao lado da pena e da medida de segurança. O autor aponta discussões das últimas décadas nesse sentido e reconhece certo avanço legislativo, mas ainda pouco uso na prática, ou seja, até agora é mais um programa do que uma realidade. Há razões para defender que a reparação de danos atende melhor aos interesses das vítimas do que a pena de prisão ou de multa, em crimes de pequena e média gravidade, nos quais a vítima atribui, conforme estudos empíricos, pouco ou nenhum valor a uma punição adicional[26].

Desse modo, a proposta teórica indica que a reparação de danos como terceira via do Direito Penal, em casos punidos com pequenas multas, pode eliminar a pena quando houver a reparação completa do dano. Em casos de ofensas mais graves, a reparação de danos deve conduzir à suspensão da pena privativa com a fixação da liberdade condicional ou possibilitar a redução da pena[27].

Disponível em: https://www.annualreviews.org/doi/full/10.1146/annurev-criminol-032317-092255#article- denial. Acesso em 17 fev.2021. p. 378-381).

25. ROXIN, Claus. **Sentido e limites da pena estatal**. *In:* Problemas Fundamentais de Direito Penal. Trad. Ana Paula dos Santos Luis Natsheradetz. 3ª ed. Lisboa: Vega, 2004. p. 40-42.

26. ROXIN, Claus; GRECO, Luis. **Strafrecht Allgemeiner Teil.** Grundlagen. Der Aufbau der Verbrechenslehre. 5ª auf. München: C.H. Beck, 2020. p.169.

27. Ibidem.

Roxin e Greco mencionam o esforço legislativo, com a alteração legislativa de 1994, que modificou o §46a do Código Penal alemão (StGB), de modo a permitir atenuação da pena diante de uma mediação voluntária entre ofensor e a vítima, quando o primeiro tenha reparado o dano e se esforçado para tanto. Nesse caso, é possível reparar o dano e até excluir a pena em crimes leves[28]. A maior contribuição do dispositivo legal consiste em manter em evidência a pauta que apregoa a incorporação das reparações ao sistema sancionatório[29].

A reparação de danos, dessa forma, deixa de ter uma abordagem exclusivamente cível, passa a contribuir de forma significativa para a consecução de fins punitivos e exerce um efeito ressocializador, ao obrigar o autor do crime a lidar com as consequências do fato que cometera, além de reconhecer os legítimos interesses da vítima[30].

Acreditam, ainda, os autores que a reparação do dano, assegurada pela subsidiariedade no sistema sancionatório alemão, quando vivenciada pelo autor do crime, pode promover o reconhecimento da norma, bem como sua reconciliação com a vítima, de modo a facilitar sua reintegração social. E, sobretudo, contribuir para restaurar a paz jurídica, porquanto vítima e sociedade, muitas vezes, independentemente de uma pena privativa, somente acreditam na eliminação da perturbação social mediante a reparação de danos[31].

Nessa abordagem de terceira via, a reparação de danos, como desempenho positivo do autor do crime, pode significar uma espécie de sanção capaz de substituir ou diminuir a pena privativa. Dessa forma, a compensação da culpa não será alcançada apenas pelo sofrimento de uma ofensa criminal, mas também pelo desempenho positivo[32].

A reparação de danos constitui, portanto, nessa concepção, espécie de resposta penal e se apresenta, ao lado da pena privativa e da medida de segurança, no ensino de Figueiredo Dias, como terceiro degrau, com ao menos três

28. "Seção §46a. Mediação perpetrador-vítima, indemnização por danos. Se o agente: 1. em um esforço para chegar a um acordo com a parte lesada (acordo agressor-vítima), tenha reparado seu crime na íntegra ou em sua maior parte ou esteja se esforçando seriamente para reparar, ou 2. no caso em que a reparação do dano tenha exigido considerável esforço pessoal ou renúncia pessoal, indenize a vítima integralmente ou em sua maior parte, o tribunal pode atenuar a pena nos termos do n.º 1 do artigo 49.º ou, não tendo sido aplicada pena superior a prisão até um ano ou multa até trezentas e sessenta diárias, dispensar a pena" (tradução própria) (ALEMANHA. Ministério da Justiça (Bundesministerium der Justiz). **Código Penal (Strafgesetzbuch)**. Disponível em: <https://www.gesetze-im--internet.de/stgb/ BJNR001270871.html>. Acesso em: 18 dez. 2022).

29. ROXIN et al, op. cit., p.170.

30. Ibidem.

31. Ibidem.

32. ROXIN, Claus; GRECO, Luis. **Strafrecht Allgemeiner Teil.** Grundlagen. Der Aufbau der Verbrechenslehre. 5ª auf. München: C.H. Beck, 2020. p. 171.

argumentos favoráveis: o interesse da vítima é mais bem atendido com a reparação de danos em vez de uma aplicação de pena privativa ou de multa ao autor do fato; produz um efeito ressocializador superior ao da pena de multa, uma vez que faz com que o agente se envolva com as consequências do seu fato para a vítima, com potencial de gerar reconciliação e perdão; nos crimes de menor potencial ofensivo e nos crimes de média gravidade, a reparação de danos consegue "satisfazer as necessidades de estabilização contrafática das expectativas comunitárias na vigência da norma violada"[33].

Cabe uma advertência quanto ao texto final, defendido por Figueiredo Dias, contido nas duas últimas linhas do parágrafo anterior. Apesar do uso de semelhante terminologia, a explicação do professor português sobre a terceira via não pode ser confundida com a proposta de Jakobs, apregoada na teoria da prevenção geral positiva fundamentadora, a qual, conforme anotação no início do presente capítulo, não concilia a pena com a reparação de danos à vítima, porquanto a pena reafirma a norma e não há relevância externa do conflito[34].

A reparação de danos, segundo Larraurri, deve pressupor uma participação da vítima para informar aquilo que se lhe apresenta como uma compensação adequada. Aponta ainda a existência de estudos que comprovam que as vítimas não pedem sentenças mais elevadas. A atenção à vítima traz, por outro lado, algumas dúvidas, uma vez que a relação penal no atual sistema está ancorada entre o Estado e o delinquente. A inserção da atenção à vítima pode transformar o Direito Penal em um Direito orientado e fundamentado em dar satisfação à vítima, quando se consegue um acordo entre ofendido e infrator de maneira a solucionar o conflito penal.

A mencionada autora considera a importância da terceira via de Roxin em uma relação entre reparação de danos - como penalidade independente - e teoria preventiva da pena, com a exclusão da função retributiva. Sustenta a compatibilidade entre essa abordagem o fim do direito penal de proteção dos bens jurídicos[35].

A reparação de danos está presente nos acordos penais brasileiros e representa um equivalente funcional da pena (condição) obrigatório no ANPP,

33. DIAS, Jorge de Figueiredo Dias. **Direito Penal português**: as consequências jurídicas do crime. Coimbra: 2011. p. 78.

34. JAKOBS, Günther. **Derecho Penal**: parte general: fundamentos y teoría da imputación. 2. ed. Madrid: Marcial Pons, 1997. p. 12.

35. LARRAURI, Helena. Victimología: ¿Quiénes son las víctimas? ¿Cuáles sus derechos? ¿Cuáles sus necesidades? In: **Jueces para la Democracia: información y debate.** v.15, Madrid, 1992. p. 24-25. Disponível em: <http://www.juecesdemocracia.es/wp-content/uploads/ 1992/03/revista-15-enero-1992.pdf>. Acesso em: 20 nov.2022.

modalidade principal de acordo penal dos crimes de média ofensividade. Sua exigência é uma espécie de terceira via que, ao lado de outras condições, afasta a possibilidade de um processo e, por consequência, de uma pena. Essa modalidade de resposta penal se legitima ao atender aos interesses da vítima, somada às demais condições fixadas e, sobretudo, à suficiência do ANPP para reprovar e prevenir, conforme o desenho normativo do art. 28-A do CPP brasileiro.

No entanto, algumas questões do modelo negocial brasileiro, de condições classificadas como equivalentes funcionais da pena, ainda precisam ser mais bem esclarecidas para justificar ou legitimar tal escolha em detrimento do *ius puniendi* estatal. Na verdade, é preciso resgatar razões ancoradas nas teorias das penas, em uma forma de comunicação da resposta penal à vítima e à sociedade, da proteção suficiente do bem jurídico, da graduação da resposta penal conforme o estágio da persecução penal, do racional uso do cárcere. É preciso, muito além de uma perspectiva de análise econômica do Direito, apresentar justificativas concretas para não se fazer uso de uma ação penal, de um processo ou mesmo de um julgamento ante a ocorrência de um fato criminoso.

6.3. A INSUFICIENTE LEGITIMAÇÃO DA RESPOSTA PENAL NEGOCIADA COM EXCLUSIVO CARÁTER ECONÔMICO

Ao longo da pesquisa, verificou-se que uma das linhas utilizadas para justificar os acordos penais diz respeito ao custo econômico do processo, de uma decisão a ser proferida em um julgamento. Dessa forma, o Estado, ante a expansão penal, teria adotado soluções penais abreviadas, com o escopo de economizar recursos e atingir os mesmos fins.

Existe forte corrente do pensamento que faz relação entre o negócio penal e as ferramentas de Análise Econômica do Direito (AED). Nos EUA, onde os acordos penais são aplicados rotineiramente, Damaska esclarece que a negociação criou uma sensação de mal-estar, que ancora essa realidade jurídica na racionalidade do mercado, na ideologia do *laissez-faire* com ênfase na autonomia pessoal[36].

Esse modelo, de forma geral, decorre de uma abordagem pragmatista, na qual importam mais as consequências reais das escolhas humanas e menos se é verdade ou não se o ser humano possui livre-arbítrio, ou seja, mais as

36. DAMASKA, Mirjan. Negotiated Justice in International Criminal Courts. In: THAMAN, Stephen C. (Ed.). **World Plea Bargaining**. Consensual procedures and the avoidance of the full criminal trial. Durham: Carolina Academic Press, 2010. p.92.

consequências reais e menos as hipóteses alicerçadas na teoria moral kantiana[37]. "E isso implica em que pragmatistas sejam antitradicionalistas e voltados para o futuro. O passado é um repositório de informações úteis, mas não pode reivindicar nada de nós"[38].

O pragmatismo surgiu como forte reação à metafísica e ao modelo de análise da realidade por meio de categorias abstratas[39]. Em oposição ao formalismo, o pragmatismo triunfou no realismo jurídico, o qual rompeu com a compreensão instrumental do Direito a partir da década de 1920, nos EUA[40]. O realismo nega a interpretação do Direito com base na aplicação lógica de regras de subsunção. Na concepção realista, o objeto de estudo do Direito consiste na capacidade de prever o que será decidido pelos tribunais. Desse modo, o Direito deve ter seu olhar voltado para o futuro.

Pode-se compreender ainda, para ajuste terminológico e atribuição de significados, que o utilitarismo é, a um só tempo, uma teoria da moral individual e uma teoria da justiça social. Uma característica do utilitarismo é seu consequencialismo, que permite verificar se uma ação ou um procedimento faz algum bem identificável ou não[41].

O utilitarismo pode ser distinguido de economia. O primeiro manuseia o valor moral de uma ação ou ato político, que "deve ser julgado observando-se o princípio segundo o qual deve-se buscar "o máximo de felicidade para o maior número de pessoas"[42]. A segunda categoria constitui um ramo da ciência com vocabulário técnico exclusivo. Se o Direito recebera o impacto do utilitarismo já na época de Bentham, a AED teve seu início apenas a partir da década de 1960.

O utilitarismo não possui ferramenta técnica confiável para medir o grau de satisfação dos destinatários e praticantes de uma ação. Denota-se, ainda, um perigoso risco no instrumentalismo, que pode levar à prática de absurdos

37. Destaca-se que Posner buscou temperar esse eventual abandono da moral kantiana, ao propor um duplo efeito da AED, na perspectiva da maximização da riqueza, tanto com a ética kantiana quanto com a utilitarista: "com a primeira, porque a abordagem protege a autonomia dos indivíduos produtivos ou ao menos potencialmente produtivos (a maioria de nós); com a segunda, devido a relação empírica entre mercado livre e riqueza humana" (POSNER, Richard A. **Para além do direito.** São Paulo: Martins Fontes, 2009. p. 426).

38. POSNER, Richard. **Direito, Pragmatismo e Democracia.** Trad. Teresa Dias Carneiro. Rio de Janeiro: Forense, 2010. p.05.

39. FREIRE, Alonso Reis Siqueira. Odisseu ou Hércules? Sobre o pragmatismo e a análise econômica do direito de Richard A. Posner. **Revista Eletrônica do Curso de Direito da PUC-MG.** Serro, v. 0, n. 3, p. 21-45, 2011. p. 23.

40. "Quanto ao Direito, os realistas jurídicos consideram como pertinentes apenas uma pergunta: "o que deve fazer o juiz neste ou naquele caso?" (FREIRE, op. cit., p. 25).

41. FREIRE, op. cit., p. 32.

42. Ibidem, p. 31.

morais capazes de redundar em consequências graves para a minoria, com a justificativa de alcançar a felicidade da maioria[43].

Para Posner, se há o perigo de monstruosidades morais com o utilitarismo, subsiste, de outro lado, o preciosismo moral ou o extremismo com as teorias kantianas. Por essa razão, um sistema ético alternativo se encontra na Análise Econômica do Direito (AED)[44]. Da perspectiva da AED: "As negociações voluntárias efetuadas em consenso direcionam recursos a suas aplicações mais vantajosas"[45].

> "Se a Análise Econômica do Direito defende que as decisões judiciais devem ser tomadas de modo a aumentar a riqueza social, então deve ela demonstrar por que uma sociedade mais rica é melhor ou está em melhor situação que uma sociedade menos rica."[46] Esse alerta de Freire leva a concluir que, em muitas situações, a riqueza ocasiona perda de felicidade, uma vez que as pessoas não pensam apenas em riqueza e muitas preferem a felicidade à riqueza[47].
>
> Nesse arranjo teórico, vale realizar a distinção entre pragmatismo e consequencialismo. Um setor da academia adverte e apregoa a ausência de fungibilidade entre consequencialismo, pragmatismo e Análise Econômica do Direito. Nessa linha, o consequencialismo constitui uma classe de teorias normativas éticas cuja afirmação central reside no sentido de que as consequências de determinada conduta deverão ser a medida de sua correição. O consequencialismo se apresenta como uma espécie de filosofia moral, que define o valor de certa conduta segundo o valor de suas consequências[48].
>
> É possível, outrossim, classificar o consequencialismo. Existem dois tipos de consequencialismo, um de ato e outro de regras. "O primeiro avalia o ato a partir de suas consequências, tendo apenas o ato como referencial; o segundo avalia o ato de acordo com a aderência a um conjunto de regras previamente determinado."[49]

Atribui-se, ainda, ao consequencialismo o sentido de que o ato certo em qualquer situação dada é aquele que produzirá o melhor resultado geral,

43. FREIRE, Alonso Reis Siqueira. Odisseu ou Hércules? Sobre o pragmatismo e a análise econômica do direito de Richard A. Posner. **Revista Eletrônica do Curso de Direito da PUC-MG.** Serro, v. 0, n. 3, p. 21-45, 2011. p. 33-34.

44. POSNER, Richard A. **A economia da justiça.** São Paulo: Martins Fontes, 2010. p. 72.

45. FREIRE op. cit., p. 36.

46. Ibidem, p. 41.

47. Ibidem, p. 42.

48. ARAUJO, Thiago Cardoso; JR, Fernando Ferreira; MONTENEGRO, Lucas Dos Reis. Consequencialismo, pragmatismo e análise econômica do direito: semelhanças, diferenças e alguns equívocos. **Revista Quaestio Iuris,** v. 14, n. 04, p. 2106–2130. Rio de Janeiro, 2021. p. 2110-2111.

49. Ibidem, p. 2.125.

analisado de maneira interpessoal, de forma a conferir igual peso ao interesse de todos. Isso equivale a dizer "que a ação tomada foi a melhor possível dentro do universo de cursos de ação disponíveis ao agente[50]. O utilitarismo está, dessa perspectiva, inserido dentro do consequencialismo. O consequencialismo afasta-se da teoria dos princípios. "A avaliação filosófico-moral consequencialista opera *ex post*, uma vez que leva em consideração as consequências do ato."[51]

Ao retomar o sentido de pragmatismo, compreende-se sua proposta no sentido de que as palavras e os pensamentos devem ser considerados como instrumentos para solução de problemas. As discussões metafísicas são inúteis para o pragmatismo. Nele, o esforço reside na resolução de problemas reais e concretos que afligem a sociedade. O pragmatismo pode ser dividido em jurídico (postura do tomador de decisão) e filosófico (teoria acadêmica que avalia ações e julgamentos considerando as consequências em detrimento de conceitos, abstrações e generalidades).

O pragmatismo jurídico interessa, em maior medida, ao espaço que ora se desenvolve na pesquisa e pode ser "compreendido como uma teoria normativa do processo decisório empreendido por agentes do Direito (majoritariamente juízes, mas não apenas)"[52].

Não é uma forma de consequencialismo, desde que este seja compreendido como uma espécie de doutrina filosófica que avalia as ações exclusivamente pelo valor de suas consequências. Não constitui uma abordagem consequencialista à moda do utilitarismo, porquanto não contém um conceito predeterminado no que concerne às consequências desejáveis para todo e qualquer contexto[53].

Outrossim, o pragmatismo jurídico é empirista e acredita na inexistência de distinção, mediante o uso de procedimentos analíticos, entre o raciocínio jurídico e outras formas de raciocínio prático. Ademais, permite conferir falseabilidade às hipóteses analisadas acerca de determinado instituto jurídico, de forma a trazer uma aplicação experimentalista para o Direito[54].

Desse modo, há compatibilidade entre o pragmatismo e a Análise Econômica do Direito (AED), porquanto a Economia pode fornecer substrato para uma decisão pragmatista. A AED envolve-se na aplicação dos pressupostos da

50. ARAUJO, Thiago Cardoso; JR, Fernando Ferreira; MONTENEGRO, Lucas Dos Reis. Consequencialismo, pragmatismo e análise econômica do direito: semelhanças, diferenças e alguns equívocos. **Revista Quaestio Iuris**, v. 14, n. 04, p. 2106–2130. Rio de Janeiro, 2021. p. 2.110-2.111.

51. Ibidem, p. 2.112.

52. Ibidem, p. 2.115.

53. Ibidem, p. 2.119.

54. Ibidem, p. 2.117.

Teoria Econômica na análise de institutos do Direito. Com escopo nesse arranjo, as conclusões teóricas do Direito seriam testadas por meio de métodos mais exatos, uma vez que a carga contributiva da Teoria Econômica possibilita prever comportamentos.

A possibilidade de se fazer um exame econômico das regras jurídicas, ou seja, de realizar uma análise econômica para todo e qualquer ramo do Direito[55], mediante o uso de um método de escolha racional que permita uma alocação eficiente dos recursos escassos, se expandiu, conforme anunciado, a partir da década de 60 do século XX[56].

A Análise Econômica do Direito (AED), portanto, é fruto do realismo jurídico norte-americano, como uma reação ao juspositivismo. Este trazia uma proposta hermética do Direito sem diálogo com outras ciências sociais, enquanto aquele busca a interdisciplinaridade do Direito com as demais ciências para aproximá-lo da realidade social e afastá-lo de um formalismo estéril[57].

No Brasil, uma das reações ao juspositivismo e a consequente busca por uma reaproximação do Direito com a moral e a ética se deu com o neoconstitucionalismo, o qual confia na intuição do intérprete para construir decisões judiciais mediante o cotejo dos princípios constitucionais. Todavia, o neoconstitucionalismo não possui ferramenta de medição das consequências quanto à tomada de decisão. A AED, de outro lado, constitui uma teoria do comportamento humano que permite juízos de diagnóstico e prognose[58].

55. O estudo do Direito e da Economia pode ser – segundo o trabalho de Ivo Gico, referência acerca do tema no Brasil – apresentado da seguinte forma: "A Análise Econômica do Direito nada mais é que a aplicação do instrumental analítico e empírico da economia, em especial da microeconomia e da economia do bem-estar social, para se tentar compreender, explicar e prever as implicações fáticas do ordenamento jurídico, bem como da lógica (racionalidade) do próprio ordenamento jurídico. Em outras palavras, a AED é a utilização da abordagem econômica para tentar compreender o direito no mundo e o mundo no direito. Note-se que a utilização do método econômico para analisar o direito não quer dizer que são os economistas que praticam a AED. Pelo contrário, na maioria dos casos, os pesquisadores que a praticam são juristas ou possuem dupla formação. De qualquer forma, são juseconomistas" (GICO JÚNIOR, Ivo Teixeira. Metodologia e Epistemologia da Análise Econômica do Direito. **Economic Analysis of Law Review**, v. 1, n. 1, p. 7-33, 2010. p. 18).

56. Entre os destaques do período, merece ser apontada a obra de 1968 de Gary Becker, com o título *Crime and Punishment: an Economic Approach*, a qual fez análise econômica do fenômeno criminoso (BECKER: Gary S. **Crime and Punishment: An Economic Approach.** University of Chicago and National Bureau of Economic Research. 1974. p. 1-54. Disponível em: <https://www.nber.org/system/files/chapters/c3625/c3625.pdf> . Acesso em: 26 set. 2022). As discussões iniciais sobre análise econômica do Direito partiram do Direito Privado, com destaque para os estudos de duas grandes escolas, a escola de Yale e a de Chicago, conforme anota: SÁNCHEZ, Jesús-Maria. **Eficiência e Direito Penal**. Barueri-SP: Manole, 2004. p. 1-2.

57. GICO JÚNIOR, op. cit., p.12.

58. "Não por outra razão, enquanto os jusrealistas buscaram aproximar o direito da realidade social pelas ciências, os neoconstitucionalistas buscam reaproximar o direito da filosofia, em uma tentativa de síntese e superação do jusnaturalismo e do juspositivismo, por meio da relativização do direito escrito que, no caso concreto, pode e deve ser flexibilizado se não for razoável (e, porque não dizer, justo) (GICO JÚNIOR, Ivo Teixeira. Metodologia e Epistemologia da Análise Econômica do Direito. **Economic Analysis of Law Review**, v. 1, n. 1, p. 7-33, 2010. p. 13 e 15).

Segundo Ivo Gico, o Direito não contém uma teoria sobre o comportamento humano. A Análise Econômica do Direito (AED) pode lhe oferecer "um instrumental teórico maduro que auxilia a compreensão dos fatos sociais e, principalmente, como os agentes sociais responderão a potenciais alterações em suas estruturas de incentivos"[59].

Com suporte na análise econômica do Direito, todas as atividades humanas, inclusive as que se relacionam com o Direito, podem ser analisadas com métodos da ciência econômica[60]. Há, nessa seara, o emprego de técnicas de custo/benefício para justificar as decisões do sistema de justiça, a abertura do discurso jurídico ao debate das consequências econômico-sociais do Direito e a consideração da eficiência econômica como valor jurídico[61].

É possível, por conseguinte, correlacionar os termos consequencialismo, pragmatismo e Análise Econômica do Direito, sem lhes atribuir fungibilidade ou ignorar suas funções específicas. O consequencialismo é uma característica associada ao pragmatismo, enquanto a AED "pode ser compreendida como uma espécie de consequencialismo de regras pautado, especialmente em sua vertente normativa, por uma teoria de eficiência econômica"[62].

Tais categorias podem, inclusive, ser transportadas para o estudo do negócio penal. Dessa maneira, um acordo de pena no qual se fixa culpabilidade representa um consequencialismo, enquanto acordos com a fixação de equivalentes funcionais da pena para promover a evitação (*diversion*) de processos, ou mesmo de períodos de prova, implicam pragmatismo jurídico. O promotor de justiça, como principal protagonista da justiça penal negociada, em uma concepção pragmatista, tende a favorecer argumentos específicos em detrimento de argumentos generalistas.

Existe, outrossim, relação entre essa linha econômica de pensamento e a medição do custo e benefício de se praticar uma atividade criminosa. Para a

---

59. Ibidem, p. 8.

60. Ivo Gico faz importante distinção entre análise positiva e análise normativa mediante o instrumento empírico da AED, onde a primeira abrange o objeto do ser e a segunda abriga o objeto do dever-ser: "Em resumo, a AED positiva nos auxiliará a compreender o que é a norma jurídica, qual a sua racionalidade e as diferentes consequências prováveis decorrentes da adoção dessa ou daquela regra, ou seja, a abordagem é eminentemente descritiva/explicativa com resultados preditivos. Já a AED normativa nos auxiliará a escolher entre as alternativas possíveis a mais eficiente, isto é, escolher o melhor arranjo institucional dado um valor (vetor normativo) previamente definido" (GICO JÚNIOR, op. cit., p. 21).

61. MERCADO PACHECO, Pedro. **El análisis económico del Derecho**. Madrid: Centro de Estudios Constitucionales, 1994. p. 23.

62. ARAUJO, Thiago Cardoso; JR, Fernando Ferreira; MONTENEGRO, Lucas Dos Reis. Consequencialismo, pragmatismo e análise econômica do direito: semelhanças, diferenças e alguns equívocos. **Revista Quaestio Iuris**, v. 14, n. 04, p. 2106-2130. Rio de Janeiro, 2021.p. 2.126.

AED, existe uma premissa segundo a qual as pessoas respondem a incentivos. A conduta dos agentes econômicos é racional maximizadora[63].

Dessa forma, o delinquente pondera, antes de cometer o crime, vantagens e desvantagens de sua conduta, pondera custos e benefícios na hora de decidir. "Criminosos cometerão mais ou menos crimes se as penas forem mais ou menos brandas, se as chances de condenação forem maiores ou menores, se houver mais ou menos oportunidades em outras atividades mais atrativas."[64] Dessa perspectiva, existe uma aproximação entre esse raciocínio e a teoria da prevenção geral negativa.

Tal teoria espera, segundo Hassemer, um *homo economicus* que pondere as vantagens e desvantagens de um fato criminoso. Todavia, esse sujeito geralmente não existe, porquanto os próprios acontecimentos empíricos negam essa premissa, uma vez que a motivação para o crime não tem relação com a ameaça de pena[65]. O tema foi abordado no primeiro capítulo da pesquisa.

Em oposição a esse pensamento utilitarista e consequencialista, levanta-se uma linha de pensamento que vincula as bases do Direito Penal continental, principalmente a relativa à dogmática do delito, aos fundamentos da ética de princípios de raiz kantiana. Desse modo: "o sistema de direito penal teria uma configuração fechada e apriorística, segundo a qual as considerações de eficiência ficariam absolutamente excluídas"[66].

Esse pensamento, em parte, fora superado pela dogmática do delito construída pelas correntes funcionalistas, que são consequencialistas, propícias a acolherem soluções de eficiência, conquanto não apontem o caminho da análise econômica do Direito[67]. Em certa medida, no Capítulo 1, a oposição ao utilitarismo foi apresentada quando se tratou dos fins da pena alicerçados na teoria retributiva, da perspectiva kantiana.

Com base na análise econômica do Direito, entre os estudos sobre o tema, há aqueles que apontam uma relação entre sanção e comportamento humano, o que equivale a dizer, quanto maior a sanção, menor a incidência normativa[68];

---

63. GICO JÚNIOR, Ivo Teixeira. Metodologia e Epistemologia da Análise Econômica do Direito. **Economic Analysis of Law Review**. v. 1, n. 1, p. 7-33, 2010. p.22.

64. Ibidem.

65. HASSEMER, Winfried. **Introdução aos fundamentos do direito penal.** Trad. Pablo Rodrigo Alfen da Silva. Porto Alegre: Sergio Antônio Fabris, 2005. p. 408-412.

66. Anota esse aspecto: SILVA SÁNCHEZ, Jesús-Maria. **Eficiência e Direito Penal**. Barueri-SP: Manole, 2004. p. 2-3.

67. Ibidem, p. 4-5.

68. "Para os economistas, as sanções se assemelham aos preços, e, presumivelmente, as pessoas reagem às sanções, em grande parte, da mesma maneira que reagem aos preços. As pessoas reagem a preços mais altos consumindo menos do produto mais caro; assim, supostamente, elas reagem a sanções legais mais duras praticando menos

e há trabalhos que apontam a redução de custos econômicos das soluções negociadas em detrimento do processo que conduz a um julgamento.

A abordagem eficientista - de redução dos custos econômicos, aliada à certeza e à efetividade da punição - tem sido apontada como um caminho irreversível, do ponto de vista da análise econômica do Direito, com abordagem de alicerce político-criminal e processual penal, tanto para justificar os acordos presentes no Direito estrangeiro, quanto para os existentes no Brasil[69].

Essa justificativa ancorada em uma Análise Econômica do Direito, embora relevante e necessária, não se revela suficiente para apontar uma legitimação da resposta penal com natureza de pena ou sem natureza de pena, cujo alicerce é dado pelo Direito Penal, visto no seu todo de uma perspectiva criminológica, político-criminal e dogmática.

A pena ou o equivalente funcional que resulta de um negócio entre a acusação e o investigado ou acusado necessitam de legitimação que ultrapasse, em grande medida, a perspectiva de custo e benefício em uma abordagem pragmática e/ou consequencialista. A pena deve ser devidamente justificada, após a afirmação da culpabilidade, na qual se reconheceu a existência de fato criminoso praticado por alguém.

Conforme pontuado na introdução à pesquisa, a legitimação da pena não pode ser separada da sistemática e nem do seu aspecto dogmático, onde são colhidas as críticas, porquanto a pena é exercida sobre pessoas individuais. Dessa forma, todo sistema que se recusa a responder à questão sobre a legitimidade desse dever-ser concreto de impor sanção deixará sem explicação uma parte fundamental do Direito[70], razão pela qual a justificativa da resposta penal negociada não pode ser reduzida à Análise Econômica do Direito, ou seja, ao simples

---

da atividade sancionada. A economia tem teorias matematicamente precisas (teoria do preço e teoria dos jogos) e métodos empiricamente sólidos (estatística e econometria) de análise dos efeitos dos preços sobre o comportamento" (COOTER, Robert; ULEN, Thomas. **Direito e & Economia**. 5ª ed. Porto Alegre: Bookman, 2010. p. 25). Vale ressaltar que existe forte crítica à pretensa correlação entre penas maiores e diminuição da criminalidade. Essa abordagem fora realizada no Capítulo 1, quando se examinaram os argumentos contrários à teoria da prevenção geral negativa.

69. Em pesquisas com abordagem positiva da Análise Econômica do Direito para justificar as medidas negociais do aspecto processual penal: ISMAEL, André Gomes. **PLEA BARGAIN**: uma análise histórica, comparada e juseconômica. 2017. 114f. Dissertação. Universidade Católica de Brasília, 2017. p. 10-11; FONSECA, Cibele Benevides Guedes da. **Colaboração Premiada**. Belo Horizonte: Del Rey, 2017. p. 202-239. No mesmo sentido, Alexandre Rocha e Fábio Bechara relacionam a AED com os instrumentos de justiça negociada, apontando a transação penal, suspensão condicional do processo, colaboração premiada, acordo de não persecução penal (MORAES, Alexandre Rocha de; BACHARA, Fábio Ramazzini. Acordo de não persecução penal restrição das hipóteses de cabimento a partir dos mandados constitucionais de criminalização. In **Acordo de Não Persecução Penal**. Org. Daniel de Resende Salgado, Luís Felipe Schneider Kircher, Ronaldo Pinheiro de Queiroz. São Paulo: JusPodivm, 2022. p. 425).

70. PLANAS, Ricardo ROBLES. **Estudos de dogmática jurídico-penal: fundamentos, teoria do delito e direito penal econômico.** Coleção Ciência Criminal Contemporânea. v.6. Coord. Cláudio Brandão. Belo Horizonte: D'Plácido, 2016, p. 34.

modelo de negócio de um mercado, com o abandono da liturgia do templo que representa o Direito Penal[71].

Desse último aspecto, extrai-se que a pena constitui uma restrição de Direito fundamental inato que deve ser devidamente justificada, após a afirmação da culpabilidade, na qual se reconheceu a existência de um fato criminoso praticado por alguém[72]. De igual modo, se o apenado deve conhecer a razão pela qual foi sentenciado a uma sanção penal[73], deve ser comunicado acerca das razões que lhe possibilitam um acordo penal com ou sem natureza de pena. E, com similar relevância, a vítima e a sociedade precisam ser comunicadas da resposta penal dada pelo Estado ao fato criminoso, com ou sem negociação penal.

O discurso da eficiência não pode substituir o discurso do justo, mas deve ser agregado à gramática jurídica[74]. Em outras palavras, a eficiência demonstrada na redução de custos econômicos com o uso dos instrumentos de justiça penal negociada, que substitui ou diminui a marcha processual do julgamento, não é suficiente, por si só, para legitimar a resposta penal.

O caráter econômico, na análise de custo estatal, deve estar atrelado a outros fatores, para conseguir justificar a escolha do negócio penal em detrimento do julgamento. A afirmação da culpabilidade mediante uma confissão respaldada em provas constantes nos autos deve ser pressuposto para um acordo de pena (sentença penal negociada) que substitui o julgamento, sem abrir mão da devida orientação do investigado/processado por uma defesa técnica[75].

Ante tais considerações, não parece legitimada a pena que fora objeto de negócio penal no qual ocorreu modificação de um fato grave, devidamente

71. Essa metáfora foi apresentada por Schünemann quando da crítica à justiça penal negociada, que se expande pelo mundo: "Ao que parece, a única explicação está em uma recente tendência do direito como um todo, a qual se manifesta no acordo e que terá de ser explicada analiticamente. Testarei aqui essa hipótese, descrevendo, por meio da metáfora do templo, essa evolução de um direito que, em sua origem, tinha fundamento religioso, e que se transforma em direito fundado em uma mera negociação, o que expresso através da metáfora do mercado. Suspeito que o acordo represente a expansão desse novo modelo de direito ao último ramo do direito que, por assim dizer, ainda se encontra quase no templo, qual seja, o direito penal (SCHÜNEMANN, Bernd; Greco, Luís (coord.). **Estudos de direito penal, direito processual penal e filosofia do direito**. São Paulo: Marcial Pons, 2013. p. 309).

72. A pena atinge direitos inatos, como se observa no caso da liberdade de locomoção, ao ser executada uma pena privativa de liberdade (GRECO, Luis. Opõe-se o princípio da culpabilidade à penalização de pessoas jurídicas? Reflexões sobre a conexão entre pena e culpabilidade. In: GRECO, Luís. **As Razões do Direito Penal: quatro estudos**. Org. Eduardo Viana, Lucas Montenegro, Orlandino Gleizer. São Paulo: Marcial Pons, 2019, p. 73).

73. HÖRNLE, Tatjana. **Dois Estudos: teoria da pena e culpabilidade**. Trad. Tatiana Stoco e Silvio Leite Guimarães Neto. São Paulo: Marcial Pons, 2020. p. 19.

74. SALAMA, Bruno Meyerhof. **O que é pesquisa em direito e economia.** Cadernos de Direito GV, v. 5, n. 2, estudo n. 22, 2008. p. 3.

75. Nem todo instrumento de justiça penal negociada se preocupa com a afirmação da culpabilidade. Há modalidade que que não exige a confissão do fato para o negócio penal, consoante o exemplo do *patteggiamento* italiano, visto no Capítulo 3.

comprovado, para um fato menos grave, ou de um fato doloso para um fato culposo. Portanto, as situações de *charge bargaining* aplicadas no modelo estadunidense, por conveniência econômica estatal ou celeridade processual ou contribuição do autor para outro fato apurado - em razão de um binômio eficiência-celeridade[76] –, não atendem à necessária correlação entre fato e culpabilidade do agente, nem estão vinculadas pela proteção adequada do bem jurídico penal e pelo interesse da vítima.

No que concerne aos acordos de equivalente funcional da pena (*diversion*), a análise econômica do Direito consegue parcial êxito na justificação do modelo de solução estatal. O maior êxito explicativo decorre da ausência de natureza de pena nos equivalentes funcionais, de forma a afastar a restrição de direito fundamental à liberdade. Dessa forma, um acordo com o cumprimento de determinadas condições evita o processo penal e afasta a possibilidade de sentença condenatória e, desse modo, evita o custo do processo e o custo do cárcere.

No entanto, subsiste a necessidade de se atingirem os mesmos fins da pena. Essa foi, por exemplo, a opção do ordenamento jurídico brasileiro quando tratou do ANPP no art. 28-A do CPP, ao apontar a necessidade de reprovação e prevenção do crime no referido acordo. Não se trata, por conseguinte, de mera troca do processo penal por um modelo de diversão, por conta de uma redução de custos econômicos.

Na análise dessa finalidade do equivalente funcional, a prevenção e a reprovação adequada devem ser examinadas em conjunto, com a devida proteção do bem jurídico e com o interesse da vítima. Tais fatores constituem, ao lado de outros requisitos legais, um guia do membro do Ministério Público quando da valoração, ou seja, da escolha em ofertar ou não o acordo penal.

Do que fora visto, constata-se que o caráter econômico de redução de custos não é suficiente para justificar a escolha de uma pena ou de um equivalente funcional da pena negociados em detrimento de um processo com julgamento. Nas duas modalidades de acordo, há outros fatores relevantes, quando se cuida de Direito Penal, ramo do Direito capaz de atingir um direito fundamental inato, como a liberdade das pessoas, e de etiquetar socialmente o indivíduo até mesmo com respostas penais distintas da pena.

76. O uso do termo na forma de binômio eficiência-celeridade - conquanto constitua uma abordagem de raiz processual não convincente, na linha de outros trabalhos acadêmicos, ao tentar vincular a ausência de garantias nos modelos de justiça penal negociada brasileiros, sem fazer a devida intepretação acerca da ausência de importação literal do instituto de *plea bargain* estadunidense - aparece em: ARANTES, Francine Nunes. **Justiça Consensual e Eficiência do Processo Penal**. 2013. 120f. Dissertação. Universidade de Lisboa, 2013. p. 64.

Se a análise de custo econômico não é suficiente para justificar, por si só, a opção pelos modelos de justiça de sentença penal negociada, do mesmo modo não justifica, de maneira isolada, a escolha pelos acordos de diversão (que evitam o cárcere), com negociação de equivalentes funcionais da pena.

Outros valores devem ser considerados em detrimento de uma exclusiva Análise Econômica do Direito como alicerce dos acordos penais. Essa constatação, em razão do atual desenho dos instrumentos de *diversion* presentes no ordenamento jurídico brasileiro, deve ser sopesada, sob pena de, não o fazendo, reduzi-los à mera informalidade, ao distanciamento da tutela do bem jurídico e à comunicação da adequada resposta penal ao infrator e à vítima.

Dessa perspectiva, o conteúdo finalístico das teorias expressivas da pena pode contribuir em alguma medida para atribuir sentido à comunicação da resposta penal à vítima, à sociedade e ao ofendido como parte indissociável da construção teórica legitimadora do Direito Penal em um Estado Democrático de Direito.

6.4. UMA APROXIMAÇÃO DA TEORIA EXPRESSIVA DA PENA NA BUSCA DE LEGITIMAÇÃO PARA A RESPOSTA PENAL NEGOCIADA

A relação do Direito Penal clássico ocorre entre o Estado e o acusado, da qual para o crime cometido pelo segundo haverá a aplicação de uma pena pelo primeiro, para retribuir ou prevenir, nos termos das teorias absolutas ou relativas da pena. A vítima, por sua vez, foi desprezada nas propostas teóricas clássicas da pena. O pensamento teórico do Iluminismo sobre a pena não se importou com a vítima, porquanto a pena racional como legado da Idade Moderna afastou a vítima da resolução dos problemas penais[77].

Nas teorias preventivas clássicas, como a da prevenção geral negativa, a vítima foi instrumentalizada e vista com a função de alarme, de modo a alertar para o mau funcionamento da pena com seu fim dissuasório. Nas teorias de prevenção especial, a vítima, do mesmo modo, continua exercendo o papel de alarme. Em concepção mais recente da prevenção especial no sentido positivo de ressocializar o infrator, de modo que ele compreenda o dano causado por sua conduta e a necessidade de repará-lo, há um pequeno espaço para a vítima,

77. GUIMARÃES NETO, Silvio Leite. **Uma teoria da pena baseada na vítima:** a busca pela satisfação do indivíduo vitimado como finalidade da pena. São Paulo: Marcial Pons, 2020. p. 41-42.

condicionado à incerta e futura ressocialização do autor do crime. No grupo teórico da prevenção geral positiva de tendência sociopsicológica, a vítima exerce, do mesmo modo, o papel de alarme[78].

No retributivismo de Kant, por sua vez, a pena não poderia se ancorar na vontade da vítima, pois implicaria tratar o infrator como um meio e não como um fim. Na retribuição de Hegel, por sua vez, a vítima seria a consequência de um crime, mas não seria fundamento para punir o infrator. Até o neorretributivismo compreende que a vítima não possui o Direito moral de determinar como as instituições legais devem punir o autor, não tem ingerência na punição do infrator [79].

Dessa forma, a racionalidade penal moderna[80], na verdade, deixou a vítima no segundo plano, uma vez que o crime se caracteriza como uma violação à lei, que faz surgir a persecução penal e almeja a descoberta do infrator, o estabelecimento de sua culpabilidade e a aplicação de um castigo justo.

Todavia, qualificado como variante moderna e lapidada das teorias tradicionais (absoluta e relativa), o conjunto das teorias expressivas se apresenta para cuidar de interesses legítimos das pessoas, com o objetivo de adequado tratamento dos comportamentos passados. São teorias que atribuem o sentido de comunicação às condenações criminais, as quais podem ser orientadas à norma ou às pessoas[81].

No alicerce das teorias expressivas, o fator comunicação destaca-se na participação política da sociedade civil, nos governos ocidentais, na segunda metade do século XX. Nesse cenário, desenvolve-se a compreensão de que o *status* de um agente moralmente capaz e responsável se condiciona ao tratamento das

78. Ibidem, p. 48, 62, 63, 71.

79. Nem a retribuição de Kant e nem a retribuição de Hegel, examinadas no Capítulo 1, deram atenção à vítima: "A pena retributiva, na acepção metafísica kantiana e hegeliana, seria baseada em uma concepção metafísica de justiça que desconsideraria a vítima ao fundamentar a punição do infrator. [...] A impressão de tais teorias serem mais favoráveis à vítima decorreria de uma equivocada percepção que igualaria a ideia de retribuição à vingança do indivíduo que sofreu o crime. Ainda que o infrator seja penalizado de uma forma que a vítima considere apropriada, a vontade retributiva do sujeito passivo não estaria direcionada ao restabelecimento do direito ou da justiça" (GUIMARÃES NETO, Silvio Leite. **Uma teoria da pena baseada na vítima:** a busca pela satisfação do indivíduo vitimado como finalidade da pena. São Paulo: Marcial Pons, 2020. p. 48, 55 e 57).

80. A racionalidade penal moderna foi conceituada no item 1.6 da pesquisa.

81. Sobre a origem próxima das teorias expressivas da pena, ensina Sílvio Leite: "Apesar dessas menções datadas do Século XIX e início do Século XX, o marco inicial do debate contemporâneo sobre o aspecto expressivo da pena é o artigo 'A Função Expressiva da Pena' (the Expressive Function of Punishment), escrito por Joel Freinberg em 1965. Os estudos sobre a pena floresceram nos periódicos filosóficos anglófonos durante as décadas de 1950 e 1960. Uma das formulações mais influentes sobre o assunto foi o conceito de pena proposto por Anthony Flew e posteriormente aderido por Stanley Benn e H. L. A. Hart. A 'Definição Flew-Benn-Hart' decompunha a pena em cinco premissas: primeira, deve envolver dor ou outras consequências consideradas desagradáveis; segunda, deve ser por uma violação de regras legais; terceira, deve ser de um efetivo ou suposto infrator por sua infração; quarta, deve ser intencionalmente aplicada por pessoas que não o infrator; quinta, deve ser imposta e aplicada por uma autoridade constituída pelo sistema legal contra o qual a infração é cometida" (GUIMARÃES NETO, op. cit., p. 81-82).

pessoas como agentes comunicativos. Estas são obrigadas a responder pelos seus atos e, de forma equivalente, têm o direito de demandar justificações do Estado. Nesse novo arranjo de compreensão do sujeito do delito e da conduta criminosa, a vítima é concebida como sujeito moralmente relevante e autônomo, com interesse e necessidade reconhecidos na reação ao crime[82].

Uma das variantes das teorias expressivas busca apresentar maior protagonismo da vítima na persecução penal e na subsequente comunicação da resposta penal, que se projeta, portanto, nos negócios penais que redundam em pena ou em equivalente funcional da pena. Como defensora dessa variante, mas sem exclusividade nesse fundamento, Tatjana Hörnle propõe uma função da pena expressiva orientada às pessoas, que dialoga com a prevenção positiva e negativa. Propõe, desse modo, uma teoria da pena complexa e pluridimensional, com finalidades preventivo-gerais e para a preservação de um sistema jurídico-social funcional. Traz uma abordagem que considera a ideia de que o injusto do fato situa-se na lesão do direito da vítima, com destaque no seu recorte para os crimes contra a pessoa[83].

Em contrapartida, as concepções da teoria expressiva que se dirige à norma buscam reafirmar valores morais e exigências comportamentais. Há equiparação entre exigências morais e jurídicas, que é objeto de crítica, pois a teoria da pena não pode estar centrada na moral, já que não constitui uma tarefa própria do Estado[84].

Constata-se uma imprecisão no uso dessa classificação relativa à teoria expressiva dirigida à norma. Hörnle, por exemplo, considera prevenção geral positiva contida no funcionalismo sistêmico de Jakobs como uma reação expressiva no sentido de fortalecer a validade da norma[85].

Nessa concepção, segundo a classificação de Hörnle, o modelo de Jakobs seria dirigido à norma, uma vez que defende a seguinte correlação: se as normas são necessárias ao convívio pacífico das pessoas na sociedade, em caso de violação, devem ser confirmadas de maneira explícita.

A imprecisão de significado ainda é observada quando se classifica a teoria expressiva como uma espécie de teoria absoluta, porquanto a pena não deixa de

82. Ibidem, p. 88-90.

83. HÖRNLE, Tatjana. **Dos estudos: teorias da pena e culpabilidade**. Trad. Tatiana Stoco e Silvio Leite Guimarães Neto. São Paulo: Marcial Pons, 2020. p. 45-52.

84. Nesse sentido: HÖRNLE, op. cit., p. 36.

85. HÖRNLE, op. cit., p. 37. De forma semelhante, classifica o modelo teórico da pena de Jakobs como expressivo: GUIMARÃES NETO, Silvio Leite. **Uma teoria da pena baseada na vítima:** a busca pela satisfação do indivíduo vitimado como finalidade da pena. São Paulo: Marcial Pons, 2020. p. 113.

ser concebida sem uma finalidade dirigida à norma ou à pessoa[86]. É certo que no modelo absoluto, no sentido de retribuição como fim único da pena, mais próximo da perspectiva kantiana, visto anteriormente, a finalidade dirigida à norma não se faz presente. Por sua vez, no modelo retributivo hegeliano, a associação não parece tão estranha, uma vez que Hegel defendeu, com a pena, a restauração da ordem jurídica[87].

No sentido orientado às pessoas, as teorias expressivas comunicam às pessoas a mensagem contida na pena, que pode ser dividida em dois grupos: teoria expressiva que comunica a mensagem da pena ao infrator; teoria expressiva que comunica a mensagem da pena à vítima.

Na comunicação às pessoas, a teoria expressiva é associada à teoria da prevenção geral positiva. Quanto a esse aspecto, Adriano Teixeira esclarece que a pena contida na condenação, com sua inerente capacidade de censura, permite um diálogo com o condenado, apontando-lhe a gravidade de sua conduta, e enxerga o condenado como um agente moral, autorresponsável e não como mero objeto do *ius puniendi* estatal. A censura, incorporada na punição, da perspectiva da teoria expressiva, funciona ainda como um canal de comunicação com a vítima, para lhe mostrar que o crime contra ela praticado foi de responsabilidade de outra pessoa, condenada pelo Estado[88].

A comunicação da pena, na concepção da teoria expressiva, compreendida em relação ao agente infrator, revela que a pena representa uma censura dirigida ao agente que cometeu o fato[89]. Essa censura, segundo a abordagem de Hörnle, deve ser vista como condição e não como finalidade autônoma da pena[90].

Ainda no sentido de orientação ao infrator, uma variante mais complexa da teoria expressiva compreende a comunicação da pena – além de uma exigência de atitude reativa por parte de quem aplica –, no sentido de atender aos interesses de quem recebe a pena, para promover o autoconhecimento e a melhora

86. HÖRNLE, op. cit., p. 37.

87. As propostas de Kant e de Hegel quanto ao fim retributivo da pena (teorias absolutas) foram apresentadas no Capítulo 1.

88. TEIXEIRA, Adriano. **Teoria da aplicação da pena: fundamentos de uma determinação judicial da pena proporcional ao fato.** São Paulo: Marcial Pons, 2015. p. 90.

89. Quanto a esse aspecto, Teixeira apresenta crítica à teoria expressiva, porquanto não seria legítimo, em sua visão, ao Estado aplicar pena para transmitir mensagens ao infrator, à vítima e à sociedade, além de um fim preventivo. Apresenta oposição, portanto, na justifica da pena para além da censura, ou seja, com a imposição real e física de um mal (TEIXEIRA, op. cit., p. 91).

90. HÖRNLE, Tatjana. **Dos estudos: teorias da pena e culpabilidade**. Trad. Tatiana Stoco e Silvio Leite Guimarães Neto. São Paulo: Marcial Pons, 2020. p. 38.

pessoal. Tal abordagem, do mesmo modo, é criticável, porquanto busca a melhora moral do indivíduo, a qual não constitui um objetivo pertencente ao Estado[91].

A comunicação, compreendida em relação à vítima, revela uma função da teoria expressiva significativa para as discussões modernas sobre uma redescoberta do papel do ofendido no sistema de justiça criminal. Nessa etapa subsequente, que diz respeito à contribuição das teorias expressivas para o problema de pesquisa, é discutido se o interesse da vítima seria apenas na punição do infrator ou se poderia tal interesse ser atendido com uma compensação, como um pedido de desculpas, em substituição à punição[92].

É certo que, em crimes graves contra a pessoa (vida, integridade física, liberdade sexual), ainda não se demonstrou a ocorrência de satisfação do interesse da vítima mediante compensações financeiras ou pedidos de desculpas obtidos em acordos extrajudiciais ou judiciais[93]. Isso, porque os crimes contra a pessoa provocam o desejo de vingança[94]. Verifica-se, assim, que a resposta penal deve ser graduada, em diferentes estágios da persecução penal, conforme o crime cometido. As condenações criminais não exercem função uniforme para todo tipo de delito.

No debate sobre a função comunicativa da pena orientada à vítima, deve-se evitar a defesa da vingança como fundamento suficiente para justificar a pena, bem como a perda da confiança na ordem jurídica por parte da vítima. É legítimo o interesse da vítima de crime na reação do Estado, embora o monopólio da força estatal não possa ser questionado no atual estágio do Direito.

Na comunicação à vítima, a teoria expressiva aponta um aspecto significativo da pena estatal, com o reconhecimento formal da vítima atingida pela conduta criminosa, a qual não decorreu de um acidente. Em suma, busca reforçar o aspecto emocional da vítima para revelar-lhe que o crime não foi culpa sua.

91. Ibidem, p. 39.

92. Ibidem.

93. Sobre compensação em crimes graves, algo semelhante ocorre na proposta abolicionista de Louk Hulsman, que afirma ser objetivo político prioritário de uma sociedade organizada o fim do conceito de crime com uma reorganização das estruturas sociais para o enfrentamento dos conflitos de maneira mais humanitária, e prossegue com propostas de alternativas à substituição da justiça criminal: ação reparatória coletiva conduzida pela vítima; utilização da lei civil por mulheres vítimas de violências sexuais; envolvimento da comunidade no tratamento de situações criminalizáveis (HULSMAN, Louk. Alternativas à justiça criminal. *In:* PASSETTI, Edson (org). **Curso livre de abolicionismo penal**. Rio de Janeiro: Revan, 2004, p. 55 e 64-65). A proposta de resposta de natureza cível aos crimes de violência sexual denota opção fraca para fatos graves e que possuem altos índices de reincidência. Vale ressaltar a seguinte passagem de Hörnle: "A indenização por danos materiais apenas restaura o *status quo* financeiro ao seu estado antes do fato. A indenização por danos morais é inadequada para demonstrar o juízo de desvalor em violações graves a direitos, pois uma censura significativa não pode ser demonstrada por uma perda apenas financeira" (HÖRNLE, Tatjana. **Dos estudos: teorias da pena e culpabilidade**. Trad. Tatiana Stoco e Silvio Leite Guimarães Neto. São Paulo: Marcial Pons, 2020. p. 44).

94. Ibidem, p. 40.

A premissa exposta no parágrafo acima faz surgir uma indagação, retomada do capítulo anterior com maior amplitude, aplicável ao processo de julgamento e ao modelo de justiça penal negociada, que pode ser confeccionada da seguinte forma: seria necessário conferir à vítima maior participação no processo e a possibilidade de sugerir ou, até mesmo, decidir a escolha da sanção penal?

Essa melhoria da posição da vítima parece esbarrar em conquistas civilizatórias de um ideal pacificador, contrário à vingança, de forma que haveria boas razões para não se permitir maior participação processual à vítima. A posição do Estado diante das vítimas não gera o dever de acolher seus desejos mais pessoais[95].

Outro importante questionamento, diante dessa função comunicativa da teoria expressiva, se refere à existência ou não de um direito subjetivo da vítima a uma persecução penal. Parece mais acertado afirmar que a vítima tem direito a uma investigação efetiva e à declaração formal do ilícito, de maneira fundamentada, mas não a um necessário processo penal judicial referido ao fato que sofrera[96].

Uma questão que, do mesmo modo, se apresenta aos expoentes da teoria expressiva: por que não reduzir ou eliminar a prisão e realizar apenas um juízo de desvalor, uma comunicação do ilícito com resposta ao fato criminoso? Isso não seria suficiente? Em resposta, observa-se que as teorias expressivas orientadas às pessoas não se satisfazem com a dimensão simbólica da pena, porquanto a mensagem verbal não é suficiente, tem peso limitado no contexto social.

A pena necessita transmitir mensagens mais complexas, seja com a entrega ou privação de bens tangíveis, ou com redução da liberdade, quando houver a necessidade de uma reprovação mais forte. Para tanto, é preciso fazer uso de variedades de formas de expressão, "para que os juízos de desvalor graves também sejam expressados de uma maneira não trivial e para captar exigências de vingança das vítimas"[97].

É preciso conferir mais importância aos interesses das vítimas nas teorias da pena, especialmente na resposta aos fatos que ofendem a integridade física de forma grave e aos delitos sexuais. Nesse sentido, busca-se evitar retaliação informal a ser exercida pela vítima e lhe garantir, nesses casos de maior gravidade,

95. HÖRNLE, Tatjana. **Dos estudos: teorias da pena e culpabilidade**. Trad. Tatiana Stoco e Silvio Leite Guimarães Neto. São Paulo: Marcial Pons, 2020. p.41-42.

96. Em sentido semelhante: HÖRNLE, op. cit., p. 42-43.

97. HÖRNLE, op. cit., p. 44.

um direito à persecução penal, conforme ensina Hörnle, reconhecido pelo Tribunal Constitucional Federal alemão[98].

O fundamento da prevenção da vingança, conforme já dito, não é suficiente para justificar uma teoria da pena, pois não possui a capacidade de generalizar, de modo a constituir um argumento que legitime a pena para todas as situações que exigem uma resposta penal[99]. Portanto, constitui um argumento fraco, que é excepcional, com validade mais precisa para os crimes violentos.

As observações apontadas quanto ao papel da vítima dialogam, em certa medida, com o negócio penal, de forma a trazer reflexões principalmente em relação aos acordos penais desjudicializados, resultantes em equivalentes funcionais da pena, que ocorrem antes da persecução penal judicial.

Dito de outra forma, nos modelos de negócio penal existentes no Brasil, já se observou que a vítima não pode se opor ao acordo levado adiante por Ministério Público, investigado e defesa. A recusa da vítima ao modelo de acordo (transação penal, suspensão condicional do processo e acordo de não persecução penal) não impede sua realização.

No modelo jurídico brasileiro, a persecução penal que almeja uma pena privativa de liberdade tem ficado cada vez mais restrita aos crimes graves, cometidos com violência ou grave ameaça à pessoa, enquanto os crimes de menor potencial ofensivo e os de média ofensividade têm recebido respostas diversas da pena privativa, seja com penas restritivas ou de multa, ou mesmo com equivalentes funcionais da pena em um modelo de diversificação nos acordos penais citados no parágrafo anterior.

A âncora na teoria expressiva contribui para a necessária comunicação, ao ofendido e à sociedade, da resposta penal produzida nos acordos penais, como um dos fatores de sua legitimação. Em um Direito Penal Contemporâneo, que cada vez mais faz uso de instrumentos negociados sem natureza de pena, torna-se cada vez mais necessário calibrar a comunicação dessa solução com o ofendido, de forma a contemplar seus anseios.

Acrescenta-se que a legitimação da resposta negociada que abre mão de uma pena diante do cometimento de um crime requer a introdução de um terceiro sujeito na relação, ou seja, a vítima. Portanto, com um Direito Penal

98. Ibidem, p. 54.

99. Em sentido semelhante: ZAFFARONI, Eugênio Raul; BATISTA, Nilo; ALAGIA, Alejandro; SLOKAR, Alejandro. **Direito Penal Brasileiro**. 3. ed. v.1. Rio de Janeiro: Revan, 2006. p. 107.

orientado à vítima, legitima-se a resposta penal que atende ao seu interesse, sem possuir natureza de pena, produzida mediante negócios penais.

O interesse da vítima é atendido com sua maior participação, não somente com a reparação de danos. A maior participação implica o direito de conferência da vítima, de ser ouvida e de ser comunicada quanto às escolhas discricionárias do Ministério Público. Abrange, ainda, o atendimento multidisciplinar à vítima, no aspecto social e psicológico, para diminuir as dores provocadas pelo crime que sofrera[100]. Por fim, a reparação de danos ganha a natureza de espécie de resposta penal autônoma, a qual, nos acordos sem incidência de pena privativa de liberdade, deverá ser implementada em dobro ao dano provocado pelo crime.

Para tanto, é importante calibrar o modelo de acordo e a fase da persecução penal, na qual será utilizado, com o bem jurídico ofendido, o grau de ofensa ao referido bem e o interesse da vítima e da sociedade, de modo a produzir uma resposta penal suficiente para reprovar e prevenir.

6.5. LEGITIMAÇÃO DA RESPOSTA PENAL NEGOCIADA DIANTE DA NECESSIDADE DE PROTEÇÃO SUFICIENTE DO BEM JURÍDICO PENAL

A compatibilidade da justiça penal negociada com a função do Direito Penal de proteção, tanto de bens jurídicos individuais quanto de bens jurídicos coletivos, já foi objeto de análise no Capítulo 4. O escopo, nesse espaço, consiste em identificar critérios que qualifiquem a resposta penal negociada como legitimada, em razão da sua suficiência para a proteção dos bens jurídicos penais.

Adota-se, como ponto de partida, o conceito de bem jurídico penal à luz da Constituição brasileira de 1988[101], segundo o fundamento da dignidade da pessoa humana, dos direitos e das garantias fundamentais e de outros valores sociais apontados pelo constituinte que, no conjunto do texto constitucional, alicerçam o Estado Democrático de Direito.

100. Nesse aspecto, muito pode contribuir a Resolução n. 243 do CNMP, porquanto determina aos ramos do Ministério Público brasileiro a constituição de Núcleos de Apoio à Vítima (BRASIL. Conselho Nacional do Ministério Público (CNMP). **Resolução n. 243, de 18 de outubro de 2021.** Dispõe sobre a Política Institucional de Proteção Integral e de Promoção de Direitos e Apoio às Vítimas. Diário Eletrônico do CNMP, Caderno Processual, edição de 22/10/2021, p. 17-21. Disponível em: <https://www.cnmp.mp.br/portal/images/Resolucoes/2021/Resoluo-n-243-2021.pdf>. Acesso em: 10 dez. 2022).

101. PONTE, Antônio Carlos da. **Crimes eleitorais.** 2ª ed. São Paulo: Saraiva, 2016. p. 172-173.

Cabe indagar, nesse momento, se o recurso à justiça penal negociada - que implica a possibilidade, conforme o ordenamento jurídico examinado, tanto de reduzir a pena, abaixo do limite mínimo abstrato contido no preceito secundário da norma incriminadora, quanto de substituir a pena por um equivalente funcional, ou mesmo de modificar a imputação fática, permitindo uma imputação por crime menos grave do que aquele efetivamente cometido[102] - é compatível com a função do Direito Penal de proteção suficiente dos bens jurídicos principais.

Quanto aos acordos que implicam a aplicação de pena, em sentença penal negociada com pena reduzida, presente em diversos ordenamentos jurídicos estrangeiros, como os analisados no Capítulo 3 (EUA, Alemanha, Itália, Argentina), verifica-se a possibilidade de uma resposta penal menor do que o mínimo em abstrato previsto pelo legislador no preceito secundário.

Não está claro se essa medida é suficiente para a tutela adequada do bem jurídico, porquanto cuidam-se, em regra, de ofensas graves a bens jurídicos relevantes - atingidos por crimes de homicídio, estupro, roubo e outros - solucionados com acordos de pena. Esse quadro parece indicar um razão legitimadora na afirmação da culpa consensual, do aspecto penal dogmático, e uma gestão político-criminal célere dos problemas penais alicerçada na AED.

A intensidade da resposta em razão da ofensa ao bem jurídico não parece ser a preocupação principal na maioria dos ordenamentos jurídicos que possuem acordos de pena. Ao revés, se a pena mínima construída inicialmente pelo legislador, quando sequer havia acordo de pena em muitos dos ordenamentos jurídicos pesquisados, pode agora ser reduzida substancialmente mediante um acordo de pena, significa que a medida mínima do legislador foi exagerada, acima da necessidade protetiva. Ou, de outro modo, a justificativa ocorre em razão da confissão do beneficiário que, conforme anotado anteriormente[103], faria reduzir a necessidade de maior quantidade de pena.

Por sua vez, no que concerne aos acordos de diversão, vale, como recorte, examinar o desenho jurídico brasileiro, o qual implica respostas distintas da pena e sua correlação com a adequada proteção dos bens jurídicos penais[104].

102. A substituição da imputação de um crime grave por um menos grave, apesar da ciência da prática do crime mais grave, é possível no modelo de justiça penal negociada praticada nos EUA. Sobre o tema, o Capítulo 3 apresentou as características desse sistema.

103. Para Figueiredo Dias, a confissão gera menor necessidade de pena e, portanto, de prevenção (DIAS, Jorge de Figueiredo. **Acordos sobre a sentença em processo penal**. O "fim" do Estado de Direito ou um novo "princípio? Porto: Conselho Distrital do Porto da Ordem dos Advogados, 2011. p. 56-57).

104. Não se examina aqui a *diversion* com o sentido dado pela doutrina estadunidense, que a contempla de uma perspectiva mais ampla, já explicada na Introdução à pesquisa.

A transação penal, o acordo de não persecução penal (ANPP) e a suspensão condicional do processo implicam o afastamento do cárcere, ao solucionarem a demanda em estágio anterior da persecução penal, sem juízo condenatório.

Para efeito da pesquisa, toma-se para análise um dos três instrumentos de *diversion* do ordenamento jurídico brasileiro. O ANPP, portanto, será confrontado com a necessidade de suficiente proteção do bem jurídico penal. A escolha do acordo de não persecução penal se dá por ser o instituto mais novo e pela capacidade de alcançar fatos penais com penas muito superiores às abrangidas pela transação penal e pela suspensão condicional do processo.

Diante disso, indaga-se: o ANPP, preenchendo os requisitos legais do artigo 28-A do CPP e respeitando as exclusões previstas na lei (a exemplo da violência doméstica), pode ser aplicado independentemente do bem jurídico ofendido ou exposto a perigo? Ou, é necessário, em uma intepretação da expressão suficiente para reprovar e prevenir, excluir determinados bens jurídicos mediante uma intepretação constitucional que apresente as diretrizes para a escolha implementada? E, se houver essa necessidade, quem deverá construir essas diretrizes ou qual é o órgão no desenho do sistema de justiça criminal brasileiro?

Para responder a essas indagações, é preciso partir do próprio comando legal que dirige o exame de oportunidade do Ministério Público quando do oferecimento de um ANPP, o que equivale a dizer que o oferecimento do acordo se condiciona à necessidade e à suficiência para reprovação e prevenção do crime, nos termos do *caput* do artigo 28-A do CPP. Esse comando normativo, sem prejuízo dos aspectos já examinados no campo das teorias das penas, permite um diálogo com a teoria dos mandados constitucionais de criminalização na busca de soluções para as questões propostas.

É preciso compreender, portanto, que a tutela dos bens jurídicos, da perspectiva de um Direito Penal global, abrange tanto a necessidade de tutela dos direitos individuais no sentido de proteção dos direitos do investigado e/ou processado, quanto a proteção suficiente no campo penal dos bens jurídicos principais (individuais e coletivos) por parte do Estado.

Pode-se dizer, apesar da ausência de unicidade terminológica na doutrina, que existem um garantismo negativo no sentido de limitar o poder de punir do Estado e, ainda, um garantismo positivo ou social que legitima constitucionalmente a proteção de direitos sociais e difusos, o qual determina ao legislador a proteção suficiente no campo penal de determinados bens jurídicos de singular relevância, a exemplo da proteção contra ofensas geradas por crimes hediondos e equiparados.

Essa dupla face do garantismo penal tem relação com o princípio da proporcionalidade e tem alcançado espaço, por ora, em setores na doutrina[105]. Destaca-se, do mesmo modo, atenção ao tema no Supremo Tribunal Federal, que reconheceu a proibição de proteção insuficiente em matéria de direitos fundamentos para casos nos quais o Estado não pôde renunciar ao Direito Penal, bem como fez uso da categoria mandado constitucional de criminalização[106].

Sob o ideal de um garantismo social, no qual se encontra a teoria dos mandados de criminalização (ou mandados de penalização), o constituinte determina ao legislador a tipificação de condutas penais para a proteção de determinados bens jurídicos[107]. Os mandados explícitos ou implícitos de criminalização apontam bens jurídicos que deverão ser contemplados na proteção do Direito Penal de forma adequada e integral[108].

105. Sobre o tema, leciona Douglas Fischer: "O garantismo (penal) integral decorre da necessidade de proteção de bens jurídicos (individuais e também coletivos) e de proteção ativa dos interesses da sociedade e dos investigados e/ou processados. Integralmente aplicado, o garantismo (positivo e negativo) impõe que sejam observados rigidamente não só os direitos fundamentais (individuais e coletivos), mas também os deveres fundamentais (do Estado e dos cidadãos), previsto na Constituição. [...] O Estado não pode agir desproporcionalmente: deve evitar excelsos sem a devida justificativa e, ao mesmo tempo, não incorrer em deficiências na proteção de todos os bens jurídicos, princípios, valores e interesses que possuam dignidade constitucional, sempre acorrendo à proporcionalidade quando necessária a restrição de algum deles. Qualquer pretensão à prevalência indiscriminada apenas de direitos fundamentais individuais implica - ao menos para nós - uma teoria que denominamos de garantismo (penal) monocular: evidencia-se desproporcionalmente (hiperbólico) e de forma isolada (monocular) a necessidade de proteção apenas dos direitos fundamentais individuais dos cidadãos, o que, como visto, nunca foi e não é o propósito do garantismo (penal) integral" (FISCHER, Douglas. O que é garantismo (penal) integral? *In* **Garantismo Penal Integral**. Coord. Douglas Fischer; Bruno Calabrich e Eduardo Pelella. 3ª ed. São Paulo: Atlas, 2015. p. 74).

106. Em voto-vista do Ministro Gilmar Mendes no RE 418.376-5/MS, página 688, restou consignado: "Quanto à proibição de proteção insuficiente, a doutrina vem apontando para uma espécie de garantismo positivo, ao contrário do garantismo negativo (que se consubstancia na proteção contra excessos do Estado) já consagrado pelo princípio da proporcionalidade. A proibição de proteção insuficiente adquire importância na aplicação dos direitos fundamentais de proteção, ou seja, na perspectiva do dever de proteção, que se consubstancia naqueles casos em que o Estado não pode abrir mão da proteção do direito penal para garantir a proteção de um direito fundamental" (BRASIL. Supremo Tribunal Federal. Tribunal Pleno. **Recurso Extraordinário 418.376-5/MS**. Rel. Ministro Marco Aurélio Mello. Rel. para o Acórdão: Ministro Joaquim Barbosa. Julgamento em 09 de fevereiro de 2006. Disponível em: <https://redir.stf.jus.br/paginadorpub/paginador.jsp?docTP =AC&docID=412578>. Acesso em: 08 de dez. 2022. p. 688). Destaca-se, ainda, a fundamentação com o uso dos mandados de criminalização expressos e implícitos no texto constitucional, bem como o uso do princípio da proporcionalidade, dando ênfase à proibição do excesso e à proibição da proteção insuficiente nas páginas 459-466 da ADI 3.112/DF, no texto do voto do Ministro Gilmar Mendes (BRASIL. Supremo Tribunal Federal. Tribunal Pleno. **Ação direta de Inconstitucionalidade 3112/DF**. Rel. Ministro Ricardo Lewandowski. Julgamento em 02/05/2007. Disponível em: <https://redir.stf.jus.br/paginadorpub/paginador.jsp?docTP=AC&docID=491806>. Acesso em: 8 de dez. 2022. p. 459-466).

107. MORAES, Alexandre Rocha de; BACHARA, Fábio Ramazzini. Acordo de não persecução penal restrição das hipóteses de cabimento a partir dos mandados constitucionais de criminalização. In **Acordo de Não Persecução Penal**. Org. Daniel de Resende Salgado, Luís Felipe Schneider Kircher, Ronaldo Pinheiro de Queiroz. São Paulo: JusPodivm, 2022. p. 430.

108. "Os mandados explícitos de criminalização contidos em nossa Constituição Federal são encontrados nos arts. 3, IV (discriminação decorrente de raça, sexo, cor, idade, etnia, religião ou origem); 5°, XLII (tortura, tráfico ilícito de entorpecentes e drogas afins, terrorismo e crimes hediondos) e XLIV (ação de grupos armados, civil e militares contra a ordem constitucional e o estado democrático), e 3° (os tratados e convenções internacionais sobre direitos humanos que forem aprovados, em cada Casa do Congresso Nacional, em dois turnos, por três quintos dos votos os respectivos membros, serão equivalentes às emendas constitucionais); 7°, X (retenção dolosa do salario dos trabalhadores) 227, § 4° (abuso, violência e a exploração sexual de criança ou adolescente); 225 (condutas lesivas ao meio ambiente)" (PONTE, Antônio Carlos da. **Crimes eleitorais.** 2ª ed. São Paulo: Saraiva, 2016. p. 172-176.

O legislador não poderá recusar a escolha constitucional. "A tarefa destinada aos mandados de penalização não é ditar regras ao legislador, mas fixar e delimitar os espaços mínimos de sua atuação."[109] De maneira semelhante, os operadores do Direito Penal, nos limites da discricionariedade regrada apontada na legislação, se comprometem a concretizar a resposta penal proporcional à ofensa provocada pelo crime.

A proporcionalidade penal, nos seus dois aspectos, proibição da proteção excessiva e proibição da proteção deficiente, deverá guiar a atividade do legislador e a atividade do ator processual no manuseio das normas penais. No caso dos acordos penais de diversão, o ator protagonista é o Ministério Público[110].

Nesse sentido, a teoria dos mandados constitucionais de criminalização pode contribuir para a formação de uma política criminal uniforme, no âmbito do Ministério Público brasileiro, quanto à escolha dos bens jurídicos, além dos expressos na lei, que deverão ser excluídos de um ANPP, por não representarem os equivalentes funcionais da pena proteção penal suficiente.

Como contribuição específica, Alexandre Rocha e Fábio Bechara, em razão da ausência de resposta penal suficiente para tutelar os bens jurídicos que são objeto de mandado de criminalização, defendem a exclusão dos institutos despenalizadores previstos na Lei n. 9.099/95 e do ANPP previsto no CPP. Apontam a necessidade de aplicação de pena em casos de crimes hediondos. Do mesmo modo, anotam, com esteio na teoria dos mandados de criminalização e na ideia do garantismo social, além das vedações contidas no texto legal, limitações negativas ao Ministério Público para oferecer ANPP em casos de: crimes praticados por organizações criminosas, milícias privadas ou instituições mafiosas; crimes imprescritíveis, a exemplo do racismo; crimes que lesam interesses difusos (delitos de acumulação) cometidos em continuidade delitiva; crimes contra a dignidade sexual; crimes contra pessoa vulnerável, como a pessoa idosa, pessoa com deficiência, criança e adolescente[111].

Os mencionados autores apontam a necessidade de uma política criminal uniforme do Ministério Público quanto ao uso dos instrumentos de justiça penal negociada[112]; no entanto, não indicam de qual órgão partiriam as diretrizes,

109. Ibidem, p. 187.

110. O tema do protagonismo do Ministério Público nos acordos penais foi desenvolvido no Capítulo 4.

111. MORAES, Alexandre Rocha de; BACHARA, Fábio Ramazzini. Acordo de não persecução penal restrição das hipóteses de cabimento a partir dos mandados constitucionais de criminalização. In **Acordo de Não Persecução Penal**. Org. Daniel de Resende Salgado, Luís Felipe Schneider Kircher, Ronaldo Pinheiro de Queiroz. São Paulo: JusPodivm, 2022. p. 437, 442, 445-446.

112. Ibidem, p. 447.

no âmbito nacional, considerando o desenho dos diversos ramos do Ministério Público brasileiro. Sobre o tema, alternativas foram apresentadas no Capítulo 4 da pesquisa. Enquanto não aparecem as diretrizes nacionais, a padronização da atuação tem ocorrido em cada ramo do Ministério Público[113].

Há, de todo modo, um espaço de reflexão, e o tema suscita celeuma. Não parece que todos os bens jurídicos que são objeto de mandado de criminalização estejam impossibilitados de uma proteção penal mediante acordos de diversão com a fixação de equivalentes funcionais da pena. Isso ocorre porque algum excesso do legislador pode ser observado, por exemplo, na catalogação de crimes hediondos, cometidos sem violência ou grave ameaça à pessoa, o que sugere não apresentar uma negativa imediata do ANPP. Apenas a valoração do caso concreto poderá indicar ser suficiente ou não o acordo de diversão para prevenir e reprovar o crime.

A título de exemplo, em modificação da Lei de Crimes hediondos, por meio da Lei n. 13.964/2019, foram acrescentados muitos tipos penais na classificação legal dos crimes hediondos, a exemplo do crime de posse ou porte ilegal de arma de fogo de uso proibido, conforme texto do artigo 1º, parágrafo único, inciso II, da Lei n. 8.072/90[114].

Conquanto seja de perigo abstrato, há determinados tipos de armamento que justificam, em razão da sua capacidade de dano no eventual cometimento de outros crimes, a classificação como crime hediondo, o que pode acontecer com a posse ou o porte, por exemplo, de um fuzil AR15 (restrito ou proibido). A resposta penal precisa de maior rigor para a proteção suficiente do bem jurídico nessa situação, o que afasta a possibilidade de um acordo com equivalente funcional da pena.

No entanto, o porte de arma de uso permitido que, em razão de uma numeração raspada, a exemplo de um revólver calibre 38, possui adequação típica no inciso IV do §1º do artigo 16 da Lei n. 10.826/2003 não indica a necessidade de classificação como hediondo. Portanto, nesse caso, não parece proporcional

113. Sobre o tema, no Enunciado 102, inciso X, as Câmaras de Coordenação e Revisão Criminais Reunidas do Ministério Público do Distrito Federal e Territórios afirmaram: "É incabível o acordo de não persecução penal para os crimes hediondos e equiparados, mesmo que a pena mínima seja inferior a quatro anos, como nos crimes de genocídio e posse ou porte ilegal de arma de uso proibido, visto que, em razão da gravidade, a medida não se mostra suficiente a reprovação e prevenção do crime. (Nova redação aprovada na 43ª Sessão das Câmaras Criminais Reunidas, realizada em 25/8/2021) (DISTRITO FEDERAL (Brasil). Ministério Público do Distrito Federal e Territórios (MPDFT). Câmaras de Coordenação e Revisão Criminais Reunidas. **Enunciados em ordem cronológica**. Disponível em: <https://www.mpdft.mp.br/portal/index.php/cmaras-de-coordenao-e-revisao-menu/230-camaras-reunidas/696-enunciados>. Acesso em: 7 dez. 2022).

114. BRASIL. Presidência da República. **Lei 8.072, de 25 de julho de 1990**. Dispõe sobre os crimes hediondos, nos termos do art. 5º, inciso XLIII, da Constituição Federal, e determina outras providências. Disponível em: <https://www.planalto.gov.br/ccivil_03/leis/L8072.htm>. Acesso em: 8 dez. 2022.

a existência de uma limitação negativa, no sentido de proibir a solução do problema mediante um acordo com equivalente funcional da pena[115].

Outro ponto de destaque ocorre no campo dos crimes contra o meio ambiente e de crimes contra a administração pública. As condutas lesivas ao meio ambiente constituem o único mandado expresso de criminalização no texto constitucional. No entanto, na regulamentação, o próprio legislador contemplou a possibilidade de transação penal e de suspensão condicional do processo, nos termos dos artigos 27 e 28 da Lei n. 9.605/98[116]. E, de modo equivalente, não parece existir proteção insatisfatória, quando cabível a solução penal por meio do uso do ANPP. Não se olvida de que haverá crime ambiental, dada a dimensão da ofensa, que não admitirá, conforme a análise do Ministério Público, solução por meio de acordo de diversão.

Quanto aos crimes contra a administração pública e crimes eleitorais, Ponte destaca que os primeiros, em especial a corrupção passiva e a corrupção ativa, não foram contemplados com os mandados de criminalização, enquanto os segundos se escudam nos mandados implícitos de criminalização, porquanto atentam contra os alicerces do próprio Estado brasileiro[117].

Em relação aos crimes contra a administração pública, a análise do caso concreto deverá indicar se um acordo com a fixação de equivalentes funcionais da pena será suficiente para reprovar e prevenir. A dimensão da lesão deverá ser levada em conta antes da oferta de um ANPP em tais crimes. O ideal seria a previsão no ordenamento jurídico brasileiro de acordo de pena (privativa, restritiva, multa) para os crimes contra a administração pública, bem como a proibição legal de acordo de diversão, ante a singular importância do bem jurídico protegido, qual seja, a moralidade administrativa.

De outro lado, não se revela proporcional a solução de determinados crimes eleitorais, que geram desigualdade na disputa do voto, mediante acordos

---

115. Atento ao problema, o Superior Tribunal de Justiça, por meio da 6ª Turma, decidiu que a conduta do inciso IV do §1º do artigo 16 da Lei n. 10.826/2003 não tem caráter hediondo: "[...] A Sexta Turma desta Corte passou a considerar que, a partir da edição da Lei 13.964/2019, não ostenta caráter hediondo o crime de porte ou posse de arma de fogo de uso permitido com numeração, marca ou qualquer outro sinal de identificação raspado, suprimido ou adulterado (HC 525249/RS, Rel. Ministra LAURITA VAZ, SEXTA TURMA, julgado em 15/12/2020, DJe 18/12/2020; e HC 575.933/SP, Rel. Ministra LAURITA VAZ, SEXTA TURMA, julgado em 15/12/2020, DJe 18/12/2020" (AgRg no REsp n. 1.907.730/MG, relator Ministro OLINDO MENEZES - DESEMBARGADOR CONVOCADO DO TRF 1ª REGIÃO -, SEXTA TURMA, julgado em 24/8/2021, DJe 31/8/2021) [...]" (BRASIL. Superior Tribunal de Justiça. 6ª Turma. **Agravo Regimental no Recurso Especial 1977120 / MG**. Relator, Min. Antônio Saldanha Palheiro. Disponível em: <https://scon.stj.jus.br/SCON/GetInteiroTeorDoAcordao?num_registro=202103914054&dt_publicacao=08/04/2022>. Acesso em: 7 dez. 2022).

116. BRASIL. Presidência da República. **Lei 9605, de 12 de fevereiro de 1998**. Dispõe sobre as sanções penais e administrativas derivadas de condutas e atividades lesivas ao meio ambiente, e dá outras providências. Disponível em: <https://www.planalto.gov.br/ccivil_03/leis/l9605.htm>. Acesso em: 8 dez. 2022.

117. PONTE, Antônio Carlos da. **Crimes eleitorais.** 2ª ed. São Paulo: Saraiva, 2016. p. 186-187.

penais de diversão. Desse modo, em caso de crime eleitoral, principalmente quando se trata de delito cometido pelo candidato que disputou a eleição, o Ministério Público não deve ofertar o ANPP, ante a insuficiência dos equivalentes funcionais da pena, para proteção suficiente do bem jurídico. As condições de um ANPP não são suficientes para reparar uma desigualdade perpetrada em uma eleição, quando a fraude cometida beneficiou o investigado, porquanto, mediante expedientes ilegais, ocasionou interferência na vontade popular. No entanto, em sentido contrário, conforme anunciado no Capítulo 4, houve proposta de ANPP da PGR em crime eleitoral e a consequente homologação pelo STF, conforme PET 7990/DF[118].

Não raro, os crimes funcionais contra a administração pública, a exemplo da corrupção passiva ou do peculato, em razão do montante do prejuízo à administração pública e da maneira como são praticados, representam gravidade acentuada ao conjunto de valores penais protegidos, moralidade administrativa e os alicerces do Estado brasileiro. Em consequência, não haverá possibilidade, em tais casos – quando a ofensa ao bem jurídico for mais intensa – de reprovação e prevenção com equivalentes funcionais da pena, ou seja, não serão suficientes para atender aos fins exarados pelo legislador no *caput* do art. 28 do CPP.

De forma contrária ao entendimento acima, a Procuradoria Geral da República (PGR) já ofereceu ANPP para parlamentar em caso de fraude eleitoral, que fora homologado pelo STF. No mesmo sentido, acordos já foram propostos pela PGR a parlamentares que praticaram casos de rachadinhas. Tais acordos foram homologados pelo STF[119]. A rachadinha, forma de peculato desvio, con-

118. "O ministro Marco Aurélio, do Supremo Tribunal Federal (STF), declarou extinta a punibilidade de Onyx Lorenzoni, atual ministro da Secretaria Geral da Presidência da República, quanto aos fatos criminosos confessados no âmbito do acordo de não persecução penal (ANPP) firmado com o Ministério Público Federal (MPF) nos autos da Petição (PET 7990). Lorenzoni confessou não ter declarado o recebimento de doações eleitorais do Grupo J&F nas eleições de 2012 e 2014, fato que configura o crime previsto no artigo 350 do Código Eleitoral (caixa 2 eleitoral). O acordo foi homologado pelo ministro Marco Aurélio no último dia 19/2 e, a partir da ciência dessa decisão, foi aberto o prazo de 24 horas para Lorenzoni comprovar o pagamento da multa no valor de R$189 mil, ajustada com o MPF. Com a juntada do comprovante de pagamento e a manifestação do procurador-geral da República, que apontou o integral cumprimento do acordo, cabe ao juízo competente decretar a extinção da punibilidade, nos termos do artigo 28-A do Código de Processo Penal (CPP)" (BRASIL. Supremo Tribunal Federal. **PET 7990/DF.** Relator, Min. Marco Aurélio. Disponível em: https://www.stf.jus.br/arquivo/cms/noticiaNoticiaStf/anexo/Pet7990deciso.pdf). Acesso em: 28 out. 2022).

119. Em decisão do STF sobre rachadinha (forma de peculato) na Ação Penal 864, foi homologado um acordo de não persecução penal ante a iminência da prescrição, conquanto o relator, Ministro Luís Roberto Barroso, de início, fosse contrário à solução mediante ANPP após o recebimento da denúncia. Não havia o instituto do ANPP na legislação quando a denúncia foi recebida no ano de 2010. O caso é inusitado, porquanto o ANPP foi celebrado após o recebimento da denúncia e já com voto do relator pela condenação. Isso ocorreu porque o julgamento foi suspenso, quando já havia voto do relator pela condenação, mas houve um pedido conjunto de vista durante o julgamento. Em razão disso, não seria possível reexaminar o caso antes da prescrição. Por isso, o relator homologou o ANPP após o início do julgamento (BRASIL. Supremo Tribunal Federal. **Pet. 10751/DF na Ação Penal 864.** Relator, Min. Luís Roberto Barroso. Disponível em: <https://www.stf.jus.br/arquivo/cms/noticiaNoticiaStf/anexo/

siste no desconto ou devolução de parte do salário de assessores para o parlamentar.

Destaca-se ainda a possibilidade de ANPP em crime ambiental, defendida por parcela significativa da doutrina nacional, tanto para a pessoa física quanto para a pessoa jurídica no polo passivo. É certo que a própria Lei 9605/98 já estabeleceu no seu artigo 28 a possibilidade da suspensão condicional do processo. No entanto, o ANPP possibilita um alcance muito maior, em razão do seu limite de pena mínima inferior a 4 anos. Vale, todavia, o alerta feito por Fernanda Soares para o ANPP celebrado com pessoa jurídica em caso de crime ambiental, qual seja, a necessidade de que o representante legal tenha poderes específicos para a celebração da avença, de modo a evitar questionamentos[120].

Para a celebração de ANPP em crime ambiental, há necessidade ainda de condicionar o acordo à reparação do dano causado, caso contrário o acordo de diversão não será suficiente para reprovar e prevenir. Nesse sentido, Camila Bonfim sustenta que o "Ministério Público pode ofender a vedação à proteção insuficiente por parte do Estado, também, quando celebra ANPPs cujo objeto é a prática de delitos que tutelam bens jurídicos difusos ou coletivos, e não estabelece o dever de reparar o dano"[121].

É certo que a proteção do meio ambiente constitui objeto de um mandado constitucional de criminalização. Desse modo, a realização de acordos de diversão deve ser analisada no caso concreto, de forma a evidenciar a suficiência da medida para reprovar e prevenir com um equivalente funcional da pena. Portanto, não é qualquer caso de crime ambiental que estará abrigado pela possibilidade de um ANPP em razão apenas de uma pena mínima abstrata inferior a 4 anos.

Sem prejuízo de mais limitações em razão da teoria dos mandados constitucionais de criminalização, é justificável, ante a ausência de tutela penal

PET10751DecisoMLRB1.pdf>. Acesso em: 8 dez. 2022). Em 2025, o STF homologou o acordo firmado entre a Procuradoria-Geral da República (PGR) e o deputado federal André Janones (Avante-MG). No caso, o investigado admitiu a "rachadinha" em seu gabinete. Ele disse que pagou despesas pessoais em 2019 e 2020 com o cartão de crédito de um auxiliar, que arcou com as faturas. Conforme os termos do acordo, o deputado assumiu o compromisso de pagar R$ 157,8 mil, relativos à reparação destinada à Câmara dos Deputados e multa. E, ainda, se comprometeu a encerrar todas as práticas que são alvo da investigação e a não cometer outro crime ou contravenção penal até o fim do cumprimento do acordo. (BRASIL. Supremo Tribunal Federal. **Inquérito 4.949/df**. Relator, Min. Luz Fux. Disponível em: https://portal.stf.jus.br/processos/downloadPeca.asp?id=15374959259&ext=.pdf . Acesso em 28 março 2025).

120. SOARES, Fernanda da Silva. A justiça negocial brasileira como instrumento de desenvolvimento do criminal compliance. *In:* **Temas contemporâneos de ciências criminais**. Coord. Fábio Roque Sbardelotto, Pedro Ivo de Sousa e Tarcísio José Sousa Bonfim. Porto Alegre: FMP, 2024. p.31.

121. PEREIRA, Camila Bonafini. **Justiça Negocial: uma análise dos mecanismos de consenso no Processo Penal brasileiro à luz da Constituição da República e das críticas propostas pela doutrina de Luigi Ferrajoli.** 248f. Tese. Pontifícia Universidade Católica de São Paulo, 2023. p.223-224.

suficiente para o bem jurídico ofendido, a exclusão de acordos de diversão em infrações cometidas com violência ou grave ameaça à pessoa (a exemplo dos crimes de roubo, extorsão, estupro), no contexto da violência doméstica contra a mulher, de terrorismo, ou de crimes cometidos por organizações criminosas. Muitas dessas infrações exigem, inclusive, modificações do Direito Penal e do Processo Penal (Direito Penal global), de modo a encontrar alternativas mais eficientes para sua persecução que se projetam em resultados eficazes[122].

Por conseguinte, a legitimação da resposta penal negociada se vincula à necessidade de proteção suficiente do bem jurídico penal. Para esse propósito, a finalidade de reprovar e prevenir, prevista na norma legal, serve como guia para a valoração a ser realizada pelo membro do Ministério Público quando da escolha de oferecer ou não um acordo de não persecução penal.

Ressalta-se, no entanto, que já existe vedação feita pelo STF quanto à incidência do ANPP relacionada à importância do bem jurídico. Em decisão da 2ª Turma Turma do STF, por 3x2, prevaleceu o voto do relator, Ministro Fachin, quando a Corte afastou a possibilidade do acordo de não persecução penal em crime de racismo e de injúria racial, porquanto as condições do ANPP não seriam suficientes para reprovar e prevenir ofensa à dignidade da pessoa humana, consistente no direito fundamental à não discriminação. O relator destacou a importância de que o alcance material do Acordo de Não Persecução Penal (ANPP) esteja em plena consonância com a Constituição Federal e com os compromissos internacionais assumidos pelo Estado brasileiro Enfatizou a existência do Decreto Legislativo nº 1/2021, que ratificou o texto da Convenção Interamericana contra o Racismo, a Discriminação Racial e Formas Correlatas de Intolerância. Esse tratado, nos termos da decisão do STF, não somente

122. Em sentido semelhante, Ponte ensina que: "Atualmente, o combate a determinadas práticas criminosas, como o narcotráfico; a criminalidade organizada; a lavagem de dinheiro; os crimes que atentam contra bens difusos e coletivos; os crimes eleitorais, dentre outros, exige uma nova leitura do Direito Penal que permite, por vezes, a flexibilização de algumas garantias constitucionais em busca de um valor maior representado pela Justiça Social. Caso todos os direitos e garantias individuais previstos em nosso texto constitucional fossem considerados de forma absoluta, certamente não existiriam meios eficazes de combate às formas de criminalidade indicadas. Medidas excepcionais e, por vezes, necessárias, como a quebra de sigilo fiscal, telefônico e telemático seriam consideradas práticas ilegais; o mesmo acontecendo com a infiltração de agentes em organizações criminosas; a delação premiada que resultasse em perdão judicial etc." (PONTE, Antônio Carlos da. **Crimes eleitorais.** 2ª ed. São Paulo: Saraiva, 2016. p. 187-188). Em sentido mais contundente para determinadas infrações penais, consoante já alertado em outro momento da pesquisa, Jesús-Maria Silva Sánchez anota: "[...] não deve sobrar espaço algum para um Direito Penal de terceira velocidade? Isso já é mais discutível, se levamos em conta a existência, para não dizer mais, de fenômenos como a delinquência patrimonial profissional, a delinquência sexual violenta e reiterada ou fenômeno como a criminalidade organizada e o terror últimos da sociedade constituída na forma de Estado. Sem negar que a terceira velocidade do direito penal descreve um âmbito que se deveria aspirar a reduzir a mínima expressão, aqui se acolherá com reservas a opinião de que a existência de um espaço de Direito Penal de privação de liberdade com regras de imputação e processuais menos estritas que as do Direito Penal da primeira velocidade, com certeza, é, em alguns âmbitos excepcionais, e por tempo limitado, inevitável" (SILVA SÁNCHEZ, Jesús-Maria. **A Expansão do Direito Penal.** 2ª ed. São Paulo: RT, 2011. p. 193-194).

reforça a proibição da discriminação racial, mas também tem implicações significativas na interpretação e aplicação das normas nacionais, especialmente no que diz respeito à abordagem de crimes raciais[123].

Vale destacar que, na decisão referida, o relator usou a teoria do bem jurídico penal para fundamentar a sua decisão, quando exarou que determinados bens jurídicos, quando atingidos – no caso concreto, a população negra, inegavelmente vulnerável – exigem maior rigor da repressão estatal, porquanto esse é raciocício alicerçado no texto constitucional e nos compromissos assumidos pelo Estado brasileiro internacionalmente[124].

Por sua vez, há escolhas do constituinte que indicam a necessidade não apenas de tipificar as condutas por parte do legislador, mas de que a resposta penal concreta se submeta à vedação da proteção penal insuficiente. Desse modo, legitimar a solução do problema penal mediante acordos penais, em diferentes estágios da persecução penal, se vincula, para proteção penal suficiente dos bens jurídicos, à teoria dos mandados constitucionais de criminalização.

6.6. A LEGITIMAÇÃO DA RESPOSTA PENAL EM DISTINTOS ESTÁGIOS DA PERSECUÇÃO PENAL QUE PROJETAM A POSSIBILIDADE DE UM DIREITO PENAL SEM PENA

A legitimação da resposta penal nos acordos penais de diversão implica, em primeiro, lugar, o reconhecimento de que a previsão abstrata de pena para toda e qualquer conduta típica não se coaduna, de uma perspectiva concreta, com a necessária política criminal do atual contexto da sociedade, conforme já discutido no Capítulo 2.

No Direito Penal global, é preciso compreender a possibilidade de Direito Penal sem pena ou, com outras palavras, a não exclusividade da pena para todos os fatos penais. Isso equivale a dizer que a existência abstrata do preceito secundário previsto na norma penal incriminadora não corresponde, de maneira absoluta, a uma necessária busca concreta de aplicação da pena mediante julgamento ou mediante acordo de pena.

123. BRASIL. Supremo Tribunal Federal. **RHC 222599/SC**. Relator, Min. Edson Fachin. Julgado em 07/02/2023. Disponível em: <https://portal.stf.jus.br/processos/downloadPeca.asp?id=15356846599&ext=.pdf>. Acesso em 07 de abril de 2025.

124. BRASIL. Supremo Tribunal Federal. **RHC 222599/SC**. Relator, Min. Edson Fachin. Julgado em 07/02/2023. Disponível em: <https://portal.stf.jus.br/processos/downloadPeca.asp?id=15356846599&ext=.pdf>. Acesso em 07 de abril de 2025. p .06.

Nesse sentido, é possível solucionar fatos penais, para os quais existe previsão abstrata de pena, de modo diverso, com soluções distintas da pena. E isso pode ocorrer de maneira suficiente para a tutela do bem jurídico, para atender ao interesse da vítima e para a devida comunicação à sociedade das soluções acordadas.

Com esse propósito, a divisão em três graus de intensidade da resposta penal, conforme a fase da persecução penal, pode contribuir para sua legitimação, no aspecto dogmático, sem prejuízo de serem acrescentadas as razões político-criminais mais adiante, quando do exame do atual estado do sistema carcerário nacional. É possível, portanto, falar em construção de respostas penais negociadas em diferentes estágios da persecução penal, ou seja, antes da ação penal, no início do processo penal e antes do julgamento[125].

Há razões para evitar a ação penal, o prolongamento do processo e o esforço probatório, e, por fim, para realizar acordos de culpa, nos quais seja possível aplicar pena menor. No desenho jurídico brasileiro, enquanto não aprovado o acordo de pena, previsto no Projeto do Novo CPP, interessa examinar, dessa perspectiva, a legitimação da resposta sem natureza de pena antes da ação penal (transação penal e acordo de não persecução penal) e no início do processo (suspensão condicional do processo)[126].

A funcionalização da justiça negociada em normas internacionais, que fomenta as legislações internas, pode ser utilizada como premissa subjacente para compreender o desenho jurídico nacional. Nesse sentido, podem ser colhidas contribuições tanto das Regras de Tóquio quanto da Recomendação R(87), de 17 de setembro de 1987, do Conselho de Ministros da Europa. Esses enunciados normativos, em conjunto com a legislação nacional, permitem extrair

125. Ao tratar do processo penal como parte do Direito Penal global, há, nesse novo conjunto, conforme Silva Sánchez, uma dimensão expressiva do Direito Penal, dentro da qual cresce o protagonismo do processo penal em seu sistema de fins. Uma característica de destaque dessa abordagem indica que o processo e o julgamento integram a visão da pena. Com outras palavras, o processo não se reduz a uma condição necessária para a imposição da sanção penal, mas o seu fim constitui-se no restabelecimento do Direito sobre o qual há incerteza. Quando se determina a culpabilidade, a mensagem ao acusado é que não houve um acidente, mas que ele é autorresponsável pelo que ocorreu; e a comunicação à vítima e à sociedade é no sentido de que o ofendido não tem culpa alguma pelo que aconteceu. Nessa toada, é necessário distinguir a dimensão expressiva do processo das consequências de sua publicidade. O primeiro aspecto é jurídico e o segundo se refere a efeitos indesejáveis. E esclarece que: "Nas diversas formas de terminação do processo por questões de oportunidade, deve ser possível constatar também a existência de algum gênero de reação estabilizadora adequada à (possível) infração e suas consequências" (SILVA SÁNCHEZ, Jesús-María. **Aproximação ao Direito Penal Contemporâneo.** Trad. Roberto Barbosa Alves. São Paulo: Revista dos Tribunais, 2011. p. 94-95).

126. Há proposta de acordo de pena, discutido no Capítulo 3, inserido no art. 283 do Projeto de Lei do Senado n. 156/2009, novo Código de Processo Penal, que se encontra na Câmara dos Deputados sob o número PL 8045/2010 (BRASIL. Câmara dos Deputados. **Projeto de Lei 8045/2010**. Disponível em: <https://www.camara.leg.br/proposicoesWeb/prop_mostrarintegra;jsessionid=node03zrauu9mz8ulervpf2nl8w0q951691.node0?codteor=1638152&filename=PL+8045/2010>. Acesso em: 12 out. 2022).

princípios para compreender a legitimação da resposta penal sem natureza de pena.

No item 5.1 das Regras de Tóquio, em uma leitura conforme a realidade jurídica brasileira, verifica-se que o Ministério Público pode retirar os procedimentos contra o infrator se considerar não ser necessário recorrer a um processo judicial com vistas à proteção da sociedade, à prevenção do crime ou à promoção do respeito pela lei ou pelos direitos das vítimas. Para tanto, a referida norma aponta que o sistema legal de cada país deve desenvolver um conjunto de critérios, entre os quais, para crimes menores, a previsão de medidas não privativas de liberdade[127].

Com isso, no primeiro estágio da persecução penal, logo após a *opinio delicti* do Ministério Público, reconhece-se a possibilidade de solucionar um fato penal, previsto como crime, de autoria comprovada, sem a aplicação de pena, antes de um processo judicial. O *ius puniendi* estatal é substituído por outra resposta penal estatal, acordada e suficiente, sem natureza de pena. Por essa razão, é possível falar em uma solução penal prévia à ação penal, denominada de equivalente funcional da pena[128].

Por sua vez, a Recomendação R(87)18 do Conselho de Ministros da Europa[129] representou importante fomento ao consenso penal no continente[130]. Vale ressaltar que essa normativa indicou a necessidade de estabelecer prioridades na gestão da política criminal com esteio no princípio da oportunidade da ação penal, o que repercutiu, nos anos seguintes, na legislação dos países do bloco[131].

127. BRASIL. CONSELHO NACIONAL DE JUSTIÇA (CNJ), **Regras de Tóquio: regras mínimas padrão das Nações Unidas para a elaboração de medidas não privativas de liberdade**. Anexo da Resolução 45/110, da Assembleia-Geral das Nações Unidas, de 14 dez. 1990, Brasília: CNJ, 2016, p. 17.

128. Toma por empréstimo aqui uma lapidar lição de Suxberger: "[...] o direito de ação penal só surge quando a pretensão, compreendida como o direito de punir do Estado não se veja satisfeita de outro modo" (SUXBERGER, Antônio Graciano. Acordo de não persecução penal: Alternativa à judicialização. *In:* **Acordos de não persecução penal e cível**. Coord. Rodrigo Leite Ferreira Cabral, Renee do Ó Souza, Rogério Sanches Cunha, Francisco Dirceu Barros. Salvador: Juspodivm, 2021. p. 165).

129. COUNCIL OF EUROPE. Committee of Ministers. **Recommendation n. R (87) 18,** of the Committee of Ministers to member States concerning the simplification of Criminal Justice. Adopted by the Committee of Ministers on 17 September 1987 at the 410th meeting of the Ministers' Deputies. Disponível em: <https://rm.coe.int/16804e19f8>. Acesso em: 23 out. 2022.

130. NARDELLI, Marcella Alves Mascarenhas. A Expansão da Justiça Negociada e as Perspectivas para o Processo Justo: a *plea bargaining* norte-americana e as suas traduções no âmbito da *civil law*. **Revista Eletrônica de Direito Processual-REDP-**,Rio de Janeiro, UERJ, vol. 14, p.331-365, 2014. p.351. Disponível em: <https://www.e-publicacoes.uerj.br/index.php/redp/article/view/14542/15863>. Acesso em: 6 jun. 2022.

131. SUXBERGER, Antônio Graciano. A Superação do Dogma da Obrigatoriedade da Ação Penal: a oportunidade como consequência estrutural e funcional do sistema de justiça criminal: In: **Revista do Ministério Público do Estado de Goiás.** Goiânia-GO, n.34, p.35-50, 2017. p. 44. Disponível em: <http://www.mpsp.mp.br/portal/page/portal/documentacao_e_divulgacao/doc_biblioteca/bibli_servicos_produtos/bibli_boletim/bibli_bol_2006/Rev-MP-GO_n.34.pdf>. Acesso em: 23 out. 2022.

No item II, b, 1, 2, 4 e 7 da Recomendação R(87)18, consta que os Estados membros devem rever sua legislação para permitir acordos extrajudiciais em matéria penal, para infrações menores, mediante o pagamento de uma soma em dinheiro ao Estado ou a instituição de caráter público; a restituição de bens ou vantagens obtidas com a prática da infração penal; e a indenização adequada à vítima. Conta, ainda, que as autoridades devem elaborar diretrizes, com tabelas de valores para os acordos extrajudiciais, com a finalidade de assegurar o princípio da igualdade perante a lei. Além disso, as autoridades devem publicar relatório anual sobre a forma como têm exercido seus poderes de resolução extrajudicial.

Na sequência, no item III, a, 7 da mencionada norma, verifica-se a orientação para a adoção do procedimento de confissão da culpa no início do processo penal, que permite fixar a pena sem necessidade de realização total ou parcial do processo[132].

Esse arranjo jurídico internacional, acompanhado da legislação brasileira, tanto no plano constitucional quanto legal, examinado no Capítulo 3, permite contribuir para uma legitimação da resposta penal sem natureza de pena, com suficiente proteção do bem jurídico que dispensa a busca por um *ius puniendi* estatal mediante um direito subjetivo processual[133]. Nesse sentido, os acordos de transação penal e de não persecução penal possibilitam, antes da ação penal, solução suficiente para o fato criminoso, ocupando o primeiro estágio de resposta penal, sem natureza de pena.

Por sua vez, a suspensão condicional do processo cumpre o terceiro estágio da resposta penal, que encurta a marcha processual, logo após o recebimento da ação. Almejam-se os fins da pena, sem a necessidade de se chegar ao terceiro estágio da persecução, onde ocorre a formação da culpa e aplicação da pena. No terceiro estágio, nos modelos jurídicos pesquisados no terceiro capítulo,

132. COUNCIL OF EUROPE. Committee of Ministers. **Recommendation n. R (87) 18,** of the Committee of Ministers to member States concerning the simplification of Criminal Justice. Adopted by the Committee of Ministers on 17 September 1987 at the 410th meeting of the Ministers' Deputies. Disponível em: <https://rm.coe.int/16804e19f8>. Acesso em: 23 out. 2022.

133. Vale registrar a seguinte construção de Suxberger, após ter discorrido sobre a ação em Pontes de Miranda: "É patente a existência de um direito subjetivo material, aqui compreendido como veículo do *jus puniendi*, que se mostra presente na tensão ou conflito entre a pessoa do acusado e o Estado antes e fora do processo. Mas há de ser igualmente clara a ideia de que o direito subjetivo processual não se confunde com esse direito subjetivo material: a razão de ser do direito subjetivo processual é tornar efetivo o direito material. E, se o direito material já se mostra efetivo, há razão para o exercício esvaziado dessa ação penal em juízo? A resposta é claramente negativa, pois, na expressão do jurista alagoano, numa situação assim, ação (o direito de ação) não ocorre na vida da pretensão (jus puniendi)" (SUXBERGER, Antônio Graciano. Acordo de não persecução penal: Alternativa à judicialização. *In:* **Acordos de não persecução penal e cível.** Coord. Rodrigo Leite Ferreira Cabral, Renee do Ó Souza, Rogério Sanches Cunha, Francisco Dirceu Barros. Salvador: Juspodivm, 2021. p.165).

verificou-se a formação da culpa e solução tanto com acordo de pena, antes do julgamento, quanto mediante aplicação da penal judicial após o julgamento.

Essa discussão se faz necessária, porquanto os requisitos para o início de uma ação penal, consubstanciados na justa causa, na busca de um *ius puniendi*, conduziam o Ministério Público à promoção de uma quantidade nada razoável de ações penais[134]. O objetivo finalístico da pena desse excesso de demandas pode, agora, ante a presença de acordos de diversão, ser substituído por soluções prévias ao processo, em um primeiro estágio, ou por soluções no início do processo, em um segundo estágio.

Por conseguinte, a legitimação da resposta penal em distintos estágios da persecução penal, que projetam a possibilidade de um Direito Penal sem pena para parcela da criminalidade, não afasta a natureza penal dos equivalentes funcionais, mas lhes retira a natureza de pena. A natureza penal desses equivalentes, conquanto não sejam penas, se dá porque os acordos de diversão são acordos de Direito Penal, que implicam extinção da punibilidade e não ignoram o fato penal cometido. Subsiste, repita-se, uma resposta penal, sem a natureza de pena.

Desse modo, é possível inferir que, para o crime, no desenho jurídico brasileiro e de muitos outros países, a pena não é mais a exclusiva e única resposta ao fato criminoso. Existe resposta sem natureza de pena no Direito Penal atual. E essa construção não depende da promoção de uma ação penal. Ademais, com diferentes momentos para a escolha da intensidade da resposta penal, o Direito Penal atende aos seus fins de forma mais legitima, com menor uso do cárcere, tornando a pena privativa a última *ratio* da última *ratio*.

6.7. O MODELO NEGOCIAL PENAL COMO UMA ALTERNATIVA AO ESTADO DE COISAS INCONSTITUCIONAL DO SISTEMA CARCERÁRIO BRASILEIRO

Foi anunciada, em momento anterior da pesquisa, a existência de um estado de coisas inconstitucional presente no sistema carcerário brasileiro, reconhecido pelo Supremo Tribunal Federal (STF)[135]. Interessa, agora, identificar a

134. Alguns dados estatísticos quanto ao número de ações penais foram apresentados no final do Capítulo 3.

135. Na decisão da ADPF 347, em 2015, o Ministro Marco Aurélio mencionou que o *déficit* de vagas no sistema seria de 206.307 vagas, que o Brasil teria a quarta maior população carcerária do mundo e que existiam 373.991 mandados de prisão sem cumprimento (BRASIL. Supremo Tribunal Federal. Plenário. **Ação de Descumprimento de Preceito Fundamental 347**. Relator Ministro Marco Aurélio. Julgado em 9/9/2015. Disponível em: <https://redir.stf.jus.br/paginadorpub/paginador.jsp?docTP=TP&docID=10300665>. Acesso em: 16 jun. 2021).

correlação entre as soluções negociadas, principalmente as existentes no ordenamento jurídico brasileiro, com o sistema carcerário nacional, ante a possibilidade de os instrumentos de consenso contribuírem em alguma medida para evitar a pena de prisão.

A ineficiência da gestão carcerária brasileira no sentido de fazer cumprir as diretrizes apontadas na Lei n. 7.210/84, Lei de Execução Penal (LEP), tem provocado tentativas de ajustes no plano jurisprudencial que nem sempre representam as melhores alterativas, tanto no aspecto político-criminal quanto no dogmático-penal.

Verifica-se, desse modo, no plano jurisprudencial, uma remodelagem da forma de cumprimento de pena no Brasil. A omissão estatal, quanto à concretização da LEP, contribuiu para o nascimento de uma política criminal judicial quase autônoma nos tribunais superiores. Um novo modo de compreender a execução das penas na jurisprudência caminha no sentido do desencarceramento, projeta novas alternativas sem um diálogo transparente e efetivo com as demais esferas do poder e os demais atores do desenho institucional[136]. Há substituição às regras legais como forma de equacionar o problema da execução das penas no Brasil[137].

Para tanto, a política-criminal jurisprudencial, nos temas da execução penal, leva em conta, principalmente, o número de presos provisórios e a superlotação de grande parte dos presídios[138], que denotam uma omissão do Estado brasileiro, ao não cumprir comandos normativos. Reconhece-se um contínuo distanciamento entre a prática da execução penal brasileira e as previsões constitucionais (art.5º, XLIX, da CF), legal (art.1º da LEP) contidas em normativas internacionais aprovadas pelo Brasil, a exemplo das Regras Mínimas das Nações Unidas para Tratamento do Preso[139].

---

136. MACHADO, Bruno Amaral. **Justiça criminal:** diferenciação funcional, interações organizacionais e decisões. São Paulo: Marcial Pons, 2014. p. 26

137. PONTE, Antônio Carlos da; GOMES FILHO, Dermeval Farias; PEDROSO, Fernando Gentil Gizzi de Almeida. O Modelo Decisório do Supremo Tribunal Federal que se Projeta na execução Penal: Desafios de uma Política Criminal de Desencarceramento sem Preocupação Dogmática. **Revista Magister de Direito Penal e Processual Penal,** Porto Alegre, n. 105, p. 64-87, Dez.-Jan. 2022. p. 82.

138. BRASIL. Conselho Nacional do Ministério Público. **Sistema Prisional em Números**. Disponível em: <https://www.cnmp.mp.br/portal/relatoriosbi/sistema-prisional-em-numeros>. Acesso em: 16 jun. 2021; BRASIL. Ministério da Justiça. Departamento Penitenciário Nacional. **Levantamento nacional de informações penitenciárias**: atualização: junho de 2020. Disponível em: <https://app.powerbi.com/view?r=eyJrIjoiZWI2MmJmMzYtODA2MC00YmZiLWI4M2ItNDU2ZmIyZjFjZGQ0IiwidCI6ImViMDkwNDIwLTQ0NGMtNDNmNy05MWYyLTRiOGRhNmJmZThlMSJ9>. Acesso em: 16 jun. 2021.

139. BRASIL. Conselho Nacional do Justiça (CNJ). Regras de Mandela: regras mínimas das Nações Unidas para tratamento de presos. Série Tratados Internacionais de Direitos Humanos. **Conselho Nacional de Justiça.** Coord: Luis Geraldo Sant"Ana- Lanfredi- Brasília: CNJ, 2016. Disponível em: <https://www.cnj.jus.br/wp-content/uploads/2019/09/a9426e51735a4d0d8501f06a4ba8b4de.pdf>. Acesso em 12 jul. 2021.

Os dados em BI (*Business Intelligence*) colhidos pelo Departamento Penitenciário Nacional (Depen), do primeiro semestre de 2022, apresentam: 661.915 presos em celas físicas (que dormem no estabelecimento prisional e estão em custódia da polícia ou federal, em batalhões de polícia militar e de bombeiros militares); 175.528 em prisão domiciliar, que não estão portanto em estabelecimentos prisionais, dos quais 87.448 são monitorados eletronicamente e 88.080 não. Os dados de junho de 2022 ainda revelam um total de 469.076 vagas no sistema prisional brasileiro, ou seja, há um quantitativo de presos superior ao número de vagas[140].

No sistema estadual, segundo os dados colhidos pelo Depen referentes ao primeiro semestre de 2022, tem-se um total de 326.365 condenados no regime fechado; 126.237 condenados no regime semiaberto; 8.945 condenados no regime aberto; 190.771 presos em prisão provisória; 1.987 internados em medida de segurança; e 399 pessoas realizando tratamento ambulatorial. Já no sistema federal, havia 438 presos no regime fechado, 43 presos provisórios e um preso em tratamento ambulatorial[141].

Os dados anuais do Depen mostram uma redução do número de pessoas presas no Brasil. Eram 698.618 em 2015, 722.120 em 2016, 722.716 em 2017, 744.216 em 2018, 755.274 em 2019, 672.697 em 2020, 679.577 em 2021; e 661.915 em junho de 2022[142]. Em uma análise inicial, parcela significativa da redução do número de presos se deu em razão do uso do monitoramento eletrônico. Esse uso foi expandido em situações cautelares e, ainda, em cumprimento de pena no regime semiaberto após a decisão do STF de 2016, que resultou na edição da Súmula Vinculante n. 56[143].

Já no ano de 2024, os dados divulgados pela Secretaria Nacional de Políticas Penitenciárias, por meio da ferramenta denominada SISDEPEN (criada pela Lei 12.714/2012), apontaram um total de 663.387 em celas físicas. Desse total, a população masculina é formada por 634.617 homens, enquanto a população feminina é constituída por 28.770 mulheres. Tal grupo é formado pelos

140. BRASIL. Ministério da Justiça. Departamento Penitenciário Nacional. **Dados Estatísticos do Sistema Penitenciário (SISDEPEN)**. Período de janeiro a junho de 2022. Disponível em: <https://app.powerbi.com/view?r=eyJrIjoiNWQ0ODM1OTQtMmQ2Ny00M2Iy LTk4YmUtMTdhYzI4N2ExMWM3IiwidCI6ImViMDkwNDIwLTQ0NGMtNDNmNy05MWYyLTRiOGRhNmJmZThlMSJ9>. Acesso em: 4 dez. 2022.

141. Idem.

142. Idem.

143. BRASIL. Supremo Tribunal Federal. Tribunal Pleno. **RE 641.320/RS**. Relator Ministro Gilmar Mendes, julgado em 11/05/2016. "Cumprimento de pena em regime fechado, na hipótese de inexistir vaga em estabelecimento adequado a seu regime. Violação aos princípios da individualização da pena (art. 5o, XLVI) e da legalidade (art. 5º, XXXIX)". Disponível em: <https://redir.stf.jus.br/paginadorpub/paginador.jsp?docTP=TP&docID=11436372>. Acesso em: 4 dez. 2022.

presos que, independentemente de saídas para trabalhar e estudar, dormem no estabelecimento prisional. A capacidade de vagas do sistema penal brasileiro, nessa coleta de dados, indicou o número de 488.951. Por sua vez, a população em prisão domiciliar, que não usa equipamento de tornozeleira eletrônica, aumentou em 14,40%, saindo de 100.433 em dezembro/2023 para 115.117 em junho/2024. O novo levantamento constatou um aumento de 25,9% da oferta de atividades educacionais no sistema penitenciário brasileiro. Revelou, ainda, que 158.380 pessoas presas exerciam alguma atividade laboral[144].

Verifica-se que a estrutura atual do sistema carcerário brasileiro, por ora, não absorve a demanda. E o investimento em construção de novos presídios, bem como a manutenção dos atuais representam um valor considerável para os cofres públicos, e não têm sido prioridade do Poder Executivo: "O custo mínimo para a construção de novas vagas é estimado pelo Ministério da Justiça em R$30 mil por preso"[145]. Desse modo, a título de ilustração, para suprir um *déficit* de cerca 275 mil vagas, sem considerar os mandados de prisão em aberto, seriam necessários R$8,25 bilhões de investimento.

Dados de março de 2025, divulgados pela Secretaria Nacional de Políticas Penitenciárias, apontaram um custo médio do preso, por unidade federativa brasileira, de R$ 2.096,56. Essa coleta de informações teve início em julho de 2020. Foi informado a impossibilidade de detalhar o custo por unidade prisional, porquanto a maioria dos estados não conseguem informar os valores com esse grau de detalhamento[146].

Vale destacar que os recursos atualmente existentes para esse fim não têm sido utilizados a contento. A deficiência de gestão se apresenta em várias fases da política pública carcerária, como no uso dos recursos do Fundo Penitenciário Nacional (Funpen), que, apesar do descontingenciamento, não significou concentração suficiente na ampliação de vagas do sistema carcerário[147].

144. BRASIL. Ministério da Justiça. **Relatório de Informações Penais**. Dados Estatísticos do Sistema Penitenciário (SISDEPEN). 16ª ciclo do SISDEPEN. 1ª semestre de 2024. Disponível em: <https://www.gov.br/senappen/pt-br/servicos/sisdepen/relatorios/relipen/relipen-1o-semestre-de-2024.pdf>. Acesso em: 07 abr. 2025.

145. GOMES, Maria Tereza Uille Gomes. Direito Administrativo, accountability e o cadastro nacional de presos como instrumento de gestão eficiente do sistema prisional. **Fórum de Contratação e Gestão Pública**, FCGP, Belo Horizonte, ano 17, n.195, p. 33-42, marc.2018. p. 33.

146. BRASIL. Ministério da Justiça. **Relatório de Informações Penais.** Dados Estatísticos do Sistema Penitenciário (SISDEPEN). 16ª ciclo do SISDEPEN. 1ª semestre de 2024. Disponível em: <https://app.powerbi.com/view?r=eyJrIjoiMWE0MGI5MmUtZjEyNC00ZmQzLTk2MmYtOWFjNzEwOTY0NjkwIiwidCI6ImViMDkwNDIwLTQ0NGMtNDNmNy05MWYyLTRiOGRhNmJmZThlMSJ9>. Acesso em: 07 abr. 2025.

147. CARMONA, Flávia Nunes de Carvalho Cavichioli. **Fundo Penitenciário Nacional:** da promessa à realidade do estado de coisas inconstitucional nas prisões brasileiras. Rio de Janeiro: Lumen Juris, 2019. p. 155.

Anota-se, ainda, o grave problema na execução das penas dos integrantes de organizações criminosas. Nos últimos anos, muitos massacres ocorreram em razão da rivalidade entre grupos rivais integrantes de organizações distintas. O Estado foi incapaz de evitar inúmeras mortes dentro dos presídios. A superlotação, o número insuficiente de funcionários públicos, a precária estrutura de muitos estabelecimentos penais e a ausência de uma política de execução penal específica para guiar o cumprimento de pena dos integrantes das organizações criminosas redundaram em inúmeros massacres[148].

Os graves problemas na fase de execução da pena no Brasil têm gerado ainda preocupação de organismos internacionais. Nesse sentido, a Corte Interamericana de Direitos Humanos (CIDH), após visita ao Estabelecimento Penal Plácido de Sá do Rio de Janeiro em 2018, decidiu no sentido de proibir a entrada de mais presos e determinou a contagem em dobro de cada dia de privação de liberdade cumprido no local, salvo para os casos de crimes contra a vida ou a integridade física e de crimes sexuais[149].

Nesse cenário, o caráter ressocializador apontado no artigo 1º da LEP, alicerçado em um modelo progressivo, acompanhado de trabalho, educação e outros direitos sociais, não tem sido sequer testado no Brasil, uma vez que os estabelecimentos penais não oferecem condições garantidas pela lei, salvo em alguns poucos estabelecimentos penais distribuídos pelo país. "Aqui então o primeiro grande obstáculo do processo ressocializador do preso, pois devido à superlotação de nossas unidades prisionais torna-se praticamente impossível ministrar um tratamento individual a cada preso."[150]

A título de ilustração, enquanto alguns poucos Estados da Federação se aproximam de 35% dos presos classificados para o trabalho, a média geral não chega a 20%. No que diz respeito ao estudo do preso dentro do sistema, a média é

148. RESPLANDES, Cássio. Folha Capital. Sangrento massacre prisional em Manaus deixa 60 mortos; violência e superlotação carcerária do Brasil são destaque na mídia internacional. **Folha Capital**, 2 jan. 2017. Disponível em: <http://www.folhacapital.com.br/portal/noticias/view/1833/sangrento-massacre-prisional-em-manaus-deixa-60-mortos--violencia-e-superlotacao-carceraria-do-brasil-sao-destaque-na-midia-internacional>. Acesso em 12 jul. 2021.

149. ORGANIZAÇÃO DOS ESTADOS AMERICANOS (OEA). Corte Interamericana de Direitos Humanos (CIDH). Resolução de 22 de novembro de 2018. **Medidas provisórias a respeito do Brasil**. Assunto do Instituto Penal Plácido de Sá Carvalho. Disponível em: <https://www.corteidh.or.cr/docs/medidas/placido_se_03_por.pdf>. Acesso em: 16 jun. 2021. Registra-se que, em decisão do ano de 2021, no exame de um pedido individual, o STJ reconheceu a contagem em dobro da pena, nos termos da decisão da CIDH, e de forma retroativa (BRASIL. Superior Tribunal de Justiça (STJ). 5ª Turma. **Agravo Regimental no Recurso Ordinário em Habeas Corpus 136.961/RJ**. Julgado em 15/06/2021. Disponível em: <https://scon.stj.jus.br/SCON/GetInteiroTeorDoAcordao?num_registro=202002844693&dt_publicacao=21/06/2021>. Acesso em: 18 dez. 2022).

150. ASSIS, Rafael Damasceno de Assis. **As prisões e o direito penintenciário** no Brasil: Histórico das prisões no Brasil, histórico das Leis De Execuções Penais, aspectos e finalidades da atual Lei De Execução Penal Brasileira. Disponível em: <https://www.direitonet.com.br/artigos/exibir/3482/As-prisoes-e-o-direito-penitenciario-no-Brasil>. Acesso em 21 jul. 2021. p. 5).

ainda menor, cerca de 12,6% somente dos presos estavam estudando em 2019[151]. Um aumento de vagas foi constatado no relatório de informações carcerárias de 2024, conforme mencionado anteriormente.

Nesse cenário, a alta taxa de reincidência contribui mais ainda para agravar o problema. Conquanto os dados das pesquisas existentes não sejam uniformes, na maioria dos presídios brasileiros, os índices de reincidência giram em torno de 70%, segundo dados do Ipea de 2015[152].

A título comparativo, pesquisas realizadas já apontaram índices de reincidência variável, entre 40% e 80%, nos EUA. Por sua vez, na Espanha, na segunda metade do século XX, o índice esteve em torno de 60%. Desse modo, "apesar da deficiência dos dados estatísticos, é inquestionável que a delinquência não diminui em toda a América Latina e que o sistema penitenciário tradicional não consegue reabilitar o delinquente"[153].

Destacam-se, ainda, estudos no seio da corrente doutrinária da Nova Reabilitação, surgida no final do século XX como reação crítica aos estudos da década de 70, que apontavam o fracasso na prevenção especial positiva. Tais estudos anotaram que os melhores programas seriam capazes de realizar a prevenção entre 20% e 30% da reincidência criminal[154].

A realidade inversa no Brasil, com baixa reincidência, se localiza no modelo de execução penal da Associação de Proteção e Assistência aos Condenados (Apac), mais concentrado em Minas Gerais, mas também existente em alguns outros Estados. O modelo da Apac busca cumprir os ditames da LEP, com caráter humanizado[155]. Para tanto, depende de um envolvimento maior dos atores estatais (juiz, promotor de justiça e outros agentes públicos), bem como da comunidade, com a execução penal.

151. VELASCO, Clara; REIS, Thiago; CARVALHO, Bárbara; LEITE, Caroline; PRADO, Gabriel; RAMALHO, Guilherme. Monitor da Violência. **G1 e Globonews,** 24 de jun. 2019. Disponível em: <https://g1.globo.com/monitor-da-violencia/noticia/2019/04/26/menos-de- 15-do-presos-trabalha-no-brasil-1-em-cada-8-estuda.ghtml>. Acesso em 4 dez. 2022.

152. Instituto de Pesquisa Econômica Aplicada (Ipea). **Reincidência Criminal no Brasil**. Relatório de Pesquisa. Rio de janeiro, 2015. Disponível em: <https://www.ipea.gov.br/portal/images/stories/PDFs/relatoriopesquisa/150611_relatorio_reincidencia_criminal.pdf>. Acesso em 12 jul. 2021.

153. BITENCOURT, Cezar Roberto. **Falência da Pena de Prisão- Causas e alternativas**. 5ª ed. São Paulo: Saraiva, 2017. p. 182.

154. No entanto, como destaca Silvio Leite: "Seria impossível afirmar a ocorrência do efeito preventivo especial caso um ex-apenado morra sem reincidir, pois não haveria como certificar que a pena foi o fator que influenciou o indivíduo a não delinquir. A não reincidência criminal apenas indicaria a possibilidade de a pena ter proporcionado um efeito preventivo especial" (GUIMARÃES NETO, Silvio Leite. **Uma teoria da pena baseada na vítima:** a busca pela satisfação do indivíduo vitimado como finalidade da pena. São Paulo: Marcial Pons, 2020. p. 65 e 68).

155. BRASIL. Conselho Nacional do Ministério Público (CNMP). **Guia de Desafios para a implementação da APAC**. Conselho nacional do Ministério Público. Brasília: CNMP, 2018. p.11. Disponível em: <https://www.cnmp.mp.br/portal/images/Publicacoes/documentos/2018/07-06_Guia_APAC_FINAL_v2.pdf>. Acesso em: 12 jul. 2021.

"O índice de reincidência entre apenados que passaram por unidades da APAC varia entre 8 e 15%, enquanto que no sistema prisional comum o índice é de 70%"[156], apesar de dados do Ipea, em pesquisa qualitativa divulgada em 2015, revelarem um percentual de 25% de reincidência no sistema comum de execução penal[157], denotando divergências entre várias pesquisas realizadas, principalmente em razão da base e dos critérios utilizados para se aferir a reincidência. Tal discrepância pode ser explicada pelo critério legal de reincidência previsto nos artigos 63 e 64 do CP brasileiro, o qual exige trânsito em julgado do crime anterior e prática de um novo crime, nem sempre considerados nas pesquisas realizadas, bem como a deficiência de tais dados nas plataformas pesquisadas[158].

Um levantamento completo do Depen, em parceria com a Universidade Federal de Pernambuco (UFPE), em um estudo de 979 mil presos, quando se analisou o período de 2008 a 2021, com amostra que se valeu dos dados de 13 Estados brasileiros, revelou que a média de reincidência no primeiro ano gira em torno de 21%, progredindo até uma taxa de 38,9% em até cinco anos[159]. A pesquisa identificou os crimes mais comuns nos processos judiciais em que os presos são réus (tráfico de drogas em 17%, roubo em 17%, furto em 16%, lesões corporais em 7%). "Nossos resultados revelam que, no período de 2010 a 2021, 42,5% dos indivíduos que deixam uma unidade de detenção voltam a ser presos."[160] É certo que o mero retorno à prisão não significa reincidência, em termos legais, conforme apontou o estudo referido.

Tendo em vista esse quadro do sistema carcerário brasileiro, indaga-se como os acordos penais previstos na legislação brasileira podem contribuir para atenuar esse estado de coisas inconstitucional, ou seja, para diminuir a dor

156. BRASIL. Conselho Nacional do Ministério Público (CNMP). **A visão do Ministério Público sobre o sistema prisional.** Conselho Nacional do Ministério Público. 2016. p. 25. Disponível em: <https://www.cnmp.mp.br/portal/images/ Publicacoes/documentos/2016/Livro_sistema_prisional_web_7_12_2016.pdf>. Acesso em: 12 jul. 2021.

157. ZAMPIER, Débora. **Um em cada quatro condenados reincide no crime, aponta pesquisa**. 2015. Disponível em: <https://www.cnj.jus.br/um-em-cada-quatro-condenados-reincide-no-crime-aponta-pesquisa/>. Acesso em: 13 jul. 2021.

158. PONTE, Antônio Carlos da; GOMES FILHO, Dermeval Farias; PEDROSO, Fernando Gentil Gizzi de Almeida. O Modelo Decisório do Supremo Tribunal Federal que se Projeta na execução Penal: Desafios de uma Política Criminal de Desencarceramento sem Preocupação Dogmática. **Revista Magister De Direito Penal e Processual Penal,** Porto Alegre, n. 105, p. 64-87, Dez.-Jan. 2022. p. 73.

159. BRASIL. Ministério da Justiça. Departamento Penitenciário Nacional. **Relatório de Reincidência Criminal no Brasil**. Disponível em: <https://www.gov.br/depen/pt-br/assuntos/noticias/depen-divulga-relatorio-previo-de-estudo-inedito-sobre-reincidencia-criminal-no-brasil/reincidencia-criminal- no-brasil-2022.pdf/view>. Acesso em: 4 dez. 2022.

160. BRASIL. Ministério da Justiça. Departamento Penitenciário Nacional. **Relatório de Reincidência Criminal no Brasil**. Disponível em: <https://www.gov.br/depen/pt-br/assuntos/noticias/depen-divulga-relatorio-previo-de-estudo--inedito-sobre-reincidencia-criminal-no-brasil/reincidencia-criminal-no-brasil-2022.pdf/view>. Acesso em: 4 dez. 2022. p.18-19 e 34.

da pena de prisão e possibilitar seu uso racional, sem que isso signifique uma tutela deficiente do bem jurídico tutelado ou mesmo uma resposta penal fraca na comunicação com a vítima e à sociedade.

Os dois últimos aspectos – a relação entre negócios penais como solução de equivalentes funcionais da pena na perspectiva do bem jurídico, da vítima e da sociedade – já foram considerados em outros espaços do presente capítulo da pesquisa. Interessa, portanto, agora, a resposta quanto à primeira indagação do parágrafo anterior.

Nesse sentido, vale registrar que estudos empíricos de outros terrenos jurídicos apontam um aumento da população carcerária em razão dos negócios penais. No entanto, vale esclarecer, como ponto de partida, que tal correlação só é possível em ordenamentos jurídicos que permitem acordo de pena com elasticidade das propostas, consoante examinado no modelo jurídico estadunidense[161].

Considerando que não há, por ora, acordo de pena no ordenamento jurídico brasileiro, interessa buscar uma resposta para a questão anterior com apoio nos equivalentes funcionais da pena examinados no terceiro capítulo, quais sejam, transação penal, suspensão condicional do processo e acordo de não persecução penal[162].

A transação penal possibilita encerrar a persecução penal antes do início da ação penal em crimes de menor potencial ofensivo. O acordo de não persecução penal encerra a persecução penal antes do início da ação penal em crimes de média ofensividade, desde que cometidos sem violência ou grave ameaça à pessoa, sem dispensar a presença dos demais requisitos legais, já examinados no Capítulo 3. Por sua vez, a suspensão condicional do processo impede a continuação da persecução penal em juízo e evita uma instrução e uma condenação.

Os três instrumentos consensuais fixam equivalentes funcionais da pena que impedem, portanto, futura condenação e a possibilidade da reincidência. Aqui, portanto, reside a primeira contribuição, talvez a mais relevante e

161. Vogel registra que: "Nos Estados Unidos, a barganha, juntamente com a sentença obrigatória, desempenhou um papel importante na virada carcerária que produziu o encarceramento em massa desde a década de 1990" (VOGEL, Mary. Plea Bargaining under the Common Law. In: BROWN, Darryl K.; TURNER, Jenia Iontcheva; WEISSER, Bettina (ed.). **The Oxford Handbook of Criminal Process.** Oxford: Oxford University Press, 2019. Cap. 33. p. 729-760. DOI: https://doi.org/10.1093/oxfordhb/9780190659837.013.38. p. 25). (tradução própria).

162. Não se olvida da importância da conciliação dos acordos de justiça restaurativa seguidos de promoção de arquivamento da investigação penal, dos arquivamentos amparados em princípios penais, a exemplo do princípio da insignificância, realizados pelo Ministério Público, que contribuem para diminuir os processos penais e refletem na diminuição de condenações e na possibilidade de aumentar o cárcere. Considerações sobre o recorte da pesquisa já foram feitos tanto na Introdução quanto no Capítulo 3.

constatada, de maneira objetiva, para efeito de diminuir a demanda no sistema brasileiro de execução de penas.

Ao não resultar em uma condenação penal com a fixação de pena, os acordos brasileiros de diversão dificultam o surgimento da reincidência, ao darem nova oportunidade ao beneficiário. E, dessa forma, contribuem para que um novo fato penal - eventualmente cometido pelo agente, depois de cumprido o acordo, ainda dentro do prazo legal que impossibilita nova avença - não receba a marca da reincidência na sentença condenatória. O agente não reincidente será condenado pelo segundo fato, mas poderá, preenchidos os demais requisitos, substituir a pena privativa por penas restritivas de direito.

Ao evitar ou dificultar a reincidência na concepção legal, principalmente nos crimes sem violência ou grave ameaça à pessoa de média gravidade, os acordos penais diminuem a possibilidade da pena de prisão. Para ilustrar, vale a seguinte hipótese, se não houvesse o acordo de não persecução penal, o crime de furto qualificado cometido por um agente primário redundaria em um processo penal e na possibilidade de uma pena privativa substituída por restritivas de direito. No segundo fato, após o trânsito em julgador, dentro do período depurador, o agente seria processado e poderia ser condenado com a marca da reincidência em regime inicial fechado. Se houvesse o restante de pena da primeira condenação, haveria ainda a unificação das reprimendas na forma do artigo 111 da LEP.

Retomando a hipótese anterior, agora, com a existência do acordo de não persecução penal para o primeiro fato, o agente primário acordaria com o Ministério Público um ANPP, cumpriria as condições (equivalentes funcionais da pena) e teria extinta sua punibilidade. Ao praticar o segundo fato (crime sem violência e grave ameaça à pessoa), ainda no intervalo temporal que impede um novo ANPP, o agente seria processado e poderia ser condenado a uma pena privativa de liberdade, sem a marca da reincidência, que seria substituída por penas restritivas de direito. Em síntese, inexiste o cárcere nessa segunda hipótese, em razão da presença do ANPP no ordenamento jurídico.

Isso acontece porque a reincidência exerce forte influência em matéria de dosimetria da pena e em sua execução penal. A reincidência interfere na segunda fase da dosimetria da pena como agravante, na fixação do regime inicial, na análise da substituição de pena privativa de liberdade por restritivas de direito, no livramento condicional e progressão de regime de cumprimento de pena. Os acordos de diversão, portanto, são inimigos da reincidência, porquanto retardam seu surgimento quando o agente repete fatos penais.

Observa-se que a reincidência constitui o principal fator encarcerador em crimes cometidos sem violência ou grave ameaça à pessoa[163], por conta do desenho jurídico brasileiro com base no amplo rol das penas restritivas de direito que podem substituir a pena privativa de liberdade, conforme artigos 43, 44 e seguintes do Código Penal, alterado pela Lei n. 9.714/98.

Quanto ao real impacto numérico dos acordos de diversão brasileiros na diminuição de condenações e, portanto, na redução de penas privativas de liberdade, isso ainda não pode ser aferido com exatidão. Todavia, na parte final do Capítulo 3, alguns dados foram revelados e possibilitam projetar o impacto do ANPP na redução das ações penais, em um percentual que girou em torno de 22% a 30% dos casos penais estaduais que apresentam justa causa para uma ação penal.

Essa informação é relevante se conjugada com a análise anterior para impactar na ausência de reincidência e de pena privativa a ser cumprida. Foram apontados, outrossim, em notas de rodapé da parte final do referido capítulo, números absolutos da transação penal e da suspensão condicional do processo na área federal.

Acrescenta-se, como segunda contribuição, que os acordos de equivalentes funcionais contribuem para a ressocialização, ao possibilitarem uma comunicação direta com o autor do fato criminoso sobre sua responsabilidade de lhe exigir, para realizar a avença, a reparação do dano, além da necessidade de cumprir as demais condições. Ao criar esse senso de responsabilidade e impedir o etiquetamento processual e penal, os acordos de diversão brasileiros diminuem a demanda do cárcere.

O efeito positivo dos equivalentes funcionais para impedir o cometimento de novos crimes na comunicação da responsabilidade ao agente já foi afirmado em diversas passagens com citação de pesquisas no Capítulo 5. Institutos despenalizadores, devidamente calibrados com requisitos objetivos e subjetivos, podem contribuir com o ideal de prevenção positiva. No entanto, a medida exata, em percentual, dessa segunda contribuição, ainda não foi demonstrada. De forma semelhante, essa dificuldade de mensuração foi apontada no primeiro capítulo, quanto aos efeitos inibidores positivos da pena privativa de liberdade para reduzir o cometimento de novos crimes.

---

163. Leciona Suxberger: "Condenações por crimes sem violência contra a pessoa, como regra, não ensejam recolhimento à prisão. O recolhimento à prisão, em caos tais, deriva da reincidência do acusado ou do concurso da infração penal com outros delitos ou por se cuidar de delitos praticados repetidas vezes" (SUXBERGER, Antônio Henrique Graciano. **Acordo de Não Persecução Penal:** o exercício da ação penal e a questão prisional como problema público. Brasília: Fundação Escola, 2019. p. 110).

É certo que o Estado brasileiro encontra dificuldade em transformar o problema prisional em um problema público[164]. Nessa toada, acordos penais de diversão podem legitimar a contribuição em uma medida limitada para solucionar problemas penais que não reclamam a adoção de uma pena privativa de liberdade. Essa premissa, aliada aos demais fatores de tutela suficiente do bem jurídico e de atenção à vítima e devida comunicação à sociedade contribuem para um espaço legitimador dos acordos penais que fazem uso de equivalentes funcionais da pena.

164. SUXBERGER, Antônio Henrique Graciano. **Acordo de Não Persecução Penal:** o exercício da ação penal e a questão prisional como problema público. Brasília: Fundação Escola, 2019. p. 113.

CONCLUSÕES

A pesquisa buscou responder, no âmbito do Direito Penal, do aspecto dogmático e político-criminal, a questão relativa à legitimação da resposta penal obtida nos instrumentos negociais do Direito Penal que resultam em pena ou em equivalente funcional da pena, modificando, portanto, os patamares do preceito secundário estabelecidos inicialmente pelo legislador quando da tipificação das infrações penais.

A justificativa da resposta penal é fundamental – em modelos de disputa ou de investigação oficial – ante a possibilidade de limitar um direito fundamental mediante a aplicação da pena em um julgamento, ou por meio da redução da pena em um acordo penal. A necessidade de justificativa, do mesmo modo, subsiste quando o Estado abre mão da pena e opta por equivalentes funcionais da pena pactuados nos acordos de diversão (*diversion*).

Na organização inicial da pesquisa, os acordos penais foram divididos em duas categorias. A sentença penal negociada compreende uma espécie de acordo que redunda em pena, geralmente em uma pena privativa de liberdade reduzida, que encerra a persecução penal antes da fase de julgamento. Os instrumentos de diversão, por sua vez, em seu sentido estrito, abrangem os acordos penais que redundam em respostas sem natureza de pena, tratadas como condições ou equivalentes funcionais da pena ou medidas alternativas à pena.

Detectou-se que o Brasil integra uma lista na qual figuram pouquíssimos países do mundo que não possuem acordo de pena (sentença penal negociada) em seu ordenamento jurídico. Na legislação brasileira, estão presentes acordos de diversão, denominados de transação penal, suspensão condicional do processo e acordo de não persecução penal. São instrumentos jurídicos da justiça penal negociada que buscam evitar a pena privativa, concretizados em estágios da persecução penal anteriores à fase de julgamento, com solução penal por meio de equivalentes funcionais da pena.

A presente pesquisa foi desenvolvida em seis capítulos e possibilitou as seguintes conclusões:

1. No primeiro capítulo, as teorias da pena, no que concerne aos seus fins, foram examinadas e submetidas ao embate crítico das suas propostas. Do que foi explorado, constatou-se a necessidade de justificar a intervenção estatal, por meio da pena ou dos equivalentes funcionais, ao infrator, à sociedade e à vítima. Isso vale para a resposta penal obtida tanto no julgamento do processo conflitivo quanto na justiça penal negociada.
2. Verificou-se a dificuldade em situar a função retributiva da pena com uma sanção negociada inferior à construída no mínimo em abstrato pelo legislador e, do mesmo modo, para justificar um equivalente funcional que substitui a pena que seria alcançada em um julgamento. Nas duas situações, a ideia de pena proporcional na medida da culpabilidade, apregoada pelas teorias retributivas, encontraria barreiras.
3. As teorias preventivas, do mesmo modo, apesar de serem contempladas em parcela significativa da doutrina, revelaram dificuldades empíricas para justificar a pena, tanto a que resulta de um julgamento, quanto a obtida mediante acordo penal. Para a prevenção geral negativa, em acordos de pena, somente seria admitida uma redução moderada que não trouxesse prejuízo aos efeitos dissuasórios da punição. Para a prevenção geral positiva, a redução da pena em um acordo não pode afetar a credibilidade geral do Direito Penal como ordem normativa. A teoria da prevenção geral positiva fundamentadora reafirma a norma e aponta a irrelevância externa do conflito. Portanto, não compreende a necessidade de atenção à vítima direta por meio da reparação de dano, retirando uma das principais condições fixadas nos acordos penais.
4. A prevenção especial negativa como função da pena é incompatível com as soluções dos acordos penais de diversão que não fazem uso do cárcere, porquanto seria impossível a inocuização do indivíduo. A prevenção especial positiva é compatível com os acordos penais, tanto nos negócios de sentença penal negociada quanto nos de *diversion*, quando destaca o papel de ressocialização e de reeducação do agente que cometeu a infração penal, apesar da dificuldade empírica para comprovar seus resultados.
5. O desafio relativo à confirmação dos efeitos das teorias preventivas foi, do mesmo modo, transportado para os equivalentes funcionais da

pena. De maneira isolada, os acordos penais com suas respostas não podem ser legitimados apenas com a função preventiva da pena. A ressalva no sentido de aceitar a prevenção no negócio penal dependeria da comprovação do acordo com pena reduzida ou do acordo com equivalente funcional para gerar um efeito dissuasório.

6. As teorias mistas da pena juntam, não raro, propostas incompatíveis e, por isso, não são consistentes. No entanto, representam uma tendência no plano normativo. Identificou-se a opção do legislador brasileiro quanto ao modelo teórico misto (reprovar e prevenir), no momento da sentença penal condenatória, quando da fixação da pena-base e, ainda, da substituição da pena privativa por penas restritivas. Destacou-se ainda a função especial positiva da pena na fase da execução penal. A função da teoria mista da pena foi transportada para o instituto do acordo de não persecução penal (ANPP), ou seja, para guiar a análise do membro do Ministério Público quando do seu oferecimento ao investigado. Ressalta-se que o ANPP resulta em equivalentes funcionais da pena, mas não implica a fixação de pena.
7. Extraiu-se, ao final do primeiro capítulo, uma ausência de preocupação dos arranjos teóricos tradicionais da pena com a legitimação da resposta penal obtida por meio dos acordos penais. Constatou-se que nenhuma teoria da pena, de maneira isolada, é capaz de oferecer essa fundamentação de forma completa e sem reparos. Nenhuma delas, por si só, consegue, ao mesmo tempo, legitimar a pena para fatos de pequena, média e alta gravidade.
8. No segundo capítulo, averiguou-se, como um dos efeitos da expansão do espaço da tutela penal no decorrer da segunda metade do século XX, a ampliação dos institutos de justiça penal negociada, que passaram a conviver com o modelo conflitivo, inclusive, em países de tradição jurídica romano-germânica. Por conseguinte, os institutos do Direito Penal negocial estão presentes em distintos sistemas processuais.
9. A solução negocial no âmbito penal não constitui uma característica que se harmoniza de forma exclusiva com o sistema adversarial. Na verdade, inferiu-se que o modelo de disputa de tal sistema contradiz a premissa do negócio, de modo que a identidade entre o negócio e o modelo de disputa reside na autonomia da vontade, na liberdade das partes. No contexto atual, há institutos que constituem acordos penais em ordenamentos jurídicos tanto de base de *common law* quanto de *civil law*.

10. Constatou-se a impossibilidade de se aferir a maior capacidade de um julgamento, inserido nos sistemas processuais adversarial ou misto, para descobrir a verdade material e legitimar a pena, em detrimento da solução negociada, na qual se obtém uma pena reduzida ou um equivalente funcional da pena antes da audiência de instrução e julgamento.
11. Não se constatou capacidade de convencimento na afirmação de que a pena somente se legitima com a afirmação da culpa em juízo, em um modelo de audiência de instrução e julgamento. Tal construção decorre das características de imparcialidade do julgador, do contraditório, da paridade de armas, da produção isenta das provas pelas partes, de busca da verdade material.
12. Foram detectados defeitos na construção da solução penal por meio de um julgamento em todos os sistemas. No adversarial, a verdade que interessa é a processual, decorrente de uma disputa de partes, onde o julgador não pode agir mesmo diante de uma visão clara e distinta do que aconteceu. Nos inquisitórios modernos ou mistos, a depender do desenho jurídico interno de cada país, há maior ou menor interferência do julgador, que pode produzir provas em juízo ou ter acesso aos autos da investigação e, por isso, buscaria apenas comprovar na instrução processual o que foi apurado na fase prévia.
13. A ofensiva de parte da academia nacional dirigida ao modelo negocial, o qual não teria o condão de legitimar a resposta penal, seja de pena ou de seu equivalente funcional, porquanto não respeita garantias e dispensa a audiência de instrução e julgamento, tem fraco fundamento, quando se observa a possibilidade de construir negócios penais com as mesmas e/ou mais garantias do que as existentes no modelo de julgamento. Essa ofensiva revelou-se fraca para impedir a legitimação da pena ou de seus equivalentes funcionais no modelo de justiça penal negociada.
14. No terceiro capítulo, foram examinados institutos de Direito Penal negocial, existentes em diversos ordenamentos jurídicos, bem como as modalidades de negócio penal que fazem parte da legislação penal brasileira. As comparações realizadas possibilitaram colher aspectos semelhantes e distintos de cada arranjo negocial, com as respectivas consequências, sem perder de vista o objeto central da pesquisa, consistente na legitimação da resposta penal em tais formas de solução de conflito.

15. Do Direito estrangeiro, foram analisados a *plea bargain* estadunidense, o *patteggiamento* italiano, o *absprachen* alemão e o *acuerdo pleno* argentino. Nesses ordenamentos, foram examinados os acordos denominados de sentença penal negociada, nos quais há negociação de pena e, portanto, sentença condenatória. Conquanto existentes, não se buscou examinar as formas de diversão presentes em tais ordenamentos jurídicos.
16. Constatou-se que o modelo de acordo existente nos EUA permite negociar a pena com homologação judicial de uma sentença penal condenatória. Inferiu-se ainda a existência de uma acentuada discricionariedade do Ministério Público, podendo alterar a capitulação jurídica do fato cometido, ou seja, de um mais grave para um menos grave e, até mesmo, transformar um caso doloso em um culposo. Desse modo, nas hipóteses de *charge bargaining*, que representa uma das modalidades de acordo do ordenamento jurídico estadunidense, verificou-se um distanciamento da proporcionalidade da sanção penal em relação à culpabilidade do acusado. Nesse caso, excesso de acusação pode existir, bem como imputação aquém do fato cometido, na busca de um acordo penal. Verificou-se que o fato cometido pode não receber a resposta penal devida, a qual fora fruto do trabalho do legislador quando considerou o bem jurídico ofendido e o seu grau de importância. Há nesses dois casos uma deslegitimação da resposta penal negociada.
17. Demonstrou-se que o acordo de pena italiano não constitui importação literal do modelo de *plea bargain* estadunidense. Não subsiste, portanto, a mesma medida de espaço de discricionariedade do Ministério Público e nem a neutralidade do julgador, existentes no modelo dos EUA. Com isso, o *patteggiamento* italiano, em suas duas modalidades, não cedeu à autonomia da vontade das partes, mas buscou equilibrar o negócio penal com outras caraterísticas de um modelo de investigação oficial, que recusa a figura de um julgador passivo. O desenho jurídico italiano do *patteggiamento* recebe severa crítica acadêmica por não exigir a confissão do acusado para celebrar o acordo. Apesar disso, a descrição da lei e a jurisprudência italianas apontam que o acordo, após a homologação, possui natureza de sentença penal condenatória.
18. O *absprachen* surgiu de maneira informal, na década de 70 do século XX, na prática forense alemã. Sua constitucionalidade foi reconhecida em decisão judicial da Corte Constitucional (BGH) em 1997, antes

de sua introdução no texto legal em 2009. Malgrado a previsão legal e as diretrizes jurisprudenciais, observou-se que a informalidade ainda persiste na realização de muitos acordos penais na Alemanha, de forma a mitigar as orientações jurisprudenciais e até mesmo o texto legal. Destaca-se que a construção do acordo alemão aponta uma característica inquisitorial do sistema processual, porquanto um dos juízes da Corte local negocia e aplica a pena. Esse arranjo jurídico representa uma distorção em relação aos acordos penais presentes em outros ordenamentos jurídicos, no que diz respeito à igualdade das partes para se manifestarem. Acrescenta-se, em ordenamentos que adotaram acordos de pena, o Ministério Público propõe e negocia a resposta penal com o acusado e sua defesa técnica. Essa proposta, portanto, não é oferecida pelo magistrado.

19. O acordo penal argentino, por sua vez, surgiu na legislação em 1997. No modelo de negócio penal do *Código de Procesal Penal Federal* (CPPF), denominado de *acuerdo pleno*, há um acordo de pena com afirmação da culpabilidade do acusado. O membro do Ministério Público (*el fiscal*), no bojo da peça acusatória, estima como suficiente para o fato a imposição de uma pena inferior a seis anos e a propõe ao acusado. Se o imputado, de maneira expressa, aceitar a imputação e a pena proposta, o acordo será submetido à homologação judicial. Haverá a designação de audiência destinada a homologar o acordo. O magistrado argentino exerce, no *acuerdo pleno*, papel menos ativo do que o verificado nos modelos alemão e italiano. O juiz não adentra no mérito da proposta, não propõe o acordo e não valora a pena que será objeto do acordo. Ele averigua a existência de voluntariedade do acusado e esclarece as consequências do acordo realizado, bem como sua opção por um julgamento em caso de recusa ao acordo penal. Constatou-se que tanto em critérios específicos de oportunidade quanto na possibilidade de um acordo de pena, a legislação argentina demonstra mais avanços do que a legislação brasileira.

20. Verificou-se a inexistência de pena nos acordos penais brasileiros (transação penal, suspensão condicional do processo e ANPP). A pena constitui sanção decorrente do reconhecimento da prática de uma infração penal, aplicada ao final de um procedimento no qual há necessariamente uma intervenção jurisdicional, porquanto depende da prévia afirmação da culpabilidade do acusado antes de sua condenação. Não existe pena sem acusação penal formalizada, sem processo e sem formação da culpa em juízo, no atual modelo jurídico brasileiro.

De início, foram identificados entre as objetivos dos equivalentes funcionais da pena, nos acordos penais brasileiros, os mesmos fins da pena, sem fazer uso do cárcere.

21. Entre os acordos penais brasileiros, o acordo de não persecução penal (ANPP), de maneira justificada, recebeu abordagem mais extensa na pesquisa. O ANPP constitui uma escolha negocial, em crimes de média lesividade, proposta ao investigado pelo titular da ação penal, no sentido de evitar um processo penal e atingir a mesma finalidade da pena, mediante o cumprimento de certas condições, consoante a disciplina legal contida no art. 28-A do CPP.
22. A revogação do ANPP pelo descumprimento não permite ao Estado obrigar o investigado a cumprir a condição pactuada. Nessa hipótese, restará ao Ministério Público promover a ação penal para a instauração de processo criminal contra o acusado. Ao final do processo, poderá, quanto ao mérito, ocorrer uma absolvição ou uma condenação. Tais características revelam que as medidas pactuadas no ANPP não têm natureza de pena.
23. Os equívocos dos autores nacionais, nas críticas dirigidas aos modelos de diversão existentes na realidade jurídica brasileira, resultam de um ponto de partida equivocado, porquanto não separam os acordos de pena dos acordos sem natureza de pena no início de seus trabalhos acadêmicos, de maneira que ignoram as distintas formas de consenso penal, que se dividem em *diversion* e sentença penal negociada.
24. Existe um protagonismo do Ministério Público nos acordos penais brasileiros, reconhecido pela jurisprudência dos tribunais superiores. Compete ao Ministério Público valorar os requisitos e realizar a proposta dos acordos de diversão. O Judiciário não substitui esse exame de mérito.
25. Com alicerce em um levantamento de dados numéricos de ações penais, ANPPs e acordos de suspensão condicional do processo colhidos na Circunscrição Judiciária de Ceilândia (DF), de janeiro de 2018 a outubro de 2022, foi detectado o impacto do ANPP na redução das ações penais. Constatou-se a diminuição de ações penais, no cenário pesquisado, no percentual de 29% em 2021 e 22% nos nove primeiros meses de 2022. No entanto, não foi possível projetar, com maior exatidão, apenas com esses recortes temporal e espacial, a real projeção do ANPP no sistema de justiça criminal brasileiro.

26. No quarto capítulo, constatou-se o que ficou para trás, o que permaneceu e o que surgiu no sistema penal após a implantação dos acordos penais em diversos ordenamentos jurídicos.
27. Permanece a função do Direito Penal de proteção dos bens jurídicos principais na justiça penal negociada. O negócio penal dialoga com a função de uso do Direito Penal para a tutela dos bens jurídicos principais. Tanto os bens jurídicos coletivos quanto os bens jurídicos individuais podem ser objeto de negócio penal, desde que seja construída uma resposta suficiente para a proteção do interesse jurídico tutelado pela norma penal. Cada ordenamento jurídico escolhe os bens jurídicos que podem ser alvo de um negócio penal com natureza de pena ou de um negócio penal sem natureza de pena.
28. Os obstáculos apontados por setores da doutrina aos modelos de justiça penal negociada são desenvolvidos com o paradigma do sistema de *plea bargain, em toda sua extensão,* existente nos EUA. Essas críticas indicam uma contradição entre a justiça negociada penal e os ordenamentos jurídicos de países de tradição de *civil law*. Os fundamentos utilizados para combater o instrumento da sentença penal negociada não servem para os negócios penais que redundam em equivalentes funcionais da pena.
29. A importação e a construção de novos modelos de negócio penal obedecem às peculiaridades de cada ordenamento jurídico e ao seu pilar constitucional. A convivência entre os mecanismos negociais e os princípios penais e processuais penais é possível. Os acordos penais, cada vez mais, se alicerçam no princípio da legalidade.
30. A oposição à justiça penal negociada ancorada na diminuição do papel do Judiciário tem natureza subjetiva. Não há supressão do papel do juiz. Os países que adotam instrumentos de acordo de pena estabeleceram participação judicial em sua homologação, com maior ou menor exame, a depender do desenho jurídico estatal, mais propenso à autonomia da vontade das partes ou mais influenciado pela investigação oficial. Em muitos ordenamentos jurídicos examinados, o acordo de pena só é possível após o recebimento da ação penal, ou seja, após decisão judicial que reconhece a justa causa para a imputação.
31. Indicou-se a necessidade de um redesenho do Ministério Público, por força das atribuições decorrentes dos mecanismos de justiça penal negociada. Entre os atores dos sistema de justiça criminal, o papel mais relevante é o do membro do Ministério Público, no que concerne aos

diversos institutos de justiça penal negociada existentes nos mais diferentes ordenamentos jurídicos.

32. O maior espaço decisório ou a maior discricionariedade do Ministério Público, no manuseio dos instrumentos de justiça penal negociada, tem provocado discussões em diversos países sobre as razões das escolhas e as prioridades. No contexto brasileiro, em busca da igualdade de todos perante a lei, para evitar insegurança jurídica e soluções desiguais em casos semelhantes, é preciso fixar diretrizes nacionais no que concerne aos parâmetros gerais de atuação quando da proposição do acordo de não persecução penal.

33. Em uma proposta intermediária, a ser aperfeiçoada, no sentido de uniformizar a atuação dos membros do Ministério Público brasileiro no ANPP, o CNMP pode contribuir com essa tarefa. Para tanto, deve criar um Núcleo de Direito Negocial, o qual sempre deverá ser presidido por um dos conselheiros integrantes do Ministério Público, formado ainda por membros auxiliares de diversos ramos do Ministério Público brasileiro. Em seguida, após realização de audiências e debates com representantes de todos os ramos do Ministério Público brasileiro, a aprovação de enunciados com parâmetros gerais de atuação poderá integrar uma proposta de recomendação do CNMP. No texto da referida proposta normativa deve constar a necessidade de sua revisão em um intervalo de dois anos, quando poderá ser convertida em resolução. Desafios para a calibragem dessa tarefa foram apontados.

34. No quinto capítulo, buscou-se responder a diversas questões que envolvem a vítima e a justiça penal negociada. Observou-se um reposicionamento da vítima no contexto atual do Direito Penal global. Por meio de uma funcionalização normativa do plano externo para o plano interno, surgiram normas que buscam resgatar a posição de sujeito de direitos do ofendido, em detrimento de sua posição de mero objeto da relação processual, sem que isso signifique qualquer espaço para a repetição da vingança privada do passado.

35. A política criminal orienta a superação do pensamento jurídico de que os interesses do acusado, respaldados nas garantias processuais, seriam contraditórios ao modelo de protagonismo da vítima. O Estado deve implementar, em diversos âmbitos, inclusive no sistema de justiça criminal, com suas interações, uma política de atenção à vítima voltada ao seu acolhimento e à promoção dos seus direitos, sem prejuízo de resguardar as garantias do acusado. Não há incompatibilidade e nem tensão nesses escopos.

36. No ordenamento jurídico brasileiro, a ausência de um Estatuto da Vítima, no entanto, não impediu a constituição de sua proteção em diversas leis. A vítima aparece em normas que versam sobre políticas de segurança pública, investigação e processos criminais. Há preocupação crescente com sua proteção, sua participação e a reparação do dano. Não se verificou, nessa normatização, um espaço decisório da vítima quanto à escolha do procedimento de solução do problema penal realizado pelo Ministério Público.
37. Subsiste um desafio para o Ministério Público ao buscar conciliar os direitos das vítimas e as necessidades da comunidade. Os primeiros, do aspecto histórico, na sua retomada no final do século XX, se alicerçaram em uma ideologia de punição mais dura aos autores do crime. Por sua vez, os segundos compreendem, no contexto atual, que uma política de segurança nem sempre significa mais encarceramento.
38. Verificou-se uma resistência do modelo de disputa em aceitar maior participação das vítimas, porquanto consideram como partes apenas o Estado e o acusado. Os defensores do modelo de disputa, dentro do qual se insere o adversarial, acreditam que maior espaço para os direitos das vítimas na persecução penal significará maiores atrasos e custos, além de priorizar os interesses privados em detrimento dos interesses públicos.
39. Defendeu-se a diretriz que obriga a existência de um diálogo entre o promotor de justiça e a vítima. Essa atividade não torna o promotor um cliente da vítima, não o vincula aos desejos da vítima. Ao fornecer às vítimas as razões pelas quais recusou uma acusação, o Ministério Público promove uma agenda de justiça consensual qualificada pela transparência, com capacidade de produzir nas vítimas uma crença de confiança na atuação dos promotores, os quais se apresentam como atores neutros. De outro lado, as vítimas, de igual modo, se sentirão respeitadas pelo sistema de justiça criminal.
40. Identificou-se, em uma perspectiva da teoria da justiça consensual, a necessidade de dar voz à vítima, como parte interessada, mesmo que ela não tenha qualquer controle sobre o resultado. Isso ocorre porque as vítimas desejam participar; sua satisfação está relacionada à sua capacidade de participar.
41. Pesquisas empíricas sugerem que as vítimas não buscam necessariamente o poder de veto da escolha do Ministério Público, mas desejam que seus pontos de vista sejam considerados. As vítimas devem ter

voz, mas não o poder de veto. É possível conciliar acordos de diversão e interesses das vítimas. Para tanto, revela-se necessário compreender que o sistema criminal estatal possui deveres para com a vítima de crime que vão além da ideia de retribuição.

42. As vítimas precisam ser ouvidas, informadas, ressarcidas de forma material e psicológica. Devem ter o momento de opinar e ser comunicadas que não contribuíram para o crime, que o fato criminoso é de exclusiva responsabilidade do seu autor, o qual será responsabilizado na justa medida, com pena ou com solução diversa da pena, conforme a hipótese legal permitir.

43. Há esforço normativo no Brasil em relação ao ressarcimento do dano sofrido e a necessidade de ampliar a participação da vítima. Todavia, até então, inexistem de maneira institucionalizada a informação e o espaço de voz da vítima em arquivamentos realizados pelo Ministério Público.

44. O modelo de justiça penal negociada se importa mais com a vítima do que o modelo tradicional, de audiência de instrução e julgamento, no que concerne aos acordos de diversão existentes no ordenamento jurídico brasileiro, em razão da maior efetividade na reparação do dano e da informação acerca do procedimento.

45. A vítima não tem o direito de voz em seu grau máximo, porquanto não pode vetar a realização de acordo de diversão pelo Ministério Público, de modo a exigir uma persecução penal em busca de uma condenação penal. Registra-se, no entanto, que ao realizar a conciliação cível, prevista na Lei n. 9.099/95, a vítima renuncia à persecução penal nos crimes de ação privada e de ação pública condicionada à representação.

46. No que diz respeito à finalidade da pena negociada e à redefinição do papel da vítima no modelo de justiça penal negociada, tanto a pena negociada abaixo do patamar previsto em abstrato, quanto o equivalente funcional da pena encontram o desafio de conseguir um ajuste com a expectativa punitiva do ofendido.

47. Nos modelos de sentença penal negociada, a depender do desenho jurídico de cada país, a negociação com penas muito baixas pode dificultar a resposta racional, enquanto a negociação por fato menos grave, do que aquele que fora realmente cometido, pode gerar suspeita sobre o funcionamento do sistema de justiça.

48. Nos ordenamentos jurídicos com acordo de pena, a vítima não faz parte da negociação. Os sujeitos processuais são o membro do Ministério Público que propõe o acordo, o acusado que aceita a proposta e o juiz que homologa o que foi pactuado pelas partes. No modelo brasileiro de equivalente funcional da pena, o procedimento é semelhante, mas as medidas pactuadas não têm natureza de pena. Dessa forma, a vítima é cientificada da resposta dada pelo Estado à ofensa que sofreu, com direito, por exemplo, à reparação do dano e à informação no caso do ANPP.
49. As normas apontadas, tanto do cenário externo quanto do interno, indicaram um reposicionamento da vítima no modelo de justiça penal negociada no que concerne: à reparação do dano; à informação; ao acolhimento com o uso das redes intersetoriais; a um espaço de justiça restaurativa. Tais iniciativas têm mais afinidade com o negócio penal e menos com as soluções obtidas em procedimentos conflitivos.
50. Não há espaço no contexto do atual Estado Democrático de Direito para um resgate da vítima, no sentido de fazer ressuscitar maneiras de exercício da vingança privada. Seu reposicionamento, de forma específica, ocorre de duas formas: no âmbito dos acordos penais previstos no ordenamento jurídico brasileiro, a vítima tem o direito de ser ouvida para apontar o prejuízo sofrido e para construir a reparação do dano, e de ser informada acerca do acordo realizado; e, ante a nova normatização oriunda do CNMP, a vítima também tem o direito de ser atendida em diversas necessidades, ante um conjunto de iniciativas de arranjo multidisciplinar que alcança os modelos de justiça penal negociada e de justiça penal conflitiva.
51. No sexto e último capítulo, de forma mais específica, foram apontadas algumas alternativas para a questão relativa à legitimação da resposta penal na justiça negociada no atual estágio do Direito Penal. Destacou-se a impossibilidade de escolher uma única teoria para justificar a pena e, do mesmo modo, um equivalente funcional da pena.
52. Há espaço dogmático, apesar das dificuldades apontadas, para legitimar a resposta penal oriunda dos negócios que fixam penas nas teorias das penas, principalmente nos ideais da prevenção. Em uma concepção político-criminal, a justificativa se dá pela existência de procedimentos mais céleres e de redução dos custos para o Estado.
53. No âmbito das teorias das penas, no entanto, não é possível justificar todos os desenhos de acordos de pena existentes na atualidade. Na

charge bargaining, por exemplo, subsiste um problema ao retirar imputações fáticas ou ao modificar a natureza de um fato doloso para um fato culposo, porquanto a resposta penal não corresponde ao que foi efetivamente cometido pelo agente. Deixa de existir, desse modo, uma correlação entre a pena e o fato e, portanto, uma correta individualização da pena. Apresenta dificuldade para legitimar a resposta penal que fora construída pelo legislador para determinado fato, ancorada no princípio da legalidade e da reserva legal. A justificativa, não raro, é apenas de eficiência para a descoberta de outros fatos e de outros autores aliada à redução de custos da marcha processual.

54. Os princípios da legalidade e da reserva legal, na qualidade de dogmáticos-estruturantes, podem oferecer alicerce para a legitimação dos acordos de penas quando há correspondência entre o fato cometido e o imputado. Nesse sentido, o percentual de redução da pena se encontra nas leis dos países que adotam o sistema de investigação oficial.
55. Nos acordos de pena reduzida, que exigem a confissão voluntária e inteligível, realizados entre acusação e defesa, com reparação do dano e direito de conferência da vítima, sem a possibilidade de *charge bargaining*, há possibilidade, não somente de maior eficiência processual, como também de comunicar a resposta penal adequada ao ofendido, à vítima e à sociedade, além de dialogar com alguns dos efeitos apregoados pelas clássicas teorias da pena. Aproximam-se dessas características o *acuerdo penal* do CPPF argentino e o constante no artigo 283 do projeto do novo CPP brasileiro (Projeto de Lei n. 8.045/2010).
56. A legitimação do equivalente funcional da pena, por sua vez, se condiciona: à comunicação eficaz ao infrator, à vítima e à sociedade; à tutela suficiente do bem jurídico protegido ancorada na teoria dos mandados constitucionais de criminalização; à possibilidade de construir um Direito Penal sem pena concreta para ofensas menos intensas em estágios da persecução penal que antecedem a formação da culpa; à alternativa político-criminal para diminuir o encarceramento e contribuir com a gestão equilibrada do sistema prisional brasileiro.
57. Um acordo de pena no qual se fixa culpabilidade representa um consequencialismo, enquanto acordos com a fixação de equivalentes funcionais da pena com base em evitação (*diversion*) de processos, ou mesmo períodos de prova, implicam pragmatismo jurídico. A redução dos custos econômicos, aliada à certeza e à efetividade da punição, tem sido apontada como um caminho irreversível, na perspectiva da

análise econômica do Direito, com abordagem de alicerce político-criminal e processual penal, tanto para justificar os acordos presentes no Direito estrangeiro quanto para os existentes no Brasil.

58. A legitimação da pena, fixada em um acordo penal ou em uma sentença após um julgamento, não pode ser separada do seu aspecto dogmático, onde são colhidas as críticas, porquanto a pena é exercida sobre pessoas individuais. Dessa forma, todo sistema, que se recusa a responder à questão sobre a legitimação desse dever-ser concreto de impor sanção, deixará sem explicação uma parte fundamental do Direito. A justificativa da pena negociada não pode ser reduzida à Análise Econômica do Direito. O discurso da eficiência não pode substituir o discurso do justo, mas deve ser agregado à gramática jurídica.

59. A pena constitui uma restrição de direito fundamental inato que deve ser devidamente justificada, após a afirmação da culpabilidade, na qual se reconheceu a existência de um fato criminoso praticado por alguém. O apenado deve conhecer a razão pela qual foi sentenciado a uma sanção penal e, do mesmo modo, ser comunicado acerca das razões que lhe possibilitam um acordo penal com ou sem natureza de pena. A vítima e a sociedade precisam ser comunicadas da resposta penal dada pelo Estado ao fato criminoso, com ou sem negociação penal.

60. Ao se apropriar da função comunicativa da pena orientada à vítima, com alicerce em uma das linhas das teorias expressivas da pena, extraiu-se um diálogo com o negócio penal, principalmente em relação aos acordos penais de diversão. Constatou-se que a vítima tem direito a uma investigação efetiva e à declaração formal do ilícito, de maneira fundamentada, mas não tem direito a um necessário processo penal judicial referido ao fato que sofrera. Há legitimação da resposta penal que atende ao seu interesse, sem natureza de pena, produzida mediante negócios penais.

61. A âncora na teoria expressiva contribui para a necessária comunicação da resposta penal, produzida nos acordos penais, ao ofendido e à sociedade, como um dos fatores de sua legitimação. Em um Direito Penal contemporâneo, que faz uso cada vez mais de instrumentos negociados sem natureza de pena, torna-se cada vez mais necessário calibrar a comunicação dessa solução com o ofendido, de forma a contemplar seus anseios, sem que isso signifique qualquer retorno à vingança institucionalizada.

62. O interesse da vítima é atendido com sua maior participação, não somente com a reparação de danos, que fora remodelada na proposta da terceira via. A maior participação implica o direito de conferência da vítima, de ser ouvida e de ser comunicada quanto às escolhas discricionárias do Ministério Público. Abrange, ainda, o atendimento multidisciplinar à vítima, no aspecto social e psicológico, para diminuir as dores provocadas pelo crime que sofrera.
63. Identificou-se, em modelos que adotam acordos de pena para crimes graves, a dificuldade de equacionar a resposta penal de pena reduzida, aquém do mínimo em abstrato previsto originariamente pelo legislador no preceito secundário, com a necessidade de tutela suficiente do bem jurídico penal. A razão legitimadora costuma residir na afirmação da culpa mediante a confissão voluntária, do aspecto penal dogmático, que justiça uma pena menor. Acrescenta-se a antecipação da marcha processual que representa uma gestão político-criminal célere dos problemas penais.
64. Ao relacionar o principal acordo de diversão do ordenamento jurídico brasileiro com a adequada proteção dos bens jurídicos penais, constatou-se que seu oferecimento se condiciona à necessidade e à suficiência para reprovar e prevenir o crime, nos termos do *caput* do artigo 28-A do CPP. Esse comando normativo, sem prejuízo dos aspectos já examinados no campo das teorias das penas, necessita do reforço da teoria dos mandados constitucionais de criminalização na busca de soluções para as questões propostas.
65. A proporcionalidade penal, em seus dois aspectos, proibição da proteção excessiva e proibição da proteção deficiente, deverá guiar a atividade do legislador e a atividade dos atores processuais no manuseio das normas penais. No caso dos acordos penais de diversão, o ator protagonista é o Ministério Público.
66. Nesse sentido, a teoria dos mandados constitucionais de criminalização deve contribuir para a formação de uma política criminal uniforme no âmbito do Ministério Público brasileiro quanto à escolha dos bens jurídicos, além dos que estão expressos na lei, que deverão ser excluídos de um ANPP, por não representar os equivalentes funcionais da pena uma proteção penal suficiente.
67. Por conseguinte, a legitimação da resposta penal negociada se vincula à necessidade de proteção suficiente do bem jurídico penal. Para esse propósito, a finalidade de reprovar e prevenir, prevista na norma legal,

serve como guia, para a valoração do membro do Ministério Público quando da escolha de oferecer ou não um acordo de não persecução penal. Por sua vez, há escolhas do constituinte que indicam a necessidade não apenas de tipificar as condutas por parte do legislador, mas que a resposta penal concreta se submeta à vedação da proteção penal insuficiente. Desse modo, a legitimação da solução do problema penal mediante acordos penais, em diferentes estágios da persecução penal, se vincula a uma proteção penal suficiente dos bens jurídicos, fundamentada na teoria dos mandados constitucionais de criminalização.

68. Foi apontada a legitimação da resposta penal em três graus de intensidade, conforme a fase da persecução penal. Há razões, no plano normativo internacional e local, para evitar a ação penal, evitar o prolongamento do processo e o esforço probatório e, por fim, realizar acordos de culpa, nos quais seja possível aplicar uma pena menor. Em parcela significativa da criminalidade, é possível alcançar os fins da pena mediante equivalentes funcionais, sem a necessidade de se chegar ao terceiro estágio da persecução, onde ocorre a formação da culpa e aplicação da pena.

69. A pena não é mais a exclusiva e única resposta ao fato criminoso. No desenho jurídico brasileiro e de muitos outros países, existe resposta sem natureza de pena. E essa construção não depende sempre da promoção de uma ação penal. Em diferentes momentos para a escolha da intensidade da resposta penal, o Direito Penal atende aos seus fins de forma mais legitima, com menor uso do cárcere, tornando a pena privativa a *ultima ratio* da *ultima ratio*.

70. Por fim, os acordos penais previstos na legislação brasileira podem contribuir para atenuar o estado de coisas inconstitucional do sistema carcerário, ou seja, para diminuir a dor da pena de prisão e possibilitar seu uso racional, sem que isso signifique uma tutela deficiente do bem jurídico tutelado ou mesmo uma resposta penal fraca na comunicação com a vítima e a sociedade.

71. Os acordos brasileiros de diversão dificultam o surgimento da reincidência e, dessa forma, diminuem a demanda no sistema brasileiro de execução de penas. Em medida que não pode ser aferida com exatidão, cujo efeito já foi apontado em pesquisas estrangeiras, os acordos de equivalentes funcionais contribuem para a ressocialização, ao possibilitarem uma comunicação direta com o autor do fato criminoso sobre sua responsabilidade, exigindo-lhe a reparação do dano e cumprimento das demais condições pactuadas.

72. Os acordos penais de diversão permitem solucionar problemas penais que não reclamam a adoção de uma pena privativa de liberdade. Essa premissa, aliada aos demais fatores de tutela suficiente do bem jurídico, de atenção à vítima e devida comunicação à sociedade, contribuem para um espaço legitimador dos acordos penais que fazem uso de equivalentes funcionais da pena.

Após os resultados anteriores que não esgotam, como não poderia deixar de ser, as possibilidades que cercam o tema pesquisado, alguns caminhos podem ser traçados para a realidade nacional, no que concerne à justiça penal negociada, que poderão ser explorados em outros trabalhos acadêmicos.

Do aspecto legislativo, consoante noticiado ao longo do trabalho, deverá surgir no ordenamento jurídico brasileiro um acordo de pena a ser entabulado entre acusação e defesa após o recebimento da ação penal e antes da audiência de instrução e julgamento, consoante o texto do projeto do Novo CPP (Projeto de Lei n. 8045/2010). Seu desenho jurídico deverá evitar as falhas identificadas em muitos acordos penais de outros ordenamentos jurídicos.

No plano institucional, como segunda projeção, considerando o protagonismo do Ministério Público no desenho jurídico dos acordos penais, o arranjo harmônico entre unidade e independência funcional deve resultar na igualdade perante a lei das propostas que se apresentam nos acordos penais. Para tanto, diretrizes de atuação deverão ser estabelecidas não apenas em unidades isoladas, locais ou regionais, mas sim no plano nacional.

A assunção dessa tarefa pelo Conselho Nacional do Ministério Público (CNMP) requer maior debate. Um núcleo de justiça negocial institucionalizado, consoante destacado, presidido sempre por um conselheiro oriundo do Ministério Público, auxiliado por membros do Ministério Público brasileiro, poderia cumprir esse papel no Conselho Nacional do Ministério Público (CNMP). O resultado do trabalho redundaria em propostas normativas a serem aprovadas. O aspecto positivo se relaciona à força normativa do CNMP que poderia contemplar diretrizes de atuação na justiça penal negociada. No entanto, um dos desafios, difícil de equacionar, diz respeito à normatização da atividade finalística formada por um órgão externo, que não substitui o Poder Legislativo e que não integra a estrutura orgânica do Ministério Público brasileiro.

Outro aspecto que merecerá pesquisas mais adiante diz respeito à eventual projeção dos resultados dos acordos de diversão, mediante respostas sem natureza de pena para fatos penais, em uma descriminalização de parcela das condutas, de modo que os fatos sejam tratados em uma perspectiva de direito de intervenção ou no direito administrativo sancionador ou no campo cível. De outro lado, os resultados empíricos poderão revelar que a coerção do Direito Penal, por ser mais intensa, justifica o abrigo de tais condutas, de modo a consolidar a convivência entre as respostas penais com e sem natureza de pena.

Por último, como resultado extraído ao longo da pesquisa de uma das orientações da Recomendação R (87) 18 do Conselho de Ministros da Europa, que poderá contribuir com a realidade nacional brasileira, indica a necessidade de apresentar os resultados dos acordos penais à sociedade. Os dados devem apontar as razões que possibilitaram o espaço discricionário aos membros do Ministério Público, de forma a comunicar as escolhas do órgão estatal, principalmente nos acordos de diversão que substituem a persecução penal e impedem, desse modo, o *ius puniendi* estatal.

REFERÊNCIAS BIBLIOGRÁFICAS

ALBERGARIA, Pedro Soares de. **Plea Bargaining:** Aproximação à Justiça Negociada nos E.U.A. Coimbra: Almedina, 2007.

ALMEIDA, Vera Ribeiro. **Transação Penal e Penas Alternativas:** uma pesquisa empírica em juizados especiais criminais do Rio de Janeiro. Rio de Janeiro: Lumen Juris, 2014.

ALSCHULER, Albert. **Plea bargain and its history.** University of Chicago Law School, 1979.

ALTENHAIN, Karsten. Absprachen in German Criminal Trials. In: THAMAN, Stephen C. (org). **Word Plea Bargaining**: Consensual Procedures and the Avoidance of the Full Criminal Trial. Durham, North Carolina: Academic Press, 2010.

AMORIM, Pierre Souto Maior Coutinho de. Observações sobre a Resolução n.181/2017 do CNMP. *In:* JARDIM, Afrânio da Silva. **Direito Processual Penal:** Estudos, pareceres e crônicas. 15ª ed. Salvador: Juspodivm, 2018.

ANDRADE, Flávio da Silva. O Consenso no processo penal e o rito abreviado fundado na admissão da culpa: (in)compatibilidade constitucional, vantagens, desvantagens e perigos. In: **Revista Eletrônica de Direito Processual - REDP**. ano 14. v. 21. n. 3. p. 206-224. Rio de Janeiro: UERJ, set/dez. 2020. p.208. Disponível em: <https://www.e-publicacoes.uerj.br/index.php/redp/article/view/45930>. Acesso em: 13 out. 2022.

ANDRADE, Mauro Fonseca. **Sistemas processuais penais e seus princípios reitores**. Curitiba: Juruá, 2008.

ANDRADE, Mauro Fonseca. **Sistemas processuais penais e seus princípios reitores.** 2ª ed. Curitiba: Juruá, 2013.

ANDREUCCI, Ricardo Antônio. **Legislação Penal Especial.** São Paulo: Saraiva, 2005.

ANITUA, Gabriel Inacio. La importación de mecanismos consensuales del proceso estadounidense, en las reformas procesales latinoamericanas. **Revista Brasileira de Direito Processual Penal,** [S. l.], v. 1, n. 1, 2015. p.46. DOI: 10.22197/rbdpp.v1i1.3. Disponível em: <https://revista.ibraspp.com.br/RBDPP/article/view/3>. Acesso em: 15 out. 2022.

ANITUA, Gabriel Ignácio. **Histórias dos pensamentos criminológicos**. Rio de Janeiro: Revan, 2015.

ARANTES, Francine Nunes. **Justiça Consensual e Eficiência do Processo Penal**. 2013. 120f. Dissertação. Universidade de Lisboa, 2013.

ARAUJO, Thiago Cardoso; JR, Fernando Ferreira; MONTENEGRO, Lucas Dos Reis. Consequencialismo, pragmatismo e análise econômica do direito: semelhanças, diferenças e alguns equívocos. **Revista Quaestio Iuris,** v. 14, n. 04, p. 2106–2130. Rio de Janeiro, 2021.

ARGENTINA. Poder Judicial de la Nación. **Oficina de Estadísticas**. Disponível em: <http://old.pjn.gov.ar/07_estadisticas/estadisticas/07_estadisticas/Archivos/Trabajos_Especiales/Justicia_Penal_Oral_2001_2012/Informe%20Tribunales%20Orales%202001-2012.pdf >. Acesso em: 16 out 2022.

ARMENTA DEU, Teresa. **Sistemas Procesales Penales:** La justicia penal en Europa y América. Madrid: Marcial Pons, 2012.

ARMENTA DEU, Teresa. **Estudios de Justicia Penal**. Madrid: Marcial Pons, 2014.

ASSIS, Rafael Damasceno de Assis. **As prisões e o direito penintenciário** no Brasil: Histórico das prisões no Brasil, histórico das Leis De Execuções Penais, aspectos e finalidades da atual Lei De Execução Penal Brasileira. Disponível em: <https://www.direitonet.com.br/artigos/exibir/3482/As-prisoes-e-o-direito-penitenciario-no-Brasil>. Acesso em 21 jul. 2021.

ATIENZA, Manuel. **As razões do Direito**: a teoria da argumentação jurídica. 2. ed. Trad. Maria Cristina Guimarães Cupertino. Rio de Janeiro: Forense, 2014.

BADARÓ, Gustavo Henrique. **Processo Penal.** 4ª ed. São Paulo: Revista dos Tribunais, 2016.

BECKER: Gary S. **Crime and Punishment: An Economic Approach.** University of Chicago and National Bureau of Economic Research. 1974. p. 1-54. Disponível em: <https://www.nber.org/system/files/chapters/c3625/c3625.pdf>. Acesso em: 26 set. 2022

BEIRAS, Iñaki Rivera. **Pena criminal: seus caminhos e suas possíveis formas**. Trad. Denise Hammerscgmidt. 2ª ed. Curitiba: Juruá, 2016.

BÍBLIA. A. T. Êxodo, 21:24-25. *In*: **Bíblia de Estudo Almeida.** Trad. João Ferreira de Almeida. 2ª ed. Barueri: Sociedade Bíblica do Brasil, 2006.

BÍBLIA. A.T Êxodo 22. 1-2 e 9. *In:* **Bíblia de Estudo Almeida**. Barueri: Sociedade Bíblica do Brasil, 2006.

BÍBLIA. A.T. Números 35:22-28. *In:* **Bíblia de Estudo Almeida**. Barueri: Sociedade Bíblica do Brasil, 2006.

BÍBLIA. A. T. Josué, 6:17-18; 7:1-26. *In*: **Bíblia de Estudo Almeida.** Trad. João Ferreira de Almeida. 2ª ed. Barueri: Sociedade Bíblica do Brasil, 2006.

BÍBLIA. N. T. Mateus, 22,21. *In*: **Bíblia de Estudo Almeida**. Trad. João Ferreira de Almeida. 2ª ed. Barueri: Sociedade Bíblica do Brasil, 2006.

BITENCOURT, Cezar Roberto. **Falência da Pena de Prisão- Causas e alternativas**. 5ª ed. São Paulo: Saraiva, 2017.

BOBBIO, Noberto. **Teoria do Ordenamento Jurídico**. Trad. Ari Marcelo Solon. 2ª ed. São Paulo: EDIPRO, 2014.

BOSCHI, José Antônio Paganella. **Das Penas e seus Critérios de Aplicação.** 4ª ed. Porto Alegre: Livraria do Advogado, 2006.

BRANDALISE, Rodrigo da Silva. **Justiça Penal Negociada**: negociação da sentença criminal e princípios processuais relevantes. Curitiba: Juruá, 2016.

BRANDÃO, Nuno. Acordos sobre a sentença penal: problemas e vias de solução, *in* **Revista Julgar**, n. 25, 2015.

BRASIL. Ministério da Justiça. **Relatório de Informações Penais**. Dados Estatísticos do Sistema Penitenciário (SISDEPEN). 16ª ciclo do SISDEPEN. 1ª semestre de 2024. Disponível em: <https://www.gov.br/senappen/pt-br/servicos/sisdepen/relatorios/relipen/relipen-1o-semestre-de-2024.pdf>. Acesso em: 07 abr. 2025.

BRASIL. Conselho Nacional do Ministério Público (CNMP). **Resolução n. 289, de 16 de abril de 2024**. Disponível em: <https://www.cnmp.mp.br/portal/images/noticias/2024/Abril/Resolu%C3%A7%C3%A3o_289_2024.pdf>. Acesso em: 02 abr. 2025.

BRASIL. Conselho Nacional do Ministério Público (CNMP). **Procedimento Administrativo 0.00.002.000080/2017-30**. Brasília-DF: CNMP, 18 jan. 2017.

BRASIL. Conselho Nacional do Ministério Público (CNMP). Plenário. **Proposição 1.00927/2017-69**. Rel. Cons. Lauro Nogueira. Julgamento na 23ª Sessão Ordinária de 12.12.2017. Brasília-DF: CNMP, 12 dez. 2017.

BRASIL. Conselho Nacional do Ministério Público (CNMP). **A visão do Ministério Público sobre o sistema prisional.** Conselho Nacional do Ministério Público. 2016. p. 25. Disponível em: <https://www.cnmp.mp.br/portal/images/Publicacoes/documentos/2016/Livro_sistema_prisional_web_7_12_2016.pdf>. Acesso em: 12 jul. 2021.

BRASIL. Conselho Nacional do Ministério Público. **Sistema Prisional em Números**. Disponível em: <https://www.cnmp.mp.br/portal/relatoriosbi/sistema-prisional-em-numeros>. Acesso em: 16 jun. 2021.

BRASIL. Conselho Nacional do Ministério Público (CNMP). **Guia de Desafios para a implementação da APAC**. Conselho nacional do Ministério Público. Brasília: CNMP, 2018. p.11. Disponível em: <https://www.cnmp.mp.br/portal/images/Publicacoes/documentos/2018/07-06_Guia_APAC_FINAL_v2.pdf>. Acesso em: 12 jul. 2021.

BRASIL. Conselho Nacional do Ministério Público (CNMP). **Resolução n. 181, de 7 de agosto de 2017**. Disponível em: <https://www.cnmp.mp.br/portal/images/Resolucoes/Resoluo-181-1.pdf >. Acesso em: 15 set. 2022.

BRASIL. Conselho Nacional do Ministério Público (CNMP). **Resolução n. 183, de 24 de janeiro de 2018**. Disponível em: <https://www.cnmp.mp.br/portal/images/Resolucoes/Resoluo-183.pdf>. Acesso em: 15 set. 2022.

BRASIL. Conselho Nacional do Ministério Público (CNMP). **Enunciado 6, de 28 de abril de 2009**. Disponível em: https://www.cnmp.mp.br/portal/images/Enunciados/Enunciado-006.pdf. Acesso em: 10 fev. 2022.

BRASIL. Conselho Nacional do Ministério Público. **Regimento Interno do Conselho Nacional do Ministério Público.** Disponível em: https://www.cnmp.mp.br/portal/

images/noticias/2022/junho/web-Regimento_Interno_do_CNMP_2022.pdf. Acesso em: 2 nov. 2022.

BRASIL. Conselho Nacional do Ministério Público (CNMP). **O Retrato do Ministério Público brasileiro 2021**. Disponível em: <https://www.cnmp.mp.br/portal/relatoriosbi/mp-um-retrato-2021>. Acesso em 29 nov. 2022.

BRASIL. Conselho Nacional do Ministério Público (CNMP). **Resolução n. 243, de 18 de outubro de 2021.** Dispõe sobre a Política Institucional de Proteção Integral e de Promoção de Direitos e Apoio às Vítimas. Diário Eletrônico do CNMP, Caderno Processual, edição de 22/10/2021, p. 17–21. Disponível em: <https://www.cnmp.mp.br/portal/images/Resolucoes/2021/Resoluo-n-243-2021.pdf>. Acesso em: 10 dez. 2022.

BRASIL. Conselho Nacional de Justiça (CNJ), **Regras de Tóquio: regras mínimas padrão das Nações Unidas para a elaboração de medidas não privativas de liberdade**. Anexo da Resolução 45/110, da Assembleia-Geral das Nações Unidas, de 14 dez. 1990, Brasília: CNJ, 2016. Disponível em: <https://www.cnj.jus.br/wp-content/uploads/2019/09/6ab7922434499259ffca0729122b2d38-2.pdf>. Acesso em: 21 dez. 2022.

BRASIL. Conselho Nacional de Justiça. **Justiça Restaurativa.** Disponível em: https://www.cnj.jus.br/programas-e-acoes/justica-restaurativa. Acesso em: 23 mar. 2021.

BRASIL. Conselho Nacional de Justiça (CNJ). **Estatísticas BNMP Nacional.** Disponível em: https://portalbnmp.cnj.jus.br/#/pesquisa-peca. Acesso em: 17 dez. 2022.

BRASIL. Conselho Nacional do Justiça (CNJ). Regras de Mandela: regras mínimas das Nações Unidas para tratamento de presos. Série Tratados Internacionais de Direitos Humanos. **Conselho Nacional de Justiça.** Coord: Luis Geraldo Sant"Ana– Lanfredi– Brasília: CNJ, 2016. Disponível em: <https://www.cnj.jus.br/wp-content/uploads/2019/09/a9426e51735a4d0d8501f06a4ba8b4de.pdf>. Acesso em 12 jul. 2021.

BRASIL. Conselho Nacional de Justiça. **Resolução n.** 125, de 29 de novembro de 2010. Disponível em: <https://www.cnj.jus.br/wp-content/uploads/2014/04/resolucao_125_29112010_23042014190818.pdf>. Acesso em: 10 out. 2022.

BRASIL. Conselho Nacional de Justiça (CNJ). **Resolução n. 253, de 04 de setembro de 2018.** Define a política institucional do Poder Judiciário de atenção e apoio às vítimas de crimes e atos infracionais. Diário Eletrônico do CNMP, Caderno Processual, edição de 22/10/2021, p. 17–21. Disponível em: <https://atos.cnj.jus.br/files/resolucao_253_04092018_05092018141948.pdf>. Acesso em: 10 dez. 2022

BRASIL. Conselho Nacional de Justiça. **Mapeamento dos Programas de Justiça Restaurativa**. Disponível em: https://www.cnj.jus.br/wp-content/uploads/conteudo/arquivo/2019/06/8e6cf55c06c5593974bfb8803a8697f3.pdf. Acesso em: 10 out. 2022.

BRASIL. Ministério da Justiça. Secretaria Nacional de Justiça (Org.). **Normas e Princípios das Nações Unidas sobre Prevenção ao Crime e Justiça Criminal**. Brasília: Secretaria Nacional de Justiça, 2009. Disponível em: <https://www.unodc.org/documents/justice-and-prison-reform/projects/UN_Standards_and_Norms_CPCJ_-_Portuguese1.pdf>. Acesso em: 31 jan. 2022.

BRASIL. Ministério da Justiça. Departamento Penitenciário Nacional. **Levantamento nacional de informações penitenciárias**: atualização: junho de 2020. Disponível em: <https://app.powerbi.com/view?r=eyJrIjoiZWI2MmJmMzYtODA2MC00Ym-ZiLWI4M2ItNDU2ZmIyZjFjZGQ0IiwidCI6ImViMDkwNDIwLTQ0NGMtNDN-mNy05MWYyLTRiOGRhNmJmZThlMSJ9>. Acesso em: 16 jun. 2021.

BRASIL. Ministério da Justiça. Departamento Penitenciário Nacional. **Dados Estatísticos do Sistema Penitenciário (SISDEPEN)**. Período de janeiro a junho de 2022. Disponível em: <https://app.powerbi.com/view?r=eyJrIjoiNWQ0ODM1OTQtMm-Q2Ny00M2IyLTk4YmUtMTdhYzI4N2ExMWM3IiwidCI6ImViMDkwNDIwL-TQ0NGMtNDNmNy05MWYyLTRiOGRhNmJmZThlMSJ9>. Acesso em: 4 dez. 2022.

BRASIL. Ministério da Justiça. Departamento Penitenciário Nacional. **Relatório de Reincidência Criminal no Brasil**. Disponível em: <https://www.gov.br/depen/pt-br/assuntos/noticias/depen-divulga-relatorio-previo-de-estudo-inedito-sobre-reincidencia-criminal-no-brasil/reincidencia-criminal-no-brasil-2022.pdf/view>. Acesso em: 4 dez. 2022.

BRASIL. Ministério Público Federal (MPF). **MPF em números**. Disponível em: <https://www.mpf.mp.br/numeros>. Acesso em 29 nov.2022.

BRUNO, Aníbal. **Direito Penal**. Parte Geral. 2ª ed. T.1. Rio de Janeiro: Forense, 1959.

BRUNO, Anibal. **Direito Penal: pena e medida de segurança**. Parte Geral. Tomo 3. 4ª ed. Rio de Janeiro: Forense, 1978.

BUSATO, Paulo César. **Direito Penal. Parte Geral**. São Paulo: Atlas, 2013.

CABRAL, Rodrigo Leite Ferreira. **Manual do Acordo de Não Persecução Penal**. Salvador: Juspodivm, 2020. p.13-220.

CABRAL, Rodrigo Leite Ferreira. O requisito da necessidade e suficiência para a reprovação e prevenção do delito para a celebração do acordo de não persecução penal. *In:* **Acordo de Não Persecução Penal**. Orgs. Leonardo Schmitt de bem e João Paulo Martinelli. 2ª ed. Belo Horizonte: D'Plácido, 2020.

CÂMARA, Guilherme Costa. **Programa de política criminal orientado para a vítima de crime**. São Paulo: Revista dos Tribunais, 2008.

CARRARA, Francesco. **Direito Criminal.** Parte Geral. V. II. Trad. Ricardo Rodrigues Gama. Campinas: LZN, 2002.

CARMONA, Flávia Nunes de Carvalho Cavichioli. **Fundo Penitenciário Nacional:** da promessa à realidade do estado de coisas inconstitucional nas prisões brasileiras. Rio de Janeiro: Lumen Juris, 2019.

CARVALHO, Roldão Oliveira de; CARVALHO NETO, Algomiro. **Juizados Especiais Cíveis e Criminais**. 2ª ed. Araras-SP: Bestbook Editora, 2000.

CARVALHO, Salo de Carvalho. **Como não se faz um trabalho de conclusão.** 3ª ed. São Paulo: Saraiva, 2015.

CASELAW ACCESS PROJECT. Harvard Law School. **United States v. Olson, 880 F.3d 873 (2018).** Disponível em: <https://cite.case.law/f3d/880/873/>. Acesso em: 27 jun. 2022.

CASTRO, Ana Lara Camargo. **Plea bargain**: resolução penal pactuada nos Estados Unidos. Belo Horizonte: Editora D'Plácido, 2019.

CASTRO, Flávia Lages de. **História do Direito Geral e Brasil**. Rio de Janeiro: Lumen Juris, 2005.

Conselho Nacional de Procuradores-Gerais (CNPG). Comissão Especial - GNCCRIM. **Enunciados Interpretativos da Lei n. 13964/2019 (Lei Anticrime).** 2019. Disponível em: <https://www.cnpg.org.br/images/arquivos/gndh/documentos/enunciados/GNCCRIM_Enunciados.pdf>. Acesso em: 15 set. 2022.

COOTER, Robert; ULEN, Thomas. **Direito e & Economia**. 5ª ed. Porto Alegre: Bookman, 2010.

CORIA GARCÍA, Carlos A. El juicio abreviado: algunas consideraciones. El caso "Amestoy". Los arrepentidos en los "Cuadernos de Centeno". In: **derechopenalonline**. Disponível em: <https://derechopenalonline.com/el-juicio-abreviado-algunas-consideraciones-el-caso-amestoy-los-arrepentidos-en-los-cuadernos-de-centeno-y-la-puerta-al-juicio-abreviado/#:~:text=En%20Argentina%2C%20el%20juicio%20abreviado,nuevo%20C%C3%B3digo%20Procesal%20Penal%20Federal4%20>. Acesso em: 15 out. 2022.

COSTA, José de Faria. O Fenômeno da Globalização e o Direito Penal Econômico. **Revista Brasileira de Ciências Criminais**, n. 34, p. 9-25, abr./jun. 2001.

COSTA, Maria Cristina Castilho. **Sociologia. Introdução à Ciência da Sociedade**. São Paulo: Moderna, 1987.

COUNCIL OF EUROPE. Committee of Ministers. **Recommendation n. R (87) 18,** of the Committee of Ministers to member States concerning the simplification of Criminal Justice. Adopted by the Committee of Ministers on 17 September 1987 at the 410th meeting of the Ministers' Deputies. Disponível em: <https://rm.coe.int/16804e19f8>. Acesso em: 23 out. 2022.

CUNHA, Vitor Sousa. **Acordos de Admissão de Culpa no Processo Penal.** Salvador: Juspodivm, 2019.

DAMASKA, Mirjan. Negotiated Justice in International Criminal Courts. In: THAMAN, Stephen C. (Ed.). **World Plea Bargaining**. Consensual procedures and the avoidance of the full criminal trial. Durham: Carolina Academic Press, 2010.

DAMASKA, Mirjan. **The faces of justice and state authority.** A comparative approach to the legal process. New Haven: Yale University Press, 1986.

DAMASKA, Mirjan. **Structures of Authority and Comparative Criminal Procedure**. The Yale Law Journal, v. 84, n. 3, p. 480, 1975.

DAMASKA, Mirjan. Aspectos Globales de la Reforma del Proceso Penal. In: AA. VV. **Reforma a la justicia penal em las Américas**. Washington: The Due Proceso of Law Foundation, 1999.

DE-LORENZI, Felipe da Costa. **Justiça Negociada e Fundamentos do Direito Penal**: pressupostos e limites materiais dos acordos sobre sentença penal no Brasil. 2020. 380f. Tese (Doutorado) – Programa de Pós-Graduação em Ciências Criminais, PUC-RS Porto Alegre, 2020.

DEMERCIAN, Pedro Henrique. MALULY, Jorge Assaf. **Teoria e Prática dos Juizados Especiais Criminais.** 4ª ed. Rio de Janeiro: Forense, 2008.

DEMERCIAN, Pedro Henrique; MALULY, Jorge Assaf. **Curso de Processo Penal**. 7ª ed. Rio de Janeiro: GEN/Forense, 2011.

DIAS, Augusto Silva. **Ramos emergentes do Direito Penal relacionados com a proteção do futuro**. Coimbra: Coimbra, 2008.

DIAS, Jorge de Figueiredo. **Acordos sobre a sentença em processo penal**. O "fim" do Estado de Direito ou um novo "princípio? Porto: Conselho Distrital do Porto da Ordem dos Advogados, 2011.

DIAS, Jorge Figueiredo. **Direito Penal Português**: as consequências jurídicas do crime. Coimbra: Coimbra, 2011.

DINIZ, Maria Helena. **As Lacunas no Direito.** 8ª ed. São Paulo: Saraiva, 2007.

DISTRITO FEDERAL (Brasil). Ministério Público do Distrito Federal e Territórios (MPDFT). **Enunciados em ordem cronológica**. Disponível em: <https://www.mpdft.mp.br/portal/index.php/cmaras-de-coordenao-e-revisao-menu/230-camaras-reunidas/696-enunciados>. Acesso em: 22 out. 2022.

DISTRITO FEDERAL (Brasil). Ministério Público do Distrito Federal e Territórios (MPDFT). Conselho Superior do MPDFT (CSMPDFT). **Resolução 90, de 14 de setembro de 2009**. Disponível em: <https://www.mpdft.mp.br/portal/images/pdf/unidades/conselho_superior/resolucoes_vigor/Res_90_TEXTO_alterada_Res_285_atualizada_em_9_Fev_2022.pdf>. Acesso em: 2 nov. 2022.

DONNA, Edgardo. El derecho penal moderno, entre el problema de la inseguridad, la seguridad y la justicia. *In*: MUÑOZ CONDE, Francisco (coord.). **Problemas actuales del derecho penal y de la criminología**: estudios penales en memoria de la Profesora Dra. María del Mar Díaz Pita. Valencia: Tirant lo Blanc, 2008.

FERNANDES, Antônio Scarance. **O Papel da Vítima no Processo Penal.** *In:* Temas de Vitimologia II. Org. Ester Kosoviski e Heitor Piedade Junior. Rio de Janeiro: Lumen Juris, 2001.

FERRAJOLI, Luigi. **Direito e Razão**: teoria do garantismo penal. São Paulo: Revista dos Tribunais, 2002.

FERRAJOLI, Luigi. **Direito e razão**: teoria do garantismo penal. 3. ed. São Paulo: Revista dos Tribunais, 2010.

FERRAZ JUNIOR, Tércio Sampaio. **Introdução ao Estudo do Direito: técnica, decisão, dominação**. 7ª ed. São Paulo: Atlas, 2013.

FERRAZ JUNIOR, Tércio Sampaio. **Função Social da Dogmática Jurídica.** 2ª ed. São Paulo, Atlas: 2015.

FERRAZ JUNIOR, Tércio Sampaio. **Teoria da Norma Jurídica**. 4ª ed. Forense: Rio de Janeiro, 2000.

FIGUEIREDO DIAS, Jorge de. **Acordos sobre a sentença em processo penal:** o "fim" do Estado de direito ou um novo "princípio". Porto: Ordem dos Advogados Portugueses, 2011.

FISCHER, Douglas. O que é garantismo (penal) integral? *In* **Garantismo Penal Integral**. Coord. Douglas Fischer; Bruno Calabrich e Eduardo Pelella. 3ª ed. São Paulo: Atlas, 2015.

FISCHER, George. **Plea bargains's Triumph**: a History of Plea bargain in America. California: Stanford University Press 2003.

FONSECA, Cibele Benevides Guedes da. **Colaboração Premiada**. Belo Horizonte: Del Rey, 2017.

FOUCAULT, Michel. **Vigiar e Punir: nascimento da prisão.** Trad. Raquel Ramalhete. 15ª ed. Petrópolis: Vozes, 1997.

FOUCAULT, Michel. **A verdade e as formas jurídicas**. 4ª ed. Rio de janeiro: Nau, 2013.

FREIBERG, Arie; FLYNN, Asher. **Victms and Plea Negotiations:** overlooked and unimpressed. Palgrave Macmillan. Versão Kindle, 2021.

FREIRE, Alonso Reis Siqueira. Odisseu ou Hércules? Sobre o pragmatismo e a análise econômica do direito de Richard A. Posner. **Revista Eletrônica do Curso de Direito da PUC-MG.** Serro, v. 0, n. 3, p. 21-45, 2011.

GARAPON, Antonie; PAPADOPOULOS, Ioannis. **Julgar nos Estados Unidos e na França**: cultura jurídica francesa e common law em uma perspectiva comparada. Rio de Janeiro: Lumen Juris, 2008.

GARCÍA AMADO, Juan Antonio. ¿Dogmática penal sistémica? Sobre la influencia de Luhmann en la teoria penal. In: DÍAS Y GARCÍA CONLLEDO, Miguel; GARCÍA AMADO, Juan Antonio (Coords.). **Estudios de Filosofía del Derecho Penal**. Bogotá: Universidad Externado de Colombia, 2006.

GARCIA, Basileu. **Instituições de Direito Penal.** 7ª ed. v.1, tomo I. São Paulo: Saraiva, 2008.

GARCÍA, Nicolás Rodriguez. **El consenso en el processo penal español.** Barcelona: José Maria Bosch Editor, 1997.

GARLAND, David. Castigo, control social y nueva modernidad. In: Derecho Penal Contemporáneo: **Revista Internacional**, n. 11, 2005, págs. 35-56.

GIACOMOLLI, Nereu José. **Legalidade, oportunidade e consenso no Processo Penal na perspectiva das garantias constitucionais**: Alemanha, Espanha, Itália, Portugal, Brasil. Porto Alegre: Livraria do Advogado, 2006.

GIACOMOLLI, Nereu José. **Juizados Especiais Criminais:** Lei 9099/95, abordagem crítica, acordo civil, transação penal, suspensão condicional do processo, rito sumaríssimo. 3ª ed. Porto Alegre: Livraria do Advogado, 2009.

GICO JÚNIOR, Ivo Teixeira. Metodologia e Epistemologia da Análise Econômica do Direito. **Economic Analysis of Law Review**, v. 1, n. 1, p. 7–33, 2010.

GOMES FILHO, Dermeval Farias; MILANI, Luisa Villar de Queiroz. Criminal compliance: responsabilidade penal por omissão do compliance officer. **Brazilian Journal of Development,** Curitiba, v. 7, n. 2, p. 12.961-12.996, fev. 2021. Disponível em: https://www.brazilianjournals.com/index.php/BRJD/article/view/24269/19408. Acesso em: 9 fev. 2021.

GOMES FILHO, Dermeval Farias. **Dogmática Penal:** fundamento e limite à construção da jurisprudência penal no Supremo Tribunal Federal. Salvador: Juspodivm, 2019.

GOMES FILHO, Dermeval Farias. **Dogmática Penal**: Fundamento e limite à construção da jurisprudência penal no Supremo Tribunal Federal. 2ª ed. Salvador: Juspodivm, 2022. p. 212-216.

GOMES FILHO, Dermeval Farias. Não persecução penal: prós, contras e limites materiais para a proteção jurídica suficiente. **IV Congresso Criminal do Ministério Público de São Paulo**. Mesa Temática I. Escola Superior do Ministério Público. São Paulo: Associação Paulista do Ministério Público, 2019. p. 25-33. Disponível em: <http://www.mpsp.mp.br/portal/page/portal/documentacao_e_divulgacao/doc_biblioteca/bibli_servicos_produtos/BibliotecaDigital/Publicacoes_MP/Todas_publicacoes/IVCongressoCriminalESMP.pdf>. Acesso em 21 dez 2021.

GOMES, Luís Flávio. **Suspensão Condicional do Processo**. 2ª ed. São Paulo: Revista dos Tribunais, 1997.

GOMES, Maria Tereza Uille Gomes. Direito Administrativo, accountability e o cadastro nacional de presos como instrumento de gestão eficiente do sistema prisional. **Fórum de Contratação e Gestão Pública,** FCGP, Belo Horizonte, ano 17, n.195, p. 33-42, marc.2018.

GRECO FILHO, Vicente. **Manual de Processo Penal.** 8ª ed. São Paulo: Saraiva, 2010.

GRECO, Luís. **Introdução à Dogmática Funcionalista do Delito**. Revista Brasileira de Ciências Criminais. Ano 8, 32. São Paulo: RT, 2000.

GRECO, Luís. **As Razões do Direito Penal: quatro estudos**. Org. Eduardo Viana, Lucas Montenegro, Orlandino Gleizer. São Paulo: Marcial Pons, 2019.

GRECO, Luís. **Lo vivo y lo muerto en la teoria de la pena de Feuerbach**: una contribución al debate actual sobre los fundamentos del Derecho Penal. Madrid: Marcial Pons, 2015.

GRECO, Luís. Tem futuro a teoria do bem jurídico? Reflexões a partir da decisão do Tribunal Constitucional alemão a respeito do crime de incesto (§173 Strafgesetzbuch). **Revista Brasileira de Ciências Criminais**, São Paulo, v. 18, n. 82, p. 165-185, jan./fev. 2010.

GRINOVER, Ada Pellegrini; GOMES FILHO, Antônio Magalhães; FERNANDES, Antônio Scarance; GOMES, Luís Flávio. **Juizados Especiais Criminais:** comentários à Lei 9.099, de 26.09.1995. 4ª ed. São Paulo: Revista dos Tribunais, 2002.

GUIMARÃES NETO, Silvio Leite. **Uma teoria da pena baseada na vítima:** a busca pela satisfação do indivíduo vitimado como finalidade da pena. São Paulo: Marcial Pons, 2020.

HASSEMER, Winfried. **Introdução aos fundamentos do direito penal.** Trad. Pablo Rodrigo Alfen da Silva. Porto Alegre: Sergio Antônio Fabris, 2005.

HASSEMER, Winfried. **¿Por qué castigar? Razones por las que merece la pena la pena**. Trad. Manuel Cancio Meliá y Francisco Muñoz Conde. Valencia: Tirant lo Blanch, 2016.

HEGEL, Georg Wilhelm Friedrich. **Princípios da Filosofia do Direito.** Trad. Orlando Vitorino. São Paulo: Martins Fontes, 1997.

HILL, Andrew E.; WALTON, J. H. **Panorama do Antigo Testamento.** Trad. Lailah de Noronha. São Paulo: Vida Nova, 2006.

HÖRNLE, Tatjana. **Dois Estudos: teoria da pena e culpabilidade**. Trad. Tatiana Stoco e Silvio Leite Guimarães Neto. São Paulo: Marcial Pons, 2020.

Instituto de Pesquisa Econômica Aplicada (Ipea). **Reincidência Criminal no Brasil**. Relatório de Pesquisa. Rio de Janeiro, 2015. Disponível em: <https://www.ipea.gov.br/portal/images/stories/PDFs/relatoriopesquisa/150611_relatorio_reincidencia_criminal.pdf>. Acesso em 12 jul. 2021.

ISMAEL, André Gomes. **PLEA BARGAIN**: uma análise histórica, comparada e juseconômica. 2017. 114f. Dissertação. Universidade Católica de Brasília, 2017.

JAKOBS, Günther. **Derecho Penal**: parte general: fundamentos y teoría da imputación. 2. ed. Madrid: Marcial Pons, 1997.

JAPIASSÚ, Carlos Eduardo Adriano. O papel do Direito Penal no Século XXI. *In*: GRECO, Luís; MARTINS, Antônio (orgs.). **Direito Penal como crítica da pena**. São Paulo: Marcial Pons, 2012.

JARDIM, Afrânio Silva. **Ação Penal Pública**: princípio da obrigatoriedade. 3ª ed. Rio de Janeiro: Forense, 1988.

JOSEF, Jorge. **Holocausto, 50 anos depois.** *In:* Temas de Vitimologia. Org. Ester Kosoviski e Elida Séguin. Rio de Janeiro: Lumen Juris, 2000.

KANT, Immanuel. **Metafísica dos Costumes.** Trad. Edson Bini. 3ª ed. São Paulo: Edipro, 2017.

KELSEN, Hans. **Teoria pura do direito**. Trad. João Baptista Machado. 8. ed. São Paulo: Martins Fontes, 2019.

KOSOVSKI, Ester. **As Novas Formas de Proteção à Vítima**. *In:* Temas de Vitimologia. Org. Ester Kosoviski e Elida Séguin. Rio de Janeiro: Lumen Juris, 2000.

KRINSKY, Miriam; KOMAR, Liz. "Victims' rights" and diversion: furthering the interests of crime survivors and the community. **SMU Law Review**, Dallas, TX, USA, v. 74, n. 3, p. 527-554, Summer 2021. Disponível em: https://scholar.smu.edu/smulr/vol74/iss3/7. Acesso em: 7 nov. 2022.

KUBLEN, Lothar. Bienes jurídicos y nuevos tipos de delito. In: ROBLES PLANAS, Ricardo (ed.). **Límites al derecho penal**: princípios en la fundamentación del castigo. Barcelona: Atelier, 2012.

LANGER, Máximo. From Legal Transplants to Legal Translations. In: THAMAN, Stephen C. (org.). **Word Plea Bargaining**: Consensual Procedures and the Avoidance of the Full Criminal Trial. Durham, North Carolina: Academic Press, 2010.

LANGER, Máximo. Plea Bargaining, Conviction Without Trial, and the Global Administratization of Criminal Convictions. In: **Annual Review of Criminology**, v. 4, 2021, p. 377-411. Disponível em: https://www.annualreviews.org/doi/full/10.1146/annurev-criminol-032317-092255#article-denial. Acesso em 17 fev.2021.

LARRAURI, Helena. Victimología: ¿Quiénes son las víctimas? ¿Cuáles sus derechos? ¿Cuáles sus necesidades? ***In*: Jueces para la Democracia: información y debate**.

v.15, Madrid, 1992. p. 24. Disponível em: <http://www.juecesdemocracia.es/wp-content/uploads/1992/03/revista-15-enero-1992.pdf>. Acesso em: 20 nov.2022.

LEGAL INFORMATION INSTITUTE. Cornell Law School. **North Carolina v. Alford, 400 U.S. 25, 1970.** Disponível em: <https://www.law.cornell.edu/supremecourt/text/400/25>. Acesso em: 27 jun. 2022.

LEITE, Rosimeire Ventura. **Justiça consensual como instrumento de efetividade do processo penal no ordenamento jurídico brasileiro**. 2009. Tese (Doutorado) – Universidade de São Paulo, São Paulo, 2009. Disponível em: <https://teses.usp.br/teses/disponiveis/2/2137/tde-17112011-110813/publico/Rosimeire_Texto_versao_completa.pdf>. Acesso em: 08 jun. 2022.

LEITE, Rosimeire Ventura. **Justiça Consensual e Efetividade no Processo Penal**. Belo Horizonte: Del Rey, 2013.

LESCH, Heiko H. **La Función de la Pena**. Trad. Javier Sánchez-Vera Gómez-Trelles. Madrid: Dykinson, 1999.

LIMA, Carlos Magno Moulin. **A Vítima no Processo Penal:** aspectos vitimológicos. 2006. 175f. Dissertação. Pontifícia Universidade Católica de São Paulo, 2006.

LISZT, Franz von. **Tratado de Direito Penal allemão**. Ed. fac-sim. Trad. José Hygino Duarte Pereira. Brasília: Senado Federal, 2006.

LOPES JUNIOR, Aury. A crise existencial da justiça negocial e o que (não) aprendemos com o JECRIM. **Boletim IBCCRIM**. São Paulo: IBCCRIM, ano 29, n. 344, jul.2021.

LOPES JR. Justiça Negociada: utilitarismo processual e eficiência antigarantista. In: WUNDERLICH, Alexandre; CARVALHO, Salo de (Orgs.) **Diálogos sobre a Justiça Dialogal.** Rio de Janeiro: Lumen Juris, 2002.

LUISI, Luiz. **Os princípios constitucionais penais**. Porto Alegre: Sérgio Antônio Fabris, 1991.

LUZ, Ilana Martins. Da Sanção ao Preceito: o contributo da Justiça Restaurativa para a modificação da racionalidade penal moderna. *In:* **Revista Síntese de Direito Penal e Processual Penal.** Porto Alegre: Síntese, n.70, out./nov., 2011.

MACHADO, Alcântara. *In:* **Jornal de Notícias** (SP) de 08 de junho de 1950.

MACHADO, Bruno Amaral. **Justiça criminal:** diferenciação funcional, interações organizacionais e decisões. São Paulo: Marcial Pons, 2014.

MARQUES, Oswaldo Henrique Duek. **Fundamentos da Pena**. São Paulo: Martins Fontes, 2008.

MARQUES, Oswaldo Henrique Duek. **Fundamentos da pena**. 3ª ed. São Paulo: Martins Fontes, 2016.

MERCADO PACHECO, Pedro. **El análisis económico del Derecho**. Madrid: Centro de Estudios Constitucionales, 1994.

MONEBHURRUN, Nitish. **Manual de metodologia jurídica:** técnicas para argumentar em textos jurídicos. São Paulo: Saraiva, 2015.

MONTEALEGRE LYNETT, Eduardo. Introdução à obra de Günther Jakobs. In: CALLEGARI, André Luís Callegari et al. (Coords.). **Direito Penal e funcionalismo.** Trad.

André Luís Callegari, Nereu José Giacomolli e Lúcia Kalil. Porto Alegre: Livraria do Advogado, 2005.

MORAES, Alexandre Rocha Almeida de. **Direito Penal racional:** propostas para a construção de uma teoria da legislação e para uma atuação criminal preventiva. Curitiba: Juruá, 2016.

MORAES, Alexandre Rocha de; BACHARA, Fábio Ramazzini. Acordo de não persecução penal restrição das hipóteses de cabimento a partir dos mandados constitucionais de criminalização. In **Acordo de Não Persecução Penal**. Org. Daniel de Resende Salgado, Luís Felipe Schneider Kircher, Ronaldo Pinheiro de Queiroz. São Paulo: Juspodivm, 2022.

MORAES, Alexandre de; SMANIO, Gianpaolo Poggio. **Legislação Penal Especial.** 10ª ed. São Paulo, Atlas, 2007.

MORAN, Fabíola. **Ingerência penal e proteção integral à vítima**. Belo Horizonte, São Paulo: D'Plácido: 2020.

MULAS, Nieves Sanz. El Derecho Penal ante los retos del siglo XXI: La urgencia de un Derecho penal que haga frente a los "nuevos" problemas, pero sin olvidar los "viejos" límites. **Cuadernos de Política Criminal,** Madrid, n. 106, p. 115-152, abr. 2012. Disponível em: https://app.vlex.com/#WW/vid/393459850?forw=go. Acesso em: 9 jul. 2020.

NARDELLI, Marcella Alves Mascarenhas. A Expansão da Justiça Negociada e as Perspectivas para o Processo Justo: a *plea bargaining* norte-americana e as suas traduções no âmbito da *civil law*. **Revista Eletrônica de Direito Processual-REDP-**, Rio de Janeiro, UERJ, vol. 14, p.331-365, 2014.

NEUMANN, Ulfrid. El principio de proporcionalidad como principio limitador de la pena. In: ROBLES PLANAS, Ricardo (ed.)**. Límites al derecho penal**: princípios en la fundamentación del castigo. Barcelona: Atelier, 2012.

NOGUEIRA, Márcio Franklin. **Transação Penal**. São Paulo: Malheiros, 2003.

NORONHA, E. Magalhães. **Direito Penal**. v.1. 35ª ed. São Paulo: Saraiva, 2000.

NUCCI, Guilherme de Souza. **Individualização da Pena**. 3ª ed. São Paulo: Revista dos Tribunais, 2009.

NUCCI, Guilherme de Souza. **Individualização da Pena.** 7ª ed. Rio de Janeiro: Forense, 2015.

NUCCI, Guilherme de Souza. **Manual de Processo Penal e Execução Penal**. 5ª ed. São Paulo: Revista dos Tribunais, 2008.

NUCCI, Guilherme de Souza. **Manual de Direito Penal**. 9ª ed. São Paulo: RT, 2013.

OLIVEIRA, Rafael Serra. **Consenso no Processo Penal:** uma alternativa para a crise do sistema criminal. São Paulo: Almedina, 2015.

ORGANIZAÇÃO DOS ESTADOS AMERICANOS (OEA). Corte Interamericana de Direitos Humanos (CIDH). Resolução de 22 de novembro de 2018. **Medidas provisórias a respeito do Brasil**. Assunto do Instituto Penal Plácido de Sá Carvalho. Disponível em: <https://www.corteidh.or.cr/docs/medidas/placido_se_03_por.pdf>. Acesso em: 16 jun. 2021.

PACELLI, Eugênio. **Curso de Processo Penal**. 18ª ed. São Paulo: Atlas, 2014.

PALLAMOLLA, Raffaella da Porciuncula. **Justiça restaurativa**: da teoria à prática. São Paulo: IBCcrim, 2009.

PEREIRA, Camila Bonafini. **Justiça Negocial: uma análise dos mecanismos de consenso no Processo Penal brasileiro à luz da Constituição da República e das críticas propostas pela doutrina de Luigi Ferrajoli.** 248f. Tese. Pontifícia Universidade Católica de São Paulo, 2023. p.223-224.

PEZZOTTI, Olavo Evangelista. **Colaboração premiada:** uma perspectiva de direito comparado. São Paulo: Almedina, 2020.

PIEDADE JÚNIOR, Heitor. **Vitimologia**: evolução no tempo e no espaço. Rio de Janeiro: Freitas Bastos, 1993.

PIERANGELI, José Henrique. **Códigos Penais do Brasil**: evolução histórica. 2ª ed. São Paulo: Revista dos Tribunais, 2001.

PIERANGELI, José Henrique. Processo penal. **Evolução histórica e fontes legislativas.** 2ª edição. São Paulo: IOB Thomson, 2004.

PIRES, Álvaro. **A racionalidade penal moderna, o público e os direitos humanos**. Novos Estudos CEBRAP, n. 68, mar. 2004.

PIRES, Marcelo Juliano Silveira. Possibilidade de Conversão da transação penal não cumprida em pena restritiva de liberdade. *In*: **Revista do Ministério Público n.47**, 2002, AMPRS, p. 217-227. Disponível em: <http://www.amprs.org.br/arquivos/revista_artigo/arquivo_1274906170.pdf>. Acesso em 16 abril 2022.

PLANAS, Ricardo ROBLES. **Estudos de dogmática jurídico-penal: fundamentos, teoria do delito e direito penal econômico.** Coleção Ciência Criminal Contemporânea. v.6. Coord. Cláudio Brandão. Belo Horizonte: D'Plácido, 2016.

POLASTRI, Marcelo. **Curso de Processo Penal**. v.1. 4ª ed. Rio de Janeiro: Lumen Juris, 2008.

PONTE, Antônio Carlos da. **Crimes Eleitorais.** 2ª ed. São Paulo: Saraiva, 2016.

PONTE, Antônio Carlos da. DEMERCIAN, Pedro Henrique. O Ministério Público e a Justiça Penal Consensual. Foro. **Revista de Ciencias Jurídicas y Sociales,** Nueva Época, vol. 22, núm. 1 (2019): 101-118.

PONTE, Antônio Carlos da; GOMES FILHO, Dermeval Farias. A Política Criminal de Proteção da Saúde no Brasil: limite substancial do bem jurídico e desafios dogmáticos. **Revista Brasileira de Estudos Jurídicos,** Montes Claros, MG, v. 15, n. 3, p. 34-58, set./dec. 2020.

PONTE, Antônio Carlos da; GOMES FILHO, Dermeval Farias; PEDROSO, Fernando Gentil Gizzi de Almeida. O Modelo Decisório do Supremo Tribunal Federal que se Projeta na Execução Penal: Desafios de uma Política Criminal de Desencarceramento sem Preocupação Dogmática. **Revista Magister De Direito Penal e Processual Penal,** Porto Alegre, n. 105, p. 64-87, Dez.-Jan. 2022.

POSNER, Richard A. **Para além do direito.** São Paulo: Martins Fontes, 2009.

POSNER, Richard. **Direito, Pragmatismo e Democracia.** Trad. Teresa Dias Carneiro. Rio de Janeiro: Forense, 2010.

POSNER, Richard A. **A economia da justiça.** São Paulo: Martins Fontes, 2010.

PRADO, Luís Regis. **Bem jurídico-penal e Constituição.** 5ª ed. São Paulo: Revista dos Tribunais, 2011.

RAMÍREZ, Juan Bustos. **A pena e suas teorias**. Fascículos de Ciências Penais. Trad. Cândida Silveira Salbet e Odone Sanguiné. Ano 5, v. 5, n. 3, jul./ago./set. - 1992. Porto Alegre: Sérgio Antônio Fabris, 1992.

RAUXLOH, Regina. **Plea Bargaining in National and International Law**. New York: Routledge, 2012.

RESPLANDES, Cássio. Folha Capital. Sangrento massacre prisional em Manaus deixa 60 mortos; violência e superlotação carcerária do Brasil são destaque na mídia internacional. **Folha Capital**, 2 jan. 2017. Disponível em: <http://www.folhacapital.com.br/portal/noticias/view/1833/sangrento-massacre-prisional-em-manaus-deixa-60-mortos-violencia-e-superlotacao-carceraria-do-brasil-sao-destaque-na-midia-internacional>. Acesso em 12 jul. 2021.

ROLlM, Marcos. **A síndrome da rainha vermelha:** policiamento e segurança pública no século XXI. Rio de Janeiro: Zahar, 2006.

ROMERO BERDULLAS, Carlos Manuel. **Criterios de oportunidad en el proceso penal**. Buenos Aires: Hammurabi, 2020.

ROQUE, Fábio; TÁVORA, Nestor; ALENCAR, Rosmar Rodrigues. **Legislação Criminal.** Salvador: Juspodivm, 2016.

ROSS, Alf. **Direito e justiça**. Trad. Alaôr Caffé Alves. Bauru, SP: Edipro, 2000.

ROSSI, Nello. Per una cultura della discrezionalità del pubblico ministero. **Rivista Questione Giustizia**. II Trimestre 2021. Roma: Associazione Magistratura democracia. Disponível em https://www.questionegiustizia.it/articolo/per-una-cultura-della-discrezionalita-del-pubblico-ministero. Acesso em 08 fev. 2022.

ROXIN, Claus. **A proteção de bens jurídicos como função do Direito Penal.** 2. ed. Porto Alegre: Livraria do Advogado, 2013.

ROXIN, Claus. Sentido e limites da pena estatal. *In:* **Problemas Fundamentais de Direito Penal.** Trad. Ana Paula dos Santos Luis Natsheradetz. 3ª ed. Lisboa: Vega, 2004.

ROXIN, Claus; GRECO, Luis. **Strafrecht Allgemeiner Teil.** Grundlagen. Der Aufbau der Verbrechenslehre. 5ª auf. München: C.H. Beck, 2020.

RUIZ, Carlos Arturo. Acercamiento al bien jurídico salud pública. **Nuevo Derecho**, Envigado, Colômbia, v. 8, n. 11, p. 69-79, jul./dez. 2012.

SALAMA, Bruno Meyerhof. **O que é pesquisa em direito e economia.** Cadernos de Direito GV, v. 5, n. 2, estudo n. 22, 2008.

SALVADOR NETTO, Alamiro Velludo. **Finalidades da Pena**: conceito material de delito e sistema penal integral. São Paulo: Quartier Latin, 2009.

SANNA, Alessandra. **Il "Patteggiamento" tra prassi e novelle legislative**. Milano- Italia: Cedam, 2018.

SCHÜNEMANN, Bernd. La relación entre ontologismo y normativismo en la dogmática jurídico-penal. In: FRANCO, Alberto Silva; NUCCI, Franco (Orgs.). **Direito Penal.** Doutrinas Essenciais. v.2. São Paulo: Editora dos Tribunais, 2010.

SCHÜNEMANN, Bernd; Greco, Luís (coord.). **Estudos de direito penal, direito processual penal e filosofia do direito**. São Paulo: Marcial Pons, 2013.

SCHÜNEMANN, Bernd. **Direito Penal, Racionalidade e Dogmática**: sobre os limites invioláveis do direito penal e o papel da ciência jurídica na construção de um sistema penal racional. Coord. e Trad. Adriano Teixeira. São Paulo: Marcial Pons, 2018. p. 26.

SILVA, Edmar Carmo da. **O princípio acusatório e o devido processo legal.** Porto Alegre: Núria Fabris, 2010.

SILVA SÁNCHEZ, Jesús-Maria. **A Expansão do Direito Penal.** 2. ed. São Paulo: RT, 2010.

SILVA SÁNCHEZ, Jesús-María. **Aproximação ao direito penal contemporâneo**. Trad. Roberto Barbosa Alves. São Paulo: Revista dos Tribunais, 2011.

SILVA SÁNCHEZ, Jesús-Maria. **Malum Passionis.** Mitigar el dolor del Derecho penal. Barcelona: Atelier, 2018.

SILVA SÁNCHEZ, Jesús-Maria. **Eficiência e Direito Penal**. Barueri-SP: Manole, 2004.

SUXBERGER, Antônio Henrique Graciano. **Acordo de Não Persecução Penal:** o exercício da ação penal e a questão prisional como problema público. Brasília: Fundação Escola, 2019.

SUXBERGER, Antônio Graciano. A Superação do Dogma da Obrigatoriedade da Ação Penal: a oportunidade como consequência estrutural e funcional do sistema de justiça criminal: In: **Revista do Ministério Público do Estado de Goiás.** Goiânia-GO, n. 34, p. 35-50, 2017. p. 44. Disponível em: <http://www.mpsp.mp.br/portal/page/portal/documentacao_e_divulgacao/doc_biblioteca/bibli_servicos_produtos/bibli_boletim/bibli_bol_2006/Rev-MP-GO_n.34.pdf>. Acesso em: 23 out. 2022.

SUXBERGER, Antônio Graciano; GOMES FILHO, Dermeval Farias. Funcionalização e Expansão do Direito Penal: o Direito Penal Negocial. In: **Revista de Direito Internacional,** Brasília, v. 13. n. 1, p. 377-396, 2016. p. 378. Disponível em: https://www.publicacoesacademicas.uniceub.br/rdi/article/view/4097/pdf. Acesso em: 9 fev. 2021.

SUXBERGER, Antônio Henrique Graciano; GOMES FILHO, Dermeval Farias Gomes Filho. CNMP e acesso à justiça: Política Institucional de Proteção Integral e de Promoção de Direitos e Apoio às Vítimas. In: **Direito Penal e Acesso à Justiça:** múltiplos olhares e dimensões do fenômeno criminal. Org. Alberto Carvalho Amaral, Bruno Amaral Machado, Cristina Zackseski. Belo Horizonte: D'Plácido. 2022.

SUXBERGER, Antônio Henrique Graciano; GOMES FILHO, Dermeval Farias Gomes Filho. Atenção às vítimas de crimes no Brasil: das Nações Unidas aos atos infralegais. ***Index Law Journals*. Revista de Política Judiciária, Gestão e Administração da Justiça**. Encontro Virtual | v. 8 | n. 1 | p. 34 – 53 | Jan/Jul. 2022. p. 37. Disponível em: <https://indexlaw.org/index.php/revistapoliticiajudiciaria/article/view/8800>. Acesso em: 16 set. 2022.

SUXBERGER, Antônio Graciano. Acordo de não persecução penal: Alternativa à judicialização. *In:* **Acordos de não persecução penal e cível**. Coord. Rodrigo Leite Ferreira Cabral, Renee do Ó Souza, Rogério Sanches Cunha, Francisco Dirceu Barros. Salvador: Juspodivm, 2021.

SUXBERGER, Antônio Graciano. A Superação do Dogma da Obrigatoriedade da Ação Penal: a oportunidade como consequência estrutural e funcional do sistema de justiça criminal: In: **Revista do Ministério Público do Estado de Goiás.** Goiânia-GO, n.34, p.35-50, 2017. p. 44. Disponível em: <http://www.mpsp.mp.br/portal/page/portal/documentacao_e_divulgacao/doc_biblioteca/bibli_servicos_produtos/bibli_boletim/bibli_bol_2006/Rev-MP-GO_n.34.pdf>. Acesso em: 23 out. 2022.

TEIXEIRA, Adriano. **Teoria da Aplicação da Pena**: fundamentos de uma determinação judicial da pena proporcional ao fato. São Paulo: Marcial Pons, 2015.

TIVERON, Raquel. Justiça **Restaurativa e emergência da cidadania na dicção do Direito: a construção de um novo paradigma de justiça criminal**. Brasília-DF: Thesaurus, 2014.

TOLEDO, Francisco de Assis. **Princípios Básicos de Direito Penal.** 5ª ed. São Paulo: Saraiva, 1994.

TORNAGHI, Hélio**. Curso de Processo Penal.** 9ª ed. v.1. São Paulo: Saraiva, 1995.

TUCCI, Rogério Lauria. **Persecução penal, Prisão e Liberdade**. São Paulo: Saraiva, 1980.

TULKENS, Françoise. Justiça Negociada. In: DELMAS-MARTY, Mireille. **Processos Penais da Europa.** Trad. Fauzi Hassan Choukr. Rio de Janeiro: Lumen Juris, 2005.

UMBREIT, Mark S. **Justiça restaurativa por meio da mediação vítima-ofensor:** uma avaliação a partir de várias experiências locais. Disponível em: http://www.arcos.org.br/livros/estudos-de-arbitragem-mediacao-e-negociacao-vol4/parte-iii-doutrina-artigo-dos-professores/justica-restaurativa-por-meio-da-mediacao-vitima-ofensor-uma-avaliacao-a-partir-de-varias-experiencias-locais. Acesso em: 22 mar. 2021.

UNIÃO EUROPEIA. Parlamento Europeu. **Diretiva 2012/29/UE do Parlamento Europeu e do Conselho**, de 25 de outubro de 2012, que estabelece normas mínimas relativas aos direitos, ao apoio e à proteção das vítimas da criminalidade e que substitui a Decisão-Quadro 2001/220/JAI do Conselho. 25 out. 2012. Disponível em: https://eur-lex.europa.eu/legal-content/PT/TXT/PDF/?uri=CELEX:32012L0029&from=en. Acesso em: 7 maio 2022.

UNIÃO EUROPEIA. Conselho da União Europeia. **Plano de acção do Conselho e da Comissão sobre a melhor forma de aplicar as disposições do Tratado de Amesterdão relativas à criação de um espaço de liberdade, de segurança e de justiça** - Texto aprovado pelo Conselho Justiça e Assuntos Internos de 3 de dezembro de 1998. Disponível em: <https://eur-lex.europa.eu/legal-content/PT/ALL/?uri=CELEX%3A31999Y0123%2801%29>. Acesso em: 31 jan. 2022.

UNIÃO EUROPEIA. Conselho da Europa. **DIRECTIVA 2004/80/CE DO CONSELHO de 29 de abril de 2004 relativa à indenização das vítimas da criminalidade.** Disponível em: <https://eur-lex.europa.eu/legal-content/PT/TXT/?uri=CELEX%3A32004L0080>. Acesso em: 31 jan. 2022.

UNITED STATES (ESTADOS UNIDOS). Department of Justice. **Bureau of Justice Statistics**. FEDERAL JUSTICE STATISTICS, 2019, OCTOBER 2021. Disponível em: <https://bjs.ojp.gov/content/pub/pdf/fjs19.pdf>. Acesso em: 23 jun. 2022.

VASCONCELOS, Carlos Eduardo. **Mediação de conflitos e práticas restaurativas**. 7ª ed. São Paulo: Método, 2020.

VASCONCELOS, Vinicius Gomes de. **Acordo de não persecução penal.** São Paulo: Thomson Reuters. 2022.

VASCONCELOS, Vinicius Gomes de. **Barganha e Justiça Criminal Negocial**: análise das tendências de expansão dos espaços de consenso no processo penal brasileiro. 2ª ed. Belo Horizonte: D'Plácido, 2020.

VASCONCELOS, Vinicius Gomes; MOELLER, Uriel. Acordos no processo penal alemão: descrição do avanço da barganha da informalidade à regulamentação normativa. In: **Boletín Mexicano de Derecho Comparado.** v. 49. Issue 147. 2016, p. 13-33. https://doi.org/10.22201/iij.24484873e.2016.147.10638. Disponível em: <https://www.sciencedirect.com/science/article/pii/S0041863318300899>. Acesso em: 15 jul. 2022.

VASCONCELLOS, Vinicius Gomes de. O acordo de não persecução penal na jurisprudência do Supremo Tribunal Federal em 2020 e 2021. **Revista Brasileira de Ciências Criminais**: RBCCrim, São Paulo, v. 30, n. 191, p. 93-120, jul./ago. 2022. DOI: [htps://doi.org/10.54415/rbccrim.v191in.%20191.117]. Disponível em: <https://bdjur.stj.jus.br/jspui/handle/2011/166613>. Acesso em: 20 out. 2022.

VASCONCELOS, Vinicius Gomes de. As tendências de expansão da justiça criminal negocial em âmbito internacional: a barganha como instituto importado em convergências entre sistemas. **Revista de Estudos Criminais,** Porto Alegre, v. 19, n. 76, p. 153-173, 2020.

VASSALLI, Luciana Sperb Duarte. Acordos entre Ministério Público e imputado no Brasil e na Itália: aplicação da pena a pedido das partes, transação penal e acordo de não persecução penal. **Revista da Escola da Magistratura da 4ª Região**, Ano 7, n. 18, 2021, Porto Alegre-RS, p.179-221. Disponível em: <https://www2.trf4.jus.br/trf4/upload/editor/uli72_ctp-miolo-revista-emagis-n18.pdf>. Acesso em: 30 mai. 2022.

VELASCO, Clara; REIS, Thiago; CARVALHO, Bárbara; LEITE, Caroline; PRADO, Gabriel; RAMALHO, Guilherme. Monitor da Violência. **G1 e Globonews,** 24 de jun. 2019. Disponível em: <https://g1.globo.com/monitor-da-violencia/noticia/2019/04/26/menos-de-15-do-presos-trabalha-no-brasil-1-em-cada-8-estuda.ghtml>. Acesso em 4 dez. 2022.

VILAJOSANA, Josep M. **Las razones de la pena**. Valencia: Tirant Lo Blanch, 2015.

VIVES ANTÓN, Tomás Salvador. **Fundamentos del sistema penal**: acción significativa y derechos constitucionales. 2. ed. Valência: Tirant lo Blanch, 2011.

VOGEL, Mary. Plea Bargaining under the Common Law. In: BROWN, Darryl K.; TURNER, Jenia Iontcheva; WEISSER, Bettina (ed.). **The Oxford Handbook of Criminal Process.** Oxford: Oxford University Press, 2019. Cap. 33. p. 729-760. DOI: https://doi.org/10.1093/oxfordhb/9780190659837.013.38.

VOGEL, Mary. Plea Bargaining under the Common Law. In: BROWN, Darryl K.; TURNER, Jenia Iontcheva; WEISSER, Bettina (ed.). **The Oxford Handbook of Criminal Process.** Oxford: Oxford University Press, 2019. Cap. 33. p. 729-760. DOI: https://doi.org/10.1093/oxfordhb/9780190659837.013.38. Disponível em: https://research.manchester.ac.uk/en/publications/plea-bargaining- under-the-common-law. Acesso em: 17 dez. 2022.

VON FEUERBACH, Paul Johann Anselm Ritter. **Tratado de Derecho Penal**. Trad. Eugenio Raul Zaffaroni e Irma Hagemeier. Buenos Aires: Editorial Hammurabi, 1989.

WEIGEND, Thomas; TURNER, Jenia Iontcheva. The Constitutionality of Negotiated Criminal Judgments in Germany. **German Law Journal**, v. 15, Issue 1: Special issue - Plea Bargains in Germany, 01 February 2014, pp. 81 – 105. DOI: https://doi.org/10.1017/S2071832200002844. Disponível em: <https://www.cambridge.org/core/journals/german-law-journal/article/constitutionality-of-negotiated-criminal-judgments-in-germany/083733A4AC626DC7F5391E9C94956971#article>. Acesso em: 23 jul. 2022.

ZAFFARONI, Eugênio Raúl; BATISTA, Nilo; ALAGIA, Alejandro; SLOKAR, Alejandro. **Direito Penal Brasileiro.** 1º v. 3ª ed. Rio de Janeiro: Revan, 2006.

ZAFFARONI, Eugênio Raul; BATISTA, Nilo; ALAGIA, Alejandro; SLOKAR, Alejandro. **Direito Penal Brasileiro**. v. 2. Rio de Janeiro: Revan, 2010.

ZAMPIER, Débora. **Um em cada quatro condenados reincide no crime, aponta pesquisa**. 2015. Disponível em: <https://www.cnj.jus.br/um-em-cada-quatro-condenados-reincide-no-crime-aponta-pesquisa/>. Acesso em: 13 jul. 2021.

ZARGAR, Zulkifl M. Secret faits accomplis: declination decisions, nonprosecution agreements, and the crime victim's right to confer. **Fordham Law Review**, New York, NY, v. 89, p. 343-383, Oct. 2020. Disponível em: http://fordhamlawreview.org/wp-content/uploads/2020/09/Zargar_October.pdf. Acesso em: 7 nov. 2022.

ZEHR, Howard. **Trocando as Lentes**: um novo foco sobre o crime e a justiça. Trad. Tônia Van Acker. São Paulo: Palas Athena, 2008.

ZILLI, Marcos. O acordo de colaboração premiada como negócio jurídico processual: o controle judicial em face dos operadores-legisladores. In: **Colaboração premiada:** perspectiva comparada. Orgs: Kai Ambos, Marcos Zilli e Paulo de Sousa Mendes. São Paulo: Tirant lo Blanch, 2020.

REFERÊNCIAS JURISPRUDENCIAIS

ALEMANHA. BGH 4 StR 240/97 - Urteil vom 28. August 1997 LG Dortmund. **HRR-Strafrecht.de Online-Zeitschrift und Rechtsprechungsdatenbank (Jornal on-line e banco de jurisprudência)**. Disponível em: <https://www.hrr-strafrecht.de/hrr/4/97/4-240-97.php3>. Acesso em: 21 jul. 2022.

ALEMANHA. Bundesgerichtshof (BGH). **Beschluß vom 3. März 2005 - GSSt 1/04**. Disponível em: <http://juris.bundesgerichtshof.de/cgi-bin/rechtsprechung/document.py? Gericht=bgh&Art=en&Datum=Aktuell&nr=32382&linked=bes&Blank=1&file=dokument.pdf>. Acesso em: 14 out. 2022.

ALEMANHA. Tribunal Constitucional Federal (Bundesverfassungsgericht). **2 BvR 2628/10; 2 BvR 2883/10; e 2 BvR 2155/11**. Disponível em: <https://www.bundesverfassungsgericht.de/SharedDocs/Entscheidungen/DE/2013/03/rs20130319_2bvr262810.html>. Acesso em: 27 jul. 2022.

BRASIL. Superior Tribunal de Justiça. **Recurso Especial n. 2.161.548/BA.** 3ª SEÇÃO. Ministro Otávio de Almeida Toledo (Desembargador Convocado do TJSP).

Julgamento em 12/03/2025, DJEN de 253/2025. Disponível em: https://scon.stj.jus.br/SCON/GetInteiroTeorDoAcordao?num_registro=202402883032&dt_publicacao=25/03/2025. Acesso em: 27 mar. 2025.

BRASIL. Superior Tribunal de Justiça. **Súmulas Anotadas.** Disponível em: <https://www.stj.jus.br/docs_internet/jurisprudencia/tematica/download/SU/Verbetes/VerbetesSTJ.pdf>. Acesso em: 23 out. 2022.

BRASIL. Superior Tribunal de Justiça. **Recurso Especial 1.688.878/SP**. 3ª SEÇÃO. Relator Min. Sebastião Reis. Julgamento em 28/02/2018. Disponível em: https://scon.stj.jus.br/SCON/GetInteiroTeorDoAcordao?num_registro=201702016211&dt_publicacao=04/04/2018. Acesso em: 17 dez. 2022.

BRASIL. Superior Tribunal de Justiça. 5ª turma. **Habeas Corpus 636279/SP**. Rel. Ministro Joel Ilan Paciornik, julgado em 9/3/2021. Disponível em: <https://scon.stj.jus.br/SCON/GetInteiroTeorDoAcordao?num_registro=202003467770&dt_publicacao=23/03/2021>. Acesso em: 22 out. 2022.

BRASIL. Superior Tribunal de Justiça. 5ª Turma. **AgRg no REsp 1592146/PR**, Rel. Ministro JORGE MUSSI, QUINTA TURMA, julgado em 20/10/2016. Disponível em: <https://scon.stj.jus.br/SCON/GetInteiroTeorDoAcordao?num_registro=201600927079&dt_publicacao=26/10/2016>. Acesso em: 15 set. 2022.

BRASIL. Superior Tribunal de Justiça. 5ª Turma. **Recurso Ordinário em Habeas Corpus 102381/BA.** Rel. Min. Felix Fischer. Julgado em 9/10/2018. Disponível em:<https://scon.stj.jus.br/SCON/GetInteiroTeorDoAcordao?num_registro=201802221680&dt_publicacao=17/10/2018>. Acesso: em 20 nov. 2022.

BRASIL. Superior Tribunal de Justiça. 6ª Turma. **Habeas Corpus 190.135.** Rel. Maria Theresa de Assis Moura.. Julgamento 21/3/2013. Disponível em: <https://scon.stj.jus.br/SCON/GetInteiroTeorDoAcordao?num_registro=201002134626&dt_publicacao=02/04/2013>. Acesso em: 19 nov. 2022.

BRASIL. Superior Tribunal de Justiça. 6ª Turma. **Habeas Corpus 259092.** Rel. Min. Assusete Magalhães. Julgamento 07/03/2013. Disponível em: <https://scon.stj.jus.br/SCON/GetInteiroTeorDoAcordao?num_registro=201202376241&dt_publicacao=03/04/2013>. Acesso em: 20 nov. 2022.

BRASIL. Superior Tribunal de Justiça. 6ª Turma. **Habeas Corpus 581963/SC.** Rel. Min. Laurita Vaz. Julgamento 22/3/2022. Disponível em: <https://scon.stj.jus.br/SCON/GetInteiroTeorDoAcordao?num_registro=202001153339&dt_publicacao=28/03/2022>. Acesso em: 20 nov. 2022.

BRASIL. Superior Tribunal de Justiça. 6ª Turma. **Agravo Regimental em Recurso Especial 1815689/PA**. Rel. Min. Laurita Vaz. Julgado em 22/06/2021. Disponível em: <https://scon.stj.jus.br/SCON/GetInteiroTeorDoAcordao?num_registro=202100133712&dt_publicacao=30/06/2021>. Acesso: em 20 nov. 2022.

BRASIL. Superior Tribunal de Justiça. 6ª Turma. **Agravo Regimental no Recurso Especial 1977120 / MG**. Relator, Min. Antônio Saldanha Palheiro. Disponível em: <https://scon.stj.jus.br/SCON/GetInteiroTeorDoAcordao?num_registro=202103914054&dt_publicacao=08/04/2022 >. Acesso em: 7 dez. 2022.

BRASIL. Superior Tribunal de Justiça (STJ). 5ª Turma. **Agravo Regimental no Recurso Ordinário em Habeas Corpus 136.961/RJ.** Julgado em 15/06/2021. Disponível em: <https://scon.stj.jus.br/SCON/GetInteiroTeorDoAcordao?num_registro=202002844693&dt_publicacao=21/06/2021>. Acesso em: 18 dez. 2022.

BRASIL. Supremo Tribunal Federal. **RHC 222599/SC.** Relator, Min. Edson Fachin. Julgado em 07/02/2023. Disponível em: <https://portal.stf.jus.br/processos/downloadPeca.asp?id=15356846599&ext=.pdf>. Acesso em 07 de abril de 2025.

BRASIL. Supremo Tribunal Federal. Tribunal Pleno. **Habeas Corpus 185913/DF**. Relator Ministro Gilmar Mendes. Julgado em 19/9/2024. Disponível em: <https://redir.stf.jus.br/paginadorpub/paginador.jsp?docTP=TP&docID=782290785>. Acesso em: 02 abr. 2025.

BRASIL. Supremo Tribunal Federal. Inquérito 4.949/df. Relator, Min. Luz Fux. Disponível em: https://portal.stf.jus.br/processos/downloadPeca.asp?id=15374959259&ext=.pdf . Acesso em 28 mar. 2025.

BRASIL. Supremo Tribunal Federal. 1ª Turma. **Agravo Regimental em Mandado de Segurança, 37384-DF**. Relatora: Ministra Rosa Weber. Julgado em 18/11/2021. Disponível em: https://jurisprudencia.stf.jus.br/pages/search/sjur441837/false. Acesso em: 4 out. 2021.

BRASIL. Supremo Tribunal Federal. 1ª Turma. **Recurso extraordinário 430.105-9 QO/RJ**. Relator Ministro Sepúlveda Pertence. Julgado em 13/2/2007. Disponível em: <https://jurisprudencia.stf.jus.br/pages/search/sjur90996/false>. Acesso em: 9 maio 2022

BRASIL. Supremo Tribunal Federal. 2. Turma. **Habeas Corpus 104.410/RS**. Relator: Ministro Gilmar Mendes. Julgado em 6/3/2012. Disponível em: https://jurisprudencia.stf.jus.br/pages/search/sjur206595/false. Acesso em: 1 jul. 2020.

BRASIL. Supremo Tribunal Federal (STF). **Medida Cautelar na Ação Direta de Inconstitucionalidade 6.305,** Distrito Federal. Relator Min. Luiz Fux. Decisão monocrática, em 22/01/2020. Disponível em: <https://portal.stf.jus.br/processos/downloadPeca.asp?id=15342203607&ext=.pdf>. Acesso em: 13 out. 2022.

BRASIL. Supremo Tribunal Federal. **Ação Declaratória de Inconstitucionalidade 6298 MC / DF (ADI 6298 MC / DF). Relator, Min. Luiz Fux.** Disponível em: <https://www.stf.jus.br/arquivo/cms/noticiaNoticiaStf/anexo/ADI6298.pdf>. Acesso em: 14 nov. 2022.

BRASIL. Supremo Tribunal Federal. Tribunal Pleno. **Recurso Extraordinário 795567-PR.** Relator, Min. Cezar Peluso. Julgado em 19/11/2009. Disponível em: <https://jurisprudencia.stf.jus.br/pages/search/repercussao-geral1341/false>. Acesso em 17 abril 2022.

BRASIL. Supremo Tribunal Federal. Tribunal Pleno **QO Inq 1055-AM**. Relator, Min. Celso de Mello. Julgado em 24/04/1996. Disponível em: <https://jurisprudencia.stf.jus.br/pages/search/sjur111561/false>. Acesso em 17 abril 2022.

BRASIL. Supremo Tribunal Federal. Tribunal Pleno. **Ação de Descumprimento de Preceito Fundamental 347**. Relator Ministro Marco Aurélio. Julgado em

9/9/2015. Disponível em: <http://portal.stf.jus.br/processos/downloadPeca.asp?id=312067308&ext=.pdf>. Acesso em: 06 jul. 2021.

BRASIL. Supremo Tribunal Federal. Tribunal Pleno. **Recurso Extraordinário 641.320/RS**. Relator Ministro Gilmar Mendes, julgado em 11/5/2016. Disponível em: <https://redir.stf.jus.br/paginadorpub/paginador.jsp?docTP=TP&docID=11436372>. Acesso em: 06 jul. 2021.

BRASIL. Supremo Tribunal Federal. Tribunal Pleno. **ADI 4.424/DF**. Rel. Min. Marco Aurélio. Julgamento 9/2/2012. Disponível em: <https://redir.stf.jus.br/paginadorpub/paginador.jsp?docTP=TP&docID=6393143>. Acesso em: 20 de nov. 2022.

BRASIL. Supremo Tribunal Federal. **Súmula Vinculante 35**. Plenário. Aprovação em 16/10/2014. Disponível em: <https://www.stf.jus.br/arquivo/cms/jurisprudenciaSumulaVinculante/anexo/SUV_35__PSV_68.pdf>. Acesso em 17 abril 2022.

BRASIL. Supremo Tribunal Federal. **Súmula Vinculante 56**. Plenário. Aprovação em 29/06/2016. Disponível em: <https://jurisprudencia.stf.jus.br/pages/search/seq-sumula815/false>. Acesso em: 22 out. 2022.

BRASIL. Supremo Tribunal Federal. 2. Turma. **Habeas Corpus 129346/ES.** Relator, Min. Dias Toffoli. Julgado em 5/4/2016. Disponível em: <https://jurisprudencia.stf.jus.br/pages/search/sjur347841/false>. Acesso em 16 abril 2022.

BRASIL. Supremo Tribunal Federal. 2ª Turma. **HC 201610 AgR**. Relator, Min. RICARDO LEWANDOWSKI. Julgamento em 21.6.2021. Disponível em: <https://redir.stf.jus.br/paginadorpub/paginador.jsp?docTP=TP&docID=756262481>. Acesso em: 17 dez. 2022.

BRASIL. Supremo Tribunal Federal. 2ª Turma. **HC 194677/SP.** Informativo 1017. Relator, Min. Gilmar Mendes. Julgamento em 11.5.2021. Disponível em: <https://www.stf.jus.br/arquivo/cms/informativoSTF/anexo/Informativo_PDF/Informativo_stf_1017.pdf>. Acesso em: 10 abril 2022.

BRASIL. Supremo Tribunal Federal. 1ª Turma. **Habeas Corpus 191.124/RO.** Relator, Min. Alexandre de Mendes. Julgamento em 11.5.2021. Disponível em: <https://redir.stf.jus.br/paginadorpub/paginador.jsp?docTP=TP&docID=755564653>. Acesso em: 21 out. 2022.

BRASIL. Supremo Tribunal Federal. 2ª Turma. **Habeas Corpus 164.677/SP**. Relator, Min. Gilmar Mendes. Julgamento em 11.5.2021. Disponível em: <https://redir.stf.jus.br/paginadorpub/paginador.jsp?docTP=TP&docID=756751533>. Acesso em: 21 out. 2022.

BRASIL. Supremo Tribunal Federal. 2ª Turma. **Habeas Corpus 104.410/RS**. Relator: Ministro Gilmar Mendes. Julgado em 6/3/2012. Disponível em: https://jurisprudencia.stf.jus.br/pages/search/sjur206595/false. Acesso em: 1 jul. 2020.

BRASIL. Supremo Tribunal Federal. 1ª Turma. AG. REG. em **Mandado de Segurança 37.384-DF.** Relatora: Ministra Rosa Weber. Julgamento em 26/02/2021. Disponível em: <https://redir.stf.jus.br/paginadorpub/paginador.jsp?docTP=TP&docID=755279660>. Acesso em: 31 jan. 2022.

BRASIL. Supremo Tribunal Federal. **PET 7990/DF.** Relator, Min. Marco Aurélio. Decisão monocrática. Homologação de Acordo de Não Persecução Penal. Julgamento em

19/02/2021. Disponível em: https://portal.stf.jus.br/processos/downloadPeca.asp?id=15345713435&ext=.pdf. Acesso em: 17 dez. 2022.

BRASIL. Supremo Tribunal Federal. Tribunal Pleno. **ADI 4263.** Rel. Ministro Roberto Barroso. Julgamento m 25/04/2018. Disponível em: <https://jurisprudencia.stf.jus.br/pages/search/sjur428846/false>. Acesso em: 2 março 2022.

BRASIL. Supremo Tribunal Federal. Tribunal Pleno. **Recurso Extraordinário 418.376-5/MS**. Rel. Ministro Marco Aurélio Mello. Rel. para o Acórdão: Ministro Joaquim Barbosa. Julgamento em 09 de fevereiro de 2006. Disponível em: <https://redir.stf.jus.br/paginadorpub/paginador.jsp?docTP=AC&docID=412578>. Acesso em: 08 de dez. 2022.

BRASIL. Supremo Tribunal Federal. Tribunal Pleno. **Ação direta de Inconstitucionalidade 3112/DF**. Rel. Ministro Ricardo Lewandowski. Julgamento em 02/05/2007. Disponível em: <https://redir.stf.jus.br/paginadorpub/paginador.jsp?docTP=AC&docID=491806>. Acesso em: 8 de dez. 2022.

BRASIL, Supremo Tribunal Federal (STF). **Ação Direta de Inconstitucionalidade por Omissão (ADO) n. 62** - Distrito Federal. Requerente: Procurador-Geral da República. Ajuizada em 1 o março 2021. Aguarda julgamento. Ministro Dias Toffoli. Disponível em: <https://portal.stf.jus.br/processos/detalhe.asp?incidente=6120625>. Acesso em: 20 nov. 2022.

BRASIL. Supremo Tribunal Federal. **Pet. 10751/DF na Ação Penal 864**. Relator, Min. Luís Roberto Barroso. Disponível em: <https://www.stf.jus.br/arquivo/cms/noticiaNoticiaStf/anexo/PET10751DecisoMLRB1.pdf>. Acesso em: 8 dez. 2022.

BRASIL. Tribunal de Justiça do Distrito Federal (TJDFT). 3ª Turma Criminal. **Reclamação Criminal 0738348-79.2020.8.07.0000.** Relator: JESUINO RISSATO. Disponível em: <https://pesquisajuris.tjdft.jus.br/IndexadorAcordaos-web/sistj>. Acesso em: 22 out. 2022.

REFERÊNCIAS: LEGISLAÇÃO E PROPOSIÇÕES LEGISLATIVAS

ALEMANHA. **Código de Processo Penal (Strafprozeßordnung).** In der Fassung der Bekanntmachung vom 07.04.1987 (BGBl. I S. 1074, ber. S. 1319), zuletzt geändert durch Gesetz vom 25.03.2022 (BGBl. I S. 571). Stand: 01.01.2022 aufgrund Gesetzes vom 05.10.2021 (BGBl. I S. 4607). Disponível em: <https://dejure.org/gesetze/StPO>. Acesso em: 15 jul. 2022.

ALEMANHA. Ministério da Justiça (Bundesministerium der Justiz). **Código Penal (Strafgesetzbuch)**. Disponível em: <https://www.gesetze-im-internet.de/stgb/BJNR001270871.html>. Acesso em: 18 dez. 2022.

ARGENTINA. Ministério de Justicia y Derechos Humanos. Presidencia de la Nación. **Código Procesal Penal Federal.** Disponível em: <http://servicios.infoleg.gob.ar/infolegInternet/anexos/315000-319999/319681/norma.htm>. Acesso em: 15 out. 2022.

BRASIL. Presidência da República. **Lei Complementar 75, de 20 de maio de 1993.** Disponível em: <http://www.planalto.gov.br/ccivil_03/leis/lcp/lcp75.htm>. Acesso em: 22 out. 2022.

BRASIL. Presidência da República. **Lei 8625, de 12 de fevereiro de 1993.** Disponível em: <http://www.planalto.gov.br/ccivil_03/leis/l8625.htm>. Acesso em: 23 out. 2022.

BRASIL. Presidência da República. **Decreto n. 678, de 6 de novembro de 1992.** Promulga a Convenção Americana sobre Direitos Humanos (Pacto de São José da Costa Rica), de 22 de novembro de 1969. Disponível em: http://www.planalto.gov.br/ccivil_03/decreto/d0678.htm. Acesso em: 17 dez. de 2022.

BRASIL. Presidência da República. **Decreto-lei nº 3.689, de 3 de outubro de 1941.** Código de Processo Penal. Brasília-DF: Presidência da República. Disponível em: <http://www.planalto.gov.br/ccivil_03/decreto-lei/del3689compilado.htm>. Acesso em: 11 set. 2022.

BRASIL. Presidência da República. **Decreto-Lei n. 2848, 7 de dezembro de 1940**. Código Penal. Disponível em: <http://www.planalto.gov.br/ccivil_03/decreto-lei/del2848compilado.htm>. Acesso em 16 abril 2022

BRASIL. Presidência da República. **Lei n. 13.105, de 16 de março de 2015**. Disponível em: <http://www.planalto.gov.br/ccivil_03/_ato2015-2018/2015/lei/l13105.htm>. Acesso em: 10 out. 2022.

BRASIL. Presidência da República. **Lei 13675, de 11 de junho de 2018**: cria a Política Nacional de Segurança Pública e Defesa Social (PNSPDS); institui o Sistema Único de Segurança Pública (Susp). Disponível em: <http://www.planalto.gov.br/ccivil_03/_ato2015-2018/2018/lei/L13675.htm>. Acesso em 31 jan. 2022.

BRASIL. Presidência da República. **Lei n. 13.869, de 5 de setembro de 2019**. Disponível em: <http://www.planalto.gov.br/ccivil_03/_ato2019-2022/2019/lei/L13869.htm>. Acesso em: 16 set. 2022.

BRASIL. Presidência da República. **Decreto nº 10.822, de 28 de setembro de 2021**: Institui o Plano Nacional de Segurança Pública e Defesa Social 2021-2030. Disponível em: <https://www.in.gov.br/en/web/dou/-/decreto-n-10.822-de-28-de-setembro-de-2021-348271076>. Acesso em 31 jan. 2022.

BRASIL. Presidência da República. **Lei n. 14321, de 31 de março de 2022**. Altera a Lei nº 13.869, de 5 de setembro de 2019, para tipificar o crime de violência institucional. Disponível em: <http://www.planalto.gov.br/ccivil_03/_ato2019-2022/2022/Lei/L14321.htm#art2>. Acesso em: 16 set. 2022.

BRASIL. Presidência da República. Casa Civil. Subchefia para Assuntos Jurídicos. **Constituição da República Federativa do Brasil de 1988**. Disponível em: <http://www.planalto.gov.br/ccivil_03/constituicao/constituicao.htm>. Acesso em 09 jul. 2021.

BRASIL. Câmara dos Deputados. **Projeto de Lei 8045/2010**. Código de Processo Penal. Disponível em: https://www.camara.leg.br/proposicoesWeb/prop_mostrarintegra;jsessionid=node03zrauu9mz8ulervpf2nl8w0q951691.node0?codteor=1638152&filename=PL+8045/2010. Acesso em: 12 out. 2022.

BRASIL. Congresso Nacional. Senado Federal. **Projeto de Lei do Senado nº 236, de 2012**. Reforma do Código Penal Brasileiro. Disponível em: <https://legis.senado.

leg.br/sdleg-getter/documento?dm=3515262&ts=1645029382318&disposition=inline>. Acesso em: 23 out. 2022.

BRASIL. Presidência da República. **Lei n. 11.343, de 23 de agosto de 2006**. Disponível em: <http://www.planalto.gov.br/ccivil_03/_ato2004-2006/2006/lei/l11343.htm>. Acesso em: 13 out. 2022.

BRASIL. Presidência da República. **Lei n. 9605, de 12 de fevereiro de 1998**. Disponível em: <http://www.planalto.gov.br/ccivil_03/leis/l9605.htm>. Acesso em: 13 out. 2022.

BRASIL. Presidência da República. **Lei 9099, de 26 de setembro de 1995**. Disponível em: <http://www.planalto.gov.br/ccivil_03/leis/leis_2001/l10259.htm>. Acesso em: 18 out. 2022.

BRASIL. Presidência da República. **Lei 10259, de 12 de julho de 2001**. Disponível em: <http://www.planalto.gov.br/ccivil_03/leis/leis_2001/l10259.htm>. Acesso em: 22 abr. 2022.

BRASIL. Presidência da República. **Lei 9.964, de 10 de abril de 2000.** Disponível em: http://www.planalto.gov.br/ccivil_03/leis/l9964.htm. Acesso em: 28 out. 2022.

BRASIL. Presidência da República. **Lei 11530, de 24 de outubro de 2007**: instituiu o Programa Nacional de Segurança Pública com Cidadania (PRONASCI). Disponível em: <http://www.planalto.gov.br/ccivil_03/_ato2007-2010/2007/lei/l11530.htm>. Acesso em 31 jan. 2022.

BRASIL. Presidência da República. **Lei de 29 de novembro de 1832.** Promulga o Código do Processo Criminal de primeira instancia com disposição provisória acerca da administração da Justiça Civil. Disponível em: < http://www.planalto.gov.br/ccivil_03/leis/lim/lim-29-11-1832.htm>. Acesso em: 20 nov. 2022.

BRASIL. Presidência da República. **Constituição Política do império do Brasil, de 25 de março de 1824**. Constituição Política do Império do Brasil, elaborada por um Conselho de Estado e outorgada pelo Imperador D. Pedro I, em 25.03.1824. Disponível em: <http://www.planalto.gov.br/ccivil_03/constituicao/constituicao24.htm>. Acesso em: 20 nov. 2022.

BRASIL. Presidência da República. **Decreto n. 847, de 11 de outubro de 1890. Código Penal**. Disponível em: <http://www.planalto.gov.br/ccivil_03/decreto/1851-1899/d847.htm>. Acesso em 12 nov. 2022.

BRASIL. Presidência da República. **Constituição da República dos Estados Unidos do Brasil, de 24 de fevereiro de 1891**. Disponível em: <http://www.planalto.gov.br/ccivil_03/constituicao/constituicao91.htm>. Acesso em 12 nov. 2022.

BRASIL. Presidência da República. **Constituição da República dos Estados Unidos do Brasil, de 16 de julho de 1934**. Disponível em: <http://www.planalto.gov.br/ccivil_03/constituicao/constituicao34.htm>. Acesso em 12 nov. 2022.

BRASIL. Presidência da República. **Lei 9807, de 13 de julho de 1999.** Estabelece normas para a organização e a manutenção de programas especiais de proteção a vítimas e a testemunhas ameaçadas, institui o Programa Federal de Assistência a Vítimas e a Testemunhas Ameaçadas e dispõe sobre a proteção de acusados ou condenados que tenham voluntariamente prestado efetiva colaboração à investigação policial e ao processo criminal. Disponível em: <https://normas.leg.br/?urn=urn:lex:br:federal:constituicao:1988-10-05;1988>. Acesso em: 14 nov. 2022.

BRASIL. Presidência da República. **Lei 8.072, de 25 de julho de 1990**. Dispõe sobre os crimes hediondos, nos termos do art. 5º, inciso XLIII, da Constituição Federal, e determina outras providências. Disponível em: <https://www.planalto.gov.br/ccivil_03/leis/L8072.htm>. Acesso em: 8 dez. 2022.

ITÁLIA. Gazzetta Ufficiale. Decreto Del Presidente Della Repubblica 22 settembre 1988, n.447. **Codice di procedura penale**. Disponível em: <https://www.gazzettaufficiale.it/dettaglio/codici/codiceProceduraPenale>. Acesso em: 7 jun.2022.

EDITORA
JusPODIVM
www.editorajuspodivm.com.br

COLOR system

JUS4457